全国教育科学“十一五”规划重点课题研究成果

ZHONGGUO JICHUJIAOYU XUEKENIANJIAN

中国基础教育学科年鉴

信息技术卷

XINXIJISHUJUAN

2009

北京师范大学出版集团
BEIJING NORMAL UNIVERSITY PUBLISHING GROUP
北京师范大学出版社

图书在版编目(CIP)数据

中国基础教育学科年鉴．信息技术卷．2009/李艺主编．—北京：北京师范大学出版社，2011.1
ISBN 978-7-303-11605-8

Ⅰ.①中… Ⅱ.①李… Ⅲ.①基础教育—中国—2009—年鉴②计算机课—教学研究—中小学 Ⅳ.①G639.2-54②G633.672

中国版本图书馆 CIP 数据核字(2010)第 263038 号

出版发行：北京师范大学出版社 www.bnup.com.cn
北京新街口外大街 19 号
邮政编码：100875
印　　刷：江苏凤凰盐城印刷有限公司
经　　销：全国新华书店
开　　本：140 mm×260 mm
印　　张：47.5
字　　数：810 千字
版　　次：2011 年 3 月第 1 版
印　　次：2011 年 3 月第 1 次印刷
定　　价：158.00 元

责任编辑：刘　平　门　莹　　装帧设计：揽胜视觉
责任校对：张春燕　　责任印制：马鸿麟

全国教育科学“十一五”规划

重点课题

课题负责人	曹志祥　夏锦文　刘　军
专家组组长	夏锦文
专家组副组长	张连红　刘　坚　郭宁生
年鉴总主编	刘　军
核心组成员	李水平　严华银　马　复
	王晓英　钱再见　吴小晴
	仇奔波　吴　伟　陆　真
	汪　忠　韩中健　周　兵
	姚　红　李　艺　朱家雄

学科年鉴编写委员会

总　　序

21世纪初启动的基础教育课程改革，从实验到推广，已经走过十年的历程了。十年改革，促进了先进教育理念的广泛传播，推动了教育教学实践的深刻变革，对我国基础教育的改革与发展、教育现代化水平的提高产生了重大而深远的影响。

伴随着课程改革的不断推进，我国基础教育课程资源的开发与建设工作受到了前所未有的重视，得到了前所未有的发展。十年来，经国家审查通过的基础教育教材已经覆盖义务教育22个学科、普通高中16个学科，共330余种，彻底改变了计划经济时代一纲一本的局面。不仅资源的数量种类空前丰富，而且质量和水平明显提升；现代信息技术推广使用，呈现方式和传输方式发生巨大变化；开发主体多元，社会参与资源开发的积极性日渐提高；国家和地方的基础教育资源中心相继成立。一大批具有中国特色、富有时代特点、体现素质教育要求的课程资源得到开发与应用，受到广大师生的喜爱，得到社会的好评，为培养青少年的创新精神和实践能力，为亿万学生的德、智、体、美全面发展，作出了重要贡献。课程资源开发、建设与应用的丰硕成果，既是课程改革成就的生动体现，也是课程改革得以健康、顺利开展的有力支撑。

当前，我国基础教育已经发展到一个新阶段。为了坚持教育的公益性和普惠性，保障人民群众享有接受良好教育的机会，最近颁布的《国家中长期教育改革和发展规划纲要（2010～2020年)》提出了努力办好每一所学校、教好每一个学生的奋斗目标。提高质量是基础教育改革发展的核心任务，促进公平是国家坚持的基本教育政策。面对基础教育改革发展的新形势、新任务，基础教育课程改革也进入总结经验、完善制度、突破难点、深入推进的新阶段。要在总结经验的基础上，清醒地分析课程改革面临的困难和问题，着力加强课程改革保障机制建设，深化基础教育课程改革。

对于与课程改革紧密相连的基础教育课程资源的开发、建设与应用，在充分肯定成绩的同时，也要客观地分析面临的困难和问题。比如，从总体上看，新开发的资源水平参差不齐，优质教育资源缺乏；资源的开发与深刻变革的教学模式不相适应，能为教学提供有效服务的资源不足；资源开发与应用缺乏规范的管理，资源分散，难以集中共享；即使是基于网络的资源，也由于缺乏协调机制，共享不充分；对于面广量大的学科资源，缺乏必要的汇总、分类、整理，更缺乏深入系统的研究，大大影响了资源的保护和综合开发应用。对这些问题，全国教育科学“十一五”规划重点课题“基础教育学科资源保护开发与应用研究”给予了关注。课题组的专家团队通过调查取样，对课程改革以来我国基础教育课程资源，主要是学科资源开发建设工作现状作了深入分析，并开展了实验研究和比较研究，总结课程改革以来我国基础教育课程资源开发与应用的成绩、经验，分析问题与不足，为我们全面把握和衡量基础教育学科资源开发与应用的状况与发展动态提供了富有价值的研究成果。尤为可贵的是课题组的专家们研究的步伐并未止于对现状的分析与总结，而是针对基础教育课程资源分散、难以为广大教师及专业工作者有效利用的突出问题，提出了编纂《中国基础教育学科年鉴》的对策性构想，并且直接参与编纂工作。这个课题从立项至今，两年有余，课题成果除了有关基础教育学科资源保护开发与应用的研究报告外，还包括语文、数学、英语、政治、历史、地理、物理、化学、生物、音乐、美术、体育与健康、信息技术、通用技术和学前教育煌煌十数卷的《中国基础教育学科年鉴》（以下简称《年鉴》），可喜可贺。

《年鉴》对我国基础教育课程改革与建设中产生的浩如烟海的资源与信息进行了分类与整理，对优秀资源和重要信息进行了汇总和推介。同时，拓宽视野，放眼世界，介绍了国外基础教育课程资源开发与应用的动态。提供的信息量大，覆盖面广，时效性强。《年鉴》对信息与资源不仅进行了汇总，同时也进行了梳理、分析、比较、鉴别。《年鉴》的编写不仅是资源收集聚合的过程，也是总结研究的过程。

《年鉴》的编纂和出版，是一项开创性的工作。《年鉴》不仅可作为从事课程资源开发的专业工作者的参考材料，而且将为教育行政管理者、教研人员和科研工作者的管理、决策和教研、科研工作提供资料和依据，对广大中小学教师从事教育和研修，也是有益的帮手。关注中国教育改革的国外同行和专家，也会把《年鉴》作为了解中国基础教育的一个重要窗口，开展交流的一个重要平台。

正因为《年鉴》的编纂是一项开创性的工作，它富有探索性，必定会留下不少需要完善和提高的空间。我想，走进这个平台，利用这个载体和工具的专业工作者和教育工作者，也一定会像关心基础教育课程资源开发和应用一样，关心《年鉴》，促进它的提高与成长。

王 湛

2010年9月30日

王湛，教育部原副部长，现任教育部总督学顾问、国家基础教育课程教材专家工作委员会主任.

总 前 言

课程改革以来，我国基础教育领域发生了巨大的变革，语文、数学、英语、政治、历史、地理、物理、化学、生物、音乐、美术、体育与健康、信息技术、通用技术和学前教育等学科在课程与教学方面都有了重大发展，涌现出一大批优秀的成果。对这些成果进行分类、整理与总结是十分必要的。为此，“基础教育学科资源保护开发与应用研究”课题应运而生，并且被列为全国教育科学“十一五”规划重点课题。

《中国基础教育学科年鉴》是该课题的重要成果之一，通过对我国基础教育学科资源进行搜集、整理、归纳，从而实现资源的综合应用、开发和保护。依据我国课程的设置，《中国基础教育学科年鉴》设置语文、数学、英语、政治、历史、地理、物理、化学、生物、音乐、美术、体育与健康、信息技术、学前教育等学科分卷，自 2008 年始，每学科每年出一卷，主要内容包括专家视野、政策文件、概况与摘要、学科动态、研究机构、学术团体、名校名师、大事记、著作及论文索引等。2008 年之前的学科资源将以回顾版的形式进行整理保护。

《中国基础教育学科年鉴》的出版弥补了我国基础教育各学科一直以来没有年鉴的缺憾，意义重大。

1. 收集基础教育学科资料，总结基础教育课程改革过程中的经验

各级教育行政部门为指导课程改革下发了系列规范性文件，各级教研部门做出了许多有创意的举措，课程专家研究出了众多的理论成果，一线教师积极探索、勇于实践，积累了宝贵的经验。科学、全面、系统地总结经验，认定和推广优秀成果，推进国家基础教育发展，是一项重大历史使命。《中国基础教育学科年鉴》对浩如烟海的各学科信息资源进行分类、整理和总结，为基础教育课程改革提供翔实的资料，为各级行政管理者及教研人员提供有效的信息，为学校之间加强交流搭建平台，促使教育工作者及时总结基础教育课程改革过程中的经验。

2. 促进基础教育学科教学的发展

基础教育课程改革要求教师成为研究型的教师。要成为一名研究型的教师，就必须做一个终身学习者。《中国基础教育学科年鉴》有利于我国基础教育教师及时了解国内各地以及国外基础教育动态，开阔视野，完善自己的知识体系，提高自身的教学和科研能力，同时也为学生自主学习提供了丰富的素材，有利于提高学生的自主学习能力。

3. 有利于推进中外教育文化交流

胡锦涛总书记在党的十七大报告中明确提出“加强对外文化交流”“增强中华文化国际影响力”的要求。《中国基础教育学科年鉴》总结我国基础教育学科教学发展状况，同时借鉴国外基础教育学科教学经验，加强中外文化教育特别是基础教育领域的交流与合作，向世界传播中华文明。

《中国基础教育学科年鉴》的编写是一个规模宏大、涵盖我国基础教育各个学科的工程，由南京红色历程文化教育有限公司策划，得到了教育界诸多专家、学者和一线教师的热情支持，特别是得到教育部基础教育课程教材发展中心和南京师范大学、北京师范大学等高校以及各省市教育部门的支持与帮助。参加编写的人员包括教授、副教授、研究员、副研究员，中学特级教师、高级教师和一级教师数百人。北京师范大学出版集团北京师范大学出版社担负了繁重的出版工作，付出了大量人力、财力和辛勤劳动。在此，向关心和支持这项工作的单位和个人，向工作在第一线的所有同志表示衷心感谢！

《中国基础教育学科年鉴》涉及我国基础教育学科资源的搜集、整理、总结，所以书中有大量已发表论文的摘要。因涉及范围太广，故无法一一通知原作者。如有稿费问题，请作者与教育部基础教育课程教材发展中心基础教育学科资源保护开发与应用研究课题办公室①联系，稿费将按国家标准支付。

尽管我们已经付出了极大的努力，但疏漏和谬误在所难免，敬请专家和广大教师指正。

《中国基础教育学科年鉴》编写委员会

2010 年 12 月 14 日

① 江苏省南京市宁海路 122 号南京师范大学专家东楼一楼．联系电话：025－83200848．

前　言

受教育部基础教育课程教材发展中心和全国教育科学规划重点课题“基础教育学科资源保护开发与应用研究”课题组的委托，我们组织开展了《中国基础教育学科年鉴·信息技术卷2009》的编写工作，以对年度基础教育阶段信息技术课程的理论与实践做全局性的回顾和总结。

本册年鉴主要收录了2008年度中小学信息技术学科的历史资料，为行文方便，部分内容也涉及了2000年以来的资料（正文中已有注明）。年鉴一共设置八个栏目，主要内容如下：

一、专家视野，共由两部分组成，一是信息技术学科的角度，分析描述了信息技术科学近年来的发展动态、创新技术产品等；二是信息技术课程的角度，对2008年度全国中小学信息技术课程的发展状况作了简要描述。

二、政策文件，以摘要方式描述了与信息技术学科相关的主要国家政策和部分有代表性的地方政策，按政策颁布的先后顺序排列。

三、概况与摘要，主要内容遴选自全国2008年发表的与信息技术教育相关的论文摘要，按照研究主题的不同归属，共分为信息技术课程研究、信息技术教材研究、信息技术教学研究、信息技术教学评价研究、信息技术课程整合研究五大类。每一大类下面的内容排列，没有明确标出“小学”、“初中”、“高中”的学段分类，而是采用隐性分类排列，具体为：小学内容位于初中之前，初中内容位于高中之前，各学段均适用的放在最前面。

四、课程资源，教学案例集锦共收录了中国教育技术协会信息技术教育专业委员会（以下简称“专委会”）主办的2008年全国中小学信息技术课程案例大赛一等奖获奖教案32个（小学10个、初中10个、高中12个）；教学试题集锦收集了小学、初中、高中阶段的多套试卷，除“各省试题”部分外，其余均为专委会主办的2008年全国中小学信息技术课程案例大赛获奖试题；多媒体资源索引部分主要为专委会2008年主办的全国义务教育阶段信息技术优质课获奖视频。

五、学科动态，主要涉及信息技术教育相关的会议和交流活动、重大课题、信息技术教师培训、港澳台及海外信息技术教育发展动态。

六、学术期刊、学科网站介绍，涵盖了全国优秀信息技术名刊、名站。

七、中学名校名师介绍，涵盖了全国优秀信息技术教研组、年度人物和主要学术研究机构。入选名单是在各省教研室报送材料的基础上经年鉴名师名校名刊评委会评选得出，具有一定的代表性。

八、大事记，按月份顺序排列了部分信息技术教育相关的会议、年会、比赛等。

九、论著索引，包括著作索引和论文索引，方便读者查询检索相关代表性论著。

本书是基础教育领域的第一本信息技术学科年鉴，任务艰巨，责任重大，诚惶诚恐。在此需要特别感谢年鉴专家指导委员会的各位成员的支持，尤其是谭浩强和吴文虎两位前辈的欣然允诺，让吾等倍感欣慰；还要感谢各位参编者的辛苦工作，感谢各地信息技术教研员的倾力配合，感谢图书编辑为该图书付出的辛勤汗水。

本册图书的出版不是一个终点，而是一个起点。作为一个持续性的编写工作，欢迎读者提出宝贵意见，以便完善后继年鉴的编写工作，更好地反映我国中小学信息技术学科的发展状况。

编　者

2010 年 12 月 15 日

目　　录

专家视野

政策文件

概况与摘要

课程资源

学科动态

学术期刊、学科网站

中学名校、名师介绍

大事记

论著索引

专 家 视 野

信息技术发展回顾与展望

孙正兴　徐劲梅[①]

信息技术发展概况

一次次波澜壮阔的技术文明变迁的背后，蕴藏的是人类思想的进化与完善，是对传统束缚的批判与否定，是对理性自由的向往与追求，同时也是对自身内在价值体系的重构与实现。

信息技术短短数十年的发展，其深远影响已经突破了媒体工具变革的实物表象的层面，直接参与到现实世界的规划中，影响着人与世界的关系的反思与建构。正如海德格尔所言：“技术不仅仅是手段，技术是一种展现（存在）的方式，如果我们注意到这一点，那么技术本质的一个完全不同的领域就会向我们打开。这是展现的领域。”[②]

就让我们透过繁多的技术变迁、信息技术应用形态与信息文化现象的描述，通过对技术本身发展规律与外延文化的现象陈列，来追溯信息技术的发展历程。

自 1946 年第一台计算机诞生以来，计算机各主要技术如半导体（器件）、计算机硬件、计算机系统软件、计算机应用软件、互联网等，整个信息科技呈现出高速发展的特点。

2000 年中国北京召开的国际工程科技大会期间公布的“20 世纪世界最伟大工程技术成就 20 项”中，有三项内容是这样描述的：

电子技术——从真空管到半导体、集成电路，成为当代各行各业智能工作的基石。

计算机——当第一台电子管计算机建造出来以后，当时估计

---

① 孙正兴，南京大学计算机科学与技术系；徐劲梅，天津第二南开中学特级教师.

② 智勇，李艺．后现代思想：信息技术的本源．http：//www. ictedu. cn/show. aspx? id=667&cid=20

全世界需求量不过几台，低估了它的能力和应用范围。

“互联网”——它的社会功能和灿烂前景到 21 世纪才完全显示出来。[①]

个人计算机及操作系统

1. 个人计算机

（1）个人计算机微处理器的发展概述

2005 年是英特尔公司创始人之一戈登·摩尔提出著名的“摩尔定律”40 周年。“摩尔定律”是指计算机 CPU 上可容纳的晶体管数目，约每隔 18 个月便会增加一倍，性能也将提升一倍。40 年中，半导体芯片的集成化趋势一如摩尔的预测，推动了整个信息技术产业的发展，进而给社会生活带来巨大变化。计算机从神秘的庞然大物变成多数人都不可或缺的工具，信息技术由实验室进入无数个普通家庭，互联网将全世界联系起来，多媒体视听设备丰富着每个人的生活。正是由于这些半导体芯片的迅速发展，促进了个人计算机、移动通信乃至整个信息技术领域的高速发展。[②]

1997 年，美国 Intel 公司推出了具有 MMX 技术的奔腾处理器。2003 年之后开始的英特尔迅驰（Intel Centrino）处理器已历四代，2003 年发布第一代迅驰 Carmel，2004 年发布第一代迅驰 Dothan，2005 年发布第二代迅驰 Dothan。2006 年 1 月，英特尔公司宣布制作出世界上第一款使用 45 纳米制造工艺的微芯片。2006 年 7 月发布酷睿 2 双核处理器，2006 年 11 月发布第三代双核 Yonah，2007 年 5 月发布第四代双核 Merom。2008 年 4 月，英特尔发布了面向移动终端的凌动系列处理器（尺寸小、功耗低、速度快）。2008 年 9 月，英特尔推出最新的六核微处理器。2008 年年底，英特尔发布了基于 Nehalem 核心的酷睿 i7 原生四核系列。

多年来与英特尔争战不休的 AMD 公司也在不断推陈出新，甚至在原生四核 CPU 芯片上与英特尔各占先机，CPU 集成内存控制器一直是 AMD 最为骄傲的技术。2006 年 7 月 AMD 推出双核炫龙 64 位移动 CPU，这是全球首款专为便携式计算机设计的双核 64 位 CPU。2007 年 9 月 AMD 发布四核皓龙“巴塞罗那”处理器。AMD 将在 2009 年下半年发布 6 核处理器，代号为“伊

① 20 世纪世界最伟大工程技术成就 20 项．http：//www.zskj.gov.cn：8080/Application/FramePage/CommonArticle.jsp? ArticleID=5332，浏览时间：2009－05－10

② 百度百科-摩尔定律．http：//baike.baidu.com/view/17904.htm，浏览时间：2009－05－10

斯坦布尔”，并宣称将在2010年推出12核处理器。从技术层面上看，个人计算机与服务器在处理器上的发展趋势相同：多核高能、低压低耗、互联互通等。

(2) 个人计算机性能

随着计算机系统迅速发展，个人计算机整体功能也在不断增强。特别是在多媒体应用方面，如语音功能（包括音频采集加工、语音识别技术和语音合成技术等方面)、视频动画功能（包括处理高质量的图像、动画以及3D处理能力)。个人计算机的网络接入等方面也有较大发展。计算机与无线通信结合起来，实现移动电子商务和漫游互联网。正在发展有3G通信技术和无线局域网（WLAN）等相关技术。

(3) 超级计算机

2008年6月，我国自主研发的超百万亿次超级计算机问世。安装了微软Windows HPC Server 2008操作系统的曙光5000A超级计算机实现了百万亿次的突破，跻身世界超级计算机前十名，是除美国之外，世界上第二个可以研发生产超百万亿次超级计算机的国家，中国高性能计算机领域的历史也由此进入一个新纪元。

现在，我国正在研发的千万亿次高性能超级计算机“曙光6000”，最重要的计算部分将采用国产的八核龙芯，预计在2010年研制完成，“曙光6000”将实现完全自主设计和拥有全部知识产权。

2. 操作系统

(1) Windows操作系统

最早的Windows版本是1985年的Window1.0。近年来计算机中最为普及的微软操作系统软件Windows XP，外部发行始于2002年，分为专业版、家用版等一系列版本，从发布至今，Windows XP分别在2002年9月、2004年8月和2008年4月发行了3个主要的Service Pack。2009年，Windows XP问世7年之时，微软宣布自2009年4月14日开始放弃对Windows XP的主流支持服务，Windows XP进入“半退休阶段”，微软将对Windows XP提供扩展支持服务直至2014年4月。

2007年1月，微软同时推出Windows Vista和Office 2007两大产品。

2008年2月，微软推出了最新版本的Windows Server操作系统：Windows Server 2008。

2008年10月，微软推出Windows 7试用版，可称是Vista的改进版。

2009 年 4 月，微软宣布停止对 Windows XP 的升级更新。

（2）Unix 操作系统

1969 年，美国电话电报公司（AT&T）贝尔实验室的丹尼斯·里奇和肯·汤普森开发的操作系统，是大型机、中型机以及若干小型机上的主要操作系统，具有安全性高、可靠性强、高稳定性和功能完善及对 Internet 良好的支持等特点，应用于教学、军事、科研、工业和商业等多个领域。在 Unix 的发展过程中，形成了 BSD Unix 和 Unix System Ⅴ两大主流。

从前操作系统在计算机领域中所扮演的角色是辅助应用程序使用硬件资源的一个平台，如今用户对 UNIX 操作系统寄予了更新更高的需求，诸如更为先进的管理能力，更佳的资源利用能力（虚拟化）和对业务处理中对突发情况的处理能力。Unix 操作系统是商业关键任务应用软件的关键性控制点。Unix 操作系统在大型机级别的关键任务应用软件的可靠性和实用性上还大有可为。

（3）Linux 操作系统

1991 年，Linux 系统首次发布，其创始者芬兰人 Linus Benedict Torvalds 是赫尔辛基大学计算机科学系的二年级学生。Linux 操作系统的诞生、发展和成长过程始终依赖着以下五个重要支柱：Unix 操作系统、Minix 操作系统、GNU 计划、POSIX 标准和 Internet 网络。

（4）手机操作系统

目前，应用在手机上的操作系统主要有 Palm OS、Symbian、Windows 和 Linux 四种。

Palm OS 是 Palm 公司推出的一种 32 位的嵌入式操作系统，它的操作界面采用触控式，差不多所有的控制选项都排列在屏幕上，使用触控笔便可进行所有操作。作为一套极具开放性的系统，开发商向用户免费提供 Palm 操作系统的开发工具，允许用户利用该工具在 Palm 操作系统的基础上编写、修改相关软件，使支持 Palm 的应用程序丰富多彩、应有尽有。Palm 操作系统最明显的优势还在于其本身是一套专门为掌上计算机编写的操作系统，在编写时充分考虑到了掌上计算机内存相对较小的情况，所以 Palm 操作系统本身所占的内存极小，基于 Palm 操作系统编写的应用程序所占的空间也很小，通常只有几十 KB，所以基于 Palm 操作系统的掌上计算机，虽然只有几兆内存却可以运行众多的应用程序。

Symbian 操作系统在智能移动终端上拥有强大的应用程序以

及通信能力，这都要归功于它有一个非常健全的核心——强大的对象导向系统、企业用标准通信传输协议以及完美的 Sun Java 语言。

Windows Mobile 包括 Pocket PC、SmartPhone 以及 Pocket PC Phone 三大平台体系，Windows Mobile 具有录音、音视频播放等多媒体功能。

Linux 凭借其自由、免费、开放源代码的优势，经过来自互联网、遍布全球的程序员的努力，再加上 IBM、Sun 等计算机巨头的支持，Linux 在手机操作系统市场中异军突起。由于 Linux 的源代码是开放的，有利于独立软件开发商（ISV）开发出硬件利用效率高、功能更强大的应用软件，也方便行业用户开发自己的安全、可控认证系统。特别是当智能手机大量用作行业应用的移动终端时，使用 Linux 便于实施系统一体化的安全策略。

软件专题

1. 办公软件

（1）微软 Office 系列软件

1983 年 1 月，微软发布了自己的第一个能显示粗体、斜体的文字处理软件 Word For Dos 1.0，但是并没有被市场完全接受。当时主导市场的是 WordPerfect 文字处理软件。

1989 年年底发布的 Word 1.0 Windows 版，奠定了微软在文字处理软件行业中的主导地位。当时 Windows 操作界面已经很普及，而且只有 Word。

1992 年微软发布的 Word For Windows 2.0 版本，在工具栏上增加了一些按钮。

1994 年微软发布了 Word For Windows 6.0 版，界面有了很大的改进。它支持 256 色，工具栏也增加到了 8 个，有了单击鼠标右键可以弹出菜单等功能。

1996 年微软发布了 Office 97（这是中国用户最先接触的版本）。这个版本出现了后来存在很大争议的 Office 小助手，工具栏的位置可以随便拖动等功能。

1999 年，Office 2000 中文版正式发布，功能特性在 Office 97 的基础上全面更新和增强。

2001 年，正式发布了 Office XP 中文版。智能标记、任务窗格、电子表格以及内容丰富的幻灯片所需的工具、管理个人信息和通信、先进的桌面数据库管理系统等，在功能上有了一个质的飞越。

2003 年，Office 2003 中文版正式发布，提出了 Microsoft Office System 的新概念。Office 2003 还包括 FrontPage 2003、Visio 2003、Publisher 2003 和 Project 2003 以及相应的服务器产品。

2006 年年底，微软发布了 Office 2007。

（2）国产 Office 软件

① 金山 WPS 系列软件的发展

从 1988 年到 1989 年，求伯君花了 14 个月的时间，单枪匹马开发出了 WPS。它应用了窗口技术，且独创了“模拟显示”功能。

2001 年 5 月，WPS 正式采取国际办公软件通用定名方式，更名为 WPS Office。在产品功能上，WPS Office 从单纯的文字处理软件升级为以文字处理、电子表格、演示制作、电子邮件和网页制作等一系列产品为核心的多模块组件式产品。在用户需求方面，WPS Office 细分为 WPS Office 专业版、教师版和学生版。

2005 年，金山公司发布 WPS Office 2005。为了尊重用户对微软系列 Office 的使用习惯，金山耗资 3 500 万元，由 100 多名工程师历时 3 年，重写了 500 万行代码。软件个人版同时提供网络下载。

2008 年年底推出的 WPS Office 2009，加强了易用性，提供了插件平台，供用户根据特定需求选择功能，并给第三方开发功能插件提供了极大便利。WPS Office 2009 还在网络化方面迈出了重大一步，垂直搜索和产品化社区大大增强了用户办公的便捷性。

② 永中 Office 软件的发展

2002 年 10 月 26 日，无锡永中科技有限公司在北京正式推出永中 Office 个人版集成办公软件 V1.0 正式版，被视为国产办公软件的一颗“新星”，为国产办公软件注入新鲜血液。

2003 年 8 月 28 日，永中科技宣布其最新产品永中 Office 2003 正式上市。这个版本在速度和兼容性方面有较大突破，对硬件配置的要求降低，并解决了受制于 Java 语言的速度问题。

2006 年 9 月，永中 Office 2007 发布。软件强调了“集成”功能，将文字处理、电子表格和简报制作三大功能无缝集成到了一起，从而实现应用、数据和文件的三大创新集成体系。创造团队将原有代码全部推翻重写，使软件在运行速度上有了明显的改善。提供对 Windows、Linux 和 Mac OS X 三大主流系统的支持。新版永中 Office 还提供了对微软 Office 系统的精确兼容，并支持邮件合并、即时存盘、手绘表格等功能。

2008 年 10 月永中科技发布了最新版办公软件——EIOffice 2009。这是全面支持 UOF 标准的国产办公软件。

2. 多媒体技术发展

(1) 多媒体技术发展简史

1968 年，Doug Engelbart 博士在 IEEE 会议上展示了世界上第一个鼠标。

1973 年，施乐公司（Xerox）推出世界上第一部采用图形界面、可操作的计算机（名为 Alto），这是世界上第一台使用鼠标的计算机。

1984 年，Apple 公司的 Macintosh 计算机诞生。

1985 年，激光只读存储器 CD - ROM（光驱）问世。

1987 年，美国无线电公司 RCA 公布了 DVI（交互式数字视频）技术，这就是多媒体技术的雏形。DVI(Digital Video Interactive）标准在交互式视频技术方面进行了规范化和标准化。使计算机能够利用光盘以 DVI 标准存储静止图像和活动图像，能存储声音等多种信息。首次将彩色电视技术与计算机技术融合。DVI 标准，使计算机处理多媒体有了统一的技术标准。

1991 年，MPC-1 标准发布。MPC(Multimedia Personal Computer，多媒体个人计算机）标准规定了多媒体个人计算机的最低标准。

1992 年，JPEG、MPEG - 1 标准公布。

1994 年，MPEG - 2 标准，流媒体开始出现。

1995 年，发布 MPC -3 标准。包括 MP3 音频压缩标准和 MPEG - 3 视频压缩标准。

1997 年，美国 Intel 公司推出了具有 MMX 技术的奔腾处理器。DVD 影碟与播放器问世。

1998 年，MPEG-4 标准发布。

2002 年 6 月，中国信息产业部科学技术司中成立“数字音视频编解码技术标准工作组”。工作组的任务是：面向我国的信息产业需求，联合国内企业和科研机构，制（修）定数字音视频的压缩、解压缩、处理和表示等共性技术标准，为数字音视频设备与系统提供高效经济的编解码技术，服务于高分辨率数字广播、高密度激光数字存储媒体、无线宽带多媒体通信、互联网宽带流媒体等重大信息产业应用。[①]

国际上音视频编解码标准主要有两大系列：ISO/IEC JTC1

① 数字音视频编码技术标准工作组简介 . http：//www. avs. org. cn/aboutus. asp，浏览时间：2009 - 05 - 10

制定的 MPEG 系列标准；ITU 针对多媒体通信制定的 H. 26x 系列视频编码标准和 G. 7 系列音频编码标准。经过十年多演变，音视频编码技术本身和产业应用背景都发生了明显变化。目前，音视频产业可以选择的信源编码标准有四个：MPEG－2、MPEG－4、MPEG－4 AVC（简称 AVC，也称 JVT、H. 264）、AVS。从制定者分，前三个标准是由 MPEG 专家组完成的，第四个是我国自主制定的。AVS 标准是《信息技术先进音视频编码》系列标准的简称，AVS 标准包括系统、视频、音频、数字版权管理四个主要技术标准和一致性测试等支撑标准。

2006 年 3 月，《信息技术先进音视频编码》标准（AVS 标准）的视频部分正式成为国家标准。

2009 年 4 月，我国自主研发的数字音频国家标准《多声道数字音频编解码技术规范》公布。

（2）多媒体应用软件

由于多媒体技术的迅速发展以及多媒体应用的日益大众化、生活化，与之对应的多媒体加工处理软件也以大众应用型软件居多，且软件的发展以界面更加友好、功能更加体贴完善为目标，已经很难界定哪些软件是专业级的软件。

多媒体技术应用领域中的软件种类非常多，且不同领域不同软件的发展历程均不相同。在互联网技术、多媒体技术迅速发展的同时，一些软件消亡了，一些软件被兼并。软件发展经历“大浪淘沙”之后，有生命力的软件存活下来，体现出新的生命价值。

① 平面加工处理软件

平面加工处理软件主要有 Photoshop、CorelDraw 等。这里以 Adobe Photoshop 为例回顾其发展历程。

1990 年 2 月，经过 Thomas 和其他 Adobe 工程师的努力，Photoshop 版本 1. 0. 7 正式发行。第一个版本只有一个 800 KB 的软盘（Mac）。

1991 年 6 月，Photoshop 2. 0（代号 Fast Eddy）正式发行。20 世纪 90 年代初美国的印刷工业发生了比较大的变化，印前（pre－press）计算机化开始普及。Photoshop 在版本 2. 0 中增加了 CYMK 功能（分色印刷需要）。Photoshop 2. 5 版本的主要特性是开始支持 Windows 操作系统。

1994 年 11 月，Photoshop 3. 0 Windows 版发行。该版本的重要新功能是图层概念（Layer）。

1996 年 11 月 Photoshop 4. 0 发行，Photoshop 4. 0 版本主要改进了用户界面。

1997 年 Photoshop 5.0 版发布。这个版本新增了三个重要功能：历史面板（History Palette）功能，“图层样式”功能；色彩管理功能也是一个重大的新增功能。

2000 年 9 月，Photoshop 6.0 版发布。经过改进，Photoshop 与其他 Adobe 工具交换更为流畅，此外 Photoshop 6.0 引进了“形状”（Shape）。

2002 年 3 月，Photoshop 7.0 版发布。在数码相机流行起来之前，Photoshop 处理的图片绝大部分还是来自于扫描，Photoshop 大部分功能基本与数码相机没有什么关系。到 20 世纪 90 年代末，数码相机大行其道，Photoshop 7.0 版适时地增加了 Healing Brush 等图片修改工具，还有一些基本的数码相机功能如 EXIF 数据、文件浏览器等。

2003 年 9 月，新版本 Photoshop 不再延续原来的叫法称之为 Photoshop 8.0，而改称为 Photoshop Creative Suite（Photoshop CS），它与 Adobe 其他的系列产品组合成一个创作套装软件，与兄弟产品的融汇更加协调通畅。CS 版本把原来的原始文件插件进行改进并成为 CS 的一部分，更多新功能为数码相机而开发，如智能调节不同地区亮度、镜头畸变修正、镜头模糊滤镜等。

2005 年，Adobe Photoshop CS2（Creative Suite 2）发布。新版本允许用户在透明状态下克隆、编辑和转换图像，降低噪点技术更为先进，其光学变焦校正技术可以校正失真的图像，允许用户在 Photoshop CS2 中同时处理多幅原始图片。

2007 年，Adobe Photoshop CS3 发布。这个版本包括 Adobe Bridge 和 Adobe Device Central 等组件，并且支持 Mac 和 Windows 操作系统。

2008 年，Adobe 在 Photokina 2008 世界影像博览会上发布了最新版本 Photoshop CS4 和 Photoshop CS4 Extended。Adobe Photoshop CS4 增加了很多新功能，可使用 GPU 对图像处理进行硬件加速，并简化了很多以前的操作，如智能缩放、自动对齐以及在 360 度范围内自动弯曲模式等。

② 音频制作软件

音频应用类的软件主要可分为音频播放类、音频转换类、音频编辑处理软件等。随着数码设备的迅速升级换代，相应的音频应用类软件发展变化较快，这里只介绍一种常用的音频编辑制作软件。

音频编辑制作软件 CoolEdit2.1 于 2003 年被 Adobe 公司收购。2007 年新版 Adobe Audition3 发布。Adobe Audition 拥有强

大的音频文件裁剪、编辑、制作、录制功能，专为广播设备和后期制作设备方面工作的音频和视频专业人员设计，可提供先进的音频混合、编辑、控制和效果处理功能。

③ 视频加工制作软件

视频应用类的软件主要包括视频播放、视频格式转换和视频加工处理等。随着数字视频技术的发展，应用软件多得难以历数。小型的视频加工软件如单纯剪裁软件、单纯的格式转换软件、单纯的合并软件等层出不穷，且随着视频编码技术的发展而呈现出多功能融合的趋势。常用的视频加工制作软件主要有会声会影、Premiere 等。

会声会影（Ulead VideoStudio）最早是友立公司开发的产品。友立资讯是在 1989 年 8 月 5 日由陈学群、廖敏芳及陈伟仁三人在全友计算机支持下所创立。2006 年 12 月 28 日友立资讯与英特维数位科技合并，2007 年并入 Corel 旗下。

会声会影是使用简便而功能丰富的视频编辑软件，支持各类编码，支持多种视频来源，具有图像抓取和编修功能，可以抓取和转换 MV、DV、V8、TV 实录视频，有多种内置片头、片尾模板，有多种视频转场特效等，可生成各种视频文件格式。

2008 年 9 月，会声会影 12（Corel VideoStudio Pro X2）发布。该版本重点强化了对高清视频的支持，无论是编辑还是转码都更加轻松。新版本的主要特性有：可以直接从高清摄像机导入蓝光文件，进行编辑后可以直接输出刻录到蓝光光盘上。支持新的 H.264 解码器，可以快速对高清视频进行编码并保留高画质，支持 1440×1080 和 1920×1080 输出分辨率。针对 Intel 四核处理器特别优化。可以直接将视频上传到 YouTube，并提供 WMV、H.264、FLV 等多种格式。支持苹果 iPhone 和 iPod Touch，可以从中导出文件，或者将视频导入其中。有多种电影特效、滤镜、绘画编辑器等。

Adobe Premiere 是专业视音频非线性编辑软件，在电影电视、多媒体、网络视频、动画短片以及家庭 DV 数码等后期制作中得以广泛应用，受到广大影视编辑爱好者的喜爱。可以在各种平台下和硬件配合使用。主要功能：支持多种视频素材采集（兼容各种数码影像设备的视频导入），通过时间轴进行精确的视频、音频的编辑制作，在特效处理、视频裁剪、转场特效、运动特效、字幕和标题动画等方面功能丰富强大，能导出生成多种视频文件格式，支持 Flash 视频格式。

1993 年的 Premiere for Windows，2003 年 7 月推出 Premiere

Pro。Adobe Premiere 6.5 之后就更名为 Adobe Premiere Pro。2006 年 1 月推出 Premiere Pro 2.0。2007 年发布 Premiere Pro CS3。2008 年 9 月，Adobe 公司宣布推出 Adobe® Creative Suite® 4 产品家族，其中包括 Premiere CS4。

④ 动画制作软件

动画制作软件主要可分为二维动画制作和三维动画制作软件。这里仅以 Flash 为例来回顾其发展历程。

1996 年 11 月，FutureSplash 正式卖给 Macromedia，改名为 Flash 1.0。因此 Flash 的前身是 FutureSplash。

1998 年 5 月，Macromedia 推出了 Flash 3.0。

1999 年 6 月，Macromedia 推出了 Flash 4.0。Flash 4.0 开始有了自己专用的播放器，称为"Flash Player"，不过为了保持向下相容性，Flash 制作出的动画则仍旧沿用了原有的 .SWF 文件名（Shock Wave Flash）。

2000 年 6 月，Macromedia 推出了 Flash 5.0（支持的播放器为 Flash Player 5）。Flash 5.0 中的 ActionScript 已有了长足的进步，并且开始了对 XML 和 Smart Clip（智能影片剪辑）的支持。ActionScript 的语法已经开始定位为发展成一种完整的面向对象的语言，并且遵循 ECMAScript 的标准（就像 JavaScript 那样）。

2002 年 3 月，Macromedia 推出了 Flash MX，开始了对外部 JPEG 和 MP3 的调入支持，同时也增加了更多的内建对象（如直接的绘画控制），提供了对 HTML 文本的更精确控制及 SetInterval 超频帧的概念，同时也改进了 SWF 文件的压缩技术。

2003 年 8 月，Macromedia 推出了 Flash MX 2004。

2005 年 10 月，Macromedia 推出了 Flash 8.0，增强了对视频的支持。可以打包成 Flash 视频（即 *.flv 文件）；改进了动作脚本面板。同年，Adobe 耗资 34 亿美元并购 Macromedia。

2007 年，Adobe Flash CS3（相当于 Flash 9.0）发布。同期推出的 Flash CS3 ActionScript 3.0 提供了一种强大的、面向对象的编程语言。

2008 年，Adobe Flash CS4 Professional（相当于 Flash 10.0）发布。它已不仅是简单的矢量动画工具，也不仅仅是交互动画制作工具，它已经发展为一个富媒体的集成平台。

3. 高级程序语言发展

1964 年，美国达特默斯学院约翰·凯梅尼（J. Kemeny）和托马斯·卡茨（T. Kurtz）在简化 Fortran 的基础上，研制出一种"初学者通用符号指令代码"（Beginners All - purpose Symbolic

Intruction Code)，简称 BASIC。BASIC 最初只有 17 条语句、12 个函数和 3 个命令。1987 年，微软推出 Quick BASIC。

1991 年，微软公司展示了一个叫 Thunder 的产品。它竟然可以用鼠标"画"出所需的用户界面，然后用简单的 BASIC 语言编写业务逻辑，就生成一个完整的应用程序。这种全新的"Visual"的开发就像雷电（Thunder）一样，给 Windows 开发人员开辟了新的天地。这个产品最终被定名为 Visual BASIC。Visual BASIC 1.0 带来的最新的开发体验就是事件驱动，它不同于传统的过程式开发。

1972 年，美国贝尔实验室的科学家丹尼斯·里奇（Dennis Ritchie）设计了 C 语言。

1983 年，美国贝尔实验室发布了 C＋＋语言。

C 是一个结构化语言，重点在于算法和数据结构。C＋＋在 C 语言的基础上进行了改进和革新，C＋＋与 C 在许多方面是兼容的，C＋＋是面向对象的程序设计语言。

1995 年 SUN 推出 Java 语言。Java 是一种面向对象的语言，类似于 C＋＋ 语言。Java 程序需要编译。实际上有两种 Java 程序：一种 Java 应用程序是一个完整的程序，如 Web 浏览器。一种 Java 小应用程序是运行于 Web 浏览器中的一个程序。

Java 出现以前，Internet 上的信息内容都是 HTML 文档。乐于 Web 浏览的人们希望能在 Web 中看到一些交互式的内容，开发人员也希望能够在 Web 上创建一类无须考虑软硬件平台就可以执行的应用程序。1994 年起，SUN 的工程师们开始将 OAK 技术（SUN 公司为一些消费性电子产品而设计的一个通用环境）应用于 Web 上，并且开发出了 Hot Java 的第一个版本，1995 年正式推出 Java。Java 的开发环境有不同的版本，如 SUN 公司的 Java Developers Kit，简称 JDK。后来微软公司推出了支持 Java 规范的 Microsoft Visual J＋＋ Java 开发环境，简称 VJ＋＋。

1998 年，SUN 发布了 Java 的历史上重要的版本：JDK1.2。将 Java 分成了 J2EE(Java 2 Platform Enterprise Edition，适用于创建服务器应用程序和服务的 Java 2 平台企业版)、J2SE(Java 2 Platform Standard Edition，适用于桌面系统的 Java 2 平台标准版）和 J2ME(Java 2 Platform Micro Edition，适用于小型设备和智能卡的 Java 2 平台 Micro 版)。JDK1.2 版本标志着 Java 已经进入 Java2 时代。

1998 年，微软推出 VC＋＋，VB6。

2000 年 5 月，SUN 对 JDK1.2 进行了重大升级，推出了 JDK1.3。

2000 年 6 月，微软发布 C#语言和 .NET 平台。

.NET 则是微软公司目前主推的开发平台，是微软未来操作系统以及长远战略的基础。C#（读做“C sharp”，中文译音“夏普”）是微软公司发布的一种面向对象的、运行于 .NET Framework 之上的高级程序设计语言，微软的 C#是根据 .NET 战略提出的一种新语言，是C/C++语言的扩展和升级。不能孤立地使用 C#语言，必须和 .NET Framework 一起考虑。用 C#编写的代码是在 .NET Framework 中运行。对于 C#语言来说，C#的结构和方法论反映了 .NET 基础方法论，C#的特定语言功能取决于 .NET 的功能，或依赖于 .NET 基类。

4. 数据库应用与发展趋势

（1）数据库发展概述[①]

数据库技术从诞生到现在，在不到半个世纪的时间里，形成了坚实的理论基础、成熟的商业产品和广泛的应用领域，吸引越来越多的研究者加入。数据库的诞生和发展给计算机信息管理带来了一场巨大的革命。三十多年来，国内外已经开发建设了成千上万个数据库，它已成为企业、部门乃至个人日常工作、生产和生活的基础设施。

数据库系统的萌芽出现于 19 世纪 60 年代。当时计算机开始广泛地应用于数据管理，对数据的共享提出了越来越高的要求。传统的文件系统已经不能满足人们的需要。能够统一管理和共享数据的数据库管理系统（DBMS）应运而生。数据模型是数据库系统的核心和基础，各种 DBMS 软件都是基于某种数据模型的。所以，通常也按照数据模型的特点将传统数据库系统分成网状数据库、层次数据库和关系数据库三类。

1969 年，关系数据库诞生。

1974 年，关系数据库查询语言 SQL（Structured Query Language）诞生。

1985 年，第一个商务智能系统（Business Intelligence）由 Metaphor 计算机系统有限公司为 Procter & Gamble 公司开发出来，主要是用来连接销售信息和零售的扫描仪数据。

1991，美国著名工程学家 W. H. Inmon 博士于 90 年代在《建立数据仓库》一书中提出：“数据仓库（Data Warehouse）是一个面向主题的、集成的、稳定的、包含历史数据的数据集合，它用于支持经营管理中的决策制定过程。”

---

① 信息技术课程网 . http：//www.ictedu.cn/show.aspx？id=1716&cid=40

(2) 主要数据库品牌

大的数据库品牌：甲骨文（Oracle）、IBM（DB2）、微软（SQL Server 2005）、SyBase(ASE 数据库)。

开源数据库：MySQL、PostgreSQL。

网格数据库：甲骨文、IBM。

(3) 数据库应用趋势

近几年来，各主要数据库系统均在其数据库内支持 XML（eXtensible Markup Language，可扩展的标记语言）。表明在 Web 应用程序和系统间信息交换方面表现突出的 XML 技术，已经成为主导数据库技术趋势的主力军。XML 是定义文档结构的机制，定义了一个对文档进行标记的标准。XML 技术有利于帮助用户去整合各种不同的数据源，比较灵活地去应用新的数据源、复杂的数据源。XML 技术在 Web 应用程序和系统间信息交换方面表现突出。

BI(Business Intelligence，商业智能)，包括从数据抽取中间件到桌面数据分析工具，再到数据仓库服务器，如何能够从海量数据中获取更多的信息，以便分析决策将数据转化为商业价值，这是极其重要的技术需求。从用户对数据管理需求的角度看，可分为：联机事务处理（OLTP）应用、联机分析处理（OLAP）与辅助决策（BI）两大类，也就是说，数据库不仅要支持 OLTP，还应该为业务决策、分析提供支持。目前，主流的数据库厂商都已经把支持 OLAP、商业智能作为关系数据库发展的一大趋势。①

网格数据库。网格作为一种新出现的重要技术，必然会对数据库技术带来巨大的冲击。商业计算的需求使用户需要高性能的计算方式，而超级计算机的价格却阻挡了高性能计算的普遍能力。于是造价低廉而数据处理能力超强的计算模式——网格计算应运而生。数据库技术和网格技术相结合，也就产生一个新的研究内容，称之为网格数据库。网格数据库当前的主要研究内容包括三个方面：网格数据库管理系统、网格数据库集成和支持新的网格应用。

5. 网络应用软件

WWW 是 World Wide Web 的缩写，也可以简称为 Web，中文名字为“万维网”。其创建者伯纳斯·李，在 1991 年 8 月 6 日创建的第一个网址中解释了万维网的工作原理等内容。他也因此被《时代周刊》杂志评选为 20 世纪最重要的 100 位人

① IT 技术网 . http：//tech. ccidnet. com/art/9865/20070406/1054907 _ 1. html

物之一。

(1) 浏览器软件

浏览器软件是所有上网用户必备工具，是用户访问网络时的唯一通道，也是计算机各种网络应用的入口。网络浏览器软件已由早期的单纯网页浏览发展到今天的应用型浏览，已成为整合网络应用的重要力量。万维网的发明引发了第一场浏览器战争（微软 IE 与网景之战），2009 年的"云计算元年"将引发第二场浏览器之战。

一般来说，四个具有独立内核的浏览器软件为：微软的 IE 浏览器、Firefox 火狐浏览器（Mozilla Firefox 是一个自由的、开放源码的浏览器，适用于 Windows，Linux 和 MacOS X 平台)、Chrome 谷歌浏览器和 Opera 中国版（Opera 是源自挪威的浏览器软件)。

1993 年，美国伊利诺伊大学的美国超级计算应用国家中心开发出第一个万维网浏览器 Mosaic。

1997 年，微软发布 IE4。2009 年年初，IE8 测试版发布。

2004 年，Mozilla Firefox 1.0 正式发布。2009 年，火狐中国版（Firefox 3.0）发布。

应用型的第三方浏览器软件有：傲游浏览器（Maxthon)、腾讯 TT、世界之窗浏览器（The World)、搜狗浏览器（2008 年推出)、360 浏览器等，均是采用 IE 内核的应用型第三方浏览器，各自侧重于不同的应用功能。

(2) 搜索引擎

① Google

1998 年 10 月之前，Google 只是 Stanford 大学的一个小项目 BackRub。1995 年博士生 Larry Page 开始学习搜索引擎设计，于 1997 年 9 月 15 日注册了 google.com 的域名，1997 年年底，在 Sergey Brin 和 Scott Hassan、Alan Steremberg 的共同参与下，BachRub 开始提供 Demo。1999 年 2 月，Google 完成了从 Alpha 版到 Beta 版的蜕变。Google 公司则把 1998 年 9 月 27 日认作自己的生日。

2000 年，Google 每天进行 1800 万次查询，成为最大的互联网搜索引擎，雅虎选择 Google 作为默认的搜索结果供应商。

2000 年 9 月 12 日，Google 全球宣布推出简体及繁体两种中文版本，开始为全球中文用户提供搜索服务。

2004 年 3 月 31 日，Google 宣布了免费电子邮件服务 Gmail。

2006 年 4 月 12 日，"谷歌"——Google 的全球中文名称在北京正式发布。

2008 年 2 月 29 日，谷歌实现手机上的整合搜索。

2008 年 5 月 8 日，谷歌与金山软件共同发布联合品牌的免费《谷歌金山词霸合作版》。

2008 年，谷歌发布自主开发的浏览器 Chrome，是开源软件。

② 百度

2000 年 1 月，超链分析专利发明人、前 Infoseek 资深工程师李彦宏与好友徐勇（加州伯克利分校博士）在北京中关村创立了百度（Baidu）公司。2001 年 8 月发布 baidu. com 搜索引擎 Beta 版（此前 Baidu 只为其他门户网站搜狐、新浪、Tom 等提供搜索引擎），2001 年 10 月 22 日正式发布 Baidu 搜索引擎。

2002 年 11 月，为网易提供服务，发布 MP3 搜索。

2003 年 6 月，百度超越 Google，成为中国网民首选的搜索引擎。

2003 年 7 月，百度推出图片、新闻两大技术化搜索引擎。

2004 年 5 月，据 Alexa 最新显示百度已经成为全球第四大网站。

2004 年 11 月，手机上能使用百度。

③ 其他搜索引擎简介

中国雅虎（http：//www. yahoo. cn/）。1993 年年底，杨致远和费勒靠着校园中的一台搜索器记录他们所喜爱的网站，之后他们整理出一份清单“JERRY 万维网指南”。1995 年，他们根据《格列佛游记》中的野兽将这个站名取名为 Yahoo。

有道搜索（http：//www. youdao. com/）。2006 年 12 月，网易自主研发的中文搜索引擎“有道搜索”测试版上线。近三年的发展中，有道陆续推出了网页搜索、图片搜索、新闻搜索等中文网民常用的搜索服务，并结合搜索引擎的优势推出了有道词典和有道阅读、音乐搜索、视频搜索、地图搜索等。

中搜（http：//www. zhongsou. com/）。2003 年 12 月 25 日，“中搜”正式成立，并推出搜索门户网站及新闻中心。

（3）网络资源获取

互联网上的海量资源，在很多时候要根据需求下载到本地计算机上。下载工具非常多，除了浏览器本身能完成基本的下载任务之外，许多资源需要使用专门的下载软件。早期的网络蚂蚁，后来有网际快车（Flashget）、影音传送带（国产）。近年来盛行的 P2P 下载，P2P 是 Point to Point 点对点下载的意思，意思是在你自己下载的同时，自己的计算机还要继续做主机上传，这种下载方式，人越多速度越快，它适合下载电影等视频类大文件。常用的 P2P 下载软件有迅雷、BT 类下载工具（如 BitComet 等）、电驴（eMule）等。

BT 下载。BT（BitTorren，比特洪流）是一个文件分发协议，它通过 URL 识别内容并且和网络无缝结合，是最近比较流行的一种 P2P 文件共享工具，其使用的核心协议也称为 BT。BitTorrent 它在 HTTP 平台上的优势在于，同时下载一个文件的下载者在下载的同时不断互相上传数据，使文件源可以在很有限的负载增加的情况下支持大量下载者同时下载。

eMule 电驴下载。2002 年 5 月 13 日，一个叫做 Merkur 的人，不满意当时的 eDonkey2000 客户端并且坚信他能做出更出色的 P2P 软件，于是便着手开发。他凝聚了一批原本在其他领域有出色发挥的程序员在他的周围，eMule 工程就此诞生。他的目标是将 eDonkey 的优点及精华保留下来，并加入新的功能以及使图形界面变得更好。现在，eMule 已是世界上最大并且是最可靠的点对点文档共享的客户端软件。感谢开放源代码的政策，使许多开发人员能够对这个工程有所贡献，从而使新版本的发布显得更有效率。

快车（快车网 http：//www. kuaiche. com/）与迅雷（迅雷在线 http：//www. xunlei. com/）都发展为以海量资源平台为支撑的下载平台，而新版的快车与迅雷也都具备了一般小型下载工具的功能（或者有插件可以扩展）。

随着互联网接入速度的不断提高，文件下载已成为人们上网最基本的需求之一。作为接入互联网的主要客户端浏览器，内置下载器已成为眼下的流行趋势。而迅雷下载工具也推出了“网页迅雷”。使得浏览与下载变得更为直截了当。

另外，还有两类下载值得一提：一类通常被称为“离线浏览工具”，能够通过设置下载整站资源。另一类则以“网文捕快”为代表，是收集、下载、管理网页资源的得力助手，可方便地将下载的网页存储为电子书形式。

数码应用专题

1. 存储设备

（1）存储技术发展概述

历经 50 多年的发展，硬盘的可靠性、存储速度、存储容量都有了巨大变化。2007 年日立发布的 1TB 硬盘，成为硬盘发展史上的一个重要里程碑，也证明了硬盘在最高容量、最低成本存储技术方面的领导地位。

1957 年，IBM 推出第一款硬盘驱动器，容量只有 5 MB，由 24 径为 24 英寸的盘片组成。

1999 年，中国的邓国顺与合作伙伴成晓华发明了世界上第一款闪存盘。2002 年 7 月与 2004 年 12 月，朗科公司分别在中国与美国获得了闪存盘的全球基础性发明专利的正式授权，邓国顺被称之为“闪存盘之父”。

2006 年 3 月，新科公司宣布，全球首台移动高清影碟机——新科移动 EVD－120 问世。

2006 年 4 月，华旗资讯的新品 U 盘，容量高达 16 GB 以上。

2007 年 4 月，日立发布 1 TB 硬盘。

2008 年 2 月，英特尔及美光科技公司推出 NAND 闪存技术。

2008 年 6 月，东芝公司推出 1.8 英寸 STAT 接口硬盘，最大存储容量为 160 GB。

2008 年 7 月 10 日，希捷公司推出全球首款 1.5TB 台式计算机硬盘和 500 G 笔记本硬盘。

2008 年 7 月 14 日，日立公司推出第二代 1TB 硬盘，“千 G 时代”到来。

（2）存储新技术

固态硬盘（Solid State Disk、IDE Flash Disk、Serial ATA Flash Disk）是由控制单元和存储单元（Flash 芯片）组成，简单的说就是用固态电子存储芯片阵列而制成的硬盘。目前的硬盘（ATA 或 SATA）都是磁碟型的，数据就储存在磁碟扇区里。而固态硬盘是使用闪存颗粒（Flash Disk）（即目前内存、MP3、U 盘等存储介质）制作而成，因而其外观和传统硬盘有很大区别。固态硬盘没有普通硬盘的旋转介质，因而抗震性极佳。固态硬盘的主要优势在于：数据存取速度快、防震抗摔、固态存储器工作时静音且发热量小、重量方面更轻。

固态硬盘是未来硬盘发展的趋势，可广泛应用于军事、车载、工控、视频监控、网络监控、网络终端、电力、医疗、航空、导航设备等领域。

2. 数码相机与摄像机

（1）数码相机

照相机自 1839 年由法国人发明以来，已经走过了将近 200 年的发展道路，从黑白到彩色，从纯光学、机械架构演变为光学、机械、电子三位一体，从传统银盐胶片发展到今天的以数字存储器作为记录媒介。数码相机的出现使人们的影像生活由此得到了彻底改变。

1969年10月17日，美国贝尔研究所的鲍尔和史密斯宣布发明“CCD”（电荷耦合元件），这种感光元件经完善后广泛应用于数码相机，推动了数码相机成像技术的进步。现在，4色CCD、SUPER CCD等最新改良技术不断涌现，数码相机的像素数早已跨越了千万像素，而成像效果也已臻于完美。

1981年索尼公司推出了全球第一台不用感光胶片的电子相机——静态视频“马维卡（MABIKA）”。该相机使用了10 mm×12 mm的CCD薄片，分辨率仅为570×490(27.9万）像素，首次将光信号改为电子信号传输。

1986年索尼发布了MYC-A7AF，第一次让数码相机具备了纯物理操作方法，能够在2英寸盘片上记录静止图像，像素分辨率也已扩展到了38万像素。

1988年由佳能公司推出了60万像素的机型RC-760。

1999年6月，尼康推出首部自行研制的数码单反-D1。内置274万像素CCD，ISO感光度200-1600，采用CF卡/IBM微硬盘作为存储介质，支持的文件格式包括JPEG、TIFF、RAW三种。

1999年，数码相机再度在像素上有所突破，全面跨入200万像素之年。

2000年，随着微电子、存储设备的发展，数码相机进入300万像素阶段。

2002年，数码相机应用大爆发，从200万像素提高到400万像素。

2003年，数码相机市场已经相当完整，从低端家用、入门级手动、长焦机型到高端旗舰类机型，可以满足不同消费者的需求。唯独单反数码相机仍然价格昂贵。

2004年，第一款采用CCD防抖的数码相机——柯尼卡美能达X1诞生。这款相机采用了800万像素CCD，具有3倍光学变焦，机身背面配备2.5英寸LCD显示屏，成为当时时尚数码相机的标杆。直到现在，高像素、大屏幕、防抖已成为主流数码相机的重要衡量标准。

2005年，柯达推出的全球第一款双镜头双CCD数码相机V570。这款相机采用了两块500万像素CCD，两枚镜头一枚为23 mm定焦镜头，一枚为39～117 mm的3倍光学变焦镜头，两枚镜头结合在一起，就能实现5倍光学变焦，堪称数码相机史上的一大奇迹。

2006 年，消费级数码相机已经全面进入了千万像素级阶段。

单反数码相机指的是单镜头反光数码相机，即 Digital 数码、Single 单独、Lens 镜头、Reflex 反光的英文缩写 DSLR。单反数码相机的主要特点如下。①高质量：在关系数码相机摄影质量的感光元件（CCD 或 CMOS）的面积上，单反数码的面积远远大于普通数码相机，这使得单反数码相机的每个像素点的感光面积也远远大于普通数码相机，因此每个像素点也就能表现出更加细致的亮度和色彩范围，使单反数码相机的摄影质量明显高于普通数码相机。②可变镜头：可以配置和变换不同规格的镜头，这是单反相机天生的优点，是普通数码相机不能比拟的。③响应迅速：普通数码相机最大一个问题就是快门时滞较长，在抓拍时掌握不好经常会错过最精彩的瞬间。响应速度正是数码单反的优势。

由于存储技术的不断发展，当前数码相机的视频拍摄功能正在逐渐增强，2008 年以来，一些主流数码相机已经具备高清视频拍摄能力。

（2）数码摄像机

数码摄像机的发展不过十几年，其产品在外形、配置、功能、操控等方面都有了显著的进步。数码摄像机的发展一直是沿着两条主线在进化的，其一是解析度，其二是存储介质。从传统的磁带存储、光盘存储，到硬盘存储，直到当前最前沿的闪存存储，正是存储介质的快速进化助推着数码摄像机日益走入大众生活。

1995 年，索尼 DCR－VX1000 宣告摄像机正式进入数字时代。此为磁带 DV 时代。

2000 年，光盘 DV 摄像机时代，同时开创了非线性即时编辑时代。

2004 年，世界上首款微型硬盘 DV 问世。

2005 年，采用闪存作为存储介质的 DV 出现，宣告了闪存 DV 时代的开始。

2008 年 3 月，佳能首次推出内置存储器＋大容量存储卡的“双模存储”高清 DV。

2009 年发布的多款三星系列产品，采用的存储介质是 SSD 固态硬盘（Solid State Disk）。SSD 固态硬盘是由控制单元和存储单元组成，没有机械结构，利用 NAND Flash 闪存特性，读写效率非常高，具有低耗电、耐震、稳定性高、耐低温等优点，而且发热量小。此项技术目前价格较高，但发展前景非常好。

仅仅数十年的发展，数字化影像产业的发展已经足以让我们目瞪口呆，这个领域成为新兴科技快速应用以创造价值的一种表现形式。很难预测未来的数字化影像的发展走向，但是整个领域必定还会不断加速发展，越来越真实地重现生活世界中的风物景观。

3. 高清数字视频与播放设备

（1）高清数字视频

数字电视系统（DTV）就是拍摄、编辑、制作、传输、接收等全过程都使用数字技术的电视系统。数字电视按照清晰度分为四档：高清晰度（HDTV）、增强清晰度（EDTV）、标准清晰度（SDTV）和普通清晰度（PDTV）。不同清晰度级别的数字电视之间具有向下兼容性，高端产品可以兼容低端产品。HDTV 是 DTV 里音画质量最好的一种格式，HDTV 通常被定义为分辨率至少能达到 1920×1080 i 或 1280×720 p，且画面长宽比为 16∶9 的 DTV。

1999 年 10 月 1 日，中央电视台首次采用数字 HDTV 技术成功地进行了国庆节盛况转播。

2001 年 1 月 1 日，上海开播数字高清晰度电视节目。

2008 年 1 月，中央电视台地面数字高清电视开播。

2008 年 8 月，北京奥运会比赛首次实现了全高清电视信号转换。

（2）高清播放设备

拥有高清信号源，并不能让我们感受到清晰的视觉效果，只有在高清数字电视机的支持下，我们才能享受到数字高清电视的高品质。

从技术上讲，全高清的显示屏整体物理分辨率要达到 1920×1080 p，也就是水平方向的分辨率要达到 1920 个像素，垂直分辨率要达到 1080 条扫描线。要实现真正全高清影音效果，单靠显示面板的分辨率是远远不够的，还需要有内在芯片在技术性能上的全方位支持。高清标准要求电视屏幕的长宽比为 16∶9，需要内置高清数字调谐器，必须配备 DVI 或者 HDMI 数字多媒体接口。HDMI 即未来高清电视标准数字接口，只需一条 HDMI 缆线即可传送高清数字图像和声音信号，有效地解决了家庭娱乐系统背后连线杂乱和纠结的问题。

蓝媒系列液晶电视开创平板高清显示和网络多媒体平台资源的融合。该系列液晶电视通过内置高清播放引擎，实现了从高清读取、高清解码到高清播放的全程高清，确保信号毫无损失地播放蓝光 DVD 支持的 H. 264、MPEG－2 等高清视频节目。通过网络下载高清片源，可以通过该电视的 USB 接口读取播放。蓝媒系列液晶电视可以通过网线或者无线网络连接上网。接口方面配备了丰富的扩展功能，配有网线接口，可以通过网线连接上网。还拥有常规色差分量端子、AV 端子、S 端子、TV 端子和 VGA 接口、耳机接口和 USB2. 0 接口。创新应用 RSS 内容聚合技术对新浪网络信息资源进行了编辑整理，可方便地用电视实现电视节目收看、收听实时新闻、天气预报、股票信息、流行音乐等功能。实现了平板电视对 Flash 文件的读取播放，内置了幼儿教学 Flash 和益智游戏。蓝媒电视加入 UPnP 技术，通过 UPnP 技术与计算机组成家庭局域网，共享视频、图片、音乐和文本文件。

（3）网络电视

国际电信联盟最初对网络电视的定义：网络电视即 IPTV，是在 IP 网络上传送包含电视、视频、文本、图形和数据等，提供 QoS/QoE、安全、交互性和可靠性的可管理多媒体业务。

国家广电总局对网络电视的定义：网络电视以互联网协议（IP）作为主要技术形态，以计算机、电视机、手机等各类电子设备为接收终端，通过移动通信网、固定通信网、微波通信网、有线电视网、卫星或其他城域网、广域网、局域网等信息网络，从事开办、播放（含点播、转播、直播）、集成、传输、下载视听节目服务等活动。

网络电视根据终端可分为三种形式：PC 平台、TV 机顶盒和手机平台（移动网络）。

2002 年，中国进行了早期的 IPTV 尝试。

2004 年，索尼公司发布支持网络的液晶电视新品，即网络液晶电视。

2006～2008 年，网络电视又发展到机顶盒阶段。

2009 年，新型网络液晶电视除了能够实现机顶盒功能之外，还能实现无线上网（如上文的蓝媒电视）。

4. 小型数码应用产品

小型消费级的数码应用产品涉及：MP3、MP4、PSP、GPS 等。

（1）MP3 播放器

1991 年，MP3（全称 MPEG－1 Audio Layer 3）技术被发明和标准化。

1994 年，第一个称为 l3enc 的 MP3 编码器诞生。

1995 年，统一扩展名为 .mp3，此后伴随着 MP3 播放软件——Winamp 和 MP3 在线下载软件——Napster，MP3 音乐开始在互联网上蓬勃发展。

1998 年世界上第一台 MP3 由韩国的世韩公司推出，即 MP3—MPMAN F10，存储容量为 32 M，LED 单色屏幕，仅能液晶显示英文和时间。

2004 年开始，MP3 开始了彩屏时代。全球第一款真正意义上的彩屏 MP3——爱国者月光宝盒彩屏 MP3P200，拥有 6 万 5 千色、1.8 英寸真彩液晶屏，支持图片浏览、掌上游戏和电子书阅读，存储容量达 256 M。

2005 年，世界上第一款视频 MP3 播放器——DMTECH DM-AV10 出现。

2006 年，随着闪存卡容量的迅速增加，MP3 的存储容量也在不断扩充，容量达 4G。功能更加完善，兼有收音机、录音、音频播放、视频观看等功能。从此开始出现了 MP3 到 MP4 的过渡产品。

（2）MP4 播放器

MP4 最初是指 MPEG-2 AAC，是一种音频压缩格式，后来被商家偷梁换柱，成了便携式视频播放器的代名词。不同的 MP4 播放器支持的视频编码格式不同。市面上 MP4 产品所支持的编码格式繁多，由于硬件平台没有统一标准，软件系统也是各厂商自行设计，因此 MP4 播放器的解码兼容性和稳定性可以说是参差不齐。

2002 年，诞生了第一款 MP4 播放器。

2007 年，随着 MP4 产品全面兼容 RM/RMVB 格式，MP4 播放器渐成主流。

2007 年以后，MP3 和 MP4 产品市场并存，MP3 播放器逐渐向大容量、大屏幕、触摸屏趋势发展，CMMB 等新技术被融合；在 MP4 播放器市场，GPS、CMMB、高清 MP4 逐渐成为主流。①

（3）PSP 掌上游戏机

2004 年，PSP(Play Station Portable) 由索尼公司的游戏机系列的口袋版。PSP 具有良好的影音播放能力。PSP 的操作系统叫 CMB(Cross Media Bar)，十字媒体交叉系统。通过它可以应用 UMD 格式（多媒体储存媒介—Universal Media Disc，最大容量可以达到 1.8 GB）游戏，UMD 格式和 MP4 格式视频，可以听 UMD 格式和 MP3/WMA 等格式的音乐，看 JPEG/GIF（静

① 掌上风云——高清 MP4 蝶变 . http：//diy8. banzhu. net/article/diy8-8-360964. html，浏览时间：2009-05-10

态）/PNG/BMP格式图片，支持Flash，通过内置的无线上网设备上网。[①]

（4）GPS导航系统

GPS是全球定位系统（Global Positioning System）的缩写形式，它是一种基于卫星的定位系统，用于获得地理位置信息。

美国的GPS系统是世界上第一个成熟、可供民用的全球卫星导航定位系统。GPS系统凭借28颗卫星和大量地面设备构建的强大功能，可以向用户提供全天候、连续、实时、高精度的三维位置、三维速度以及时间数据，十多年来在全球范围内得到了广泛应用。

我国2009年4月在西昌卫星发射中心发射北斗导航卫星。北斗卫星系统是继美俄之后，全球第三套技术成熟的全球定位导航系统。2009年我国的卫星系统将进入组网高峰期，预计将在2015年建成一个由30颗卫星组成的全球导航系统，我国将会逐渐摆脱对美国GPS系统的依赖。

卫星导航定位技术在经济社会发展中的应用越来越广泛，在基础测绘、工程勘察、数字城市、数字区域建设到资源调查、国土规划、交通运输、地震监测、公共安全与应急管理等众多领域，成为继蜂窝移动通信和互联网之后的第三大IT经济新增长点。有关资料显示，近两年来，我国移动通信产业、汽车产业和智能交通业高速发展，现已拥有6亿手机用户，汽车年销售突破千万辆。车载导航、手机定位、个人位置服务、现代物流等新型服务业的兴起，使导航定位产品开始步入千家万户。

5. 手机

（1）手机发展概述

从1983年的“BP”机、1993年的“大哥大”发展到现在，移动通信方式的变化可谓是信息技术以及通信技术领域“沧海桑田”的一种映射。特别是近年新兴的3G手机，比较以往手机，传输声音和数据的速度上都有较大提升，能处理图像、音乐、视频流等多媒体形式，提供包括网页浏览、电话会议、电子商务等多种信息服务，能在全球范围内实现漫游。

我国自主知识产权的TD－SCDMA技术已经与WCDMA、CDMA2000、WiMAX（新兴的宽带无线接入方式）一起，被国际电信联盟确定为全球四大3G标准。

（2）手机电视

手机电视标准CMMB从2008年奥运会期间开始试运行。

---

① 百度知道——PSP是什么东西．http：//zhidao.baidu.com/question/9302046.html，浏览时间：2009－05－10

CMMB是英文China Mobile Multimedia Broadcasting（中国移动多媒体广播）的简称。它是国内自主研发的第一套面向手机、PDA、MP3、MP4、数码相机、便携式计算机多种移动终端的系统，利用S波段卫星信号实现“天地”一体覆盖、全国漫游，支持25套电视节目和30套广播节目。2006年10月24日，国家广电总局正式颁布了中国移动多媒体广播（俗称手机电视）行业标准，确定采用我国自主研发的移动多媒体广播行业标准。CMMB技术支持高速移动接收，只要信号能覆盖到，在火车、地铁、汽车等交通工具上就可以使用CMMB。

手机电视是指以手机为终端设备，传输电视内容的一项技术或应用。目前，手机电视业务的实现方式主要有三种。第一种是利用蜂窝移动网络实现，如美国的Sprint、我国的中国移动和中国联通公司已经利用这种方式推出了手机电视业务。第二种是利用卫星广播的方式，韩国的运营商计划采用这种方式。第三种是在手机中安装数字电视的接收模块，直接接收数字电视信号。①

互联网及应用

1. 计算机网络概述

计算机网络是20世纪60年代起源于美国，原本用于军事通信，后逐渐进入民用，经过短短40年不断的发展和完善，现已广泛应用于各个领域，并正以高速向前迈进。网络已经超越了工具的内涵，正逐步成为文化部族中的一个重要组成部分，甚至成为一种生活方式，作用于社会的各个领域。

（1）网络发展概述

从1966年ARPA网，进化到1990年的Internet，节点数由1990年的50万剧增到1997年的7 000万，至今都已成为难以估量的，时刻都在剧烈变化着的数字。20世纪90年代由欧洲粒子物理实验室开发的WWW(3W）环球万维网起到了决定性的推动作用。这是第一代和第二代互联网，都采用IPv4 32位IP地址。现在，互联网已覆盖全球，十几年间发展到当今如此普遍的地步，当然也与微处理器飞跃式进步以及通信技术的创新密切相关。②

---

① 通信百科——手机电视．http：//www.c114.net/keyword/%CA%D6%BB%FA%B5%E7%CA%D3，浏览时间：2009-05-10

② 鲍信炯．信息技术发展过程和前景．http：//159.226.100.54/cnic/FileStorage/1207010462.pdf，浏览时间：2009-05-10

（2）上网方式概述

我国通信基础设施的先进性，已与当今世界潮流同步，起点高有利于追赶新的应用技术，无疑这是发展我国计算机网络信息服务业无比优越的有利条件。1992 年中科院高能物理所首先接入互联网，至 1997 年年底入网用户 62 万，1998 年年底，包括拨号和专线入网的入网用户已接近 200 万。截至 2008 年 12 月 31 日，中国网民规模达到 2.98 亿人，上网人数世界第一，普及率达到 22.6%，超过全球平均水平。

2009 年 1 月公布的 CNNIC 第 23 次调查报告，报告中显示的上网接入设备情况表明，台式机仍为目前上网设备的主流，有 87.3%的网民使用台式机上网。有 27.8%的网民使用便携式计算机上网，有 39.5%的网民使用手机上网。有 1.4%的网民使用 PDA 等设备上网。

经统计分析，管理者更加倾向于使用便携式计算机上网，办公室职员则主要通过台式机上网，而学生则有明显的手机上网倾向。随着中国 3G 应用的发展，手机作为上网终端迅速崛起，可以预计，2009 年及未来更长一段时间内手机上网将会更加普及。

2. 互联网应用

（1）基本情况

根据 CNNIC 第 23 次互联网报调查报告中的数据显示，截至 2008 年 12 月底，中国网民与网站情况如下：[①]

中国网民规模依然保持快速增长之势。截至 2008 年年底，中国网民规模达到 2.98 亿人，较 2007 年增长 41.9%，互联网普及率达到 22.6%，略高于全球平均水平（21.9%[②]）。继 2008 年 6 月中国网民规模超过美国，成为全球第一之后，中国的互联网普及再次实现飞跃，赶上并超过了全球平均水平。截至 2008 年，使用手机上网的网民达到 1.176 亿人，较 2007 年增长一倍多。

截至 2008 年年底，中国的网站数，即域名注册者在中国境内的网站数（包括在境内接入和境外接入）达到 287.8 万个，较 2007 年增长 91.4%，是 2000 年以来增长最快的一年。

网页是互联网内容资源的直接载体，网页的规模在一定程度上反映了互联网的内容丰富程度。自 2002 年开始，中国的网页规模一直保持在高位增长。截至 2008 年年底，中国网页总数超

① 中国互联网络发展状况统计调查．http：//www.cnnic.net.cn/index/0E/00/11/index.htm，浏览时间：2009－05－10

② 数据来源：http：//www.internetworldstats.com；对比的其他国家和地区互联网普及率为 2008 年 6 月底数据。

过 160 亿个，较 2007 年增长 90%。网页的增长速度与网站的增速基本一致。

（2）网络应用情况综述

根据 CNNIC 第 23 次调查报告中显示，目前排名前十位的网络应用是：网络音乐、网络新闻、即时通信、网络视频、搜索引擎、电子邮件、网络游戏、博客/个人空间、论坛/BBS 和网络购物。这十大网络应用中，三大娱乐类网络应用——音乐、视频、游戏都分列其中，娱乐仍旧是中国网民的主要互联网活动之一。此外，即时通信、搜索引擎和电子邮件三大互联网基础应用也位列前十位，使用率均超过 60%，说明互联网基础应用是网民使用互联网的重要方面。网络购物位列十大网络应用之一，标志着以电子商务为代表的实用性网络应用已经在网民生活中占据一定的地位。

① 网络媒体

网络新闻使用率的上升与中国社会的发展密切相关，2008 年一系列重大新闻事件的出现使得更多的网民将互联网作为信息渠道，促进了网络新闻的发展。互动性是网络新闻最重要的特点之一，它将传统媒体与受众的传播关系转变为双向或多向互动的传播关系。另一方面，网络新闻在表现形式上实现了多媒体整合运作，表现力与感染力更为突出。对重大事件，例如奥运会的报道，使网络媒体站到了主流媒体行列。截至 2008 年年底，网络新闻用户达到 23 400 万人，互联网已经成为一个不可忽视的舆论宣传阵地。

2008 年博客用户规模持续快速发展，截至 2008 年 12 月底，在中国 2.98 亿网民中，拥有博客的网民比例达到 54.3%，用户规模为 1.62 亿人。在用户规模增长的同时，中国博客的活跃度有所提高，半年内更新过博客的比重较 2007 年年底提高了 11.7%。博客数量的增长带来了用户聚集的规模效应。博客频道在各类型网站中成为标准配置，影响力进一步加强。

2006～2009 年网络新闻与博客类应用

	2006.1	2007.1	2008.1	2009.1
网络新闻	67.9%	53.5%	73.6%	78.5%
博客空间	14.2%	25.3%	23.5%	54.3%

② 信息检索

搜索引擎是网民在互联网中获取所需信息的基础应用，目前搜索引擎的使用率为 68.0%，在各互联网应用中列第四。

2006～2009 年信息检索类应用

	2006.1	2007.1	2008.1	2009.1
搜索引擎	65.7%	51.5%	72.4%	68.0%

③ 网络通信

2008 年电子邮件使用率为 56.8%，与 2007 年保持稳定。研究发现：网民学历越高，电子邮件使用率越高；职业分类中的办公室员、管理者、大学生等电子邮件的使用率明显高于其他人群。随着互联网的进一步普及，未来电子邮件的使用人群会继续增长，这种增长在职业人群中会尤为明显。

即时通信承载的功能日益丰富，一方面正在成为社会化网络的连接点；另一方面，其平台性也使其逐渐成为电子邮件、博客、网络游戏和搜索等多种网络应用重要入口。2008 年年底即时通信应用的使用率为 75.3%，比起 2007 年年底，用户群规模增长了 5 300 万，但使用率降低了 6.1%。

2006～2009 年网络通信交流类应用

	2006.1	2007.1	2008.1	2009.1
电子邮件	64.7%	56.1%	56.5%	56.8%
即时通信	41.9%	34.5%	81.4%	75.3%
论坛 BBS	41.6%	36.9%	35.5%	30.7%

④ 网络娱乐

2008 年网络游戏用户规模继续保持增长的态势，用户使用比例从 2007 年的 59.3%升至 2008 年的 62.8%，这主要受益于网络游戏产品内容以及形式的丰富：一方面，网络游戏产品内容的多样化加大了其向高低两个年龄段用户的扩张力度；另一方面，网页游戏作为新兴的游戏形式在 2008 年得到了迅速的发展，其无须下载客户端、操作方便等特性使工作时间玩游戏成为可能性，而 SNS 网站加入了网页游戏因素，又进一步加大了网络游戏的传播范围。

网络音乐仍然是中国网民的第一大应用服务，虽然使用网民比例从 2007 年的 86.6%下降至 2008 年的 83.7%，但用户数量仍然增长了 6 700 万人。网络音乐的高普及率源自于其大众化的内容以及使用的便捷性，用户进入门槛较低，而这些特性也促使其成为推动互联网普及的主要推动力之一。2002 年 11 月，百度发布 MP3 搜索。2009 年 3 月，谷歌发布 Google 音乐搜索。

网络视频在 2008 年的用户只有轻度增长，相比 2007 年年底净增 4 000 多万用户，达到 2.02 亿人。网络视频的用户主要集中在 30 岁以下的年轻人群。

2006～2009 年网络娱乐类应用

	2006.1	2007.1	2008.1	2009.1
网络游戏	33.2%	26.6%	59.3%	62.8%
网络音乐	38.3%	34.4%	86.6%	83.7%
网络视频	37.1%	36.3%	76.9%	67.7%

视频网站发展史

第一阶段：影视视频时代

目前，主要宽频网站如九洲梦网、21CN 等。提供正版电影及视频节目在线播放和下载，但要付费。有清晰的赢利模式，但目前正受到 BT、P2P 等免费模式冲击。

第二阶段：新闻视频时代

这是电视台、门户新闻网站为主的“新闻视频”阶段。同时载体不再是 PC 上网的唯一途径，还包括电视、手机等途径。随着宽带技术的发展，门户视频新闻、中央及各地方台视频新闻将是未来新闻视频代表。

第三阶段：平民视频时代

随着 DV、相机、新一代手机等的普及，将带来数量巨大的平民视频内容，平民视频网站类似于目前的 Youtube，由于其成本优势将超越新闻视频。在未来五年后平民视频将和新闻视频、影视视频同时存在。

⑤ 网上教育

2008 年网上教育的使用率为 16.5%，基本与 2007 年持平。网上教育主要应用人群是中小学生和普通在职人员。“校校通”工程促进了中国的中小学学校互通与上网平台的建设，且近年来中小学生的课堂教育已不能满足家长们对孩子的期望，各种网上的补习班和课程都开始成为中小学生的学习内容。而随着就业压力的增大，已工作的普通在职人员更加注重专业能力的培养，英语、会计等网上教育课程，由于更容易分配时间，成本相对低廉，得到了在职人员的推崇。未来几年网上教育将会有较好的发展空间。

2006～2009 年网络教育等其他应用

	2006.1	2007.1	2008.1	2009.1
网上教育	14.1%	14.3%	16.6%	16.5%
网络求职	18.9%	20.8%	10.4%	18.6%

⑥ 网络应用前十位的排名变化

2006～2009 年网络应用使用率排名变化

排名	2006.1 网络应用	使用率	2007.1 网络应用	使用率	2008.1 网络应用	使用率	2009.1 网络应用	使用率
1	网络新闻	67.9%	收发邮件	56.1%	网络音乐	86.6%	网络音乐	83.7%
2	搜索引擎	65.7%	网络新闻	53.5%	即时通信	81.4%	网络新闻	78.5%
3	电子邮件	64.7%	搜索引擎	51.5%	网络影视	76.9%	即时通信	75.3%
4	即时通信	41.9%	论坛等	36.9%	网络新闻	73.6%	搜索引擎	68.0%
5	论坛 BBS	41.6%	在线影视	36.3%	搜索引擎	72.4%	网络视频	67.7%
6	在线音乐	38.3%	即时通信	34.5%	网络游戏	59.3%	网络游戏	62.8%
7	在线影视	37.1%	网络音乐	34.4%	电子邮件	56.5%	电子邮件	56.8%
8	上传下载	33.8%	网络游戏	26.6%	政府网站	25.4%	活跃博客	35.2%
9	网络游戏	33.2%	博客空间	25.3%	博客空间	23.5%	论坛 BBS	30.7%
10	网络购物	24.5%	网络购物	23.6%	网络购物	22.1%	网络购物	24.8%

3. 中国互联网大事记①

中国的第一封电子邮件，是中国兵器工业计算机应用研究所于 1987 年 9 月 20 日 20 时 55 分（北京时间）发出，该邮件内容为"Across the Great Wall we can reach every corner in the world.（越过长城，走向世界）"这是一封没有特定收件人的邮件，该邮件的作用就相当于一个"网络寻呼"，希望外界收到来自中国计算机网络的声音。

1999 年 2 月，腾讯正式推出第一个即时通信软件"腾讯 QQ"。

2002 年，"博客中国"（www. blogchina. com）网站创立，发起人为方兴东。这是中国第一个正式的博客网站。

2005 年，以博客为代表的 Web2.0 概念推动了中国互联网的发展。Web2.0 概念的出现标志互联网新媒体发展进入新阶段。在其被广泛使用的同时，也催生出了一系列社会化的新事物，比

① 中国互联网大事记 . http：//www2. ccw. com. cn/04/0446/g/0446g04_2. asp，浏览时间，2008-05-10

如Blog，RSS，WIKI，SNS交友网络等。

2005年10月1日，国家新闻出版总署颁布的《网络游戏防沉迷系统》标准正式实施。

2006年1月1日，中华人民共和国中央人民政府门户网站（www.gov.cn）正式开通。该网站是国务院和国务院各部门，以及各省、自治区、直辖市人民政府在国际互联网上发布政务信息和提供在线服务的综合平台。

2006年3月19日，国家信息化领导小组印发《国家电子政务总体框架》，制定了构建国家电子政务总体框架的要求与目标，描绘了我国电子政务总体结构形态，指出了我国电子政务未来一个阶段的价值取向和发展方向。

2006年年底，名为“熊猫烧香”的病毒爆发，数百万台计算机遭到感染和破坏。调查显示：2006年的新病毒中90%以上带有明显的利益特征。病毒制作者从以炫耀技术为目的转向追求不正当利益。

2007年2月28日，中国最大的综合性平面媒体、中共中央机关报《人民日报》面向全国正式发行手机报，成为现代通信技术与新闻传媒融合的标志性事件。

2007年12月18日，国际奥委会与中国中央电视台共同签署了“2008年北京奥运会中国地区互联网和移动平台传播权”协议。这是奥运史上首次将互联网、手机等新媒体作为独立转播平台列入奥运会的转播体系。

2008年1～2月，一批香港女艺人的不雅照片被泄露到网上，并迅速流传，被称为“艳照门”事件。该事件引发社会公众对网络环境净化及互联网上个人隐私保护问题的讨论。

截至2008年5月23日，在四川“5·12”抗震救灾报道中，人民网、新华网、中国新闻网、中央电视台网已发布抗震救灾新闻（含图片、文字、音视频）约123 000条，发挥了主导作用；新浪网、搜狐网、网易网、腾讯网整合发布新闻133 000条。上述八家网站新闻点击量达到116亿次，跟帖量达1 063万条。互联网在新闻报道、寻亲、救助、捐款等抗震救灾过程中发挥了重要作用，我国网络媒体的发展进入到了一个新的阶段。

截至2008年6月30日，中国互联网络信息中心（CNNIC）统计数据显示，我国网民总人数达到2.53亿人，首次跃居世界第一位。

截至2008年12月31日，中国互联网络信息中心（CNNIC）统计数据显示，我国网民数达到2.98亿人，互联网普及率达

22.6%。宽带网民规模达到2.7亿人，占网民总体的90.6%。我国域名总数达到16 826 198个，其中CN域名数量达到13 572 326个，网站数约2 878 000个，国际出口带宽约640 286.67 Mbps。

2008年11～12月，中央电视台连续曝光国内两大搜索引擎百度和谷歌商业模式的弊端。该事件引发网民对搜索引擎的信任危机，搜索引擎竞价排名模式的利弊也成为社会舆论关注的热点。

安全专题

1994年国务院发布《中华人民共和国计算机信息系统安全保护条例》。

1996年国务院发布《中华人民共和国计算机信息网络国际联网管理暂行规定》。

1997年国务院发布《中华人民共和国公安部计算机信息网络国际联网安全保护管理办法》。

2005年信息产业部发布《互联网站管理工作细则》。

1. 计算机病毒概述

(1) 计算机病毒发展史

在计算机病毒的发展史上，病毒的出现是有规律的。一般情况下一种新的病毒技术出现后，病毒迅速发展，接着反病毒技术的发展会抑制其流传。操作系统升级后，病毒也会调整为新的方式，产生新的病毒技术。它可划分为：

DOS引导阶段。1987年，具有代表性的引导型病毒是“小球”和“石头”病毒。

DOS可执行阶段。1989年，可执行文件型病毒出现，它们利用DOS系统加载执行文件的机制工作，代表为“耶路撒冷”、“星期天”病毒。1990年，发展为复合型病毒，可感染COM和EXE文件。

伴随、批次型阶段。1992年，伴随型病毒出现，它们利用DOS加载文件的优先顺序进行工作，具有代表性的是“金蝉”病毒。

幽灵、多形阶段。1994年，随着汇编语言的发展，实现同一功能可以用不同的方式进行完成，这些方式的组合使一段看似随机的代码产生相同的运算结果。幽灵病毒就是利用这个特点，每感染一次就产生不同的代码。

生成器，变体机阶段。1995年，利用汇编语言的生成器功能，典型代表是“病毒制造机”。

网络，蠕虫阶段。1995年，随着网络的普及，病毒开始利用网络进行传播，它们只是以上几代病毒的改进，在非DOS操作系统中，“蠕虫”是典型的代表，它不占用除内存以外的任何资源，不修改磁盘文件，利用网络功能搜索网络地址，将自身向下一地址进行传播，有时也在网络服务器和启动文件中存在。

视窗阶段。1996年，随着Windows和Windows95的日益普及，利用Windows进行工作的病毒开始发展。

互联网阶段。1997年，随着互联网的发展，各种病毒也开始利用互联网进行传播，一些携带病毒的数据包和邮件越来越多，如果不小心打开了这些邮件，机器就有可能中毒。

爪哇（Java）邮件炸弹阶段。1997年，随着万维网（Wold Wide Web）上Java的普及，利用Java语言进行传播和资料获取的病毒开始出现，

（2）重要病毒事件回顾

1982年，Elk Cloner被看做是攻击个人计算机的第一款全球病毒，也是所有令人头疼的安全问题先驱者。它通过苹果AppleⅡ软盘进行传播。这个病毒被放在一个游戏磁盘上，可以被使用49次。在第50次使用的时候，它并不运行游戏，取而代之的是打开一个空白屏幕，并显示一首短诗。

1986年，Brain是第一款攻击运行微软的受欢迎的操作系统DOS的病毒，可以感染360K软盘的病毒，该病毒会填充满软盘上未用的空间，从而导致它不能再被使用。

1988年，Morris病毒程序利用了系统存在的弱点进行入侵，Morris设计的最初的目的并不是搞破坏，而是用来测量网络的大小。但是，由于程序的循环没有处理好，计算机会不停地执行、复制Morris，最终导致死机。

1998年，CIH病毒是迄今为止破坏性最严重的病毒，也是世界上首例破坏硬件的病毒。它发作时不仅破坏硬盘的引导区和分区表，而且破坏计算机系统BIOS，导致主板损坏。此病毒是由台湾大学生陈盈豪研制的。

1999年，Melissa是最早通过电子邮件传播的病毒之一，当用户打开一封电子邮件的附件，病毒会自动发送到用户通讯簿中的前50个地址。

2000年，Love bug通过电子邮件传播，它利用了人类的本性，把自己伪装成一封求爱信来欺骗收件人打开。这个病毒以其传播速度和范围令人震惊。

2001年，“红色代码”被认为是史上最昂贵的计算机病毒之

一，这个自我复制的恶意代码“红色代码”利用了微软 IIS 服务器中的一个漏洞。该蠕虫病毒具有一个更恶毒的版本，被称做红色代码Ⅱ。

2001 年，灰鸽子最早出现，采用 Delphi 编写，使用了当时讨论最多的“反弹端口”连接方式，用以躲避大多数个人网络防火墙的拦截。灰鸽子的开放源码使其逐渐增大了传播量；2004 年至 2005 年进入飞速发展期，受害用户数大大提高，2006 年至 2007 年间灰鸽子进入全民黑客时代，连续三年荣登国内十大病毒排行榜。2007 年 3 月 21 日灰鸽子工作室被迫全面停止对灰鸽子远程管理软件的开发和注册。[①]

2003 年，“冲击波”（Blaster），它利用了微软软件中的一个缺陷，对系统端口进行疯狂攻击，可以导致系统崩溃。

2004 年，“震荡波”是利用 Windows 缺陷的蠕虫病毒，震荡波可以导致计算机崩溃并不断重启。

2006 年 10 月 16 日，“熊猫烧香”病毒在网上传播，2006 年年底到 2007 年年初，“熊猫烧香”变种数达到 90 多个。病毒主要通过网站带毒感染用户之外，也会在局域网中传播，导致短短 3 个月内数百万台计算机中毒。2007 年 2 月，“熊猫烧香”病毒设计者李俊归案，一切尘埃落地。

2007 年，磁碟机病毒最早出现，最初该病毒只是在Windows 系统目录下生成 lsass. exe 及 smss. exe 文件，并且修改系统时间为 1980 年。当时这个病毒并非以下载器为目的，自身也有较多 BUG，入侵后容易引起系统蓝屏死机。进入 2008 年，变种不断增多，并逐步吸收了 AV 终结者和机器狗的特性，对抗安全软件的能力逐步增强。2008 年 3 月初大面积爆发，变种累计达到 107 个，有上百万台计算机受到感染。

2008 年，“扫荡波”，也是个利用漏洞从网络入侵的程序，这个病毒可以导致被攻击者的机器被完全控制。

2008 年以来，病毒与漏洞结合时间越来越短，结合花样越来越多，网页病毒、影音病毒、图片病毒、闪存病毒，几乎所有的载体，都有可能出现让我们猝不及防的病毒幽灵。

2009 年以来，大规模的网页入侵、Autorun 恶意软件、社交诈骗手法与区域性病毒威胁将成为主要的四大类型网络犯罪。2009 年须特别留意的还有浏览器与其他 Web 应用程序，它们将成为黑客攻击的首要目标。在 2009 年，随着 3G 网络的推动部

① 盘点 IT 史上最牛的三大病毒 . http：//it. cpst. net. cn/news/2008 - 09/222388193. html，浏览时间：2009 - 05 - 10

署，移动设备的安全威胁在未来将呈上升趋势。

2. 计算机安全防护

（1）计算机安全防护办法

对于计算机系统来说，最基本的软件类防范措施有以下几个方面：一是安装杀毒软件并经常更新（以快速检测到可能入侵计算机的新病毒或者变种）；二是使用安全监视软件（如360安全卫士等，用于及时获知并下载系统补丁与应用软件补丁，用于防止浏览器被异常修改等）；三是使用防火墙软件（防止来自网络方面的攻击等行为）。另外，还应注意所有防护类软件也应及时更新升级，定时进行全盘病毒木马的扫描查杀。

个人计算机安全还包括一些注意事项，如关闭计算机自动播放、关闭一些不常用的服务与设置、设置登录密码等，特别要形成重要文件定期备份的安全防护习惯。

（2）典型计算机杀毒软件

① 金山毒霸

金山毒霸2009安全组合装，是运用金山“云安全”技术的全新安全产品。组合装包括金山毒霸2009、金山网镖2009（个人网络防火墙）、金山清理专家2009（安全助手工具）。面对2008～2009年网站挂马猖獗、病毒反杀软能力增强，金山毒霸拥有创新恶意网址拦截及超强自我保护功能，将木马病毒在用户本地计算机登录前拦截，并且以P2SP技术高速下载修复最新漏洞。

② 瑞星

瑞星全功能安全软件2009，提供集“拦截、防御、查杀、保护”为一体的个人计算机安全整体解决方案，采用了全新的软件架构和最新引擎，全面优化病毒特征库，极大提高运行效率，降低资源占用率。它是基于瑞星“云安全”（Cloud Security）计划和“智能主动防御”技术开发的新一代信息安全产品。瑞星防火墙主要功能：网络攻击拦截（拦截来自互联网的黑客、病毒攻击，包括木马攻击、后门攻击、远程溢出攻击、浏览器攻击、僵尸网络攻击等）、恶意网址拦截（依托瑞星“云安全”计划，每日及时更新恶意网址库，阻断网页木马、钓鱼网站等对计算机的侵害）、出站攻击防御（阻止计算机被黑客操纵，变为攻击互联网的“肉鸡”，保护带宽和系统资源不被恶意占用，避免成为“僵尸网络”成员）。

③ 卡巴斯基

卡巴斯基反病毒软件2009，能够防御一系列的IT威胁，扫描文件、邮件信息和互联网流量，保护MSN，ICQ等即时消息软件，扫描操作系统和已安装程序中的漏洞，阻止到钓鱼网站的链接，为计算机提供了基本的保护工具。

卡巴斯基手机安全软件是一款方便可信的安全解决方案，它不仅能够保护智能手机免受针对手机平台的恶意程序的破坏，还可以过滤垃圾短信，甚至在手机丢失或被盗后，保护您的个人数据不被窃取。

④ NOD32

ESET NOD32 设计了一个高效的内核，作为一个单独的、高度优化的引擎，提供统一的安全保护，防止不断更新的病毒、蠕虫、间谍程序的恶意攻击。它的主要特点：管理简单、占用内存最少、节约内存和硬盘上的资源、最快的侦测速度和高效的查杀能力（用大量的汇编语言编写而成）、启发式实时侦测技术。

（3）安全防护类辅助软件

360 安全卫士是使用较多的免费安全软件，它拥有查杀流行木马、清理恶评及系统插件、管理应用软件、系统实时保护、修复系统漏洞等功能，同时还提供系统全面诊断，弹出插件免疫，清理使用痕迹以及系统还原等特定辅助功能，并且提供对系统的全面诊断报告。

金山清理专家是金山公司出品的计算机防护类软件，它对系统及应用软件的漏洞修复功能、木马流氓软件的清理功能、计算机使用历史记录清理功能、软件优化功能和实时保护功能等。

（4）防火墙类软件

防火墙软件大致可以归类为普通应用类（如瑞星、金山、江民的防火墙）、专业普及类（如费尔和天网防火墙）和专项应用（如 Anti ARP 防火墙）三类。防火墙软件经历过多种测评比较，不同软件在防护、应用等方面都存在着各种问题。

普通应用类防火墙，扩展功能丰富，但其防火墙的防护能力还有待提高。

专业普及类防火墙，在网络攻击防护、安全规则的制定等方面更专业一些，各项功能的使用也相当容易，但是在进阶功能的设置上需要较专业的知识。

专项防火墙则更专注于对网络攻击的防御，并且具有较高的智能性，不需要用户过多的参与，交互性不强。

信息技术大事记

1. 番茄花园事件

2008 年 8 月 15 日下午 1 点半，知名盗版软件“番茄花园”作者兼经营者洪磊因利用互联网侵犯知识产权牟利罪，被刑事拘留。为洪磊提供技术开发支持的成都红果科技有限公司被查封。“番茄花园版” Windows XP 在中国流传近 5 年，洪磊的番茄花园版事件只不过是我国知识产权正版化进程发展的一个里程标志。

2. 微软黑屏事件

2008 年 10 月 20 日起微软在中国推出两个重要更新——Windows正版增值计划通知（简称“WGA 通知”）和 Office 正版增值计划通知（简称“OGA 通知”）。自 21 日凌晨起，微软在中国启动针对 Windows XP 专业版和 Office 的正版验证行动，盗版 XP 专业版用户的计算机将每小时“黑屏”（桌面背景变为纯黑色）1 次，盗版 Office 用户还会不断弹出提示窗口提醒正在使用盗版软件。

3. 中国文档标准事件

UOF 为中国下一代办公软件文档格式规范（Unified Office document Format，简称标文通），目前已经成为国家标准，正申请成为国际标准。与之对应的另外两个国外标准分别为 ODF 及 OOXML。Sun 公司主导的 ODF 文档标准已经成为了国际标准，因此微软的 OOXML 标准与中国的 UOF 标准有望合作提交，共同争取成为新的国际文档格式标准。

4. 2008 北京奥运会

奥运会不仅仅是一次体育盛会，更是一次科技盛会。北京奥运会上，有 4 000 名 IT 技术人员，超过 10 000 台 PC，1 000 多台服务器和 1 000 多台网络设备。一整套完整的信息发布、安全管理、应急反应体系成了保证奥运成功的背后功臣。

5. 云计算①

云计算是并行计算（Parallel Computing）、分布式计算（Distributed Computing）和网格计算（Grid Computing）的发展，或者说是这些计算机科学概念的商业实现。云计算是虚拟化（Virtualization）、效用计算（Utility Computing）、IaaS（基础设施即服务）、PaaS（平台即服务）、SaaS（软件即服务）等概念混合演进并跃升的结果。

狭义云计算是指 IT 基础设施的交付和使用模式，指通过网络以按需、易扩展的方式获得所需的资源（硬件、平台、软件）。提供资源的网络被称为“云”。“云”中的资源在使用者看来是可以无限扩展的，并且可以随时获取，按需使用，随时扩展，按使用付费。这种特性经常被称为像水电一样使用 IT 基础设施。

① 互动百科——云计算 . http：//www.hudong.com/wiki/%E4%BA%91%E8%AE%A1%E7%AE%97，浏览时间：2009－05－10

广义云计算是指服务的交付和使用模式，指通过网络以按需、易扩展的方式获得所需的服务。这种服务可以是IT和软件、互联网相关的，也可以使任意其他的服务。

云计算被视为科技业的下一次革命，它将带来工作方式和商业模式的根本性改变。

未 来 展 望

国家中长期发展规划[①]

在《国家中长期发展规划》中有两部分内容提及信息技术，分别在“重点领域及其优先主题”中专门设置了“信息产业与现代服务业”及下属的7个具体条目。在“前沿技术”中则有这样三个条目：智能感知技术（重点研究基于生物特征、以自然语言和动态图像的理解为基础的“以人为中心”的智能信息处理和控制技术，中文信息处理；研究生物特征识别、智能交通等相关领域的系统技术）；自组织网络技术（重点研究自组织移动网、自组织计算网、自组织存储网、自组织传感器网等技术，低成本的实时信息处理系统、多传感信息融合技术、个性化人机交互界面技术，以及高柔性免受攻击的数据网络和先进的信息安全系统；研究自组织智能系统和个人智能系统）；虚拟现实技术（重点研究电子学、心理学、控制学、计算机图形学、数据库设计、实时分布系统和多媒体技术等多学科融合的技术，研究医学、娱乐、艺术与教育、军事及工业制造管理等多个相关领域的虚拟现实技术和系统）。这三个条目在高中信息技术课程当中投射的是选修课程《人工智能初步》和《多媒体技术应用》。

国家“十一五”科学技术发展规划[②]中首当其冲的三项内容分别是：核心电子器件、高端通用芯片及基础软件产品；极大规模集成电路制造装备及成套工艺；新一代宽带无线移动通信网。

信息技术的发展趋势

信息技术是指利用电子计算机和现代通信手段实现获取信息、传递信息、存储信息、处理信息、显示信息、分配信息等的

① 国家中长期科学和技术发展规划纲要．http：//www.most.gov.cn/kjgh/，浏览时间：2009－05－10

② 国家“十一五”科学技术发展规划．http：//www.most.gov.cn/kjgh/kjfzgh/200512/t20051220_55485_2.htm，浏览时间：2009－05－10

相关技术。传感技术、通信技术、计算机技术和控制技术是信息技术的四大基本技术，其中现代计算机技术和通信技术是信息技术的两大支柱。

国家《信息产业科技发展“十一五”规划和2020年中长期规划纲要》中，根据信息产业技术发展趋势、战略需求和发展思路，提出未来多个领域发展的重点技术。要点摘录如下：①

1. 集成电路技术

重点发展通用的、新结构的CPU、DSP、数/模、模/数转换器、存储器、可编程器件等核心关键芯片；结合SoC技术的全球发展趋势，重点发展对未来整机发展有重大影响的SoC芯片产品；围绕应用于计算机、网络和通信、数字音视频等SoC的发展，重点部署一批关键IP核心产品和EDA产品的开发。

2. 软件技术

优先研制可信网络计算平台，加快发展嵌入式软件、中文信息处理、数字媒体与内容管理软件以及软件服务，加强软件资源库体系建设。

3. 新型元器件技术

重点围绕计算机、网络和通信、数字化家电、汽车电子、环保节能设备及改造传统产业等的需求，发展相关的片式电子元器件、机电元件、印制电路板、敏感元件和传感器、频率器件、新型绿色电池、光电线缆、新型微特电机、电声器件、半导体功率器件、电力电子器件和真空电子器件。

4. 电子材料技术

重点发展与元器件性能密切相关的半导体材料、光电子材料、压电与声光材料、电子功能陶瓷材料、磁性材料、电池材料和传感器材料等；在电子装备及元器件中用于支撑、装联和封装等使用的金属材料、非金属材料、高分子材料及各种复合材料等；在生产工艺与加工过程中使用的光刻胶、化学试剂、特种气体、各种焊料、助焊剂等。

5. 网络和通信技术

围绕宽带多媒体、新一代移动通信、数字内容应用、农村通信、智能信息处理与智能通信等业务，重点开发下一代网络产品、新一代移动通信设备、宽带无线接入/数字集群设备、家庭网关、智能终端、智能信息处理和无处不在的通信网络设备、宽

① 《信息产业科技发展“十一五”规划和2020年中长期规划纲要》—发展重点. http://www.gzkj.gov.cn/fagui/newsDetail.jsp?infoId=65025，浏览时间：2009-05-10

带多媒体网络设备和数字内容产品。

6. 计算机技术

重点开发高性能计算、网格计算、面向微处理器的计算机体系结构、嵌入式计算和高可信计算等相应产品；开发普适计算、信息打印输出和智能计算等相应产品。同时，开展对量子计算、光计算和生物计算等非经典计算技术的前瞻性研究。

7. 存储技术

重点发展小尺寸硬盘盘片和硬盘驱动器，能适应播放和下载高清晰度视频节目的高密度光盘及光盘机，适应消费和移动应用的各种存储卡，低功耗、小型便携式磁盘阵列系统和高安全性、智能化网络存储系统。

8. 数字音视频技术

重点发展数字音视频编解码设备、数字电视、宽带数据广播设备、数字音频广播设备、数字光盘等。

9. 网络和信息安全技术

重点发展安全处理芯片和系统级芯片、安全操作系统、安全数据库、信息隐藏、身份认证、安全隔离、信息内容安全、入侵检测、网络安全、病毒防范等产品。

10. 光电子技术

重点发展激光器、光电探测器、光传输和光传感设备、微光机电系统、半导体照明等产品。

11. 显示技术

重点发展液晶、等离子、有机电子发光和投影等显示器件。

12. 测量仪器技术

重点发展高端、通用和市场急需的通用电子测量仪器及电子计量仪器；集成电路测试系统、电路板功能测试系统、光电转换器件、平板显示器件等电子元器件和电路板测试仪器；下一代移动通信、下一代互联网和高速光纤通信所需的通信测量仪器；以及信号源、波形和图像质量测试仪器、音视频码流发生与监视分析仪器等数字电视测量仪器。

13. 电子专用设备制造技术

重点发展半导体和集成电路关键设备、新兴电子元器件关键设备、新型显示器件关键设备、电子整机装联关键设备。

14. 信息技术应用

面向国民经济与社会信息化服务，以电子政务、电子商务、农业信息化、企业信息化、城市信息化及服务业信息化为对象，以利用信息技术促进政府管理、服务和应急能力的提高、制造业企业竞争力的提高、农业信息网络体系的建设、服务个性化和智能化为目标，带动国内自主知识产权的信息技术与信息产品的发展。

15. 导航、遥测、遥控、遥感技术

重点发展卫星导航地面系统及接收机、用户终端，航空、航天测控系统，TDRSS 测控网及民用终端，导航、测控基础性电子产品系列。

多媒体应用方面，网络电视、多媒体电视等新的集计算机与电视于一体的新电视概念不断出现。未来的互联网电视将和现在的完全不一样，将会有更高的画面质量，更强大的流媒体，个性化共享以及更多优点。但是在相当时间内，计算机将和信息家电并存发展。计算机可能作为信息家电的控制中心，每一个信息家电应用环境都相当于一个小型的局域网。

16. 网络技术应用方面

网络融合和协同计算 Internet 网络商机成为未来产业的重心，在计算机产品技术研发方面，各厂商将朝着使用、安装简易，价格便宜，以及网络应用上发展。过去一直是业界着重发展的接口、输出入结构等技术，将面临换代淘汰的命运，精简而集成化的设计将成为讨论和发展的重点。网络的融合和协同计算是今后发展的方向。

Sir Tim Berners - Lee（Web 创始者）关于语义网的观点被人们重点关注已经很长一段时间了。语义网关涉机器之间的对话，它使得网络更加智能化，或者像 Berners - Lee 描述的那样，计算机“在网络中分析所有的数据内容，链接以及人机之间的交易处理”。在另一个时候，Berners - Lee 把它描述为“为数据设计的似网程序”，如对信息再利用的设计。

17. 数据库技术方面

数据库技术和网格技术相结合，产生一个新的研究内容，称之为网格数据库。网格数据库当前的主要研究内容包括三个方面：网格数据库管理系统、网格数据库集成和支持新的网格应用。网格数据库系统具有很好的前景，会给数据库技术带来巨大的冲击。

IT 领域正处在一个转折时刻，在这一过程完成之后，技术的发展速度将会显著加快。因此，不能排除人工智能在不远的将来或许会超越人脑的可能性。技术的迅猛发展还将导致机器人制造领域发生巨大变化。这其中也包括，机器人将变得更加人性化，而且将成为我们日常生活中不可或缺的一部分。英特尔研究实验室研制的两种机器人的原型机。其中一种能够在不发生接触的情况下了解周围的物体；另一种则能够根据人们的表情识别人的情绪。

人工智能可能会是计算机历史中的一个终极目标。从 1950 年阿兰图灵提出的测试机器如人机对话能力的图灵测试开始，人工智能就成为计算机科学家们的梦想，在接下来的网络发展中，人工智能使得机器更加智能化。

信息技术改变了我们的生活。想到信息技术时人们往往先想到硬件，比如手机、计算机、车上的定位系统等，这些设备都是科技带来的奇迹。但光有硬件是不够的，在所有令人吃惊的计算和通信硬件背后是现代信息技术。信息技术帮助我们设计运行这些设备的运算法则，和发展成为完全崭新类型应用所必需的概念。

信息科学还是一门年轻的科学，近 40 年来，信息技术始终走在信息科学的前面。信息科学有一个很大的基础科学库，它被不同的学科所使用，与其他学科交流、交互，因此在 21 世纪有很多机会形成基础和技术上的创新。未来也许会兴起一场以高性能计算和数字仿真为特征的新的信息科学革命。

面对信息技术的创新，很难预计未来会发生什么。比如说互联网的安全性得以保障；或者设计出全新的互联网，使得网络交互更加便捷、安全性大大提升；摩尔定律是否能够在信息技术上得以持续性发展？我们能否找到很好的办法处理海量数据信息？信息技术能否在物理、医学、生物、经济学等方面帮助人类更好地实现目标？这些问题未来能否解决我们仍要拭目以待。

我国信息技术课程发展现状：经验与启示

自新课程改革以来，全国各地区都在有关政策的指导和经济条件允许的情况下纷纷开设了信息技术课程。本文将侧重从实践层面回顾中小学信息技术课程建设的一些具体做法，分析维度涉及信息技术课程的开设状况、师资力量、资源建设等方面。

信息技术课程建设现状

信息技术课程的开设状况

1. 义教阶段

国家自 2001 年实行基础教育课程改革以后，信息技术作为必修课程在基础教育中逐渐开展起来。在新课标出台新课程进入

实验之前，各地区主要以国家2000年颁布的《中小学信息技术课程指导纲要（试行）》为准实施信息技术教育。进入新课程实验阶段以后，虽然义教阶段没有制定课程标准，但是受到高中课程标准实验的影响，以及国家“校校通”工程全面开展和地方政策的推动，义教阶段的信息技术教育现状普遍有了新的进展。

从2003年对义教阶段实施信息技术教育的多个地区的多项调查显示，初中和小学信息技术课程已经在县级以上的城市广泛开展。从信息技术课程的开设年级来看，小学阶段的信息技术课程通常安排在四、五、六年级，初中阶段安排在一、二年级；从课时安排来看，开设信息技术课程的初中和小学都能完成《纲要》中规定的68个课时；从开设率来看，义教阶段信息技术课程的开设率在县级以上学校能够达到半数（即50%）以上。例如辽宁省，全省县城以上初中在2002年开设了信息技术必修课，全省县级75%以上小学开设了信息技术必修课[①]。但在农村与这一数字还有差距。由于信息技术课程的开设受到当地经济条件、教育政策的影响，农村义教阶段的信息技术课程开设状况普遍不如城市。2003年，在对我国六个地区农村信息技术教育现状进行的抽样调查显示：在信息技术课的开设上，绝大多数县教育行政部门对开设信息技术课没有规划，也没有与之相关的具体政策；在学校对开设信息技术课的规划与相关政策的落实上，26.7%的县级初中对开设信息技术课有计划或有相应政策，乡镇初中的比例为0。[②]调查还显示，经费和设备设施成为影响农村信息技术课程开设的主要问题。

2003年以后，高中信息技术课程标准的实施带动义教阶段的信息技术教育进入了高速发展时期。2007年对我国某区义教阶段信息技术课程实施的调查显示，在课程开设年级、课时安排、开课率等方面都有了很大的进展。2000年，该区的信息技术课程仅在小学的四、五、六年级和初中一、二年级开设，周学时2节；2001年，开始在初中三年级开设，周学时为1节；到2007年，该区小学1～6年级均开课，平均最高开课率达到周课时2.17节。在开课率方面，2000年该区学校90%以上开课，乡镇中心小学50%以上开课，村小开课状况为10%；到2003年，经过3年的发展，城区学校和乡镇中心小学全部开课，30%的村小开课；2005年，全区仅剩20%的村小没有开课。[③]我国农村地区在2003

① 叶金霞．辽宁：中小学教育信息化两步走．信息技术教育，2003(3).

② 解月光，王冬梅．农村中小学信息技术教育现状调查．信息技术教育，2004(5).

③ 姜荣华，董玉琦．义务教育阶段信息技术课程实施的现状与分析．中国远程教育，2007(5).

年以后，信息技术教育也有了很大的发展。2008 年，对陕南地区某县 15 所农村初级中学的调查显示[①]，该区初一开课率达到 95%，初二开课率达到 90%，也就是说绝大多数初中都开设了信息技术课。

2. 高中阶段

（1）课程开设状况

2003 年 4 月，《普通高中技术课程标准（实验）》颁布以及在实验省份的推广，为全国高中信息技术课程的推广起到指导和示范作用。

高中信息技术课程实施调查显示，高中信息技术学科的课时安排总数能够达到国家规定的 70～140 个课时，但是学生上机课时在有些地区由于受到多种条件的限制，不能达到国家所规定的课时。课程通常安排在高中一年级或者在高中一、二年级完成，也有部分实验省份根据高考政策，在高中三年级也开设信息技术课程，如浙江省。

（2）模块设置

高中信息技术课程分必修和选修两部分，选修部分包含五个模块，在选修课程的开设过程中，会对经费、师资、课时、班级管理等造成诸多难题。以下一些比较典型的做法可资参考：

广东省[②]

（1）每周 1 节课，1 学年完成 1 个模块教学：这种开课的市、学校不多，普遍反映学生容易忘记，教学不好开展。全省 20%的学校采取了这种开课方式，主要原因是教师、设备和资源的制约；广州市 80%的学校采取了这种开课模式。

（2）每周 2 节课，1 学期完成 1 个模块教学：采取这种开课模式的地方较多，反映较好。全省近 80%的学校采取这种开课模式，因为省教育行政部门所颁发的课程计划也是这样要求的。

（3）每周 4 节课，半个学期完成 1 个模块教学：如深圳中学，学校因此可以开设很多选修课。目前深圳中学已经开设了 4 个选修模块，反映较好。

（4）必修模块都能在一年内完成，选修模块学生的选课顺序为：多媒体技术应用＞网络技术应用＞算法与程序设计＞数据管理技术＞人工智能初步。人工智能初步模块缺少教师，开设课程的学校不到 1%。80%的学校选择了 3 个模块教学，有些学校在课外活动中开设其他模块。广东省规定：如果有 20 个以上学生选修，学校必须开设这一课程。广东省大部分学校从高一下学期开始进入选修课程。

---

① 毕春苗．农村初中信息技术课程实施状况调查研究．中国现代教育技术，2009(1).

② 朱光明．广东省推广信息技术课程的策略与思路．信息技术教育，2005(7).

天津市①

天津市教委规定选修模块的开设要求是：25 名以上学生选修，必须开设；11～24 名学生选修，学校应尽可能开设；少于 10 名学生选修，学校可以不开设。《信息技术基础（必修）》在高一第一学期开设，每周 2 课时。选修模块在高一第二学期至高三第一学期开设，每周 2 课时。

浙江省②

浙江省于 2006 年秋季开始实施实验课程。信息技术学科的开设情况为：高一第一学期学习“信息技术基础”必修模块，在高一第二学期学习一个选修模块。选修模块建议在“选修 1：算法与程序设计”和“选修 2：多媒体技术应用”两个模块中由学校择一开设；有条件的学校，由学生自主选择其中的一个模块进行学习。学生在高一修完信息技术课程的必修学分以后，参加信息技术课程的会考。

学生从高中二年级开始，学校应该根据教学实际开设信息技术选修课。根据《浙江省普通高中新课程实验第一阶段课程设置意见》精神，选修 I 分为选修 IA、选修 IB 和选修 IC 三个部分。信息技术学科目前在选修 IA 中没有模块列入；在选修 IB 中设置了 4 个模块：“算法与程序设计”“多媒体技术应用”“网络技术应用”和“数据管理技术”；在选修 IC 中信息技术主要包括“人工智能初步”模块。学校应开设所有选修 IB 中的模块，供学生选择，并创造条件逐步开设选修 IC 中的模块。学生应根据自己的兴趣和各学习领域的修习情况，在选修 IB 中选择一个或多个信息技术选修模块进行学习，也可以不选，但必须保证至少获得 12 个选修 IB 学分，并且每学年在每个学习领域获得一定的学分。

表 1 浙江省普通高中信息技术课程模块与学分设置

年级		教学模块	学时	学分
高一	第一学期	必修：信息技术基础	36	2
	第二学期	选修：从“选修 1：算法与程序设计”和“选修 2：多媒体应用”两个模块中选择一个	36	2

① 高淑印．天津市普通高中信息技术新课程实施策略．信息技术教育，2006(9)．

② 魏雄鹰．积极、稳妥、创新、务实——浙江省高中信息技术新课程实验实施策略．信息技术教育，2006(9)．

续表

年级	教学模块	学时	学分
高二、高三年级	学校应开设选修1、选修2、选修3、选修4四个模块，由学生自主选择。有条件的学校，可以五个选修模块都开设，供学生选择	每个模块36个学时	每个模块2学分

虽然，浙江省为学生在高二和高三开设了选修IB和选项IC，但是从自从浙江省2007年实施信息技术课程会考和2008年实施信息技术高考以后，高中信息技术在高一阶段必修学分的学习上比较正常，教学质量也得到了保证，但在高二、高三年级其他信息技术选修模块的开设上，情况就不尽如人意。据了解，仅有少数学校将选修3和选修4作为校本课程或者在大学直升班中进行了开课尝试，至于选修5人工智能模块几乎没有学校敢尝试。

总体来讲，选修模块的开设由于受到硬件环境的限制，模块设置一方面与学校师资力量有关；另一方面，与学校的硬件设备配置有很大的关系。从目前的总体情况来看，信息技术课程的基础模块与多媒体技术、网络技术、算法与程序设计三个选修模块的实施情况较好，而数据库技术与人工智能初步两个选修模块的推进情况相对不佳。特别是人工智能课程，至今在全国范围内正式开设该课程的学校寥寥可数，少数高中展开了一定的探索和实验，而大多数学校仍持有观望态度。不过，近两年关于人工智能课程的研究已经起步，开设状况略有好转。

3. 小结

从以上义教阶段和高中阶段的信息技术课程的开设情况看，信息技术课程作为基础教育阶段的一门必修课程，自2000年教育部全国中小学信息技术教育工作会议后已经普及。高中信息技术学科在课程开设方面的问题集中体现在选修模块的开设上。对于选修模块的选择和开设，还需要更多参与信息技术课程改革的省份在实践层面积累可行、有效的经验，使选修模块的开设更为全面、多样，能够满足每一位学生的发展需求。义教阶段信息技术课程开设虽然已经逐步普及，但是课程普及程度还需要进一步的加强。同时，以高中信息技术课程标准为参照，义教阶段也急需相应的课程标准或者相关指导政策出台，以保证义教阶段和高中阶段信息技术教育的有效衔接。这不仅是为高中信息技术课程的实施奠定基础，也是义教阶段信息技术课程良性发展的基本保障。义教阶段和高中阶段信息技术课程的协调发展才能保证基础教育阶段信息技术课程体系具有完整性和一贯性。

信息技术学科师资力量状况

信息技术学科能否长远发展与信息技术学科教师的发展有密切关系。自新课程改革以来，无论是在义教阶段还是高中阶段，信息技术学科的师资力量一直都很薄弱，具体表现在教师数量、学历、来源、工作范畴等多个方面。

1. 教师数量不足

从多个地区的调查结果显示，学校信息技术教师与学生的比例严重失调。以进入课改实验区的广东省为例。广东省是经济发达地区，但是调查显示每个学校只有 4 名左右信息技术教师，而示范性高中达到每个年级 20 个教学班以上，有些学校甚至达到 50 个教学班，每个年级至少需要 3 名教师，目前学校的信息技术教师拥有量远远不能达到教学要求。而在我国欠发达地区，信息技术教师的数量更显不足。2003～2004 年农村教育研究所的调研数据显示[①]，“信息技术专职教师严重缺乏，学生和信息技术专职教师的比例严重失调，往往是 1～2 名教师负责全校600～700 名学生的教学。胡米宁等对于抚州市中小学信息技术教育状况的调研显示，2003 年，抚州市中小学学校数与信息技术教师数比例，小学为 5.44∶1，中学为 1∶1.288。2004 年，在国家级贫困县湖北英山县的一项调查显示[②]，信息技术教师数与在校学生数的比例，县初中为 0.5%，乡镇初中为 0.13%，也就是说平均每 700 名学生才有 1 位专业课教师。在 2004 年，对 170 名高中信息教师和教研员所做的调查[③]显示，高中平均每所学校拥有信息技术教师 4.95 名，即可以粗略地说每所高中拥有 5 名信息技术教师，其中参与调查的高中平均在校学生人数为 3 512 名，信息技术教师与学生的比例约为 1∶700。

2. 教师学历和专业来源复杂

2003～2004 年对农村初中信息技术教育状况的调查显示，农村初中信息技术教师的学历以中专和专科为主；专业方向上，非计算机专业出身的占教师人数的一半以上。多数教师没有接受过

① 满海风，毕威，解月光．欠发达地区中小学信息技术教育开展状况．信息技术教育，2005(1).

② 郝兆杰．湖北省英山县高中信息技术课开设情况调查报告．中小学信息技术教育，2004(7).

③ 韩忠强，王世军，董玉琦．关于高中信息技术课程实施的调查与分析．课程·教材·教法，2005(11).

系统的信息技术教育，信息技术意识较差。2007 年 10 月对吉林省长春市某区的义教阶段信息技术教育的调查显示，该区信息技术教师的第一学历普遍偏低，初中学校第一学历为本科的占 42.9%，其中计算机专业毕业的有 81%；城区小学第一学历为本科的占 2.1%，其中计算机专业毕业的仅占 22.4%；农村中心校和农村小学没有第一学历为本科的信息技术教师。近年来，由于对教师继续教育的重视，信息技术教师的学历水平得到明显提高，初中教师中最后学历为本科的达到 95.2%，小学教师最后学历为本科的则达到 78.2%。这一数据说明义教阶段信息技术教师的学历在不断提高。

《中小学信息技术教育》编辑部在 2008 年 1 月的一项网络问卷调查显示①，大多数教师毕业于计算机专业，占总人数的 46.57%；其次为教育技术专业，占总人数的 22.06%，数学、物理或化学等相关专业占总人数的比重为 9.8%，其他专业占总人数的比重为 21.57%。可见，计算机和教育技术专业毕业的教师已经占据了 2/3，信息技术教师逐渐趋于专业程度化，而浙江省的调查结果也说明了这一事实。从对全省 306 位高中信息技术教师的专业调查结果显示，计算机及相关专业占 65%。随着教育技术专业异军突起，人数呈快速增长趋势，已占到整个高中信息技术教师的 20%以上，年轻教师中比例则更高。②

3. 教师工作任务繁多

由于专业的特殊性，信息技术教师在学校里不仅要承担信息技术课程的教学工作，还要担任其他与信息技术有关的工作。根据上述《中小学信息技术教育》编辑部的调查显示，信息技术教师除了承担信息技术教学工作外，还承担了许多其他繁杂的工作（见表 2），其他项中主要包括信息学奥赛指导、校园电视台管理、学校闭路电视维护、文印等工作，而且这些工作被计入工作量的只有 27.67%。浙江省对信息技术教师的工作量调查中，平均每位教师每天用于备课的时间在 2 小时左右，批改作业时间在 1.5 小时左右，而每天用于为学校提供服务的时间在 4 小时以上，这说明信息技术教师除了正常的教学工作，每天还要用大量时间精力为学校提供各种服务，如网络维护、计算机设备维修、电教仪器维护等。信息技术教师承担了如此多的非学科教学工作，在很

① 《中小学信息技术教育》编辑部．信息技术教师生存与发展现状：调查与分析．中小学信息技术教育，2008(4)．

② 浙江省高中新课程实验学科教学指导委员会信息技术组．浙江省高中信息技术课程改革实验状况报告．

大程度上影响了其教学工作的投入。

表 2 信息技术教师在学校除从事教学工作外承担其他工作的情况

工作项目	机房计算机维护	学校计算机维修	网络管理	技术辅助（做课件等）	校信息中心	其他学科教学工作	其他
人数	171	156	123	133	120	47	72
承担比例	20.8%	18.9%	14.96%	16.18%	14.6%	5.72%	8.76%

不过，这种现象在一些实验省份也有改善。广东省在信息技术成为必修课以后，信息技术教师逐步从网络管理、资源开发和后勤管理等工作中解放出来。学校成立了信息技术学科教研组，学校领导逐步认识到这门课程的重要性。

信息技术学科资源建设状况

信息技术学科的资源建设包括硬件资源建设和软件资源建设两个方面。硬件资源包括信息技术学科设备的基本配置，比如计算机的配置、入网比率、多媒体教学设备等有关信息技术课程实施的基本设施。软件资源主要是与信息技术教学相关的资源，诸如教案类课程资源、试题类课程资源、课件类课程资源、学科论文类课程资源、专家讲座类课程资源和教学网站类课程资源等。

1. 信息技术学科硬件资源建设

国家于 2000 年推出的“校校通”工程为信息技术学科硬件资源建设起到了很大的推动作用，我国各个地区信息技术课程的资源配置状况有了明显的改善，但是信息技术学科对硬件资源的高要求为硬件资源的建设带来很多困难。具体表现在两个方面：

（1）信息技术学科硬件资源建设对经济的依赖性

信息技术学科硬件资源与经济状况紧密联系，这一特征导致信息技术学科在经济发达和不发达地区的建设状况具有明显差异，经济发达地区的信息技术学科资源建设更显优势。以下两组数据是 2003 年对东部发达城市所做的一项信息技术学科资源建设的调查结果[①]。表 3 为我国东部部分地区的学校信息技术设施的配置情况，表 4 为 2003 年统计的部分省市学校网络及资源建设情况。

① 张家华．我国东部地区信息技术教育发展窥视．现代教育，2008(10).

表 3　我国东部部分地区的学校信息技术设施的配置情况

	北京市海淀区	上海市闸北区	江苏省苏州市	浙江省义乌市	广东省深圳市	福建省厦门市	山东省济南市
小学生机比（人/台）	10	14.01	12	19	12.3	15	23.6
初中生机比（人/台）	9	9.84	9	16	9.5	12	17.6
高中生机比（人/台）	7	6.02	8	12	7.7	7	12.6
多媒体教室占总教室比例（%）	7.50	8.84	12.00	10.00	33.60	6.00	7.40

表 4　2003 年统计的部分省市学校网络及资源建设情况

	北京市海淀区	上海市闸北区	江苏省苏州市	浙江省义乌市	广东省深圳市	福建省厦门市	山东省济南市
建校园网学校比例	52.40%	62.86%	72.80%	68.00%	79.60%	34.50%	16.00%
联通互联网学校比例	52.40%	100%	100%	100%	89.70%	94.10%	32.00%
教师自建资源占总资源比例	4.00%	17.00%	18.00%	8.70%	5.00%	50.00%	27.70%
购买资源占总资源比例	84.00%	66.00%	77.00%	52.20%	91.00%	40.00%	65.70%
网络集成费用占信息化资金投入比例	15.80%	27.60%	5.00%	15.00%	17.00%	12.00%	15.00%

从以上数据看出，东部经济发达地区在 2003 年时，信息技术学科的人机比已经达到并超过了国家的平均水平，入网比例多数城市已经达到 50%以上，教师具有自建资源的意识，资源建设的投入费用非常的高。欠发达地区则有较大程度的落后，根据《欠发达地区信息技术教育现状和发展课题组》2003 年 5 月在一些欠发达地区所做的调查① 显示，欠发达地区与东部地区在信息技术资源建设方面呈现明显的差异性；另根据曾祥翊等对于全国范围开展的调研数据表明，2003 年中部和西部地区生机比例仅为 33∶1。总体而言，我国中小学生机比整体较低，根据 OECD《教育要览 2003》的数据显示，2001 年其成员国的生机比在 3∶1 和 15∶1 之间，表明我国在这一方面同世界其他国家还存在着很大的差距。显然，社会经济发展水平是制约学校硬件建设的一个重要因素。

总体上看，2003 年年底，我国中小学计算机的拥有量增加到

① 满海风，毕威，解月光．欠发达地区中小学信息技术教育开展状况概述．信息技术教育，2005(1).

663 万台，校园网超过 3.5 万个，校园网建设与 2000 年相比增长了 10 倍以上，计算机拥有量翻了两番，但是计算机的拥有量远远不能满足 2 亿中小学生的学习需要，校园网的数量仅占全国 64 万所中小学校的一小部分。尽管国家提出了东部发达地区以上互联网为主，西部以上卫星网为主，但是从硬件环境方面看，西部许多中小学的硬件设备不但数量少，而且档次普遍偏低。

最近几年，随着信息技术学科建设的不断加强，信息技术学科的资源建设又有了新的改善。2007 年，对吉林省长春市某区的一项调查显示[①]，在 2004 年之前该区信息化投入主要依靠自筹经费，经费来源差异造成学校在信息化投入上的差距，但总体上随着时间的推移，信息化投入不断增加，学校的设施设备不断改善。2000～2004 年，年投入经费从几万元到几十万元不等，到 2005 年达到 150 万元，2006 年达到 346 万元。从 1998 年的无盘工作站到 2005 年的“奔 4”计算机，虽然有些学校的设施设备仍不尽如人意，但整体来说已经发生了巨大的改观。如电子阅览室、多媒体教室、计算机室从无到有、日益完善，生机比逐渐降低，除部分村小之外，基本上能够达到开课标准。

(2) 技术发展引起的资源更新

信息技术的快速发展，也为信息技术学科硬件资源的更新提出了挑战。浙江省对全省普通高中信息技术基础设备的问卷统计说明了这一状况。调查显示，该省的 536 所学校中，总共有计算机房 804 个，平均每所学校 1.5 个，学生计算机 43 164 台，平均每所学校 82 台。计算机的 CPU 以赛扬为主，但超过 55%的学生机内存不足 256 MB。高中信息技术新课程实验实施以后，学生接触到的应用软件数量比较多，这些软件对硬件设备的要求比较高，低配置的 CPU 使机器速度达不到一定的要求，影响了教学效果，甚至无法开展正常教学。而从网络配置情况来看，各普通高中学生计算机房也已基本联网，百兆网络占 80%以上，机房配备专用服务器的学校在 72%以上。服务器性能在一定程度上制约着网络速度，有超过 20%的学校计算机房还没有专用服务器，只能用普通微机或教师用计算机来代替服务器，这在一定程度上给日常教学和评价带来效率上的影响。

从计算机的操作系统和应用软件的安装来看，目前学校中，操作系统以 Windows 占绝对主导地位。从调研情况来看，学生计算机中所装的操作系统以 Windows 2000 为主，占安装总数的

① 王秋爽，董玉琦．义务教育阶段信息技术课程现状调查与分析——对吉林省长春市某区的个案研究．中小学信息技术教育，2009(1).

52%，而 Windows 98 和 Windows XP 分别占 26%和 22%。应用软件中，Office 系列软件（包括 Word、Excel、Frontpage、Access等）是最常用的，版本比较统一，调查显示应用 Office 2000 的学校达到 88%，也有个别学校安装了 Office XP 版本。其次是多媒体处理系列软件。在第一年（2006）高中新课程实验中，有近 2/3 的学生选修了多媒体技术应用这一模块。在多媒体众多处理软件中，图形图像处理和动画制作是师生比较喜欢的两种软件，不仅是教学中的重点，也比较实用，学生学习兴趣也较高，而且对设备的要求相对较低。但多媒体应用软件的发展非常迅速，版本更新速度非常快，学校里所涉及的版本也非常多，调查显示，学校应用 Photoshop 的版本有 5.0、6.0、7.0、8.0、9.0、CS，Flash 有 5.0、8.0、MX 等。由于 Photoshop 和 Flash 不同版本之间差异较大，兼容性较差，这给日常教学和会考评价等带来了一定的困难。

由此可见，信息技术学科的硬件资源建设，一方面需要政策的推动和经济上的支撑；另一方面，学科自身技术的不断更新也为资源建设带来了新的挑战，同时也影响到了信息技术课程的实施。因此，协调好各种因素，做好硬件资源建设，保证信息技术课程有效的实施和发展是学科资源建设的一个重点。

2. 信息技术学科软件资源建设

信息技术学科软件资源建设是信息技术学科自身发展的必然结果，与信息技术课程教学实施有着密切的关系。信息技术学科软件资源的建设与多个因素有关。从宏观上看，需要国家和地方的推动。比如国家或者地方（主要是省）举办的优质课比赛、教学案例大赛等。其次，中观上需要建立区域和校级学科资源平台，收集和共享各类学科资源。微观上需要教师自身不断积累教学资源。目前，我国信息技术课程软件资源的建设从国家到地方已经同步开展起来。

比如天津市① 自 2007 年启动高中优质资源建设项目以来，平台的开发与资源本体的建设采取同步进行的策略，于 2008 年年底顺利完成了本学科高一年级必修模块的资源建设，包括专家视角、教材分析、教学案例、评价监测、教师园地、相关资源等几大栏目，累计资源 254 条，容量 1.6 G，网址是 http：//yzzy. tjjy. com. cn。同时还进行了资源平台的使用培训，下一步将进行高中选修模块的课程资源建设，所有的课程资源均无偿供教师和学生使用。

① 高淑印 . 2008 年天津市中小学信息技术学科教研工作总结 .

四川省[①]在“大地震”后依然坚持发展信息技术学科资源建设，四川省教育科学研究所信息室出台了《四川省教育科学研究所信息化建设管理办法》，有效地规范了“教研在线”网站的建设管理、图书情报资料的建设管理、办公自动化及网络教研等工作制度，为充分利用该所网络资源开展教研，充实该所数字化信息内容，扩充网络功能，加强与市、州教科所的联系，积极推动“无纸化办公”的进程，更好地为教育科研服务提供了政策保障。

信息技术课程建设的经验与启示

义教阶段的课程内容和课程设置：标准先行

随着信息技术课程在义教阶段的普及，以及学生信息技术课程能力的提高，“零起点”的信息教育逐步开始下移，基于《纲要》的义教阶段的课程结构已经不能满足当前信息技术教育的需求。义教阶段信息技术课程设置在内容设置、体系结构、培养目标等方面都需要有新的政策进行引导，亟待像普通高中信息技术课程一样研制全国性的课程规范。

在这方面江苏省走在了全国的前列。江苏省于2007年3月出台了《江苏省义务教育信息技术课程指导纲要（试行）》（以下简称《江苏纲要》），对义务教育阶段信息技术课程的基本性质、基本理念、课程目标（包括分目标）、课程内容（包括内容结构表和内容详细说明）、实施建议给出了详细说明，值得借鉴和参考：

（1）《江苏纲要》对课程基本性质、基本理念和课程目标的规定。《江苏纲要》将义务教育阶段的信息技术课程的基本性质概括为基础性、技术性、综合性、发展性。在基本理念上，坚持终身教育、促进学生的信息文化内化、信息技术既作为学习对象又作为学习工具的双重价值、密切联系学生的生活实际以及倡导学习方式的多样性等。课程目标分为总目标与各学段分目标，课程总目标与高中信息技术课程目标一脉相承，即明确定位在培养学生的信息素养，分目标对总目标从四个维度分小学和初中两个阶段分别对课程目标进一步解释。这四个维度分别是：知识与技能、过程与方法、情感态度与价值观以及行为与创新。每个维度上从小学到初中不断提升，从而实现学生信息素养的全面培养。其中，行为与创新是针对信息技术课程对学生从小养成恰当应用信息技术的良好行为习惯以及积极参与技术创新的意识与动力的

① 李维明．四川省教育科学研究所信息技术教育研究室2008年工作总结．

独特要求而提出。

（2）《江苏纲要》对课程内容模块的设置。江苏省在义教阶段信息技术课程内容设计上采用多样化组合方式，在小学和初中阶段都分为基础模块和拓展模块。全省义务教育阶段学生必须完成基础模块的学习，并分别在小学和初中阶段，各至少选择学习一个拓展模块。基础模块，小学分为两个阶段，初中分为一个阶段，小学和初中各 68 学时。拓展模块分为拓展Ⅰ、拓展Ⅱ和拓展Ⅲ，分别为“主题活动”“程序设计”和“机器人技术”。拓展Ⅰ为 34 学时，一般在小学开设，部分初中也可以根据入学学生情况选择开设；拓展Ⅱ为 34 学时，主要在初中开设；拓展Ⅲ小学和初中的内容相对独立又互相衔接，各 34 学时，学校可根据具体选择开设。课程内容的总体结构[①]如下图所示。

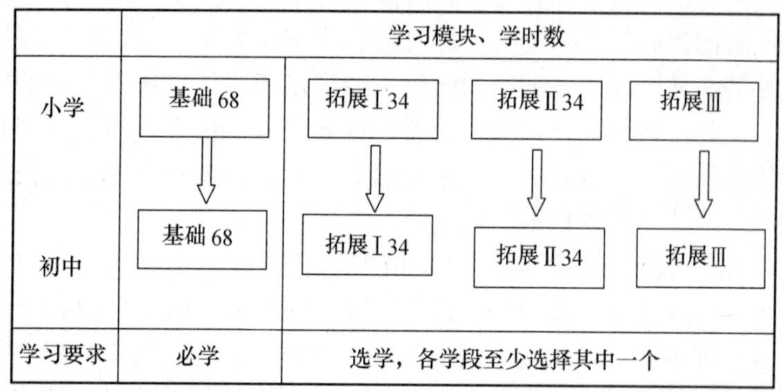

（3）《江苏纲要》还对课程实施给出了建议。在课程开设的时间与形式方面，基础模块开设的时间可以根据具体情况灵活选择，一般建议从小学三、四年级开设，条件好的学校可以从一、二年级开设，基础模块内容表中本身将小学阶段划分为两个学段，就是针对这种开设时间总体跨度比较大，其间可能造成学生学习水平差异不断增大的问题，对两个学段分别提出“出口”水平，即无论是以一、二年级为起点还是以三、四年级为起点，在完成《江苏纲要》中第一学段规定的内容时，都应达到该学段提出的要求，方可进入第二学段的学习（当然，小学第一学段与第二学段间的边界本身也可模糊处理），这样可以在一定程度上解决学生学习水平的差距问题。不同条件的地区、学校根据自身条件，确定了开设起点和课时之后，可以从拓展模块中灵活选择一个到两个模块作为选学内容，拓展模块也可以在基础模块开设的年级穿插进行。

① 李艺，李美凤．《江苏省义务教育信息技术课程指导纲要（试行）》评介．中国信息技术教育，2008(8).

高中阶段选修模块的开设：将理想照进现实

高中信息技术课程实施以后，由于选修模块受硬件环境和师资条件的限制，很多地区选修模块的开设数量和质量没有达到课程标准的要求，经济发达省份的一些做法走在了前列，如广东省和浙江省。

广东省首先规定了必修和选修课程的开设时间，并且具有弹性化，这为广东省不同条件和不同地区的学校开设选修课提供了指导。其次，给出选课顺序和条件，兼顾了学生的知识基础和学习兴趣。

浙江省关于高中信息技术课程的开设，划分更为细腻。首先，在高中一年级的第一学期和第二学期，学生修完高中毕业时所需的 4 个学分。虽然选修的课程中只制定了算法与程序设计和多媒体技术应用。但是，在高中二年级，各个学校根据《浙江省普通高中新课程实验第一阶段课程设置意见》，将选修Ⅰ分为选修ⅠA、选修ⅠB 和选修ⅠC 三个部分以供学生选择。这样能够保证学生根据自己的兴趣爱好选择自己喜欢的模块进行学习，保持了学生的个性化发展。

在浙江省统一的信息技术课程实施政策指导下，各个学校的课程设置也具有特色。比如，温州中学从 2006 年秋季开始，就自编选课程序，在网络上让学生根据自己的兴趣爱好进行选课，在新课程实验的第一年就顺利实现了走班教学。浙江师大附中利用信息技术学科的优势和学校设有直升班这一特点，在高一第二学期保证学生对选修 1、选修 2 两个模块进行自主选课的基础上，分别于 2006 年和 2007 年在高二年级和高三年级对信息技术的另外三个选修模块（选修 3、选修 4、选修 5）做了教学实验，为全省乃至全国全面开展信息技术学科各选修模块的教学打下了良好的基础。①

另外，高中信息技术课程在实验区实施以后，信息技术课程专家和实验区的一线教师就如何选择选修课程提供了建议和经验。比如，南京师范大学李艺教授在谈到“选修课是由教师选还是学生选?”时，他建议“选课应该是在教师指导下，同时尊重学生自主性的选择”②。黄秉刚老师针对学生选修科目普遍“偏科”现象，提出学生在选择模块时，应该为学生做出一定的限

① 魏雄鹰，李永前．浙江省高中信息技术新课程实验现状、问题与对策．中国电化教育，2008(4).

② 观点争鸣．选修课如何选．中小学信息技术教育，2005(4).

制，并在教学实践中证明这样的做法不会损害学生的利益，同时兼顾了学校的设备、师资、课时安排等多方利益。王爱胜老师针对选修模块，提出了走班制①。

师资建设：让专业发展成为教师的习惯

信息技术师资建设问题是影响信息技术课程发展的主要问题。信息技术师资建设与多方因素有关，其中信息技术教师的专业化发展问题比较突出，具体表现在信息技术教师数量少，学历水平低，不具有专业化（有非计算机专业代课）水平；信息技术教师的教学地位不被重视（工作范畴超出信息技术学科）；信息技术教师职称评定困难。当前，我国各个地区已经将信息技术教师专业发展作为信息技术学科建设中的主要问题加以解决。

教师培训是促进信息技术教师专业发展的有效途径之一。在这方面，海南的工作较为扎实，值得借鉴。海南省中小学信息技术教师的培养和培训得到了教育教研部门的高度重视②。自2001年进入新课程实验以来，每年均组织中小学信息技术教师进行多种形式的培训，以促进多数教师专业水平的提高。2001年至2006年暑期，每年均组织九年义务教育阶段信息技术教师，针对新课程理念、新课程教学教学观进行多种形式的培训，先后培训信息技术教师上千人次。2004年至2008年暑期，每年组织高中信息技术教师针对高中新课程理念、课程标准、教材、教法、教学评价等方面，分年级进行全员培训，培训形式有邀请课程标准组专家、教材主编、优秀老师讲座、讲学，有教师之间的互动研讨，有通过网络的远程研修，先后有2 000人次参加过高中信息技术教师暑期培训。为我国培养了一大批信息技术学科的专业人才。

除此之外，网络教研和校本教研也是促进教师专业发展的重要途径。如基于博客的教育叙事、基于论坛的互动教研等。作为一个代表性的例子，大路论坛（BBS. ictedu. cn）“与您同行”栏目构建的“1＋1＋X”网络教研模式（一个教师＋一个课程专家＋一批网友）积累了较好的经验。该栏目以教师为主体，通过专家引领和网友互动，围绕某个教学实践问题展开分析和研究，并将研究结论撰写成论文发表，不仅促进了信息技术教师的教学能力和研究素养的提高，也激发和维持了信息技术教师参与新课程建设的热情。

---

① 王爱胜．揭开信息技术课的选修症结．信息技术教育，2007(8).

② 段青．海南省2008年中小学信息技术教研工作回顾．

但是，教师专业发展不是一劳永逸的事情，不是靠几次培训或几次成功的教学研究就可以完成的，它是一个持续开展的、伴随教师职业生涯的过程。让专业发展成为教师的习惯，是终身教育理念的具体体现，也是教师成为专业人员的必然要求。

信息技术学科资源建设：加强优质资源的开发与共享

新一轮国家基础教育课程改革非常注重课程资源的开发，并丰富了课程资源的内涵和外延。除教科书、教学参考书外，教师在教学实践中设计、开发、利用的各种教育资源得到了前所未有的重视，课程资源开始从幕后（预设的教师教学的脚本）走向前台（教师动态生成的产物），改变了教师的专业角色，成为课程健康发展和教师专业发展的一个重要方面。综观我国信息技术学科的资源建设现状，其成果主要表现在以下几方面：

1. 教案类课程资源

中国教育技术协会信息技术教育专业委员会每年组织举办一次的全国信息技术课程案例大赛和全国信息技术优质课展评活动，为信息技术教师提供了在全国同行面前展示和共享优秀教案的机会。截至 2009 年 5 月，全国信息技术课程案例大赛已成功举办 2006、2007、2008、2009 四届教学案例比赛，累计获奖教案 700 余篇，为实现优秀教案的共享与交流，大赛专题网站（case. ictedu. cn）提供了历年获奖教案的检索与下载功能，与本书同时出版的信息技术课程年鉴还集中刊出了 2008 年度的一等奖获奖教案。全国信息技术优质课展评每年举办一次，义务教育阶段和高中阶段隔年举办，由省级教研单位选拔参评选手组队参赛。截至 2008 年 11 月，已成功举办两届优质课展评活动，即 2007 年全国普通高中信息技术优质课展评和联想杯 2008 年全国义务教育信息技术优质课展评，共有 130 余个教师获奖，相关教学实录视频和专家点评可以从信息技术课程网影音站（vod. ictedu. cn）浏览下载。

另外，各省市也积极举办教学设计大赛和优质课展评，为教师搭建相互观摩学习的平台，发现教学实施中的闪光点和问题，着力提高教学质量。例如，北京为鼓励信息技术任课教师钻研教学，总结交流教改经验，积累教学资源，推动信息技术课教学质量的提高，与教育学会计算机教学研究会联合举办全市信息技术优秀录像课评选活动，并将课堂实录、教师反思和专家评析编辑整理收录在《信息技术学科高中新课程教学案例集》中。

2. 试题类课程资源

试题类的课程资源主要包括会考试题、学业水平测试试题、高考试题、期中考试试题、期末考试试题等。由于考试的方式不同，一些地区考试时使用题库自动选题，因此这些种类中的文本式的真题比较少，而网上可以搜索到的模拟试题较为丰富，但是质量无法保证。中国信息技术教育专业委员会成功举办了2005～2006、2007～2008 两届全国信息技术课程试题案例大赛，获奖优秀案例均可在大赛专题网站查询下载。与本书同时出版的信息技术课程年鉴优选了全国各省优秀信息技术高考、会考、中考等试题，为优秀试题资源的积累和共享创造了一个新的平台。

3. 课件类课程资源

课件类课程资源相对贫乏。截至 2009 年 4 月 23 日，信息技术课程网（www. ictedu. cn）有 30 余个课件资源。与本书同时出版的信息技术课程年鉴上收录的各省市推荐的优秀学科网站上的课件资源也寥寥无几。网上搜索到的课件通常要收费才可以下载观看。例如，亿库教育网上的信息技术课件资源相对较多，其中高中信息技术课件有 208 个，初中信息技术课件有 398 个，小学信息技术课件无；在中国课件网上可以找到高中信息技术课件 5 个，初中信息技术课件 8 个，小学信息技术课件 8 个；123 课件网是 2006 年建设的，其网站上的信息技术课件 260 个。从上面的数据可以看出，信息技术学科课件类课程资源的共享状况并不理想。

4. 学科论文类课程资源

学科论文类课程资源主要涵盖信息技术课程研究、信息技术教材研究、信息技术教学研究、信息技术教学评价研究和信息技术课程整合研究五个方面的论文。综观 2008 年度发表的学科论文，关于信息技术课程的研究，主要集中在课程的实施和发展、课程内容结构和课程设置、信息技术教师专业发展、信息技术课程研究的新视野四个方面；有关信息技术教材的研究，主要集中在教材开发的依据、教材的设计开发、内容体系的构建、教材使用的方式和教材的电子化呈现；信息技术教学研究主要集中在教学理论、教学方法和教学模式、教学策略、教学机智和教学随笔等方面；信息技术教学评价研究内容主要集中在信息技术高考、信息技术课堂评价、信息技术学业评价三方面；信息技术与课程整合方面研究内容大体上分为信息技术与课程整合的现状、信息技术与课程整合的理论研究、信息技术与课程整合的有效性研究和整合中的技术应用四个方面。

5. 专家讲座类课程资源

可以共享利用的专家讲座类课程资源较为贫乏，网上可供下载的专家讲座视频更为少见，主要集中在信息技术课程网影像站（http：//vod. ictedu. cn)，目前，该站共收录了50余个专家讲座视频。实际上，各类信息技术教育学术会议、论坛，各省市举办的教师培训等活动，都会邀请一些课程与教学专家做专题讲座，但是，这些讲座往往没有视频记录或者没有广泛共享，受益面很小。

6. 教学网站类课程资源

教学网站以各省市教研室组织建设的居多，具有地方特色，是教师和学生交流学习的平台，也是对外交流、展示的平台。例如，四川省的“教研在线”网站2008年全年，共发各类教育、教研文章信息动态新闻共计4 600余篇（不含交流园地发帖），这些文章对四川省基础教育科研工作的指导、教育信息的上下沟通都起到了积极的作用。目前，“教研在线”网站访问量已达180万（人次），已经成为四川省教育科研战线最具影响力的网站；湖南省基础教育新课程教学资源网从2007年9月网站正式运行到2008年年底，网站仅高中部分已发展会员6 000余人，各类资源7 500多个，总点击数达到近200万次；海南成长博客的信息技术频道网站点击数为6 366 626次，文章数为4 210篇，评论数为5 795篇；湖南省基础教育新课程教学资源网截至2008年，仅高中部分认证会员人数达7 000余人，访问量超过100万人次。预计今年认证会员将达5万，新上传资源10 000个，访问量超过1 000万人次。

由中国教育技术协会信息技术教育专业委员会支持，南京师范大学信息化教育研究所版权的信息技术课程网是一个综合型的信息技术学科网站，提供了比较丰富的信息技术教学资源，网站资源完全免费，是全国师生交流的平台，截至2009年4月23日会员人数5 037人次，资源数1 737个。

总　　结

当前，信息技术学科在基础教育阶段的发展已经建立了自己的学科地位。信息技术课程设置的问题基本已经解决，信息技术学科发展进入课程建设的新阶段。在信息技术加速发展的今天，随着信息技术在社会发展中的地位日益突出，信息技术教育也越来越受到人们的重视。致力于信息技术教育的专家学者和一线教师在不断探索信息技术学科理论和总结实践经验的过程中，会逐步将信息技术学科建设得更加完备。信息技术学科的课程体系、师资力量以及学科资源建设也会随着社会的重视程度和国家政策的推动而不断完善，信息技术学科在培养信息时代公民中必将扮演好自己的角色。

政 策 文 件

信息技术课程标准、纲要类文件
（2000～2007）

2000 年教育部《中小学信息技术课程指导纲要》（试行）摘要

信息技术课程是中小学一门知识性与技能性相结合的基础工具课程，应作为必修课单独开设。中小学信息技术课程的任务是：培养学生对信息技术的兴趣和意识，让学生了解或掌握信息技术基本知识和技能，使学生具有获取信息、传输信息、处理信息和应用信息技术手段的能力，形成良好的文化素养，为他们适应信息社会的学习、工作和生活打下必要的基础。信息技术课程设置应考虑学生心智发展水平和不同年龄阶段的知识经验和情感需求。小学、初中和高中阶段的教学和学习内容安排应有各自明确的目标，并要体现出各阶段的侧重点。各阶段都要注意培养学生利用信息技术进行学习的能力和探索、创新精神。

2001 年教育部《基础教育课程改革纲要》摘要

为贯彻《中共中央国务院关于深化教育改革　全面推进素质教育的决定》（中发［1999］9 号）和《国务院关于基础教育改革与发展的决定》（国发［2001］21 号），教育部决定，大力推进基础教育课程改革，调整和改革基础教育的课程体系、结构、内容，构建符合素质教育要求的新的基础教育课程体系。

从小学至高中设置综合实践活动并作为必修课程，其内容主要包括：信息技术教育、研究性学习、社区服务与社会实践以及劳动与技术教育。强调学生通过实践，增强探究和创新意识，学习科学研究的方法，发展综合运用知识的能力。增进学校与社会的密切联系，培养学生的社会责任感。在课程的实施过程中，加强信息技术教育，培养学生利用信息技术的意识和能力。了解必要的通用技术和职业分工，形成初步技术能力。大力推进信息技术在教学过程中的普遍应用，促进信息技术与学科课程的整合，逐步实现教学内容的呈现方式、学生的学习方式、教师的教学方式和师生互动方式的变革，充分发挥信息技术的优势，为学生的学习和发展提供丰富多彩的教育环境和有力的学习工具。

2003 年教育部《普通高中信息技术课程标准》（实验稿）摘要

高中信息技术课程以提升学生的信息素养为根本目的。信息技术课程不仅使学生掌握基本的信息技术技能，形成个性化发展，还要使学生学会运用信息技术促进交流与合作，拓展视野，勇于创新，提高思考与决策水平，形成解决实际问题的能力和终身学习的能力，明确信息社会公民的权利与义务、伦理与法规，形成与信息社会相适应的价值观与责任感，为适应未来学习型社会提供必要保证。

高中信息技术课程包括必修与选修两个部分。必修部分只有“信息技术基础”一个模块，选修部分包括“算法与程序设计”“多媒体技术应用”“网络技术应用”“数据管理技术”和“人工智能初步”五个模块，每个模块 2 学分。高中信息技术课程总学分为 2+2+X，其中必修 2 学分，科目内选修 2 学分，跨领域选修 X 学分。修满 4 学分是取得高中毕业资格的最低要求。建议有兴趣或者有理、工科取向的高中学生再加修若干个学分，可以作为就业或高校招生的参考。

2004 年上海市《上海市中小学信息科技课程标准》（试行稿）摘要

中小学信息科技课程定位于以提高学生信息素养和在信息化环境下的学习能力为目标，以计算机和网络为基本载体，以学信息技术、用信息技术、懂信息技术、与信息技术一起学为基本学习过程，融知识性、技能型和工具性于一体的重要的基础课程。根据不同学段不同时期的学生的年龄、生理、心理的特点，在小学阶段和初中阶段集中或分散地安排基础型、拓展型和研究型三类课程。要求每个学段基础型课程部分总课时数为 68 课时，拓展型课程部分和研究型课程部分建议课时数为 68 课时。同时要求在小学阶段提出 2～3 个信息科技与其他学科学习整合的项目，在初中阶段提出 3～4 个信息科技与其他学科学习整合的项目。

2005 年北京市《北京市中小学信息技术课程标准》（试行）摘要

在《中小学信息技术课程指导纲要》（试行）的基础上，北京市根据具体课程实施情况对纲要部分内容做了修改。主要在以下几个方面做了改动：一是小学阶段的信息技术教学目标多了一条“在条件具备的情况下，初步了解计算机程序设计的一些简单知识”；二是中学阶段的信息技术教学目标多了一条“在条件具备的情况下，了解计算机程序设计的基本思想和基本方法”；三是在课程的课时安排方面。纲要只是规定小学和初中阶段的信息技术教学均不少于68学时，而在此标准中，对两个阶段的课时做了具体的规定，小学阶段不少于68学时，建议102学时，初中68～102学时。

2007年江苏省《江苏省义务教育信息技术课程指导纲要》（试行）摘要

义务教育阶段的信息技术课程是一门以培养学生的信息素养为主要目标、以综合实践活动的一个学习领域作为课程形态的必修课程，旨在帮助学生掌握信息时代生存与发展必需的信息技术基础知识和基本技能，形成在日常生活与学习中应用信息技术解决问题的基本态度与基本能力，形成与信息社会相适应的良好行为习惯，为培养能够适应信息社会发展挑战的创造性人才打下基础。在课程内容上，小学和初中阶段都由基础模块和拓展模块组成，全省义务教育阶段学生必须完成基础模块的学习。基础模块小学分为两个阶段、初中为一个阶段，小学和初中各68学时。拓展模块分别设置为拓展Ⅰ“主题活动”、拓展Ⅱ“程序设计”和拓展Ⅲ“机器人”。拓展Ⅰ为34学时，一般在小学开设，部分初中也可以根据入学学生情况选择开设；拓展Ⅱ为34学时，主要在初中开设；拓展Ⅲ的内容，小学和初中相对独立又互相衔接，各34学时，学校可根据具体情况选择开设。

中考（2006～2008）

山 东 省

在2008年之前的山东省的初中毕业考试与高中段学校招生（简称“中考”）中，信息技术是一门考核或考查科目。在2005年济南市信息技术课中考考核中，信息技术实行等级考核的评价模式，考核分A，B，C，D四个等级，A级为优秀，B级为良好，C级为合格，D级为不合格。考核结束后将给合格及以上者颁发等级证书，并按照中考招生有关规定记入考生电子学籍档案和中考总成绩。考核结束后，允许考核等级为D的学生重考一次，重考后的最高等级为C级。在2006年济南市高中阶段学校招生考试中，信息技术被列为考试科目，分值为20分，是以等级考核的评价模式进行的。考核分A，B，C，D四个等级，A级为优秀，B级为良好，C级为合格，D级为不合格，并按A级20分、B级16分、C级12分、D级8分计入中考总成绩。允许考核等级为D级的学生重考一次，重考后的最高等级为C级。在2007年和2008年济南市高中阶段学校招生考试中，信息技术被列入考试科目，采用等级考核评价模式，按合格与不合格两个等级公布成绩，只有信息技术等级考核合格的考生才能报考普通高中学校。在2007年日照市中考中，信息技术是作为一门考查科目，是以山东省中小学信息技术等级证书考试成绩为准，将信息技术按20分的总分值纳入全市统一计分范围。2007年济宁市初中毕业生实行学业、升学两考合一，信息技术列为学业考试科目之一，是上机操作考试，分值为20分。2008年山东省《初中学生综合素质评价制度深化高中阶段学校招生制度改革方案》规定以初中学业考试取代升学考试，信息技术被正式列为学业考试的考试科目之一。烟台市2008年初中生学业考试方案中将信息技术列为学业考试的第二类，安排在初三年级进行。信息技术科目实行无纸化考试，满分为100分，考试成绩按50%比例折算纳入高中阶段录取总成绩。在《2008年潍坊市区普通高中招生及初中学业水平考试工作实施方案》中，信息技术被列为考查科目。已参加全省中小学信息技术等级证书考试获及格以上，或参加全国计算机等级考试获一级以上的考生，免予信息技术考试；其余考生参加由市电教馆统一命题、各区教育部门组织实施的考试，其成绩用A，B，C三个等级表达。具体等级认定办法由市电教馆制定。其考试成绩等级和考查认定等级信息，计入考生的标志性成果材料袋。在《2008年临沂市中考安排》中信息技术作为考查科目之一，满分为100分，实行上机操作考试。考试成绩以等级和分数两种方式呈现（成绩达到试题总分数的90%及以上者，记录等级A，达到75%～89%记录等级B，达到60%～74%记录等级C，59%及以下记录等级D，D为不合格等级），考试实际得分的30%计入2008年初中学业考试总分，纳入高中招生录取。已参加山东省中小学信息技术等级证书考试的学生（满分为100分），可免予考试，将实际得分的30%计入2008年初中学业考试总分，纳入高中招生录取。下面列出《2007年济南市信息技术课中考考试实施方案》。

2007年济南市信息技术课中考考试实施方案

为推进课程改革和考试评价制度改革，加快我市基础教育信息化步伐、普及中小学信息技术教育，制订本方案。

一、命题要求

（一）命题原则和依据

为促进和加强初中信息技术课的教学和硬件环境的建设，切实反映学生对信息技术知识和操作技能的掌握程度，试题覆盖信息技术基础知识考试纲要的绝大部分内容，绝大多数考生能在规定的时间内完成考核的内容，并由计算机考试系统自动评阅成绩。为了减轻学生考试负担，我们在命题中注重考查学生的计算机实际操作能力，减少对概念性和记忆性内容的考查。

考试依据学生所学教材和课程标准（教学大纲）的要求，试题要突出网络知识，并能休现信息处理的能力。

（二）命题的范围

试题包括基本概念和基本操作两部分内容，以考核使用计算机处理信息的能力为主。命题范围为《信息技术基础》中学版第6册（新时代出版社2007年版）中所列出的范围，即：

1. 信息与网络基础（第一单元）；
2. 编辑文字与图像（第二单元）；
3. 数据基本处理与程序认识初步（第三单元）。

（三）试题类型和考核方法

试题有选择题和操作题两种。选择题中有单项选择和多项选择，考生可以在所列的答案中进行选择与判断。

试题由教育信息网信息中心通过城域网下传到各考点网络微机室的服务器中，学生在局域网环境下，采用无纸上机操作的方式考核。每场考试的试题由计算机考试系统从试题库中随机抽取，按题类、题型、题量和难易度合理搭配，以保证不同场次试题的均衡。

二、考核组织

（一）考点设置

全市共计设置27个考点。

（二）考试时间、报名办法及参加考核学生范围

考核时间：2007年3月24日～2007年4月30日

考生在3月9日起可向学校提出考核请求，由学校汇总考生报名表于3月13日前分别上报到县（市）区教育科和电教站，并上传至教育局基础教育处，进行数据审核。

3月15日至3月17日，各县（市）区教育科和电教站按照经市教育局审核无误的考生数据，负责编排考场，并打印考生准考证。

3月19日前各县（市）区将学校上报的报名表及考场安排汇

总分别上报市教育局基教处和市电教馆，经统一检查核对后，由市教育局打印并下发考试通知单。

第一次考试为D级且要求补考的考生，全市统一安排在2007年4月29日～2007年4月30日补测。往届生于2007年4月27日单独编场组织考核，考核等级为D级的考生不再补测。

（三）考点要求

1. 考点学校至少设置两个微机室，每个微机室计算机数量以50台为宜，要联网，服务器能登录 Internet，并能与济南教育信息网网络中心宽带连接，网络宽带到桌面不低于10 Mb。

每个微机室内服务器安装中文版 Windows 2000 Server 操作系统，并安装 Windows 2000 Server SP3 补丁包；安装中文版 SQL 2000 数据库，安装 SQL2000 SP3 补丁包，并安装简体中文版 Access 2000；学生机要求安装中文 Windows 98 第二版、WPS 2002、WPS 2002 SP1 补丁包、WPS 2002 SP2 补丁包、简体中文版 Photoshop 7.0、简体中文版 Access 2000、IE 5.0 以上版本和 Outlook。服务器、学生机都要安装正版杀毒软件，并及时更新杀毒软件病毒库。服务器要统一安装指定的信息技术考试系统软件。

服务器的 CPU 要求 Pentium Ⅲ 800 以上，256 MB 以上内存，20 G 以上硬盘空间，配光驱和 100 M 网卡。

学生机的 CPU 要求 Celeron 300 以上，64 MB 以上内存，10 G 以上硬盘空间和 100 M 网卡。

交换机要求 100 M/10 M 自适应交换机。（不准使用集线器）

2. 考点要设置主考、副主考、监考和技术管理人员，考点要培训监考人员学习监考须知和考生须知，要培训技术管理人员学会使用考试的相关软件，保证考试的正常进行。

3. 在每次考试前两天，学校服务器要登录济南教育信息网查看有关信息技术课中考的信息；与市教育信息中心联网进行模拟考试试验；要接收下传的加密试题，接收完成后回复市电教馆。

4. 每次考试完成要立即与市电教馆联系，确认考试结束。

5. 各考点向当地电力和通信部门联系，确保考试期间电力供应和通信的畅通。

（四）考场编排

报名学校采取计算机排位的方式安排考场，每场考试30分钟，每半天安排4场。考生凭准考证及考试通知单入场，考生所持准考证及通知单上的信息与所使用的计算机屏幕上显示的电子准考证信息相符后，方可考试。考点统一安排监考人员。

（五）考核等级确定

考核等级分合格与不合格两个等级，允许考核等级不合格的考生重考一次，同时按照中考招生有关规定将考生最终考核等级记入考生电子学籍档案。

2007年中考只允许信息技术等级考核合格的考生报考普通高中学校。

（六）成绩公布及查卷

每次考核结束15日内在济南教育信息网上公布成绩，同时下发书面成绩通知单到学校。在考核成绩公布之日起两日内，学生可以通过学校提出查卷申请，各县（市）区电教站汇总后报市电教馆统一复查。

广东省

在广东省各地区的中考中，信息技术作为一门考查科目，其考查成绩一般不计入录取的总成绩中。根据2008年《东莞市2008年初中毕业生学业考试与高中阶段学校招生工作意见》，信息技术作为初中会考科目之一，其成绩只作为学业考试成绩及高中阶段学校招生资格分，不计入学业考试成绩，凡有一科会考成绩不合格的，普通高中原则上不予录取。根据《广州市2007年初中学业水平考试方案》，信息技术考查成绩以等级形式呈现在“广东省九年义务教育证书”上，等级分为A，B，C，D，E五个。各学科学业考试等级的比例分别为：A(25%)，B(35%)，C(25%)，D(10%)，E(5%)。根据《2008年佛山市中考方案》，信息技术作为考查科目，其成绩在初中毕业生综合表现评定（初中阶段综合表现评定须达到C等级以上的学生才允许毕业）中反映，供录取学校参考。考查科目成绩以等级呈现，以各区考生为总体样本，等级设定比例为A(25%)，B(35%)，C(38%～40%)，D(2%)以下。在2008年珠海市中考方案中，信息技术类为考查科目，其成绩以A，B，C，D等级制的形式呈现，其中A，B，C等级为合格，D为不合格。成绩按合格、不合格登记，考查科目的成绩作为报考普通高中的资格。其中，东莞市的做法较具代表性，下面列出的是2006年颁布的《关于东莞市2006年高中阶段学校招生考试信息技术科目考试说明》。

关于东莞市2006年高中阶段学校招生考试信息技术科目考试说明

各镇区宣传科教办，各中学：

为贯彻落实《关于印发东莞市2006年高中阶段学校招生考

试工作意见的通知》（东招［2006］1号）的精神，配合各校做好信息技术科目首次列为我市中考考查科目的考试，现就有关考试事项说明如下：

1. 考试时间：4月15日～5月15日期间完成。

2. 考试形式：上机考试＋笔试，上机试时间30分钟，笔试时间60分钟。

3. 考试成绩：上机考试占40%，笔试占60%，两项成绩相加成为本次考试成绩，满分为100分。

4. 考试范围：

各校根据本校实际开课情况，选择以下两项之一作为考试范围：

（1）粤教2002版《信息技术》第一册和第二册；

（2）粤教2002版《信息技术》第一册至第三册。

5. 考试命题：学校自主命题。笔试题目也可以选择教研室提供的毕业考试题目，考试时间与毕业考试时间相同。

6. 考试组织：各校在以上规定的时间内，自行组织考试。

7. 考试参考样题：在东莞教研网（www.dgjyw.com）“服务交流”栏目下载，提供参考。

要求：

（1）各校必须在考试前，把本校的考试方案、考试题目、评分标准，报市教育局教研室审核、备案，并发电子文档至dg404@163.com。

（2）各校必须在中考前把考试不合格学生的姓名、准考证号、成绩报市教育局教研室×××处（见附表）。

（3）各校必须加强考试的组织领导，保证考试的公平公正。

江　苏　省

早在2006年信息技术就出现在江苏省的中考中，一般是作为学业考查的科目之一，考试形式为上机操作，但是不同的地区考查结果呈现形式是不一样的。根据《扬州市2007年初中毕业升学考试和高中招生制度改革方案》和《扬州市2008年初中毕业升学考试和高中招生方案》，信息技术考查结果以等级形式呈现，考查成绩作为综合素质评价“学习能力”的重要内容。根据《淮安市2008年中考方案》，信息技术是文化考试科目之一，分值为10分，最后成绩计入录取总分。从2006年到2008年，盐城市中考中，信息技术的考查成绩分为合格与不合格，最后结果作为高校录取的依据。根据《2007年苏州市区各类高级中等学校招生工作意见》和

《2008年苏州市区各类高级中等学校招生工作意见》，信息技术的考查成绩分为“合格”与“不合格”两类，合格者准予毕业，成绩不计入录取总分，仅供各类高中段学校录取时参考。根据《2008年无锡中考考试考查方案》，信息技术考查成绩均按合格、不合格两个等级计分，均列入中招参考。在泰州市2008年中考中，信息技术考查的结果以等级形式呈现，考查成绩在综合素质评定中体现。其中，淮安市的做法较具代表性，下面列出2007年颁布的《淮安市2008年初中毕业、升学考试信息技术考试说明》。

淮安市2008年初中毕业、升学考试信息技术考试说明

一、考试目标

本考试为初中信息技术课程的终结性水平考试。考核学生对初中阶段所学的信息技术基础知识和基本操作技能的理解和掌握程度，以及应用信息技术解决实际问题的能力。具体要求如下：

1. 了解信息技术基础知识；
2. 掌握 Windows 98 操作系统基本知识和基本操作；
3. 熟练使用 Word 2000 进行文字处理；
4. 了解网络基本知识，初步掌握互联网信息的查找与下载；
5. 了解 Excel 2000 的基本知识，掌握 Excel 2000 的基本操作。

二、考试时间及方式

考试时间为2007年4月，学生上机完成答题，限时30分钟内完成。

三、试题分值及结构

试题满分100分（按10%计入中考文化总分）。题型有单项选择题和操作题两项。单项选择题为5题，每题2分，共10分；操作题为4题，有 Windows 操作题（20分）、Word 操作题（30分）、Excel 操作题（20分）、打字题（20分），共90分。

四、考试范围

模块一：信息技术基础

（一）信息与信息技术

1. 信息与信息技术的概念；

2. 数字化信息基础：

（1）二进制概念。

（2）数据编码：ASCII 码知识。

（二）计算机与信息技术

1. 计算机的产生、发展和应用；

2. 计算机的特点；

3. 计算机病毒的概念、特点及预防措施；

4. 知识产权及其保护；

5. 使用计算机的道德规范。

（三）计算机的组成及原理

1. 计算机系统的组成：

(1) 硬件和软件；

(2) 硬件的基本组成和软件分类。

2. 中央处理器的组成及常见型号。

3. 存储器：

(1) 分类及特点；

(2) 容量单位。

4. 常见的输入、输出设备及作用。

5. 计算机工作原理。

模块二：操作系统基础

（一）Windows 98 的基本操作

1. 操作系统的概念及常见的操作系统；

2. 鼠标器和键盘的使用；

3. Windows 98 的桌面组成；

4. Windows 98 窗口和对话框的组成及操作。

（二）我的电脑

1. 查看计算机资源。

2. 管理计算机资源：

(1) 选定文件和文件夹；

(2) 创建文件和文件夹；

(3) 复制文件和文件夹；

(4) 移动文件和文件夹；

(5) 删除文件和文件夹；

(6) 文件和文件夹改名；

(7) 查找文件和文件夹；

(8) 设置文件和文件夹的属性；

(9) 创建快捷方式。

模块三：文字处理

（一）认识 Word 2000

1. Word 2000 的启动和退出；

2. Word 2000 窗口的组成；

3. 文档的创建、打开和保存。

（二）文本编辑

1. 汉字输入（掌握智能 ABC 输入法，每分钟输入 10 个汉字）。

2. 简单文本编辑：

（1）文字的插入、删除、移动、复制、撤销、恢复等；

（2）文字的选定；

（3）文字的查找和替换；

（4）文字格式的设置，包括字体、字型、字号、字色、字符间距等；

（5）文字修饰的方法，包括加粗、倾斜、下划线等。

（三）文章的编辑与排版

1. 艺术字的插入和编辑方法。

2. 表格的建立和编辑：

（1）建立表格；

（2）编辑表格：选定，插入、删除行和列，合并单元格。

3. 设置段落格式：

（1）缩进（掌握首行缩进和左缩进）；

（2）行距和段间距；

（3）对齐方式。

4. 设置页面。

5. 设置页眉页脚。

模块四：网络基础

（一）网络的概念

1. 计算机网络的含义；

2. 互联网的基本服务功能；

3. TCP/IP 协议。

（二）互联网信息的查找与下载

1. IE 窗口的基本组成。

2. 网址的一般表示格式。

3. 信息的浏览。

4. 信息的搜索（分类搜索与关键字搜索）。

5. 信息的下载（下载文字、图片、网页、文件等）。

6. 电子邮件的发送和接收：

（1）电子信箱地址格式；

（2）免费电子信箱的申请；

(3) 用免费电子信箱收发邮件。

模块五：数据处理

(一) 认识 Excel 2000

1. Excel 2000 启动和退出；

2. 单元格、工作表、工作簿的概念。

(二) Excel 2000 的基本操作

1. 工作表的基本操作：数据的输入、修改、复制、删除、移动、插入、单元格的合并等；

2. 工作表的格式设置：文字、数据格式、对齐方式、边框的设置；

3. 工作表数据的运算：Excel 2000 公式、常见函数（求和、求平均数）的输入和使用；

4. 工作表的数据排序。

天 津 市

根据《天津市 2008 年初中信息技术学业考查指导意见（学业水平考试）》，信息技术考查包括闭卷考查、电子作品评价和电子学习档案袋评价三种形式。闭卷考查和电子作品评价在区县教育局领导下，由区县教研室统一命题，区县招办和教研室负责组织实施。电子学习档案袋评价由学校组织在日常教学中实施。信息技术卷面满分为 100 分，电子作品评价和电子学习档案袋评价满分均为 10 分。闭卷考查分为客观题（包括选择题和判断题）和主观题两大类，每类试题约占 50%，难度比例均为 8∶2∶0。成绩卷面分值占总成绩的 80%，电子作品评价和电子学习档案袋评价各占总成绩的 10%。闭卷考查时间为 60 分钟，电子作品测试时间为 15 分钟，电子学习档案袋在日常教学中完成。下面列出 2008 年颁布的《天津市 2008 年初中信息技术、音乐、美术、体育与健康、综合实践活动学业考查指导意见》。

天津市 2008 年初中信息技术、音乐、美术、体育与健康、综合实践活动学业考查指导意见（节选）

一、考查科目、形式及考查办法

(一) 考查科目

信息技术、音乐、美术、体育与健康、综合实践活动（研究性学习、劳动与技术教育）。

(二) 考查形式、办法、分值与时间

信息技术考查包括闭卷考查、电子作品评价和电子学习档案袋评价三种形式。闭卷考查和电子作品评价在区县教育局领导下，由区县教研室统一命题，区县招办和教研室负责组织实施。电子学习档案袋评价由学校组织在日常教学中实施。信息技术卷面满分为100分，电子作品评价和电子学习档案袋评价满分均为10分。闭卷考查分为客观题（包括选择题和判断题）和主观题两大类，每类试题约占50%，难度比例均为8：2：0。成绩卷面分值占总成绩的80%，电子作品评价和电子学习档案袋评价各占总成绩的10%。闭卷考查时间为60分钟，电子作品测试时间为15分钟，电子学习档案袋在日常教学中完成。

（三）考查日期

信息技术闭卷考查、电子作品测试、上交电子学习档案袋，建议安排在七年级修业结业后的2008年6月上旬进行。

二、成绩呈现方式

考查成绩均以等级形式呈现。信息技术、音乐、美术、体育与健康、综合实践（研究性学习、劳动与技术教育）的评价等级为合格、不合格两等。不合格者准予一次补考。

三、考查范围

（一）信息技术

初中信息技术考查按照新课程理念，依据《中小学信息技术课程指导纲要（试行）》，结合我市信息技术课程实施的实际情况，主要从信息获取、信息加工与表达、信息管理、信息技术与社会等方面进行考查，闭卷考查具体包括以下内容：

1. 列举信息技术的应用实例，了解信息技术的历史和发展趋势。

2. 了解计算机系统的硬件系统和软件系统，掌握信息在计算机中的表示方法，能够安全地使用计算机。

3. 掌握互联网信息搜索的主要策略与技巧，能够合法地获取网上信息。

4. 能根据任务需求，加工和处理文本、表格、图像、音频与视频等信息。

5. 能够选择适当的工具软件处理多媒体信息，呈现主题，表达创意。

（二）电子作品测试

主要考查以下几个方面：

1. 作品主题的选择。

2. 作品呈现形式与作品制作工具的选择。

3. 作品素材的收集、管理与加工。

4. 作品的整体呈现。

会考（2006～2008）

山　东　省

根据2006年《山东省普通高中学生学业水平考试信息技术指导纲要》，山东省普通高中学生信息技术学业水平考试范围主要依据《普通高中课程方案（实验）》和《普通高中技术课程标准（实验）》第二部分信息技术内容，结合山东省教学实际制定，内容包括必修模块和选修模块两部分。信息技术基础是所有学生的必考模块，选修模块共有算法与程序设计、多媒体技术应用、网络技术应用、数据管理技术、人工智能初步，学生只要从这四个模块中选择其中一个参加考试。考试采用无纸化、网络化方式。考生的报名信息全部用计算机保存和管理，并使用网络进行传输；考试的题库在计算机上建立和管理，并由计算机自动为考生抽取试卷；试卷通过计算机网络分发到考试用机上；考生的答题过程全部在计算机上进行，即试卷内容在计算机上显示，考生使用键盘和鼠标进行答题；考试的成绩通过计算机网络进行传递和公布。考试时间暂定为40分钟，考试分值满分为100分。下面列出2006年颁布的《山东省普通高中学生学业水平考试信息技术指导纲要》。

山东省普通高中学生学业水平考试信息技术指导纲要

一、命题指导思想

以《普通高中课程方案（实验）》和《普通高中技术课程标准（实验）》第二部分信息技术内容为依据，有利于高中新课程的深入实施，有利于促进学生全面、主动、健康发展，考查学生所学知识和运用所学知识分析、解决实际问题的能力，并体现对学生情感态度与价值观的考查，使学业水平考试对于素质教育的实施发挥积极的作用。

二、命题原则

命题基于《普通高中课程方案（实验）》和《普通高中技术课程标准（实验）》的基本理念和目标要求。重点考查知识与技能、过程与方法、情感态度与价值观三个方面。既要检查信息技术的基本知识、基本技能和解决实际问题的能力，又要考查解决问题过程中的方法及知识的迁移能力，以达到培养学生应用信息技术解决实际问题并提高信息素养与综合素质的目的。

三、考试内容和要求

山东省普通高中学生信息技术学业水平考试范围主要依据《普通高中课程方案（实验）》和普通高中技术课程标准（实验）》第二部分信息技术内容，结合我省教学实际制定，内容包括：

必修模块：信息技术基础是所有学生的必考模块。

选修模块：算法与程序设计、多媒体技术应用、网络技术应用、数据管理技术、人工智能初步。

学生可选择其中一个选修模块参加考试。

必修模块 信息技术基础

1. 信息获取

（1）了解信息的含义，认识信息的基本特征，了解信息技术的发展过程和趋势，会列举信息技术的应用实例。

（2）知道信息来源的多种途径和信息表达的多种形式，学会针对实际问题分析信息需求，确定信息来源和选择合适的信息获取方法。

（3）掌握网络信息检索的主要策略与技巧，能够合法地获取网上信息。

（4）认识信息的价值，掌握信息价值判断的基本方法，学会鉴别与评价信息。

2. 信息加工与表达

（1）能够对任务进行需求分析，会设计任务实施的简单流程。

（2）能够熟练使用文字处理软件对文本信息进行加工处理，知道文本信息常用的文件保存格式。

（3）会对图表信息进行分析，掌握应用图表处理工具软件加工处理信息，能够针对需求选择合适的图表进行表达。

（4）能够选择恰当的工具软件加工处理多媒体信息，并表达主题和创意。

（5）初步掌握用计算机解决问题的基本方法，认识其工作过程与基本特征。

（6）了解智能信息处理工具软件的基本工作过程和实际应用价值。

（7）能够规范地使用网络等媒介表达思想和发布信息。

3. 信息资源管理

（1）认识当前常见的信息资源管理的目的与重要性，了解信息管理常用的方法，能够描述各种管理方法的特点，并会分析其合理性。

（2）通过使用常见的数据库应用系统，了解利用数据库对大批量数据进行存储、管理以及高效检索等方面的优势。

（3）了解使用数据库管理信息的基本思想与方法，会对简单的数据库进行解剖分析。

（4）了解常用的数据库管理应用实例。

4. 信息技术与社会

（1）知道信息技术对社会发展、科技进步以及个人生活与学习的影响，能够列举和分析信息技术改变我们生活与学习的案例。

（2）能够利用现代信息交流渠道解决学习和生活中的问题。

（3）知道与信息活动相关的法律、法规知识，认识网络使用规范和有关伦理道德的基本内涵，能够识别并抵制不良信息。

（4）掌握病毒防范与信息保护的基本方法，了解计算机犯罪的危害性以及信息技术可能带来的不利于身心健康的因素；掌握信息安全的有关常识。

选修 3　网络技术应用

1. 互联网应用

（1）了解互联网服务的基本类型、特点与应用领域；了解互联网服务组织的类型、提供的服务与服务特点。

（2）了解互联网信息检索工具的类型与特点；知道搜索引擎、元搜索引擎等互联网信息检索工具的产生背景、工作原理与发展趋势；掌握常用互联网信息检索工具的使用方法，能熟练使用检索工具获取所需信息。

（3）了解与人们学习、生活密切相关的互联网应用技术的基本使用方法，了解其基本工作思想。

（4）能够根据实际需求选择恰当的方式方法，利用电子邮件、FTP、OICQ、BBS 等获取所需信息、实现信息交流。

2. 网络技术基础

（1）了解计算机网络的主要功能、分类与拓扑结构。

（2）理解网络协议的基本概念；了解开放系统互联协议（OSI）分层模型的基本思想；能描述互联网 TCP/IP 协议的基本概念、思想与功能。

（3）了解网络通信中常用的分组交换技术和电路交换技术。

（4）了解浏览器/服务器（B/S）结构、客户机/服务器（C/S）结构的概念与特点。

（5）掌握 IP 地址的格式与分类；理解域名的概念和域名解释的基本过程。

(6) 熟悉互联网 IP 地址、域名的管理办法及相应的重要管理机构。

(7) 了解小型局域网的构建方法与使用方法；理解网络服务器的主要作用与基本原理；了解代理服务器的概念及其作用。

3. 网站设计与评价

(1) 理解 WWW、网页、主页、网站的基本概念及其相互关系。

(2) 理解动态网页的概念，了解其工作过程。

(3) 掌握使用常用网页制作软件制作与发布网页。

(4) 学会规划、设计、制作、发布与管理简单网站的基本方法。

(5) 能够根据网站主题要求进行简单评价。

四、考试方式和试卷结构

(一) 考试方式

考试采用无纸化、网络化方式。考试的信息全部用计算机管理，并使用网络进行传输；考生的试卷由计算机从题库中随机抽取生成，并通过计算机网络分发到考试用机上；考生的答题过程全部在计算机上进行。

考试时间为 40 分钟，考试分值满分为 100 分。

(二) 试卷结构

试卷分必修模块和选修模块两大部分，题型分别为：

必修模块：

一、单项选择题 (30 分)

单项选择题 15 个，每小题 2 分，共 30 分。本题型每小题包括一个题干和 A，B，C，D 四个备选答案，其中只有一个答案是正确的。

二、判断题 (10 分)

判断题 5 个，每小题 2 分，共 10 分。本题型每小题包括一个题干，根据题干描述判断对错。

三、分析题 (30 分)

分析题 2 个，每题 15 分，共 30 分。本题型每题包括一个题干和 3 个小题，要求学生根据所学知识给出分析结果。

选修模块：

一、单项选择题 (10 分)

单项选择题 5 个，每小题 2 分，共 10 分。本题型每小题包括一个题干和 A，B，C，D 四个备选答案，其中只有一个答案是正确的。

二、操作题（20分）

操作题3个，每小题分别为6分、6分、8分，共20分。本题型每题包括一个题干，要求学生根据所学知识进行分析操作。

海　南　省

根据2006年《海南省2007届普通高中毕业生基础会考实施方案》，信息技术是基础会考科目之一，与通用技术和场分卷进行考试。根据《海南省2007届普通高中基础会考信息技术科目考试说明》，信息技术科目的基础会考，以考查学生的信息素养为目标，具体检测学生对信息的获取、加工、管理、表达与交流的基本工作原理的了解，对信息及信息活动的过程、方法、结果进行评价的能力，运用信息技术解决生活和学习中实际问题的能力，以及遵守相关伦理道德与法律、法规意识。考试范围为《普通高中信息技术课程标准》中对学生毕业应获得的学分规定的模块。依据海南省高中信息技术课程开设现状，本次考试范围为必修模块《信息技术基础》和选修模块《多媒体技术应用》、《网络技术应用》、《算法与程序设计》、《数据管理技术》中的任一模块。考试形式采用纸笔、闭卷考试，考试时间为45分钟（与通用技术科目合考时间为90分钟），试卷满分为50分（与通用技术和为满分100分）。全卷共分两卷：卷一是必修模块内容，分值占50%；卷二是选修模块内容，分值占50%。下面列出2006年颁布的《海南省2007届普通高中基础会考信息技术科目考试说明》。

海南省2007届普通高中基础会考信息技术科目考试说明

一、考试性质

海南省普通高中2007届基础会考是完成所考科目毕业水平学习的高中生和具有同等学力的考生参加的全省统一的普通高中学业水平考试。是全省高中学业水平质量的监测。考生考试成绩将按10%折算加入2007年高考总分。

二、考试目标

信息技术科目的基础会考，以考查学生的信息素养为目标，具体检测学生对信息的获取、加工、管理、表达与交流的基本工作原理的了解，对信息及信息活动的过程、方法、结果进行评价的能力，运用信息技术解决生活和学习中实际问题的能力，以及遵守相关伦理道德与法律、法规意识。

三、考试范围及内容要求

考试范围为《普通高中信息技术课程标准》中对学生毕业应获得的学分规定的模块。

依据海南省高中信息技术课程开设现状，本次考试范围为必修模块《信息技术基础》和选修模块《多媒体技术应用》、《网络技术应用》、《算法与程序设计》、《数据管理技术》内容。其中，《信息技术基础》为所有考生必考内容，《多媒体技术应用》、《网络技术应用》、《算法与程序设计》、《数据管理技术》为选考内容，每一考生任选其中一个模块。

各模块考试目标要求如下。

（一）《信息技术基础》必修模块内容要求

1. 描述信息的基本特征，了解信息技术的历史和发展趋势。

2. 知道信息来源的多样性及其实际意义；学会根据问题确定信息需求和信息来源，并选择适当的方法获取信息。

3. 掌握网络信息检索的主要策略与技巧，能够合法地获取网上信息。

4. 掌握信息价值判断的基本方法，学会鉴别与评价信息。

5. 能够根据任务需求，熟练使用文字处理、图表处理等工具软件加工信息，表达意图；选择恰当的工具软件处理多媒体信息，呈现主题，表达创意。

6. 合乎规范地使用网络等媒介发布信息、表达思想。

7. 初步掌握用计算机进行信息处理的几种基本方法，认识其工作过程与基本特征。

8. 通过部分智能信息处理工具软件的使用，体验其基本工作过程，了解其实际应用价值。

9. 通过实际操作或实地考察，了解当前常见的信息资源管理的目的与方法，描述各种方法的特点，分析其合理性。

10. 通过使用常见的数据库应用系统，管理数据并实现高效检索。

11. 通过对简单数据库的解剖分析，了解使用数据库管理信息的基本思想与方法。

12. 了解信息技术对社会发展、科技进步以及个人生活与学习的影响。

13. 利用现代信息交流渠道广泛地开展合作，解决学生和生活中的问题。

14. 认识网络使用规范和有关伦理道德的基本内涵，能够识别并抵制不良信息。

15. 学会病毒防范、信息保护的基本方法，了解计算机犯罪的危害性。

16. 了解信息技术可能带来的不利于身心健康的因素，养成健康使用信息技术的习惯。

（二）《算法与程序设计》选修模块内容要求

1. 认识算法和程序设计在运用计算机解决问题过程中的地位和作用。

2. 掌握计算机程序的基本概念，了解顺序、选择、循环三种基本结构及其作用，会用自然语言、流程图或伪代码等方法描述算法的过程。

3. 了解程序设计语言、编辑程序、编译程序、连接程序以及程序开发环境等基本知识。

4. 理解并掌握一种程序设计语言的基本知识，包括语句、数据类型、变量、常量、表达式、函数，会使用程序设计语言实现顺序、选择、循环三种控制结构。

5. 理解模块化程序设计的基本思想，初步掌握其基本方法。

6. 初步掌握调试、运行程序的方法。

7. 掌握面向对象程序设计语言的基本思想与方法，熟悉对象、属性、事件、事件驱动等概念并学会运用。

8. 能说出程序设计语言产生、发展的历史与过程，能解释其意义。

9. 了解解析法、穷举法、递归法、数组的基本概念以及用解析法、穷举法、递归法和数据查找算法的基本过程。

10. 能够根据具体问题的要求，使用解析法、穷举法、递归法和数据查找算法，编写程序求解问题。

（三）《多媒体技术应用》选修模块内容要求

1. 了解多媒体技术的现状与发展趋势以及对人们生活工作的影响。

2. 了解多媒体在技术数字化信息环境中的普遍性。

3. 认识多媒体技术呈现信息、交流思想的生动性和有效性。

4. 了解常见的多种媒体信息如声音、图形、图像、动画、视频的类型、格式及其存储、呈现和传递的基本特征与基本方法。

5. 能选择适当的工具，分别对声音、图形、图像、动画、视频等信息进行采集；能解释多媒体信息采集的基本工作思想。

6. 能根据信息呈现需求，选择适当的工具和方法，分别对声音、图形、图像、动画、视频等多种媒体信息进行适当的处理。

7. 理解多媒体技术是人类在信息社会中表达思想、实现交流的一种有效技术。

8. 了解从问题解决的需要出发，规划、设计、制作多媒体作品的一般方法。

9. 学会使用非线性方式组织多媒体信息。

10. 能根据表达、交流或创造的需要，选择适当的媒体和多媒体编辑或集成工具完成多媒体作品，实现表达意图，并能够对创作过程与结果进行评价。

11. 能使用一种常用的工具制作简单的虚拟现实作品，并能描述其基本特点。

12. 通过评价与鉴赏他人的多媒体作品，理解其创作思想和其中所蕴涵的意义。

（四）《网络技术应用》选修模块内容要求

1. 了解互联网服务的基本类型、特点与应用领域；了解互联网服务组织的类型、提供的服务与服务特点。

2. 了解互联网信息检索工具的类型与特点；知道搜索引擎、元搜索引擎等互联网信息检索工具的产生背景、工作原理与发展趋势；掌握常用互联网信息检索工具的使用方法，能熟练使用检索工具获取所需信息。

3. 了解与人们学习、生活密切相关的互联网应用技术的基本使用方法，初步了解其基本工作思想。

4. 能够根据实际需求选择恰当的方式方法，利用互联网获取所需信息、实现信息交流；体验互联网在跨时空、跨文化交流中的优势，分析其局限性。

5. 了解计算机网络的主要功能、分类与拓扑结构。

6. 理解网络协议的基本概念，能描述网络的开放系统互联协议（OSI）分层模型的基本思想，能描述互联网 TCP/IP 协议的基本概念、思想与功能。

7. 能列举并解释网络通信中常用的信息交换技术及其用途。

8. 能描述浏览器/服务器（B/S）结构、客户机/服务器（C/S）结构的概念与特点。

9. 理解 IP 地址的格式与分类，知道域名的概念和域名解释的基本过程。

10. 知道互联网 IP 地址、域名的管理办法及相应的重要管理机构。

11. 了解小型局域网的构建方法与使用方法；知道网络服务器的主要作用与基本原理；能说出代理服务器的概念并知道其作用。

12. 知道 WWW、网页、主页、网站的基本概念及其相互关系。

13. 理解动态网页的概念，能解释其工作过程。

14. 能够根据表达任务的需求，使用常用的网页制作软件制作与发布动态网页。

15. 学会规划、设计、制作、发布与管理简单网站的基本方法。

16. 能够根据网站主题要求设计评价指标，对常见网站的建设质量与运行状况进行评价。

（五）《数据管理技术》选修模块内容要求

1. 知道数据管理技术的基本概念，能说出数据管理技术的产生历史与发展趋势。

2. 能够使用现有数据库辅助学习、做小专题研究。

3. 掌握关系数据库中的库、表、字段、记录等概念，理解“关系”所表达的含义。

4. 通过调查与实例分析，了解数据库在多媒体和网络方面的应用方法与使用价值。

5. 初步掌握数据收集、数据分类和建立关系数据模型的基本方法。学会使用实体-关系图描述关系数据模型。

6. 熟悉一个数据库管理系统软件；掌握建立数据库结构、添加数据和编辑数据库的常用方法。

7. 掌握数据检索及报告输出的基本方法；掌握常用的数据筛选、排序及统计的方法。

8. 掌握数据库之间的链接、数据导入导出的基本方法。

9. 了解结构化查询语言 SQL 的基本概念；掌握 SQL 的基本数据操作与数据查询语句（Select，Insert，Delete，Update）的使用方法。

10. 理解层次和网状数据模型的基本概念。

11. 通过案例分析，理解数据库、数据库管理系统、数据库应用系统的概念及相互关系。

12. 初步掌握设计和实现简单的数据库应用系统的基本方法。

13. 能描述数据库应用系统在信息资源管理中的作用。

14. 明确数据规范化的思想、意义，知道其在数据库应用系统建设和使用中的价值与作用。

四、考试形式与试卷结构

1. 答卷方式：

闭卷、笔试。

2. 考试时间、分值:

考试时间为45分钟(与通用技术科目合考时间为90分钟),试卷满分为50分。

3. 内容比例:

全卷共分两卷:卷一是必修模块内容,分值占50%;卷二是选修模块内容,分值占50%。

4. 题型、题量及分数比例:

卷一,客观题、半客观题[1]共占80%,微型主观题[2]占20%。考生必须全部作答。

题量和赋分:共12道题,25分。

客观题:7道题,每题2分,共14分;

半客观题:3道题,每题2分,共6分;

微型主观题:2道题,每题2.5分,共5分。

卷二,客观题、半客观题共占80%,微型主观题占20%。考生选择作答,由考生从提供的4个选修模块考试内容中任选一个作答。各选修模块均提供31.5分值试题,由考生从中选做25分。

每一选修模块的题量和赋分:共15道题,考生选择作答12道题,共25分。

客观题:8道题,每题2分,考生选择作答7道,共14分;

半客观题:4道题,每题2分,考生选择作答3道,共6分;

微型主观题:3道题,每题2.5分,考生选择作答2道,共5分。

两卷中,客观题用于实现知识点的覆盖,增加试卷信度和控制试卷的难度,以容易题和中等难度题为主;半客观题用于考查考生运用知识与技能的能力,提高评价的灵活性,以容易题和中等难度题为主;微型主观题用于考查学生在一定范围内运用信息技术解决实际问题的能力以及情感态度价值观,以容易题、中等难度题和较难题为主,增加试卷的丰富性。考虑到考试时间短,全卷不出现答题耗时较大的主观题。

5. 试题难易比例

试题包括容易题和中等难度题,以容易题为主。

6. 组卷

试题按题型、内容等进行排列,客观题与半客观题在前,微型主观题、主观题在后。同一题型中不同题目尽量按由易到难的顺序排列。试题力求超越工具,面向学生生活,体现过程化和人性化的原则。

7. 各类题型示例：

· 容易题：

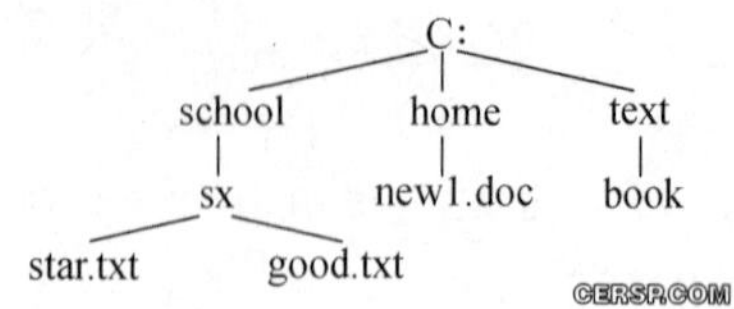

C 盘的结构如下：（题型：客观题）

某位同学完成了以下操作：

（1）将 school\sx 文件夹下的文件 good.txt 移动到 text\book 文件夹下；

（2）将 home 文件夹下的文件 new1.doc 复制到 school 文件夹下；

（3）在 school 文件夹下建立新的文件夹 myfile。

问题：现在 C 盘的结构如何？（用上图形式描述）

· 中等难度题：

梁平要给远方的朋友传送一个 100M 大的文件，他可以通过什么方式传送比较合适？请说出两种传输方式。（题型：半客观题）

· 微型主观题：

你通常选用下面哪种方式来管理亲朋好友的信息？请简述其理由：

A. 用纸质材料分类记录

B. 用专业通讯录软件记录

C. 在计算机中建表格或数据库文档记录

D. 其他（请写出具体方式）

江　苏　省

根据《2008 年江苏省普通高中信息技术学业水平测试说明》，信息技术学业水平测试注重考查高中信息技术的基础知识和基本技能，适度考查学生分析问题、解决问题的能力，重视理论联系实际，反映信息技术发展的重要成果和新的科学思想，关注信息技术与社会进步的协调发展，增强学生的社会参与意识与社会责任感，促进学生在知识与技能、过程与方法、情感态度与价值观等方面的全面发展。测试的内容包括《普通高中技术课程标准（实验）》中信息技术科目所规定的一个必修模块和三个选修主题的有关内容。试题内容包括必修和选修，选修任选其一。其中，必修约占 70%，选修约占 30%。测试采用上机方式，时间为 75 分钟，试卷满分值为 100 分。下面列出的是《2008 年江苏省普通高中信息技术学业水平测试说明》。

2008年江苏省普通高中信息技术学业水平测试说明（讨论稿）

一、命题指导思想

信息技术学业水平测试的命题，以教育部《普通高中技术课程（实验）》和《江苏省普通高中信息技术课程标准教学要求》为依据，注重考查高中信息技术的基础知识和基本技能，适度考查学生分析问题、解决问题的能力，重视理论联系实际，反映信息技术发展的重要成果和新的科学思想，关注信息技术与社会进步的协调发展，增强学生的社会参与意识与社会责任感，促进学生在知识与技能、过程与方法、情感态度与价值观等方面的全面发展。

二、信息技术测试的内容和要求

（一）测试范围

信息技术学科水平测试的内容包括《普通高中技术课程标准（实验）》中信息技术科目所规定的一个必修模块和三个选修主题的有关内容。

（二）要求的表达

1. 对应了解水平与模仿水平；

2. 对应理解水平与独立操作水平；

3. 对应迁移应用水平与熟练操作水平。

（三）测试内容和要求

必修部分

主题1　信息的获取

内　容	内 容 细 目	要求
1. 信息及其特征	（1）信息的基本概念	A
	（2）信息的一般特征	A
2. 信息技术及其发展简史	（3）信息技术的概念	A
	（4）信息技术的悠久历史	A
	（5）信息技术的发展趋势	A
3. 信息的获取过程	（6）信息来源的主要途径	A
	（7）信息获取的一般过程	A
	（8）信息获取的方法和工具	B
4. 网络信息的检索	（9）互联网的服务功能	A
	（10）搜索引擎及其类型	A
	（11）信息的搜索与浏览	C
	（12）信息的下载与保存	C
	（13）E-mail的发送和接收	C
5. 信息的鉴别与评价	（14）信息鉴别的基本方法	B
	（15）信息的评价	B

主题 2 信息的加工与表达

内 容	内 容 细 目	要求
1. 信息加工的方式	(1) 信息加工的概念	A
	(2) 信息加工的基本方式	A
	(3) 计算机信息加工的一般过程	A
2. 文本信息的加工	(4) 文字处理及排版	C
	(5) 图文混排	C
3. 表格信息的加工	(6) 创建表格及录入数据	B
	(7) 公式和函数的使用	B
	(8) 数据的筛选与排序	B
	(9) 表格数据的图形化表示	A
4. 多媒体信息的加工	(10) 多媒体作品的制作过程	A
	(11) 常见图像类型及文件格式	A
	(12) 图像的简单处理	B
	(13) 常见音频文件的格式及播放软件	A
	(14) 常见视频文件的格式及播放软件	A
	(15) 多媒体集成的基本方法	A
	(16) 多媒体作品的简单集成	B
5. 信息的编程加工	(17) 计算机解决问题的基本思想和方法	A
	(18) 编程加工信息的基本过程	A
	(19) 程序设计语言的产生与发展过程	A
6. 信息的智能化加工	(20) 智能应用软件处理信息的一般过程	A
	(21) 专家系统	A
	(22) 模式识别	A
	(23) 机器翻译	A
	(24) 其他应用	A
7. 信息的发布与交流	(25) 信息集成的一般过程	A
	(26) 常用信息集成工具	A
	(27) 简单网页的设计与制作	C
	(28) 简单 HTML 代码的使用	A
	(29) 信息发布的方式	A
	(30) 信息的发布	B
	(31) 通过网站发布信息的方式和过程	A
	(32) 信息交流的方式	A

主题 3　信息的管理

内　　容	内 容 细 目	要求
1. 信息资源管理的目的和方法	(1) 信息资源管理的一般过程	A
	(2) 信息资源管理的普遍性及其意义	A
	(3) 信息资源管理的目的	A
	(4) 信息资源管理的方法	A
2. 信息资源的管理	(5) 用软件工具进行个人日常事务管理的基本方法	A
	(6) 用 PDA 管理日常事务	A
	(7) 用资源管理器管理本地计算机资源	C
	(8) 用浏览器的收藏夹管理网站资源	A
	(9) 用 Blog 管理网上资源	A
	(10) 用电子表格实现统计资源管理	A
	(11) 用文件夹共享实现协作资源管理	B
3. 数据库信息资源管理	(12) 用数据库管理信息资源的优势	A
	(13) 建立数据库的基本过程和方法	B
	(14) 数据库的组成要素	A
	(15) 用数据库管理信息的基本思想与方法	A

主题 4　信息技术与社会

内　　容	内 容 细 目	要求
1. 信息技术对社会发展、科技进步及个人生活与学习的影响	(1) 信息技术对社会发展、科技进步及个人生活与学习的影响	A
	(2) 用信息技术解决生活与学习的问题	B
2. 信息安全与保护	(3) 计算机病毒的概念与特征	A
	(4) 计算机病毒的防治	C
3. 网络使用规范和有关伦理道德	(5) 网络使用规范	A
	(6) 与网络有关的伦理道德	A

选修部分

主题 1　算法与程序设计

内　　容	内 容 细 目	要求
1. 算法	(1) 计算机解决问题的过程	A
	(2) 算法的描述方法	A
2. 程序设计基础	(3) 程序设计语言	A
	(4) 数据及运算	C
	(5) 程序设计的顺序结构	C

续表

内　容	内 容 细 目	要求
程序设计基础	（6）程序设计的选择结构	C
	（7）程序设计的循环结构	C
	（8）结构化程序设计思想	A
	（9）面向对象程序设计思想	A
3. 算法与问题解决	（10）解析法	C
	（11）穷举法	C
	（12）递归法	C
	（13）排序与查找数据	C
4. 应用程序设计	（14）程序设计的一般步骤	B
	（15）简单程序设计	C

主题 2　多媒体技术应用

内　容	内 容 细 目	要求
1. 多媒体技术与社会	（1）多媒体技术的概念与特征	A
	（2）多媒体技术的发展与应用	B
2. 图形、图像的采集与加工	（3）图形、图像的基本描述	B
	（4）图形、图像的采集	B
	（5）图形、图像的加工	C
3. 音频信息的采集与加工	（6）声音的数字化表示	B
	（7）音频信息的采集	B
	（8）数字音频的加工	C
4. 视频信息的采集与加工	（9）视频文件的格式及特点	B
	（10）数字视频的采集	B
	（11）数字视频的加工	C
5. 动画制作	（12）计算机动画原理	A
	（13）计算机动画制作的基本流程	A
	（14）逐帧动画制作	C
	（15）补间动画制作	C
6. 多媒体信息的集成与交流	（16）多媒体作品制作的一般过程	A
	（17）常用多媒体集成工具	B
	（18）多媒体作品的交流与评价	B

主题 3　网络技术应用

内　　容	内 容 细 目	要求
1. 网络技术基础	（1）计算机网络的功能	A
	（2）计算机网络的分类	A
	（3）计算机网络的组成	B
	（4）网络通信原理	B
	（5）局域网的组建与设置	C
2. 互联网的接入与使用	（6）域名及其管理	B
	（7）互联网的接入	C
	（8）互联网的服务	B
	（9）互联网的使用	C
3. 网站设计与评价	（10）网站的概念	A
	（11）网站的规划与设计	B
	（12）网页制作	C
	（13）HTML 语言的基本应用	C
	（14）CSS 样式表的简单使用	C
	（15）Java Script 的简单使用	C
	（16）ASP 工作流程	B
	（17）网站的发布与管理	C
	（18）网站的评价	B

三、试卷结构

（一）题型比例

试题分为单项选择题、多项选择题和操作题三类。其中，单项选择题占 40%，多项选择题占 20%，操作题占 40%。

（二）试题难度比例

试题难度分为容易题、中等难度题和较难题。其中，容易题约占 70%，中等难度题约占 20%，较难题约占 10%。

（三）内容比例

试题内容包括必修和选修，选修任选其一。其中，必修约占 70%，选修约占 30%。

四、测试方式和时间

（一）测试方式

测试采用上机方式。

（二）测试时间

测试时间为 75 分钟。

（三）试卷满分值

试卷满分值为 100 分。

五、信息技术测试例证性试题

（一）单项选择题

在“资源管理器”窗口中，若要选定多个不连续排列的文件，下列操作中正确的是（　　）。

A. 按住 Ctrl 键，单击文件逐个选取

B. 按住 Shift 键，单击文件逐个选取

C. 按住 Alt 键，单击文件逐个选取

D. 按住 Shift 键，右击文件逐个选取

说明：本题考查的知识点是使用资源管理器管理和查找文件。利用资源管理器管理文件，是资源管理器的重要内容，文件的选取是文件操作的基础，文件的选取方法分为单个文件的选取、多个连续文件的选取和多个不连续文件的选取几种情况。文件操作中的复制、剪切、粘贴等操作都必须先选取，再操作。此题仅考查学生对文件选取方法的掌握，多个不连续文件的选取是键盘辅助鼠标的操作，学生对操作方法的掌握很有必要。本题考查内容单一，属于基本题。

正确答案：A

（二）多项选择题

在信息加工中，经常要对被处理的数据进行排序，数据的排序有多种方法，冒泡法是一种常用的排序方法，在排序时经常要进行数据的交换。下列四个选项中，（　　）能正确地将 x 和 y 两个变量中的数据进行交换。

A. $x=y$ $y=x$	B. $x=x+y$ $y=x-y$ $x=x-y$
C. $m=x$ $x=y$ $y=m$	D. $x=x-y$ $y=x+y$ $x=y-x$

说明：本题是多项选择题，以考查学生对信息加工中，实现两个变量单元数据交换的理解能力。在应用所学知识解决实际问题时，可能有多种途径和多种方法，解决过程的顺序差别和解决方法的选择差别都可能产生实现效果的差异，这些都要求学生对知识理解和迁移应用具有一定的能力。本题属于较难题。

正确答案：BCD

（三）操作题

请登录第 29 届奥林匹克运动会官方网站，查找 2008 北京奥

运会吉祥物任意一个福娃的图片及相应说明的文字说明，下载并保存到本地硬盘D盘的“福娃资料”文件夹中（图片文件名为福娃.jpg，文字说明保存为Word文档，文件名为福娃.doc）。

说明：本题是操作题，以考查常用搜索引擎的使用，以及下载信息的一般方法。要求学生首先打开搜索引擎，根据本题的信息需求选择合适的关键词，搜索“第29届奥林匹克运动会官方网站”，检索到所需的信息，并下载保存。本题属于中等难度题。

福 建 省

根据《2006年福建省高中会考考试大纲——信息技术学科》，考试分为闭卷笔试和上机操作考试两部分，每一部分考试的时间都为60分钟、分值都为50分，全卷满分为100分。笔试题有三部分内容：文字处理基础、数据库初步和信息技术基础，分值分别为15分、20分和15分；上机操作试题共有两部分内容：文字处理基础和数据库初步，分值分别为15分和35分。

根据《2007年福建省普通高中学生学业基础会考信息技术科目考试大纲》，信息技术科目学业基础会考的目标是：遵循新课程倡导的三维目标，综合考查普通高中学生信息技术素养，重点考查普通高中学生信息技术知识水平和基本应用能力，具体检测学生对信息的获取、加工、管理、表达与交流能力，对信息及信息活动的过程、方法、结果进行评价的能力，以及遵守相关伦理道德与法律、法规的意识。考试范围是一个必修模块“信息技术基础”和四个选修模块“算法与程序设计”、“多媒体技术应用”、“网络技术应用”和“数据管理技术”。考试采用“笔试＋上机考试”的形式。必修模块采用笔试，选修模块采用上机考试，考生选择一个相应的选修模块作答。笔试卷面总分值为50分，考试时间为60分钟；上机试题的总分值为50分，考试时间为60分钟。每位考生信息技术基础会考的成绩为必修模块和选修模块分值的总和。下面列出2007年颁布的《2007年福建省普通高中学生学业基础会考信息技术科目考试大纲》。

2007年福建省普通高中学生学业基础会考信息技术科目考试大纲

一、考试性质

福建省普通高中信息技术科目学业基础会考是由福建省教育厅组织的学业水平考试，是评价我省普通高中信息技术教学质量和考核学生信息技术学习是否达到课程标准所规定的基本要求的重要手段，也是检查我省普通高中信息技术学分认定质量的主要手段之一。学业基础会考成绩是判定普通高中学生能否合格毕业的衡量标准之一。

信息技术科目学业基础会考的目标是：遵循新课程倡导的三维目标，综合考查普通高中学生信息技术素养，重点考查普通高中学生信息技术知识水平和基本应用能力，具体检测学生对信息的获取、加工、管理、表达与交流能力，对信息及信息活动的过程、方法、结果进行评价的能力，以及遵守相关伦理道德与法律、法规的意识。

二、命题依据

依据教育部制定的《普通高中技术课程标准（实验）》（信息技术）、《2007 年福建省普通高中学生学业基础会考信息技术科目考试大纲》。

三、命题原则

1. 充分体现普通高中新课程的理念，注重考查学生的信息技术素养，发挥考试对教与学的促进作用。

2. 试题要贴近学生生活、贴近社会、面向全体学生，要符合高中学生的心理特征和认知水平。

3. 试题要确保测试目标明确、难易适当、题意简洁明了，能够真实反映出学生的学业水平，避免出现纯识记的试题。

四、考试范围

根据我省信息技术教学现状和条件，信息技术学业基础会考考试范围为：

必修	选修 1	选修 2	选修 3	选修 4
信息技术基础	算法与程序设计	多媒体技术应用	网络技术应用	数据管理技术

五、考试形式与试卷结构

1. 考试采用“笔试＋上机考试”的形式。必修模块采用笔试。选修模块采用上机考试，考生选择一个相应的选修模块作答。

2. 笔试卷面试题全部为单项选择题，共 50 题，每题 1 分，总分值为 50 分。考试时间为 60 分钟。

3. 上机考试试题分为两部分：第一部分为单项选择题，共 10 题，每题 1 分，满分为 10 分；第二部分为操作题，共 3 题，满分为 40 分。上机试题的总分值为 50 分。考试时间为 60 分钟。

4. 每位考生信息技术基础会考的成绩为：必修模块和选修模块分值的总和。

六、考试内容和要求

（一）信息技术基础模块

信息技术基础模块为必修模块，也是作为普通高中学生学习内容与义务阶段学习内容相衔接的信息技术学科教学的基础模块，是培养学生信息素养的基础，是学习后续模块的前提。通过本模块的学习，学生应该掌握信息的获取、加工、管理、表达与交流的基本方法。现以《普通高中技术课程标准（实验)》（以下简称《标准》）中“信息技术基础”部分的内容标准为依据制定以下考试内容：

1. 信息获取

（1）理解信息的基本概念，描述信息的基本特征。

（2）了解信息技术的历史和发展趋势。

（3）了解获取信息的有效途径，熟练掌握通过互联网获取信息的策略与技巧。

（4）掌握信息价值评价的基本方法，学会鉴别与评价信息。

2. 信息加工与表达

（1）能够根据任务需求，选择、使用文字处理工具软件加工信息表达意图。

（2）能够根据任务需求，选择、使用图表处理工具软件加工信息，分析数据，表达意图。

（3）能够根据任务需求，选择、使用恰当的工具软件处理多媒体信息，呈现主题，表达创意。

（4）能了解使用多媒体素材加工软件处理加工图像文件的方法。

（5）能了解使用多媒体素材加工软件处理加工音频文件的方法。

（6）能使用软件的帮助信息解决操作中遇到的疑难问题。

（7）了解在网络中发布信息的规范和基本方法。

（8）了解智能信息处理工具软件的使用方法及其应用领域。

（9）了解使用计算机程序解决问题的基本方法与过程。

3. 信息资源管理

（1）了解常见信息资源的管理方法。

（2）能描述各种常见信息资源管理方法的特点，分析其合理性。

（3）了解使用数据库管理信息的基本思想与方法。

4. 信息技术与社会

（1）能利用现代信息交流渠道开展合作学习，解决学习和生活中的问题。

(2) 理解网络使用规范和有关社会道德问题。

(3) 理解信息安全的重要性，了解病毒防范、信息保护的基本思想。

(4) 了解与信息活动相关的法律、法规。

(二) 算法与程序设计模块

算法与程序设计模块是高中信息技术课程的选修模块，以问题解决与程序设计为主线，揭示利用计算机解决问题的过程。学生通过本模块的学习能体验算法思想，了解算法和程序设计在解决问题过程中的地位和作用；能从简单问题出发，设计解决问题的算法，并能初步使用一种程序设计语言编制程序实现算法解决问题。现以《标准》中“算法与程序设计”部分的内容标准为依据制定以下考试内容：

软件环境：VB 6.0

1. 利用计算机解决问题的基本过程

(1) 了解利用计算机解决问题的基本过程。

(2) 了解问题分析与算法设计之间的关系。

(3) 了解算法的基本特征。

(4) 能用自然语言、流程图或伪代码描述算法。

(5) 了解程序设计语言产生与发展过程。

2. 程序设计基础

(1) 能够使用可视化程序开发工具设计简单的用户界面。

(2) 知道常用的数据类型、变量、常量的含义；学会定义常量、变量的数据类型。

(3) 知道程序中运算符、函数、表达式的表示方式，能够转换数学表达式为程序接受的表达式。

(4) 学会使用顺序结构设计程序的基本方法。

(5) 学会使用分支结构设计程序的基本方法。

(6) 学会使用循环结构设计程序的基本方法。

(7) 了解程序的编辑与翻译过程方法，比较编译型语言与解释型语言的优势与不足。

3. 算法与程序实现

(1) 理解解析法的基本思想。

(2) 了解枚举算法求解问题的过程。

(3) 理解使用数组存储批量数据的基本方法。

(4) 理解顺序查找、二分查找算法思想。

(5) 了解一到两种经典排序算法思想（如插入排序、冒泡排序）。

(6) 了解递归思想与递归的数学意义。

4. 程序设计思想和方法

(1) 了解模块化程序设计的基本思想与方法。

(2) 了解面向对象程序设计的思想与方法。

(3) 了解面向对象程序设计的基本特征。

(三) 多媒体技术应用模块

“多媒体技术应用”模块作为信息技术的应用模块，它与信息技术基础模块内容相衔接。通过本模块的学习，可以提高学生计算机的应用水平，促进学生对计算机多媒体技术的了解，培养学生信息技术素养，让学生亲身体验计算机多媒体的多彩世界。现以《标准》中“多媒体技术应用”部分的内容标准为依据制定以下考试内容：

软件环境：Photoshop 6.0，Cool Edit Pro，Flash XP，Premiere 6.0，Video Studio，Cute FTP，Flash FXP

1. 多媒体技术与社会生活

(1) 了解多媒体技术现状与发展趋势。

(2) 了解多媒体技术的主要特征。

(3) 能通过案例分析，了解多媒体技术在数字化环境中的普遍应用。

(4) 认识多媒体技术在呈现信息、交流、表达思想的生动性和有效性。

2. 多媒体信息采集与加工

(1) 了解常用的声音、图形、图像、动画、视频等信息的类型与格式。

(2) 了解常用的声音、图形、图像、动画、视频等信息的基本特征。

(3) 掌握声音、图形、图像、动画、视频等信息的采集方法。

(4) 能根据信息呈现需求，使用适当的工具对声音、图形、图像、动画、视频等信息进行简单处理。

(5) 了解声音、图形、图像等文件格式的转换方法。

3. 多媒体信息表达与交流

(1) 能根据给定的案例，从问题实际出发，规划、设计多媒体作品。

(2) 掌握采用非线性方式组织、规划、设计多媒体信息。

(3) 能根据表达、创作的需要，使用适当的多媒体集成工具制作多媒体作品。

(4) 能对他人的多媒体作品做出恰当的评价。

(四) 网络技术应用模块

网络技术应用模块介绍网络的基本功能和互联网的主要应用。通过本模块的学习,学生应掌握网络的基础知识和基本应用技能,掌握网站设计、制作的基本技术与评价方法,体验网络技术给人们的生活、学习带来的变化。现以《标准》中"网络技术应用"部分的内容标准为依据制定以下考试内容:

考试环境:Frontpage 2000,Dream weaver,Cute FTP,Flash FXP

1. 互联网应用

(1) 了解互联网应用技术的基本使用方法,了解其基本工作思想。

(2) 知道互联网信息检索工具的产生背景、工作原理与发展趋势,掌握常用互联网信息检索工具的使用方法,能熟练使用检索工具获取所需信息。

(3) 掌握利用互联网获取所需信息、实现信息交流的方式方法。理解互联网在跨时空、跨文化交流中的优势及其局限性。

2. 网络技术基础

(1) 了解计算机网络的主要功能、分类和常用的网络拓扑结构。

(2) 理解网络协议的作用,知道网络的开放系统互联协议(OSI) 分层模型的基本概念和基本思想,理解互联网 TCP/IP 协议的基本概念、思想与功能。

(3) 知道网络通信中常用的信息交换技术及其适用的业务。

(4) 了解浏览器/服务器 (B/S) 和客户机/服务器 (C/S) 两种应用模式的概念与特点。

(5) 掌握 IP 地址的格式和分类,知道子网和子网掩码的概念。

(6) 知道域名的概念和域名解释的基本过程。

(7) 知道互联网 IP 地址和域名的管理办法及相应的重要管理机构。

(8) 了解小型局域网的构建方法与使用方法,并能通过网络实现资源共享。

(9) 知道网络服务器的主要作用与基本原理,了解代理服务器的概念与作用。

(10) 了解计算机网络存在的安全问题,了解常见的网络防护安全技术。

3. 网站设计与评价

(1) 知道万维网、网页、主页、网站的基本概念及其相互关系。

(2) 理解动态网页的概念，了解其工作过程。

(3) 能使用常用的网页制作软件制作与发布动态网页。

(4) 掌握规划、设计、制作、发布与管理简单网站的基本方法。

(5) 掌握对常见网站的建设质量与运行状况进行评价的方法。

(五) 数据管理技术模块

本模块是普通高中信息技术课程五个选修模块之一，与必修模块的“信息资源管理”内容相衔接，通过本模块的学习，学生应掌握与数据管理有关的基本知识，了解数据库设计的一般方法，初步学会使用数据管理技术管理信息，处理日常学习和生活中的实际问题，体验并认识数据管理技术对人类社会生活的重要影响。现以《标准》中“数据管理技术”部分的内容标准为依据制定以下考试内容：

考试环境：Access 2000

1. 数据管理基本知识

(1) 了解数据管理技术的基本概念。

(2) 掌握关系数据库中的库、表、字段、记录等概念，理解“关系”所表达的含义。

(3) 了解数据库在多媒体和网络方面的应用，能举例描述其应用价值。

2. 数据库的建立、使用与维护

(1) 理解数据模型的概念，了解数据收集、数据分类和建立关系数据模型的基本方法。

(2) 初步掌握使用实体-关系图（E－R）描述关系数据模型的方法。

(3) 熟悉一种关系数据库管理系统软件，掌握创建数据库、添加数据和编辑数据库的常用方法。

(4) 掌握在关系型数据库中建立多表之间关系的方法。

(5) 掌握关系型数据库中常用的数据筛选、排序、查询的方法。

(6) 掌握关系型数据库中数据统计及报表输出的基本方法。

(7) 掌握关系型数据库中数据导入和导出的基本方法。

(8) 了解结构化查询语言 SQL 的基本概念；掌握 SQL 的基本数据操作与数据查询语句（Select，Insert，Delete，Update）的使用方法。

3. 数据库应用系统

(1) 了解层次和网状数据模型的基本概念。

(2) 理解数据库、数据库管理系统和数据库应用系统的概念，描述它们之间的区别与联系。

(3) 知道设计和实现简单的数据库应用系统的基本方法。

(4) 明确数据规范化的思想和意义，了解数据库规范化设计的方法。

七、题型示例（略）

甘　肃　省

根据《2007 年甘肃省普通高中信息技术会考考试范围及要求》，甘肃省普通高中信息技术课会考内容包括以下四个模块。模块一：信息技术基础及计算机软硬件系统；模块二：Windows 操作系统；模块三：文字处理；模块四：网络基础及其应用。根据《2008 年甘肃省信息技术会考调整方案》，甘肃省普通高中信息技术课会考内容包括调整为以下四个模块：模块一：信息技术基础及计算机软硬件系统；模块二：Windows 操作系统简介；模块三：文字处理；模块四：电子表格。下面列出的是《2008 年甘肃省信息技术会考调整方案》。

2008 年甘肃省信息技术会考调整方案

一、考试范围及要求

模块一：信息技术基础及计算机软硬件系统

1. 理解信息及信息技术的概念、特点及信息与数据的不同；了解信息处理及信息技术的应用。

2. 了解计算机发展的几个主要阶段及发展趋势。

3. 了解并掌握计算机中信息的表示。

(1) 知道计算机中为什么采用二进制；

(2) 掌握二进制与十进制数之间的相互转换；

(3) 了解信息在计算机中的表示方法（字符与汉字的编码）；

(4) 理解数据的存储单位（位、字节、字）及相互之间的换算关系。

4. 了解硬件系统的结构：CPU（运算器、控制器）、存储器（内存、外存）、输入设备、输出设备；了解常用硬件设备的工作特点及作用。

5. 理解计算机软件并掌握计算机软件的分类；能够区分系统软件与应用软件；理解计算机的简单工作原理（冯·诺依曼型计

算机原理)。

6. 了解计算机病毒的概念、特征（隐蔽性、潜伏性、传染性、激发性、破坏性）及一般的防治方法。

模块二：Windows 操作系统简介

1. Windows 操作系统。了解操作系统的基本概念及其分类，掌握 Windows 98 操作系统的启动和退出，了解 Windows 98 桌面的组成，掌握鼠标操作及任务条和“开始”菜单的使用方法。

2. 汉字输入。掌握汉字输入的基本方法。

3. 窗口及菜单。掌握以下内容：

(1) 控制菜单按钮；

(2) 标题栏；

(3) 菜单栏；

(4) 最小/最大化按钮；

(5) 活动窗口切换；

(6) 多任务和多窗口；

(7) 关闭窗口。

4. 文件和文件夹。熟练运用“我的电脑”或“资源管理器”进行文件和文件夹的操作。内容包括：

(1) 文件或文件夹的选定；

(2) 文件或文件夹的浏览；

(3) 新建文件或文件夹；

(4) 文件或文件夹的重命名；

(5) 文件或文件夹的复制、删除、移动；

(6) 文件或文件夹的查找；

(7) 回收站及其应用；

(8) 了解磁盘碎片整理程序；

(9) 格式化磁盘；

(10) 设置文件或文件夹的属性。

5. 控制面板。了解控制面板的基本功能。内容包括：掌握“显示属性”设置、“时间和日期”设置及“安装和删除”程序的应用。

6. 附件。了解附件中记事本或写字板、画图等常用程序的使用方法。

模块三：文字处理（以下操作全部在 Word 程序中运行）

1. Word 简介。熟练掌握 Word 的启动和关闭操作，了解 Word 窗口界面。熟练掌握创建、打开和保存文档的方法。

2. 文本的编辑。熟练掌握以下基本操作：

(1) 特殊符号和公式的输入；

（2）选中文本；

（3）移动、复制和删除文本；

（4）查找和替换；

（5）文字的修饰；

（6）段落设置；

（7）页面设置；

（8）插入页码；

（9）分栏排版。

3. 表格制作。掌握以下基本操作：

（1）创建表格；

（2）编辑表格。内容包括：选定表格、插入表格、删除表格、行列的增加与删除、行高与列宽的调整、合并与拆分表格；

（3）掌握表格中数据计算和排序方法。

4. 插入对象。掌握以下基本操作：

（1）插入图片和艺术字的方法；

（2）设置插入对象格式和对象的编辑。

模块四：电子表格（以下操作全部在Excel程序中运行）

1. 电子表格基本概念与基本操作。一个Excel工作簿通常由多张独立的工作表组成，工作表由单元格组成。单元格是Excel工作簿的最小组成单位。

2. 工作表的基本操作

（1）工作表的插入、重命名与删除；

（2）工作表中数据的输入与修改，单元格格式设置，数据填充；

（3）工作表中单元格、行、列的插入与删除。

3. 公式与函数

（1）直接利用常用工具栏中的按钮，如自动求和、升序排序、降序排序等；

（2）在编辑栏中输入公式。

4. 排序、筛选

（1）数据排序选定要排序的所有单元格，使用“数据”菜单中的“排序”命令，选择关键字及排序方式进行排序；

（2）数据筛选单击“数据”菜单，选择“筛选”下的“自动筛选”命令，通过对数据筛选条件的设置，筛选出所需的数据。

模块五：网络基础及其应用

1. 计算机网络的基本知识

（1）了解网络概念、基本功能、分类和计算机网络协议；

(2) 了解互联网的基本概念、发展和互联网提供的信息服务;
(3) 理解 IP 地址、域名及统一资源定位符的含义;
(4) 了解接入互联网的几种基本方式。
2. IE 浏览器设置与基本操作
(1) 启动和关闭 IE 浏览器;
(2) 设置默认主页;
(3) 清理上网临时文件;
(4) 清理上网历史记录;
(5) 收藏网址;
(6)“Internet 选项”中“高级”选项基本设置。
3. 信息搜索及下载
(1) 学会使用网站内部的搜索功能;
(2) 学会使用搜索引擎搜索网络资源;
(3) 掌握信息(图片、文字、文件、网页)下载的方法。
4. 电子邮件
(1) 掌握电子邮件地址的含义;
(2) 学会在网站中申请电子邮箱;
(3) 掌握在网站中收发电子邮件的方法。
5. 网络安全与病毒防治
(1) 了解网络安全的概念;
(2) 了解计算机病毒的概念、特征及一般的防治方法;
(3) 了解网络道德及网络文明公约。
二、试卷结构及题型设计
1. 按照知识内容分布
(1) 模块一(信息技术基础及计算机软硬件系统) 约 14%
(2) 模块二(操作系统简介) 约 24%
(3) 模块三(文字处理) 约 26%
(4) 模块四(电子表格) 约 10%
(5) 模块五(网络基础及其应用) 约 26%
2. 按照题型分布
(1) 单项选择题 12 个小题 24 分
(2) 判断题 8 个小题 16 分
(3) 操作题 1 个大题包括 3 个小题 18 分
(4) 文字处理题 1 个大题包括 3 个小题 20 分
(5) 电子表格操作题 1 个大题包括 3 个小题 10 分
(6) 网络操作题 1 个大题包括 3 个小题 12 分

黑 龙 江 省

根据2008年《黑龙江省普通高中学业水平考试实施方案(试行)》，全省统一组织思想政治、历史、地理、物理、化学、生物、信息技术、通用技术考试。信息技术学业水平考试采取省统一闭卷考试和上机考试相结合的方式。信息技术、通用技术闭卷考试组合成一张试卷（信息技术部分和通用技术部分）。考试各科目成绩满分为100分，采用等级制，设为优秀（100～85分）、良好（84～70分）、及格（69～60分）、不及格（59～0分）四个等级。学生如有不及格科目，可参加下一年度相应科目的学业水平考试，成绩按补考认定。补考成绩只认定为及格、不及格两个等级。学业水平考试成绩全部及格及以上、考查成绩全部合格的学生，方可高中毕业，并作为应届高中毕业生高考报名的基本条件。学业水平考试成绩作为高校招生选拔的参考依据。下面列出的是2008年颁布的《黑龙江省普通高中信息技术模块教学与考核要求》。

黑龙江省普通高中信息技术模块教学与考核要求（节选）

（三）具体考核内容及要求

1. 考核目标要求

根据新课程按照认知性学习目标、技能性学习目标、体验性学习目标的教学要求，结合黑龙江省新课程信息技术学科教学的实际提出学业水平考核的三个方面要求，目标由低到高划分为不同层次，高层次的要求包含低层次的要求。

(1) 认知性学习目标的水平——A

A1　了解水平：描述、列举、列出、了解、熟悉

A2　理解水平：解释、比较、检索、知道、识别、理解、调查

A3　迁移应用水平：分析、设计、制定、评价、探讨、总结、研究、选用、选择、学会、画出、适应、自学、发现、归纳、确定、判断

(2) 技能性学习目标的水平——B

B1　模仿水平：尝试、模仿、访问、解剖、使用、运行、演示、调试

B2　独立操作水平：获取、加工、管理、表达、发布、交流、运用、制作、操作、搭建、安装、开发、实现

B3　熟练操作水平：熟练操作、熟练使用、有效使用、合乎规范地使用、创作

(3) 体验性学习目标的水平——C

C1　经历（感受）水平：亲历、体验、感受、交流、讨论、观察、（实地）考察、参观

C2　反应（认同）水平：关注、借鉴、欣赏

C3　领悟（内化）水平：形成、养成、确立、树立、构建、增强、提升、保持

上述不同目标中的层次要求按照由简单到复杂，从低级到高级，前一个层次是后一个层次的基础，后一个层次的要求一般包括前一个层次的要求。

2. 考核内容要求

各模块考核内容与学业考核要求双项细目表：

高中信息技术必修·信息技术基础

项目 主题	内　容	考核目标		
		A	B	C
绪言及信息技术与社会	1. 了解什么是信息，能够理解信息的“无处不在”的意义	A1		
	2. 知道信息的土要特征，学会用生活中的事例来解释信息的主要特征	A1	B3	
	3. 知道什么是信息技术，尝试列举信息技术应用的实例	A1		C1
	4. 了解信息技术发展的历程和趋势	A1		
	5. 结合实例体会信息技术对个人的影响，体会信息技术对个人影响的具体方面			C2
	6. 结合实例体会信息技术对社会发展的影响，体会信息技术对社会发展影响的具体方面			C2
	7. 通过了解信息技术引发的矛盾和问题，感受信息技术的两面性			C1
	8. 灵活运用信息技术解决实际问题，养成合理使用信息技术的习惯			C3
	9. 形成自觉遵守信息社会的法律、规范和道德意识			C3
	10. 在使用网络过程中，树立保护自己、尊重他人、自觉抵制不良信息的意识			C3
	11. 知道病毒防范和消除的方法，加强病毒防范的意识和能力	A1		C3
	12. 学会保护自己的作品和避免受到网络陷阱的伤害		B3	
	13. 了解网络环境下，对个人身心健康不利的方面，养成健康使用信息技术的习惯			C3

续表

项目 / 主题	内容	考核目标		
		A	B	C
信息获取	1. 能够列举生活中需要进行常规信息需求确定的实例	A1		C1
	2. 能够列举生活中需要进行复杂信息需求确定的实例	A1		C1
	3. 知道信息需求确定的含义	A2		
	4. 能够针对具体任务或问题进行需求分析，确定信息内容大纲	A3	B3	
	5. 了解不同类型信息的作用	A1		
	6. 能够对确定的信息内容，根据信息对任务或问题的作用和效果，初步确定信息的类型	A3	B3	
	7. 能够对给定的任务和问题尝试进行信息需求的确定，并能够绘制形成信息需求表	A3	B1	
	8. 让学生在分析问题的过程中，感受需求分析的重要性	A3		C1
	9. 让学生在分析问题的过程中，初步树立需求确定意识	A2		C3
	10. 通过阅读教材和交流，了解信息来源的多样性	A1		
	11. 能够列举生活中与自己密切相关的信息来源，体验不同信息来源对我们的影响	A3	B2	
	12. 知道信息来源的分类，广泛地关注各种信息来源	A3	C2	
	13. 了解信息来源的优缺点	A3		
	14. 理解有效信息来源的确定依据	A3	B2	
	15. 能够根据具体问题的信息需求，有效地确定信息来源	A2		C3
	16. 能够根据确定的信息来源，完善信息需求表	A2		
	17. 知道分类检索和关键词查询两种常用互联网信息检索方式	A2		
	18. 熟练使用目录检索和关键词查询两种检索方式检索信息，体验不同信息检索方式效果	A1	B3	C1
	19. 通过对同一信息内容的不同关键词检索，学会使用关键词的提炼和组合方法	A2	B2	
	20. 尝试使用关键词提炼和组合策略对需求信息进行高效的信息检索		B3	C1
	21. 通过具体任务或问题信息的下载，掌握网络信息下载的方法	A3	B2	

续表

项目 主题	内　　容	考核目标		
		A	B	C
信息获取	22. 学会使用不同下载方法下载网络信息，并尝试管理下载的信息	A3	B3	C2
	23. 在通过网络下载信息的过程中，关注网络的使用道德			C2
	24. 理解信息价值判断的依据	A2		
	25. 知道信息价值判断一般依据的含义	A2		
	26. 知道使用每个依据的参考指标，能够从多种角度分析和思考信息价值的判断依据	A2	B2	C1
	27. 通过对具体信息的甄别，理解信息价值判断依据使用的方法和技巧	A3	B3	C3
	28. 尝试使用信息价值的判断依据，针对具体任务或问题的需求获取有价值的信息	A3	B3	C3
	29. 通过对获取到信息的交流，学会鉴别和评价自己和他人的信息	A2	B2	C2
信息加工与表达	1. 了解信息加工与表达在信息技术应用中的重要性和优势	A1		C1
	2. 了解信息加工的含义及加工需求的层次	A1		
	3. 根据表达意图的需要，确定需要加工的信息内容和相应的技术解决的办法、策略，以及恰当的技术表现形式。学会制作《信息加工的初步打算》计划书	A1	B2	C1
	4. 了解文本信息加工的要点	A1		
	5. 知道文本信息类型的常见文件格式	A2		
	6. 熟练掌握 Word 软件的操作方法，如版面设置、字体字号设置、格式设置、表格应用、自选图形应用、图文混排等。能根据任务需求，合理选用表达形式，直观清晰、准确高效地表达意图	A3	B3	C3
	7. 了解数据信息加工的要点	A1		
	8. 熟练掌握利用 Excel 图表处理工具软件对表格数据进行计算（函数与公式）、排序、筛选、汇总、图形化（柱形图、折线图、饼图等）表示等数据加工处理的一般方法	A3	B3	
	9. 培养根据需要统计和分析各种数据，并运用恰当的报表或图表等形式提炼信息、得出结论的能力	A2	B2	C1
	10. 知道图片信息类型的常见文件格式	A2		

续表

项目 / 主题	内容	考核目标		
		A	B	C
信息加工与表达	11. 知道利用扫描仪、数码照相机等设备采集图片信息的方法	A2	B2	
	12. 学会利用图像处理工具软件，对图像进行剪裁、缩放、亮度调整、对比度调整、色彩调整等简单的效果处理的方法	A2	B2	
	13. 了解表示音频质量的常用指标	A1		
	14. 知道声音信息类型的常见文件格式	A2		
	15. 学会利用相应的声音采集与编辑软件完成声音采集（录音）、截取音频文件片段、转换音频文件格式等声音信息加工的方法	A2	B2	
	16. 知道视频信息的文件格式和播放方式		A2	
	17. 了解现场摄录、视频采集、屏幕捕获、视频截取等采集视频信息的方法	A1		
	18. 能够利用相关的软件对视频信息进行简单的编辑	A1	B1	
	19. 了解动画信息的基本原理	A1	B1	
	20. 知道动画信息类型的常见文件格式	A2		
	21. 了解信息集成的含义	A1		
	22. 了解信息集成的一般过程和方法，了解制作多媒体作品的原则	A1		
	23. 了解多媒体作品的呈现形式及其适用性	A1		
	24. 了解多媒体作品的艺术风格在提高作品的表现力和感染力方面的重要作用	A1		
	25. 知道不同多媒体素材在表现作品主题和提高作品艺术效果方面的作用	A2		
	26. 掌握多媒体作品的版面布局、素材插入及调整、建立超链接的基本方法	A2	B3	
	27. 学会根据任务需求，借助合适的多媒体集成工具软件，制作简单的多媒体作品	A2	B2	C2
	28. 知道根据作品发布与信息交流的需求，能合乎规范地使用网络等媒介发布信息、表达思想	A2	B2	C2
	29. 知道演示文稿、电子邮件、在线交流工具、互联网站等网络媒介在信息表达方面的不同特点	A2	B2	
	30. 了解信息作品发布的多种方式。根据需要选择恰当的方式发布信息，描述网络信息发布的方法与过程			

续表

项目 / 主题	内 容	考核目标 A	考核目标 B	考核目标 C
信息加工与表达	31. 了解网页作品发布的条件与方法	A1	B1	
	32. 了解网络道德规范	A1	B2	C2
	33. 了解计算机软件的概念，知道计算机软件的分类及其功能	A2		
	34. 知道信息的数字化及二进制表示	A2		
	35. 了解 ASCII 码的编码规则	A1		
	36. 初步掌握用计算机进行信息处理的常用方法，形成正确使用计算机软件的价值观念	A2	B2	C2
	37. 了解用计算机编程解决问题的一般过程	A1	B1	
	38. 了解流程图的作用及其表示算法的方法	A1	B1	
	39. 了解计算机处理信息的工作过程	A1		
	40. 知道什么是人工智能，了解人工智能主要的研究领域	A1		
	41. 了解常见的智能信息处理工具软件，操作并感受光学字符识别（OCR）、语音输入、手写输入、机器翻译等智能信息处理工具的智能效果，了解其实际应用价值	A1	B2	C2
信息资源管理	1. 了解信息资源管理的普遍性和必要性	A1		
	2. 了解信息资源管理的目的，能够针对不同需要，分析说明管理信息资源的具体目的	A3		
	3. 了解常见的信息资源管理方法，描述各种管理方法的特点，分析其合理性	A2		
	4. 能够有效地利用手工和文件管理方式管理身边的资源		B2	
	5. 了解利用数据库存储、管理大量数据和高效检索方面的优势	A1		
	6. 了解数据库的基本组成要素及建立数据库的基本过程和方法，能从实际需求出发，设计构建简单数据库的方案	A1	B2	
	7. 了解使用数据库管理信息的基本思想和方法	A1		

高中信息技术选修·算法与程序设计

主题＼项目	内容	考核目标		
		A	B	C
计算机解决问题的基本过程	1. 举例说明利用计算机解决问题的必要性	A1		
	2. 了解计算机解决问题的基本过程	A1		
	3. 了解问题分析与算法设计之间的关系	A1		
	4. 理解在用计算机解决问题的过程中，算法和程序设计的地位和重要作用	A2		C1
	5. 理解算法的基本概念	A2		
	6. 理解算法的特征与作用	A2		
	7. 学会用自然语言、流程图或伪代码描述算法	A3	B2	
	8. 了解程序与算法的关系	A1		
	9. 感受计算机程序，了解计算机程序的基本概念	A1		C1
	10. 了解计算机程序执行的基本过程	A1		
	11. 知道程序的基本结构	A2		
	12. 能够画出三种程序基本结构的流程图	A2	B2	
	13. 了解程序的开发环境	A1		
	14. 知道程序的编辑过程	A2	B2	
	15. 了解程序翻译的两种类型：解释程序和编译程序	A1		
	16. 了解程序的编译过程、解释过程	A1		
程序设计语言初步	1. 熟悉 VB 开发环境，了解窗体、控件的概念及其作用	A1	B2	
	2. 理解并掌握数据类型、变量、常量的概念，掌握定义常量、定义变量的数据类型	A3		
	3. 知道程序中的运算符、表达式、函数，并能转换数学表达式为程序接受的表达式，能够借助查函数表或查找帮助使用函数	A2	B2	
	4. 学会运用赋值语句、输入语句和输出语句，能够完成顺序结构问题的程序设计	A3	B3	
	5. 了解 VB 中实现选择结构的语句及其用法，理解条件语句、多重选择语句的执行方式	A2		
	6. 能够正确写出条件关系表达式和逻辑表达式	A2	B3	
	7. 能够使用条件语句解决选择结构问题	A3	B3	
	8. 了解 VB 中实现循环结构的语句及其用法，理解 FOR 循环语句、DO 循环语句的执行方式，知道两种循环语句的不同与联系及其适合解决的问题形式	A2	B2	
	9. 知道 VB 中函数和过程的定义及调用方法	A2		
	10. 知道模块化程序设计产生的历史	A2		

续表

项目 主题	内 容	考核目标		
		A	B	C
程序设计语言初步	11. 能够描述模块化程序设计的基本思想	A1		
	12. 学会使用模块化程序的三种基本结构和自顶向下、逐步求精的方法	A2	B2	
	13. 了解模块化程序设计的思想，并学会运用过程和函数实现模块	A3	B2	
	14. 学会在 VB 中运行程序，并查看程序运行结果	A3	B3	
	15. 学会在 VB 中使用单步执行、设置断点、添加表达式或变量监视等手段调试程序	A3	B2	
	16. 理解对象、属性、方法、事件、事件驱动的基本概念	A2		
	17. 初步掌握面向对象程序实现的基本方法	A2		
	18. 初步了解面向对象程序设计的基本思想	A2		
	19. 了解面向对象程序设计思想的产生过程	A1		
	20. 初步了解面向对象程序设计的关键技术	A1		
	21. 了解面向对象程序与面向过程程序的主要区别	A1		
	22. 了解对象和类的概念，知道类同对象的关系	A2		
	23. 知道类的定义及对象的创建方法	A2	B1	
	24. 能使用对象的方法，调用语句、调用类中的方法以解决问题	A2	B2	
	25. 了解程序设计语言的产生与发展过程	A1		
	26. 了解程序设计和程序设计语言的含义	A1		
	27. 了解机器语言及其特点	A1		
	28. 了解汇编语言及其特点	A1		
	29. 知道高级语言及其特点	A2		
算法与问题解决列举	1. 了解解析法的基本概念及用解析法设计算法的基本过程	A1		
	2. 能够用解析法分析简单问题，设计算法，编写程序求解问题	A2	B2	
	3. 了解穷举法的基本概念及用穷举法设计算法的基本过程	A1		
	4. 能够使用穷举法设计算法，编写程序求解问题	A2	B2	
	5. 了解数组的概念，掌握使用数组存储批量数据的基本方法	A1	B2	
	6. 掌握使用数据查找算法设计程序解决问题的方法	A1	B2	

续表

主题＼项目	内　容	考核目标 A	考核目标 B	考核目标 C
算法与问题解决列举	7. 掌握使用排序算法设计程序解决问题的方法	A1	B2	
	8. 了解使用递归法设计算法的基本过程	A1		
	9. 能够根据具体问题的要求，使用递归法设计算法、编写递归函数、编写程序、求解问题	A2	B2	

高中信息技术选修·多媒体技术应用

主题＼项目	内　容	考核目标 A	考核目标 B	考核目标 C
多媒体技术与社会生活	1. 了解多媒体和多媒体技术的含义	A1		
	2. 列举多媒体技术在社会生活、生产中的应用，举例说明多媒体技术对人们的学习、生活和工作的影响，了解其未来发展趋势	A1		
	3. 举例说明多媒体技术在数字化信息环境中的应用，体会其应用的普遍性	A1		
	4. 了解多媒体作品中通常包含的媒体元素及各种媒体元素在多媒体作品中的作用	A1		
	5. 感受不同媒体的效果，体验多媒体技术在呈现信息、交流思想方面的直观性和有效性			C1
	6. 了解多媒体技术的主要特征，能够结合具体事例说明多媒体技术的特征	A2		
多媒体信息采集与加工	1. 了解常见的多种媒体信息如声音、图形、图像、动画、视频的类型、格式及其存储、呈现和传递的基本特征与基本方法	A1		
	2. 知道常用的声音、图形、图像、动画、视频采集的途径和设备	A1		
	3. 掌握多媒体信息采集的基本方法，能根据需要，选择恰当的工具和方法，获取声音、图形、图像、动画、视频等信息	A3	B3	
	4. 解释多媒体信息采集的基本工作思想	A1		
	5. 能根据信息呈现需求，选择适当的工具和方法，分别对声音、图形、图像、动画、视频等多种媒体信息进行适当的处理		B3	

续表

项目 / 主题	内　容	考核目标		
		A	B	C
多媒体信息采集与加工	1. 了解多媒体技术在表达思想、交流信息方面的作用和意义	A1		
	2. 理解信息规划、设计的作用与意义，能从问题解决的需要出发，规划设计多媒体作品	A1	B3	
	3. 了解规划、设计、制作多媒体作品的一般方法	A1		
	4. 学会使用非线性方式组织多媒体信息		B3	
	5. 能根据主题表达的需要，选择适当的媒体素材，并利用多媒体创作工具制作多媒体作品		B3	
	6. 能够针对实际的多媒体作品，评价其规划、组织与制作的合理性		B2	
	7. 了解虚拟现实的含义、特征及其技术的应用情况	A1		
	8. 能使用一种常用的工具制作简单的虚拟现实作品		B2	
	9. 鉴赏他人的多媒体作品并说明其中蕴涵的意义	A2		C2
	10. 评价他人多媒体作品的创作方法与创作思想	A3		C2

高中信息技术选修·网络技术应用

项目 / 主题	内　容	考核目标		
		A	B	C
互联网应用	1. 通过使用互联网，了解互联网服务是通过信息交流、信息获取、资源共享等功能来实现的	A1		
	2. 了解远程登录、文件传送、电子邮件、WWW服务、聊天服务、BBS服务等互联网服务的基本类型和特点	A1		
	3. 了解电子商务、网上娱乐、远程教育、远程医疗、网上金融等互联网服务的应用领域	A1	B2	
	4. 知道互联网服务组织ISP、ASP和ICP提供的服务与服务特点	A2		
	5. 了解不同类型网站（如政府网站、商业网站、教育网站、新闻网站、娱乐网站等）在内容、呈现方式以及发挥作用等方面的差别	A1		C1
	6. 知道ISP提供的几种常用的互联网接入方式及各方式之间的区别	A2	B1	
	7. 了解造成网络不安全的因素及防范措施	A2		C1
	8. 了解常用的防病毒软件及其使用方法	A1	B1	

续表

项目 主题	内容	考核目标		
		A	B	C
互联网应用	9. 通过尝试与分析，了解全文搜索引擎、目录搜索引擎、元搜索引擎等互联网信息检索工具的特点和区别	A3		C2
	10. 了解全文搜索引擎、元搜索引擎、目录搜索引擎等互联网信息检索工具的产生背景、工作过程和原理	A2		
	11. 了解互联网信息检索工具的发展趋势	A1		
	12. 掌握常用互联网信息检索工具的使用方法，能够熟练使用检索工具获取信息	A3	B3	
	13. 掌握关键词的选择技巧和搜索技巧，能使用恰当的关键词通过搜索引擎获取信息	A3	B3	
	14. 了解 FTP、电子邮件、网上聊天、BBS 等常用的几种网络信息交换方式的特点和区别	A1		
	15. 能熟练使用聊天软件（如 OICQ、MSN）、BBS、电子邮件等常用的互联网信息交流工具实现信息的交流与发布	A2	B3	
	16. 通过尝试和体验，了解网上购物的过程和网上娱乐的方法及远程教育提供的教学服务	A2	B1	C2
	17. 了解流媒体技术在互联网上的应用	A1		
	18. 了解流媒体技术及其工作原理	A2		
	19. 了解 Real System、Windows Media Technology、Quick Time 等常用的流媒体技术及其特点	A1		
	20. 通过调查和分析，了解互联网给社会生活带来的正负两面的影响	A2		C1
	21. 了解并遵守网络道德和法律规则，能够识别互联网上的不良信息，并自觉加以抵制	A1		C3
	22. 能够根据实际需求，选择恰当的方式方法，通过互联网获取信息，实现信息交流	A3		C3
	23. 通过主题活动，感知互联网在跨时空、跨文化交流中的优势，并分析其局限性	A3		C1
网络技术基础	1. 知道计算机网络的概念，了解计算机网络的发展历史及其发展方向	A1		
	2. 了解蓝牙技术、网格计算、无线局域网等发展中的网络技术	A1		
	3. 知道计算机网络具有数据传送、资源共享、分布处理等功能	A2		

续表

项目 主题	内　容	考核目标		
		A	B	C
网络技术基础	4. 能列举计算机网络的应用实例，并识别这些实例使用了计算机网络的什么功能	A3		
	5. 了解计算机网络的分类，知道局域网和广域网的概念，能根据网络的应用覆盖范围辨别不同类型的计算机网络	A2		
	6. 掌握星形结构、总线结构等常用的计算机网络拓扑结构及其各结构的特点，并能识别和绘制简单计算机网络的拓扑结构	A3	B2	
	7. 了解计算机网络的组成，能识别不同的计算机网络硬件设备，了解网卡、双绞线、同轴电缆、光缆、中继器、集线器、交换机、路由器等常用的网络硬件设备的功能及其特点	A2		
	8. 了解网络操作系统、网络驱动程序、网络通信软件、网络应用软件等常用的网络软件	A2		
	9. 能说出组建简单的计算机网络所需的硬件设备和软件，规划网络的拓扑结构	A2	B2	
	10. 理解计算机网络协议的概念，了解计算机网络协议的作用	A2		
	11. 知道 OSI 参考模型产生的背景，能描述 OSI 参考模型的基本思想，并能说出各层的名称及其功能	A2		
	12. 能描述 TCP/IP 协议的基本概念和思想，掌握各层的功能及特点	A2		
	13. 了解互联网协议 IPv 6 的产生背景，比较 IPv 6 与 IPv 4 的优劣	A2		
	14. 知道计算机网络中数据和信号的概念，并了解二者的关系	A2		
	15. 了解信源、信宿和信道的概念	A1		
	16. 知道数字信号和模拟信号及其特点，并能绘制出模拟信号和数字信号的波形图	A2		
	17. 掌握基带传输和频带传输的方式和特点	A2		
	18. 掌握线路交换、报文交换、分组交换等网络通信中常用的信息交换技术，了解常用交换技术的实际应用情况	A2		
	19. 能描述客户机与服务器模式的概念和特点，了解客户端软件和服务器软件的特性	A2		

续表

项目 主题	内容	考核目标		
		A	B	C
网络技术基础	20. 了解客户机与服务器的的概念	A1		
	21. 了解客户机/服务器模式的信息交互过程	A2		
	22. 能描述浏览器/服务器模式的概念和特点	A2		
	23. 理解 IP 地址的格式与分类，能够正确划分和识别 IP 地址的类别	A3	B2	
	24. 知道域名的概念，了解域名系统的层次划分	A2		
	25. 能够描述域名的解析过程	A2		
	26. 知道互联网 IP 地址、域名的管理办法	A2		
	27. 了解国际和国内的重要互联网管理机构（如互联网协会、互联网域名与地址管理机构、中国互联网信息中心）及所提供的服务	A1		
	28. 了解各级域名的申请方法	A1		
	29. 通过实地考察，了解小型局域网的构建方法与使用方法，思考与分析现实生活中计算机网络的使用效率及改进方法	A2		C2
	30. 知道网络服务器的主要作用与基本原理	A1		
	31. 能说出代理服务器的概念并知道其作用	A2		
	32. 掌握 Windows 操作系统中 TCP/TP 协议的安装方法	A2	B2	
	33. 掌握 Windows 操作系统中 IP 地址、子网掩码、共享访问的设置方法，并掌握查找和使用网络上已有资源的方法	A2	B2	
网站设计与评价	1. 知道 WWW、网页、主页、网站的基本概念及其相互关系	A2		
	2. 了解文字、图片、超链接、动画、音频、视频等网页元素的特点	A2		
	3. 了解常见的网站结构，通过对网站的分析，可以画出网站的栏目结构和链接关系	A1	B2	
	4. 理解静态网页、动态网页的概念，区分静态网页和动态网页	A2		C1
	5. 能够解释静态网页和动态网页的工作过程，区分动态表现网页和动态内容网页	A2		
	6. 了解 HTML、JavaScript、DHTML、Flash、CGI、ASP、PHP、JSP 等常用的网站建设技术	A1		
	7. 熟练掌握网站制作工具 Frontpage 的基本操作	A2	B3	

续表

项目 主题	内　　容	考核目标		
		A	B	C
网站设计与评价	8. 能够使用 Frontpage 创建网站，制作网页	A2	B3	
	9. 学会表格的使用，能够使用表格和图片美化网页	A2	B3	
	10. 了解框架网页的概念，学会使用 Frongpage 创建框架网页	A1	B2	
	11. 掌握超链接的概念及设置超链接的方法	A3	B3	
	12. 学会 Frongpage 提供的制作动态 HTML 效果的方法	A2	B2	
	13. 了解表单及表单的作用，学会用 Frongpage 创建表单网页	A2	B2	
	14. 学会使用 Frongpage 发布和管理网站	A2	B2	
	15. 了解 Flash、Photoshop、Fireworks 等制作网站有关的常用工具	A1		
	16. 了解选择网站主题时所应注意的事项	A1		C1
	17. 了解栏目的设置原则，学会根据网站的内容划分网站的栏目	A2		C2
	18. 学会通过色彩的选择和搭配、图片的选择、字体的设计、语言的风格等设计网站的风格	A2		C2
	19. 掌握网站结构和超链接的设计方法	A2		C3
	20. 了解网页布局的原则，知道常见的几种网页布局方式	A2		C3
	21. 了解网站发布的流程和方法	A1		C1
	22. 了解网站在管理、更新和维护时所应注意的事项	A1		C1
	23. 根据网站主题要求设计评价指标，对常见网站的建设质量与运行状况进行评价	A1		C1

高中信息技术选修・数据管理技术

项目 主题	内　　容	考核目标		
		A	B	C
数据管理基本知识	1. 了解信息、数据的概念，解释信息和数据之间的区别与联系	A1		
	2. 知道数据处理、数据管理、数据管理技术等基本概念	A2		
	3. 知道数据管理技术的产生历史及三个发展阶段	A2		
	4. 了解数据管理技术在社会各方面的应用及发展趋势	A1		

续表

项目 / 主题	内　容	考核目标		
		A	B	C
数据管理基本知识	5. 了解专题数据库的作用	A1		
	6. 学会使用数据库，根据学习需求，找到并利用现有的数据库资源，完成相关学习任务	A3		
	7. 利用专题数据库开展研讨，写出专题报告	A3	B2	
	8. 通过参观、使用或剖析各种数据库应用系统，了解数据库系统、数据库管理系统、数据库应用系统及其相互关系	A1	B1	C1
	9. 分析数据库中基本数据的组织结构特点，知道数据库系统的组成	A2		
	10. 掌握关系数据库中的库、表、字段、记录等概念	A3	B2	
	11. 分析现实关系型数据库的构成。描述数据库实例中的表、字段、记录、关系等	A3	B2	
	12. 查阅相关资料，了解数据库在网络和多媒体方面的应用方法和应用价值	A1		C1
数据库的建立、使用与维护	1. 了解创建数据库的一般过程	A1	B1	
	2. 通过收集、归纳、分类和分析具体业务需求中的数据信息，掌握需求分析的基本方法	A2	B2	C1
	3. 初步掌握需求分析、概念设计、建立数据模型、物理设计等数据库设计的一般方法	A2	B2	C1
	4. 知道建立概念模型的一般过程	A2		
	5. 理解实体、属性和关系的含义	A2		
	6. 知道关系的三种基本类型	A2		
	7. 知道实体-关系图的含义及其表示方法	A2		
	8. 学会绘制实体-关系图。学会利用实体—关系图描述数据库概念模型的方法	A3	B2	
	9. 掌握根据实体-关系图将实体属性转换成表与字段的方法	A2	B2	
	10. 了解主关键字和关联关键字段的作用	A1		
	11. 分析出实例中的表及表之间关系，确定表的主关键字及表之间的关联关键字段	A3		
	12. 熟练掌握数据库管理系统软件 Access 的基本操作	A2	B3	
	13. 学会应用数据库管理系统软件 Access，创建数据库、表、主关键字及表之间关系的方法	A3	B2	C1

续表

项目 主题	内　　容	考核目标		
		A	B	C
数据库的建立、使用与维护	14. 识别和理解数据类型的种类和作用	A2		
	15. 学会设置字段的数据类型的方法	A2	B2	
	16. 学会应用数据库管理系统输入、修改、替换、删除数据的操作方法	A2	B2	
	17. 了解数据检索和数据统计的基本概念	A1		
	18. 了解筛选、排序、查询、统计、报表在数据处理中的作用	A1		
	19. 使用排序命令，实现单字段或多字段的排序操作，掌握数据排序的基本方法	A2	B2	
	20. 使用筛选命令，实现单一条件或组合条件的筛选操作，掌握数据筛选的基本方法	A2	B2	
	21. 根据实际需要，使用各种查询命令，实现不同需求的查询操作，掌握建立单表查询、多表查询、参数查询的方法	A2	B2	
	22. 学会综合运用查询与合计功能，完成各种统计操作，掌握利用查询统计数据的方法	A2	B2	
	23. 知道查询与筛选的区别，能根据不同的需要，选择恰当的方法检索数据	A2	B2	
	24. 熟悉数据统计过程中常用函数的使用方法，学会筛选、排序、查询过程中查询条件的设置方法	A3	B2	
	25. 知道 LIKE 语句的作用，学会 LIKE 语句的使用方法	A1	B2	
	26. 掌握设计与制作报表的方法，能根据业务需求，制作出美观、实用的报表	A2	B2	
	27. 学会从同类数据库或其他格式文件导入数据及导出数据的方法	A2	B2	
	28. 了解结构化查询语言 SQL 的基本概念	A1		
	29. 知道 SQL 语言的操作特点	A2	B1	
	30. 掌握 Select、Insert、Delete、Update 等 SQL 基本数据操作与数据查询语句的使用方法，能熟练运用以上 SQL 语句完成数据的查询、插入、删除、修改	A2	B2	
	31. 掌握 SQL 语言中常用的操作符（LIKE、BETWEEN/AND、IN、AND、NOT、OR、＞、＜、＞＝、＜＝、＜＞）的使用方法	A2	B3	
	32. 根据具体项目的业务需求，定义实体及属性。根据实体属性归纳成数据表，设计并优化表结构，设计并建立数据库	A2	B3	C2

续表

项目 主题	内　容	考核目标		
		A	B	C
数据管理基本知识	1. 了解数据库系统的基本特点	A1		
	2. 理解数据模型、层次模型、网状模型的基本概念，充分理解关系数据模型	A2		
	3. 理解数据库、数据库管理系统、数据库应用系统的相互关系	A2		
	4. 列举数据库应用系统在社会各领域的实用意义和价值，描述数据库应用系统在信息资源管理中的作用	A1		C1
	5. 初步掌握利用数据库管理系统设计数据库应用系统的基本方法和一般过程（需求分析、功能设计、数据设计、用户界面设计等）	A2	B2	C1
	6. 根据具体任务要求，实现简单的数据库应用系统，初步形成独立设计数据库应用系统的能力	A2	B2	C3
	7. 了解窗体的类型和作用。学会按照业务需求设计系统各功能模块及相应窗体	A1	B2	
	8. 初步掌握窗体设计和制作的方法，能使用窗体向导完成数据窗体的建立，实现数据录入、数据更新、数据查询统计等功能	A1	B3	
	9. 明确数据规范化的思想、意义	A1		C1
	10. 知道第一范式、第二范式、第三范式的内容及作用	A2		C1
	11. 根据范式的要求，分析表设计的合理性，优化数据表	A2	B2	

高考（2007～2008）

海　南　省

根据2006年《海南省2007年普通高校招生考试改革指导方案》，高考考试模式为3＋3＋基础会考。其中基础会考是高中毕业水平考试，文科类基础会考科目为物理、化学、生物、通用技术和信息技术。理科类基础会考科目为政治、历史、地理、通用技术和信息技术。信息技术和通用技术合卷考90分钟，满分值共100分。基础会考的考试范围为各学科必修模块和毕业必修学分要求的选修模块。3＋3科目的考试成绩按卷面实际获得成绩计入录取成绩总分，基础会考成绩按卷面实际获得成绩的10%计入录取成绩总分。《海南省2007届普通高中信息技术课程基础会考考试说明》请查阅会考栏目中的海南部分。

山 东 省

根据《山东省2007年度普通高校招生考试工作指导方案》，考试由该省自主命题，拟采用“3＋X＋1”模式。其中“1”指基本能力测试，内容涉及高中课程的技术、体育与健康、艺术、综合实践等，以及运用所学知识解决生活和社会实际问题的能力。所有考生都参加基本能力考试。根据《山东省2007年高考考试大纲——“基本能力”测试部分》和《山东省2008年课改高考基本能力考试说明》，“基本能力”测试应以高中新课程的技术、艺术、体育与健康、综合实践活动、人文与社会、科学六个学习领域的学科课程标准为依据，着眼于不同学习领域、不同科目间的有机整合和内在联系，借助一定的生活、生产和学习情境综合考查学生的各种基础知识、基本技能、学习能力、实践能力以及情感态度和价值观。其中，有关信息技术的“基本能力”测试的目标有两条：一是搜集、分析、组织信息并进行概括、推理、判断与策划的能力；二是与现代生活密切相关的信息交流与处理、技术设计与应用的能力。下面列出《山东省2008年课改高考基本能力考试说明》。

山东省2008年课改高考基本能力考试说明

Ⅰ. 考试内涵

“基本能力”测试是指对新课程普通高中毕业生应具备的适应社会生活最基本的基础知识、基本技能、学习能力及科学与人文素养的考查。

Ⅱ. 命题指导思想

1. 基础性。试题设计注重考查考生应具备的适应社会生活最基本的基础知识、基本技能、学习能力、实践能力及情感态度和价值观。

2. 导向性。命题导向应与学科课程目标相一致，试题设计应符合所考查学科能力的特点，正确引导高中按照相关学科的课程标准的要求组织教学。

3. 开放性。命题设计应注重对考生多元思维与创新能力的考查，答案具有一定程度的开放性和多样性。

4. 时代性。试题内容应贴近考生的日常生活与学习生活，反映时代变化，体现时代精神。

5. 规律性。试题应初步考查考生对自然和社会发展规律的认识及其改造自然与社会过程中的应用。

6. 整合性。试题均采用综合题的形式，打破学习领域与学科界限，以研究主题的形式借助一定情境对各相关领域与学科知识进行适度的整合，不机械划分各学科所占分值的比例。

Ⅲ. “基本能力”要求

“基本能力”测试应以高中新课程的技术、艺术、体育与健康、综合实践活动、人文与社会、科学六个学习领域的学科课程标准为依据，着眼于不同学习领域、不同科目间的有机整合和内在联系，借助一定的生活、生产和学习情境综合考查学生的各种基础知识、基本技能、学习能力、实践能力以及情感态度和价值观。

“基本能力”测试的目标主要包括以下九项内容：

1. 搜集、分析、组织信息并进行概括、推理、判断与策划的能力。

2. 观察社会生活，分析、解释政治、经济、文化等社会现象，参与社会实践的能力。

3. 观察自然现象，解释、说明生活中的科学问题，动手设计实验，运用科学方法探究自然规律的能力。

4. 在专题研究过程中发现问题、设计方案、调查探究、解决问题、撰写研究报告、以适当方式展示研究结果的能力。

5. 与现代生活密切相关的信息交流与处理、技术设计与应用的能力。

6. 基本的艺术感受、想象、体验、比较、欣赏、表达与评价的能力。

7. 增强体质、健全心理、规划健康人生的能力。

8. 尊重生命、认识自我、孝敬父母、关心他人、服务社会、保护环境、热爱祖国、尊重民族传统的意识与情感。

9. 主动求知、敢于质疑、合作探究、勇于实践的科学创新精神。

Ⅳ. 考试范围

“基本能力”的考试范围涉及高中新课程的技术、艺术、体育与健康、综合实践活动、人文与社会、科学六个学习领域的必修内容。

Ⅴ. 考试形式与卷面结构

考试形式为笔试、闭卷。

试卷卷面分值为100分，以考生实际得分的60%计入高考总分。考试时间为120分钟。

试卷分第Ⅰ卷和第Ⅱ卷两部分，均采用综合题的形式。

第Ⅰ卷为单项选择题，由3～5个题组构成，共15道小题，每题2分，分值共30分。

第Ⅱ卷由3～5道综合题构成，在每道综合题内部根据考查需要设计多种题型，包括单项选择、填空、问答、识图、绘图等，分值共70分。

江苏省

根据2006年《江苏省2008年普通高考方案》，高考模式为“3+学业水平测试+综合素质评价”。学业水平测试科目为政治、历史、地理、物理、化学、生物、技术（含通用技术和信息技术）七门，其中选修测试科目两门，必修测试科目五门。选修测试科目由考生在历史、物理中选择一门，在政治、地理、化学、生物四门中选择一门。七门学业水平测试科目中，考生选定的两门选修测试科目之外的五门为必修测试科目。学业水平测试实行等级计分，分成4个等级，用A，B，C，D表示。必修测试科目等级：各科满分100分。100～90分为A级，89～75分为B级，74～60分为C级，59分及其以下为D级。参加两次测试的，取较高等级计算成绩。选修测试科目等级：各科满分120分。按考生成绩分布划出等级。A级为前20%（含20%）的考生，B级为前20%至前50%（含50%）的考生，C级为前50%至前90%（含90%）的考生，D级为90%以后的考生。《2008年江苏省普通高中信息技术学业水平测试说明》请查阅会考栏目中的江苏部分。

浙江省

根据2008年《浙江省新课改高考方案》，浙江省将从2009年开始实行在全科会考基础上的分类测试、分批选拔、综合评价、全面考核、择优录取的选拔模式。其中的分类测试、分批选拔是在现有的文科、理科、艺术、体育等学科分类的基础上，根据高等院校、专业培养目标的不同，以文、理两大科类为主线，以“语、数、外”三门课程为主体，按考试科目、内容和高校人才培养目标将测试和选拔科目分为三类：一类科目在保持原有“3+X”科目组合的基础上，增加测试综合运用知识解决问题的能力，由现行的第一批录取院校或专业自主决定是否选用此考试科目组；二类科目维持原有“3+X”科目组合，重点测试获得通用型知识的能力，基本对应现有的第二、三批录取院校；三类科目在保持共同科目“语、数、外”基础上，侧重测试实用技能，对应现有的第四批录取的高职高专校。技术科目为三类科目，包括信息技术和通用技术，先由学生自主选考一门，条件成熟时二者皆考。按一定比例合成总分，实行全省统考，一年提供 2 次考试机会，由学生自主决定参加考试的时间和次数（限定在 2 次以内），并从中选择一次考试成绩计入总分，成绩两年有效。技术考试依据教育部《考试大纲》和《考试说明》公布的内容范围命题，不超出《教学指导意见》中规定的信息技术、通用技术课程的范围。信息技术/通用技术考试时间为 90 分钟，总的分值为 100 分。2009 年新高考报名时间拟安排在 1 月初，技术考试时间安排在 2008 年的 10 月和 2009 年的 4 月，首次考试时间安排在 2008 年的 10 月。

浙江省 2009 年高考考试说明（信息技术部分）

Ⅰ. 考试性质

普通高等学校招生全国统一考试（简称“高考”）是由合格的高中毕业生和具有同等学力的考生参加的选拔性考试。高等学校根据考生的成绩，按已确定的招生计划，德、智、体全面衡量，择优录取。因此，高考应有较高的信度、效度、必要的区分度和适当的难度。

Ⅱ. 考试要求

信息技术高考重视对考生知识、能力和信息素养的考查，注重理论联系实际，注重信息技术和社会、经济发展的联系，注重信息技术知识和技能在生产、学习、生活等方面的广泛应用，以有利于激发考生学习信息技术的兴趣，培养实事求是的态度，形成正确的价值观，促进“知识与技能”、“过程与方法”、“情感态度与价值观”三维课程培养目标的实现。

一、考试目标

信息技术高考在考查知识的同时，注重考查能力，并把对能力的考核放在首要位置。通过考核知识及其操作运用来鉴别考生能力的高低，但不把某些知识与某些操作运用能力简单地对应起来。

目前，信息技术高考要考核的目标主要包括以下几个方面：

1. 知识与技能要求

（1）理解信息及信息技术的概念与特征，了解利用信息技术获取、加工、管理、表达与交流信息的基本工作原理，了解信息技术的发展趋势。

（2）能熟练地使用常用信息技术工具，初步形成自主学习信息技术的能力，能适应信息技术的发展变化。

2. 过程与方法要求

（1）能从日常生活、学习中发现或归纳需要利用信息和信息技术解决的问题，能通过问题分析确定信息需求。

（2）能根据任务的要求，确定所需信息的类型和来源，能评价信息的真实性、准确性和相关性。

（3）能选择合适的信息技术进行有效的信息采集、存储和管理。

（4）能采用适当的工具和方式呈现信息、发表观点、交流思想、开展合作。

（5）能熟练运用信息技术，通过有计划的、合理的信息加工进行创造性探索或解决实际问题，如辅助其他学科学习、完成信息作品等。

（6）能对自己和他人的信息活动过程和结果进行评价，能归纳利用信息技术解决问题的基本思想方法。

3. 情感态度与价值观要求

（1）体验信息技术蕴涵的文化内涵，激发和保持对信息技术的求知欲，形成积极主动地学习和使用信息技术、参与信息活动的态度。

（2）能辩证地认识信息技术对社会发展、科技进步和日常生活学习的影响。

（3）能理解并遵守与信息活动相关的伦理道德与法律、法规，负责任地、安全地、健康地使用信息技术。

二、考试能力要求

信息技术高考中，考核的学科能力包括以下几方面：

1. 观察能力

信息技术基础模块（以下简称必修模块）：能正确认识有关信息技术设备（如多媒体计算机设备）的相关部件及结构特点，能正确了解常用软件操作过程中的相关信息。

算法与程序设计模块（以下简称选修1）：能认真观察并正确认识有关实际生活中解决问题的程序化思想，了解使用计算机解决问题的三个阶段。

多媒体技术应用模块（以下简称选修2）：能认真观察并正确认识多媒体技术呈现信息、交流思想的生动性、有效性及特点。

2. 记忆能力

必修模块：能准确记住并再现信息技术的基本概念、基本知识，掌握信息技术的基本操作及解决实际问题的基本方法等。

选修 1：能准确记住并再现算法与程序设计的基本概念和基本知识、VB 设计环境下的常用语句格式和作用，能观察并重现 VB 界面及常用对象的属性设置等。

选修 2：能准确记住并再现多媒体信息采集、加工的基本概念及基本操作方法。

3. 操作能力

必修模块：能运用计算机等信息技术工具进行信息的获取、加工、管理、表达与交流等。

选修 1：能在 VB 环境中进行简单程序设计和调试。

选修 2：能根据信息呈现需求，选择适当的工具和方法，对多媒体信息进行采集、加工、表达、交流。

4. 分析和解决问题的能力

必修模块：能运用所学的知识与方法，正确、合理地解决实际问题，能适应信息技术不断更新与发展。

选修 1：能运用所学的知识与方法，正确、合理地利用算法和程序设计的思想来解决实际问题，并具备初步的软件工程的设计能力。

选修 2：能运用所学的知识与方法，根据表达、交流或创作的需要，选择适当的媒体和多媒体编辑（或集成）工具完成多媒体作品，实现表达意图。

Ⅲ. 考试内容

根据普通高等学校对新生文化素质的要求，依据中华人民共和国教育部颁布的《普通高中技术课程标准（实验）》（信息技术部分）以及《浙江省普通高中新课程实验信息技术学科教学指导意见》和现行的《普通高中课程标准实验教科书·信息技术基础》、《普通高中课程标准实验教科书·算法与程序设计》、《普通高中课程标准实验教科书·多媒体技术应用》（均为浙江教育出版社）中的教学要求，确定高考信息技术考试内容。

高中信息技术高考的知识范围包括“必修——信息技术基础”、“选修 1——算法与程序设计”和“选修 2——多媒体技术应用”三个模块。其中必修模块是全体考生必考的模块，选修 1 和选修2两个模块由考生选择其中之一。详细内容及具体说明列在本考试说明的“知识内容表”中。

对各部分知识内容要求掌握的程度，在“知识内容表”中用数字Ⅰ、Ⅱ标出。Ⅰ、Ⅱ的含义如下：

Ⅰ. 对所列知识要知道其内容及含义，并能用自己的语言或动作进行表达、判断和直接运用。

Ⅱ. 对所列知识要理解其确切含义及与其他知识的联系，能够用所学的信息技术知识和操作方法解决实际问题，熟练应用信息技术进行信息的处理。

知识内容表

必修——信息技术基础

第一单元　信息与信息技术		
内　　容	要求	说　　明
1. 信息、信息的载体及信息的特征	Ⅰ	
2. 二进制数、十六进制数与十进制数的相互转换	Ⅱ	限于正整数
3. ASCII码和汉字编码	Ⅰ	ASCII字符编码表中，不需要记忆具体的字符和编码
4. 声音、图像和视频等的信息编码原理	Ⅱ	计算图像数字化后所占的字节数，仅限于黑白位图图像
5. 信息技术的发展和应用	Ⅰ	
6. 知识产权和信息安全	Ⅱ	
7. 网络道德规范	Ⅰ	
第二单元　信息的获取		
内　　容	要求	说　　明
1. 信息的来源与获取方法	Ⅰ	
2. 网上信息的浏览与获取　①保存网页内容　②收藏夹的使用	Ⅱ	
3. 网上资源检索	Ⅱ	元搜索引擎不做要求
4. 评价互联网信息资源的三种主要方式	Ⅰ	
第三单元　信息的加工		
内　　容	要求	说　　明
1. 计算机的基本功能与特征、计算机解决问题的步骤	Ⅰ	

续表

第三单元　信息的加工		
内　容	要求	说　明
2. 字符识别与文字处理　①语音识别与OCR文字识别　②文档的编辑　③拼写和语法检查、批注、修订	Ⅱ	“机器翻译和自然语言处理”不做要求
3. 图表处理　①公式、函数计算　②排序、筛选　③图表创建　④图表的综合运用	Ⅱ	
4. 图像处理　①图像的基本概念　②图像大小、亮度、对比度的调整　③图像的旋转　④图像的格式转换	Ⅱ	
5. 声音、视频的简单处理	Ⅱ	视频处理操作不做要求
6. 算法及其实现	Ⅰ	流程图设计不做要求
7. 信息资源管理	Ⅰ	“影响信息资源管理的三个领域”不做要求
8. 利用数据库管理信息	Ⅰ	“字段的添加、删除和编辑修改”不做要求
第四单元　信息的表达与交流		
内　容	要求	说　明
1. 信息表达方式与表达技术	Ⅰ	
2. 电子邮件与电子公告板的应用　①电子邮箱的申请和电子邮件的收发　②电子邮件账号的设置　③电子公告板的基本操作	Ⅱ	
3. 网站、网页的基本概念	Ⅰ	
4. 网站的策划和构思	Ⅱ	
5. 网页制作及调试　①表格的插入及属性设置　②单元格属性设置　③文字、图片的插入并进行相应的设置　④超链接的设置　⑤网页基本属性设置　⑥网页的预览、调试与发布	Ⅱ	

选修1——算法与程序设计

第一单元　算法		
内　容	要求	说　明
1. 使用计算机解决问题的一般过程	Ⅰ	

续表

第一单元 算法		
内　容	要求	说　明
2. 算法及算法的表示方法	Ⅱ	
3. 用自然语言和流程图表示算法	Ⅱ	
4. 顺序、选择和循环三种基本结构	Ⅱ	
第二单元 VB程序设计		
内　容	要求	说　明
1. 面向对象程序设计的基本思想与方法	Ⅰ	
2. 类、对象、属性、方法、事件和事件处理的概念	Ⅰ	
3. VB应用程序的界面设计与调试	Ⅱ	
4. 事件处理代码的编制方法	Ⅱ	
5. VB基本数据类型、常量、变量与数组	Ⅱ	
6. VB各类表达式与标准函数	Ⅱ	
7. 常用VB语句	Ⅱ	
8. 顺序、选择、循环三种控制结构的程序实现	Ⅱ	
9. 过程、事件处理过程、自定义函数	Ⅱ	
第三单元 算法的程序实现		
内　容	要求	说　明
1. 枚举算法及程序实现	Ⅱ	
2. 解析算法及程序实现	Ⅱ	
3. 排序算法及程序实现 ①冒泡排序 ②选择排序	Ⅱ	
4. 查找算法及程序实现 ①顺序查找 ②对分查找	Ⅱ	
5. 递归算法	Ⅰ	“递归算法程序实现”不做要求

选修2——多媒体技术应用

第一单元 多媒体技术及发展		
内　容	要求	说　明
1. 媒体和多媒体的概念	Ⅰ	

续表

第一单元　多媒体技术及发展		
内　　容	要求	说　　明
2. 多媒体技术的概念和特征	Ⅰ	
3. 多媒体技术的应用与发展	Ⅰ	对“计算机动画所涉及的主要技术”、“数字电视、数字电视流程”、“虚拟现实”、“数字式多媒体音箱”、“头盔式显示器”、“数字化地球”等概念不要求识记
4. 多媒体计算机系统的组成	Ⅰ	“VCD 标准画面尺寸”、“1394 卡”不作识记要求
5. 各种多媒体数据文件及格式、多媒体数据压缩技术	Ⅰ	对各种数据压缩标准不要求识记
第二单元　媒体的采集与制作		
内　　容	要求	说　　明
1. 文本素材的采集与处理	Ⅱ	“表格数据转换成图形文件的操作”不做要求
2. 图形与图像、位图与矢量图的概念	Ⅰ	
3. 图片素材的采集与加工　①图层的编辑　②设置指定区域的颜色　③图像的裁切、大小调整、羽化效果、亮度对比度调整、自由变换、旋转翻转　④规定图片区域的选定、复制　⑤选择工具的使用　⑥添加文字并设置文字效果　⑦蒙版工具、吸管工具、图章工具的使用　⑧图层样式的设置、图层的混合模式及不透明度的设置　⑨常用滤镜效果的设置	Ⅱ	“从视频文件中截取图片”不做要求
4. 音频信号数字化及存储量的计算	Ⅱ	
5. 声音媒体的采集与制作　①成品声音文件的使用　②语音旁白的录制　③音乐和语音的合成　④声音文件格式的转换	Ⅱ	“声音素材的截取”不做要求
6. 计算机动画的基本概念	Ⅰ	
7. 二维动画的制作　①时间轴、层、帧、库、元件的概念　②文档属性的设置　③层与帧的基本操作　④实例属性的设置　⑤文本及应用　⑥逐帧动画、简单对象的移动和变形　⑦元件的编辑、应用与管理　⑧音频素材的应用	Ⅱ	“三维动画制作”不做要求
8. 视频素材的采集与处理	Ⅰ	

续表

第三单元　作品的设计与合成		
内　　容	要求	说　　明
1. 多媒体作品的需求分析	Ⅰ	
2. 多媒体作品的规划和设计	Ⅰ	"脚本编写"不作要求
3. 多媒体创作工具及分类	Ⅰ	
4. 多媒体作品的合成	Ⅱ	
5. 多媒体作品的调试和递交	Ⅱ	

Ⅳ. 考试形式及试卷结构

信息技术高考采用闭卷、书面考试形式，考试时间为 90 分钟，试卷满分为 100 分，其中必修模块占 55%，选修 1 或选修 2 模块占 45%。

试卷包括选择题和非选择题，其中非选择题包括填空题、判断题、连线题、简述题等题型。

试卷包括容易题、中等难度题和难题，以中等难度题为主。

Ⅴ. 题型样例（略）

信息技术等级考试（2005～2006）

山　东　省

根据 2005 年《中小学信息技术等级考试考试大纲（初中版）》，山东省初中信息技术等级证书考试的内容暂定为五个模块：模块一为信息技术简介（5%）；模块二为计算机系统的硬件和软件（5%～10%）；模块三为操作系统（45%～50%）；模块四为文字处理（25%～30%）；模块五为网络基础及应用（10%～15%）。在各个基本模块中，未加"*"号的内容为考试的必考内容，加"*"号的部分为选考内容。选考内容一般涉及较少。本项考试采用无纸化、网络化方式，考试时间为 60 分钟。考生的报名信息全部用计算机保存和管理，并使用网络进行传输；考试的题库在计算机上建立和管理，并由计算机自动为考生抽取试卷；试卷通过计算机网络分发到考试用机上；考生的答题过程全部在计算机上进行，即试卷内容在计算机上显示，考生使用键盘和鼠标进行答题；考试的阅卷和评分全部由计算机自动完成；考试的成绩与证书信息通过计算机网络进行传递和公布。下面列出 2005 年颁布的《中小学信息技术等级考试考试大纲（初中版）》。

山东省中小学信息技术等级考试考试大纲（初中版）

一、考试范围

山东省中小学信息技术等级证书考试范围主要依据教育部《中小学信息技术课程指导纲要（试行）》所确定的课程任务、教学目标以及课时安排，并结合我省的实际情况确定。主要包括：

1. 考查学生的信息意识、信息处理中的法律意识和道德规范，对信息技术基本概念的了解，以及对基本的信息处理技术的掌握。

2. 根据《中小学信息技术课程指导纲要（试行）》中对课程内容的安排，我省初中信息技术等级证书考试的内容暂定为五个模块，与《中小学信息技术课程指导纲要（试行）》中的五个基本模块相对应（模块的排列顺序有所调整）。两个拓展模块暂不涉及。

3. 在各个基本模块中，未加“*”号的内容为考试的必考内容，加“*”号的部分为选考内容。选考内容一般涉及较少。

二、考试形式

本项考试采用无纸化、网络化方式。考生的报名信息全部用计算机保存和管理，并使用网络进行传输；考试的题库在计算机上建立和管理，并由计算机自动为考生抽取试卷；试卷通过计算机网络分发到考试用机上；考生的答题过程全部在计算机上进行，即试卷内容在计算机上显示，考生使用键盘和鼠标进行答题；考试的阅卷和评分全部由计算机自动完成；考试的成绩与证书信息通过计算机网络进行传递和公布。

考试时间为60分钟。

各市可根据实际情况申请考试时间。

三、试卷结构及不同题型所占比例

整个试卷包括六种题型：

1. 单项选择题（20题，20分）

本题型包括一个题干和A，B，C，D四个备选答案，其中只有一个答案是正确的。

2. 判断题（5题，5分）

本题型包括一个题干和“A正确”“B错误”或“A错误”“B正确”两个备选答案。

3. 汉字录入（15分钟，90字左右，15分）

试题给出一段原文，考生可选择任何汉字输入法将原文中的内容输入到计算机中。

4. Windows操作（5小题，25分）

试题给出一个包括若干个文件或文件夹的原始目录，并列出5个文件或文件夹操作小题，考生可使用Windows系统中任何的操作方法，完成文件或文件夹操作。

5. 文字处理（5小题，25分）

试题给出一个原始Word或WPS文档，同时提出5项操作要求，考生启动Word或WPS完成要求的操作。

6. 浏览器/电子邮件操作（2小题，10分）

浏览器操作题目要求考生使用浏览器访问某个网站，完成一定的保存或下载任务。

电子邮件操作题目要求考生编制一个电子邮件，并发往指定的邮件接收者。

四、考试内容及要求

考试内容及要求

模块一：信息技术简介（5%）

1. 信息、信息处理和信息技术

信息的概念，信息的传递，信息处理。*信息技术的发展过程，信息技术的发展趋势（多媒体化、传输高速化、网络化）。

2. 信息技术应用初步

现代信息技术的标志，通信技术、计算机技术和网络技术在现代信息技术中的重要作用（一般了解）。

3. 信息社会

信息社会的特征，信息技术在信息社会中的重要地位。

模块二：计算机系统的硬件和软件（5%～10%）

1. 计算机的过去、现在与未来

计算机发展简史，计算机的几个主要发展阶段，目前所处的阶段，计算机发展的趋势（微型化、巨型化、网络化、智能化）（一般了解）。

*2. 数据在计算机中的表示

数位进制，为什么在计算机中要采用二进制，二进制和十进制之间的转换。

3. 计算机的硬件系统

计算机硬件的组成：输入设备，CPU（运算器、控制器）、存储器［内存、外存（软硬磁盘、光盘）］，输出设备。各个部分的作用，*计算机的简单工作原理。

4. 计算机的软件系统

什么是计算机软件。

计算机软件的分类：系统软件和应用软件。

哪些软件属于系统软件，哪些软件属于应用软件。

5. 计算机系统安全

什么是计算机病毒，计算机病毒的特点，计算机病毒的一般防治办法。* 计算机网络安全，* 网络黑客，* 计算机犯罪。

6. 计算机使用的道德规范

认识知识产权。

在计算机使用中树立正确的道德观念和法制观念。

认识到计算机犯罪对社会所造成的危害。

了解我国有关计算机系统、网络系统和信息系统安全的法律、法规。

模块三：操作系统（45%～50%）

1. 操作系统的概念

什么是操作系统，微型计算机操作系统的演变（DOS、Windows 3.x、Windows 9x）（一般了解），操作系统在计算机系统中的作用。

2. 用户界面的基本概念和基本操作

（1）Windows 98 的启动与退出，Windows 桌面的组成。

（2）鼠标操作：认识鼠标和鼠标指针；常用的操作（指向、单击、双击、右击、拖放）。

（3）Windows 窗口：窗口组成（标题栏、菜单栏、工具栏、窗口操作按钮、工作区、滚动条、状态栏）；窗口操作（最大化、最小化、还原、拖动、改变大小、关闭）。

（4）Windows 菜单：菜单的类型［开始菜单、应用程序主菜单（水平菜单、下拉菜单、级联菜单）、快捷菜单］；菜单项上的符号约定（……、√、▲、●），菜单的一般操作，快捷菜单的打开方法。

（5）Windows 工具栏，能熟练操作工具栏。

（6）Windows 对话框，能熟练地操作对话框。熟悉常用的控件（标签、文本框、复选框、单选按钮、命令按钮、列表框、组合框）。

3. 键盘、打字指法与汉字输入

认识和熟悉计算机键盘，掌握键盘打字的指法。能较熟练地用一种汉字输入法输入汉字。掌握文字输入中的大小写切换、中英文切换、中英文标点符号的切换和全半角切换。

4. 文件和文件夹的操作

文件和文件夹的基本概念：什么是文件，什么是文件夹，各自的作用，文件夹的树型结构；文件和文件夹的命名规则；常用的文件类型（文件扩展名的含义）。

文件和文件夹的操作（新建、选定、移动、复制、改名、删除）。

查找文件和文件夹。

模块四：文字处理（25%～30%）

1. 字处理软件的初步认识

熟悉字处理应用程序（Word 2000）主窗口。文档的新建、打开与保存。

2. 文本的编辑与修改

基本的文字编辑（文本的选定、插入、移动、复制、删除），剪贴板的操作（剪切、复制、粘贴，相应的键盘命令）。

文本的查找与替换。

3. 文本的格式化

文字的格式化、段落的格式化。

4. 版式设计

页面设置（纸张设置、页边距设置），* 页码插入。

*5. 对象插入

图片插入、图片格式（线条、填充）设置、图片大小的调整、图片的文字环绕设置。

*6. 表格处理

插入Word表格、设置表格格式（单元格的拆分与合并、表格线的格式设置、表格中数据的对齐方式设置）、可以制作出简单实用的表格。

模块五：网络基础及应用（10%～15%）

1. 网络的基本概念

什么是网络，* 网络的基本功能，* 网络的分类。

2. 互联网及其提供的服务

互联网的基本概念。* 互联网提供的基本服务。域名的概念，域名的格式。

3. 互联网上信息的搜索、浏览和下载

熟悉一种浏览器（IE），能用这种浏览器进行网页浏览。* 可以在网上进行信息搜索。可以进行信息下载（网页及网页中图片的保存，数据下载）。

4. 电子邮件的使用

熟悉 Outlook Express，掌握创建新邮件、发送邮件、接收邮件和保存邮件。* 添加邮件附件和保存邮件附件的方法。

*5. 网页制作

熟悉网页制作的应用程序 Frontpage，新建网页的方法，设置网页的格式，可在网页上插入文字、图片，并且设置文字的格式和图片格式，能建立起两个网页之间的超链接，并且能预览网页的实际效果。能制作出简单实用的网页。

*模块六：用计算机处理数据

1. 电子表格基本知识

认识 Excel 主窗口；工作簿、工作表、单元格的概念；单元格和单元格区域的选定方法。

2. 表格数据的输入和编辑

输入数据（基本数据的输入，填充柄的使用，表格数据的填充）。表格数据的编辑（修改、替换、复制、移动、删除）。简单的公式应用。

3. 数据的表格处理

单元格的拆分与合并。单元格格式设置（行高、列宽、表格线、填充色）。表格数据的排序。

4. 数据图表的创建

能用工作表中的数据创建图表。

*模块七：用计算机制作多媒体作品

1. 多媒体作品的基本概念

多媒体的含义，什么是多媒体作品，多媒体作品的用途。

PowerPoint 演示文稿的组成，幻灯片上可以包含的内容（文本、图像、声音、视频）。

2. 多媒体作品的文字编辑

在幻灯片上添加文本（包括文本的常用编辑），设置文字的格式，设置文本的段落格式。

3. 作品中各种媒体资料的使用

图片、声音、视频的插入，图片的格式设置，声音和视频的播放设置。*幻灯片上对象的动画效果设置和超链接设置。

4. 作品的组织和演示

演示文稿的放映方式设置，自定义放映。演示文稿的播放控制（放映的顺序，前进、后退和漫游，在屏幕上写画）。

广　东　省

根据 2006 年《广东省普通高中信息技术等级考试方案》，普通高中信息技术等级考试以教育部颁发的《普通高中技术课程标准（实验）》（以下简称《课标》）为依据，结合广东省信息技术设备、师资、课时、开课情况，按照《课标》要求采用等级考试方式，共划分为五个等级。其中一级的考试范围为必修模块“信息技术基础”加任一选修模块；二级的考试范围在一级的基础上，增加与一级不重复的另外一个选修模块考测；以此类推，三级、四级、五级的考试范围分别在上一级的基础上，增加与上一级不重复的另一个选修模块考测。普通高中信息技术等级考试分为基础理论考试和操作考核，全部在机上完成。每个模块基础理论考试共 60 分，操作考核共 40 分，合计达到 60 分及以上者合格，否则为不合格。不合格者准予重新参加该模块的考试，也可以另选其他模块考试。通过某级别的考试，由各市教育行政部门发给考生相应的等级证书。考试成绩可以作为学校学分认定的依据。通过等级考试的等级、考试的模块记录在学生档案，作为普通高中学生综合素质评价项目之一。学生普通高中信息技术等级考试成绩，作为评价普通高中学校信息技术教学水平的主要依据。下面列出 2006 年颁布的《广东省普通高中学生信息技术等级考试指导纲要》。

广东省普通高中学生信息技术等级考试指导纲要

一、考试内容以及要求的说明

广东省普通高中学生信息技术等级考试的范围主要依据教育部《普通高中技术课程标准》的相关内容并结合本省教学实际制定。

考试内容按照课程标准分为六大类：必修模块—信息技术基础；选修 1——算法与程序设计；选修 2——多媒体技术应用；选修 3——网络技术应用；选修 4——数据管理技术；选修5——人工智能初步。根据不同的内容特点采用不同的题目形式。考试目的是为了检验学生对信息技术基础知识和基本应用技能以及作品评价方法的掌握情况。现根据课程标准具体叙述如下：

必修模块　信息技术基础

1. 信息获取

（1）通过举例方式描述信息的外在的重要特征，如传递性、共享性、依附性和可处理性、价值相对性、实效性、真伪性等。

（2）从多角度解释信息技术的含义，描述自己对信息技术的感性认识。

（3）了解信息技术中的几个核心技术：计算机技术、通信技术、微电子技术和传感技术的功能和作用。

(4) 描述信息技术发展历程几个重要阶段的基本特征。

(5) 举出信息技术的几个应用实例，并可以具有个人色彩地描述信息技术的发展趋势。

(6) 简述信息技术对个人生活与学习、科技进步及社会发展的影响。

(7) 面对具体任务时能比较准确地判断问题解决中的信息需求以及该信息的种类、形式等。

(8) 针对具体问题的需求指出可能的信息来源。

(9) 根据来源初步估计信息的客观性、权威性、实效性和适用性等。

(10) 确定拟获取信息的来源。

(11) 根据信息来源和种类、形式等的不同，选择适当的工具，采用适当的方法获取信息、保存信息。

(12) 可以使用阅读、比较、咨询、验证等方法对所获得的信息客观性、权威性、实效性、适用性以及价值进行判断。

(13) 熟悉与学习和工作需求有较高相关度的某些专题或者权威网站并经常访问这些网站。

(14) 能够根据任务需求较快地寻找到权威网站并从中获取信息。

(15) 知道不同搜索引擎的特点并会灵活选用。

(16) 会利用互联网或者其他渠道对收集的信息进行比较以确定其价值。

(17) 学会分析、理解检索任务，制定检索策略，力求检索到精确、可靠、客观、最新、全面的信息，为决策服务。

(18) 认识搜索引擎及其简单原理、工作过程。

(19) 掌握搜索引擎的分类查找和关键词查找方法。

(20) 会从复杂搜索意图中提炼出最具代表性和指示性的关键词。

(21) 会使用多个关键词，细化搜索条件，灵活运用“与”、“或”、“非”等逻辑运算提高搜索效率，会通过添加英文双引号来搜索短语词。

(22) 了解常见网络文件，如文字、图片、视频、音频、动画、软件等文件的类型、格式、特点和用途。

(23) 利用常见的网络文件下载工具下载文件。

2. 信息加工与表达

(1) 能够根据任务需求，围绕主题，熟练使用合适的字处理软件加工文本信息，表达意图。

(2) 学会根据实际需要，借助结构化或形象化的表达形式，如：流程图、结构图、表格、项目和图形等，使文本信息表达更直观、更清晰。

(3) 学会根据任务需求，熟练使用合适的图表处理工具软件对表格数据进行计算（函数与公式）、排序、筛选、汇总等处理操作。

(4) 分析几种常用图表（柱形图、条形图、线形图和饼形图等）的用途及特点。

(5) 熟练对表格处理数据进行图形化表示，并配以恰当的文本内容，揭示事物的性质、特征及其变化规律。

(6) 了解制作多媒体作品的基本过程。

(7) 初步掌握多媒体作品的需求分析、规划与设计的基本方法。

(8) 掌握多媒体作品素材制作与合成的基本方法。

(9) 熟悉文本、图像、声音、视频、动画等素材的常用加工方法。

(10) 能够按照设计方案，选择合适的组织和表达形式制作、集成多媒体作品。

(11) 了解计算机程序的运行过程。

(12) 初步认识计算机程序解决问题的内在机制和作用。

(13) 剖析简单的计算机程序。

(14) 了解并尝试计算机程序解决问题的基本过程：分析问题、设计算法、编写程序、调试运行和检测结果。

(15) 学会使用智能工具软件处理信息。

(16) 感受信息智能处理技术对日常生活的影响。

(17) 了解模式识别和自然语言识别技术的区别与联系，了解两者的工作过程与简单原理。

(18) 了解信息智能处理的实际应用价值，客观认识人工智能对社会的影响。

(19) 了解信息发布的多种方式。

(20) 能根据需要选择恰当的方式发布信息。

(21) 了解网络信息发布的方法和过程。

(22) 了解信息交流的多种类型。

(23) 理解信息交流是人们学习、生活和工作中不可缺少的重要活动。

(24) 选择适当的信息交流工具与他人交流信息，学会保护个人隐私。

3. 信息资源管理

(1) 了解信息资源管理的一般过程，理解信息资源管理活动的普遍性及其重要意义。

(2) 通过实际操作或实地考察，了解常见的信息资源管理方法，探讨其特点、目的及分析合理性问题。

(3) 通过使用常见的数据库应用系统，对数据库应用系统利用数据来存储、管理大量数据进行分析和评价，并与其他信息资源管理方法进行比较，发现其中的差异和特点。

(4) 辩证地认识数据库应用的优势与不足。

(5) 通过操作简单的数据库，了解数据库的组成要素，理解数据库的基本含义。

(6) 通过案例分析，了解建立数据库的基本过程和方法。

(7) 根据具体案例，探讨和归纳使用数据库管理信息的基本思想与方法。

4. 信息技术与社会

(1) 探讨信息技术对社会发展的影响，如促进科技进步，加速生产业的变革，创造新人类文明等。

(2) 探讨信息技术对科技进步的影响，如促进了新技术的变革，促进了新兴学科和交叉学科的产生和发展等。

(3) 探讨信息技术对个人的影响，如给个人带来了便利和实惠，深刻改变了人们的工作、生活方式，对个人就业产生影响，促使人们的思想观念发生变化等。

(4) 从感性上理解信息安全的概念。

(5) 能描述信息安全问题。

(6) 了解国内外有关信息安全方面的法律、法规，学会进行安全防范。

(7) 了解维护信息系统安全的一般措施。

(8) 了解并遵循《全国青少年网络文明公约》。

(9) 了解有关伦理道德的基本内涵。

(10) 学会识别和抵制不良信息。

(11) 树立网络交流中的安全意识。

(12) 通过具体例子分析，从感性上理解计算机病毒的概念。

(13) 归纳计算机病毒的主要特点，如非授权可执行性、隐蔽性、传染性、潜伏性、破坏性、表现性、可触发性等。

(14) 了解常见的计算机病毒的种类，如系统引导型病毒、可执行文件型病毒、宏病毒、混合型病毒、特洛伊木马型病毒、Internet 语言病毒等。

(15) 了解几种常见的造成危害较大的病毒，如冲击波病毒、蠕虫病毒、尼姆达病毒、CIH 病毒等，了解计算机感染病毒的症状，学会计算机病毒的防范措施。

(16) 通过具体案例分析，了解计算机犯罪所造成的重大危害。

(17) 了解预防计算机犯罪的常用方法。

5. 课程标准与知识点内容目标水平要求对照表（略）

选修 1：算法与程序设计

本模块的学习目的是使学生在原有基础上进一步体验算法思想，了解算法和程序设计在解决问题过程中的地位和作用；能从简单问题出发，设计解决问题的算法，并能初步使用一种程序设计语言编制程序实现算法解决问题。

(1) 计算机解决问题的基本过程

① 了解算法的概念及特征，了解用计算机解决问题的基本过程，认识算法和程序设计在其中的地位与作用。

② 掌握用自然语言、流程图或伪代码等方法描述算法。

③ 掌握计算机程序的基本概念，了解计算机程序执行的基本过程。

④ 了解程序设计语言的发展、编辑程序、编译程序、连接程序等基本知识。

(2) 程序设计语言初步

① 了解一种程序设计语言的程序开发环境，掌握编辑、调试、运行程序的基本方法。

② 理解并掌握程序设计语句、数据类型、变量、常量、表达式、函数等基本知识。

③ 理解并掌握顺序、选择、循环三种基本程序结构。能够根据实际问题进行分析，选择适当算法并用程序设计语言实现。

④ 理解模块化程序设计的基本思想，掌握其基本方法。

⑤ 掌握面向对象程序设计语言的基本思想与方法，熟悉对象、属性、事件、事件驱动等概念并学会运用。

(3) 算法与问题解决列举

① 了解解析法的基本概念及用解析法设计算法的基本过程，能够用解析法分析简单问题，设计算法，编写程序求解问题。

② 了解穷举法的基本概念及用穷举法设计算法的基本过程，能够使用穷举法设计算法，编写程序求解问题。

③ 了解数组的概念，掌握使用数组存储批量数据的基本方法，能够使用数据查找及排序算法编写程序解决问题。

④ 了解使用递归法设计算法的基本过程，能够使用递归法设计算法、编写递归函数、编写程序求解问题。

（4）课程标准与知识点内容目标水平要求对照表（略）

选修 2：多媒体技术应用

（1）多媒体技术与社会生活

① 了解多媒体技术的概念及其特征，了解多媒体技术的现状与发展趋势，能够列举出多媒体技术对人们的学习、工作、生活影响的实例。

② 了解多媒体技术在数字化信息环境中的应用，会对典型应用案例进行分析。

③ 认识多媒体信息呈现方式和类型，会通过网络或多媒体软件浏览、阅读多媒体资料。

④ 了解多媒体作品的集成性、交互性等特征。

（2）多媒体信息采集与加工

① 了解常见多媒体信息的类型、格式及其存储、呈现和传递的基本特征与基本方法，如声音、图形、图像、动画、视频等。

② 能选择适当的工具，分别对声音、图形、图像、动画、视频等信息进行采集；能解释多媒体信息采集的基本工作思想。

③ 会根据信息呈现需求选用适当的工具和方法，分别对声音、图形、图像、动画、视频等多媒体信息进行加工和处理。

（3）多媒体信息表达与交流

① 能够根据问题的性质特点选用适当的信息呈现方式（如文本、声音、图片、图像、动画、视频等）。

②通过案例分析，了解从问题解决的需要出发规划、设计、制作多媒体作品的一般方法。

③ 学会使用非线性方式组织多媒体信息。

④ 能根据任务需要，选择适当的素材，应用多媒体编辑或集成工具完成多媒体作品，并能够对创作过程与结果进行评价。

⑤ 会使用一种常用的工具制作简单的虚拟现实作品，并描述其基本特点。

⑥ 能通过对多媒体作品的分析，指出其创作思想、主题含义、所包含媒体信息类型及作品的主要特点。

（4）课程标准与知识点内容目标水平要求对照表（略）

选修 3：网络技术应用

考试内容分为三大部分：互联网应用、网络技术基础、网站设计与评价。根据不同的内容特点采用不同的题目形式。本模块考试目的是为了检验学生对网络的基础知识和基本应用技能、网站设计制作的基本技术以及网站的评价方法的掌握情况。具体内容涉及：对互联网服务功能以及应用的了解程度和主要服务功能操作的熟悉程度；对网络技术基础知识的了解程度；对网站开发的基本方法、评价指标和网站建设质量的了解程度和使用网页制作软件开发网站的熟悉程度。现根据课程标准分述如下：

(1) 互联网应用部分

① 学生应该了解互联网服务的基本类型、特点、应用领域；服务组织的类型与服务特点；互联网信息检索工具的类型与特点；常用的互联网应用技术的基本使用方法和其基本工作思想；搜索引擎、元搜索引擎等信息检索工具的产生背景、工作原理与发展趋势。

② 学生应该掌握常用互联网信息检索工具的使用方法，熟练使用互联网检索工具获取信息以及选择恰当的方式交流信息。

(2) 网络技术基础部分

① 学生应该了解计算机网络的主要功能、分类与拓扑结构；分组交换技术、电路交换技术的基本思想；小型局域网的构建方法与使用方法、代理服务器的概念及其作用、IP 地址、域名的管理办法及相应的重要管理机构。

② 学生应理解网络协议的基本概念、IP 地址的格式与分类、域名的概念和域名解释的基本过程；网络服务器的主要作用与基本原理；能描述 OSI 分层模型的基本思想和 TCP/IP 协议的基本概念、思想与功能，浏览器/服务器（B/S）结构，客户机/服务器（C/S）结构的概念与特点。

(3) 网站设计与评价

① 学生应能理解 WWW、网页、主页、网站的基本概念及其相互关系，动态网页的概念和工作过程。

② 学生应能掌握使用常用网页制作软件制作与发布网页，学会规划、设计、制作、发布与管理简单网站；并能够根据网站主题对网站进行简单的评价。

(4) 课程标准与知识点内容目标水平要求对照表（略）

选修 4：数据管理技术

(1) 数据管理基本知识

① 知道数据管理技术的基本概念，能说出数据管理技术的产生历史与发展趋势。

② 掌握关系数据库中的库、表、字段、记录等概念，理解“关系”所表达的含义。

③ 能够使用现有数据库辅助学习，通过调查与实例分析，了解数据库在多媒体和网络方面的应用方法和价值。

(2) 数据库的建立、使用与维护

① 掌握数据收集、数据分类和建立关系数据模型的基本方法。学会使用实体-关系图描述关系数据模型。

② 熟悉一个数据库管理系统软件，掌握建立数据库结构、添加数据和编辑数据库的常用方法。

③ 掌握数据检索及报告输出的基本方法和常用的数据筛选、排序、统计方法。

④ 掌握数据库之间的链接、数据导入导出的基本方法。

⑤ 了解结构化查询语言 SQL 的基本概念；掌握 SQL 的基本数据操作与数据查询语句（Select、Insert、Delete、Update）的使用方法。

(3) 数据库应用系统

① 了解层次和网状数据模型的基本概念。

② 了解数据库、数据库管理系统、数据库应用系统的概念和相互关系。

③ 初步掌握设计和实现简单数据库应用系统的基本方法。

④ 了解数据库应用系统在信息资源管理中的作用。

⑤ 理解数据规范化的思想和意义，知道数据规范化思想在数据库应用系统建设和使用中的价值与作用。

(4) 课程标准与知识点内容目标水平要求对照表（略）

选修 5：《人工智能初步》

(1) 知识及其表达

① 了解人工智能的概念与基本特点，以及人工智能的目标和发展。

② 了解人工智能的形成与发展；了解人工智能的主要应用领域和发展现状。

③ 掌握知识的概念；掌握知识表达的基本方法。

(2) 推理与专家系统

① 了解简单的产生式专家系统软件的基本结构及解决问题的基本过程。

② 理解专家系统正向、反向推理的基本原理；了解一种常用的不精确推理的基本过程。

③ 了解专家系统解释机制的基本概念及其在专家系统中的重要作用。

④ 了解专家系统外壳的概念；学会使用一个简易的专家系统

外壳，并能用它开发简单的专家系统。

(3) 人工智能语言与问题求解

① 了解一种人工智能语言的基本数据结构和程序结构，掌握相关概念，知道人工智能语言的主要特征。

② 掌握使用人工智能语言设计程序求解简单问题，并能够上机调试、执行相应的程序。

③ 了解状态空间的概念与方法，掌握用该方法描述待求解的问题。

④ 了解用盲目搜索技术进行状态空间搜索的基本过程，理解启发式搜索的基本思想及其优点。

(4) 课程标准与知识点内容目标水平要求对照表（略）

二、考试方式和试卷结构

信息技术等级考试是本着高中信息技术课程标准的基本理念，遵循发展学生个性、培养学生创造精神的原则进行的水平考试，其所采用的考试形式要有利于考查学生对信息技术基本知识、基本技能的掌握，同时要结合学生作品评价以及实际操作技能进行考核。

（一）考试方式

考试采用无纸化、网络化的方式。考生的报名信息全部用计算机保存和管理，并使用网络进行传输；考试的题库在计算机上建立和管理，由省考试中心组织命题；试卷通过计算机网络分发到考试用机上；考生的答题过程全部在计算机上进行，即试卷内容在计算机上显示，考生使用键盘和鼠标进行答题；考试的成绩通过计算机网络进行传递和公布。

考试时间暂定为 90 分钟，考试分值满分为 100 分。

（二）试卷结构及不同题型所占比例

试卷分主观试题和客观试题两大部分，题型分别为：

1. 单项选择题（60 分）

共设置单项选择题 40 个，每小题 1.5 分，共 60 分。本题型每小题包括一个题干和 A，B，C，D 四个备选答案，其中只有一个答案是正确的。

2. 判断题（10 分）

判断题 10 个，每小题 1 分，共 10 分。本题型每小题包括一个题干，根据题干描述判断对错。

3. 简答题（10 分）

简答题 2 个，每小题 5 分，共 10 分。要求学生根据所学知识对所给的题目作出简要回答。

4. 操作题（包括作品题目）（20 分）

操作题 1 个，作品题 1 个，每小题分别为 10 分，共 20 分。操作题要求学生根据所学知识按照要求进行操作。

作品考试题目要求学生在规定的时间内完成符合一定要求的作品，它要求学生要灵活运用所学知识以及技能。可以是电子作品、网站、主题演示文稿、小板报、电子刊物等。作品考试可以较好地考查学生综合运用信息技术的能力。

总的分数分布为客观题（占 70%）和主观题（占 30%）：各个模块会根据具体情况做一些调整。

概况与摘要

信息技术课程研究

概　况

2008年有关信息技术课程的研究，主要集中在课程的实施和发展、课程内容结构和课程设置、信息技术教师专业发展、信息技术课程研究的新视野四个方面。

信息技术课程的实施和发展

本部分的研究主要集中在对当前信息技术课程实施现状的分析和对未来发展趋势的研究。

关于信息技术课程发展现状的研究较为突出，尤其是针对高中信息技术新课程实施现状的调研，如解月光和马云鹏撰写的《普通高中技术课程实施的问题与对策》从比较宏观的角度分析了新课程实施中的问题，并提出了相应的建议；曹恒来、薛冲的《信息技术课程实验的成绩、问题与对策》和杨玲的《从实践层面剖析新课程实验的问题》均从教学实践层面对信息技术课程实施中存在的问题进行了详细剖析，并提出若干相应的对策。教学实践中的各个环节也备受关注，主要涉及教学目标、教学效果、评价、教师专业水平和学生差异等方面的研究，如钟柏昌在《例谈信息技术教学情境的创设》中详细分析了信息技术教学情境的功能、类型、创设原则、常见误区等。

关于信息技术课程发展的研究，如下两个方面较引人关注。一是从课程边缘化的角度对课程地位的讨论，如龚道敏在《谨防课程的“边缘化”趋势》和《中小学信息技术课程边缘化成因探析及对策研究》两篇文章中详细分析了信息技术课程边缘化的成因及其改善的措施；二是从课程实施的角度提出课程发展的若干建议，如王爱胜在《信息技术新课程发展纵横谈》中提出了信息技术学科深入发展的几个方向，即课程核心、课堂效率、考试评价以及教师专业发展。

课程内容结构和课程设置

课程内容的更新一直是课程内容研究的热点。其中，魏宁的研究较具代表性，他在《信息技术课程教学内容的迷思——信息技术课到底该教什么》中，提出了信息技术教学应以“二维路线图”向前演进和发展；在《从信息科学视角审视信息技术课程的若干问题》中，从信息学的角度，指出当前信息技术教材中一些内容存在的问题；在《信息技术课不妨加点科学史教育》中，不仅说明科学史在教学中的重要性，而且建议在信息技术教材中增加科学史的相关内容。

在课程内容的结构上，李美凤、李艺在《“螺旋上升”式信息技术课程内容设计研究》中提出义务阶段课程的内容结构应该以“螺旋式”进行安排的建议，值得进一步思考。

关于信息技术课程设置的研究，主要集中在校本课程的设置方面。在《构建与新课标相契合的信息技术校本课程体系》一文中，张波提出了模块化教学的基本设想和实践案例；在《基础教育中实施信息技术课程校本化教学的探索》中，陈卫东、于素云提出实施信息技术课程校本化教学的主要内容。这两篇文章分别从理论和实践两个层面论述了校本课程开设的可能性。

信息技术教师专业发展

关于信息技术教师专业发展的研究焦点，大体分为两个方面：一是教师的现状研究；二是教师的培训模式研究等。

信息技术教师现状主要包括对教师角色定位、工作状态、存在价值、专业发展等相关研究。《中小学信息技术教育》编辑部在《信息技术教师生存与发展现状：调查与分析》中通过网络问卷的形式对教师的专业化、学校地位、课程认同和专业技能进行了调查；另外，张兵、孙淑晶在《中学信息技术教师职业倦怠的现状、成因分析及对策》中针对信息技术教师的工作状态进行了研究，提出缓和信息技术教师职业倦怠的策略。管志毅在《也论信息技术教师出路之“柳暗花明”》一文中，就信息技术教育的存在价值提出了教师应该走“研究之路”。

教师培训作为信息技术教师专业发展的方式，在这方面的研究更加深化。其中有代表性的是詹青龙在《中小学教师培训的结构设计》中提出了信息技术教师在培训的结构，在詹青龙、祝智庭、顾小清的《信息技术教师专业发展新策略架构——“携手助学”项目的实践探索》中提出了信息技术教师专业发展的策略架构。这两项研究使信息技术教师培训趋于结构化、模式化。

信息技术课程研究的新视野

信息技术课程的研究视野是指当前信息技术课程研究的前沿。从对当前信息技术课程成果整理来看，在《过程化解析：信息技术教育研究的新视野》中，冯伯虎提出从信息文化取向的角度看信息技术教育具有明显的过程性特征，并对这一过程化进行解析和论证。这为信息技术课程研究开辟了新视野。

总体而言，关于信息技术课程的研究主要有如下特征：(1) 涉及多个方面，并从不同的层面上展开，较具全面性。(2) 对现状的研究一方面基于调查；一方面来自于对实践的总结。(3) 在整体上仍停留于对现状的概括和分析上，缺少理论提升。

论 文 摘 要

也论信息技术教师出路之“柳暗花明”

管志毅

以“信息技术课程加入高考是否是教师追求的终极目的”为切入点，探讨信息技术教师找到职业归属感的方法。首先阐明了信息技术教育的真谛。从信息技术课程的教育目标出发，提出信息技术教育是为了培养学生利用信息技术解决生活中问题的能力，以及在此过程中培养学生良好的情感、态度、价值观，不是为学生单纯地传授知识，为考试而教育。以此为依据，总结出教育是为了受教育者的幸福生活，教师的职业归属感是在培养学生的过程中体验出来的。然后提出信息技术教师应该走向研究之路，并从教学方法、教学评价和课堂管理三个方面阐述了信息技术教师的研究内容。最后提出信息技术教师应该以游戏放松的心态看待教学，将教学作为艺术来追求才能体验教师自身存在的价值。不应该将“高考”作为信息技术教师提升个人价值的“救命稻草”。

《中小学信息技术教育》2008 年第 12 期

信息技术教师生存与发展现状：调查与分析

本刊编辑部

围绕信息技术教师的角色定位、工作状态、存在价值、专业发展等一直备受关注的话题，应用网络问卷的形式进行调查。统计结果分析表明：(1) 信息技术教师逐渐趋于专业程度化。(2) 信息技术教师的在校地位仍不高。(3) 信息技术教师对信息技术课程的认同程度在逐渐提高，教学能力也逐步提高。(4) 信息技术教师更注重于专业技能的提高，当前的培训应关注信息技术教师教学能力。培训形式上，基地培训得到了最大程度的认可，而校本培训没有得到认可。培训内容上，从“做中学”、结合案例进行的活动加研讨式培训、教学观摩等三种形式得到了一致的认可，而专家讲座则稍微差一些。总体而言，对信息技术培训的支持程度还不够。

《中小学信息技术教育》2008 年第 4 期

青海省信息技术教师生存与发展现状调查分析

王　静　刘世梅

通过对青海省 58 所中小学进行实地访问和问卷调查。对调查结果分析显示：(1) 信息技术教师男女比例基本均衡，教师队伍发展力度提高，正向专业化程度迈进。(2) 信息技术教师在学校中的地位还很低。在校工作量大，职称评定困难，信息技术建设中也没有太大的自由权，领导和其他学科的教师虽然承认信息技术学科的重要性，但它还不能与其他学科处于平等地位。(3) 信息技术教师认为培训针对性不强，形式单一；对本学科知识掌握感到力不从心；教师的信息化教学技能意识虽高，但是信息化教学管理和控制能力呈比较低的状况；信息技术教师的现代理论掌握程度也还没有达到深刻理解和有效应用的地步。总结其分析结果，要改变信息技术教师当前的状态，优先考虑的方面有：观念的转变、信息技术教师工作量的认定、信息技术教师也要通过不断努力提高自身生存地位。

《中小学信息技术教育》2008 年第 12 期

信息技术课程实验的成绩、问题与对策

曹恒来　薛　冲

总结了实验取得的成绩，主要有：(1) 确立了信息技术课程在基础教育课程体系中的地位。(2) 克服了单一的教学模式，积极探索并尝试多样化的教学方法。(3) 实施总结性评价，推动信息技术课程的建设。分析实验中存在的问题包含以下几方面：(1) 对课程目标把握不准，出现了单纯的技能训练或技术淡化问题。(2) 教学方法出现模式化、庸俗化问题。主要表现在“任务驱动”教学与主题活动式教学中。(3) 学习方式的转变停留在浅表层面，出现形式化倾向。(4) 新课程培训缺乏实效性和针

对性。针对以上问题提出的策略主要有：（1）改进培训形式，完善培训内容，提高培训的实效性和针对性。（2）开展教研活动，促进教师专业化成长。（3）完善评价机制，促进课程良性发展。

《中小学信息技术教育》2008年第4期

信息技术课程教学内容的迷思——信息技术课到底该教什么

魏　宁

通过比较与分析信息技术课程与计算机课程的内容，指出逻辑上信息技术的范畴包含了计算机，并将课程内容扩展为狭义信息技术与广义信息技术。以狭义信息技术作为课程内容即为当前实施的课程内容。狭义信息技术包含较多的技术色彩，除了计算机技术，其余更倾向于通用技术。基于广义信息技术，将课程内容扩大到“硬技术＋软技术”（或称“物化形态技术＋智能形态技术”）的范畴。最后针对信息技术课程内容的困惑，提出了沿着“二维路线图”向前演进和发展。第一个维度是纵向维度，课程内容继续在计算机技术方面向纵深发展，并挖掘计算机的思想和内涵。第二个维度是横向维度，即在条件成熟的情况下，逐步将课程内容向真正意义的信息技术扩展，包括狭义信息技术与部分具体可行的广义信息技术。

《中小学信息技术教育》2008年第12期

从实践层面剖析新课程实验的问题

杨　玲

在总结信息技术课改取得成功教学经验的同时，提出当前教学实践层面还存在肤浅的认识和误区。主要表现在：（1）对课程目标的理解存在偏差，人为割裂技术与人文。突出表现在试图超越单纯的技能训练，片面强调文化教育价值的发掘，人为割裂技术教育与文化教育的联系，出现了“技术淡化”的倾向。（2）对教材把握不准，不适应模块化的编排体例。原因在于教师对教材的模块特点把握不准，处理不好必修教材与选修教材教学内容的衔接，不敢放手去实现真正意义上的“用教材教”。（3）学习方式的转变虚而不实，出现形式化倾向。具体表现在：①合作学习形式化；②自主探究庸俗化。（4）片面关注总结性评价，忽略过程性评价。对过程性评价理解模糊，习惯于总结性评价。

《中小学信息技术教育》2008年第12期

中小学信息技术骨干教师培训模式的实践与思考

陈士凡

骨干教师培训历来是教师培训的重点。为进一步提高和完善骨干教师培训的质量，慈溪市教师培训机构进行了积极探索与实践，并客观地总结了近几年骨干教师培训研究与实践的成果，初步形成了“问题采集—问题研讨—听课评议—成果展示”的四段式骨干教师培训模式。该模式具有目标的直接指向性、内容的现实针对性等特点。通过四段式模式培训实践，还总结了培训中应注意的几个问题：(1) 理论联系实际，注重问题的典型性。(2) 培训单位要做好计划和调控。(3) 强调小组是一个学习共同体。(4) 构建平台，促进互动。(5) 构建有效的培训管理与考核机制。首先要建立培训工作交流与反馈机制；其次，对骨干教师在培训期内实行动态管理。

《中小学信息技术教育》2008 年 9 期

新版 ISTE 美国学生教育技术标准及启示

王永锋　马　萌　何克抗

通过阐述新版“美国国家学生教育技术标准”颁布的背景和主要内容，并结合标准进行比较与评价。总结了新版“美国国家学生教育技术标准”对我国信息技术课程标准的启示和作用。主要有：(1) 修订中国信息技术课程标准。通过中国高中信息技术标准与美国学生教育技术标准的维度对应关系比较，提出中国的各教育阶段的信息技术课程标准应围绕“创造力和创新”等能力导向进行改革。(2) 改革中国信息技术课程与教学。认为《信息技术教育》课程应分为三个模块，分别为“信息技术素养”模块、“教育技术素养”模块、“信息社会与公民”模块。(3) 推进信息技术与课程深层次整合。探讨了困扰我国整合的原因，提出推进“信息技术与课程深层次整合”的两个突破口。

《中小学信息技术教育》2008 年第 3 期

谨防信息技术课程“边缘化”趋势

龚道敏

自 2000 年 10 月全国中小学信息技术工作会议提出加快在中小学普及信息技术教育以来，全国所有的中学和大部分城镇小学都已具备开设信息技术课程的基本条件。但是，作为学生信息素养培养的主要渠道——信息技术课程却渐显“边缘化”。分析

“边缘化”成因，表现为课程定位模糊，课程目标认同度低，课程实施欠妥，教师职业定位不清，评价体系不健全等因素构成。针对这些因素，扭转“边缘化”的对策有：（1）重新定位课程。建立完备、科学的信息技术学科发展理论体系和适合本学科教学的方法体系。（2）规范课程实施。从规范信息技术课程的开设、提高课程实施者的专业素养、确立课程实施者的地位三方面入手。（3）规范教材审定制度，下放教材选用权，把好教材质量关。（4）建立科学的教育评价体系。

《中小学信息技术教育》2008年第2期

从信息科学视角审视信息技术课程的若干问题

魏　宁

美、日、韩等一些国家已经站在信息科学的高度发展信息技术教育，国内也有学者提出将信息科学作为信息技术课程的理论指导或直接作为学习内容之一。上海、香港等地信息技术教育已经开始信息技术课程。以信息科学视角为切入点审视信息技术课程中存在如下问题：（1）高中信息技术课程中的信息处理部分不符合信息科学对人类信息处理过程的研究。（2）信息技术课程教学内容中的探究学习处于伪探究状态，应该探究信息科学的原理、方法与思想。（3）教材中对信息概念的呈现不具科学精神。（4）课程中关于“信息的鉴别能力”的内容超越了课程的范围。（5）课程中关于“语言文字信息的加工”所指向内容不清导致课程界限模糊。

《中小学信息技术教育》2008年第3期

信息技术课不妨加点科学史教育

魏　宁

科学史的教育作用很晚才被人们认识到。首先，科学史可以激发学生对神奇的科学世界的向往，提高对科学的热爱。其次，科学史可以使人们了解科学思想的逻辑行程和历史演进，有益于科学理论的学习。然而，在信息技术课程教材中，有关科学史的内容寥寥无几。那么信息技术课程背后有无科学？通过分析科学与技术之间的密切联系，信息科学、计算机科学与信息技术课程内容之间的密切联系，归纳出了与中小学信息技术课程知识有关的一些科学史。另外，运用“香农的忠告”和“塞尔的‘中文屋子’”两个故事说明了科学史的教育的重要性。

《中小学信息技术教育》2008年第10期

"螺旋上升"式信息技术课程内容设计研究

李美凤　李　艺

"螺旋上升"式课程设计可以通过课程内容基本结构的合理组织，将新内容不断吸纳到原有的课程内容框架之中，使课程"以不变应万变"，这是新时代信息技术课程持续稳定发展的必然要求。"螺旋上升"式课程的设计思路包含对课程内容的横向与纵向组织上精心设计。课程内容的横向组织主要是指课程内容在同一水平上分布与排列的基本框架。主要考虑：确定课程内容的构成要素和寻找内容之间的横向关联两大问题。课程内容的纵向组织主要是指课程在不同水平上的层层递进与延伸，主要考虑课程内容的层级逻辑关系，并按照学生认知发展阶段将不同水平上的课程内容均衡分布到各学习阶段。将"螺旋上升"式课程设计思想进一步具体化，主要包含两个方面：一是"螺旋上升"式课程中内容要素的分析与重新分布；二是同一水平上的课程内容的组织问题。

《中小学信息技术教育》2008 年第 2 期

走进信息技术新课程

赵春兰　张景生

针对山东省高中信息技术课程建设进行实地调查。调查结果表明，目前山东省高中信息技术必修课在课程开设和教学形式上呈现丰富多彩的局面，但是选修课程受到各种条件的限制，开设不尽如人意，选修课的开设任重而道远。对教师调查问卷和访谈结果表明，山东信息技术教师的队伍建设情况良好。对教师教研活动的调查结果表明，网络教研正成为发展方向，但校本教研依然发挥了重要作用。从有关教师对课程认同感的访谈中可以看出，课程标准的制定在价值认同、方案认同和教材认同三个个方面缺乏一线教师的参与，有的过于理想化很难超越；教材容量大，技术高度不好把握；培训使信息技术教师在思想和理念上得到了洗礼，有些教师基本适应新课程教学。对信息技术加入高考，教师反应的调查表明，有些教师将此作为一种机会，希望选修也能进入高考，也有教师针对信息技术高考，做出积极的应对措施。

《中小学信息技术教育》2008 年第 5 期

对高中信息技术课程必修模块设置的思考

钱晓菁

从 2000 年以来对高中生入学新生的问卷调查分析显示：在

城市或经济较发达地区，绝大多数学生在义务教育阶段进行的信息技术教育使他们已经具有一定的信息技术基础水平。另外，信息技术在教学中应用的普及以及学校信息化建设的深入，其他学科教师的信息技术水平也在提高，学生信息素养的培养不再是学科教师的任务，也应成为所有学科教师的任务。在此基础上提出对基础模块的分析与调整建议，主要包含《标准》的适用；《标准》的设定；对课程内容的调整建议，提出现阶段将信息技术基础模块与多媒体技术应用模块合并为必修模块，其中与义务教育阶段重复的内容应尽量压缩。最后提出调整基础模块需要解决的问题，主要有：(1) 提高义务教育阶段信息技术课程的有效性；(2) 提升高中各学科教师的信息素养；(3) 在各学科教学中培养学生正确使用信息技术的意识与能力。

《中小学信息技术教育》2008 年第 1 期

信息技术新课程的冷思考

蔡福民

高中信息技术新课程经过几年的繁荣和洗礼后，一些问题逐渐显现，影响着新课程的实施。具体表现在：(1) 信息化环境建设中硬件设备在前期投入不平衡，中期电子产品的维修跟不上，后期信息化产品升级换代频繁，机房设备更新难保障。(2) 信息技术学科建设需要课程专家、教研员和教材三方面的有力支撑，但是当前这三个方向对教学的引领还都不到位。(3) 师资方面表现在教师知识面窄，精力分散，经验不足，教师专业素质需要提高。(4) 教学评价方面主要表现为过程性评价缺失，总结性评价乏力。针对这些问题，需要在管理层面和实施层面促进建设和发展。管理层面要坚持行政督导与教研指导相结合；实施层面要坚持专家引领与专业发展相结合。

《中小学信息技术教育》2008 年第 4 期

课改视角下的高中人工智能课程分析

张家华

“高中人工智能初步”选修模块是我国高中信息技术新课程的亮点之一，然而诸多因素导致了该课程的推进十分困难，如：(1) 课程自身的性质，课程改革本身的性质是影响课程实施的第一要素；(2) 校区的整体情况，包括地区的适应性、地方管理部门的支持、教学队伍的培养、教学研讨和交流等。(3) 学校的水平：包括校长的作用、教师的个人特征和教师集体的行为取向。(4) 外部环境，主要包括政府部门的重视、外部机构的支持以及社区与家长的协助。基于现状，高中人工智能课程应从课程设计、课程管理、课程教学、课程评价等方面开展反思，以促进明确课程开设的范围和对象、保障课程实施的质量、支持课程教学实践的顺利开展、促进评价理念的操作实施。

《现代教育技术》2008 年第 10 期

中小学信息技术教育的认识误区及优化策略

姚永和

当前中小学信息技术教育存在的认识误区有：(1) 将信息技术教育等同于计算机教育。从信息技术的发展历程来看，计算机教育是信息技术教育的基础，信息技术是计算机教育的发展和延伸，但是两者在培养目标等方面有着实质性的差别。(2) 认为信息技术是一门次要科目。(3) 认为信息技术教师是特殊的教辅人员。(4) 认为教学目标就是教会学生基本的计算机操作。在认识到这些误区的基础上，要优化中小学信息技术教学可以考虑如下策略：(1) 更新观念，提高认识。要从教育思想、教育观念、教学实践等方面展开深入认识。(2) 加强学科建设，确立学科地位。(3) 加强信息技术教师培训力度，提高教师的专业水平。(4) 强化信息技术教育教研，建立健全有效的教学方法。

《中小学电教》2008 年 3 月（下半月）

论信息技术教育中信息概念的包容性

陈　爽

信息概念的包容性是一个涉及信息技术课程核心的问题，从这个概念的内涵可以引起对于信息技术课程要“讲什么”、“教什么”、“学什么”的广泛讨论。从哲学、传播学角度研究的信息概念各有侧重，对于信息技术课程而言，对于信息概念进行层次化处理不失为良策。即根据信息在课程中的表现，给它明确区分出两种层次：层次比较浅度的是，“在学习、工作活动中使用的常态信息”，这既包括电子化的信息，又包括其他状态的信息；层次比较深入的是，“使用计算机加工、网络传播的电子化信息”，所涉及的获取、甄别、存储、加工、交流、发布等都以电子技术为依托，在方法与技术上针对其特点进行挖掘与利用。但是，不论哪种层次的内容应用于信息技术课程，仍然都要倾向以现代信息技术为核心，依据现代传媒的特点，发挥现代信息的作用，而不是盲目扩充、滥竽充数，破坏信息技术课程的核心价值。

《中国信息技术教育》2008 年第 5 期

信息技术新课程发展纵横谈

王爱胜

新课程的深入开展，面临着诸多问题和挑战，借鉴各地课改经验，梳理如下：(1) 课程核心。2004 年课改后信息素养地位彰显，实际教学应着眼于信息素养的培养，去架构核心技术的价值体系，结合年龄、群体的能力与需求，形成必要的教育机制与策略，引导学生的兴趣、爱好与规律的发现，最终达成一种价值体系。(2) 课堂效率。课程理念、内容、教学方式以及教师的驾驭能力、学生的学习热情，都在综合地作用于课堂效率。(3) 考试评价。随着教育评价的改革，信息技术课程应该在各种考试的促进下走向更健康的发展道路。(4) 专业发展。信息技术教师可以通过教育博客、教学反思、教研活动等促进个体与群体随新课程不断发展。

《中国信息技术教育》2008 年第 1 期

义务教育信息技术课程的回顾与展望——来自一线的声音

刘向永

从 2000 年《中小学信息技术课程指导纲要（试行）》颁布至今，义务教育阶段信息技术课程的实施现状和问题归纳如下：(1) 课程实施。义务教育信息技术课程在中小学的开设课时已经得到了基本保证，却也显现出一些问题，如小学初中内容重复，内容陈旧，缺乏更新，缺乏明确的课程目标等。(2) 纲要修订。随着课改的深入，修订义务教育信息技术课程指导性文件从理论上和实践上都是必要的、可行的。(3) 课程目标。义务教育信息技术课程中小学、初中阶段有着不同的目标取向，要按照各自的实际情况、学生特征来建构各自切实可行的课程目标。(4) 内容架构。义务教育阶段信息技术课程教学内容可以从两条线来规划：技术学习线和学生的能力学习线。从内容上看，小学宜形成认知、意识、体验体系，初中宜形成掌握、应用、探索体系。

《中国信息技术教育》2008 年第 8 期

普通高中技术课程实施的问题与对策

解月光　马云鹏

对四个高中课改实验区为期两年的调研表明，当前我国普通高中技术课程实施中，师生对课程必要性认同程度高，对课程文本认同程度偏低，部分课程价值获得较为普遍的认可；技术课程的实施环境离课程真实需要还差很远；课堂中的技术课程样态多样，主要体现了应用性特征，操作学习是其主要的方式。学校水平的技术课程实施受到多重因素的影响，包括校内因素、校外因素、课程自身因素以及课程认同因素等。因此为推进普通高中技术课程深入实施，应加强政府部门的行政能力，努力改善实施环境，完善技术课程实施的制度保障系统；须以研究为基础，做好课程方案的修订工作；要加快解决技术课程教师的专业化问题；关注校长的专业发展，促进有效的课程领导运作；重视教研部门，发挥教研员作为研究者、引领者和培训者的作用。

《教育研究》2008 年第 2 期

生存态度决定专业命运——谈信息技术教师的专业成长

赵　雷　杨绍山

信息技术教师能否与新课程共成长，实现自己的专业化发展，取决于教师的生存态度。可以把影响信息技术教师专业化成长的生存态度分为五种，这五种态度对于一个教师的发展历程具有一定的递进关系，因此可视为信息技术教师发展五步曲——工作态度：付出一点勤奋，收获一份认同，这是信息技术教师专业发展的基础；教学态度：听进一句批评，赢得一些反思，这是一个信息技术教师的本分，更是专业发展的基本要求；学习态度：学习一点理论，写出一点东西，做学习型教师、研究型教师，这是一个信息技术教师脱颖而出的敲门砖；专业态度：分清工作主次，着眼专业发展，这是专业发展的保障；学科意识：树立“维权”思想，共推学科发展，这是推动信息技术学科健康发展的重要保障。

《中国信息技术教育》2008 年第 10 期

影响信息技术教师专业发展的学校因素分析

周一鸣

学校是信息技术教师充分发挥才能的沃土，学校的管理、学校的环境、学校的文化与氛围、学校对信息技术教师的重视与培训，对信息技术教师的专业发展都产生了很大的影响。信息技术教师的专业发展与校长的领导、学校的管理制度、教师文化等方面息息相关，但同时也需要教学环境与资源的辅助以及对专业知识与技能的培训。学校是信息技术教师成长的摇篮，学校的管理、制度、建设等各方面因素都会直接影响信息技术教师的专业发展。学校应该努力为师生提供轻松舒适的工作学习环境，建立公平民主的政策制度，重视并激励信息技术教师的专业发展，多为教师专业发展创造条件，提供机会，唤起他们的工作热情，促进他们对专业发展的主动追求。

《科技信息》2008年第29期

构建与新课标相契合的信息技术校本课程体系

张　波

本文以新课程标准所描述的教学理念为指导思想，就当前形势下构建国家课程、地方课程、校本课程“三位一体”的课程体系作了一般性的描述，并结合作者的实践，提出了一些构建信息技术校本课程体系的基本设想和实践案例。主要有：（1）以新课标的基本理念为指导思想，建立起一套完整的信息技术课程体系。（2）根据学生知识的基础以及学习能力的不同，按学生兴趣分流导学，因材施教。（3）校本课程的实施应该重视对知识的更新与横向重组。（4）突出校本特色、发挥教师专长、注重个性发展是开设校本课程的灵魂所在。（5）建立科学合理的教学评价体系是保证校本课程顺利实施的重要保证。

《中国电化教育》2008年第2期

过程化解析——信息技术教育研究的新视域

冯伯虎

从信息文化取向来看，信息技术教育具有明显的过程化特征。作为信息技术教育实施的主渠道——信息技术课程的学习，基于过程化视阈可解析为：以具体的“信息技术”认知为基点，以运用“信息技术”解决问题为主线，在运用“信息技术”解决问题的过程中，使学生逐步养成良好的信息习惯，进而，实现信息技术教育的最终目标——信息素养的提升。本文通过大众信息技术工具E-mail的具体分析，论证了信息技术教育的过程化特征。

《中国电化教育》2008年第11期

中小学信息技术课程边缘化成因探析及对策研究

龚道敏

中小学信息技术课程在改革与发展的过程中，其边缘化问题越来越严重。本文主要对信息技术课程边缘化现象进行了描述，主要表现为：课程开设不规范、教学内容不系统、课堂教学很随意、教师地位低。针对问题分析边缘化成因，主要有：课程地位模糊、课程认同度低、教材质量低下、教师职业定位不清、评价体系不健全。最后提出扭转信息技术课程边缘化问题的对策。这些对策主要有：(1) 重新定位课程，主要从学科体系理论建构、教学方法体系建构、课程发展空间三方面入手。(2) 规范课程实施，从规范课程开设、课程文件实施、确立课程实施地位入手。(3) 把握教材质量关。(4) 建立科学的教育评价体系。

《中国电化教育》2008 年第 1 期

我国人工智能课程实施的问题与对策

张剑平　张家华

我国高中新课程标准颁布已经 5 年，“人工智能初步”作为信息技术科目的选修模块，它的实施仍然面临着思想观念、师资队伍、教学资源等多方面的制约。本文在概述高中人工智能课程现状的基础上，分析了我国人工智能课程实施中存在的问题，主要有：(1) 思想观念问题；(2) 师资培训问题；(3) 教学资源问题。并针对问题提出了推进人工智能课程实施的若干对策。这些对策包括：(1) 更新观念，积极探索新的教学方法；(2) 重视研究，加强师资培训与经验交流；(3) 共建共享，充分发挥网上资源的作用。

《中国电化教育》2008 年第 10 期

新版学生教育技术标准与信息技术课程改革

王永锋　马　萌　王以宁　何克抗

2007 年，美国国际教育技术协会颁布了新版《学生教育技术标准》。文章阐述了新版标准的内容与创新处，并针对中国信息技术课程标准与美国学生教育技术新标准，做了比较分析。结合当前我国信息技术课程现状，提出了改革中国信息技术课程的几点启示：(1) 对我国课程性质与目标的启示；(2) 对我国信息技术课程内容设置的启示，提出比较完善的《信息技术教育》课程应该分为“信息素养”模块、“教育技术素养”模块、“信息社会与公民”模块三大模块。(3) 对我国信息技术课程教学与评价的启示，建议：①教师要围绕实践活动开展教学；②学生要把信息技术积极地整合到自己的生活、学习和研究过程中；③建立能力指标体系，评价学生能力。(4) 信息技术与课程整合的启示。

《中国电化教育》2008 年第 3 期

中小学教师培训的结构设计

詹青龙

近年来，教育机构应国家教育政策对 IT 教师开展了多层次、多类型的培训，但并没有实质性突破，重要原因之一就是忽视了培训结构的变革。本文依据现代培训思想、专业发展理论和学习理论，设计了由知识讲座、技术实践、教法研讨和在线资源支持构成的一个新型 IT 教师培训结构，通过“携手助学”项目的实践证明能有效提升 IT 教师培训的质量和促进 IT 教师的发展。其中，在微型讲座中，每个活动“讲授的内容不超过 3～5 个要点”，其进程包括讲座导入、要点讲解和总结提炼三部分；在技术实践部分，介绍了培训中需要开展的基本技术活动，包括设计、开发制品和技术维护；教材研讨包括教材分析、案例分析、问题讨论；资源支持包括：培训教材、资源光盘、学习手册和在线网络。

《中国电化教育》2008 年第 2 期

信息技术教师专业发展新策略架构——“携手助学”项目的实践探索

詹青龙　祝智庭　顾小清

IT 教师专业发展策略是当今 IT 教育研究的一个重要组成部分。本文以先进的理念、整体构想和深层次整合 IT 教师的教学效能为价值取向，提出了由组建学习团队、营造专业发展文化、主题游戏激发、专业发展内容活动化和反思升华构成的策略架构，说明各种策略和揭示其相互之间的关系。其中组建学习团队方法有自主组建、组织者组建、统计学组建、渐进式组建。为营造教师专业发展的文化设计了模型，模型分为符号制品层、行为层和理念层；主题游戏的类型有入题类游戏、探究性游戏、强化性游戏、评价性游戏；在专业的活动中提出了活动化的原则和设计过程；在反思升华过程中提出了反思升华的过程包括映像、反思、批判、升华四个阶段。

《中国电化教育》2008 年第 5 期

浙江省高中信息技术新课程实验的现状、问题与对策

魏雄鹰　李永前

本文通过对浙江省高中信息技术新课程实验实施一年半以来情况的调查，分析了在高中信息技术新课程实验中所取得的成绩和存在的问题，并提出了相应的对策。浙江省高中新课程实验得到了各级领导的重视和各普通高中的积极响应，广大信息技术教师因地制宜，积极开展选修模块的教学，探索多种形式的新课程教学模式与评价方式，取得了良好的教学效果。在新课程实施过程中也存在着教学设备条件差异大、学生基础不一而导致教学难度加大，以及教师专业化水平亟待提高等问题，可通过进一步加大政府支持力度、加强教师培训、完善评价制度等一系列措施深化新课程实验。

《中国电化教育》2008 年第 4 期

信息技术课程实施三维教学目标中存在的问题及思考

王问洋

新课程与传统课程比较，一个显著的特点就是教学目标从一维变成三维，这不是数量上的简单增加，而是从过度注重知识与技能的传授到关注学生全面发展教育理念的全新变化。本文分析了中小学信息技术课程三维教学目标实施中存在的问题，即：(1) 认识上的片面性，实施中的单一性；(2) 认识上的模糊性，实施中的盲目性；(3) 教学设计中的表象化。

《中国教育信息化》2008 年第 22 期

高中信息技术课程改革中构建以人为本的教育环境

王海燕　张雅娴

本文在分析以人为本教育理念的基础上，以新课标所体现的以人为本的精神和试验区信息技术课程改革中出现的问题为出发点，提出了高中信息技术课程改革应该构建以人为本的教育环境来促进课程改革，具体建议为：(1) 构建以人为本的培养目标。(2) 构建以人为本的教学内容。一方面，要加强教材的开发，使得教学内容能和初中教材衔接，符合学生的认知发展规律。另一方面，教师要根据实际情况，对教材内容进行再加工，调整教学内容以适合学生的基础知识和生活经验，将信息技术课与其他学

科（如综合实践课等）结合起来，培养学生的综合思维和研究能力等多方面的素质。(3) 构建以人为本的教学活动。(4) 构建以人为本的选课体系。(5) 构建以人为本的教学评价。

《中国教育信息化》2008 年第 2 期

中学信息技术教师职业倦怠的现状、成因分析及对策

张　兵　孙淑晶

中学信息技术教师普遍存在职业倦怠，如情绪衰竭、去人性化、个人成就感降低。中学信息技术教师职业倦怠的产生是由教师职业的特点、信息技术课程性质、信息技术教师的工作性质和个体人格等因素相互作用的结果。社会、学校和教师个人都应采取积极对策来缓解中学信息技术教师的职业倦怠，如：(1) 加强信息技术教育的督导力度，完善信息技术教育的考核标准。(2) 信息技术教师要提高信息素养，完善知识结构。(3) 学校要完善教师管理体制，实现评价教师多元化。(4) 信息技术教师要在工作和生活中学会自我调适。总之，对中学信息技术教师的职业倦怠，各级领导和其他学科教师要给予关注，信息技术教师也要采取积极的应对策略，走出职业倦怠的阴影，为国家培养更多的具有信息素养的人才。

《电化教育研究》2008 年第 10 期

我国中小学信息技术教育师资队伍建设策略研究

孟亚玲　魏继宗

普及中小学信息技术教育是教育信息化的必由之路，建设优秀的信息技术师资队伍是当务之急，通过分析发达国家和地区的信息技术师资队伍建设经验，基于我国信息技术教育的特殊性，如信息技术学科教师专业背景复杂；在校学生数量大，信息技术专业教师缺口大；学科教师队伍庞大，培训任务重；教师整体信息技术意识淡薄，信息技术应用能力偏低；信息技术产业不发达，投资途径单一等，提出我国信息技术师资队伍建设方案如下：(1) 普通学科教师和教务人员的信息技术教育方案：对普通学科教师和教务人员，可以采用“专题报告＋短期培训”的方式；(2) 信息技术教育专业师资队伍建设方案：重点关注教师的队伍建设和专业化发展，构建专家型信息技术教师队伍。

《电化教育研究》2008 年第 4 期

基于“扎根理论”对微软“携手助学”信息技术教师培训现状的研究

黄桂晶　张进宝　罗　李

通过抽样调查“携手助学”项目三年来培训过的43名信息技术教师，利用“扎根理论”，分别从培训前教师的需求、培训后校领导对推动教育信息化的认知、培训后信息技术教师的信息技术能力与情感态度及培训后信息技术教师应用实践情况四个方面进行归类分析。最后根据分析评判结果，作了如下分析与讨论：(1) 以微软“携手助学”项目的实施为契机，促进信息技术教师应用能力的提升，从而创造性地、革新性地进行教学。(2) 从传播学的研究视角分析，教育信息化的推进作为创新扩散将以扩展型扩散为主要形式。(3) 微软“携手助学”项目的培训理念提升了信息技术教师的科学观。(4) 从教育变革的研究视角看微软“携手助学”师资培训项目，构建学习型组织是学校变革的方向。

《电化教育研究》2008年第5期

数字化教学资源在高中“信息技术”课程中的应用模式研究

阮胜利　丁革建　杨晓丽　杨双丽

本文结合高中“信息技术”课程教学的特点，讨论了数字化教学资源在高中信息技术课程中的应用模式，提出了一种基于资源的主题教学设计模式，概述了这种模式的特点，即资源利用的广泛性具有主题性和主题的情境性、跨学科性、任务驱动性、探究性，在此基础上建构了基于资源的主题教学的设计模板，提出了模板的要素，分别为：主题标题、介绍、学习对象、学科、总体目标、任务和问题、资源、活动过程描述，并结合具体案例对其应用的可行性进行了分析。最后总结了这种数字化教学资源在教学中的作用和意义。

《中国教育信息化》2008年第22期

基础教育中实施信息技术课程校本化教学的探索

陈卫东　于素云

信息技术教育的地区不平衡性、学生之间的差异性和多样性与课程的统一性和基础性之间的矛盾决定了信息技术课程需要一种有效的方式进行解决。就此问题，提出了实施信息技术课程校本化教学。首先阐述了校本化教学的内涵，然后就实施信息技术课程校本化教学的潜在可能性和内在必然性进行了论证。在此基础上提出了实施信息技术课程校本化教学的基本内容包括四个方面：(1) 整合信息技术课程目标与学校的具体教育教学目标，使其适应社会、学校、学生三方面的发展需要；(2) 选择和调整信息技术课程资源，形成适合学校和学生发展需求的信息技术课程资源；(3) 灵活地进行信息技术教学设计，选用恰当的信息技术教学方法；(4) 依据信息技术课程目标和信息技术课程标准的评价建议，构建具体多样化的信息技术课程评价体系。

《中小学电教》2008 年第 3 期

中学信息技术课中要渗透人文教育

张晓云　郝建雷　张素敏

当前信息技术教育中存在着人文素养缺失的现象，如教材的导向作用不明、课堂教学中的重视程度不够、课堂教学中的情感交流弱化、教学评价的合理性存在偏差。在信息技术教育中要实施人文教育的主要途径有：(1) 贯彻以人为本的教学理念。(2) 发挥主体作用，倡导灵活多样的学习方式。适用于信息技术课堂的学习方式有：对话式、体验式、探究式、合作式、讲座式、竞赛式等。(3) 尊重并适应学生的个体差异。(4) 要展示信息技术的表现美，领略信息技术科学家的人格美，感悟科学魅力。(5) 认识技术本质，培养科学精神。(6) 完善信息技术教育评价机制。要注意评价形式多样性、评价内容广泛性、评价主体多元化。(7) 加强引导，推荐优秀的网站。

《中国电力教育》2008 年管理论丛与教育研究专刊

信息技术课程实施的文化取向研究

钱旭升

信息技术课程实施的技术取向的现实存在，受到基础教育课程改革基本趋势和课程实施研究脉络的批判。关于文化取向研究，国外的研究主要以具体问题为切入点，以解决实际问题为目标，而国内主要是从宏观方面进行相应的研究，注重以文化的相关理论进行信息技术课程实施的研究工作。基于现状分析有关信息技术课程实施的文化取向研究的思考和建议有：应在课程实施的视阈中研究信息技术课程实施问题。在学科课程占据学校教学主流地位的当前情况下，课程实施的研究缺乏相应的学科支撑。信息技术课程实施的技术取向研究，特别是以有效教学来研究信息技术课程，已经取得了较为丰硕的成果。国外有关信息技术课程实施的微观层面研究，对研究课程实施各要素中的文化渗透研究具有重要的启示。

《远程教育杂志》2008 年第 5 期

中学信息技术教师的地位及其改善策略——来自开封市的调查

郝兆杰　曾　魏　刘延申

教师是教育活动中的关键因素，教师的地位影响着教师的教学积极性和主动性，决定着师资队伍的稳定性，决定着教育活动的成败。信息技术教师作为教师中的新成员，其地位值得关注。在分析调查数据的基础上，从经济、他人认同和自我认同等层面解读信息技术教师的地位现状并分析原因，提出改善信息技术教师地位的策略和方法：（1）采取措施，提升信息技术课程地位。要深化素质教育理念，摒除应试教育思维；加强信息技术与课程整合，凸显信息技术价值；完善信息技术课程体系，改进考核方式。（2）出台相关政策制度，保障信息技术教师合法权益。如制定教师劳动的量化细则或者额外劳动贴补细则等。（3）加强信息技术教师自身建设，提升教学质量。

《软件导刊·教育技术》2008 年第 5 期

信息技术教师的教育信念形成因素分析

殷宝媛　于纪明

新课程改革能否落实到信息技术课堂教学中，关键是信息技术教师能否拥有与新课程的教学理念相一致的教育信念。而分析影响信息技术教师教育信念的形成因素，是找到促进信息技术教师教育信念变革的有效策略的本源性保证。在构建信息技术教师的教育信念与形成因素之间的关系模型的基础上，详细分析了影响信息技术教师的教育的因素：（1）文化环境：强调的是信息技术教师个人成长所经历的社会文化背景、家庭的教学以及工作的环境等，从时间维度可分为个人文化背景和工作文化背景。（2）教育培训：强调的是信息技术教师在其成长过程中所经历的学校教育和培训，从时间维度可以分为职前教育经历和职后教育经历。(3) 自我反思：主要是对于个人教育信念、教育理论、教学实践等的反思。

《现代教育技术》2008 年第 5 期

信息技术教师再学习中存在的问题及对策

朱跃龙　赵树宇

在信息技术课程教学改革不断深入推进的过程中，信息技术教师再学习的问题也不断呈现出来，主要变现为：不知道学什么；不知道怎么学；不愿意学习；没有时间学习；没有地方学习；没有好的学习内容和资源等。为此，该文提出了如下解决对策：(1) 唤醒教师学习的需求：必须要教师们认识到，没有学习就没有专业发展，更不会有成功的教育改革；再学习意味着可以了解和掌握一门课程，对课程进行思考、追踪等。(2) 树立教师再学习的信心：教师要消除因为年龄等因素所带来的对于学习的排斥，应树立信息集中精力进行学习。(3) 确定教师学习的内容：可以针对学科知识、教学技能、科研能力、新知识等进行再学习。(4) 提供教师学习的环境：根据学习环境的不同，教师的再学习可以分为四种形式：情境式、交流研讨式、课堂式、图书馆式。

《现代教育技术》2008 年第 5 期

以行动研究促进信息技术教师的专业成长

齐宇歆

信息技术与课程的整合以及信息技术课程的开设亟须建立一支高质量的教师队伍。行动研究有望加速信息技术教师队伍的建设，这是因为：信息技术属于一门新的学科，各方面发展都不成熟，不可能通过师生制来进行新课程理念下的教师培养；信息技术专业知识更新非常快，教师需要不断加强学习自己的薄弱环节；行动研究有助于教师更好地胜任多元化的工作。可以通过开设“行动研究课程”培养师范生的研究意识和能力，可以缩小理论与实践的距离；“合作的反思性教学”，可以促进实践和理论的融合；“主题式”职前培训和职后管理促进从理论到实践的提升。在信息技术教师的培养中开展行动研究需要教师本人、中小学、教育学院、高校等各个方面的配合，促使一线教师走上研究型的专业教师之路。

《现代教育技术》2008 年第 6 期

信息技术教材研究

概　况

教材是开展信息技术教学的基础性资源，是直接体现课程理念的载体。2008 年信息技术教材方面的研究，主要集中在以下方面：

教材开发的依据

课程标准是教材开发的基本依据。如林众在《对信息技术教材编写的思考》中所谈及的那样，教材编撰工作主要依据新课标的要求，参照学生的年龄特征，突出学生的实践能力培养，掌握弹性原则。

教材的设计开发

教材开发不是千篇一律的，而应开发各具特点的中小学信息技术课程教材。如郭芳在《从设计取向看信息技术教材的基本类型》中提到，当前信息技术教材设计主要有三个类型：以学科知识为中心的知识框架型教材、以学习活动为中心的任务引领型教材、以学习者为中心的资源自助型教材，均有各自的特点。于颖、谢仕兴在《活动革新信息技术教材—活动学习视野下信息技术教材的建构研究》中提到以活动构建教材的理念，即在关注生活经验的基础上开发教材。

内容体系的构建

在教材设计理念的指导下，运用合理的方法将要涉及的知识以一定模式和方法进行有序化的组织是构建教材内容体系的重要方面。如郭芳和慈黎利在《小学信息技术教材知识体系的构建》和《初中信息技术教材知识体系的构建》分别提到为小学阶段构建“三层六阶段”的教材编排模式，为初中阶段构建“三起点三阶段”的教材编排模式。

教材使用的方式

教材使用方式主要涉及教材的循环使用问题，如金新喜在《由信息技术教材循环使用引发的思考》中分析了信息技术基材循环使用的可能性，指出信息技术内容更新快以及纸质教材出版发行存在不稳定因素等，因此，电子教材是值得考虑和推广的教材新形式。

教材的电子化呈现

由于信息技术的发展，以及信息技术学科自身优势，因此，以多媒体化形式出现的电子教材越来越受到关注，其中包括基于教材的多媒体教学软件、电子书等新型教材形式。如在《“信息技术教材教法”多媒体课件的设计与制作》中，周顿利用计算机多媒体技术的信息管理和索引方式、集成表现能力和交互能力，以超文本链接实现对多媒体信息的再现和浏览，形成一套简捷、有效的多媒体电子出版物。

整体而言，由于目前我国各地信息化程度存在较大差异，中小学信息技术教材呈现多样性、多层次、多起点的特点。因此，一方面，各地学校要因地制宜，充分考虑当地信息化发展水平、学校师资和机房设备等资源的情况，选择适合的教材进行教学；另一方面，要重视课程创新的实践，即在基于现有教材的基础上，根据学生情况和实际生活经验，灵活运用、充实教材。

论　文　摘　要

由信息技术教材循环使用引发的思考

金新喜

2006年9月1日起施行的《中华人民共和国义务教育法》明确提出了“国家鼓励课本循环使用”。北京、上海、山东等地在局部学校推行“课本循环使用”改革试点，并提出了很多可行的措施。教材能否循环使用，最重要的一点就是看它的稳定性如何。然而，信息技术教材在循环使用的过程中，除了具备其他学科教材的共性因素外，还要受一些自身因素的制约。表现为：(1)技术更新快造成内容的不稳定性。(2)课程自身创新需求造成编写方式的不稳定性。(3)出版发行方式造成版本的不稳定性。针对以上造成信息技术教材不稳定的因素，建议充分结合信息技术课程的特点，推行电子化教材。电子化教材不受纸质教材成本的限制，教材编写者可以根据教学需要，把素材库、活动内容、教学评价完整地结合起来，提供充足的信息。

《中小学信息技术教育》2008年第6期

“信息技术教材教法”多媒体课件的设计与制作

周 顿

在参与开发“信息技术教材教法”多媒体教学软件工作中，利用计算机多媒体技术的信息管理和索引方式，以及集成表现能力和交互能力，实现以超文本链接进行多媒体信息的再现和浏览，形成一套简捷、有效的多媒体电子出版物，并对这一出版物进行了介绍。内容结构有序言篇、教材篇、课堂篇、课件篇、素材篇五个部分将资料进行有机组织。素材准备包括文字素材的采集和处理，图像素材的采集和处理，声音素材的采集和处理，影像素材的采集和处理，动画素材的制作和准备，网页素材的制作和准备六部分。技术实现介绍了整体框架、特技处理、程序设计和文件打包刻录四部分，其中程序设计部分主要介绍了超文本链接、有关文件的调用或播放这两部分的功能。

《中小学信息技术教育》2008 年第 10 期

对信息技术教材编写的思考

林 众

作者结合新课标的要求和自己的工作实践，阐述了信息技术教材编写需要注意的几个问题：(1) 新课标的要求是教材编撰工作的指南和依据。新课标积极反映我国计算机教育走向信息技术教育的时代更替；把提高学生的信息技术素养作为主要目标；强调课程内容的基础性、通用性及其选择性的统一；注意标准体例的编写。(2) 学生年龄特征是教材内容的出发点。从学生认知发展出发分析教材；教材中的内容、例子、活动建议要以学生的认知或职能特征为出发点；教材要从中小学生的心理活动发展的年龄特征出发，要探索其信息技术的教育活动特征。(3) 突出学生实践能力的培养是信息技术课程的特色。首先，学生动手实践是课程教与学的首要途径；其次，处理科学与技术、理论与实践、分析与操作等方面的关系；最后，强调信息技术的实践性。(4) 弹性原则是信息时代赋予信息技术教材的基本要求。

《中国电化教育》2008 年第 8 期

从设计取向看信息技术教材的基本类型

郭 芳

从课程设计取向审视中小学信息技术教材，其可分为三种基本类型：以学科知识为中心——知识框架型教材，强调知识的系统传授和以学科知识的逻辑体系来组织编排课程教学内容；以学习活动为中心——任务引领型教材，通过设计、安排一系列的学习活动任务来呈现课程教学内容，学科知识体系隐含在任务系列结构之中；以学习者为中心——资源自助型教材，把教材资源与学生的生活经验联系起来，使教材内容与学习者成长过程有机结合。总之，课程教材设计理论发展到今天，设计取向趋于融合，一方面要注重社会发展与个人发展的关系；另一方面也要注重知识逻辑和心理逻辑的关系。近年来"以学生发展为本"的价值取向逐渐成为课程教材设计遵循的思路。中小学信息技术教材的设计也应遵循并积极探索这一思路，形成一种真正立足于全面提高学生信息素养的教材设计思路，为中小学信息技术课程建设奠定基础。

《中国信息技术教育》2008 年第 10 期

对现行小学信息技术教材内容的调查分析与启示

慈黎利　郭　芳

我国中小学信息机技术教材呈现多样性、多层次、多起点的特点，故筛选六套使用广泛、具有代表性的教材，针对其中的知识点、操作点、练习题和综合性活动的设置进行调查分析。调查情况如下：各套教材均存在知识点简单重复，而非螺旋上升的问题；均较注重操作实践，但应避免过多，要根据课时、学生学习特征合理设计和安排；对操作过程和方法的引导、提示详略不一，而对于小学教材而言，相关背景资料、提示和建议是必要的；对课后练习题设计的分歧很大，课后练习题一般包括认识理解、巩固积累、迁移运用、拓展延伸四个层次，此处最大的分歧在于是否需要设计课外练习题；普遍重视综合实践活动的设计；情感态度价值观多以渗透的方式引入，在知识与技能的学习过程中相互启发、感染。

《中国信息技术教育》2008 年第 5 期

小学信息技术教材知识体系的构建

郭　芳　慈黎利

依据我国小学信息技术课程教学的实际需求，通过分析几套具有典型意义的小学信息技术教材的内容结构和编排方式，构建了小学信息技术教材的知识体系，提出了相应的"三层六阶段"编排模式，"三层"是指教材内容按照三个层次的螺旋上升方式来编排，"六阶段"是指把教材知识体系涵盖的基础内容按学生的认知特征、认知能力分为由浅入深、循序渐进的四个学习阶段，而把拓展知识专题分为综合提升阶段和新知识模块拓展两个阶段。这一编排模式力求体现以下设计思想：(1) 注重基础知识与基本操作的分层学习；(2) 适当选取学习起点和参与的信息处理环节；(3) 真正落实由浅入深的原则；(4) 注重其他学科在学习进度上的协调。

《课程·教材·教法》2008 年第 4 期

初中信息技术教材知识体系的构建

郭　芳　慈黎利

依据我国初中信息技术课程教学的实际需要，通过分析几套具有典型意义的初中信息技术教材的内容结构和编排方式，构建了初中信息技术课程的知识体系，提出了教材编排的“三起点三阶段”模式：“三起点”指三种不同程度的学习起点，即零起点、非零起点、较高水平的“非零起点”；“三阶段”是指根据学习起点和内容的难易程度分为三个学习阶段，“补充知识学习阶段”专为“零起点”的学生设计，“基本知识学习阶段”分四个部分编排基本知识体系中的内容，“拓展知识学习阶段”针对选学内容设计，供学生在不同层次不同内容模块上拓展提高。这一编排模式力求体现以下设计思想：(1) 为不同学生设置不同的学习起点、学习阶段和学习层次；(2) 注重概念、原理和方法的分层次学习；(3) 关注与其他学科学习内容的整合以及学习进度的协调。

《课程·教材·教法》2008 年第 8 期

中小学信息技术立体化教材研究

宗世哲

立体化教材即在传统印刷教材的基础上，以课程教学为中心，借助网络技术、多媒体技术等现代信息技术将教学内容、教学计划、教学资源和数字化教学支持服务以多种媒介、多种形态、多个层次进行整合的具有灵活性、开放性和动态性的出版物的集合。目前国内中小学信息技术立体化教材雏形主要有：纸介质教材＋辅助学习型教学光盘、纸介质教材＋学习资源型素材光盘、纸介质教材＋网站支持、纸介质教材＋学习资源型素材光盘＋网站支持。立体化教材的进一步开发应遵循以下原则：(1) 区分不同的区域和应用环境；(2) 区分不同的教育层次和认识特点；(3) 充分发挥不同媒体特点。开发中小学信息技术立体化教材时要综合考虑纸介质教材、光盘和网络的优势，应区分不同层次、不同对象、不同环境，进行统一的设计和安排。

《中国信息技术教育》2008年第12期

活动革新信息技术教材——活动学习视野下信息技术教材的建构研究

于　颖　谢仕兴

《基础教育课程改革纲要（试行）》强调学生学习方式的转变，倡导自主学习、合作学习、探索学习等学习方式，学生的主体地位得到了极大关注。活动学习观视学习过程为一种特殊的活动过程，强调通过活动促进学生的主动发展，与基础教育改革所倡导的学习观不谋而合。以活动建构教材，将改变以往教材重“知识”轻发展、重“物”轻“人”的思想，以活动的形式变革信息技术教材。“活动”化教材并不排斥学科知识，相反，学科知识是活动的重要内容。在建构教材时，既不提倡不考虑学科知识体系、把教材内容完全生活化，也不提倡抛弃生活经验，完全学科化。既要立足于学科知识体系，又要关注生活，这才是正确的建构方法。

《现代教育技术》2008年第12期

普通高中信息技术课程标准实验教材特点及对教学的启示

苏耀忠　郝新春

通过对2004～2005年全国中小学教材审定委员会初审通过的五套高中信息技术教材进行了认真研读，总结了普通高中信息技术课程标准实验教材的特点，表现为：（1）知识更加系统、全面，有利于促进学生的个性发展。（2）引导学生关注信息技术与社会的联系，用所学知识解决生活中的实际问题。（3）关注对学生科学精神、人文精神的培养。（4）注重开放性，在活动设计上尊重学生的自主选择、自我设计，以促进学生的个性化发展。（5）淡化软件学习，倡导尝试多种工具完成一个任务或解决一个问题，让学生在过程中掌握技术。（6）设计了对学习、活动等各方面的评价内容。（7）采取立体化的开发方式，为教师和学生提供了丰富的学习资源，也为教师自主构建教学平台奠定了基础。通过教材的这些特点，总结了对信息技术教学的启示。

《教育理论与实践》2008年第7期

小学信息技术教材编写中生活经验的挖掘

孙小飞　朱彩兰

新课改以来，让课程回归学生生活是大势所趋。对小学生而言，尤其如此。于是，如何缩短课堂与学生生活之间的距离，成为众多研究人员关注的焦点。作者参与了义务教育阶段信息技术教材的编写工作，在项目开展中，项目组一直注重挖掘知识和生活的联系。本文仅从教材编写的视角探讨生活经验的挖掘与体现。其中教材中关于生活经验的挖掘，主要表现为：(1) 教材组织结构——发挥学生的学习经验。(2) 知识点的表现——彰显一般意义上的生活经验。关于知识点的挖掘可以通过设置生活化情境激发需求、借助生活化任务促进兴趣的保持、利用生活化类比促进理解、联系生活应用渗透情感等手段来实现。

《中小学电教》2008 年第 12 期

中小学信息技术教材的开发研究

郭　芳　黄荣怀

结合中小学信息技术教材的开发实践，探讨了“开发研究”在中小学教材开发中所具有的独特作用，提出了相应的过程、基本模式和方法。其中，中小学信息技术教材开发的过程为：(1) 初步规划与需求分析阶段。(2) 设计阶段。(3) 编写阶段。(4) 验证性实验阶段。(5) 反思与评审阶段。(6) 适应性实验阶段。(7) 推广使用阶段。在每一阶段，都相应地给出了具体的操作办法。整个过程应用了“开发研究法”，整个过程的设计与实施始终围绕着中小学教材设计理念、编写原则、实验方法的验证和应用展开，较好地体现了“开发研究”的规定性和处方性特点。

《北京师范大学学报》(自然科学版) 2008 年第 2 期

浅谈如何创新教材——以教科版高中信息技术实验教材为例

赵春生

随着新课改的实施，信息技术教材发生了深刻变化，一改原来“软件说明书”的面孔，力求成为更适合师生学习的资源。对信息技术教材资源的利用、开发、整合、创新，是信息技术教师的一个重要任务。本文将结合本市两年多的探索实践，就如何创造性地使用信息技术教材，提出一些看法。对于教材的创新，首先要理解教材的整体结构，其次要研究教材编写中体现的教育思想。对于教材创新的策略，有以下方面：（1）素材重建——“现实意义、探究、价值化”。（2）方法重塑——“对话、互动、开放”。（3）结构重组——“案例情境、归纳总结、模仿创新”。

《基础教育课程》2008 年第 4 期

信息技术教学研究

概　况

有关信息技术教学的研究和探讨历来是信息技术教育领域最热门、最被课程专家和一线教师所关注的话题。在这里，信息技术课程专家高屋建瓴的理论和一线信息技术教师生动鲜活的教学经验交相辉映，专家的理论指出教学应遵守的基本指导思想、方法和原则，一线教师则通过自身教学践行这些理论，并用鲜活的经验促进教学理论的完善、改进和发展，两者共同为信息技术教学的发展贡献着力量。纵观 2008 年信息技术教学研究，主要涵盖了如下几个方面：

教学基本理念

教学理念主要指信息技术教育教学所应遵循的基本指导思想，如信息技术新课改理念。理念的解读和阐释可以为一线教师实施教学提供指导。如张丽、王吉庆在《浅谈信息技术教学中的技术观》中提到科学性、艺术性、技术性是信息技术教师必须具备的三维能力，从技术观的角度分析，信息技术教学所涉及的技术能力有教学设计技术、教学实施技术、教学评价技术等。

教学方法和教学模式

教学方法是指为培养学生信息素养，完成教学任务而采取的教与学相互作用的活动方式的总称。教学方法运用恰当与否直接关系到教学效率和教学效果，常用的信息技术教学方法有讲授法、教练法、讨论法、网上探讨（WebQuest）、任务驱动法、基于问题的学习（PBL）、范例教学法等。随着这些方法在一线教学中的运用，其各自的优势和不足越来越为一线教师们清楚地认识到，它们各自的使用范围和价值也受到教师越来越多的理性的思考，如李培军在《对“任务驱动”的再认识》中，结合自己的教学实践经验，对于任务的认识、任务的实施、任务的评价等进行了更加理性和清晰的梳理，有利于促进该教学方法的恰当运用。李冠华在《风景这边独好—诱思探究在信息技术新课改中的应用》中提到“诱思探究”要求在信息技术课堂教学中，教师的引导突出一个“诱”字，学生作为学习主体要突出一个“思”字，即教师要充分发挥引导作用，让学生充分探究和思考。

教学模式是与教学方法非常类似的一个概念，指反映特定教学理论的逻辑轮廓，为实现某种教学任务的相对稳定而具体的教学活动结构。通常教学模式俗称大方法，它不仅是一种教学手段，而且是从教学原理、教学内容、教学目标、教学过程直至教学组织形式的整体、系统的操作样式。纵观目前的研究和实践，发现教师们对于教学模式和流程中的细节较为关注，如：如何设定好教学目标、教学中如何渗透情感性目标的培养、如何进行良好的导课设计和结课处理、课堂管理等。孙晓红在《高中信息技术“三案教学”初探》“预习案”“讲学案”“当堂检测案”为载体组织教学，最终达成学生通过自主探究掌握知识学会学习的教学目标。王志忠在《从信息技术课的“烂尾”现象谈起》中提到在常态课教学中，信息技术教师通常会特别关注课堂教学的开端，而忽略结尾。而结尾对于一堂课是非常重要的，可以起到画龙点睛的作用，所以课堂教学应该“善始善终”，通盘考虑，以期提高教学效率和教学效果。

教学策略和教学机智

教学策略是指在教学过程中，为完成特定的目标，依据教学的主客观条件，特别是学生的实际，对所选用的教学顺序、教学活动程序、教学组织形式、教学方法和教学媒体等的总体进行考虑。如任杰在《浅谈信息技术课堂教学的优化策略》中提出教师要树立目标意识、情境创设要符合学生的认知特点和兴趣、考虑学生的差异、建立“分层多维”的评价机制等若干优化课堂教学的对策。赵腾任在《走班制分层教学的实践与探索》中考虑到信息技术课程教学中的学生差异问题，提出了走班分层制教学的方案。吴亚群在《信息技术课堂教学有效教学效率策略探微》提到信息技术教师为了克服导致信息技术课堂低效和形式化现象应在教学中明确目标、创设得体的情境、运用得当的方法等。

课堂教学机智是指在教学过程中面对千变万化的教学情景，迅速、敏捷、灵活、准确地作出判断、处理，以保持课堂平衡的一种心理能力。它是教师智能的灵活性与机敏性的统一，是一种

“应急”的智力活动，体现出教师的教学智慧。顾文飞在《从预设和生成之间体现教师的教学智慧》提到，预设和生成是课堂教学的两个基本要素。教师只有懂得精心预设，发挥自身积累的经验和智慧，即兴创造性教学，会使信息技术课堂充满学生成长的鲜活气息。

教学随笔

教学随笔是教师通过自己的教育实践活动后所产生的对教学设计、教学效果、教学思想等引发的思考、感悟，从而对教育活动进行的一种叙述、分析、总结。教学随笔闪动着教师的教学智慧，是信息技术教师展开反思的好形式。全苗在《安静的代价》中反思了看似安静的课堂背后的原因以及带来的负面影响，说明理想的课堂是学生们都昂首挺胸，非常自信、大胆发表意见，而不是让学生由于外部影响保持安静，结果却收不到很好的教学效果。

综上所述，当前有关信息技术课堂教学的理论，如教学模式的深层次开发、教学指导思想的阐释等仍存在不足；部分教师在实际教学中对于教学方法、教学模式的正确把握和合理应用仍有待改进；信息技术教师专业发展亟须加强。

论文摘要

信息技术教师教学模式决策及其分析

解月光

要了解信息技术课程实施的状况和特征，就必须关注信息技术教师在课程实施过程中的表现，并且从信息技术教师的课程决策出发，重点考查教师做了什么，不同的教师为什么有不同的表现，哪些因素影响到他们这样的表现。首先阐述信息技术课堂主要采用的五种教学模式及其分类框架。然后分析了访谈和课堂观察的数据，围绕教师课程理解与教学模式决策、教师学科信念与教学模式决策、教师专业知识与教学模式决策进行教师决策影响因素分析。最终得出启示：提升学校层面信息技术课程实施的水平，必须努力发展教师的课程决策能力，而教师的课程理解、学科信念和专业知识应该成为教师决策能力发展的重要内容。

《中小学信息技术教育》2008年第6期

课堂有错误 错误有价值——信息技术课堂教学中错误资源的利用

王敏君　邵世炎

该文通过集体识错、思错和纠错过程中生成的课程资源，是一种真实的、有价值的教学资源，应加以有效利用。对错误资源的利用应遵循目标明确，关注自主，突出实效，注重激励，错者优先的要求。利用课堂中“错误资源”的策略有：（1）理解错误，让错误生存。要善于倾听，循循善诱，发现错误的价值，收获错误“精彩”。（2）寻找错因，准确把握错误分类。信息技术课堂产生错误的原因有：粗放型错误、遗忘性错误、猜度性错误、迁移性错误。（3）挖掘错误，再生资源。不过，对于“错误资源”还要认识到并不是所有的错误都可以作为资源来利用，只有那种带有普遍性的、具有一定典型性的错误才可以作为宝贵的教学资源。而且，面对错误，要选择合理的评价方式。

《中小学信息技术教育》2008 年第 3 期

信息技术教学课堂管理刍议

陈吉利

信息技术课堂管理问题一直是信息技术课堂教学面临的难题。通过听信息技术课、访谈信息技术教师与学生，总结课堂问题的类别。分析了课堂难于管理的原因，主要有：（1）家长、学生和校领导对信息技术课程重视不够，导致学生认识不到信息技术课的价值。（2）信息技术课机房教学环境为学生提供了大量无关刺激，易分散他们的注意力。（3）教材内容设置不符合学生实际认知水平。（4）教师的教学和管理能力有待提高。针对以上问题，提出的策略有：（1）努力争取校领导支持，优化软硬件环境；教师课前要保证硬件设施的正常使用。（2）精心设计教学，提高学生兴趣。（3）让学生参与制定课堂规章制度，规范学生行为。（4）提高教师自身的素养。

《中小学信息技术教育》2008 年第 4 期

信息技术课程与学生创新能力培养

郭　芳

技术的本质在于创造。信息技术的工具性和应用性特点，学生在应用信息技术解决问题的实践过程中，很容易激发创造性思维，因而信息技术课是培养学生创新能力的重要载体和有效途径。教师在教与学的过程中训练学生的创造性思维。教师通过改变教育观念，构建新型教与学方式；设置分层任务，关注学生个性思维发展；挖掘有利于培养学生创造性思维的内容或主题，多角度训练创造性思维。另外，探究实践是创新的必由之路。教学要与应用相结合，做到学以致用；注重课程整合，培养学生应用信息技术学会学习的能力；关注学生的学习过程，应用多元评价促进学习与创新；给学生动手操作的机会，倡导探究实践；教学还要联系实际，激励学生进行价值创新。

《中小学信息技术教育》2008 年第 2 期

中小学机器人教学平台搭建与应用模式初探

王振宏

山东省潍坊市在开展中小学信息技术教育的过程中，注重机器人教育，初步形成了具有本地热身的机器人教育教学活动的模式、规律和方法。对于机器人教学平台的搭建，主要结合教学目标和教学活动方式等教学特点进行。初步形成的机器人教育活动的模式和方法主要有：(1) 小、初、高梯队式培养模式。(2)“点、线、面”相结合的教学模式。(3)“三位一体”的教学模式。(4) 小学机器人教学“六步教学法”。实践证明，“六步教学法”符合小学机器人教学的特点，在教学中能收到事半功倍的效果。总结机器人教育的经验：(1) 机器人教育活动需要政府的支持和社会的参与；(2) 需要培养一批事业心强的专家型教师队伍。(3) 开展机器人教育教学活动必须做到“点面结合”。

《中小学信息技术教育》2008 年第 2 期

教学演示也能演绎别样精彩

郑明达

由于信息技术学科所特有的工具性、技术性、实践性等特点，在信息技术课堂上，演示几乎成为必备的教学环节。从某种意义上讲，演示教学的质量关系着信息技术课堂的教学质量，然而当前教师的课堂教学演示具有很大的随意性。结合调研，归纳了课堂教学演示在设计与实施中存在的问题，表现在：演示时机不好，演示容量不当，演示重点不突出，关注基础不够，缺乏必要的归纳，缺乏学法指导。解决策略主要有：(1) 演示主体多样化：化“单一”为“多样”。(2) 演示时机最佳化：化“推”为

"拉"。(3) 演示过程最优化：化"平淡"为"精彩"，即优化演示情境、演示内容、演示方法。(4) 演示价值最大化：化"低效"为"高效"，可注重关注两方面：一是选择典型案例，注意启发、引领；一是注重学法指导，培养学习能力。

《中小学信息技术教育》2008 年 12 月

浅谈信息技术课堂教学的优化策略

任 杰

新课程改革的实施，给课堂教学带来了新的风貌。但由于对课程理念理解的深浅差异，部分教师仍然机械地用各种教学模式，看似新颖、热闹的信息技术课堂背后，出现了种种低效，甚至无效的教学现象。分析存在的问题，主要表现在：(1) 教学目标设置随意，目标不明。(2) 情境创设流于形式，牵强附会。(3) 练习活动组织无序，放任自流。(4) 教学评价苍白无力，生硬空洞。针对以上问题，提出若干优化课堂教学的对策：(1) 教师要树立目标意识，调控教学过程不脱离教学目标，还要发挥教学目标的评价功能。(2) 情境创设要符合学生的认知、兴趣，要体现整体性，同时还要考虑情景教学的效能问题。(3) 课堂教学活动的设计要结合学生的特点，做到动静结合，引导学生动手、动脑。(4) 考虑学生的差异，在民主平等的基础上建立"分层多维"的评价机制。

《中小学信息技术教育》2008 年第 12 期

从信息技术课的"烂尾"现象谈起

王志忠

在常态课中，信息技术教师通常会特别关注课堂教学的开端，多数教师会选择忽略结尾。但是作为一种有计划、有组织的培养活动，信息技术课也应该具备一般教学活动应有的结构性要素，其结尾之处是有很多事情要做的、可做的。在课的结尾针对学生实际活动中遇到的困难和大面积出错之处，对这些环节进行提示，对系统化学习过程，突破重难点具有积极作用。课的结尾往往会成为"教学成功展示"，借助这种展示，可以将评价延伸到完成作品的过程与方法中。课的结尾引导学生对学习过程的思辨，有助于学生在过程与方法层面的认知建构和内化。由于信息技术课多数是在机房进行，对机房的整理有助于培养学生的责任感、安全意识。

《中小学信息技术教育》2008 年第 7～8 期

从预设和生成之间体现教师的教学智慧

顾文飞

预设和生成是课堂教学的两个基本要素。课堂教学需要预设。预设是对课堂的设想和计划，只有懂得精心预设的教师，才能“预约”到高效、有序的课堂。生成是课堂的生长和建构，是尊重学生学习主体性、能动性和差异性的即兴创造性教学行为，它使信息技术课堂充满学生成长的鲜活气息。在信息技术课堂上教师实现预设和生成的统一，可以从以下几点着手：(1) 依据经验和对学生的了解推测学生的认知风格和思维方式。(2) 教师还可以通过让学生产生积极的体验来生成教学。(3) 学生在课堂上出现的各种错误也是很好的课堂生成资源，关键看教师怎样把握。总之，教师要在预设时把握好课堂教学的整体方向、大的环节和关键性内容，同时还要在教学设计时有生成的意识，提高预设的开放性和灵活性。

《中小学信息技术教育》2008 年第 9 期

对“任务驱动”的再认识

李培军

任务驱动教学法在中小学信息技术教学中得以广泛运用。然而，综观各种对任务驱动教学法的研究和实践，我们发现它并不如想象中有效。究其原因，并不在教学方法本身，而是教师对“任务”的认识不够。具体表现在：任务含义不明确，“任务”来源不实际，“任务驱动”过程不完整，“任务评价”走过场，“任务进阶”环节缺失等。对于“任务驱动教学”的再认识，认为该教学方法来源于“抛锚式教学”，即以任务为“锚”，任务的提出即为“抛锚”，任务的解决即为“起锚”。此基础上提出了“任务驱动”的实施方法应该包括“任务提出—任务分析—任务实施—任务汇报—任务进阶”五个阶段，并对这五个阶段进行了详细的分析。

《中小学信息技术教育》2008 年第 9 期

风景这边独好——诱思探究在信息技术新课改中的应用

李冠华

“诱思探究”要求在课堂教学中，教师的引导突出一个“诱”字，学生作为学习主体要突出一个“思”字。这为落实新课改中

“自主、探究、合作”提供了具体的方法。通过对诱思探究教学理论的学习和课堂教学改革的实践，撷取若干精彩片段说明诱思教学在信息技术教学中的应用。(1) 结合《九寨沟风景》案例，激发学生的兴趣，引出课题——搜索引擎。(2) 讲述“汉诺塔”的故事，为学生设疑，展开递归法教学。(3) 举行“猜词秀”活动，让学生在活动中认识信息的特征。(4) 抓住学生的好奇心，模拟真实情境，提供一个“绑架案件”，并提供若干犯罪线索，然后让学生借助 Excel 中的筛选功能帮助警察查找犯罪分子，使学生在“破案”的过程中做到学以致用。

《中小学信息技术教育》2008 年 7～8 期

合作共赢——信息技术课堂上小组合作的探究与实践

苗小芸

小组合作教学已经在信息技术课堂中得到了广泛尝试。学生在共同参与、相互合作的氛围中学习和成长，既能增强学生的团队意识和与人交往能力，又可以合理利用课堂上普遍存在的个体差异性资源。相对于教学，小组合作教学的优势非常突出。但合作教学如果教师组织不好，效果会适得其反。针对当前小组合作教学的低效状况，通过实践与分析，总结了一些对策。提出：(1) 科学分组、明确要求，做好分工是有效合作的前提；(2) 在深入研究教材和学习的基础上，创设合理的教学情境，设计难度适中的内容是有效合作的基础；(3) 在小组合作期间，教师及时发现问题并加以指导和解决，适时的评价是有效合作的保障。

《中小学信息技术教育》2008 年第 9 期

教师课堂评价语言的研究与运用

于爱萍

经过多年的教学实践，从教学目标和课堂评价功能出发反思课堂评价低效的原因，提出教学的目标定位应以学生本位，课堂评价功能应该多元化。并在反思的基础上把课堂评价定位在与学生交流，在信息的相互反馈中对学生进行有效地指导和点拨。在与学生交流时，课堂评价语言要准确得体、恰如其分，具有真实性；教师的语言还要具有人文关怀，倾注教师的爱心，情智并重；课堂评价过程中要关注学生思维的过程与方法，给学生留出充分的思考空间，在关键处应予以适时的点拨；评价要关注全体学生的表现，从不同的角度，应用不同的评价方式评价学生，在保护学生自尊心的基础上，使学生发展良好的个性，形成健全的人格。

《中小学信息技术教育》2008 年 7～8 期

教学目标的设定——课堂教学的首要问题

王　平

教学目标是评价教学效果的依据，通过听课评课，提出教学目标的设定是教师课堂教学的首要问题。首先阐述教学目标是分层的，包含课时教学目标、单元教学目标、阶段性教学目标、课程教学目标和教学总目标五个层次，并说明这五个层次之间的关系。然后对信息技术课程中的三维目标进行了分析和解释。在此基础上提出教学目标设计的具体要求：(1) 要有整体性，不能偏离课程总体目标。(2) 要有可操作性，特别是“知识与技能”目标，要能够检测和量化。(3) 要科学设定标高，针对学生差异，目标设定要有弹性。归纳出“明确、具体、恰当”作为教师制定教学目标的重要标准。最后提出教学目标设计中值得注意的问题，包括：(1) 注意对学生价值观的培养。(2) 注意教学目标的描述。(3) 注意加强目的性教育。

《中小学信息技术教育》2008 年第 10 期

教学要素——高效率课堂生成的落脚点

费海明

教学要素是指教学设计中所必备的关键性元素，提出教学要素，是尝试用系统论的观点来考虑教学设计者的两个元素的优化策略。针对当前对教学片段、个性化教学方法的创新研究，可能导致课堂教学顾此失彼的现象，提出综观教学过程，分析教学要素。教学要素有：(1) 材料。材料要基于学生的经验和兴趣，要有主题、有意义。(2) 问题。问题要基于学习起点，须具有后备探寻。(3) 活动。学生活动是课堂活动的重点，课堂要赋予学生活动大部分的时间，要让学生观察分析活动、尝试体验活动、独立思考活动，使学生在活动中内化学习。(4) 交流。交流可成为活动的前奏，也可成为活动的升华。学习前交流有助于确立求知目标；学习中交流有助于排除问题障碍；学习后交流有助于提炼对知识的思考。(5) 调控。调控是教学在预设与生成中不断向目标推进的有效工具，没有成功的课堂调控就没有成功的课堂教学。按控制对象不同，调控可以分为规约控制、注意控制和进程控制等。

《中小学信息技术教育》2008 年第 4 期

谨防教学中的“滥竽充数”

吴士柏

“滥竽充数”的故事在我国可谓家喻户晓。在信息技术教学中，教师也常会遇到这种现象。分析“滥竽充数”现象的原因，主要有教师的教学原因，也有学生的心理原因。避免学生的“滥竽充数”需要从以下几方面改进教学：(1) 通过多种渠道培养学生手、脑并用的能力和交流表达能力，增强学生的社会适应能力，促进终身学习，从而增强学生的课程意识。(2) 深入到学生生活中去，通过观察、调查、谈话等多种途径了解学生的学习水平和学习需求，掌握学生的实际学习情况，发现问题后及时解决。(3) 通过有效的课堂调控，督促学生围绕主题去思考问题并尝试解决问题，培养学生自主学习的能力，同时防止把“自主”变成“自流”。(4) 教师要制定分层教学目标和设计分层教学方案，尽量缩小不同层次学生之间的差距。

《中小学信息技术教育》2008 年第 11 期

旧电脑　新内涵

杨　莉

学校的网络机房最容易面临更新滞后的尴尬局面，学生对此表示不满，逐渐就降低了他们学习的积极性。抓住这样的一个机会，制定了“重新安装学生机系统”主题研究活动。活动有学生自愿报名并分组，分为四个阶段进行：调查分析研究；初步实践；对在前面实践中发现的问题进行分析并找出解决方法；解决问题完成活动任务并提交活动报告。前期准备阶段的任务是：小组成员讨论，明确研究的意义、方法和具体任务，对软件和硬件资源进行准备。具体实施阶段：学生制定活动计划及安排，实施细节中教师给予学生指导和帮助。活动完成之后，学生整理材料，撰写心得体会。最后教师制定多元评价系统对活动做评价，学生在整个研究活动中收获很多。

《中小学信息技术教育》2008 年第 3 期

留给学生一点面子　留给自己一份轻松

江丽君

通过对教学中一次“意外现象”的处理与反思，归纳了信息技术课上处理“意外事件”的方法。(1) 要有课程资源意识，善于捕捉资源。将课堂教学中爆发的意外情况看做能利用的教学机会。教师要学会倾听，做学生忠实的听众，在倾听中发现他们困惑的焦点、理解的偏差、观点的创意、批评的价值，再因势利导。还要关注不同层次学生的神情，把握并利用一切有价值的动态资源。(2) 尊重学生，善于谅解学生。教师要利用一切可教育的资源，给学生一个台阶下，给学生一个认识、改错的机会。宽容学生，给学生创设台阶，是引导学生珍惜自我教育的机会。表面上看是“退一步”，实质上是在“进两步”。

《中小学信息技术教育》2008 年第 7～8 期

浅析说课的思路与方法——以《机器人走图形》一课为例

朱慧 戴诺 白珊

以《机器人走图形》一课为例，阐述了说课的理念、思路与方法。说课要将隐藏在教案之内的思想表述出来。因此，说课的显著特点在于说理，即运用教育理论分析教学内容、设计教学过程。因此，在说课过程中要体现课程观，要体现因材施教，还要有创意。说课的起点是说“教学需要分析”，包含了说学习内容、说学习者和说教学重难点。说“学生目标”时要在对教学内容和学习者进行分析的基础上，结合课程标准的要求，说出制定的三维目标，特别要明确讲出为什么制定这样的教学目标，并可以从学生、学科知识和社会需求这三个角度来阐释。在说“教学策略”环节重点是讲清楚为什么采取这样的策略，其优点有哪些。说“教学过程”是说课的核心环节，要说清教学思路，必须清楚导入课的方式、本节课的重点怎样突出和难点如何突破、教学目标是否达到。说“教学过程”不仅要说怎样教，还要说为什么要这样教。

《中小学信息技术教育》2008 年第 9 期

巧选案例 演绎精彩课堂

刘超

在进行教学设计时，如果一个好的脉络搭建了课堂的骨架，那么，选用的案例则是课堂的血肉，二者相辅相成，缺一不可。一些选择案例的方法和技巧可供参考。(1) 以“本”为本，借“题”发挥。即根据教学实际，利用教材提供的上等“衣料”为我们的学生度身打造“合体之衣”。(2) 网罗经典，为我所用。

这里所说的经典，具体指网络上不断涌现的经典设计和经典素材资源等。诸如网上的经典设计，经典素材都可以保存下来，为我所用。（3）关注热点，与时俱进。信息技术的学科特征决定了我们的课堂不提倡坐而论道，而应敞开胸怀，与时俱进，关注热点。只要是学生可以学习、应该学习的，我们都可以关注，关乎学生自身的一些“小”事也可以成为关注的“热点”。（4）张显本土，讲求实效。集体备课，共享智慧的火花，使教学案例突破时效限制。

《中小学信息技术教育》2008 年第 10 期

亲历过程　升华体验——信息技术教学中体验式学习的实施策略

刘　平

亲历体验对学生的认知和行为模式有着不可磨灭的重要影响。教师应该反思这种现象，并积极在教学中引入体验式学习。体验式学习强调做中学，重视学习主体的切身体验、领悟和认知建构的过程。尤其重视学生独特的感受、独特的特严和独特的理解，重视情感、态度的内化以及个体经验的激活。体验式学习的基本环节有：（1）亲历体验的阶段。（2）分享体验的阶段。（3）反思拓展阶段。（4）总结升华阶段。（5）实践应用阶段。实施体验式学习的策略有：情境模拟、角色扮演、分组辩论、方法探究。实施体验式学习应关的问题主要有两个：一是强调学生对过程的亲历和主动参与，只有经过体验，学生获得了感悟，才能有自我的建构；二是体验式学习也对教师提出了更高的要求。需要教师具备较好的专业素养、教育智慧和独特的感悟能力。

《中小学信息技术教育》2008 年第 7～8 期

让学生成为主动的自我评价者

李　莹　徐恩芹　张　琳

课堂上学生自我评价的实质是学习主体对自己学习意识和学习行为的自我反思和自我调控。实施课堂上学生自我评价的策略有以下几种：（1）教师课堂提问引导的自我评价。教师提问的价值在于，给予充足的时间让学生进行自我确认，要让学生意识到：不明白甚至出错了都没关系，但一定要自己明确到底是会还是不会。（2）学生自我提问中的自我评价。（3）建立学习档案袋促进学生进行自我评价。（4）应用概念图进行自我评价。概念图评价主要体现在学生评估自己的学习，同时对自己的学习过程进行反思。教师在引导学生开展自我评价时要注意：(1) 学生自我评价能力的培养必须循序渐进。(2) 正确认识学生自我评价与教师评价的关系。

《中小学信息技术教育》2008 年第 11 期

素材承载：探索信息技术学科新意义

张利波

信息技术教学中往往出现这样的现象：对于同样的教学内容，以不同的素材呈现，教学效果大相径庭。分析信息技术教学目标的培养，结合实践，在服务于目标的前提下提出挖掘教学素材的建议：(1) 素材知识化，彰显学科的技术特性。教师可以结合其他各学科的特点，通过用信息技术客观、高效、科学地解决其他学科的问题，来体现信息技术学科的技术价值。(2) 素材多元化，挖掘学科的人文精神。在其他学科和信息技术教学中找到契合点，或者使学习与学生的兴趣点相融合，另外，还有技术本身所包含的人文关怀。(3) 素材社会化，思考学科的社会价值。社会化素材是现实生活和理论知识相结合的产物。选用这样的素材进行教学，是信息技术学科社会价值的体现，也是培养学生增强社会责任感的一种途径。

《中小学信息技术教育》第 9 期

走班制分层教学的实践与探索

赵腾任

针对当前学生信息技术学习差异较大，不能短期内消失的现状，提出了走班分层制教学的方案。走班分层制的实施是每班的学生分为三层（A. 基础层 B. 提高层 C. 发展层），然后按照不同的层次重新组合为三个新的教学单元进行上课。具体为：(1) 学生分层，将选择权交给学生。 (2) 内容分层，适应学生发展要求。(3) 多元评价，促进学生发展。走班分层制的实施对于解决学生差异具有明显作用。一方面，使学生的学习状态明显好转；另一方面，对教师既是一次挑战也是一次探索。同时在分层教学时还要注意到一些问题：全面把握学生的整体情况；必须尊重学生的选择；要做好充分的分层动员；要根据学生的情况适时调整教学方法和内容，进行动态管理；做好评价工作；注意分层教学带来的其他问题。另外，分层教学还面临着课程的挑战和尝试。

《中小学信息技术教育》2008 年第 6 期

让学生帮你管设备

孙承继　李学鹏

在信息技术教学中，班上总有几名学生计算机基础扎实、动手能力强、有表现欲，在信息技术课上得不到实战时，就成为了教学中的破坏者。针对这些学生，采取让这些学生成为信息技术教师帮手的措施。首先从每班挑选技术好的学生做信息技术设备管理员。上岗之前，先对他们进行培训，培训分为初期培训和中期培训，并对其进行考核。学生上岗时，信息技术课上出现的问题将由他们负责处理，在不能解决的情况下，才能求助教师。对于部分能力较强的学生，还可以教会他们制作网页、Flash 动画、平面设计等，制作作品参加比赛，肯定他们本身的价值。让特长生做管理员，既减轻了教师的负担，也发展了特长生的特长。

《中小学信息技术教育》2008 年第 3 期

优化教学要素　构建丰富多彩的信息技术课堂

韦有江

课堂是由诸多要素组成的，从对课堂某一环节的关注上升到对整体的关注，统筹和优化课堂的各个要素和环节，才能提高课堂教学的效率。应从以下几方面入手：(1) 明确教学目标，优化教学内容。教师根据学生的实际情况以及认知规律打破教材原有的教材体系，可以重组教学，同时还可以和学生的生活经验或者与其他学科结合。(2) 改善教学环境，优化课堂氛围。通过建立专题学习图版、建立民主和谐的师生关系、创建情境教学，为学生建立良好的课堂氛围。(3) 遴选教学方法，优化教学过程。信息技术教学中已经探索了很多的教学方法，教师应根据教学目标、教学内容、学生水平和教学条件等因素，选择适宜的教学方法开展教学，倡导多种教学方法并用。(4) 加强教学反馈，开展多元评价。教学中要加强过程性评价；评价学生作品时要开展多元评价，注意评价语言的表达。

《中小学信息技术教育》2008 年第 10 期

信息技术课堂效率的"瓶颈"分析

陈　爽　王爱胜

信息技术课程在课程内容、教学方法以及评价等方面都在快速发展的同时，课堂教学效率问题也日益突出。根据实践经验与调查研究，分析影响课堂效率的因素，问题与对策如下：（1）教学内容庞杂，主题过大。在教学中要明确课程的本位，有针对性的渗透，素养目标不宜过大。（2）教学情境夸大，功能冗余。情景的创设不能脱离目标，对于一些比较简单、实用的技术，不必创设情境。（3）课程整合无效，本位遗失。课程整合中要明确学科本位，坚持让其他学科服务于技术学习的主线。（4）教学方法杂乱，教条照搬。教学中要以一种方法为主，其他方法为辅或者将多种方法融合在教学中，但要注意控制、疏导、检验。（5）课程纪律失控，极端处理。师生之间应建立起互信互敬关系，要留给学生自主空间，还要控制学习进度。（6）教学评价流于形式。要有针对性的评价学生行为，提高评价的实用性。

《中小学信息技术教育》2008 年第 5 期

信息技术课堂教学有效教学效率策略探微

吴亚群

新课程实施以来，由于教师对新课程理念理解不到位、对新的教学方法应用不恰当等原因，信息技术课堂上一度出现了形式化和低效化的现象。针对这种现象提出了若干策略：（1）目标明确，提高课堂教学的指向性。教学目标的制定力求在各个维度上符合课程的要求，并在教学的组织上，关注教学目标的达成程度。（2）情境得体，为学生的学习提供认知帮助。情境创设要有价值，在围绕课堂主题，综合创设情境及活动之后，要帮学生把知识点串联起来。（3）方法得当，优化师生教与学的过程。教师可以针对课堂内容，选择恰当的教学方法，调动学生主动学习，促进教与学统一。（4）导放结合，促进师生教学相长。教师在教学中要做到语言精当、简洁而有启发性，要鼓励学生动起来。（5）德育渗透，内化学生的信息品格。在教学中要培养学生良好的信息道德观。

《中小学信息技术教育》2008 年第 9 期

一石激起千层浪——信息技术课堂提问之优选策略

朱力达

课堂提问是课堂教学中十分重要的环节，在上课前做好提问准备有助于有效改进教学。教师备课时可以根据教学目标和教学重点、难点精心设计每一个问题，具体表现为：（1）未雨绸缪：提问要精心设计。为了把握好问题的表述、提出的时机、问题的难易，在上课之前，教师就要对提问做到“未雨绸缪”。(2) 有的放矢：提问要有针对性。教师在教学过程中的提问要有针对性；可在教材的重点、难点处设疑，以利于学生掌握重点、突破难点，提高课堂教学效果。(3) 提挈引领：提问要有启发性。为了开启学生的心灵，教师可以运用诱导法设计提问。(4) 层层推进：提问要有层次性。课堂提问要兼顾班里所有学生的能力，不能“一刀切”，而要层层推进。(5) 有备无患：提问要留有后备。教师在每个问题的设计之后要留有几个预备问题，以防教学过程中学生的回答偏离主题，教师可以及时做出调整，使教学有效进行。

《中小学信息技术教育》2008 年第 10 期

信息技术教学不能本末倒置

刘雅林

针对信息技术课中出现的“软件操作培训”式的尴尬局面，对 3 000 多名中学生展开了问卷调查和个别谈话。分析调查结果，发现不少信息技术教师还没有领会信息技术教学的精髓，不能从更高的能力上发展和信息素养提高的层面思考教学。基于此分析，提出了信息技术教学要扶正课程目标，推动学生主动学习。并结合“文字处理“章节的内容，重新进行了课程的设计，以此为实例说明在教学中要转换师生角色，让学生在学习中变被动为主动；教学要以学生的兴趣为起点，以活动为主线，螺旋上升设置内容；教学过程还要始终贯穿信息素养和人文素养的培养，在思想上对学生进行潜移默化的引导。

《中小学信息技术教育》2008 年第 1 期

用“方法包”教学法培养学生的自主学习能力

刘雅林

通过对现有软件操作思想的共性分析，以及教材中软件操作部分存在的普遍问题，提出了“方法包“教学法。首先对“方法包”教学法进行了概述，即教师归纳提炼出课程中软件的共性，并将这些共性统一成独立的操作单元，称为“方法包”。并列举了 5 个“方法包”：有文件处理方法包、文字属性方法包、多媒体方法包、表格方法包、链接方法包，并举例阐述了应用“方法包”教学的过程。然后对“方法包”教学法进行了实验。并对实验效果进行了评价：实验结果显示这种教学方法提高了学生适应新软件的能力，将学生的被动学习变成了主动学习，培养了学生自主探究的能力，提高了教学效率。

《中小学信息技术教育》2008年第7～8期

信息技术在线教学网站的建设与应用

周义范

首先阐述了信息技术课堂创建在线教学网站的理由，一方面，描述了常规教学中存在的一些问题。另一方面，总结了在线教学的优势。然后介绍了教学网站的结构形式，主要采用WebQuest的方式来创建，并结合教学实践，提出了在线教学的结构：导言—任务—资源—过程—评价—小结。接着提出了创建方法，主要包含：(1) 系统要素；(2) 网站目录结构；(3) 基本功能；(4) 具体内容要求：教学网站至少应包括知识集、资源库、学习工具和学习评价四部分。最后对在线网站教学进行了总结与反思，在线网站教学提升了教学效果，但是网站功能的使用也为课堂管理、教学反馈带来了一些问题。因此，利用网站进行教学，需要教师具有较强的调控能力。

《中小学信息技术教育》2008年第6期

信息技术课堂教学中“潜藏”的伦理问题

魏　宁

信息技术课堂教学中的伦理问题从教师角度审视主要体现为信息技术教师的职业道德。除了全美教育协会《教育专业伦理典章》中“对学生的义务”部分提出的普遍意义上的伦理原则是教师都应该恪守的以外，根据信息技术学科的特殊性，教师又必须恪守一些其他相关的伦理道德。归纳有这些：第一，教师应努力使学生在学习资源的占有、利用上享有均等的机会。第二，教师应保护学生的身体健康，免受机房环境中有害因素的影响。第三，教师应尊重学生的隐私，教师有责任维护学生个人信息的隐私权及完整性。第四，教师不应随意监视或控制学生的正常学习进程。第五，教师有责任为学生提供学习所需的信息，并注意信息的合法性、准确性和及时性，注意对相关知识产权实施保护。第六，教师有责任使学生健康地使用计算机及网络，抵制不良信息对学生的侵害。第七，教师应具备在信息技术授课环境中的言表风纪与礼仪。第八，教师应首先具有较高的计算机或网络礼仪，是信息伦理的模范实践者，是学生开展信息技术伦理教育的带动者。

《中小学信息技术教育》2008年第2期

案例诊断：《页面设置》课例分析

王喜娟　褚晓红

《页面设置》是泰山出版社出版的《小学信息技术》第四册的内容。在教学案例中，有教师借助报纸引入新课，并提出给《观潮》这篇文章加上页眉与页脚并设置页码的学习任务。在教学过程中，教师注重多种教学方法的运用。在课程的整体设计上给学生留下了充分的发展空间，较好地完成了知识、能力和情感等教学目标。但在某些环节的把握上，授课教师的处理还美中不足。针对该教学案例中存在的问题，对教学导入，教学过程中忽视发挥学生主体地位，"任务驱动教学法"的形式化，以及拓展训练中学习效果评价简单化等问题进行了诊断性分析，并提出了相应的处理意见，使课堂教学更完美细致。

《中小学信息技术教育》2008 年第 3 期

教学设计视角下说课稿的结构化模式及应用——兼谈小学信息技术"画方形和圆形"一节的设计

冯伯虎　李　静

教师说课，通常按照事先精心设计的说课稿的结构来执行，设计一份结构合理的说课稿，是说好课的重要前提。长期以来，由于缺乏系统的理论指导，说课者按照评价要素形成了要素化模式的说课稿。但是按照要素化模式进行说课，不易清晰地展现教学设计的过程，从而降低了说课的逻辑性。针对此问题，提出了结构化模式说课稿，按照教学设计原理的逻辑顺序与递进关系，进行说课稿的撰写和说课流程的实施。然后，以小学信息技术"画方形与圆形"一节为例，详细描述了说课设计各个阶段（说课稿的标题、说课引言、教学内容分析、学情分析、教学目标的设计、教学重点难点分析与对策、教学策略）的内容及方法。结构化模式说课稿，不仅将相关评价的各个要素有机融合在结构中，还使说课的流程更具逻辑性。

《中小学信息技术教育》2008 年第 7～8 期

小学信息技术教学如何落实"以生为本"

武现军

"以生为本"是新课程强调的最重要的价值取向。它蕴含两层含义：一是"以学生的学为本"；二是"以学生的发展为本"。

“以生为本”理念在小学信息技术教学上的落实，应将着力点放在以下方面：（1）紧扣学生的心理特点，选取恰当的主题素材。利用小学生的心理特点，设计出能够引发学生好奇心和求知欲的主题和活动，让学生在愉快的活动过程中学习和掌握知识。（2）掌握学生的认知特征，培养学生的学习能力。针对小学生认知特点，教师结合实际应用进行讲解，促进学生融会贯通，知识的迁移。（3）搭建自主学习的平台，促进师生互动和反馈。在课堂上鼓励学生养成自主学习的意识和习惯，允许他们产生不同的认知，用不同的方法完成任务。（4）正确处理生成的错误，丰富学生的认知体验。（5）倡导多元化评价方式，全面促进学生发展。

《中小学信息技术教育》2008 年第 9 期

在小学信息技术课中培养学生意志力的几点做法

隋军强

信息技术课堂上，经常有学生缺乏独立完成任务的意识，总是遇到困难就求助。针对这种现象进行探索与经验总结，具体有：（1）规范操作——培养学生意志品质的自制力。教师要给学生动手的机会，做一些有难度的事情。比如，认为规定学生对于学过的知识不能咨询别的同学，要自主探究；安排小组合作，从点带面。（2）反思自控——培养学意志品质的坚韧性。教学中要不断强化自我控制和自我调节的意识，培养学生经常反思自己的意志行为的习惯，教给学生自我鼓励的具体方法。（3）感受成功——培养学生意志品质的自觉性。要降低学习难度，让学生时时都有成功感，从多个角度看待学生行为，多给予学生肯定的鼓励，让学生们能够分享成功。

《中小学信息技术教育》2008 年第 7～8 期

优化小学信息技术课堂环境三部曲

郭荣强

为了更好的引导小学生的兴趣转向信息技术知识，让信息技术学科散发内源性的魅力，关键在于教师应以高度的学科责任感不断优化课堂环境，结合教学实践，优化小学信息技术课堂环境可以归纳为三步：（1）根植学生基础，做好课前准备。结合信息技术教材和学生的特点，在上课之前要为学生提供充分的学习资源，并为学生建设完善的学习平台，再设计教学活动时要考虑学生差异，灵活设计教学活动。(2) 满足学生需求，实现课中的有效交流。一方面，教师要引领学生展开对话，优化学习过程的互动交流；另一方面，要给学生自主探究的机会，注重学习过程的任务激励。(3) 展示学生成果，注重课后的实效延伸。这主要表现在：评价要以鼓励为主，重过程、轻结果，评价语言要尊重学生；另外，精心安排课外展示，让信息技术的学习融入学生的生活中。

《中小学信息技术教育》2008 年第 11 期

找准教学起点　提高教学效率——《个人通讯录》的三次教学实践与思考

王敏军

关于《个人通讯录》这一课，通过对三次不同教学实践片段的描述和分析，并在每次教学中针对问题进行修订，使教学过程变得严密和紧凑。在第一次教学实践中，发现用成人的思维设计教学，过高地估计了学生的起点能力。第二次教学针对教师对学生认知水平关注不够的问题，选择学生的薄弱环节下手，调整了“寻找符号”的环节，但是在“美化的角度”出现了问题。在第三次教学中，总结前两次的经验，从分散教学难点入手，到梳理美化角度和方法，最后进入学生操作练习，直至进行多样化评价，整个过程变得比较严密和紧凑。基于三次教学实践的思考，提出在教学中首先要找准教学起点，然后要优化教学策略。

《中小学信息技术教育》2008 年第 6 期

合作学习的三元评价体系

李寿财　马秀峰

通过对山东省日照市几所小学的信息技术课堂实地考察，发现当前小组合作学习过程中存在的一些问题皆由评价不当而产生。问题表现在：(1) 合作学习小组是某些学生的“避风港”。(2) 合作学习小组的“权杖效应”。对这些问题进行归因分析：一是情绪的趋利避害；一是评价机制不合理。以改变评价方法为主建立合作学习的三元评价体系。第一个元素是组内评价。评价的侧重点是小组成员在解决问题的过程中各方面的行为表现。第二个元素采用的是教师参与的组间评价。小组合作学习把个人之间的竞争变成小组之间的竞争，使得评价的重心由鼓励个人竞争转向鼓励小组合作。第三个元素是教师和小组成员对学生个人的激励性评价，即以学生个人以前的成绩作为参照评价学生的进步情况。

《中小学信息技术教育》2008 年第 12 期

精彩的导入与多姿的结尾——《用公式计算》课例赏析

李政淼

在观摩浙江省初中信息技术优质课中《用公式计算》一课的基础上，整理、加工并解读了两个有关本课教学导入与结尾的案例。第一个案例借助用 BMI，即身体质量指数公式计算自己的身体状况作为导入，内容和学生生活息息相关，紧扣学生心弦。结尾处先让学生表达和体会，然后教师总结 Excel中使用公式的步骤，并给出了温馨的操作提示和健康提示，即提炼了内容又升华了情感。第二个案例以“古代印度国王赏麦粒”的故事导入 Excel 中公式的应用，激发了学生的学习兴趣和动机，诱发了学生的想象和思维活动，使学生能在较短的时间内进入学习状态，起到事半功倍的效果。在结尾处又提出了 SUM()函数应用的问题，为下节课《函数妙用》的学习制造了悬念。

《中小学信息技术教育》2008 年第 7～8 期

尊重差异　鉴别诧异　发展差异——初中信息技术差异性教学实施的策略

李献业

由于家庭背景、智力水平等的不同，学生学习信息技术时表现出的能力差异更明显一些。分析学生能力差异产生的原因，表现为：不同家庭环境的差异，小学教育的差异，学生性格、学习兴趣和自控能力的差异，学生本身素质的差异。实施差异性教学遵循的原则为：(1) 教师要端正理念，尊重学生差异。(2) 深入观察，鉴别学生差异。(3) 开发资源，利用学生差异。(4) 形成课堂学习功能小组，展现个人化智力。(5) 弹性课堂设计，为学生的差异留下发展空间。(6) 对学生进行情境性评估，建立针对个体独特的学习模式。差异性教学实施的策略有：(1) 创设和谐自由的教学氛围。(2) 加强课堂教学互助。(3) 实施分层教学，即教学对象分层、教学目标分层、教学活动分层、课堂练习分层、教学评价分层。

《中小学信息技术教育》2008 年第 5 期

安静的代价

全　苗

在开学初，给初一学生上信息技术课的时候，遇到了班主任“坐堂”的现象，由此引发了对教学管理、教育学生的主张和方法的思考。学生不安静的原因不仅仅是缺乏自控能力，还与教学内容乏味，不贴近学生生活实际，教学方法单一、死板，教学节奏不当等因素有关。同时，教师的看法也会影响学生的学习情绪。提出过分安静的课堂是不科学的课堂，并借用美国著名教育家梅里尔·哈明博士的话阐明理想的课堂是学生们都昂首挺胸，非常自信、大胆发表意见。他们相信自己，把自己视为有价值的、值得尊重的人；课堂呈现出一派生机，所有学生都忙碌着、参与着；学生们做出恰当的选择，主导并约束自己，持之以恒地自愿学习，没有被逼迫学习的现象。安静的课堂在我们收获的同时也会使我们付出巨大的代价。

《中小学信息技术教育》第 2 期

学以致用　追求多维度目标的达成——初中《数据图表与分析》教学例谈

王忠志　徐忠

多次教学观摩后发现初中《数据图表与分析》的教学多留在“操作技能训练”的低层次，没有上升到达成多维目标的高度。基于此现象，对本课教学进行了尝试性的变革。并对教学过程进行了思考和分析，提出本课教学要实现多维度目标的达成，必须具备两个要件：一是学生能掌握数据图形化的方法，即“作图表”；二是学生能以图表为方法进行后续探索，即“用图表”。然后，总结了本课成功的原因：第一，教学内容的重构与创造。在教材基础上重新选择了“中国及世界人口数量发展变化”系列数据资料作为学习活动的具体载体。第二，重视“工具”的学习，但不以其为终点。教学中关注学生生成图表的方法和用图表解决问题能力的培养，而不倾向于学习复杂的图表。第三，妥善处理了主题情境与技术学习间的矛盾。教学分为三个层次，在前两个层次都是要学生学习方法，直到第三层次才让学生转向应用，防止了教学“喧宾夺主”。

《中小学信息技术教育》2008 年第 10 期

用机制将“意外”演绎成精彩

汪运萍

在信息技术第一课上的回答，意外发现学生对“信息”的理解有偏颇。针对此问题，立即转变教学策略，以游戏的方式调到学生学习的主动性。采用“猜一猜”、“盲人摸象”等游戏激发了学生的学习积极性，学生在参与中感受信息、认识信息，一步步走出了误区。这是课堂上意外的生成，但是教师在这次意外中认识到，生成的课堂应欢迎意外的产生。虽然这些意外也许会打乱教学节奏，但许多不曾预料的精彩也会不期而至。信息技术教师要用心发现和抓住这些教学中的“意外”，在与学生不断的互动中逐渐完善这些意外带来的精彩。

《中小学信息技术教育》2008年第1期

发掘信息技术课堂中的“善”

应青军

在参加省“信息技术携手行动”听课中，发现两节示范课上教学内容充满了思想性，于是，提出了培养信息技术课上学生“善”的若干方法。（1）在课堂教学中强调互助学习的重要性，督促学生相互学习，在学习中培养学生的“善”。（2）在教学中做到思想和技能的有机结合，注重教学内容的改进，在教学中提升学生的善。（3）注意教学过程中的教学用语，在学生中梳理“善”的形象。教学中教师的语言要恰当、规范，不恰当的语言可能影响学生整个学段的学习。教师的语言还要有鼓励性，在教师的肯定中，培养学生学习的信息和兴趣。（4）讲究教育的方式，在课堂管理中做到“善”的教育。

《中小学信息技术教育》第6期

信息技术课程中学生作业的有效管理

杨守岐

在信息技术课程中，管理学生作业是比较麻烦和辛苦的一项作业。可以使用文件服务器和WindowsServer操作系统的权限分配的方法进行学生作业管理。文中以服务器安装Windows2003Server，学生机安装Windows XP为例介绍了这一方法。首先介绍了服务器和学生机的设置。其次给出了建立文件夹的步骤：（1）在服务器上建立文件夹并命名为“学生作业”，并在这个文件夹下按年级、按班、按个人逐层建立文件夹，并使学生文件夹“对号入座”。(2) 在对文件夹进行权限设置。(3) 在建立了学生个人文件夹后，要为每个学生文件夹添加该学生账户的权限。建立文件夹并设置权限之后，在某班学生上课之前要对“共享文件夹”添加“更改”权限。学生下课之后，在下一个班上课之前要关闭前一个班的文件夹共享，以防学生对前一班学生的作业进行修改。最后，结合实践，总结了这种管理作业方法的优势与局限性。

《中小学信息技术教育》2008 年第 9 期

让合作学习在信息技术课堂中闪光

仇大成

以《遨游互联网》一课的教学过程为例，总结了信息技术教学中开展合作学习的经验。(1) 合作学习应是目标明确的学习。为了避免小组合作学习的无序，在合作学习开展之前紧扣教材，明确合作学习的目标要求。(2) 合作学习是既重视整体又关注个体的学习。小组合作学习时应该以团队的成绩作为评价标准，同时在活动之前做好小组成员的分工。这样既能保证小组成员合作，又能发展学生的个性。(3) 合作学习是充分利用资源的学习。不同小组获得的资源和研究方法不尽相同，集体共享能够促进研究和学习。(4) 合作学习是培养学生人际交往的过程。合作学习中人际交往的培养对学生从“自然人”逐步成为“社会人”具有深远的意义。

《中小学信息技术教育》2008 年第 1 期

对“制作多媒体作品”的教学策略探究与变革

陶　然

通过对《信息科技》(高中版)“制作多媒体作品”一章的教学探索与反思，总结了实现信息技术科技课程目标最大化的教学经验，主要有：(1) 采取先学后用的措施，改变学生的学习方式。让学生先学习软件，然后分组搜集资料，制作多媒体作品。在整个过程中，教师监控学生学习的制作，并不断修订自己的教学流程。(2) 落实《上海市中小学信息科技课程标准》中的评价要求，在制定的“学习三阶段”教学模式中，对第三阶段的学习任务中加入了学生的组内自评、组间互评以及教师评价相互结合的多元评价机制，培养学生学会正确客观地评价自己、评价他人，发挥评价主体多元化的精神。同时，在自评表中加入包含学生知识与技能、过程与方法、情感态度与价值观的内容，体现出对学生信息素养的培养。

《中小学信息技术教育》2008年第7～8期

新课标下信息技术教学改革的思考

史　强

要完成新课程信息技术教学改革目标，必须从构成信息技术教学的五大要素，即教师—教材—教学方法—学生—教学设备进行整体优化。（1）教师：应具有高尚的思想素养、热爱本职工作、促进专业发展。（2）教材：密切结合教学实际，收集、组织、开发必要的教材资源，建立不同层次、不同类型的教材资源库，并对现有教材进行重组整合，不断充实新素材。（3）教学方法：要综合考虑教学目的和任务、课程的性质、具体教材的特点、学生的年龄特征和使用设备的条件等灵活选用。（4）学生：教师在教学中要注意学生的共同特点和个别差异，因材施教，激发他们学好信息技术的动机和兴趣，发挥他们的主体作用。（5）教学设备：对于信息技术课程而言，要配备能满足教学需要的计算机教室、多媒体教室、上网条件等设施。

《中国信息技术教育》2008年第03期

网络环境下信息技术学科教学策略探究

贾淑红

在网络环境下实现高效学习的方式有：（1）游戏式的自主学习方式：以游戏方式开展的自主学习方式，能提供丰富的多媒体界面，交互性突出，有利于情境创设。（2）任务式的学习方式：在任务的驱动下学生通过互联网、教师专题学习网站、学校的教学资源库来搜索资料、解决问题、完成任务。（3）协作式的学习方式：网络课堂中学生形成小组性的学习团体，通过网络来传递学习资料，调动学生参与的积极性、主动性，促进学生的个性化发展。（4）评价式的学习方式：学生围绕具体的教学目标、引发的问题、课内完成的作品等，利用各种媒体通过师生、生生沟通，小组交流、汇报等方式产生有效评价。（5）基于研究化的学习方式：指学生在教师指导下，从实际生活选择和确定研究课题，以类似科学研究的方式主动地获取信息技术的知识与技能，解决问题、提升信息素养。（6）基于个性化的学习方式：在多媒体网络环境中，学生可以通过个别化、自我激发式的学习整合知识。

《中国信息技术教育》2008 年第 12 期

态度、品质、意识——情感教育三阶梯

季全增　王爱胜

目前信息技术课程中情感性目标的教育有三大局限：把情感目标形式化、作为摆设；把情感目标内容化，作为说教；把情感目标广泛化，作为通识。情感目标是一种上位的教育目标，它的综合、融合作用非常强，并且带有相当的主观性，是一种情感态度价值观的认知与培养范畴，我们需要针对其局限性，从技术的价值视角去分析情感教育中需要关注的三个阶梯。首先，态度是基石，作为信息技术的认知态度的教育，要科学、自然。其次，品质是保障。不论是情感目标还是技能目标，作技术教育都要保持良好的品质取向，这对技术课程而言正是行为教育的一种保障。最后，意识是动力，善于主动地、正确地应用相关的技术来辅助自己的信息活动。一方面，主动地选择、应用、优化技术，这是最本质的技术意识；另一方面，不断地在态度和品质上完善、提升，让意识不断增强，这是意识的更高层次。

《中国信息技术教育》2008 年第 4 期

信息技术课教学中存在的问题及对策

甘建刚　陈冬梅

由于信息技术学科的特点，在其教学中存在诸多问题。现将问题和对策分析如下：（1）学生水平参差不齐。对策：实行分层教学，小组合作教学。（2）学生对理论课缺乏兴趣。对策：教师可采用现代的研究性学习方式、问题研究法等设计实施教学。（3）操作课上，学生往往不注意教师的讲解。对策：教师可采用举例子教学法设计实施操作课教学。（4）学生的知识迁移能力差，许多学生不能将在课堂学到的操作应用到实际生活。对策：教师可采取多种方式将教学与学生学习、生活相联系，培养学生的问题意识，激发学生的学习积极性。（5）学生多、机器少，导致操作课效率低下。对策：采取措施让学生对这门课感兴趣，加强学生管理。这样就能够确保每个学生都能上机操作，也能保证教学的顺利进行。

《中国信息技术教育》2008 年第 3 期

信息技术探究课堂价值分析

王爱胜

要反思信息技术课堂探究性学习，必须弄清楚探究学习与科学探索的关系和探究性课堂的特征，基于此从探究的内容、起点着手分析其综合效能。探究的内容可以分为三类：主题探究，即对一种或一类技术的操作与应用技巧基本明确，使用主题问题进行探究维持；技术探究，即对一种或一类技术的认识与应用尚不明确，对技术的应用进行探究以维持探究活动；主题与技术结合探究；即对一种或一类技术的应用不很明确，对研究主题的概念或规律也不很了解，对主题技术进行探究的同时必须进行相关技术的探究。探究的起点包括探究已知（从感性到理性、从实践到经验的认识过程）和未知（发现不了解的技术应用规律、发现已知知识技术的新应用等）。

《中国信息技术教育》2008 年第 9 期

信息技术课堂中的爱国主义渗透

王伟萍

在信息技术教学中进行爱国主义教育，可以从以下方面着手进行渗透：（1）具体实施过程中的可渗透点：从教学方式（综合运用史学教学、比较教学、探究教学、直观教学等教学方式培养和激发学生的爱国热情）、介质选择（国产软件或设备进行展示或制作）、素材（爱国主题歌曲、国产信息技术产品等）、任务（具有爱国主义的任务）等渗透。（2）课堂设计环节中的引导思路：课前引导中，给学生介绍我国与其他国家相比在科技发展上的优势及差距等；课中引导中，要抓住授课时机，巧妙渗透有关我国在信息技术方面的发展情况；课后引导中，教师可以让学生在实际生活中多思考、多实验，尝试用信息技术手段去解决问题，并激发学生为社会主义服务的热情。

《中国信息技术教育》2008 年第 9 期

上公开课应注意的 10 个细节

刘世能

公开课是探讨教学规律、研究教学方法、推广教学经验的一种教学组织形式，也是教师自我提高的重要途径，针对广东省第四届普通高中信息技术优质课评选交流活动的情况，要上好一节公开课应注意下面十个细节：（1）理解课程目标，教学思路清晰。（2）重视学情分析，创设良好环境。（3）注意环节衔接，重视模式应用。（4）活用信息技术，精练屏幕板书。（5）关注问题导入，精彩情境设计。（6）明确练习目标，注意教学策略。（7）加强情感交流，注重教学互动。（8）搞好延续教学，注重成果评价。（9）严谨治学态度，规范教学语言。（10）合理教学进度，坚持循序诱导。另外，结合自身的兴趣、爱好、特长，充分发挥教师魅力与感召力也是上好一节公开课必不可少的因素，同时，语言方面要尽量克服方言，保持中等语速，仪态自然大方。

《中国信息技术教育》2008 年第 2 期

信息技术新课程情感目标的教学实施

石东妮

信息技术课程三大目标中的情感领域的目标设计模式主要有以下几个模块：需求分析、学习者特征分析、目标分析、内容分析、策略选择、学习环境。在设计的基础上实施新课程情感领域目标的教学的策略有：（1）创设情境，营造情感氛围。教师可以通过设计和谐的、情感活动丰富的教学情境和课堂氛围来实现情感态度与价值观教育。（2）与实际生活结合，提升情感价值，培养学生积极向上的健康心态。（3）开展课外研究活动，拓展情感领域。在搞好信息技术课堂教学的基础上，教师还要积极地开展研究性学习以及信息技术课外活动。（4）言传身教，促进情感教育。教师作为教学主导者，要善于将自己对生命的理解、人生感悟等融入教学，让信息技术教学的设计、组织、实施充满生命关怀和启迪，从而陶冶学生心灵、激荡学生情感、内化学生的态度价值观。

《中国信息技术教育》2008 年第 4 期

有效教学，从“六要”起步——信息技术课堂教学观察思考

肖年志

反思众多的信息技术课堂教学实践，信息技术教师应该从“六要”起步，克服教学上的随意性，让课堂教学走向有效。（1）教学目标要适宜，克服教学目标过大过空、过窄过碎的现象，体现信息技术课程的思想和价值。（2）教学流程要精细，克服教学内容安排的随意性和时间安排的随意性，以期引导学生注

意，保障教学的有效和有序。（3）教材使用要适度，克服实际教学中抛弃教材与照本宣科这两个极端，要用好、用活教材。（4）教学语言要精神。要精心设计课堂语言，进行生动精神的讲述，调动学生的注意和热情，提高课堂实效。（5）演示操作要规范，首先要养成良好的操作习惯；其次要认真准备操作步骤，规范操作流程。（6）课堂礼仪要强化。教师宜重视上下课的礼仪，采取多种方式培养学生倾听的习惯。

《中国信息技术教育》2008 年第 5 期

信息技术课中的分层合作教学

迟翠辉　尹宜梅　高传忠

分层合作教学是指教师根据学生的不同特征和知识层次，为促进每个学生在原有基础上充分发展而采取的教学模式。它把学生分成若干层次，组成若干小组，各类学生合理搭配，使得人人有兴趣，个个有所得。分层合作教学的实施办法有：（1）根据学生的个性差异，动态分层。层次确定后，要随时根据学生的发展变化做出必要的调整，鼓励学生由较低层次向较高层次递进。（2）分层确立教学目标。设置分层目标要遵循“既要让全体学生达到教学大纲要求的基本目标，又允许学有余力的学生超过课程要求去学习”的原则，使目标层次与各类学生现有发展水平相适应。（3）优选教学方法，实施分层教学。对于不同层次的学生，设置不同的问题，鼓励学生向更高层次努力。分层教学中要注意教师必须改变教学观念、客观制定教学目标、优化课堂教学方法。

《中国信息技术教育》2008 年第 2 期

信息技术的分层教学

张海鹏

分层教学涉及到：（1）将学生客观分层：首先要做好分层前的摸底调查，可以用问卷调查、集体讨论、推荐、个别聊天、谈心等方式进行。（2）备课分层：基于学生所分的层次，备课的目标就明确了，要为不同层次的学生设置不同的任务。（3）课堂教学分层：主要包括分层定标——为各层学生呈现适合于本层学生水平的学习目标，布置具体的操作任务；分层讲授——先进行集体同授，为分组学习提供方法上的示范、思想上的指导、目标上的定向，然后各组依照自己的任务和目标进行自学；分层练习及指导——教师以网页的形式将精心设计的不同层次操作任务呈现出来，采用集体讲解或个别指导的方式解决学生遇到的疑难问题；分层评价——对于不同层次的学生，采取不同的评价方法及时对学生进行鼓励和要求，使学生获得发展。

《中国信息技术教育》2008 年第 10 期

该出手时就出手——例谈信息技术教师课堂教学机智

蒋 砾

机智是一种教育学上的机智和天赋，它使教育者有可能将一个没有成效的、没有希望的、甚至有危害的情境转换成一个从教育意义上说积极的事件。教师必须在恰当的教育时机付诸恰当的教学行为，以处理教学过程中的突发事件和问题，例如：(1) 该追问时要追问，在动态的课堂教学过程中，追问是促进学生学习、实现有效学习的重要教学指导策略。(2) 该拓展时要拓展，教师应让信息技术教学的设计、组织、实施充满生命关怀、人生顿悟、心灵启迪，从最大程度地陶冶学生的心灵，激荡学生的情感，引导及内化学生的态度和价值观。(3) 该放手时要放手，课堂是动态的、是学生不断发现问题，并在教师的帮助下解决问题的过程。(4) 该评价时要评价，教师要善于运用激励性的话语激发学生的探究意识和探究热情。

《中国信息技术教育》2008 年第 11 期

创设适合学生发展的教学，打造有吸引力的课堂（一）

钟和军

北大附中广州实验学校通过三年的信息技术新课程实验，学科教学步入了良性的建设与发展阶段。经验总结如下：(1) 课程实施进程与策略，包括进行基于教材理解的校本实践、基于整体设计的校本研究、内联外引的校本教研。(2) 创设丰富课程资源，建设适合学生的内容体系。包括：用心研读和理解课标，知识与技能学习是根本；在研究中钻研实践，构建有价值的内容体系；在“适合”“有效”上落实，提升课堂教学实效。(3) 强化教师主导作用，形成促进学生学习的方法体系。包括：分层导学，让学生学有所选；模板教学，让学生学有所悟；问题导学，让学生学而得法；案例讨论，让学生学有所思；交往提升，让学生学中有乐；评价促进，让学生学有目标。

《中国信息技术教育》2008 年第 2 期

创设适合学生发展的教学，打造有吸引力的课堂（二）

钟和军

北大附中广州实验学校信息技术新课程试验经验除了在（一）中所涉及到的，还有以下两点：（1）合理构建课程结构，全方位推进落实课程服务体系。这其中包括：必修模块的教学，重在夯实贵在提升；选修模块的学习，关注选择发展志趣；特色教育，强化实践重在引导。该校将信息技术特色教育定位在真实应用与文化建设上，给师生带来了许多真实的进步，有力推动了学校发展。（2）专注教学实践研究，打造有吸引力的课堂。包括：创设有用有趣的课堂，引导学生主动学习——这也是信息技术教师目前最需要思考的问题；利用丰富活跃的课堂学习，激发学生学习的兴趣；努力成为教师“高手”，调动并激活学生投入学习；更多、更新的学习，激励学生走向“创新”。

《中国信息技术教育》2008年第3期

创设情境，合理导入

董洪波

学习总是与一定的社会文化背景即“情境”相联系的，课堂的导入实质就是一种情境创设。有关课堂导入的的几个要素如下：（1）导入的基本任务：激发兴趣，产生学习动机；引起注意，迅速集中思维；铺设桥梁，建立知识联系；揭示主题，明确教学目标；交流情感，创设学习情境。（2）导入时存在的误区：时间过长，过分渲染——一般来说，正常的课堂导入时间应控制在5分钟左右为宜；一演到底，过多欣赏——导入要尽量以生动、具体的事例为基础，避免使导入流于形式；偏离主题，过于牵强——导语的内容与新课的重点紧密结合，不可游离于教学内容之外。（3）合理导入的几点建议；明确目标，合理应用——要明确导入的目的、要求，灵活设计；加强训练，提高技能——经过练习总结以及不断观摩其他老师的授课，提高应用导课技能的能力。

《中国信息技术教育》2008年第12期

理性·多样·创新——信息技术教学方法评点

刘向永

关注信息技术教学，首要关注教学方法的选择，此处着重就以下三种方法进行评点：（1）讲练结合方法，讲练结合是指教师讲授或者演示一个操作后，再由学生进行操作，教师巡视并指导，这对于操作技能的学习与训练有益处。（2）任务驱动方法，体现了“学生主体”的教学思想，可以锻炼和培养学生的合作精神和沟通能力等。然而实践中存在任务设计不良、教师包办任务操作等问题，因此需要理性地对待。（3）主题式教学方法，就是通过学生感兴趣的主题，激发学生的学习兴趣和实践欲望，在主题活动各项任务达成的过程中实现学生对于信息的采集、加工和发布等技能的形成，完成学科教学的目标。实际教学中要摒弃和避免主题式教学中出现的问题，使得其真正彰显价值。

《中国信息技术教育》2008 年第 5 期

基于教材，变换精彩

褚学萍

教改新形势下的信息技术教师不应只做教材的实施者，更应该做教材资源的开发者和建设者。有关用好教材，构筑更加有效的信息技术课堂的几条经验和思考如下：（1）拓展：顺应学生的需要，收获未曾预约的精彩。及时的拓展可以顺应学生不断发展的需要，真实的评价让学生在教材探索中走得更远。（2）留白：关注学习过程体验，呵护孩子的多彩思维。留白，实际上是一种对于教材的补白，通过师生共同的努力可呈现出充满创意的成果，变被动学习为主动学习。（3）组合：贴近孩子的生活，用主题活动整合素材。在设计主题活动时要把握好度，因地制宜地根据信息技术课的内容有选择地找到切合点与相关学科整合设计，切不可“硬装斧头柄”每节课教学都非“主题式教学”非“整合”不可。

《中国信息技术教育》2008 年第 12 期

关注信息技术课堂中教师的语言方式

宗　艳

当前中小学信息技术课堂教学中，强调师生话语权的共享，因此有必要关注信息技术课堂教学中教师的语言方式：（1）关注信息技术课堂的学科专业用语。教师语言要规范准确、严谨精练，正确利落地讲解信息技术知识与文化。（2）关注信息技术课堂的语言表达。把学科知识说得明白、有趣是信息技术课堂语言表达的重要要求。幽默诙谐、生动优美、富有感染力的语言可以使紧张的气氛变得和谐，使学生产生感情的共鸣。(3) 关注信息技术课堂师生话语权的共享。在教学中，可以有意设计产生认知冲突的问题情境，引发师生对话，在师生充分讨论对话后，再引导学生尝试操作，就能使学生主动地探索学习；提供机会，促进学生之间的对话。通过师生之间、学生之间的对话，来取长补短，共同进步。

《中国信息技术教育》2008 年第 8 期

高中信息技术教学面临的学情问题及对策

邓华声

基于教学实践和观察及对新课标的理解和体会，将高中信息技术课堂教学中面临的学情问题和应对策略分析如下：(1) 学生学习信息技术的目标不对，信息意识不强。对策：明确学习目标，提高学生的信息素养。(2) 学生之间的信息技术知识和技能水平参差不齐，自身的知识结构不平衡。对策：深入了解与分析学生的情况，实行分层教学和分组教学，促进全体学生共同发展。(3) 存在重操作技能学习，轻理论知识学习的现象。对策：紧扣实际，活用理论知识，解决实际问题。(4) 学生不善于梳理和归纳总结所学知识。对策：采取自我反馈和自我评价的手段，促使学生养成树立和归纳总结知识的学习习惯。面对新课程、新理念，教师不仅要认真"备课标、备教材、备教法、备学案"，还要"备学生"，在深入了解学生的基础上，有的放矢。

《中国信息技术教育》2008 年第 7 期

例谈信息技术教学情境的创设

钟柏昌　付小林

一个理想的信息技术教学情境应具备三种功能：引起注意、激发动机、促进迁移。信息技术教学情境有六种形态：(1) 悬念情境，指利用科学性、新颖性的疑问，激发学生学习兴趣，引起学生探索活动。(2) 问题情境，是将学习内容转化为问题的形式，激发学生解决问题的热情。(3) 任务情境，有了情境的烘托，教师可以"顺理成章"地提出学习任务及任务所包含的教学目标。(4) 演示情境，通过操作演示等，使学生对演示过程中产生的现象及要领等产生好奇，生成新的求知动机。(5) 故事情

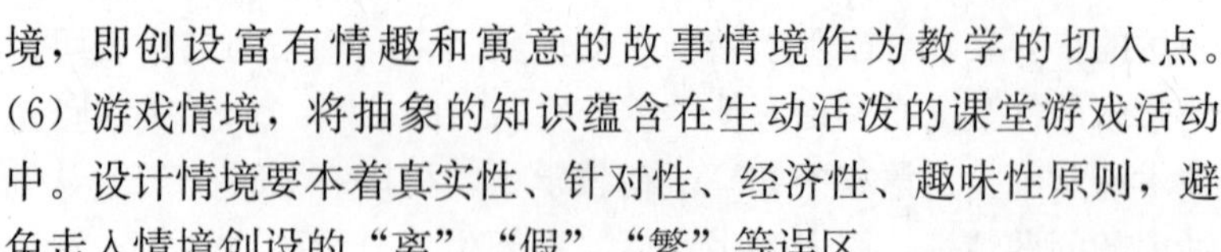

境，即创设富有情趣和寓意的故事情境作为教学的切入点。(6) 游戏情境，将抽象的知识蕴含在生动活泼的课堂游戏活动中。设计情境要本着真实性、针对性、经济性、趣味性原则，避免走入情境创设的“离”、“假”、“繁”等误区。

《中国信息技术教育》2008 年第 5 期

论信息技术课堂中的“有效教学”

廖 青 周 敦

有效教学准备是有效教学的前提，课前准备充分与否，会直接影响课堂效率和教学质量。课前的准备包括：(1) 钻研教材、理清教学思路。要备教材，深刻理解教材是教学有效实施的基础；备学生，了解学生现状，是实现教学有效性的关键；备材料，建构有结构的材料来促进课堂教学的有效性。(2) 优化教学设计，把握教学方向。要设计教学目标（基于学习需求和学习内容的分析）、教学策略（教学方法、教学组织形式、教学顺序等）、教学评价（学的怎么样）等。(3) 有效课堂是有效教学的关键，这其中涉及情感情境设置、问题情境设计、学法指导、小组合作、指导调控等方面。有效的课堂教学关键即是解决好让学生想学、能学、会学、学好这样一系列问题。

《中国信息技术教育》2008 年第 10 期

任务设计的分寸

张丽美

信息技术课程教学中，如何设计具有趣味性、实用性的任务是关键，要想设计好任务，需要遵循以下几点：(1) 任务设计要创设情境，激发学生兴趣。兴趣是最好的老师，利用学生感兴趣的任务，启动学生思维，激发主动性。(2) 任务设计要有目标性和层次感。对不同层次的学生要采用不同的评价标准，对于后进生要表扬为主，中等生激励为主，对优等生采用竞争性评价，坚持高标准严要求。(3) 任务设计要有区分度和评价性。对于不同学习能力的学生，在任务的设计上应该区别对待，给不同层次的学生设置相应的任务。(4) 任务设计要渗透方法，注重学生能力培养。在信息技术课上，学生在完成任务的时候，更要让学生学习到几种方法，同时使学生的操作能力、探索能力、适应能力不断加强。

《中国信息技术教育》2008 年第 11 期

突破“阻力”，寻找学习动力

耿慧君　王爱胜

怎样提高学生学习信息技术课程的兴趣和激发学生深入学习的动力，是目前老师们在信息技术课程教学实践中普遍遇到的问题。不妨从以下措施着手，尝试解决思路：（1）减小阻力须瘦身，即授课时要避免太多花哨的操作，给学生明确该堂课的核心价值，让学生在抓住核心的同时，更有自由发展的空间，使主题、目标的层次多样化。（2）化解阻力靠螺旋，即在知识的学习中，层层深入、前后照应、新旧碰撞、化解难度，让学习进程更加简约，学习阻力也会迎刃而解。（3）提升动力靠应用，学能所用，是教学活动的真谛。应重视将课堂所学的技能迁移运用到实际生活中去，鼓励学生抓住自我展现的机会，用真正的体验激发他们学习的兴趣和动力。

《中国信息技术教育》2008 年第 1 期

优化学生的学习行为

焦念荣　王爱胜

学生进行认知学习的行为方式非常之多，在信息技术课程中，要根据学生的学习行为方式改革教学方法、教学过程。信息技术课程学习行为的特点有：（1）具有较强的操作性，信息技术课程由计算机课程发展而来，课程内容中有许多借助于计算机的操作行为。（2）具有较强的实用性，新课程倡导以生为本，来源于生活的体验、疑问、探索等更容易激发学生学习的原动力。要优化信息技术课程学习行为，可注意以下方面：（1）优化模仿学习行为，模仿学习是学习初期不可否认的一种有效方法。（2）优化任务学习行为，要选择源于真实生活的任务，要注意技术任务与主题任务的区分，要注意任务完成与操作模仿的区别。（3）优化游戏学习行为，通过游戏化活动、游戏化内容等提高学习热情。

《中国信息技术教育》2008 年第 3 期

引控学生的注意力

王爱胜

在信息技术课堂教学中，如何吸引学生注意、提高教学效率，是非常重要和关键的。这需要：（1）清除学习环境中的干扰因素，如机房环境因素的干扰、课堂气氛的冲击、机器软硬件环境的制约等，让学生集中精力掌握所学关键内容、把握技术核心。(2) 指定学习时限，及时进行检测。学习新知识，需要较强的紧迫感来提高效率，可以通过限时学习、限时训练来达到注意力的集中。(3) 及时总结学习内容，避免拖延和耽搁。对学习的成果及时进行总结，对学习过程及时进行干预性控制，对知识技术体系及时进行梳理，学习的注意力会顺着清晰的学习进程和知识体系得到校正与强化。(4) 进行学习空间隔离，培养学生的独立精神。在新知练习和作品创作时要适当地进行学习空间的隔离，有助于学生独立精神的培养，由此深化注意力的层次。

《中国信息技术教育》2008 年第 8 期

信息技术课要注重培养学生创新精神

李秀亭

信息技术课程作为实践能力很强的课程，有利于在课堂上培养学生的创新精神。以下培养学生创新精神的几点经验：(1) 巧设情境，激发学生的实践欲和创新欲。信息技术课程中许多软件与实际生活比较接近，学生可根据自身喜好进行创造性的发挥。(2) 创造活泼生动的课堂气氛，使学生思维轻松、记忆力深刻、振奋学习精神。(3) 精讲多练，培养创新能力和自学能力。在课堂教学中，教师给学生留下更多的空间去练习操作、思考知识。(4) 培养学生的创新人格。当学生在学习过程中遇到问题和困难时，教师要耐心引导学生自己找出解决问题的答案，并鼓励他们要不畏艰难、勇攀高峰。(5) 组织作品展示和竞赛。学生有了创新的火花，应给他们营造创新的机会，在实践中尽情发挥主动性和创造性。

《中国信息技术教育》2008 年第 8 期

信息技术课堂中如何集中学生的注意力

马艳梅

在课堂教学中，为了集中学生的注意力，可尝试以下几个举措：(1) 建立融洽的师生关系。教学是师生双边活动，师生思想行为协调一致，才能形成良好的教学秩序，收到理想的教学效果。(2) 灵活运用教学方法。要以依据信息技术课程指导纲要、课程的性质和学生特点确定运用何种方法。(3) 准确把握课堂教学节奏。教学中应做到难易交替，详略适宜，松紧得当，主次分明。(4)适当进行设疑提问。教师要善于在关键之处或容易出错的地方精心设置有深度、有分量、有启发性的问题。(5)充分运用直观教具，这比语言更有说服力和真切感。(6)积极开展小组讨论。针对教学中的一些关键问题，开展小组讨论。让组内学生互帮互学，完成教师布置的任务，同时体验团队合作的重要性。

《中国信息技术教育》2008年第8期

信息技术课堂的学习动机激发

姚武东

从某种意义上来说，学习动机是一种能够被感觉到的义务，它是一种持续性的气质、一种情境特殊的状态，要获得稳定持续的学习动机可以尝试以下措施：(1)让你和你的课堂对学生有吸引力。教师要善于提升自己的人格魅力，尽可能地让学生喜欢上自己以及所讲授的课程。(2)用学习情境刺激学生的学习动机。要激发学生的好奇心，引发学生对于任务的兴趣和欣赏。(3)用主体转移引导学生产生学习动机。在信息技术课堂中，教师可以引导学生产生他们自己的学习动机。如通过对所学习的过程进行创造性设计而产生动机、通过希望解决某个问题而产生动机等。总之，在信息技术课堂中，教师要真诚友善地对待学生，有效管理和组织课堂，因地制宜运用以上策略来激发学生恒定持续的学习动机。

《中国信息技术教育》2008年第1期

信息技术教学中如何培养学生的思维能力

李家隆

培养和发展学生的思维能力已成为国内外教育改革的一种趋势，也是信息技术教师所追求的更深层次的教学目的。可从以下方面展开：(1)导入新课，注重思维的启发性。导入新课实际上就是启发学生思维，激发起学生的求知欲和好奇心，点燃思维的火花。(2)创设提问，培养思维的创造性。教师巧妙恰当的提问能引导学生从不同角度、不同方向采用多种方法来积极思考问题，使其在运用法则、定理等规律的同时能举一反三。(3)设计诊断，培养思维的严谨性。课堂教学中，教师要鼓励学生善于质疑和提问，全面看待问题，使推理合乎逻辑，条理清楚，富有说服力。(4)新旧重组，培养思维的灵活性。教师善于把学生新旧知识、经验、概念，重新加以组织转化成新的。

《中国信息技术教育》2008年第5期

先声引人先声夺人——信息技术课堂教学导课的几种方法

郭　蓉　邹正宇

成功的导课能够迅速地安定学生的情绪，集中注意力，明确学习的目标。几种常见的导课方法如下：(1) 创设情境，导入新课。可利用图画、音乐等多媒体手段使学生产生身临其境的感受。(2) 故事导入法，根据学生的好奇心适当地引入一些趣闻轶事。(3) 设置疑问，导入新课。教师要有意识地设疑，使学生在“疑”中生趣。(4) 直接导入法，即开门见山地讲明本节课要学习的内容和要求。(5) 联系实际导入法，符合认知规律。(6) 漫画导入法，有助于发挥抽象思维能力。(7) 重大新闻事件导入法，利用学生对于新闻的关注会收到意想不到的效果。(8) 作品导入法，符合学生“急于求成，学以致用”的心态。(9) 直观教具导入法，比语言更有说明力和真切感，使学生对所学知识印象深刻，激发学生的求知欲望。

《中国信息技术教育》2008 年第 4 期

我在信息技术课中的德育渗透

杨瑞林　徐莲凤

德育属于信息技术课程教学三维目标之情感态度价值观部分，是教学中不可忽视的，可从以下方面着手进行德育渗透：(1) 培养学生良好的日常行为习惯，需要首先从日常行为着手，从点滴做起，从身边做起；要加强思想教育，循循善诱使学生认识到好习惯的重要性；教师应以身作则，为人师表。(2) 培养学生良好的计算机使用道德：要培养学生爱护计算机系统和他人文件的良好习惯；要培养学生良好的计算机使用道德；要培养学生自觉守法的意识，不侵犯他人知识产权；要有自我保护意识，提高自身免疫力。(3) 培养学生协作学习精神。未来的社会，竞争与合作同在。所以从作为一名学生开始就要学会善于与人合作。在信息技术教学活动中，可以通过小组学习来培养合作学习精神。

《中国信息技术教育》2008 年第 4 期

做一名合格的信息技术教师

陈　红

要做好一名信息技术教师，要做到以下几个方面：(1) 合格的老师：作为一名合格的教师，心中首先应该要考虑学生的情况，考虑让学生能学到些什么知识和技能，根据知识和技能的不同类型，选择不同的教学模式和方法。（2）钻研的教师：设计自己的课堂时，首先要确定目标，然后据此选择内容，根据知识、内容组织若干环节的活动，还要注意课堂中具体教学活动的发挥。（3）学生的老师，要真正为学生着想，形成良好的师生关系，在各个方面促进学生的学习和发展。（4）学习的教师。作为一名信息技术教师，要不断地学习专业知识技能、寻求解决课堂问题的办法、充实有关心理学、学科发展史等方面的知识，根据实践需要不断为自己制定学习目标，不断在学习中前进。

《中国信息技术教育》2008 年第 2 期

小学信息技术教学策略的探索

刘东妮

在小学信息技术课程教学中，要为学生创造良好的学习环境，可以从以下方面进行尝试：（1）兴趣引路，享受快乐。小学生好动并且好奇性强，可采用一些配合教材内容、既适合小学生学习又具有很强趣味性的游戏软件，激发学生的学习兴趣。（2）强化操作，形成技能。上机操作是对理论知识的检验、巩固和延伸，更是掌握技能的关键。（3）自主探究，开放思维。引导学生学会自主学习，多给学生创造解决问题的条件。（4）合作交流，共享资源。让处于不同层次的学生互相合作，共同进步。（5）任务驱动，体验成功。教师要根据教学内容进度，结合学生学习实际情况，给每节课制定出切合实际的任务，让学生参与探究，努力完成预定的任务。

《中国信息技术教育》2008 年第 5 期

经历编程——关于初中程序设计内容的教学建议

吴良辉

经历编程是指以学生为中心，通过创设特定的情境，在经历中体验，在感受中体会，采取分而治之的思想，逐渐使学生感受到用编程的方法来解决实际问题的魅力所在，体验程序设计从规划、设计到制作、调试的基本过程，培养学生的创新精神和实践能力，提升信息素养。具体措施如下：（1）以实例教程和问题解决的思路入手，前导课程要激发学生的兴趣。如让学生看很多实例，然后通过欣赏实例、修改代码等简单操作经历编程的过程，体验编程的乐趣。(2) 让学生通过模仿和猜测，利用电脑对已有的代码做实验。(3) 一题多讲，层层深入，夯实基础，重点突破。(4) 调试是程序设计最基本的步骤之一，可以将调试方法当做正课来讲。编写程序时总会出现这样那样的错误，所以调试程序的学习是必要的。

《中国信息技术教育》2008 年第 9 期

《算法与程序设计》选修模块教学实践与研究

林 霞

《算法与程序设计》对学生来说难度比较大，如何上好这门选修课可考虑如下措施：(1) 明确学习用途，消除学生畏难情绪。向学生传递“编程有用、编程不难”的信息，调动学生的兴趣和信心。(2) 理解算法设计，引导学生自主学习。从实例入手引导学生总结算法，从学生熟悉的问题出发引导学生设计自己的算法。(3) 掌握编程步骤，灵活进行教材处理。如简化教材某些部分、调整知识点讲解顺序、运用类比手段讲解变量等概念、分散难点等。(4) 突出问题解决，激发兴趣收获效果。解决问题是编程的目的，当学生能按照正确的解题过程进行解题时，学生才算真正学会独立地编程解题。同时，问题还是学生学习本门课的动力，好的问题一旦出现在学生面前，就会激发学生跃跃欲试。

《中国信息技术教育》2008 年第 1 期

算法与程序设计教学之我见

王爱艳

在算法与程序设计的教学中，遇到将算法与程序设计混为一谈、学生差异、课时安排紧张等问题，所以在教学中要：(1) 处理好算法与程序设计教学的关系。(2) 注重教学策略。创设鲜明问题情境的策略，重视师生之间、生生之间交流的策略，重视知识的最近发展区策略等。(3) 掌握典型算法的应用。实践证明，在进行算法教学的过程中，应尽可能选取最简单、最典型的算法模型作为载体。根据新课标要求，高中信息技术要求掌握五种算法，即枚举算法、解析算法、排序算法、查找算法和递归算法。关键是要理解这些算法的基本思想，能熟练地将这些算法应用到实际程序设计中，并能举一反三、触类旁通。同时，新课改中教师也要提高对自身的要求，不断汲取新知、进行教学反思。

《中国信息技术教育》2008 年第 2 期

高中信息技术“三案教学”初探

孙晓红

所谓“三案教学”是指以“预习案”、“讲学案”、“当堂检测案”为载体组织教学，最终达成学生通过自主探究掌握知识学会学习的教学目标。(1) 预习案：预习案是指教师在探究式教案的基础上设计的一系列问题，形成纲要式的学习方案，指导学生课前搜集、调查、探究、要点强化等情境学习。(2) 讲学案：根据课题、学生等具体情况采用适当的方式方法最大程度地让学生带着问题自主探究，将课堂教学的知识在互动中转化为学生的知识。(3) 检测案：教师下发印好的当堂达标检测案，学生限定时间内或独立或合作完成，目标在于让学生在做题的过程中发现问题，巩固知识，当堂达标。“三案教学”把教学内容转化成一种教学模式，把学生学习延伸到课前，提高了教学质量和课堂效率。

《中国信息技术教育》2008 年第 6 期

高中信息技术课的教学过程优化

江伟初

优化高中信息技术课的教学过程，可以从以下环节入手：(1) 优化课堂导入：可以采用以旧引新、创造情境、悬念设疑、对比效果等课堂导入方法，精彩的导入可以很好地引发学生兴趣和动机。(2) 优化新授课教学：此时要注意结合学科特点，融入人文关怀理念，引导学生掌握基础知识和技能、发展认知水平。(3) 优化上机实践：在立足任务驱动、鼓励创意设计的同时，加强师资力量、改善机房环境、配备特色教材、实行巡回指导、鼓励协作学习，提高学生学习效率。(4) 优化结课：尝试适度拓展课堂所学、知识、技能、方法等适度延伸和拓展；有效运用评价的效用，在明确评价目标、优化评价内容的基础上，充分运用多种评价方法使评价主体多元化、评价方式多样化，达到以评促教的目的。

《中国信息技术教育》2008 年第 9 期

STS 视野下信息技术课程情感态度与价值观的培养

魏小山

目前情感态度价值观在信息技术课程实践中还没有明确的培养方式。本文就 STS 视角，从两方面探讨信息技术课程情感态度价值观的培养。一是充分挖掘信息技术课程的思想和文化内涵，主要体现在：(1) 挖掘信息技术思想和方法的精髓，注重学生对信息技术解决问题的思想的领悟和运用。(2) 挖掘信息生活中所蕴涵的文化价值，注重学生学习的技术过程与文化生活的一体化。(3) 引领学生审视信息技术的双面效应，促进学生实现道德内化。二是让学生在参与信息活动的过程中体验与感悟，主要体现在：(1)“环境”是孕育体验和感悟的土壤。(2)“需求”是促发体验和感悟的原动力。(3)“情境”是形成体验与感悟的催化剂。(4)“活动”是产生体验与感悟的载体。(5)“螺旋递进式体验”是成就体验与感悟的关键。(6)“评价”是激励体验与感悟的手段。

《中国电化教育》2008 年第 1 期

博客在高中信息技术教学中应用的优势

朱新华

新课程呼唤新课堂克服传统信息技术课堂教学的弊端，探索信息技术新课堂，是新课程改革的要求。作者的实践表明，在高中信息技术课堂教学中应用“课堂学习博客”，有以下优势：(1) 突出了学生学习的主体地位。(2) 培养学生的知识整理和整合能力。(3) 帮助学生养成边学习边反思的习惯。(4) 提供学生自我学习的个性空间。(5) 构建学生相互学习、相互协作的网络学习共同体。(6) 拓展师生、生生的交流途径。(7) 形成多样化的评价方式。这些优势为“进一步培养和提升学生信息素养”的信息技术课程目标的实现拓展了新的空间。

《中国电化教育》2008 年第 8 期

多途径实施信息技术教学：从模仿到探究的转变

林仙丹　韩静波

模仿学习和探究学习是两种不同的学习方式，模仿学习是当前中小学生常用的一种学习方式，而探究学习是新课程倡导使用的学习方式。就如何引导学生切实做到从模仿到探究的问题，本文通过教学实践中认真摸索了一些转变学生从模仿到探究的方法，归纳如下：(1) 语言刺激，激励学生从模仿到探究。(2) 设置障碍，引导学生从模仿到探究。(3) 实地交换，牵引学生从模仿到探究。(4) 抽象概念形象化，促进学生从模仿到探究的实现。(5) 意义建构，指引学生从模仿到探究的实施。

《中国电化教育》2008 年第 9 期

将猜数游戏进行到底——二进制整数和十进制整数转换

张利波

本文用猜数游戏与教学内容（十数制整数和二进制整数转换）相结合，将游戏作为线索贯穿于课堂教学，既吸引了学生的学习兴趣，又持续了学生的学习热情。在探究二进制整数与十进制整数转换方法上，本文以学生熟悉的十进制整数为引子，鼓励学生运用归纳、猜想等数学方法，寻找一般规律，继而推广到二进制（其他进制）整数与十进制整数的转换上，以培养学生自主探究、勤于思考的良好学习品质。文章的最后就这一教学内容进行了教学反思，提出：(1) 利用互动猜数游戏，激活课堂氛围。(2) 注重自主探究，提升学生思维。(3) 将信息技术和数学学科整合。

《中国电化教育》2008 年第 3 期

论构建生活化的信息技术课堂

谢景政

构建生活化的信息技术课堂是教育的本质所在，是当前信息技术教学现状的呼唤，顺应了新课改和素质教育的要求。构建生活化的信息技术课堂，在教学理念上：要以生为本，使教学活动凸显生命的意义和价值。教学内容上：从科学世界回归到生活世界，具体是：(1) 贴近学生，获取学生经验。(2) 敏锐观察，精心设计话题。(3) 走近生活，创新处理教材。教学过程上，以信息活动为主线，从被动接受到主动参与、亲身体验，具体是：(1) 深入生活，亲身体验信息技术的功能与应用。(2) 加强实践，学会用信息技术解决学习与生活中的实际问题。教学策略上，运用现代教育技术创设生活化的教学情境。教学评价上：注重和谐全面发展。

《中国电化教育》2008 年第 5 期

信息技术教学中学生自我效能感的培养与发展

郭　敏

自我效能感是影响学生学习质量的重要因素。学生自我效能感越强，学习的自信心越强，学习中能付出更多的努力并持之以恒，直到达到目标。本文结合信息技术教学实践，分析了信息技术教学中影响学生自我效能感的因素，包括自身行为的成败经验、替代性经验、言语说服、来自情绪和生理状态的信息。然后给出了信息技术教学中建立与培养学生自我效能感的方法与措施：（1）帮助学生增加成功体验。（2）帮助学生设立合理学习目标。（3）建立有效的激励机制。（4）利用榜样的力量，增强学生自信。（5）指导学生进行积极归因。

《中国电化教育》2008年第9期

基于Prolog的人工智能课程教学探索

杜海琼　张剑平

本文分析了Prolog语言对于"人工智能初步"选修模块的意义以及它与该模块"知识及其表达"、"推理与专家系统"、"人工智能语言与问题求解"三个主题间的联系，提出以Prolog语言为主线开展人工智能课程的教学思想，即在宏观上，Prolog语言能描述或覆盖高中新课标人工智能模块中的大部分知识点；在微观上，Prolog语言能描述"知识表达的基本方法"知识点中的一些逻辑谓词、产生式规则、框架、语义网络等知识表示形式；利用Prolog语言可以覆盖"推理与专家系统"主题中的所有知识点，其中包括发简易的专家系统；而"人工智能语言与问题求解"主题的本身就是重点讲解Prolog语言相关知识及其在问题解决中的应用。并给出案例佐证了其可行性，最后提出教师素养是其推广的重要影响因素。

《中国电化教育》2008年第11期

信息技术课程中算法学习的价值探索

王荣良

算法是信息技术处理信息的核心之一，也是信息技术课程的教学内容之一。在中小学教育中，当我们摒弃传统的计算机语言教学，转而将算法与程序设计作为学生信息素养培养的一部分内容以后，应该如何来认识与理解算法的教育价值是一个值得研究的问题。本文从算法思维的角度，在问题求解思维、形式化思维、人机共存思维三方面进行了探索，以期挖掘算法学习的教育价值。在问题解决中，算法思维是一种将解决问题的方案用"程序化"或"机械化"表达的过程，从而使得运用计算机解决问题变成可能，同时也形成了解决问题的一般策略。在形式化思维中，算法是由一系列的操作序列组成，算法实现中，结构化程序设计思想规定了一套方法，将复杂问题条理化、简单化。在人机共存思维中，算法的学习，不仅是算法设计的过程，也是算法优化的过程，更应该以全局的观点把握合理的算法核心。

《中国电化教育》2008年第8期

浅谈高中信息技术课程的教学策略

窦怀宇

云南省高中信息技术会考是为规范云南省高中信息技术学科的教学而设立，但不少信息技术学科教师担心本学科由此走入应试教育的轨道，本文认为会考与教学不仅不矛盾，而且是相互促进、殊途同归的关系。本文结合教学实践，针对如何提高教学效率，让学生做到厚积薄发，轻松迎接会考而列举了五种行之有效的教学方法与策略，以期与同仁交流。这五种策略为：(1) 问题抢答教学法。(2) 填空教学法。(3) 任务驱动教学法。(4) 讲授教学法。(5) 游戏娱乐教学法。

《中国电化教育》2008年第3期

浅谈信息技术教学中的技术观

张丽　王吉庆

科学性、艺术性、技术性是信息技术教师必须具备的三维能力，从技术观的角度分析信息技术教学所涉及的诸多技术能力有：(1) 教学设计技术。教学设计是教学技术发展的关键，包括教学系统设计技术和教学流程设计技术。(2) 教学实施技术，是教学设计的实际应用，但包含了设计中没有涵盖的、突发的事件处理，即使设计最完善的教学设计方案，也不能保证教学实施的成功，这就需要教师发挥教学实施经验和教学实施技术能力。包括教学信息传播技术、教学过程调适技术、教学流程管理技术等。(3) 教学评价技术，只有经过教学评价才能总结教学设计和教学实施过程中的得失，为进一步的设计和实施提供宝贵的经验。根据评价对象不同，评价技术可分为过程评价技术和面向资源评价技术。

《电化教育研究》2008年第2期

高中人工智能教育信息化教学模式

郑　俏

人工智能作为现代信息技术的重要组成部分，在高中阶段开设专门的选修课进行基础性教育势在必行。根据高中人工智能课程的教学目标、人工智能研究的特殊性以及高中生的认知特点，高中人工智能的教学宜采用基于问题学习（PBL）的信息化教学模式。在实际教学中，信息技术作为学生问题求解的工具应整合

于PBL实施的全过程中。本文从五个环节对高中人工智能教育应用PBL信息化教学模式的可行性进行了论证，这五个环节具体为：提出问题、分析问题、解决问题、结果展示、学习评价。最后，提出了基于问题学习的信息化教学模式实施建议。

《中国教育信息化》2008年第2期

模块化思想在小学机器人教学中的应用

王海芳　王荣良　李　锋

本文根据小学机器人教学特点，从教学目标、教学实施、教学评价三个方面进行了具体分析模块化思想在小学机器人教学中的应用，其中教学目标的模块化就是教师在充分了解学生知识准备状况的基础上，针对不同学生的现有发展水平，制定不同的教学目标模块，以达到不同类型学生的最近发展区。教学实践的模块化即在教授过程中不给学生展示作品的整体外观，而采用自顶向下、逐步分解的模块化思想，根据作品的结构或功能等，将整个作品分解成基本单元，每一基本单元作为一个讲解和演示模块，至于作品的整体结构及外观设计则由学生自己来完成。教学评价模块化是基于课堂情境的评价，评价应该能公平、全面地反映学生的思维过程和对内容的掌握程度。

《中国教育信息化》2008年第14期

高一新生信息技术起点差异问题研究

王海燕　韩　斌

本文依据对山东省部分地区一些有代表性的中小学信息技术课现场的调查分析，较具体、真实地反映了高一新生信息技术起点差异的问题，通过宏观梳理与微观分析，系统地阐述了这一问题产生的原因，包含了三层因素：宏观因素、地区因素、微观因素。并有针对性地提出了解决问题的几点设想，主要有：（1）前期补救，可以通过学校组织补课、教师组织补课、学生自学与教师辅导结合等手段实现。（2）分层教学。（3）分组教学。通过研究，希望引起有关方面对这一问题的高度重视。

《中国教育信息化》2008年第4期

项目教学法在信息技术教学中存在的问题及对策

吕伟明

项目教学法是作为建构主义指导下的一种教学方法，这种教学法目前在信息技术教学中已得到广泛运用，且得到了普遍认可，但是在教学实践与相互交流中也出现了一些问题，比如项目设计不当，影响教学效果，不分内容、场合、条件滥用项目教学，组织实施过程名不副实等。针对这些问题，提出了一些对策：(1) 项目的设计。(2) 项目教学法适用有一定知识准备的教学。(3) 项目的设计一定要符合大纲教学目的和教学要求。(4) 设计的项目要新颖，具有鲜明的时代特色。(5) 所设计的项目要贴近学生的实际，要能激发学生的兴趣。设计的项目要有一定的启发性。最后，提出了项目组织实施时应注意的一些问题。比如，让学生对项目教学目标一目了然，教学中要想方设法调动学生参与项目的主动性与积极性，在教学表述方面要改善项目教学中对师生的自身要求。

《中小学电教》2008 年第 1～3 期

信息技术教学过程中的学生心理分析

邵安毕

首先阐述了信息技术课程的理念，包括信息技术课程的定位、教育目标、内容设置和选择原则、教学策略的制定原则等。然后分析了信息技术教学过程中学生的心理特征，主要有：(1) 学生为什么喜欢上信息技术课。(2) 提高课堂教学质量的心理学基础，包括情感与动机、注意力、创造条件满足学生各方面的心理需求。(3) 学习信息技术的不良态度。第一种态度：学习出现心理饱和现象。第二种态度：把信息技术课当成娱乐休息课，上课喜欢玩游戏、上网。第三种态度：他们本身对信息技术不感兴趣，上课就发呆，教师布置的任务他们不能完成，针对这些特征，提出了若干改善策略。

《中小学电教》2008 年第 12 期

从信息技术课程的特点谈教学计划的制订

梁东文

中小学信息技术教育是一项面向未来的技术教育，是教育本身发展的需要，是与国际接轨的必要条件，是时代赋予当今教育的重要使命。作为一门新型的教育学科，信息技术教育有其独特的教学特点和风格，而作为教学活动，它又不可能脱离教学中的常规。制订教学计划是整个教学活动的开始，又是教学中重要的一环，是教学成败的关键。信息技术课程教学计划的制订要依据以下几个方面来进行：（1）遵循国家的教育方针和新的课程要求。（2）紧密围绕教学目标和教材内容制订教学计划。（3）密切关注教学实际，科学地制订教学计划。（4）整合教学资源，突出学科特点。

《开封教学学院学报》2008 年第 12 期

小学信息技术课引导点的使用

方 顾 蓝 杰

信息技术课作为一门新兴的学科，其目的也决不应该只是单纯地培养学生的计算机操作技能，更重要的是要培养学生良好的信息能力。因此，如何适当地运用教学方法，培养学生以适当的方式获取信息、以正确的方式加工信息、以合理的方式应用信息的能力成为小学信息技术教育的首要问题。经过对教学中实践经验的总结，提出了引导点的定义，归纳了引导点的分类，即普通引导点、误导引导点、可变引导点和无效引导点等。提出了引导点的使用方法和使用中应遵循的原则，并列举了使用引导点进行教学的实例。

《吉林教育》2008 年第 32 期

新课程下信息技术课程探究型教学模式的构建与实践

于四海

新课程理念下，为确保信息技术教育在培养新型人才方面起到应有的作用，在“问题教学”思想、信息技术课程整合思想、探究学习教学思想指导下，分析基于问题的探究型教学模式的特点，即（1）学生探究问题的活动是在教师指导下展开的。（2）学生通过探究问题获得新知识并培养能力。（3）重视小组的合作学习。（4）新课程下基于问题探究型教学模式重视形成性评价和学生互评与师生评价。并在此基础上，构建出信息技术课程基于问题的探究型教学模式，同时提出了具体的操作步骤。

《吉林省教育学院学报》2008 年第 1 期

信息技术教学中学生高级思维能力的培养

项道东　金炳尧

培养学生高级思维能力是新课程改革倡导的主要精神，同时也是信息技术教育的核心目标之一。信息技术课程是培养学生高级思维能力的重要途径之一。本文针对信息技术课程在培养学生高级思维能力方面的独特作用，提出如何在信息技术教学中培养学生的高级思维能力。具体的方法有：（1）构建信息化的教学模式。（2）在问题解决中落实高级思维技能。（3）注重技术思想和方法的挖掘。（4）改革课程教材。（5）改革评价方式。

《考试周刊》2008 年第 13 期

信息技术课教学中情感目标的实现

李国红

高中信息技术新课程标准中专门列出了普通高中信息技术课程的总目标，并将其分解为“知识与技能”“过程与方法”“情感态度与价值观”三个层面（即三维教学目标），同时还在各模块内容标准中进行了具体表述。由此可见，新课程标准的目标体系强调在信息技术学习过程中，不仅注重学生对知识的学习方法和应用能力的提高，同时也进一步强调信息技术教育的人文性、文化性。然而在具体教学设计过程中，教师往往比较注重“知识与技能”“过程与方法”这两个教学目标，忽视“情感态度与价值观”这一目标在教学中的渗透。本文立足高中信息技术教材，深入挖掘教材内容，从几个层面来谈谈“情感态度与价值观”这一教学目标在课堂教学过程中的实现。

《中国教育技术装备》2008 年第 13 期

小学低年级信息技术教学策略研究

田　鹏

小学信息技术课程主要是让学生初步学会计算机的使用，培养学生对信息技术的兴趣和意识，提高学生的信息素养，通过信息技术课程的学习，使学生逐步具有获取信息、存储信息、处理和传递信息的能力，为适应信息社会的学习、工作和生活打下必要的基础。在教学中要积极探索信息技术教学新模式，采用启发式、探索式、研究式等教学方法，最大限度地为学生提供积极主动的发展空间，培养学生运用信息技术进行学习的能力和可持续发展的能力，为学生的终身学习打好基础。可以应用以下策略：（1）启思策略：教学内容要直观呈现，化繁为简。（2）激趣策略：教学手段要寓教于乐，化雅为俗。（3）设境策略：教学组织要灵活多样，化虚为实。（4）导学策略：教学目标要善于激励，化堵为疏。

《软件导刊·教育技术》2008 年第 6 期

情感教育在信息技术课中的应用研究

熊　玮　万润泽

信息技术课程教育不仅要培养学生掌握信息技术的技能，更应该引导学生学以致用，使他们具有良好的信息意识、信息伦理道德修养和信息能力。课堂的灵魂——情感教育是提高学生信息素养的重要途径。在信息技术课程教学中加强情感教育的方法与策略有：(1) 重视情感因素在学习中的作用。(2) 随时巧妙地渗透情感教育。情感教育应该把握时机，随时巧妙渗透，使之更加自然，也更容易被学生接受。(3) 培养学生对信息技术学科知识的兴趣。使学生从视觉、听觉等多角度感受到信息技术的美妙之处，从而激发学生学习信息技术技能的兴趣。(4) 创设网络心理健康教育。只有确保学生的心理健康发展，才可能使之有情感的发展。(5) 发挥教师的感染力。(6) 用好评价激励制度。

《软件导刊·教育技术》2008 年第 7 期

信息技术课堂管理策略探究

李　薇　李子运

当前信息技术课程在我国绝大部分省市尚不是高考科目，在以高考为“指挥棒”的大背景下该课程的课堂教学还存在许多问题。分析了信息技术课堂管理存在的问题以及产生问题的原因，并提出了有效的信息技术课堂管理策略：(1) 柔性管理策略。(2) 隐性管理策略。如佯装不知、信号暗示、就近干涉、兴趣流露、共渡难关等计策的巧妙运用。(3) 做好教学设计，提高课堂效率。(4) 用好任务驱动教学法。要注意任务设计要真实；要符合学生的认知水平、心里特征、接受能力等特点；要注意分散重点难点，不能将诸多难点重点放在一个任务中。(5) 掌握语言艺术，促进课堂管理。要注意有声语言和无声语言结合运用。希望这些措施的巧妙、适合的运用可以促进信息技术课堂教学效能的不断提高。

《软件导刊·教育技术》2008 年第 5 期

论 PBL 教学模式在信息技术教学中的应用

刘　冬　马秀峰

PBL 教学模式是近年来在国际上受到广泛关注的一种教学模式，相比传统教学模式，PBL 是一种以问题为核心，有助于信息技术课教学目标的实现的教学模式学习活动；以学生为中心，以学生自我探究为主的，有助于培养学生自主学习的能力；学习过程强调协作，有助于培养学生协作学习的能力。应用PBL进行教学时，要提供真实性问题情境，引导学生认识问题；组成学习小组，分组学习；自主学习，协作交流；进行小组学习结果汇报、学习评价与反思。应用PBL教学模式时要注意：教师要注意自身角色的转换，教师需要发挥更多的支持和引导作用，由学生积极、主动建构知识；要设计基于真实情境的问题，问题是学习任务的核心，因此问题的设计显得尤为重要；从多角度、多层次对学生的学习结果进行评价，教师可以考虑实行多层次评价制度，进行小组内学生互评、组间互评、教师点评。

《软件导刊·教育技术》2008年第5期

概念思维图融入中学信息技术教学的理论与实践

宋良君

思维导图作为引导思维过程的工具，虽然有利于提高学生的学习效率和开拓学生的思维，但其在概念知识的表征及概念间关系的描述方面存在缺陷。利用概念图的优势可以弥补思维导图的不足，将概念图与思维导图优化组合，称为概念思维图。概念思维图融入中学信息技术教学的实践，可以给信息技术课程教学带来诸多改观：（1）概念思维图应用于信息技术课程，其教学方式生动活泼，能充分调动学生的学习兴趣和积极性。（2）以小组协作的方式开展教学活动，重视培养学生的团队协作意识；帮助学生理清概念及概念间的关系，从而宏观把握学习内容。（3）引导思维过程可视化，培养学生良好的思维习惯，增强逻辑分析能力。（4）重视拓展学生思维的广度和深度，促进思维发散，拓宽视野。

《软件导刊·教育技术》2008年第2期

基于开源软件的中学信息技术教育初探

丁　杰

回顾我国近几年的中学信息技术教育，发现在内容上缺乏对开源软件的介绍。从培养学生信息素养的角度看，开源软件具有很多优势，如可以免费获得，运行成本低；开源软件具有透明性、安全性和可靠性；开源软件的可操作性、可定制性较强；在开源软件社区，人们共享的不仅是源代码，更重要的是包含在其中的信息和创新能力。虽然开源软件有如此明显的优势，但是目前在我国基础教育领域的应用却很有限，主要是由于人们对于微软产品的依赖性、对开源软件认识上的误区，如担心开源软件的功能不能满足教学需求等所造成。澄清了这些有关开源软件的误解，下一步就需要在中学信息技术课程中大胆地引入开源软件教学，从课程目标、课程结构等方面进行设计。

《现代教育技术》2008 年第 5 期

高中《视频信息的采集与加工》综合实践活动课教学设计

吴兰岸　曾　播

综合实践活动课是一种全新的课型，是新一轮课程改革的重要内容与亮点，它以实践性学习为基本特征；以联系生活、主动探究、学习方法、积累经验、丰富人生阅历作为价值取向；以学生“自主、合作、探究”和直接体验为基本学习方式；以创新精神和实践能力为重点。《视频信息的采集与加工》教学设计的整个设计过程中充分体现了综合实践活动课的性质与理念，主要包括以下几部分：设计思想、教学目标、教学重点难点方法、课前准备、教学过程。教学过程的实施分别是导入、分组活动、社区服务、形成作品、展示与评价作品、意义建构等。其中，活动主题的设计与确定、教学的组织与管理、对综合实践活动课性质与理念的理解等是综合实践活动课成败的关键所在。

《现代教育技术》2008 年第 6 期

新课改背景下信息技术课堂作业的设计与评价

丁　芳　周剑辉

课堂作业设计和评价是信息技术教学过程中的一个重要环节，也是新课程改革的重要部分。该文就新课改下对信息技术课堂作业的设计和评价的认识，以及相关的一些探索和尝试进行了总结和阐述。信息技术课堂作业可以尝试以下几种方式：游戏式作业、开放式作业、操作实践式作业、创编式作业、层次化作业。这些作业方式不仅能提高课堂效率和质量，切实为教学服务，也更好地实现引导和训练学生提高综合素质和能力的目标。信息技术课堂作业的评价可以有 5 分制评价标准（即把每一个学生的作业按照完成的程度分为 5 个等级）、APE 制评价标准（A. 认真完成作业并正确；P. 作业质量一般；E. 作业不上交或者上交不认真)。两种评价方法都体现了评价对教学的诊断和促进作用，激发了学生学习应用信息技术的兴趣。

《现代教育技术》2008年第7期

例谈高中信息技术“主体参与型”教学设计的应用

陈淑彦

所谓“主体参与型”教学，即从最初的教学设计，到具体教学难点的解决策略等，都要试着多从学生的角度看问题，充分将学生的实际情况考虑进去。《网上获取信息的策略》通过精心设计的问题将知识点贯穿起来，并层层递进，使学生对网上获取信息的策略有一个逐步深入的学习过程，从而顺利地完成学习目标。其中精彩片段有：情境创设，个性化导入；有选择性的提问——情感态度与价值观：自然过渡到本课的重点——逻辑命令的使用；知识迁移——化解逻辑符号“或”这个难点；水到渠成地引出另一知识点——高级搜索；搜索技巧不是万能的——专业网站的灵活运用；进一步拓展学生的视野——人是蕴藏巨大能量的搜索引擎。反思本课，在情境创设、难点处理等方面都有较好表现，但也需要注意发挥学生主体作用时的时间控制、评价处理等问题。

《现代教育技术》2008年第8期

高中《人工智能初步》教学的三种常用模式

马　超　张义兵　赵庆国

作为高中信息技术领域新的选修模块，《人工智能初步》旨在培养学生的信息素养与人文素养。但该课程目前的教学状况不尽如人意，亟待可借鉴的教学模式。针对课程教学过程中出现的问题，着重介绍三种常用的教学模式，结合具体的教学实例，为它们在《人工智能初步》教学中的应用抛砖引玉。第一种：“情境化教学模式”——回归日常生活是关键，这种模式适用于与实际生活密切相关知识的学习，能促进学习者形成对某事物的正确态度。第二种：“基于问题的教学模式”——“问题探索”是核心，这种模式适用于复杂抽象的知识的学习，使学生在解决实际问题的过程中习得知识。第三种：“基于案例的教学模式”——“基于案例”是难点的解决方案，这种模式适用于复杂、难度大却应用较多的教学内容。

《现代教育技术》2008年第8期

《信息技术》课程中的认知技能该如何培养？——新课标理念指导下的技能目标教学方法探究

张艳明

根据《全日制普通高中信息技术课程标准（审定稿）》对“技能”和“过程与方法”的陈述，以及课程标准“教学建议”模块的启示，程序性知识的常用教学策略和新型教学理念的支持，将认知技能目标的教学方法探讨如下：（1）行为主义理念下的教学方法。包括认知示范、尝试挫折等。认知示范和模仿练习是行为主义比较典型的教学方法，即学生按照教师的讲解和操作进行练习。（2）建构主义理念下的教学方法：包括抛锚式教学策略、任务驱动教学法等。通过对部分技能类课程教学方法案例的分析，使课标理念清晰可见，从而使教师的教和学生的学均有很强的针对性。综上所述，教学方法必须紧扣新课程标准的脉搏，技能目标教学方法的探究必须与新课标所倡导的“主动参与、亲身实践、独立思考、合作探究”理念相一致。

《现代教育技术》2008 年第 12 期

新课程改革中优化信息技术教学的几点思考与建议

郭兴华

作为一名信息技术任课教师，必须认真思考信息技术教育教学中存在的诸多问题，仔细思索在新课程改革中如何优化信息技术教学。以下是该文对于新课程改革中优化信息技术教学的几点建议：（1）明确教学关系，彻底转变信息技术教学中教师的角色。教师应由知识传授者转变为教学任务的设计者和课堂教学的组织者；要学会欣赏学生、积极参与到学生的学习过程；还要树立终身学习的意识，不断地加深和拓宽自己的专业知识，提升信息素养。（2）不断更新教学理念明确教学任务。（3）注重教学设计，实施“任务驱动”和“目标驱动”相结合的教学。要正确认识界定信息技术课程、明确教学目的与任务、重视信息道德的培养。（4）加强“学科整合”模式教学的培养，切实提高教师的教育技术能力。

《现代教育技术》2008 年第 13 期

中学信息技术教学方法初探

郭立明

在中学信息技术课程教学中，应巧妙安排课堂内容，诱发学生学习动机，激发学生学习兴趣，从而达到提高效率的目的。(1) 在教学过程中利用“教育游戏”的方法把计算机新课的学习寓于游戏之中，激发学生学习的兴趣，在学生浓厚的兴趣中学习新知识，掌握新技能。(2) 把教材内容因时因事做适当调整，创设环境，培养学生自主探究的能力和自我创新的精神。(3) 充分利用多媒体手段来创设、优化教学场景，使学生在学习情境中产生探究学习的动机，引导学生进入最佳学习状态。(4) 信息技术课实质上是一门操作技能课，光有老师的讲和演示是远远不够的，必须要给同学们更多的亲身体验的机会，必须让他们在完成任务中体验困难并一一解决，注意培养学生自主探究的能力和自我创新的精神。

《现代教育技术》2008 年第 13 期

中小学信息技术课的问题和策略

杨海茹

在国家大力推进教育信息化、普及信息技术教育的进程中，中小学信息技术课的开展状况已成为众多教育技术研究者和实践者倍加瞩目的问题。该文根据访问调查，从中小学信息技术课的发展现状、特点出发，针对目前信息技术课教育存在的问题（教学课时不足，教材建设滞后；师资培训不足，学生水平差异大；教学管理不严，学生学习目的不明确；缺乏考核机制，无法提高积极性），提出了一些信息技术的教学方法与策略：巧设“导语”，激发学习兴趣；即学即用，激发学习兴趣；巧用比喻和多媒体，提高教学效果；因材施教，不妨让游戏和动画进入课堂；用好“助手”，减轻教师辅导压力。

《中国现代教育装备》2008 年第 12 期

例谈信息技术课程创生的实践

朱彩兰

课程实施的创生取向认为，课程实施本质上是在具体教育情境中创生新的教育经验的过程。信息技术新课程倡导教师对课程的创生，认为课程是动态创生的结果，而不是预设的文本。信息技术教学实践中可通过以下方式积极创造鲜活的经验：(1) 深入理解教材、积极应变。如按照教学需要合理安排知识点讲授顺序、创造贴近学生生活经验的主题辅助教学等，以驾驭和超越教材的态度实施教学。(2) 通盘考虑教学设计、单元备课。采用单元备课的方式可以在整体上对单元内容进行把握并加以统筹安排，保证相关内容的连贯一致，保证学生学习的循序渐进。(3) 教学过程中，围绕学生、细心设计。教学中要注意引导学生思维、关注学生差异，让学生掌握发展个性的主动权。(4) 精心选用、灵活借鉴教学方法。(5) 评价问题上，倾向多元，下放权利。(6) 教学过后，积极反思，追问得失。

《中国信息技术教育》2008 年第 8 期

高中信息技术教学中的五种“流行病”及其防治

王克胜

随着新课程改革的进一步深入，在教学实践中出现的一些问题也逐步凸现出来。特别是信息技术学科，由于起步较晚，教师对新课标的理解和体悟还不够透彻，因此出现了值得警惕的“流行病”。本文根据教学实践，总结了在信息技术教学中存在的五种常见“流行病”，即小组合作形式、教学内容删减随意化、教学目标统一化、学生选课包办化、教学评价模糊化，并结合案例分析了每种“流行病”的原因，针对“病因”提出了防治措施。

《中国电化教育》2008 年第 3 期

信息技术教学评价研究

概　况

纵观 2008 年中小学信息技术评价方面的研究成果，研究内容主要集中在三个方面：一是信息技术高考；二是信息技术课堂评价；三是信息技术学业评价，总结如下：

信息技术高考

在这部分中，研究趋于两个方向，一是高考方案的比较研究，如冯友梅、李艺在《海南、山东两省信息技术课程进入高考模式的分析比较》一文中，从宏观和微观两个层面对两省的高考进行多角度的比较；另一方面是对信息技术进入高考的可行性论证，如曹书成的《信息技术课程进入高考可行性之我见》，陈齐荣、李艺的《逐步推进：信息技术课程纳入高考大发展之路》均论证了信息技术课程进入高考的可行性。

信息技术课堂评价

关于信息技术课堂评价的研究主要集中在评价方法存在的问题分析、多元评价方法的归纳总结等。较具代表性的研究有：王爱胜在《梳理信息技术课堂评价的方法与价值脉络》中对当前信息技术评价方法和价值进行了梳理；钟晓红在《小学信息技术教学评价方法的尝试——Word 模块教学后记》中总结了借助 Word 模板进行课堂教学评价的方法；董自明在《刍议信息技术教学中电子档案袋评价原则》中讨论了电子档案袋评价的基本方法和原则；邵红祥在《电子作品评价模式的设计与实现》中提出了电子作品的评价模式。

信息技术学业评价

信息技术学业评价在国内主要是指终结性评价，结合信息技术学科的特点，目前的研究还处于探索阶段。一方面，是对国外评价方式的研究与学习，如赵克己在《南澳信息技术高考试题的解析与启示》中通过对澳洲信息技术学业考试的研究，总结了对国内信息技术学业考试的启示；初晓婧、李艺在《对英、美两国信息技术课总结性评价的评估报告分析》中通过对英美两国"课程作业"评价方式的探讨，总结了这种评估报告的特点，为完善和发展我国信息技术课总结性评价，具有指导意义和实际应用价值。另一方面，是国内终结性评价的尝试。如程建伟、刘华山在《中小学生信息技能评估体系的研究》中建立了中小学生信息技能评估指标体系，冯友梅、李艺在《信息技术课程评价中大型主观题命题探讨》中分析了信息技术课程评价中大型主观题存在的问题，并提出了若干命题原则。

总体来看，信息技术评价方面的研究刚刚起步，信息技术课堂教学评价方面还没有对课堂评价形成一定的模式或者体系，信息技术的总结性评价还处于探索时期。其中，关于信息技术进入高考的模式、方法、实施保障等的研究需要进一步加强，这将有利于发挥信息技术课程的价值，推动学科的全面发展。

论　文　摘　要

海南、山东两省信息技术课程进入高考模式的分析比较

冯友梅　李　艺

从宏观到微观层面对海南省和山东省 2007 年信息技术高考进行了分析与比较。从宏观层面上，首先对两省信息技术在高考

中所占分值进行了比较，说明虽然所占分值微乎其微，但是对于信息技术进入高考是一个良好的开端，其利大于弊。其次，从信息技术进入高考的方式进行比较，得出海南省所采取的方式更加有益于信息技术课程的长远发展。微观层次的比较，主要从两省的考试目标、考试内容、试卷结构、试题设计、分析反馈五方面进行了比较，旨在阐明这两种考试模式对评价的信度、效度以及对信息技术课程的整体发展产生何种影响。从比较结果看，海南省信息技术课程进入高考的模式在考试信度、效度等方面都要优于山东，且能够对信息技术课程的整体发展起到一定的积极引导作用。山东省基于基本能力的考核对信息技术课程发展还不具有太强的导向性。

《中小学信息技术教育》2008 年第 3 期

告别教学评价中的真空地带

解培艳

由于多种因素的影响，信息技术学科现存的评价体系在评价主体、评价内容、评价形式等方面都存在问题，严重制约着信息技术教学的发展和学生综合素养的提高。因此，就这些问题，从信息技术教学评价的主体、内容、形式和机制几方面对实施教学评价进行了思考，并提出了建议。就评价主体而言，打破课堂上评价主体单一的局面，在教学中坚持“提升一个，压制一个”的原则，提倡评价主体多元化。对于评价内容，要使评价从片面向综合转向，重视学生综合素质的发展。具体做法为：做好策略性评价、做好形成性评价、做好整合性评价。在评价方式上，打破传统单一的评价方式，提倡多元化评价，提出在教学中可以实施个人发展报告与阶段性研究专题相结合的评价方式。教学评价机制也应该进行改变，通过完善评价机制来调整学生知识体系的建构过程，使其由密集型转为开放型。

《中小学信息技术教育》2008 年第 6 期

信息技术学科总结性评价构想

肖焕之

从学生个性化发展的角度提出当前信息技术学科的评价形式难承载学生发展之重。然后对不同形式的评价进行了比较与分析，主要分析笔试和机试两种形式的考试。提出以笔试为主要形式、以模块学习内容为单位、有试题难度级差的真正意义上的等级考试，可能是将来的一种选择。根据广东省推行的信息技术等级考试，对信息技术学科终结性评价进行了构想。主要描述了信息技术实施等级考试的方法：将考试分为五个等级，考生可直接选考任何等级，高等级兼容低等级的内容和水平；为了降低出试题的工作量，提出采用笔试形式出题。其次不同级间部分试题可以共用。

《中小学信息技术教育》2008 年第 6 期

电子作品评价模式的设计与实现

邵红祥

电子作品创作改变了传统教学中以教师为主体的灌输式的教学模式，有助于学生主体地位的确定，培养了学生的创新思维、实践能力和信息素养。从电子作品评价模式的理论来看，这种模式致力于反映学生对信息的理解和主动建构过程，评价指标包含对电子作品制作，也可分为设计、组织、内容、演示等，通过这些指标可以对学生进行不同维度的综合评价。关于电子作品评价模式的设计，提出了一种基于网络的评价模式，在充分利用现有网络资源的基础上，为学生提供一种开放的、及时交互的评价环境。当完成电子作品后，学生可以通过网络将作品上传至服务器，而对学生电子作品的评价通常采用实时评论和量规来进行。利用这种评价方式，实现了评价主体、评价方式的多元化。

《中小学信息技术教育》2008 年第 6 期

信息技术课程进入高考可行性之我见

曹书成

首先阐述了信息技术课程进入高考是社会对人才的需要，然后提出：(1) 信息技术课程进高考要确定考核的目的性，信息技术课进入高考，应按照新课确定的教学目标决定“教什么”，努力践行“教学什么、考什么”。(2) 新课程必须建立全新的科学的评价体系。确立教学评价的目的应体现科学性的原则，通过评价这一手段使之不断完善。(3) 信息技术课程进入高考的技术问题已经初步解决：首先，解决了目前信息技术测试中存在的实体类型单一、模仿性太大等问题。其次，借鉴了物理、化学、生物等多年来在高考中采用纸笔考试进行实验技能检测的经验。再次，高质量的试题能充分体现过程性、人性化、面向三大目标原则。

《中小学信息技术教育》2008 年第 1 期

信息技术学业水平考试引发的忧思

胡殿均

2008年江苏省信息技术学业水平考试已经顺利结束。据官方统计，徐州市选修“算法与程序设计（VB）”的考试过关率远远低于选修其他内容的学生。于是，很多学校老师表示让学生改选“网络技术应用”或“多媒体技术应用”，作者针对这一现象引发了担忧与思考。表现在：（1）评价决定教学。建议教师要围绕课程标准展开教学，避免机械的训练。（2）评价表现出不均衡性。建议江苏省的信息技术学业水平考试在出题时可以缩小VB考试范围，降低难度，轻语法、重思想，或者改变试题形式和相关考试要求。（3）程序设计在高中信息技术课程中地位不保。建议在目前的高中课程中，引导部分学生选修程序设计课程，使之成为保证我国在世界上长久竞争力的手段之一。

《中小学信息技术教育》2008年第10期

逐步推进：信息技术课程纳入高考大发展之路

陈齐荣　李　艺

信息技术课程要想融入到全国高考之中，其道路将是不平坦的，要理性分析并逐步解决信息技术课程进军高考途中遇到的各种障碍，采取积极务实的应对策略，保证其顺利实施。首先，信息技术进入高考必须回答三个问题：（1）信息技术课程是否具有进入高考的价值；（2）信息技术课程纳入高考是否有失公允；（3）信息技术课程纳入高考是否便于操作。其次，逐步推进信息技术课程高考发展之路。从经济发展、地区教育、转念转变等因素分析信息技术一下进入高考是不现实的。提出信息技术课程纳入高考逐步推进策略包括这样两层含义：一是从地域跨度上，信息技术纳入高考可由沿海、东部等经济较为发达的省份逐步向经济欠发达的地区推进；二是从分数比重上，将信息技术课程从与其他学科的综合或会考折算而成的“微量”分数比重逐步向作为高考中的一门独立学科转化。

《中小学信息技术教育》2008年8月上半月

信息技术课堂呼唤发展性学生评价

胡如兰

发展性学生评价是对学生学习进展与行为变化的评价，是教学评价不可缺少的一部分。总结发展性教学评价的方法有以下这些：(1) 多元性与及时性的恰当结合。评价中的多元性主要表现为评价主体的多元性；评价角度的多元性；评价方法的多元性。及时性是指要抓住时机评价学生的学习，能够对学生的学习具有引领、导向和促进作用。(2) 兼顾差异性与针对性。针对学生的差异性，要正确判断每个学生不同发展潜能，对每个学生制定不同的评价方法。有针对性的评价能使学生在进一步学习时目的明确，坚定学习的信心，并获得进一步的探究乐趣。(3) 注意激励性和启发性，不忘客观性。其中启发性是指教师的评价语言要能够诱发学生进一步思考问题。最后，对评价结果的运用进行了思考。

《中小学信息技术教育》2008 年第 1 期

新课程初中信息技术课堂教学评价标准

樊志华

新课程背景下，应遵循以下原则实施信息技术课程评价：(1) 导向性原则：评价标准要引领评价对象的思想和行为向构建高效和谐课堂靠拢。(2) 科学性原则：评价标准要遵循信息技术课堂教学规律，适应素质教育和培养目标的要求。(3) 全面性原则：评价标准要全面反映信息技术课堂教学的本质，既要对教学设计、教学准备、教学过程以及教学反思的全程进行全面的评价，也要从教师的教、学生的学以及师生互动三个维度全面评价课堂教学。(4) 可行性原则：评价指标是构建高效和谐课堂的关键因素，指标的细化、具有可操作性可以有效减少评价的主观臆断成分。通过将《评价标准》引入信息技术课堂教学，更有利于构建高效和谐课堂、大面积提高信息技术课堂教学质量。

《中国信息技术教育》2008 年第 1 期

梳理信息技术课堂评价的方法与价值脉络

王爱胜

高中新课程经过近两轮的实施，有必要对各种课堂评价方法做一些梳理和探讨。要搞好评价需要遵循的基本原则有：强调评价对教学的激励、诊断和促进作用，弱化评价的选拔与甄别功能；发挥教师在评价中的主导作用，创造条件实现评价主体的多元化；评价要关注学生的个别差异，鼓励学生的创造实践；评价与教学过程相结合，动态把握，及时引导学生情感、态度和价值观的形成。近几年学业评价、课堂评价等评价理念与实践得到了较快发展，如表现性评价、学程记录档案评价、作品评价以及其他灵活适用的评价方式，如运用自测题进行知识测试，用闯关竞答游戏进行操作测试，通过纸质或电子卷进行考试测验等。总之，无论什么样的评价方法，都要考虑评价的真实性、评价的可操作性以及评价的所需时间、判断效率和应用效益等。

《中国信息技术教育》2008 年第 5 期

南澳信息技术高考试题的解析与启示

赵克己

信息技术课程在澳洲称为信息技术研究，大学入学考试采用纸笔考试，题目包括简答题、问答题、论述题，内容涵盖：(1) 计算机原理：为大学学习计算机专业课程打下严实的基础。(2) 软件工程：软件项目的设计、开发、实施和维护。(3) 网络技术：网络技术综合应用，如互联网连接、邮件服务及运作、病毒安全等知识。(4) 数据库：主要涉及基本的数据库原理。(5) 程序设计：用伪代码出题，把考查放在程序设计的核心——算法部分。(6) 综合试题：主要是原理和应用相结合的题目。对于国内信息技术课程的启示：教学内容宜兼顾软件操作和计算机科学；考试方式宜采取机考和笔试相结合；课程目标应该把培养信息素养和计算机科学知识学习相结合，注重学生在计算机科学领域的专业成长。

《中国信息技术教育》2008 年第 10 期

小学信息技术教学评价方法的尝试——Word 模块教学后记

钟晓红

基于新课程的评价理念，评价过程的实施要平等，评价要促进学生在原有水平上得到发展。该文在《小学信息技术》第三册 Word 模块教学中对学生的评价方法进行了如下探索和实践：(1) 具有激励性质的课堂作业，用这种方法转化了几个其他学科学习有困难的学生，上课纪律也有了明显的好转。(2) 具有总结归纳性质的学生自评，通过自评，使学生回顾与检查内部化，在自我反思中增强了监控自身思维过程的能力。教师则能反思自己在教学中哪些知识点讲得不够清楚，哪些教学方法需要改进。(3) 具有创意的学生作品制作，此种方法虽然教师的工作量比较大，但对提高学生的创作热情和创作能力是很有帮助的。(4) 具有鼓励性质的总体评价，根据“优、良、中、待努力”四个等级作总结性评价。通过评价，教师及时了解学生的学习状况，同时也要了解自身的教学效果和质量，并通过反思来改进以后的教学效果。这是一个双方提高的过程，是信息技术教学的根本。

《现代教育技术》2008 年第 4 期

中学信息技术课程形成性学习评价研究

宋艳茹　乜　勇

信息技术课程兼有学科课程、综合课程和活动课程的特点，这些特点以及传统学科固有的评价方式使得中学信息技术课程的学习评价和传统学科的学习评价一样，重视终结性评价忽视形成性评价。即便是有些教师采用了形成性评价，其在评价操作过程中也遇到很大的困难，使得信息技术课程学生学业形成性评价流于形式。信息技术课程学生学业形成性评价的具体操作步骤如下：(1) 确定教学目标。(2) 分析评价对象。(3) 确定评价内容；信息技术课程的评价内容涉及认知能力、动作技能、情感态度三个维度。(4) 选择评价方法：常用的评价方法有试卷评价、问卷评价、观察记录法、访谈法、作品评价法、档案袋评价、答辩评价法、辩论评价法、基于 Blog 的开放性评价法、概念图评价法等。(5) 制定评价标准。(6) 确定评价形式。(7) 实施并对评价结果进行处理。(8) 检测反馈。(9) 推广应用。

《现代教育技术》2008 年第 7 期

对英、美两国信息技术课总结性评价的评估报告分析

初晓婧　李　艺

本文从英、美两国信息技术课总结性评价评估报告的特点出发，探讨了在总结性评价中“课程作业”这种开放的评价模式该如何评判；等级评判法该如何应用；评价过程中该如何体现评价主体的多元化，以及尊重学生主动性等问题，并提供了相关应用说明和实例。最后归纳出两国评估报告的特点：(1) 两国开设信息技术课的目的是一致的，就是为了社会信息技术的普及和全民信息素养的提升。(2) 评估主要有两个目的：“对学习的评估”及“促进学习的评估”。(3) 由于两国的考试都是由第三方的考试评估机构完成。依据这些特点，比较我国当前信息技术考试制

度，对完善和发展我国信息技术课总结性评价，具有指导意义和实际应用价值。

《中国电化教育》2008 年第 4 期

中小学生信息技能评估体系的研究

程建伟　刘华山

本研究参考国内外信息素养的各种评估体系，结合教育部颁发的《中小学信息技术课程指导纲要（试行）》，并根据我国中小学生的信息技能发展的实际状况，建立了中小学生信息技能评估指标体系。研究过程中，运用德尔菲法请专家对指标体系进行评估和修改，并给予评分权重；然后根据指标体系设计出相应的测量问卷，经过学生访谈和小规模使用修改题目，再根据试测结果进行项目分析，得到中小学生信息技能评估问卷，最后通过大规模调查进行信度和效度分析。本文所建立的中小学生信息技能评估体系得到专家们的认可，中小学生信息技能评估问卷也具有良好的信度和效度，可以为更好地评价中小学生的信息技能的发展提供参考。

《中国电化教育》2008 年第 6 期

刍议信息技术教学中电子档案袋评价原则

董自明

电子档案袋评价，是一种用代表性事实来反映学生情况的评价方法。在信息技术教学中采用电子档案袋评价，能真实地记录学生在信息技术学习过程中的成长足迹，督促学生经常自我评价，反思学习方法，培养他们学习的自主性和自信心，促进综合素质的发展。为了更好地发挥电子档案袋在评价过程中的作用，必须遵循以下几个原则：目的性原则、可操作性原则、多元化原则、自主反馈原则、全面性原则、个体性原则、激励性原则。

《中国教育信息化》2008 年第 16 期

信息技术课程评价中大型主观题命题探讨

冯友梅　李　艺

大型主观题是信息技术课程评价中存在的一种评价方式，一般情况下容易出现题目要求过于笼统及评分标准不严谨等问题。本文分析了问题产生的原因，主要为：（1）理论研究的匮乏。(2) 实践经验的不足。建议性地给出了大型主观题的命题原则，分别为：(1) 合理使用命题材料。(2) 题目要求明确具体。(3) 大型题目小型化、主观题客观化。(4) 评分标准科学规范。并结合每个原则，列举了若干命题案例作为对这些原则的说明和应用。

《中国教育信息化》2008 年第 20 期

信息技术课程中教学评价方法的研究

张媛媛　王春艳

本文探讨并研究了多种教学评价方法，通过研究对比旨在帮助大家找到一种既有助于学生全面的信息素养的培养，且有利于教师自身素质提高的教学评价方法。文中根据教学评价在教学过程中发挥的作用的不同，将教学评价分为总结性评价、形成性评价和诊断性评价。总结性评价的目的是评定学生的学业成绩，确定学生达到教育目标的程度，证明学生掌握知识、技能的程度和能力水平。形成性评价侧重于教学的改进和不断完善，属于前瞻式评价。诊断性评价的用途有三方面：一是检查学生的学习准备程度；二是确定对学生的适当安置；三是辨别造成学生学习困难的原因。根据多元智能理论提出了三种评价方法：(1) 档案袋评价法。(2) 多维度智能评价法。(3) 雷达图评价法。

《今日科苑》2008 年第 14 期

中小学信息技术教学评价的深层思考

周振军

随着信息时代的到来，在信息技术教学中亟待需要借助评价了解信息技术教学质量、办学效益等信息，使决策和管理科学化。通过对信息技术教学中总结性评价的思考和过程性评价的分析，对信息技术课程教学进行了深层思考，并提出了若干意见，具体有：(1) 信息技术课程评价的思想体系——强调价值研究的基础性。(2) 信息技术课程评价的目标体系——突出发展的动态性。(3) 信息技术课程评价功能的拓展——着眼于未来的发展性。(4) 信息技术课程评价的主体构成——主张广泛的参与性。(5) 信息技术课程评价的对象范围——超越单因性的整体性。(6) 信息技术课程评价的方法论体系——强调多种模式的选择。(7) 信息技术课程评价结果的显示——突破封闭的开放性。

《教学与管理》2008 年第 3 期

中小学信息技术课程学生评价的问题及对策

刘 红 邹策千 刘微微

开展中小学信息技术教育是培养学生信息素养的有效途径，如何评价中小学学生的信息素养，如何在信息技术课程中对学生进行评价，是实施中小学信息技术课程的关键问题。首先，从分析中小学信息技术课程学生评价中存在的问题入手，提出当前评价中存在的问题，然后针对这些问题，提出了相应的解决策略，具体有：(1) 明确信息技术课程学生评价的目标。(2) 明确评价范畴，为构建多维度、多层面评价体系做必要的准备。(3) 在科学规范的信息技术教育实施过程中确立被评价者——学生的主体地位。(4) 建立网络化的评价系统，使具体评价简单易行。(5) 加大师资培训的力度，以提高信息技术课程教学的质量和发挥过程性评价的积极作用。

《内蒙古师范大学学报》(教育科学版) 2008 年第 6 期

信息技术课程整合研究

概 况

纵观 2008 年信息技术与课程整合方面的研究成果，研究内容大体上分为四个方面：一、信息技术与课程整合的现状；二、信息技术与课程整合的理论研究；三、信息技术与课程整合的有效性研究；四、整合中的技术应用。以下针对这四个方面分别进行了概括性描述。

信息技术与课程整合的现状研究

主要集中在对信息技术与课程整合中出现问题的总结，比如，对信息技术与课程整合的错误认识，认为教学中应用了信息技术就是信息技术与课程整合；应用上的盲目性，将信息技术只作为教师进行教学的工具，忽略了信息技术对学生的影响等。通过分析这些问题产生的根源，提出了相应的改善建议。

信息技术与课程整合的理论研究

信息技术与课程整合理论上的研究主要关注了对整合理论、模式、整合策略、评价系统、应用框架等的研究，其中关于整合理论和整合模式的研究较具代表性。

关于整合理论的研究主要表现在对国外整合理论的学习和国内整合理论的重构，何克抗在《对美国信息技术与课程整合理论的分析思考和新整合理论的建构》中提出了国内课程整合的新内涵，林永海在《信息技术与课程整合的三个层面》中从知识、经验和文化三个层面提出了信息技术与课程整合的理论。

信息技术课程整合的模式是当前研究的热点，从不同视角出发研究的模式也不尽相同，有基于资源的教学模式研究，有基于理论的教学模式研究，还有针对信息技术课程整合的行动研究。张民生、石惠在《信息技术支持下的课堂教学新模式的探索和研究》中比较了信息技术与课程整合的旧模式，提出了信息技术支持下的新模式，即“课前—课中—课后”教学模式。

信息技术与课程整合的有效性研究

信息技术与课程整合的有效性研究也是当前研究的热点。主要关注影响信息技术在教学中应用效果的因素分析，在王佑镁的《信息技术与学科教学整合效能的影响因素研究》中运用实证研究挖掘了影响教师进行有效信息技术与课程整合的因素；另外，信息技术在教学中应用的绩效研究也有成果，在刘瑞儒的《信息技术在西部地区基础教育应用中的绩效研究》中，运用绩效理论对西部信息技术在基础教育中的应用进行了分析与研究。这些研究都为信息技术与课程的有效性整合提供了依据。

信息技术与课程整合中的技术应用研究

主要关注的是当前课程中常用的技术，如多媒体、电子白板、WebQuest、Blog、Wiki 等，以及在教学中刚刚使用的一些新技术，如移动技术、EAHAM 等。在这些研究中，对多媒体教学应用的研究比较多，比如，多媒体应用于教学的问题分析、策略研究等，以及多媒体教学理论研究等。关于网络学习的研究也受到了众多研究者的关注，如张攀峰、攀旭在《网络探究学习模式（WebQuest）的改进研究》中分析了当前 WebQuest 教学模式中的不足，并提出了改进措施，建立了新的教学模式。另外，移动技术应用于教学的研究开始起步，杨玉芹、钟洪蕊、焦建利在《移动技术支持的学习新进展》中以活动为中心的视角审视了移动技术的教育应用。

总之，信息技术课程整合的研究，从理论到实践，以及新技术的应用都已经开始受到研究者的关注，并且取得了一定的成果。

论 文 摘 要

信息技术与课程整合在实践中的有效推进——基础教育跨越式发展创新试验中行动研究

陈玲　陈杰　余胜泉

在“基础教育跨越式发展创新试验中行动研究”项目中，在与一线试验教师的合作研究中从系统的、整体的信息生态发展观出发，找到一种适应不同信息技术应用环境和适合不同阶段教师发展的课程整合行动研究模式。首先在研究中采用理论与行动相结合的手段，形式上主要有：（1）理论、设计、模式、技术等基础培训。（2）现场课的集体观摩和研讨。（3）集体备课。（4）听课指导。（5）互动与交流。（6）阶段性试验成果的提炼，确定下阶段的目标。另外，在教师整合实施推进中应注意的问题有：（1）合理调配人力资源。（2）收集积累相关资料。（3）根据不同发展阶段与教师采取多层次的行动研究合作形式，主要分三种情况：第一阶段是合作为主的形式；第二阶段是支持为主的形式；第三阶段是采取独立为主的形式。

《中小学信息技术教育》2008年第11期

信息技术与课程整合的信息统整策略

周颖　王新

信息统整不是一般意义上的全部合并，而是更高层次上的建构创生，新信息与原有状态相比，更多的是质的变化，即产生了最优化形态。信息统整的策略主要有：（1）作为一种优化教与学的策略。主要抓好几个环节：围绕主题或事件，建立“信息网络”，形成信息资源库，供整合主体自有利用；围绕主体或事件，选择整理相关课程信息，形成自己的“信息包”；依据相关素材，进行整体融合、建构、创生新知和能力；在完成某一主题或事件的统整后，引出新的主题或事件，以继续进行统整。（2）作为一种有效推进整合的策略。信息统整的基本顺序是：寻找整合角度——整合设计与实施。寻找整合角度可采用事实感悟法、联系比较法、推理预测法。整合设计与实施的步骤有：找出所涉维度、解析维度、细化排列、要素间交叉组合。

《中小学信息技术教育》2008年第5期

交互白板促进学生学习方式变革，提高学生思维品质的行动研究

高雅萍

在“信息技术与学科教学整合的策略研究”中，选定《基于交互白板促进学生学习方式变革，提高学生思维品质的行动研究》，经过两年的实验，总结了这一研究成果。主要有（1）构建基于交互白板的学习方式流程图，论证各要素之间的关系。具体表现为交互白板的学习环境与学生的关系；交互白板的学习环境、学科学习内容与教师；基于交互白板的学习方式中，教师和学生的关系。（2）探索交互白板与学科教学的结合点，提炼交互白板主要的七大教学功能：第一，即时批注；第二，过程回放，重视学习过程；第三，拖动组合，经历学习过程；第四，重点抓拍，凸显学习重点；第五，拉幕隐蔽，提高学生注意力；第六，放大探照，探照突出重点，集中学生注意力；第七，库存另存，积累多种资源，方便查找调用。（3）形成“以学评教”的课堂学习和教学评价体系，制定评价指标及要素，设计评价量表。

《中小学信息技术教育》2008年第7～8期

多媒体技术在数学教学中的应用

汪永铭

新的《数学课程标准》明确指出，信息技术的发展对数学教育的价值、目标、内容以及学与教的方式产生了重大影响。因此，把信息技术作为学生学习数学和解决问题强有力的工具，致力于改变学生的学习方式，使学生有更多精力投入到现实的、充满探索性的数学活动中去。在教学实践中，总结了若干多媒体技术在数学教学中应用的策略：（1）利用多媒体的趣味性，激发学生的学习兴趣。（2）利用多媒体的动画效果，引导学生主动探索。（3）利用多媒体的展示功能，促使学生积极思考。（4）利用多媒体的兼容性，扩大学生的认知空间。（5）利用多媒体的三维效果，培养学生的想象能力。（6）利用多媒体的可控性，培养学生的观察能力。

《中小学信息技术教育》2008年第12期

信息技术课程整合误区的分析

邱相彬　胡水星

信息技术与课程整合经过八年的实践与探索，总结了实践中

出现的一些误区。(1) 为了应用而应用。很多教师认为只有用了信息技术才算是整合课，忽略了信息技术在教学中的作用，对信息技术的应用呈现一种盲目性。开展信息技术与课程整合必须克服这种思想，在充分尊重学科特点和学生特征的基础上选择合适的媒体应用于教学。(2) 为了用得漂亮而用。很多信息技术与课程整合课堂上，教师应用信息技术只是为了追求课堂教学的漂亮而已，导致教学显得很空洞。提倡课件应该有友好的界面，操作简单、方便，应该把解决教学中的问题放在首位。(3) 为了教师用而用。在目前的课堂上，信息技术只是教师演示的工具，没有成为学生学习的工具，应让信息技术也成为学生探究的工具、学习的工具。

《中小学信息技术教育》2008 年第 11 期

几何画板与初中数学整合的切入点

郑金海

几何画板参与初中数学的设计与教学，有利于帮助学生认识数学的本质。要想将几何画板用得恰到好处，就要找出几何画板与数学有效整合的切入点，使它为数学的教与学提供优质服务。具体为：首先关注学生的思维。关注学生的思维：(1) 以培养学生抽象思维为切入点，利用几何画板化抽象为直观的功能，帮助学生理解。(2) 以培养学生想象力为切入点。其次关注教与学的高效性。要做到：(1) 以数学知识点为切入点，教师应该围绕知识点的揭示、辨析、总结等环节，运用几何画板进行有效整合。(2) 以创设问题情境为切入点，几何画板能方便地创设数学情境，使学生逐步发现问题中变与不变、动与静、形与数的对立统一关系。(3) 以揭示数学思想为切入点。最后还要关注课堂的外延知识。

《中小学信息技术教育》2008 年第 3 期

加强课程意识促进信息技术与课程整合

徐　凡

信息技术和课程整合需要教师领悟课程与教学的密切关系，至少从以下几个方面注意：首先，在整合教学的目标方面，必须和课程目标一致、统一；其次，在整合教学活动的意义方面，教师可能更关注是把这项整合活动尽可能做到最好；第三，在整合的评价方面，教师更应关注学生的全面发展，关注知识与技能、过程与方法、情感态度价值观的形成和发展。在如今的课程改革中，由于受到种种因素影响，教师主体地位还有待进一步确立。

一是教师要提高对信息技术与课程整合的目的和价值的认识；二是教师需要摆脱旧的课程体制的长期束缚；三是教师培训是整合的重要条件；四是信息技术与课程整合呼唤学校领导要从行政领导转型为课程领导者；五是学校信息技术与课程整合必须以一定的人力、物力、财力为基础。

《中国信息技术教育》2008年第2期

信息技术与课程整合：回想2007

高建风

2007年信息技术与课程整合在实践中逐渐深化，在质疑之中得到升华，在躁动后趋于理性。例如：(1) 整合热点：魔灯旋风。2007年是中小学轰轰烈烈推广Moodle课程平台与建设研究的一年。(2) 整合关键点：整合大赛。各地都在开展本地区的信息技术与课程整合比赛。“全国中小学信息技术创新与实践活动”中的教师教学实践评优比赛以及全国信息技术与课程整合优质课大赛是其中比较有影响力的大型比赛。(3) 整合的现状与批判。反思现状，不可否认出现了“泛化”和“虚化”两种倾向。(4) 整合的不同取向。如何克抗、蒋鸣和、钟绍春等专家分别就深层次的整合、课程创新、整合点等进行了深入的探讨。(5) 未来的展望，要在夯实信息技术与课程整合的理论基础、切实推进整合的途径方面多做努力。

《中国信息技术教育》2008年第1期

信息技术与课程教学整合的策略与误区

庄俊红　柏庆华

信息技术与课程教学整合策略涵盖以下四个方面：(1) 知识点切入策略，整合应以学科的知识点为切入点来进行。(2) 多种感官参与学习策略。调动学生运用多种感官参与学习，可大大提高学生的感知效果，由被动学习变为主动学习。(3) 合作探究策略，可充分利用网络让学生在课内外进行合作学习、研究性学习。(4) 自主探究学习策略。培养学生分析信息、加工信息的能力。有关整合的理解误区阐释如下：(1) 整合不是把学科教学整合到信息技术中，而是把信息技术有机地融入学科教学中去支持学科教学。(2) 整合不单指教师信息技术操作，还要关注学生的主体意识。(3) 整合不能用“机灌”代替“人灌”，要处理好人机关系，电脑不能代替教师，人不应“役”于电脑。

《中国信息技术教育》2008年第8期

信息技术与学科课程整合的现状与发展

洪国强　吕　军

把信息技术手段引入到传统的学校教学之中，可给传统学科教学带来全新的面貌。(1) 信息技术与学科课程整合的优势：多媒体技术的媒体丰富性有利于激发学生的学习兴趣，信息刺激多样性有利于提高学生学习的效率，交互性可充分体现学生的学习主体地位。(2) 信息技术和学科课程整合的手段：首先要学习信息技术本身，也要充分利用信息技术课的资源，穿插整合对其他学科知识的强化和练习；其次在其他学科课程教学中，可充分利用信息技术的优势将其作为高效的教学工具和教学手段，提高学科的教学效率。(3) 信息技术和学科课程整合发展阶段：作为一门学科和技术出现在学校课程中；作为普通教育工作者的必备技能逐渐运用到教育教学中；进入新的融合阶段。

《中国信息技术教育》2008 年第 8 期

课程有效整合中的教师主导策略

谢宇翔　刘　琦

信息技术与课程整合的课堂教学中，多媒体和网络的介入，使得一些教师在发挥学生主体地位上存在误区，在此从三个方面着力探讨整合课堂中的教师主导策略，以期帮助教师走出整合的困惑和误区，实现信息技术与课程的有效整合。(1) 课堂组织策略：课堂组织管理调控是信息化课堂教学中教师发挥主导作用的一个重要方面，包括网络教室下的课堂常规、信息化课堂资源使用导引、课堂教学中技术问题处理、和谐平等的课堂气氛建立等。(2) 知识传递策略：这里的知识传递主要指的是教学任务的完成，教师应着重注意教学目标的把握、课堂问题的设计、评价的反馈、概括总结等。(3) 自学指导策略：教师主导除了体现在课堂组织和知识传递外，还体现在对学生的自学指导上，包括学法指导、自主学习的指导、讨论与协作的指导等。

《中国信息技术教育》2008 年第 6 期

信息技术与学科教学整合效能的影响因素研究

王佑镁

目前的信息技术与学科教学整合虽大力开展实施，但效果却并不理想。教师作为课程整合的实施者，是真正发挥整合实效性以及提升课堂教学效能的关键。本研究采用实证调查研究，深入挖掘影响教师进行有效信息技术与课程整合的因素。研究发现，教师的个人因素中的输入法、教学经历、年龄、设备和网络情况、是否参加过培训、使用频率六项因素对信息技术与课程整合产生了显著的影响。研究发现：影响信息技术与学科教学整合教学效能的因素，也是相当复杂且多元的；研究结果显示，教育技术培训可对信息技术与课程整合效能发生显著效果。本研究结果可为信息技术与学科教学整合策略及政策提供一定的依据，可以针对目前的教师教育技术培训机制提出一些建议。

《中国电化教育》2008 年第 7 期

对美国信息技术与课程整合理论的分析思考和新整合理论的建构

何克抗

信息技术与课程整合理论应包含三方面的内容，然后以此为依据对美国当前具有代表性的两部信息技术与课程整合论著（教育技术 CEO 论坛第三年度报告和罗布耶的专著）作了认真的剖析；并以美国近年来实施信息技术与课程整合的现状及效果加以论证。在此基础上，结合中国的国情进行深入思考，从而形成关于信息技术与课程整合理论的全新认识，包括：（1）信息技术与课程整合的目标（意义）。（2）信息技术与课程整合的内涵（实质）。（3）信息技术与课程整合的途径（方法）：要运用先进的教育理论（特别是建构主义理论）来指导“整合”、要紧紧围绕“主导—主体型”教学结构的创建来进行整合、要运用“学教并重”教学设计理论进行“整合”课的教学设计、要努力建设信息化教学资源（这是实施“整合”的先决条件）、要结合不同学科特点创建能支持新型教学结构的教学模式。

《中国电化教育》2008 年第 7 期

情境学习观点对数字化学习的启示

周媛 吴文春

情境学习观点在数字化学习中的应用突出了社会文化因素的作用，提出数字化学习发展从认知转向了情境。情境学习对数字化学习的启示有：（1）重视学习活动的设计，强调学习应在真实情境中通过实践活动来获得知识与技能。（2）突出学习情境创设的有效性与合理性，知识本身必须与真实情境、社会活动、具体的文化背景相联系，而数字技术能为模拟各种学习环境。(3) 搭建长效学习共同体，协作学习既是数字化学习的重要元素，也是数字化学习的重要内涵之一。(4) 给予必要的学习支持，如提供给学习者有效的反馈与良好的监控。(5) 建立具有激励机制的评价体系。情境学习理论特别强调学生参与评价，能否正确地评价自己是学生学习水平高低的重要标志。

《电化教育研究》2008 年第 8 期

教育软件可用性评测研究

方海光　张景中

教育软件的评测是我国迫切需要进行研究的领域，而评测的难点之一就是如何量化具体的评价指标。本研究思路即针对教育软件的重要指标可用性进行分析和量化，对教育软件用户操作的信息进行采集和量化分析，通过定义操作简单率来描述操作方式完成更多功能的度，通过定义操作量来描述用户操作软件的工作量，从而对教育软件产品用户操作的可用性程度进行刻画和比较。最后设计可用性测试系统原型，并以超级画板和几何画板的操作实例进行对比测试及其结论的分析。

《电化教育研究》2008 年第 2 期

信息技术作为学习工具的应用框架研究

钟志贤

技术既是目的（作为技术素养或信息素养），又是工具手段（引发和支持教育改革、促进有效学习、创设新型学习环境）。从“用技术学习（Learn with IT）”的角度，探讨了信息技术作为学习工具的角色和功能、认知工具与高阶思维发展、学习者与技术的关系等几大问题，阐释了技术与课程整合的实质和作用。最终建构了技术应用的框架，该框架从学习的复杂度、学习的投入度、内容的真实度、技术的应用度四个维度来综合考虑了技术的应用问题，从而为信息技术作为学习工具的实践提供了一个应用框架。信息技术作为学习工具的问题研究，是发挥信息技术功能、改善教学方式和转变学习者学习方式的关键，值得从理论和实践层面展开进一步的探索。

《电化教育研究》2008 年第 5 期

网络探究学习模式（WebQuest）的改进研究

张攀峰　樊　旭

WebQuest 是一种以探究为取向的学习模式。在这种模式中，互联网是学生获取信息的主要来源。不少国家的教师已经尝试在课堂教学中应用，以培养学生收集信息，分析、综合和鉴别信息的能力。基于 WebQuest（网络探究）学习模式中存在不完全自主学习的不足，故而在原有模式基础上提出了改进方案，改进后的 WebQuest 模式分为三个阶段：（1）自主学习探究阶段；（2）合作探究阶段；（3）评价总结阶段。每个阶段又细分为不同的模块，使各个阶段自然流畅地衔接，使自主学习、合作学习、研究性学习在改进后的模式中相互独立而又相互配合，充分体现各种学习观的融合。最后在修改方案基础上设计了一个教学案例。

《电化教育研究》2008 年第 9 期

当好助手　演好配角　做好仆人——看多媒体课件的辅助教学作用

谢宝荣

该文以作者制作、评比和研究多媒体课件的经历为背景，归纳出应用多媒体课件普遍存在的三个误区，即喧宾夺主、反客为主和一仆二主，并分析其产生的主要原因是过度看重课件的兴趣性、观赏性和技术性。同时，还对如何恰到好处地发挥课件的辅助作用提出了积极的建议，即：（1）注重攻克难点。在这里要把握两点：一是决不要曲解课件的兴趣性；二是把抽象问题形象化，课件是攻关高手。（2）不要反串，加强配合。教学中要注意决不能用课件代替教学过程；把微观问题宏观化，课件是行家里手。（3）减少合作，重视创作。在制作课件中，要重创意，轻技术，提高课件的性价比。

《中国电化教育》2008 年第 10 期

信息技术在西部地区基础教育应用中的绩效研究

刘瑞儒

随着教育信息化向深层次推进，如何提高信息技术的教学应用效果已成为目前教育信息化研究的热点课题。该文基于绩效技术理论，在充分调研的基础上构建出提高信息技术在西部地区基础教育中的应用效果的结构化绩效模型，并结合西部地区基础教育发展现状，详细进行了绩效分析、差距分析及产生的原因分析，针对具体问题提出了相应的解决对策，同时阐述了在方案实施过程中需要注意的有关事项如变革管理、效果评估等，以探索西部地区深入推进基础教育信息化的有效策略。

《中国电化教育》2008 年第 5 期

信息技术支持下的课堂教学新模式的探索和研究

张民生　石　慧

根据新课改的要求，上海市浦东新区《数字化教室》课题研究项目组，积极探索在信息技术背景下的教学改革，提出了“信息技术支持下的‘课前—课中—课后’教学模式”，并进行了试验，取得了良好的效果。本文从新模式的内涵入手，比较了新模式与原有模式的不同，并结合具体案例阐述了对于这种模式的理解。

《中国电化教育》2008 年第 9 期

利用信息技术构建学生评价体系的实践与思考

王中荣

新课程标准关注每一个学生的发展，倡导“立足过程，促进发展”的评价体系，要求对学生素质的评价，既能关注学生的学业成绩，又能发现和发展学生多方面的潜能。将学生素质发展的各种信息，基于信息技术的平台，构建学生素质发展的档案袋，使得对学生素质发展的评价工作多渠道、多形式、多元化。这些尝试，为这次课程改革在学生素质评价方面提供了一种新的思路，表现在：(1) 体现新课程对学生素质评价的特点。(2) 学生对现代信息技术的学习兴趣和自身素质的关注程度提高。(3) 应用软件功能齐全实用性强。

《中国电化教育》2008 年第 1 期

日本初中理科运用信息技术教学的案例评价

徐　力　卢慕稚　谢玳英

该文从教学活动的选题、对社会资源的开发、对信息技术的利用、对教学过程的保障设计等几个方面，介绍并评论了一个日本初中理科信息技术与课程结合的教学案例，归纳了这些教学案例的特点，即：(1) 选题上利用媒体和大众普遍关注的特殊事件。(2) 资源利用上以社会资源和专业领域专家弥补学校教学资源的不足。(3) 教学手段上充分、恰当地使用信息技术。最后，在利用社会资源、教学过程装备保障设计和恰当运用信息技术手段进行教学三个方面提出了建议。

《中国电化教育》2008 年第 9 期

透视基于BBS论坛的中小学课堂同步交流

叶丽新　苏小兵

在中小学课堂中开展基于BBS论坛的同步交流，必须思考两个层面的问题。在显性的形式层面，需要考虑如何设计论坛结构以适应多样化的交流情境。譬如，提供多种师生交流渠道，为不同的交流阶段与层次提供弹性交流空间，为不同范围的交流提供弹性交流空间。在隐性的内容层面，需要考虑有哪些类型的交流内容，怎样进行适度的组织。根据与讨论主题的相关度，交流内容一般可以分为：核心内容、边缘性内容和与主题无关的内容。其中，边缘性内容的合理利用是提升交流质量的关键，这需要通过有效的组织使原本平面化的内容立体化，使原本可能瞬间就被淹没的精彩观念得以凸现。

《中国电化教育》2008年第1期

小学低年级教材插图的认知、教育功能与定位分析

蒲志安

在小学教材中，插图起到了文字所做不到的、不可替代的作用。在低年级的教材中，文字、插图、语言共同完成对小学生观察能力、认知能力、理解能力、记忆能力、表达能力、审美能力、学习态度以及情感的培养。同时，结合学科结构定位、图像教学的认知发展心理学的定位对美术编辑的定位进行了论述，提出进行跨学科的理论研究，将教材中的插图创作与文字编辑紧密结合起来，以实现培养学生快乐学习的良好情感和品质，并达到使其终身受益的目的。

《课程·教材·教法》2008年第9期

教师实施WebQuest之个案研究

周玉霞　周婉薇　李　芳

WebQuest是结合专题研习和资讯科技的一种教学模式，近年来香港中小学教师开始通过WebQuest进行教学活动。教师是如何理解和实施WebQuest的呢？他们遇到了哪些困难呢？本研究采用个案研究法来探讨这些问题。研究发现，教师对WebQuest背后的教育理念并不十分清楚，因此在课程设计、实施、评价方

面遇到困难。从实施层面看，有很少的教师在信念层面上能够符合 WebQuest 的基本理念，大多数教师仅仅在技术层面上实施了 WebQuest 的基本流程，更有少数教师只呈现了一些网络材料。所以改变教师观念是关键，同时解决他们在实施教学时遇到的困难，帮助学生真正进行探究学习。

《中国远程教育》2008 年第 4 期

基于 WiKi 的小学协作教学模式研究

宋　婷　杨培禾　王　栋

Wiki 是继 Blog 之后一种新的网络技术和文化，文章介绍了 Wiki 的特点，分析了 Wiki 在当前小学教育中的应用，在网络协作学习和问题协作学习的基础上给出了一个基于 Wiki 的小学协作教学模式，即：(1) 建立协作学习小组。(2) 围绕主题，提出问题。(3) 以学生为主体，教师指导，协作解决问题；最后学生汇报成果，提交最终方案，教师对结果进行反思与评价，有针对性地进行下一步的教学。然后讨论了该模式在实施中可能存在的问题和发展方向。

《中国远程教育》2008 年第 2 期

信息技术在教学中应用效果的调查研究

安　涛　吴秋红

随着教育信息化建设进程的不断深入，信息技术教育投入的不断加大，其应用效果问题也成了人们关注的焦点。本研究从实际调研出发，对信息技术在教学中应用的现状进行了调查。分析了影响信息技术应用效果的因素：一是教育观念的落后，特别是学校领导对信息技术教育应用的认识存在局限性；二是教师培训不到位，教师信息化教学能力不足；三是信息技术教育羽翼未丰，学生信息素养不高。在此基础上，对加强信息技术的教学应用提出了一些建议：(1) 转变校长职能，完成角色的重塑。(2) 重新审视教师培训，加强对教师的支持。(3) 重视信息技术课程，培养学生的信息素养。

《中国远程教育》2008 年 11 期

多媒体学习的认知体系

斯蒂芬·K. 里德

本文对主要的认知体系进行了概述，据此可以形成多媒体教学设计的理论基础。这些认知体系包括对记忆存储、记忆编码以及认知操作的描述。与多媒体学习相关的认知体系有Paivio的双重编码理论、Baddeley的工作记忆模型、Engelkamp的多模块理论、Sweller的认知负荷理论、Mayer的多媒体学习理论以及Nathan的动画理论。本文重点讨论传统研究和教学应用之间的交互作用，教学应用主要涉及如何增加回忆率、减少干扰、降低认知负荷以及加强理解等方面。得出的初步结论是：虽然各自有所侧重，不同的理论之间仍有一些共性，这些模型中缺乏对学习者多元编码整合作用的研究，在心理模拟足够的情况下并不需要动画教学，动画必须有意义才能有效果，多模块教学比单个不同的特定模块更加有效。

《开放教育研究》2008年第3期

浅论信息技术与课程整合的教学模式

刘　安　周彩英　陈　琳

信息技术与课程的整合已经成为教育界的研究热点，该文分别就基于资源的信息技术与课程整合教学模式和基于教育理论的信息技术与课程整合教学模式作了探讨。基于资源的信息技术课程整合教学模式有：(1) 多媒体课堂组合教学模式。(2) 计算机辅助教学模式。(3) 网络环境的自主学习模式。基于教育理论的信息技术与课程整合教学模式有：(1) 项目化学习模式。(2) 探索性学习模式。(3) 研究性学习模式。文章最后阐述了信息与课程整合的发展趋势和意义。

《中国教育信息化》2008年第7期

信息技术与课程整合中教师角色的转变

吴孝钱

信息技术与课程整合正在开辟一个崭新的研究领域。在这种整合中必将引入先进的教学理念，以及与之相应的新的教学目标、方法及评价手段。为适应新课程的改革，教师的角色将发生以下转变：一是由传授者转化为合作者。在信息技术与课程整合中，教师将更加重视学生学法的指导，促进学生利用各种媒介进行有效的学习。二是由管理者转化为引导者。在课程整合中，教师的角色将应该是引导学生主动参与学习活动，在学习过程中充分发挥学生的主动性。三是由单一型转化为全能者。在信息技术与课程的整合背景下，除了要有本专业的知识外，还要有较娴熟的计算机操作能力，同时还要具备与该学科相关联的知识，使知识向纵向上延伸。四是由实践者转化为研究者。教师可以通过网络学习一些先进的教学理念、教学方法，在不断的学习与积累经验中提高自身的业务水平和研究能力。

《中国教育信息化》2008 年第 22 期

信息技术在基础教育课程整合中的“二重性”

荆卫东　王新华

基础教育课程整合，是当前教育改革的热点问题。那么，中小学信息技术必修课的开设，是参与课程整合的“课程”？还是支持课程整合的“媒体”？本文就信息技术及其课程的“课程”和“媒体”的“二重性”进行分析讨论。首先描述了信息技术与课程产生的背景，然后阐述了信息技术与课程整合的内涵，接着讨论了信息技术的课程性和媒体性，最后对信息技术的课程性与媒体性及应用进行了总结。

《中国教育信息化》2008 年第 2 期

加大信息技术与学科课程整合力度 促进学生信息素养的提高

刘东波　宋　维

信息技术与课程整合的本质与内涵是要求在先进的教育思想、理论的指导下，尤其是在主导—主体教学理论的指导下，把信息技术作为促进学生自主学习的认知工具、情感激励工具和丰富的教学环境的创设工具，并将这些工具全面地应用到各学科教学过程中，使各种教学资源、各个教学要素和教学环节，经过整理、组合，相互融合，在整体优化的基础上产生聚集效应，从而促进传统教学方式的根本变革，也就是促进以教师为中心的教学结构与教学模式的变革，从而达到培养学生创新精神与实践能力的目标。

《中国教育信息化》2008 年第 22 期

新课改下信息技术与课程整合的有效性研究

顾　君　仝春燕

随着新课程改革的不断深入，信息技术与课程整合的研究成为许多专家和一线老师关注的焦点，通过几年的研究、探索，取得了不少成绩、成果，但也出现许多问题，尤其是信息技术与课程整合的有效性不高，甚至出现了不少的误区。该文针对新课程背景下信息技术与高中课程有效整合进行深入研究，寻找信息技术与高中课程有效整合的方向和途径。具体为：（1）灵活运用信息技术与学科课程的有效整合模式。（2）探索并总结出信息技术与课程的有效整合评价体系。

《中国教育信息化》2008年第20期

信息技术与化学学科整合的效能

秦蔷云

为了将信息技术与化学课程的教与学真正融为一体，进一步提高化学课堂教学的效益，现将教学中的经验体会总结如下：（1）加强学习，提高整合深度。首先要对《化学课程标准》的认识到位，对信息技术熟练掌握，这是高效整合的操作基础。其次要学习各流派的教学理论，这是高效整合的理论基础。（2）选好方法，提高整合效度。要设计学习环境中的情境，启发学生的思维，以利于学生对所学内容的意义建构。还要合理选择和整合教学策略，特别是针对不同的学生采取不同的教学策略。还应根据教学实际情况选择合适的整合模式，及时地反思自己的教学，使教学达到最优化。其中最常用的两个整合模式是：信息呈现模式（一般用于单元的复习课）和实验探究型模式（一般用于教材中的学生活动与探究课）。

《中国信息技术教育》2008年第12期

信息技术在化学教学中的优势

王国民

信息技术在化学教学中的优势主要表现在：（1）运用信息技术平台解决了从宏观认识到微观认识物质世界的方法。如应用多媒体技术，使抽象的、难理解的内容，看不见摸不到的物质形象化，使课堂教学化难为易。（2）化学实验库突出了化学资源库的特色。实验库可以将班级实验过程中难以发现的规律，或者危险性的实验通过多媒体技术展示给学生。在实验课的集体教学模式中，教师以视听媒体作为辅助教学手段或传播手段，把实验的内容展示给学生，并通过相应的评价方式来检验学生的学习结果是否达到预期的目标。（3）以交互式课件为基础的个别化实验教学模式。交互式课件可以使学生把握实验知识结构体系，提高学习设计实验的能力。

《中国信息技术教育》2008年第8期

信息技术在物理教学中的应用

周　胜　谢桃静

把信息技术运用到物理课堂教学过程，主要优势有：(1) 利用信息技术的视听优势，创设引人入胜的情境。多媒体技术集视频、声音、图像于一体，能声情并茂地帮助教师导入新课，节约了课堂板书与绘画的时间，使课堂教学生动而富有吸引力。(2) 利用课件或网页的交互性能，实现学习过程自主化。可以把与教学相关的内容编制成具有交互功能的课件或网页，让学生自己选择学习内容。(3) 利用信息技术的演示效果，把物理实验中的抽象过程变成直观过程。利用演示课件可以把物理实验中出现的抽象过程形象化、直观化，以弥补物理实验的不足。(4) 利用电子邮件或校园 BBS 论坛，在相互研讨交流中深化学习。学生之间相互交流，积极参与，教师把握局面，适时引导，形成人机、生生、师生之间的自主交流学习。

《中国信息技术教育》2008 年第 1 期

信息技术与高三物理复习课的整合探索

龙立勇

以网络和多媒体技术为核心的信息技术应用到物理课，给日常教学注入了生机和活力，有关信息技术与高三物理复习课的整合进行的有益的探索主要包括：(1) 及时了解高考动态。充分利用网络资源，明确物理复习课教学的指导方向。(2) 下载优秀网络课件，进行提炼整合。综合所用的高考复习指导资料，整合出适合自己的教学软件。(3) 运用多媒体手段，弥补传统教学手段的不足。可利用多媒体手段弥补演示实验的不足，如将它们录制、重放、慢放、放大等。(4) 开通校园网络，构建交流的平台。通过教研教学平台，建立高三物理复习课备课网站，会对物理教学有极大的裨益。(5) 构建复习课教学资源库，实现资源共享。可以将教学资源收入到资源库实现资源共享。

《中国信息技术教育》2008 年第 1 期

数字化学习工具的发展对信息化教学的作用分析

张　力

数字化学习工具是网络环境中实施信息化教学的技术体现，在提高信息化教学的效率、降低其成本、推动其发展方面起着至关重要的作用。在 Web 2.0 的网络环境下，数字化学习工具已取得了长足的进步，使信息化教学汲取了当前网络环境发展中的优势，从而也促进着信息化教学的深入开展。该研究在分析信息化教学对数字化学习工具的需求的基础上，探讨了在新的网络环境下数字化学习工具的发展，即具有快速构建、易于使用、成本低廉的特点。提出了采用新的数字化学习工具推进信息化教学的策略，即：（1）认识新的数字化学习工具对信息化教学的重要性。（2）对教师和学生进行有针对性的培训。（3）针对新的网络环境进行教学设计。（4）总结和推广新的数字化学习工具在信息化教学中的应用经验。

《电化教育研究》2008 年第 9 期

论汉字输入如何有效促进识字教学

邢西深

识字教学是小学语文教学的重要内容之一，汉字输入是我们使用电脑的关键，在信息技术环境下通过汉字输入与识字教学相整合可以促进识字教学。汉字输入根据编码方案分为形码输入和音码输入，音码和形码相结合的汉字输入方案能够帮助学生掌握汉字的字形和读音，从而有效促进识字教学。“汉文华”汉字输入系统采用“首码＋尾码＋音码”的汉字编码方案，是形码和音码相结合的汉字输入方案，它的导学功能还有助于了解汉字的字义。识字教学中采用“汉文华”为代表的音码和形码相结合的汉字输入系统，能够有效促进识字教学。利用汉字输入方法能够促进识字教学，提高识字教学的效率，它是对传统识字教学的一种有益补充，同时也有助于提高小学生的信息技术能力和水平。

《电化教育研究》2008 年第 7 期

社会性软件支持下网络协作学习的策略研究

王　蕊

网络协作学习有竞争、辩论、合作、问题解决、伙伴、设计等模式，而社会性软件以六度分割理论、150 法则等为理论基础，将社会软件应用于网络协作学习有诸多策略：（1）认识社会性软件的助学功能，构建协作学习软件平台。（2）创新教学模式，构建开放式学习环境，实现具有合作精神的协作式学习。QQ、MSN 等即时通讯软件使得师生或生生等协作者即使不在同一个地方也能进行同步交流、即时反馈。Blog 能很好地支持网络协作学习。利用 WIKI 也可以很好地促进协作式学习。(3) 拓展学习空间，促进知识共享与知识创新，提升学习者的协作学习能力。社会性软件在教育教学领域中的应用将创新教学模式、重构学习形式、优化教育资源、激发知识创新，使得网络空间主体参与、合作互助、个性发展、体验成功的协作学习方式可以得到真正意义上的实现。

《电化教育研究》2008 年第 4 期

基于建构主义学习理论的多媒体网络教学

贠丽萍

在多媒体网络教学中，以建构主义为指导将产生全新的教学设计、教学模式和教学效果，提高学习者的认知能力、分析和解决问题的能力，培养学习者的探索精神、创新精神和协作精神。从建构主义的学习观来看，多媒体网络教学系统具有三种技术特性：(1) 超媒体技术与“自主学习”。(2) 虚拟现实技术与“情境学习”。(3) 网络通信技术与“协作学习”。基于此以建构主义学习理论为指导的 CAI 课件的设计原则有：(1) 多媒体课件既是教师的教学工具，也是学生的认知工具。(2) 多媒体课件所呈现的教学内容的组织采用超文本结构，以使教师根据学生的实时要求而非自己的预先设定选择将进入的知识点或子知识点。(3) 课件可以为教师提供各种教学策略的选择，设置各种灵活的控制功能，以便教师根据学生的反馈随时调整教学策略。

《电化教育研究》2008 年第 7 期

分布式虚拟学习环境的设计与应用研究

李鸣华

分布式虚拟学习环境是一个广泛意义上的基于分布式虚拟环境的学习平台，主要包括在线课堂、学习资源、交流协作空间和交互工具，为开展在线教学、个性化学习和协作学习提供技术支持。其所特有的沉浸感能充分调动学习者的各种感官，给学习者以充分的体验和想象空间。在分析分布式虚拟环境的国内外研究现状，讨论了分布式认知理论对分布式虚拟学习环境系统建构的指导作用，在此基础上，给出了系统体系架构方案。着重对系统设计过程中的功能实现、场景总体规划、虚拟教室和多人在线交互等关键模块进行了深入探讨，最后给出了具体应用的实现效果。

《电化教育研究》2008 年第 4 期

把“概念图”作为认知学习和认知评价的工具

李永健

本项研究通过实验研究证实布鲁纳的学科结构论思想。布鲁纳的学科结构论思想实际上代表了他对教学过程的一种理解和认识，教学的目标是要为学生建构一个良好的知识结构。研究的基本假设是认为概念图（Concept Map）是一种用图表组织和阐述表达知识的工具，也是一种知识结构的表现方式，是语义网络的可视化表示。基本方法是：概念用结点表示，概念间的关系用节点间的连线表示，知识则被看作是由各种概念和这些概念所形成的各种关系。在实践操作中如何把体现在课程中的学科知识结构描述出来，如何让教师按照一种知识结构的思想来实施教学，如何让学生把自己建构的知识结构描述出来，利用构造认知树的方法可以说是提供了一个途径，这种方法不但可以作为学生学习的一种认知工具，同时也可以作为教师进行教学评价的方法。

《电化教育研究》2008 年第 7 期

网络环境下以语言运用为中心的三效识字教学法研究

马　宁　何克抗

识字是阅读和写作的基础，是学生语文素养和综合素质发展的前提。我国在 2 000 多年的识字教学中积累了丰富的经验，但也存在一定的不足，尤其是忽视了对儿童言语获得机制的研究，割裂地看待识字教学。应强调以语言运用为中心，将识字、阅读、写作三者有机地结合在一起，并以学龄前儿童已有的母语基础为起点，将语言能力的培养和思维能力的训练结合，重视语言建构的个性化过程和社会化过程。将语言能力的培养、创造性思维的培养和信息素养的培养等结合在一起，并以网络教学环境为支撑，建构了网络环境下以语言运用为中心的三效识字教学法，即“识字、阅读、写作”三位一体的教学模式。同时对其理论基础、教学模型、教学目标、教学模式等进行了详细的剖析。

《电化教育研究》2008 年第 12 期

英语网络教学与语言信息理论的整合

周爱保　张水云

英语网络教学是以多媒体与互联网为平台的教学模式，是现代信息技术与语言教学相结合的产物。语言信息理论是篇章语言学理论之一。英语语篇信息的研究主要集中在信息结构、主位理论、调核、信息分类等方面。网络教学能够让学生自主选择学习资源并进行探究式学习，教师由知识的传授者变成了教学课件的设计者、学生学习的辅导员。在认识到英语网络教学呈现出教学资源变化、“去中心化”的网络学习、教学模式变化的特点上，要把语言信息分布的规律运用于英语网络教学，实现语言信息理论和英语网络教学情境的整合，要进行以下几个方面的工作：网络情境与语言信息的共建、实时交流与语言信息的整合、电子空间与语言信息的融合。这种整合和共建的思想是把语言学理论运用于实际教学的最好办法，促进英语网络教学和多媒体教学的发展。

《电化教育研究》2008 年第 2 期

信息化教学中学生全程评价体系的研究

李　馨

缺乏科学的学生评价体系是信息化教学中制约课堂信息化进程的主要原因。现有信息化教学中学生评价体系呈现出技术主义、模仿主义、偏重资源、评价单一的倾向和弊端，这就要求进一步明晰评价概念及其基本特征。根据信息化教学的特征，信息化评价要注意评价内容多元化、评价方式多样化，将形成性评价与总结性评价有机地结合起来。要构建信息化教学学生全程评价体系，首先要树立“全程评价观”；其次要实施“面向教学”的评价，还要形成“教师—学生—家长”三位一体的全程评价体系，提倡学校应用“个人成长记录袋”或“电子学档”评价方式实现对学生学习过程的全面评价，需要教师和家长双方协作完成，这要求增强教师与学生及家长三者之间的理解，进一步协调家庭教育与学校教育的一致性，为学生的学习发展创造良好的环境。

《电化教育研究》2008 年第 3 期

中小学基于电子学档的发展性评价的实施策略

李有华　李兴柱

电子学档是进行发展性评价的一种好方法，利用电子学档进行发展性评价有以下几个阶段：（1）准备阶段：需要良好地设计电子学档。（2）实施阶段：实收集学生在学习过程中关于学习目标、学习计划、学习作品、学习评价、学习反思等方面的资料，以证明学生的学习发展状况。（3）总结反思阶段：总结反思阶段主要是学生在一定阶段的学习完成后，对电子学档的使用状况和学生的学习状况进行总结反思，主要目的在于发现学习中的问题和不足。(4) 反馈调节阶段：反馈调节阶段主要是学生针对教学或学习中的问题和不足，制定相应的改进措施，调节自己的学习目标、学习策略和方法，以及对自身的认识和定位。可以利用任务驱动策略、着眼全程策略、模糊评价策略等辅助各阶段的实施。

《电化教育研究》2008 年第 3 期

基础英语网络辅助课程导学系统模式研究

赵丽娟

导学系统是基础英语网络辅助课程的重要组成部分。由于认识上的差异，致使构成该系统的信息要素、结构、呈现方式和应用方法大相径庭，从而造成学生自主学习的效果迥异。导学系统应从宏观、微观、静态、动态四个方面入手解决为什么学、学什么和如何学这三个问题，进而提出由静、动两种模态和学力、学识、学能三个子系统共同构成基础英语网络辅助课程导学系统模式。导学系统的静模态是制作者（教师）历史沉淀的凸现；动模态则是导学者（教师）在与学生互动的过程中建构成功的，成就了静模态反馈环的现实构建。要使导学系统发挥好应有的作用，在其设计、开发、应用、管理的过程中还应遵守虚实结合、评测反馈、案例示范等主要原则。

《电化教育研究》2008 年第 5 期

基于 EAHAM 模型的适应性学习支持系统体系结构

陈仕品　张剑平

适应性学习支持系统在本质上是一类支持个别化学习的在线学习环境，它针对个体在学习过程中的差异性（因人、因时）而提供适合个体特征的学习支持。该文在增强适应性超媒体应用模型（EAHAM）的基础上提出一种适应性学习支持系统的体系结构，并对其组成部件、适应过程及其特点进行分析。该系统能够根据学习者在知识基础、认知风格等方面的个体差异提供适应性学习支持，在系统实现方面具有良好的可操作性。基于 EAHAM 模型的适应性学习支持系统不仅能够实现一般网络教学系统所具有的教学与管理功能，而且至少具有以下特点：教学内容的动态适应性、适应性导航支持、学习策略的动态调整、支持反思性学习、适应性测试、智能答疑。在知识建构型教学范式下，适应性学习支持系统已经成为网络教学系统智能化的一个重要趋势。

《电化教育研究》2008 年第 11 期

体育课程 CAI 教学的应用研究

师德明

在体育课程中运用 CAI 辅助教学，对教师、学生的教学和学习都是非常必要的，在稿本设计与制作时要注意动态性、实用性、直观性、可操作性和创新性。设计与制作体育课程教学软件有如下步骤：（1）进行教学设计，编制 CAI 课件。（2）分析原有课程的教学问题和存在的教学矛盾。（3）选择开发平台，统一制作风格。（4）进行教学试验，总结教学规律。在使用 CAI 课件时要注意发挥课件的最佳效果、最佳效益、主动学习等特点。在新课程标准下体育课程教学中大量运用 CAI 必须解决的几个问题：各级教学决策部门和各级学校对新课程标准下体育课程教学应予充分重视；重视对教师队伍的现代科技理论素质的培养，提高对现代科技设备的实际操作水平；适应和改进新的教学方法；加强省市间、地区间、学校间的交流。

《电化教育研究》2008 年第 6 期

多媒体技术在保护生物学教学中的导向作用

龚大洁　牟　迈　杨　玲

多媒体教学途径和功能的多样化，对不同教学内容的完美支持，体现出其自身无法比拟的优势，十分适合保护生物学教学。根据将多媒体技术应用于高校保护生物学的教学实践和教学经验，总结了多媒体技术在保护生物学教学及生物多样性保护宣传中的导向作用：（1）充分利用电教多媒体，可以让抽象的、不易讲清楚的概念，很容易地被学生理解和接受。（2）多媒体可使无法用语言和文字形容的事物和现象变得生动起来，学生如“身临其境”，极容易吸收和理解课程内容。（3）通过专题片和宣传片制作与播放，阐明生物保护的意义和重要性，加强道德和法制观念。（4）通过学习和观看影片，使学生形成美好而高尚的价值观，提升保护的意识和责任感。（5）提高学生的宣教水平，产生更广泛的社会效应。

《电化教育研究》2008 年第 8 期

计算机辅助教学的智能化历程及其启示

张剑平 陈仕品

计算机在教学中的应用经历了程序教学到计算机辅助教学的过程，目前正由智能计算机辅助教学向适应性学习支持发展。纵观计算机辅助教学的发展过程，可以得到以下启示：(1) 从教学理念看，计算机辅助教学正在由最初的完全代替教师实现自动的"教"转向支持学生主动的"学"。(2) 从技术实现看，在计算机辅助教学的初期，人们曾经对计算机的作用有着过高的期待，希望它能够完全代替教师开展教学活动。(3) 从认知理论看，多媒体对学习的影响研究直接关系到计算机辅助教学中教学内容的组织与呈现。(4) 计算机辅助教学的智能化作为教育技术学、教育心理学、认知心理学和计算机科学等学科的交叉研究领域，应该注意吸取和借鉴其他学科的新思想、新技术和新方法。

《教育研究》2008 年第 1 期

现代信息技术与语文教学整合论

彭小明

《义务教育语文课程标准》特别强调，要在语文教学中运用现代信息技术，实行现代信息技术与学科教学的整合。现代信息技术与语文教学的整合是当前语文教学的一种有效模式，整合的方法多种多样，较为典型的整合方式主要是借助丰富的网络资源，如博客、网站、多媒体课件、电子公告板在语文教学中的运用等。现代信息技术与语文教学整合的具有独特的价值：借助丰富的网络资源，引导学生主动获取知识；发挥计算机的优势，开发学生的智力和非智力；运用现代信息技术，培养学生的合作精神和实践能力。但不恰当地使用现代信息技术也会对语文教学产生负面影响，如教学资源喧宾夺主，图解扼杀学生的想象力、音像代替语文实践、机器妨碍情感互动、程序淡化教师个性等等。

《教育研究》2008 年第 1 期

基于网络环境的英语教学模式建构

詹 蓓

WBLL 是基于网络的外语教学（Web-based Language Learning）的英文简称，WBLL 模式的全新建构，是我国英语教学改革中炙手可热的理论命题。WBLL 新模式是一种以学生为中心的交互式、启发建构性质的自主式和个性化的学习模式，受建构主义学习理论的引领，学生不再是外部刺激的被动接受者和被灌输的对象，而变成了信息加工的主体和意义的主动建构者。基于网络环境的英语教学 WBLL 模式是依托多媒体和网络技术的支撑，基于特定学习环境和时代背景的一种全新教学模式。多媒体网络是 WBLL 教学模式建构的基础条件，个人信息素养是 WBLL 教学模式建构的客观要求，自主学习是 WBLL 教学模式建构的核心内容，能力培养是 WBLL 教学模式建构的终极目标。WBLL 教学模式有效地解决了理论与实践之间脱节的问题，有利于促进学生英语综合应用能力的不断增强。

《教育研究》2008 年第 6 期

信息技术与课程整合的时空模型研究

朱永海

“时空”是我们思考问题的框架，任何事物的运动都离不开时间与空间的范畴。而分化是整合的前提，因此，该文在课程与信息技术体系时空分化的维度上，探讨二者在整合目标和价值引领下的微观和宏观层次上的时空整合：微观上，在“信息”的基础上，在信息方法的指导下，围绕整合目标，把具体的信息技术时空“功能链”与课程时空变量互动融合；宏观上，围绕整合价值，借助于信息技术的文化性和开放性等贯通课程空间层次上的“知识观”、时间层次上的“活动观”以及主体层次上的“经验观”三个相对封闭的时空，从而构建基于信息技术的立体化课程。信息技术与课程整合还表现出很多的时空特征及其价值取向，如何利用这些时空特征及其价值取向来优化整合的过程，是需要进一步研究的。

《远程教育杂志》2008 年第 3 期

信息技术与课程有效整合的若干相关性问题

方　舟

信息技术与课程整合的工作在我国已经开展多年，在经历了轰轰烈烈的发展阶段后，给教育带来的实质性变化并不明显，整合的有效性没有凸显。要实现信息技术与课程的有效整合必须关注这些相关性的因素，如认知模式、教学模式、教育机制、社会的教育观等对信息技术与课程有效整合的影响；从纯技术、纯理论研究的现象中走出来；努力理顺整合工作中出现的有关整合发生、整合方式、整合效果的认识；努力促进教师的转变，充分发挥教师在整合实践中的能动性和创造性作用；解决课堂教学环境下的课程与信息技术整合问题，努力营造教学应用技术的随机环境。尽可能多地提供教学运用技术的有效方案，在提高教学效果上下工夫，在整合中求变、求新。

《远程教育杂志》2008 年第 4 期

基于课程的在线学习共同体研究

高丹丹　陈向东　张际平

开放共同体与有限共同体存在着很大的差异，在研究与实践过程中必须将两者加以区分。基于课程的在线学习共同体是一种有限共同体，它的形成并非自发的，参与者不能自由地选择学习内容、教师和学习伙伴。共同的目标（目标是主动和有意识追求知识，内容限定在课程框定的范围之内，这是它们与其他社会结构的区别）、集体认同（共同体形成的标志是：建构了公共的知识，形成了共同的词汇、行话与会话模式，并以此形成共同体的壁垒，所有成员具有一个集体的公共身份）和协作（在网络环境中，协作对于学习通常是一个必不可少的先决条件）是有限共同体的三个要素，基于这三个要素该文就形成共同的目标、培养认同感、协作精神等提出了一些促进共同体形成和发展的策略。

《远程教育杂志》2008 年第 4 期

网络环境下的信息技术与写作教学的整合

孙建友　段兆兵

依据建构主义和人本主义的学习理论，网络环境下的写作教学和信息技术可以实现整合，因此传统的写作教学在教学模式、教学原则、教学评价等方面要作出变革来适应网络时代的要求。变革后的模式对于学生而言，可以向教师或者知识系统、专家系统学习和交流；教师可以通过网络进行图文并茂的交互式和形象化的教学。变革中要注意以下原则：诱发写作动机，激发写作兴趣；鼓励主动探究，发展思维能力；注意因材施教，找寻个性创作；学会厚积薄发，坚持学以致用。网络环境下的网络信息技术和写作教学相结合的评价尤其应注重以下几个方面：注重定性评价，参考定量评价；注重自我评价，参考他人评价；注重动态纵向评价，参考静态横向评价；注重形式多元化评价，参考笔试单一性评价。

《远程教育杂志》2008 年第 5 期

移动技术支持的学习新进展

杨玉芹　钟洪蕊　焦建利编译

整个世界似乎都在移动，电话、电脑以及媒体设备是如此地轻便和便携。通过这些技术，不仅可以获取丰富的信息资源，而且还可以使沟通无处不在。人们对如何发挥这些技术的教育价值给予了极大关注。在本综述中，主要考虑个人便携技术，重点关注包括 PDA 和手机等手持设备。本研究采用以活动为中心的视角来审视移动技术的教育应用，重点论述与这些活动相关的学习范式、理论；通过对文献中的案例进行分析阐明教学实践的分类；考虑了对政策及教育实践的含义；最后，基于目前移动技术支持的学习研究的新进展，对移动技术支持的学习的未来进行了展望，并探究其对教育者和技术开发者的启示。

《远程教育杂志》2008 年第 1 期

多媒体课件设计中视觉思维规律的应用

冯　霞

视觉具备认识能力和理解能力，视觉认识和理解事物的过程就是视觉思维的过程。多媒体课件中视觉对象的功能可分为动机激励、导航、学习内容三方面，这三方面内容统一于界面中，并通过视觉器官传达给学习者。从视觉思维分析，目前课件设计中存在滥用课件、课件制作粗糙、过度渲染屏幕等问题，因此在多媒体课件设计中要注意运用以下规律：视觉的内容选择规律（将重点显示的文字色彩和亮度作一定修改，吸引学生注意）、相邻内容的关系判断规律（可将表现同类课件内容的文字、图像等通过拉近距离、用同一色调表现等有意义的方式加以联系）、对复杂内容关系的判断（注意利用视觉的捕捉特性，通过动态或颜色差异的方式将最稳定的结构呈现出来）等对多媒体课件的画面进行视觉设计。

《现代远程教育研究》2008 年第 6 期

高职信息技术与课程整合的实质与实践探索

张宜松　李昌贵

在中小学开展的信息技术与课程整合已在某些方面取得显著效果，但在高等教育，尤其是在高等职业教育如何开展信息技术与课程整合的理论抑或实践方面都需要探讨。高职教育具有高等性、职业性、应用性、基层性、企业性和实践性等特点。高职教育的培养目标、高职教育的应用性和实践性、培养手段的多样性都要求必须开展信息技术与课程整合。高职信息技术与课程整合的实施需要将既有课程与教材进行重新设计，在教学目标、教育内容、教学组织架构等方面进行改革。要整合课程教学内容，突出工程应用性；改革课程教学方法，突出实践能力的培养；导入职业资格和技术等级鉴定，突出就业的导向作用。从而完成整个教学流程的信息化改造，提高学生的实践能力、创新能力和就业能力。

《现代远程教育研究》2008年第5期

英语多媒体网络教学中语言能力提高的因素分析

麻秀丽　高　郡　都丽丽

多媒体网络教学主要指教师在传统课堂上使用电子课件、学生利用自主学习软件和校园网资源等学习。多媒体网络教学对提高语言能力的有以下独特作用：(1) 通过声音、图像、文字、人物、动画一体化界面加大对学生的感官刺激，使教学变得形象化、立体化和生动化，从而提高学生的兴趣和记忆，提高学习效率。(2) 利用大学英语自主学习系统克服传统课堂模式无法保证学生听说训练的缺陷，给学生提供了加强听说应用训练的无限机会。(3) 提供一个有效的语言学习和使用的环境。(4) 以直接视觉效应促进词汇学习。(5) 配以本族语言标准发音制成的教学软件。(6) 学生按自己的水平和需要，确定学习的级别和学习材料，自定目标，根据反馈及时调整自己的学习难度和进度。

《现代远程教育研究》2008年第3期

信息技术与课程整合的三个层面

朱永海

目前，国内关于课程本质较有代表性的观点主要有三种：知识、活动与经验。近年来，也有很多学者提出了课程的“文化”本质。信息技术与课程整合究竟是对知识、活动、经验还是对文化进行整合，该文认为知识、经验和文化体现了课程的三个层次，信息技术与课程的整合应该体现出这三层，而“活动”则是整合的基本形式。围绕这三个层面进行了论述，提出：(1) 信息媒介工具论：课程知识层面的贯通；(2) 信息技术论：课程经验层面的融合；(3) 信息文化论：课程文化层面的创生。

《中小学电教》2008年第4期

信息技术与课程整合课题研究的思考

程翰芬

随着信息化的深入发展，信息技术对教育教学已产生了广泛的影响。因此，教育信息化也成了当前教育改革的必然趋势。然而，在信息技术推广应用过程中，如何真正让信息技术与学科教学有效地融合为一体，实现教育教学最优化。就此问题，提出了若干策略：第一，要改进传统教育思想和教育理念。第二，要体现学生主体地位的新型教学结构。第三，要坚持软、硬件建设并重原则，加强学科资源建设。第四，要结合学科教学的特点，采用不同的教学模式。第五，要建立培训机制，加大对教师的培训力度。第六，要重视现代教育技术与传统教育技术的有机结合。

《中小学电教》2008 年第 1～3 期

信息技术与学科教学整合背景下情感态度价值观培养问题的研究

沙凤林

从新课程改革对学科的要求和教育信息化对学科教学的影响两方面分析，提出了信息技术与学科教学整合课教学中，情感、态度与价值观的培养目标和培养内容的难度有可能会影响教学。然后从情感态度与价值观的内涵、以及宏观和微观的角度分析了情感态度与价值观的培养问题，提出了整合课中情感态度与价值观的特性，即信息性、学科性、多元性。最后提出了整合课中开展情感态度与价值观培养的方法：(1) 把握信息技术特点加强培养。(2) 紧扣学科教学内容加强培养。(3) 采取多元渗透策略加强培养。(4) 依据学生年龄特点加强培养。(5) 优化教学评价过程加强培养。

《中小学电教》2008 年第 10 期

信息技术与小学数学教学活动的整合

杨冬英

在小学数学的教学过程中，运用计算机辅助教学，可使形、声、色浑然一体，创设生动、形象、具有强烈感染力的情境，调动学生学习的积极性，从而使学生更好地掌握知识，提高教学的效果。具体来说，起到的重要作用如下：(1) 激发学生学习数学的兴趣。学生一旦对学习发生强烈的兴趣，就会聚精会神，努力求源，并感到乐在其中。（2）有利于学生轻松掌握重点，突破难点。只有当学生掌握知识的重点，突破难点的情况下，才能谈得上提高教学质量。（3）有利于促进学生思维的发展。多媒体计算机通过模拟演示，突出实际操作过程，让学生进行观察、比较、分析、综合、抽象和概括，通过引导学生经历获取知识的思维过程。（4）有利于更好地集中学生的注意力。

《中国信息技术教育》2008年第1期

课　程　资　源

概　　述

本年度的课程资源分为三部分。第一部分为教学案例集锦，收录了中国教育技术协会信息技术教育专业委员会举办的2007～2008年度全国信息技术课程教学案例大赛中荣获一等奖的作品。第二部分为教学试题集锦，收录了中国教育技术协会信息技术教育专业委员会举办的2007～2008年度全国信息技术课程教学试题大赛中荣获一等奖的作品和部分二等奖作品，以及2008年四个省份的普通高中信息技术会考、基本能力考试、高考试卷。第三部分为多媒体资源索引，索引了由中国教育技术协会信息技术教育专业委员会举办的《联想杯2008年全国义务教育信息技术优质课展评》中的全部获奖视频目录。

从整体上看，三部分资源中，教学案例资源较为丰富。年鉴收录的教学案例基本上能从学生的学习和生活实际出发，创设的情境话题都是学生在生活中可以接触到的，也是学生感兴趣的、易于理解的，学习任务的设计能够做到由浅入深、由易到难，符合常理，可以很好地吸引学生的注意力，激发学生积极思考问题。

与往年的教学案例相比，2008年的案例有很大的进步与提高。其一，对学生特征分析并没有停留在基础知识（即学生学过什么）层面，而是涉及了对学生的能力水平、学习兴趣和学习风格等三方面的分析。其二，教学重难点是在学习者分析和教材分析的基础上得出的。其三，部分案例在教学过程中还对教学重难点的教学处理进行了针对性的描述，能够为阅读者理解教案设计意图提供依据。其四，教学目标描述过程化、模糊化和虚假化的现象有较明显改善，对教学目标的描述能够采用结果性的目标方式，即明确告诉学生通过本课学习后能够达到什么样的学习结果，采用的动词是明确的、可测量的和可评价的，或是采用的体验性或表现性目标的方式，所采用的动词是体验性的、过程性的。其五，教学反思中的抽象化现象渐趋消失，对于反思的深度和广度上也有了较大的提升，特别是对于教学中上得好的地方，和为什么上得好有了详细的分析说明。

教学案例的不足之处：其一，教学内容知识点联系的描述仍然不足，缺乏知识结构的构建，不利于学生有效进行知识的重组；其二，教学反思中仍然有不理想的地方，以往存在的描述教学成绩多于教学问题的现象依然存在，反思中的换位思考缺乏，教师依然习惯从自己的角度出发评量教学的得失，很少从学生的角度反思教学，注重的是"我是怎么教的"，而缺少"学生的学习状态需要我怎么去做"。

试题部分的资源相对比较少，题型基本上分为选择题、判断题、操作题。与历年试题比较可以看出有一定的提高，主要体现在如下两个方面：一是问题化，以实际问题作为题干，注重考查学生解决实际问题的能力；二是聚类化，以某个主题为中心，聚类和贯穿多个知识点，整体考查学生的知识结构和能力水平。

教学试题的一个主要不足在于，部分试题过于注重一些细节化的知识点或技能点，过于强调某些所谓的"窍门"的价值，这不利于考查学生整体的能力水平。

教学案例集锦①

小学教案

蜜蜂的舞蹈语言——设置路径动画

武红静②

一、指导思想与理论依据

建构主义学习理论认为：学习过程不是学习者被动地接受知识，而是积极地建构知识的过程。学习活动是以学习者为中心，而且是真实的，因而学习者就更具有兴趣和动机。

在本课教学中，以兴趣为起点，以活动为主线，以教师为主导，以学生为主体，并鼓励学生通过自主探究、小组合作探究等方式获取知识，形成能力，从而完成对信息技术和信息知识的意义建构。

二、教学背景分析

（一）学习内容分析

《蜜蜂的舞蹈语言——设置路径动画》是北京师范大学出版

① 本年鉴收录的教案均为中国教育技术协会信息技术教育专业委员会2007～2008年度信息技术课程教学案例大赛一等奖作品.

② 北京市顺义区特殊教育学校.

社出版发行的《3—6年级综合实践活动信息技术教材　五年级下册》中第11课内容。

本节课是为前几课制作的昆虫演示文稿添加动画模拟显示，从而使作品全方位的展示昆虫的相关知识。另外，本课的学习，还鼓励学生充分地发挥想象力、创造力，对于学生创新能力的培养及个性特长的发展有一定意义。

（二）学生情况分析

本课的教学对象为五年级的小学生。他们的抽象思维能力得到了进一步发展，并开始对枯燥的说教和单一陈旧的训练方式不感兴趣，同时，他们在思维、认识、兴趣爱好等方面的差异日渐增大。

本课教学前，学生已掌握了 PowerPoint 的基本操作，会插入图片、调整图片的大小和位置，会添加文字。在四年级时已学习过设置自定义动画，会进行一些简单的操作。

本课教学以激发学生兴趣为起点，通过学生自主探究、合作探究、演示交流等多种教学形式，循序渐进、由浅入深，使学生掌握知识、形成能力，并培养学生的合作意识、创新思维及良好的信息素养。

（三）技术准备

教学网、教师素材、学生素材。

三、教学目标设计

（一）知识与技能

1. 初步了解设置路径动画的作用。

2. 掌握设置路径动画的方法。

3. 通过小组合作，形成能根据实际需要设置路径动画的能力。

（二）过程与方法

以兴趣为出发点，了解设置路径动画的作用，形成勇于探索事物内在规律的意识。并通过观看视频，知道蜜蜂传递信息的方法。

围绕“任务”开展学习，通过自主探究、合作探究、演示交流等手段，掌握设置路径动画的方法，逐步形成探究能力及合作意识。

以“展现个性，加强合作”为宗旨，完成练习，巩固本节课知识，并鼓励创新，形成创新意识。

（三）情感态度与价值观

1. 参与观看视频及设置路径动画等活动，感受大自然的神奇，提升对大自然和生活的热爱之情。

2. 参与“为‘嫦娥一号’设置绕月轨迹”等活动，激发热爱祖国、热爱科学的思想感情。

3. 参与合作探究、讨论交流等方式形成合作意识及信息素养。

（四）教学重点难点

1. 教学重点

依据学生特点及本课教学内容，确定本课的教学重点是：掌握设置路径动画的方法。

2. 教学难点

当学生掌握了设置路径动画的方法后，如何“灵活地运用所学知识，根据需要设置路径动画”则是本课的难点。

四、教学过程与教学资源设计

教学流程	教 师 活 动	学生活动	教学资源	教学指导策略
播放课件，激趣导入	1. 播放视频短片 [提问] 大家知道蜜蜂怎么传递信息吗？ 2. 出示课题并板书： 蜜蜂是靠舞蹈语言来传递信息的，你们想不想在演示文稿里制作出模拟蜜蜂“8”字舞的动画，把蜜蜂传递信息的方式向大家展示出来？ [板书] 蜜蜂的舞蹈语言——设置路径动画	认真观看视频，看完后自由发言	视频短片教学网	通过学生观看蜜蜂传递信息的视频短片，使学生感受大自然的神奇，激发对大自然和对生活的热爱之情。 进一步激发学生的求知欲。
合作达标完成任务	[任务 1] 添加图片文字 1. 引导学生添加文字图片。 请你先在幻灯片中插入蜜蜂的图片和“侦察兵”三个字。 2. 讨论图片、文字的大小和位置。 你觉得图片和文字的大小及位置合适吗？如果不合适可以参考教材进行适当的调整。 [板书] 添加图片文字 [任务 2] 设置路径动画 [提问] 我们为谁设置路径动画？怎样设置？也可以和同桌同学讨论交流。 [板书] 运动对象：蜜蜂 引导学生和小组同学一起，通过看书或教师提供的“操作指南”等方式，设置路径动画：半个“8”字舞。	自主操作 同桌合作，规划幻灯片版面。 自由发言：为蜜蜂设置动画，通过“自定义动画”中“动作路径”命令来设置。	学生素材 教材及学习资料	通过自主操作、同桌合作的方式，使学生完成图片文字的添加，初步渗透“设计的思想与方法”。 学生已学过“自定义动画”的一些知识，在此先让学生思考讨论，让学生建立起新旧知识间的联系，从而使学习更系统更连贯。

续表

教学流程	教师活动	学生活动	教学资源	教学指导策略
合作达标完成任务	[板书] 设置路径动画：路径轨迹 [提问] 在操作中你有什么问题？是怎么解决的？ 刚才的问题提得非常好，而同学解决问题的方法也很好，现在就请他给大家演示一下。 [演示] 具体的操作方法：老师也把操作方法作了总结，现在由老师演示，你们说一说方法。 为了把操作方法掌握得更熟练，现在请你和同组的成员交流操作方法。 刚才大家都很积极，现在，请你和小组同学一起，为运动对象——蜜蜂，设置一个完整的“8”字舞。 [提问] 在操作中你有什么问题？ 善于发现问题的人才能取得不断的进步，谁能给他想个解决问题的办法？ 指名演示具体的解决方法。 [演示] 具体的操作方法：好，现在我们再一起说一说操作方法。 现在，请你再和小组成员交流“如何为运动对象蜜蜂设置完整的路径动画”。	小组合作探究 自由发言提出问题或说明解决问题的方案 指名演示 观看演示，说出操作方法 交流操作方法 小组合作探究 自由发言提出问题或说明解决问题的方案 指名演示 观看演示，进一步掌握操作方法并灵活应用 小组同学交流操作方法	教学网 教材及学习资料 教学网	通过学生合作探究、看书学习等方式完成任务，并培养学生的合作意识及自学的能力。 引导学生说出在操作中遇到的问题并找到解决的办法，从而使学生进一步明确设置路径动画的方法，并培养学生解决问题的能力。 通过学生交流操作方法，是学生从初步掌握操作方法到掌握完整的操作方法的过程，从而使学生获取的知识更加系统，并培养了学生的合作意识和信息素养。 教师演示的操作方法，除了对前“半个8字舞”的操作方法加以巩固之外，让学生能使用一些技巧掌握另外“半个8字舞”路径动画的设置，从而使学生获得的知识和技术更加地系统。
巩固创新展现个性	[任务3] 完成拓展练习 现在，到你们大显身手的时候了，请你对照评价表先浏览文件夹中的练习题。 在操作之前大家一定要先看清练习要求。 请大家开始做练习题。	对照评价表浏览练习内容。	学习素材	此环节采取分层教学的方式，让学生根据自己的水平选择适合自己的任务，给予了学生充分的自主，旨在展现学生的个性，体现了因材施教及全体学生的共同发展。

续表

教学流程	教　师　活　动	学生活动	教学资源	教学指导策略
巩固创新展现个性	引导学生展示评价作品： 1. 第一个练习题： (1) 哪些同学选择了第一个练习？你是怎么做的？ (2) 其他同学结合评价表说说作品的优点和不足。 (3) 教师进行更高层次的评价：这道题中，同学们设置了小蝴蝶飞舞的动画，表现出了小蝴蝶的自由自在。 2. 第二个练习题： (1) 哪些同学选择了第二个练习题？你是怎么做的？ (2) 请其他同学说说作品的优点和不足。 (3) 教师评价：这个练习有几个同学做得很好，在这个练习中，要求设置蜜蜂传递信息的路径，已经学过了，希望大家要认真。 3. 第三个练习题： (1) 哪些同学做的是第三个练习题？请你说一说具体做法。 (2) 哪个同学想点评一下？ (3) 刚才这个同学操作得很好，点评的同学说的也很到位，这说明大家都认真读题、认真做题了，老师为你们这种认真的精神感到高兴。在这道题中，我们要考虑到两车同时行驶，因此动画要设置成“与上一动画同时”。 4. 第四个练习题： (1) “嫦娥一号”卫星的成功发射是我们全体中国人的骄傲，谁能为大家说一说“嫦娥一号”卫星是怎样绕月飞行的？ (2) 刚才这个同学一边说还一边比划，他说得对吗？	按要求自主选择任务，并完成操作 指名演示 说出作品的优点并提出建议 指名演示 说出作品的优点并提出建议 认真听教师评价 指名演示 说出作品的优点并提出建议 认真听教师评价 指名发言：“嫦娥一号”卫星绕着月亮飞行（一边说一边比划），它是这样绕的（大致描绘出绕月的形状和方向）。	教学网 教学网 教学网	教师的评价除了有对学生的表扬和鼓励外，还有对练习题的关键性点拨，这样，可以使学生体验成功的自豪感的同时更深入地了解练习题的操作要点及表现形式。 教师评价中还向学生强调了在设置路径动画时要“根据实际需要灵活地设置路径动画”，这也就是让学生结合实际生活，同时结合自己的已有经验，设置出合理的路径动画，这样，也就同时完成了对新知识的意义建构。

续表

教学流程	教师活动	学生活动	教学资源	教学指导策略
巩固创新展现个性	(3) 你们真棒！这也就是要求我们在设置路径动画时要考虑到卫星绕月的形状和方向，也就是要根据实际需要设置。 (4) 谁能为大家演示一下具体的操作方法？ 5. 这几道题大部分同学都做得比较好，现在请没做对或没完成的同学继续操作，完成的同学也可以再选择练习继续操作。 引导学生进一步完善作品。 6. 展示并评价作品。	指名演示 进一步完善作品或选择练习题继续操作。 演示并评价作品。	教学网	结合国家大事对学生实施德育，使学生在完成练习的同时体会国家的强大和科技的迅速发展，激发他们强烈的民族自豪感和爱国情感。
畅谈交流 课堂小结	[提问] 设置路径动画有什么作用？ [提问] 通过这节课的学习，你有哪些收获？ [小结]	自由发言 自己的收获及存在的困惑		让学生概括出设置路径动画的作用，从而对路径动画有进一步理解。 通过谈收获及困惑，达到总结本课所学知识及方法，提出解决困惑的途径及办法，并达成全班共识的目的。

五、教学反思

本节课的教学，我以建构主义理论为指导，采用任务驱动的教学方式，引导学生通过自主探究、合作探究的方式掌握知识，形成技能，并完成最后的扩展练习，总体效果比较好，但仍有一些不足，现总结如下：

（一）对本课重点难点的处理

我引导学生借助教材和学习资料，并以小组合作的方式自主探究、合作探究，使学生初步掌握基本的操作，然后又两次让学生说一说在操作中遇到了什么问题及有什么解决方法。这样做，就使得学生对知识和技能有更进一步地了解，同时也培养了学生们分析问题、解决问题的能力。接着，我又亲自演示操作步骤，并让学生自己把每一个步骤说一说，最后，还让学生和同组的成员再说一说操作方法，这样，就使学生依照“循序渐进”的原则，牢固地掌握了基础知识，也就是本课的重点。

对于难点的突破，我也采用了多种方法，如先让学生自主操作探究完成练习题，接着是让学生演示具体的操作并请其他同学评价，说出优点和不足；另外，我还通过谈话法使学生对练习题的操作进行深入思考，通过让学生演示，引出路径的形状和方向，还有我对练习题关键点的提示和点拨，对学生的表扬和鼓励……这一切，都使学生能以轻松的心态、积极的状态完成练习，当然，也就会有学生们对作品的创新。

（二）对练习完成情况的分析

本课在学生完成基本操作之后还设置了拓展练习，共有四个练习题，完成情况见下表：

第一次完成练习

选择练习题（在所选题目后面打“√”）	难易程度	参与人数	完成人数	百分比	备注
（1）为小蝴蝶设置路径动画。	容易	6	5	83.3%	
（2）为蜜蜂设置传递信息的路径动画。	较难	14	13	92.9%	
（3）解决数学中的“相遇问题”。	较难	10	6	60%	
（4）为“嫦娥一号”卫星设置绕月轨迹的路径动画。	难	8	6	75%	

第二次继续练习

选择练习题（在所选题目后面打“√”）	难易程度	参与人数	完成人数	百分比	备注
（1）为小蝴蝶设置路径动画。	容易	18	17	94.4%	
（2）为蜜蜂设置传递信息的路径动画。	较难	16	16	100%	
（3）解决数学中的“相遇问题”。	较难	23	23	100%	
（4）为“嫦娥一号”卫星设置绕月轨迹的路径动画。	难	12	10	83.3%	

对以上两个表格的分析：

（1）在第一次练习中，从“参与人数”看，较小部分同学选择了“容易”和“难”两个类型的题，大部分同学选择了“较难”的练习题，说明大部分学生已经掌握了本课的操作方法，他们对自己也很有信心，能完成较难的练习题。从“完成人数”看，第（2）题学生完成较好，这道题还属于基础知识操作，学生还比较熟悉，而第（3）题只有60%的学生能完成，而没有完成的学生都是没有设置出“两车同时相对开出”这一路径动画，说明题中的“两车同时相对开出”这一动作的设置难住了他们。

第一个练习题有一个学生没完成，则是对本课的基本操作没能完全掌握，设置过程中出现了问题。

对于第四个练习题，有两个人做错，错误原因是将绕月的方向设置错了。

（2）在第二次继续练习后，各个练习题参与人数都有大幅增加，这是因为学生们在听了同学的评价及我的鼓励点拨后产生了更强的信心，也对练习题中的关键点加以注意，因此，正确率也很高。

对于两道较难的题，学有余力的学生都进行了尝试，并且全都做对了，这就说明他们都掌握了设置路径动画的操作方法，同时也说明了班级大部分学生都掌握了本课的重点知识。

对于第一个练习题，还有一名同学不能完成，也就是第一次没有完成的那名同学，这样可以得出结论：他对于本课的知识还不能很好地理解和掌握，这名学生接受能力较低。当然，这也提醒了我在以后的教学中对他要多加关注，应该尝试采用多种方法对其加以指导，从而使他在信息技术学习方面能有较大的进步，最后能和其他学生同步。

对于第四个练习题，有更多的学生愿意尝试，但仍有两名学生不能很好地掌握路径的方向，因此没能做对。我在评价作品时提醒他们利用课余时间加强练习。同时，我又想到应该在练习时请其他同学对这两名学生予以指导，这样，他们也就能将此题做对了，有时，小小的一个动作可能比千言万语更有作用。

《我是哆啦A梦——工具箱的奥秘》教学案例分析

王　珏[①]

一、教学目标

（一）知识与技能

1. 学会“用颜料填充”工具给封闭的图形填充颜色。

2. 知道“橡皮”工具有涂色的功能。

3. 能用“彩色橡皮擦”工具的前景色、背景色给图形上色。

（二）过程与方法

1. 在“试一试”、“想一想”的自学与探究中，学会“用颜色填充”工具的使用和技巧。

2. 通过“学一学”、“练一练”的教学与练习，学习“彩色橡皮擦”的使用方法。

3. 在“画一画”的活动中，让学生自由发挥、自由选择，美化“校庆”图画。

---

① 上海市齐齐哈尔路669号齐齐哈尔路第一小学.

情感态度与价值观：

通过“我是哆啦A梦”这一主题活动，在学习中体验“助人”的快乐，以及在不断地尝试与探究中，体会自主探究性学习所带来的快乐与收获。

二、教材分析

《工具箱的奥秘》一课是中国地图出版社小学信息科技教材第二单元“用计算机画图”中的第6课。主要是请学生运用Windows XP自带的“画图”软件中的画图工具箱按钮，来进行图画的修改和美化活动。让学生学会“用颜色填充”和“彩色橡皮擦”工具的使用方法，其中使用“彩色橡皮擦”的特殊功能也是本节课的教学难点。

三、学生分析

本课的教学对象为小学三年级学生，由于我校学生在二年级和三年级第一学期时已经开设了信息技术课程的学习，因此学生已具有一定的操作能力，并掌握了一定的学习方法，对于基本操作掌握的比较熟练，大部分学生的思维比较活跃，小组成员间能开展相互的帮助。其次三年级的孩子对新事物比较好奇，对课堂教学的活动形式也比较感兴趣，因此本课我将引导学生开展自主探究性学习，让学生围绕各种问题展开探究、摸索与尝试，寻求问题的解决方法，并从各种特殊事例中归纳、总结技巧。教师的主要任务是启发学生，为学生发现知识创造条件和提供帮助。另外，根据各班学生不同的学习情况和起点水平，开展有针对性的分层教学，使每个学生都能学到自己需要和能够掌握的知识点。

通过前几课的学习，三年级学生已经掌握“画图”软件中一些常用工具的使用方法（如直线、椭圆、多边形等），能用它们绘制一些简单的图形。因此，前一阶段的学习也为学生完成本课学习内容打下了良好的基础。同时，本课学习也对学生后继学习起着重要的承接作用，比如运用本课的一些操作技巧，能大大节省绘画中修改、美化的时间，为学生今后独立创作图画打下良好的基础。

四、教学重点、难点

教学重点：会用“颜料填充”工具给封闭的图形填充颜色，能正确设置橡皮工具的前景色和背景色。

教学难点：会恰当地使用彩色橡皮擦的特殊功能。

五、教学方法和策略

《上海市中小学信息科技课程标准》指出：信息科技课程要

促使学生树立自主建构知识的观念，要给学生留出发挥自主性、积极性和创造性的选择空间，为学生提供在不同的情境下建构知识、运用知识、表现自我的多种机会。

因此在《工具箱的奥秘》一课中，我采用自主探究、讲练结合、启发式的教学方法，以启发为主，把“自主学习——尝试探究”的思想渗透在整个教学过程中，为学生设计了一系列的开放性问题，让学生带着问题去思考、去探究，鼓励他们用多种方法去解决问题，比如：鼓励学生用多种方法、多种颜色给黑白的气球上色，利用彩色橡皮擦的特殊功能使月亮变色，综合运用各种画图工具按钮给“校庆”图画丰富内容等。使整个教学活动都能围绕问题而展开，而教师只在教学中起指引作用，让学生从被动的接受者转变为问题的解决者，使他们成为课堂的真正主体。另外，在学生完成对“校庆”图画的美化和创作后，我将采用灵活多样、开放性的评价方法，比如让学生相互浏览各自的作品，给自己喜欢的作品贴笑脸，推荐作品，师生共同点评等。这些评价的方法，旨在使评价的主体多元化，评价的结果多样化。

六、教学流程设计

（一）创设情景，激情导入

以校庆为引子，创设情景。请小朋友们当回聪明的哆啦A梦，帮助“大雄”美化他给校庆寄来的两幅图画。由此揭示课题：我是哆啦A梦——工具箱的奥秘。

（二）自主学习，讲解重点

在“试一试”、“想一想”的自学与探究中，学会“用颜色填充”工具的使用和技巧。

（三）自主探究，点拨难点

通过“学一学”、“练一练”的教学与练习，学习“彩色橡皮擦”的使用方法。

（四）综合利用，知识拓展

在“画一画”的活动中，让学生自由发挥、自由选择，美化“校庆”图画。

（五）作品展示，评价激励

全班学生相互浏览各自的图画，并给自己喜欢的两幅作品贴上笑脸。在课堂上交流3份学生作品，开展点评和颁发奖章。

（六）总结本课，巩固知识

利用两道选择题，帮助学生巩固本课知识点。

七、教学过程

（一）创设情景，激情导入

1. 师：（播放 Flash 画面）本月我们迎来了校庆 60 周年，同学们为校庆准备了很多礼物，就连日本小朋友大雄也给校庆寄来了两幅图画，请大家欣赏一下。

（大屏幕出示大雄的第一幅图画）——画的是一串喜庆的气球。

2. 师：引导学生发现问题，画中有四只气球没有被填充颜色。请小朋友们当回聪明的哆啦 A 梦，帮助“大雄”美化他的图画。从而引出本节课的活动主题：我是哆啦 A 梦——工具箱的奥秘（揭示课题）。

（教学分析与设计意图：以校庆 60 周年这一热门话题为本课的引入，容易激发学生的学习兴趣，同时“哆啦 A 梦”也是小朋友们喜欢的卡通人物，学生很愿意变成“哆啦 A 梦”，帮助“大雄”解决困难。）

（二）自主学习，讲解重点

师：自学书上 42 页的操作步骤，“用颜色填充”工具，将大雄画的黑白气球变成彩色的（如图 1）。

探究内容：1）用“前景色”填充颜色。2）能变出更多的颜色。

师：请同学上来“当小老师”，介绍“用颜色填充”和“48 色自配色”的使用方法。

生 1：左键选前景色，单击左键填充。

生 2：右键选背景色，单击右键填充。

生 3：选“颜色”——“编辑颜色”命令，可以自定义其他颜色。

师：打开“想一想”文件，学生尝试，用“颜色填充”工具，能给以下哪几个图形填充上黄颜色，为什么？（如图 2）

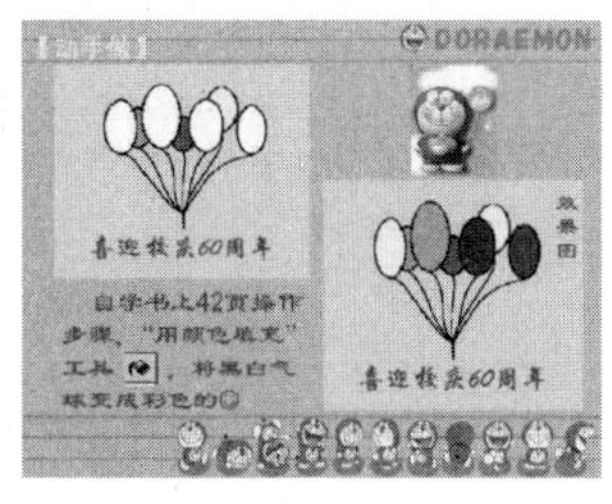

图 1

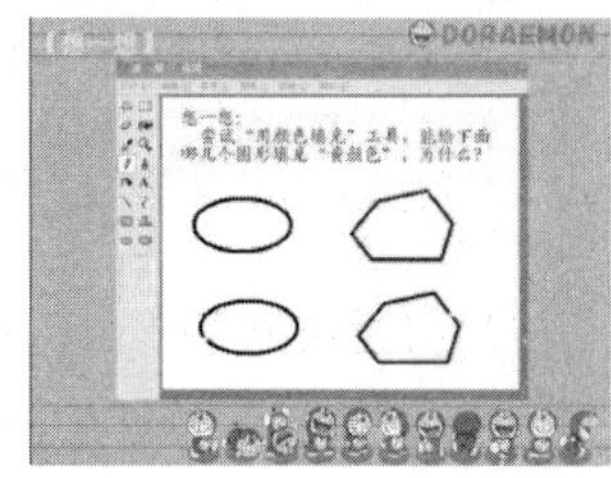

图 2

生：能给上面两个图形填充颜色，因为下面两个图形有缺口，颜色会漏出来。

师：通过探究，得到小常识："用颜色填充"着色的区域必须是完全闭合的，否则颜色就会漏出来。

〔教学分析与设计意图：学会"用颜料填充"工具给封闭的图形填充颜色，是本节课的教学重点。书上介绍的方法是用鼠标右键（即"背景色"）进行填充，而大部分学生通过自学可以掌握此方法。但为了激发学生的探究欲望，我另外加了两个教学环节：即请学生试试能否用"前景色"（左键）进行填充，和变化出更多的颜色。该设计旨在让学生在自学和探究中掌握"用颜色填充"工具的使用方法，并通过"想一想"的探究，能自己总结出操作技巧：即着色的区域必须是完全闭合的!〕

（三）自主探究，点拨难点

1. 师：出示大雄第二幅图画——荷塘月色（如图 3）。学生讨论：你想用哪一种工具将月亮变成黄色的？（备注说明：月亮是事先用"喷枪"工具画的）

图 3

生 1：我想用"颜色填充"。

生 2：我想用"刷子"。

生 3：我想用"喷枪"。

生 4：我想用"橡皮"。

……

2. 师：开展小竞赛，老师和大家一起尝试，看谁能在 30 秒内将月亮变成黄色。

师：展示部分学生尝试的结果，请他们说说遇到的困难。

生 1：用"颜色填充"工具，颜色容易漏出去。

生 2：用"刷子"工具，刷不圆，很费时。

生 3：用"橡皮"工具（即书上介绍的橡皮常规用法），涂不圆，容易涂出去。

……

3. 师："学一学"——用"彩色橡皮擦"将月亮变成黄色（即"橡皮"工具的第二种特殊用法，书上只介绍了"橡皮"工具的常规用法）。

将月亮原有颜色"褐色"设为前景色──→再将替换颜色"黄色"设为背景色──→选择"橡皮"工具──→按住鼠标左键进行拖拽，改变月亮的颜色。

4. 师：学生用新技巧练习，将月亮变成黄色。思考问题：天空和星星的颜色能否被擦除？为什么？

生：不会被擦除，因为天空和星星的颜色与月亮的颜色不相同。

5. 师：利用PPT板书（如图4）和学生的回答，总结“彩色橡皮擦”的使用技巧。

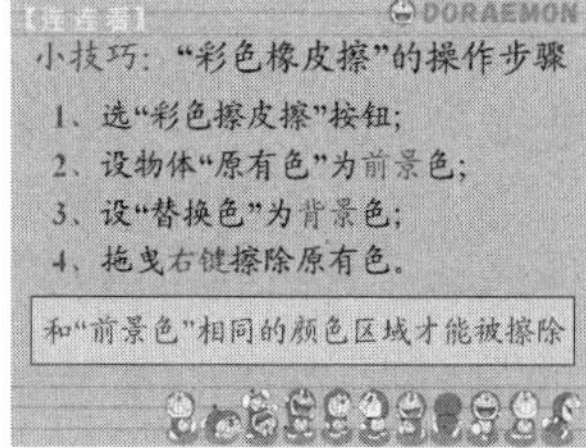

图4

6. 师：巩固练习——用“彩色橡皮擦”将两条白色小鱼擦成你喜欢的颜色。

（教学分析与设计意图：“彩色橡皮擦”的使用方法是本节课的教学难点。在这个教学环节的设计中，我为学生创设了一个开放、民主、多元的课堂环境，通过提问、讨论以及师生间的竞赛，来激发学生的好奇心，引导他们去主动探究、摸索问题，使他们对新知识产生浓厚的学习兴趣，从而想方设法去分析问题，探讨问题的解决方法。

针对此教学难点我设计了“尝试练习——分析对比——新授技巧——巩固练习”四个环节，即让学生先按自己的喜好进行尝试，在练习中发现问题，然后通过对比，分析问题的原因，再通过教师的讲授，学习新的技巧，最后通过一个巩固练习，加深对“彩色橡皮擦”这一教学难点的理解与运用。可以说整个课堂气氛相当活跃，学生学的主动、认真和愉悦。）

（四）综合利用，知识拓展

师：“画一画”——利用“用颜色填充”、“彩色橡皮擦”，以及“画图工具箱”的其他工具，发挥想象，美化“校庆”图画（如图5）。

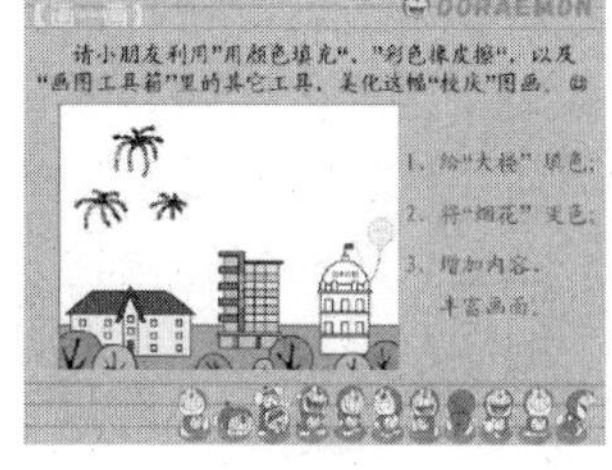

图5

练习要求：1）给“大楼”填色；2）将“烟花”变色；3）增加内容、丰富画面。

（学生创作图画，教师巡视指点，鼓励学生相互帮助解决问题）

（教学分析与设计意图：

在学生创作图画时，我根据学生学习差异，制定了不同的分层目标。

A. 在老师或同伴的帮助下，完成对“艺术大楼”和“烟花”的美化。

B. 能完成对“艺术大楼”和“烟花”的美化，并给“校庆”

画面另外添加一些简单内容。

C. 能完成对“艺术大楼”和“烟花”的美化，能丰富“校庆”的画面内容，并且有一定的创意。

该分层目标能让不同学习层次的学生根据自己的实际学习情况，创作出不同的图画作品，使每位学生都能体会到成功的喜悦。）

（五）作品展示，评价激励

1. 生：全班学生相互浏览各自的图画，并给自己喜欢的两幅作品贴上笑脸。

2. 师、生：在课堂上交流 3 份学生作品，开展点评和颁发奖励章。

（教学分析与设计意图：在学生完成对“校庆”图画的美化和创作后，我采用灵活多样的开放性评价方法，如让全班学生相互浏览各自作品，给自己喜欢的作品贴笑脸，推荐作品，师生共同点评等。通过相互浏览，相互点评能让学生了解自己作品的优点与不足，并增进彼此间的友谊。而这些评价方法，也旨在使评价的主体多元化，评价的结果多样化。）

（六）总结本课，巩固知识

1. 师：学生完成两道选择题，巩固本课知识点。（如图 6）

八、教学反思

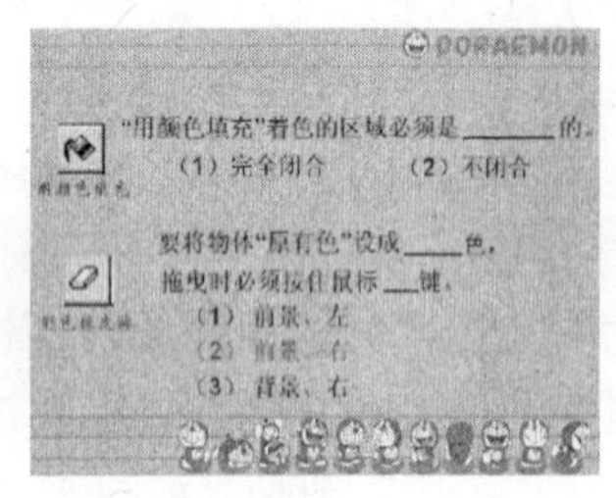

图 6

本课作为 2007 年“齐一小学 60 周年校庆活动”中的一堂研讨课，曾在校内向各位来访的老师和专家做了公开教学，也得到了大家的认同与肯定。反思其成功之处在于课前我认真分析了学生的实际需要、起点水平和认知倾向，把握了学生的学习兴趣和学习动机。

针对本课的教学重点和难点，我鼓励学生在自主地探究练习中发现问题，分析问题，再通过教师引导，学生交流经验等形式，使学生在智力上相互激荡，操作上相互合作，情感上相互感染，评价上相互检查。

其次，在备课初时，我在设计“彩色橡皮擦”这一教学难点时，只安排了学习改变月亮颜色这一单纯的教学环节，本以为在教师的操作演示下，学生会很快掌握“彩色橡皮擦”操作方法，但在试教后发现，很多学生虽然会使用，但不知道“彩色橡皮擦”的技巧所在，以及与其他工具在使用上的区别。而个别学习困难学生也很难通过一个练习来掌握操作要领，因此在后面美化"校庆"图画时，出现了学生不能灵活运用"彩色橡皮擦"的现象。在分析原因后，我适当增加了这一教学环节的内容，即通过"尝试练习——分析对比——新授技巧——巩固练习"四个环节，让学生先按自己的喜好进行尝试，在练习中发现问题，然后通过对比，分析问题的原因，再通过教师的讲授，学习新的技巧，最后通过一个巩固练习，加深对"彩色橡皮擦"这一教学难点的理解与运用，从而使教学具有很强的交互性，而在学生美化"校庆"图画时，我在巡视中偶然发现一位学生用"喷枪"和"刷子"工具为校庆画面增添了"齐一真美丽"的烟花字样，于是我抓住这个契机在班中展示了他的作品，并请他谈谈自己的想法。该生回答说："他很喜爱自己的学校，感觉校园很美，而他父亲前不久带他看了国际烟花展，他发现烟花中有英文字样，于是就有了为校庆画面添加'齐一真美丽'烟花字样的想法。"我当即表扬了该生热爱学校，绘画时能动脑筋，能有自己的创新。而此举也激励了该班的其他学生，使他们的图画作品更为丰富，更多地融入了自己的想法。

由此我感觉教师在开展教学的同时，也要拥有一颗敏感的心，要善于在教学中捕捉契机，鼓励学生，激发学生热爱生活、热爱学校、热爱国家的情感，从而点亮学生的创作火花。

情牵奥运——移动、复制图像

郭连红①

一、教学内容

本节课使用的教材是《广东省小学课本信息技术》第一册(上)，第 11 课《复制、移动图像》，主要知识点是用选取工具选定图像并进行图像的复制、粘贴、移动操作。

二、学生分析

年龄特点：小学生的年龄特点为好奇、好问、好玩，注意力集中时间为 10 分钟左右。多讲无益，但少讲往往会讲不清楚，所以我选择从兴趣入手，让他们主动参与，这是集中学生注意力最有效的办法。

信息技术水平：本课的教学对象是四年级的学生，他们已经掌握了一定的信息技术知识，初步学会了画图软件中基本画图工具的使用及文件的打开、保存等基本操作。在教学过程中，善于激发学生学习的兴趣，进一步培养学生的自主学习能力和创新意识。

---

① 广东省东莞市莞长路 33 号东华小学.

三、设计理念

如果说把学生的学习比喻为大海上的一艘航船，那么老师就是航行的指南针，而学生则是真正的掌舵者。在传授知识方面，首先创设情境，让学生初步“感知”然后在知识的海洋里自主探索“新知”，在学习过程中开放课堂，注重小组“合作学习、探索评价”，让学生在相互分享中体验探索学习的乐趣。在内容上，选择学生感兴趣的有关奥运的知识作为主题渗透，学生兴趣浓，参与热情高，通过本节课的学习，不仅让学生学会了复制与移动图像，也让学生走近奥运，了解奥运知识，并为宣传奥运做贡献，同时在学习过程中，培养了学生的信息素养，增强他们的爱国情怀。

四、教学目标

（一）知识与技能

1. 学会选定图像的方法；2. 能够复制、粘贴、移动图像；3. 综合利用复制、移动操作制作有创意的作品。

（二）过程与方法

采用任务驱动、点拨演示等教学方法，让学生带着问题，通过自主探究，分组合作等形式去学习，让学生在不知不觉中掌握了知识，提高了应用知识的能力，让学生在快乐中体验学习的乐趣。

（三）情感态度价值观

提高学生应用知识的能力、创新意识及语言表达能力，让学生了解更多的奥运知识，进一步培养学生的爱国情怀。

五、教学重点、难点

重点：图像的选定、移动及复制操作。

难点：图像的透明选定操作及综合利用移动、复制操作制作有创意的作品。

六、教学方法

创设情境法、任务驱动法、主题教学法、演示教学法、自主探究、小组合作学习。

七、教学过程

教学步骤	教师活动	学生活动	设计意图	时间
课前准备	伴着优美的音乐播放《每堂益言》 I can succeed!（我能成功。） I must succeed!（我必须成功。）	学生起立齐读三遍益言，每一遍读出感情与自信	既让学生掌握了知识和集中了注意力，又增强了学生的自信心	

续表

教学步骤	教 师 活 动	学生活动	设计意图	时间
创设情境激发兴趣	师：北京奥运会的吉祥物是什么？想不想看福娃的动画片？请同学认真看，看完我们会进行奥运知识抢答。 教师播放动画片。教师提问动画片中关于奥运的小知识。 师：动画片非常精彩，你们喜欢福娃吗？今天老师把福娃请进了我们的画图软件中。教师出示下图： 	学生带着愉快的心情认真、仔细地欣赏福娃的动画片。 学生根据老师的问题进行快速抢答。 学生观看教师用画图软件展示的福娃。	让学生观看喜欢的福娃动画片，不仅提高了学习的兴趣，也让学生了解了更多的有关奥运的知识。 通过创设情境，使抽象、复杂的问题变得简单，明确，课堂伊始，让学生兴趣高涨，带着问题自主学习，大大提高了学生学习的积极性和主动性。	3分钟
提出问题自主探究	问题一：福娃们为了宣传奥运，将进行一场足球比赛，可是只有一个足球，你能不能想办法让每一位福娃都得到一个足球呢？(由一个足球变出四个足球) 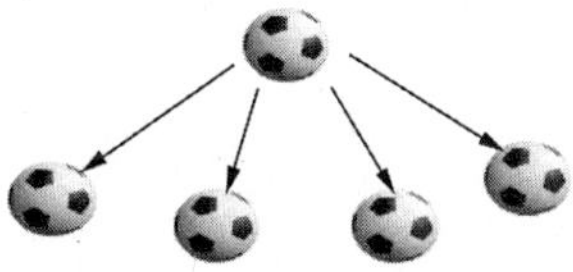 问题二：比赛马上就要开始了，可是福娃贝贝发现自己的号码牌丢了，同学们，你能帮他找回来吗？  师：当你遇到问题时，会通过哪些方法解决问题？	学生认真思考老师提出的两个问题，有的通过计算机试着操作，有的同桌相互商量，有的小组讨论…… 老师总结获取知识的途径： 1. 看书 2. 问同学、老师 4. 访问学习网站 5. 阅读教师提供的帮助文件	通过让学生分组讨论、在计算机上试探操作等方法让他们主动在知识的海洋里畅游，让他们学会用多样的方法解决问题，提高学习的效率。 “授之以鱼不如授之以渔”，信息时代，知识更新快，教学关键是让学生掌握学习的方法，培养学生的合作探究能力、主动获取新知识的能力。	5分钟

续表

教学步骤	教师活动	学生活动	设计意图	时间
师生合作突破难点	请完成的学生当小老师到讲台演示图形的移动及复制的方法。 关于足球的复制较为简单，大部分学生能够完成，但一位小老师在移动图形时遇到了困难：当把选定的号码图形移动到贝贝的胸前时，却有一大块白色区域把它的脸与身体挡住了。如下图：  老师没有直接说明原因，而是把目光投向其他同学："同学们，谁能解决这个难题?" 请能解决问题的学生边讲解边演示，原来他有自己的妙招。学生说出其中的秘密，同学们恍然大悟，原来是点击了工具栏中的"透明样式按钮"。  教师引导学生比较复制与移动的异同，并说出其主要操作步骤，并进行板书。	针对老师提出的问题，学生到讲台进行讲解、演示。复制的操作方法及步骤：首先选定要复制的图像，然后右单击选择粘贴，再把图像拖动到指定的位置即可。 学生在演示号码牌的移动时，出现了移动区域挡住了福娃的脸现象。 再次请能解决问题的小老师上台讲解，演示。于是问题便迎刃而解。 学生记住透明样式按钮，并在自己的计算机上再次操作加深印象。	通过让学生当小老师进行知识点的讲授，既让学生有种掌握知识的自豪感，又进一步培养学生的自信心及信息技术语言表达能力。 先让学生进行复制的操作，这一项比较简单，大部分学生都能操作，然后再让有遇到问题（即选定区域移动时挡住了背景）的同学到讲台演示，针对出现的问题，教师再请能解决问题的同学演示，并适时引导，让学生记住选定操作中"透明样式"这个重要按钮。 针对出现的问题，老师不急于告诉同学答案，而是放手让学生自主探索、讨论，提高了学生解决问题的能力。 老师引导学生认真分析复制及移动的操作要领及注意事项，进一步明确移动与复制的异同。	10分钟
魔术表演技巧传授	师：同学们喜欢看魔术表演吗？请同学们仔细看。教师通过大屏幕广播演示，在一分钟内变出如下五环。 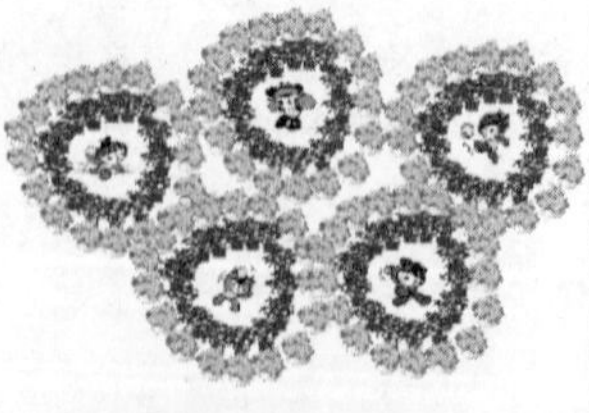 教师重点讲解魔术秘诀：Ctrl键的使用技巧。	学生仔细地观看老师的魔术表演，并为老师的表演惊奇、喝彩。学生虚心向老师学习魔术的变化秘诀。	兴趣是最好的老师，通过魔术表演让学生的学习热情达到了高潮，所以在讲解Ctrl键的快速复制技巧时，学生学得认真，听得用心，知识掌握又快又好。	3分钟

续表

教学步骤	教　师　活　动	学生活动	设计意图	时间
分层练习拓展创新	师：同学们想不想利用所学的知识为奥运做点贡献呢？根据需要选择你喜欢的项目进行练习。 ·创意类：学生从老师所提供的素材“创意设计”文件夹下选择内容进行创意设计。下图为其中的素材文件之一。 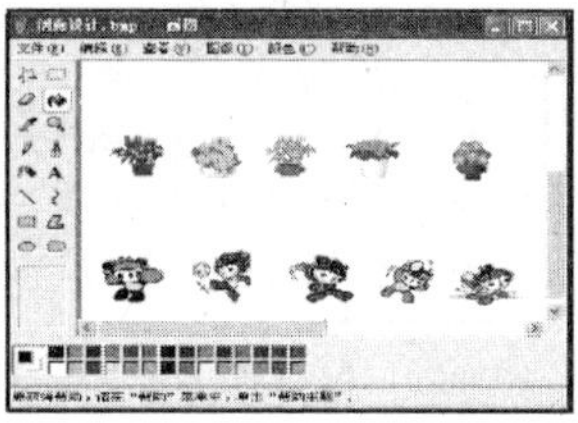 ·拓展类：可以综合运用以前所学知识，如文字、刷子等工具对自己的作品进行美化操作。 教师巡视指导，帮助有问题的学生。	学生找到教师提供的创意素材，然后分组讨论，选择确定素材后，利用所学复制和移动操作进行创意制作 完成创意类的题目后，学生再综合利用以前所学的知识，对所制作的作品进一步地美化	设计以奥运为主题的内容，既可以提高学生学习兴趣，也让学生感受到能利用所学知识为奥运做贡献而自豪！ 把主动权交给学生，首先让学生分组讨论，根据需要及爱好，选择素材进行创意设计。通过小组讨论互助，培养学生的合作能力及团队精神。 通过分层设计，让优等生吃饱，让中等生吃好，通过小组互助，让基础较差的学生也可以掌握知识。课堂上，让每位学生体会到成功的愉悦感	10分钟
展示评价畅谈收获	作品展示： 学生首先在观看小组内其他同学的作品，老师进行演示时，学生可以推荐自己组内最好的作品，也可以推荐自己的作品，可以自己对作品进行说明。也可请其他同学对作品进行评价。 （学生作品欣赏） 本节课你感到快乐吗？你有哪些收获？试着利用所学知识对自己进行评价。（评价表见附表）	学生展示自己的创意作品，并畅谈收获。有的学生收获了有关奥运的知识，有的学生学会了复制移动的技巧……	让学生观看其他同学作品，取长补短，既引导学生看到作品的优点，也要指出存在的不足，以便以后做得更好。另外通过学生介绍作品及评价作品，培养了学生的语言表达能力及审美能力	8分钟
悬念小结课止趣浓	时间过得真快，我班的小广播“杨雅”要跟大家说再见了，出示作品。（本班学生照片） 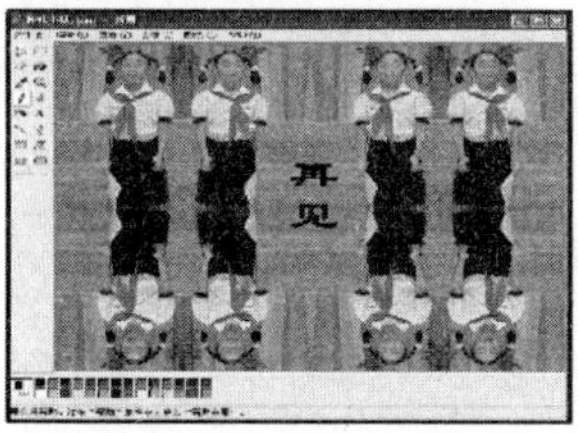 同学们，你想不想把自己的照片也做成这样的艺术照？且等下节课再学习。	学生看到了自己班的同学的照片搬到了画图软件中，由一个人变成了多个人，而且还能倒立，学生都想把自己的照片做成这样	通过画图软件中的复制、移动及翻转等操作，让一张简单的照片变得多样化，结尾再出现这样一个问题画面，收到了课止趣正浓的良好效果，让学生盼望着下一节课的到来	1分钟

八、教学反思

本节课以奥运为主线，让学生主动参与，大大激发了学生的求知热情，课堂上学生学习兴趣浓厚，参与积极性高，在探索新知识的过程中以学生自主探索、小组合作为主，教师适时加以点拨引导，让学生成为学习的主人。

成功之处：本课以奥运为主线，通过播放动画及变魔术等手段充分调动了学生的学习热情；教师为学生提供了展示自己的舞台；课堂师生关系融洽；学生作品富有创意；学生的信息素养得以提高；学生能利用所学知识为奥运做贡献。

不足之处：老师让学生尝试操作时，没有清楚地告诉学生“试一试”这个文件所在的位置，致使部分学生找不到文件，老师又进行了补充；学生的信息技术语言表达能力有待于进一步提高，如有的学生把“选定”说成“框住”等，还有的学生只会操作不会用语言表达。在今后的课堂上，应多为学生提供信息技术语言表达的机会。

《画宫寻趣》教学设计

曹献平[①]

一、教学目标和内容分析

《画宫寻趣》是本人根据海南省小学信息技术教材第三册“画图软件”教学的需要而扩展的一节活动课。教学对象是小学五年级学生。它是教材关于画图知识铺垫的延伸，并且贯穿着以后整个画图知识的教学，是学生能够顺利、快捷操作使用画图的基础之一，也是形成学生“了解熟悉——技巧掌握——综合运用”这一合理知识链的必要环节。教材目的是让学生学会对图像进行翻转、旋转、拉伸、扭曲及用剪贴板进行多个图像组合的操作。

根据学生的需求设计活动内容和目标，这是我对新的教育理念的一点体会，学生的需要就是我们教学的动力，基于此点，我才设计了这一课时，目的在于进一步让学生掌握画图功能的使用，同时培养学生的自我创新能力，提高学生的信息素养和处理信息的能力；进而引导学生深入体验自然与生活，激发其情感，能较好地处理与人的交往与合作，拓展学生的综合能力。因此，这节课是整合美术教育、信息技术教育和思想品德教育的画图知识教学提高课。

二、学生学习状态分析

单就内容而言，对已掌握了一定画图操作技能的五年级学生

① 海南省海口市龙华区义兴街 260－1 号海口市第二十小学.

来说通过努力可以完成；但是根据因材施教的教学原则，我在教学中对不同程度的学生提出了不同的要求，使不同程度的学生在适合自己的目标面前都能通过努力达到。在评价中根据坚持多元化、不同角度的评价方式使每位同学都能感到自己的进步和不足。通过我的观察和了解，我提供给学生的素材是他们平时喜欢的动画或卡通人物，素材涉及的面比较适合学生的年龄和心里健康发展的要求，他们对这个活动内容的表现出了浓厚的兴趣。

三、教学策略

（一）教法阐述

本课采用的主要教学方法有“任务驱动法”、“创设情境法”等。信息技术教学大纲明确指出：知识及技能的传授应以完成典型“任务”为主。因此本课采用建构主义理论指导下的主体式教学模式。通过学生已经受过的美术教育和信息技术教育（课程整合），创设一个动画人物的情境（创设情境法），设置一个个任务（任务驱动法），我在以往的教学中经常强调，对问题的结论要先假设，再通过实际操作得出结论进行验证，因为这是一种进行科学探索所经常使用的方法和思路，实际的效果也很好，注重了对学生的思维、方法的培养和锻炼。让学生对作品进行命名，说明设计意图，在一定程度上可以锻炼学生的分析归纳能力；切近信息的加工、表达与交流的实质；让学生运用已学知识和新任务的提示，自己动手，尝试操作，通过操作查找答案有机结合画图的各种操作，使教学内容合理流动，水到渠成。教学中，启发、诱导贯穿始终，充分调动学生的学习积极性，注意调节课堂教学气氛，给学生一些温馨的提示。

（二）学法指导

本课教给学生的学法是“自己提出任务——有兴趣的准备解决任务——尝试探究操练——自己归纳总结思维的过程”。

建构主义学习理论强调以学生为中心，要求学生由知识的灌输对象转变为信息加工的主体。故此本课教学过程中，巧妙设计，让学生带着一个个任务通过激励、相互交流合作、实际操作等方式，自我或合作探索，自主学习，重难点知识让学生通过自己动手操作和辅助的操作提示帮助自己研究或通过与同伴交流，与教师切磋，大家一起讨论解决或教师作适当个别指导帮助解决。让学生自我展示、相互激励，体验成功；使学生在完成任务的过程中不知不觉实现知识的传递、融合与吸收。

四、教学目标

（一）知识和技能

学习使用绘图软件对图像进行翻转、旋转、拉伸、扭曲及用剪贴板进行多个图像组合的操作。

（二）过程和方法

教师的引导与学生自主探究恰当的结合，注重学生探究性学习的开展。

努力尝试发现问题与动手动脑探索研究解决问题的途径和方法。

（三）情感，态度，价值观

能较好地处理与人的交往与合作，让学生自我展示、相互激励，体验成功。

努力提高学生的信息素养和处理信息的能力。

五、重点与难点

教学重点：

图像的翻转、旋转；图像的拉伸、扭曲；

教学难点：

图像扭曲所填写的数值与图像的倾斜的关系。

教学准备：

多媒体课件　学生操作所需素材图库

六、活动过程

（一）情境创设

通过与同学们谈论“西游记”中“美猴王”的故事片断，为教学活动创设的情境。

教师：同学们，你们都看过《西游记》吗?

学生：纷纷表示看过。

教师：我想同学们对我国这部名著的主人公和剧情一定还记忆犹新；那么同学们都喜欢剧中的哪个人物和记忆深刻的故事情节呢?

学生：大家你一言我一语，有的说喜欢孙悟空（变化多端，降妖除魔），有的喜欢沙僧（任劳任怨，忠厚老实），有的喜欢猪八戒（有趣）……

教师：老师认为故事中的四位主人公各有特点，各有所长，特别是号称美猴王的孙悟空给大家留下了深刻的印象。老师还记得几个记忆深刻的片断：一个是孙悟空为了找到适合自己的兵器到东海老龙王那里寻宝；另一个是孙悟空与老龙王对饮，喝得大醉摇摇晃晃的样子。我觉得这两个片断把美猴王的个性特点刻画得非常生动!

同学们，你们想不想把自己喜欢的主人公和故事情节用我们所学的绘图软件搬到计算机屏幕上呢?

学生：兴趣高涨!

教师：好，根据大家的愿望制定我们今天的学习活动任务。

那么根据我们所掌握的绘图软件的操作知识要完成这个任务，自己估计一下，会遇到什么问题?比如哪里比较难?

(这一环节的设置是对我在备课中对知识重、难点把握的一个检验。当我预设课程中的重、难点与学生能力、程度相碰撞中，有时会很吻合，有时会有一些偏差，那么在实际的教育教学过程中，我就会调整教学策略、方法和知识点的深浅度，更好地顾及学生的实际能力程度，做到“备好学生”，“恰当知识目标”!)

学生：怎样变出几个孙悟空?怎样变出不一样的孙悟空?

怎样把人物和背景放在一张图片上进行组合呢?……

教师：带着这些愿望和设想，我们动手动脑，把喜欢的主人公和有趣的故事情节搬到我们的计算机上来!

同学们，我们先来看看号称“美猴王”的孙悟空，美猴王的本领可大了，特别是翻跟头，一个跟头就是十万八千里，那么我们怎样让我们的美猴王在我们的计算机画面上翻跟头呢?进入我们今天学习的第一个知识点：

“翻跟头的美猴王!”

(二)第一个知识点：图像的翻转/旋转

1.教师以“美猴王翻跟头”来示范图像的垂直翻转;

美猴王 1
原 图

垂直翻转

操作步骤：(每个学生计算机中都有以下各个操作步骤，不同程度的学生在操作中遇到问题时可以打开来参考操作。)

➢ 单击选定工具，选中美猴王 1。

➢ 打开“图像”菜单，选择“翻转/旋转”选项，弹出“翻转/旋转”对话框。

➢ 单击“水平翻转”或“垂直翻转”选项，单击“确定”按钮，翻转美猴王 1。

2. 请一个同学来示范图像的其他选项的翻转/旋转；

美猴王 1
原 图

水平翻转

3. 全体学生操作，教师指导。

4. 展示个别学生的操作作品。

（三）第二个知识点：图像的拉伸/扭曲

教师：出示美猴王 2，比较与美猴王 1 有什么不同？设想一下美猴王怎么了？

美猴王 2

美猴王 1

学生：脸红了，喝醉酒了……

教师：老师也觉得是孙悟空喝醉酒了。喝醉酒了的孙悟空我们除了用红红的脸来表现，还能用什么表现呢？

进入今天的第二个知识点：

“醉倒的美猴王！”

1. 教师以“醉倒的美猴王”来示范图像的拉伸。

美猴王 2
原 图

伸

缩

操作步骤：

➢ 单击选定工具，选中美猴王 2。

➢ 打开“图像”菜单，选择“拉伸/扭曲”选项，弹出“拉伸/扭曲”对话框。

➢ 在“拉伸”框内，根据需要改变“水平”选项、“垂直”选项的百分比。

➢ 单击“确定”按钮，图形按比例改变了大小。

教师：图像拉伸选项中“水平、垂直”分别改变了图像的什么呢？

学生：学生操作后，得出以下结论：

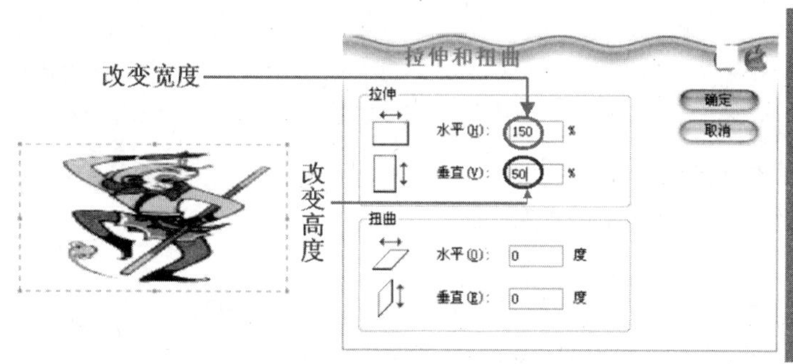

a. 水平和垂直的百分比都是 100，图像会怎样？

b. 水平和垂直的百分比是任意填写的吗？

2. 学生继续尝试操作。

教师：请同学们带着以上两个问题来做“图像的拉伸”操作。

学生：尝试操作后得出结论。

第一个问题：水平和垂直的百分比都是 100，图像不发生变化。

第二个问题：结论是

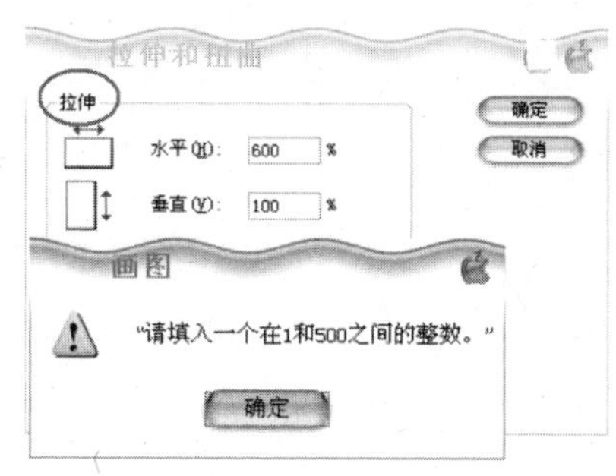

请同学们尝试着自己操作"图像的扭曲"。

c.水平和垂直的度数是任意填写的吗?

d.水平和垂直与图像的倾斜有什么样的关系?

e.水平和垂直的度数是任意填写的吗?

f.水平和垂直与图像的倾斜有什么样的关系?

操作步骤:

➢ 单击选定工具,选中美猴王 2。

➢ 打开"图像"菜单,选择"拉伸/扭曲"选项,弹出"拉伸/扭曲"对话框。

美猴王 2
原 图

扭 曲

➢ 在"扭曲"框内,根据需要改变"水平"选项、"垂直"选项的百分比。

➢ 单击"确定"按钮,完成操作。

3. 同学们通过动手操作,思考以下问题:

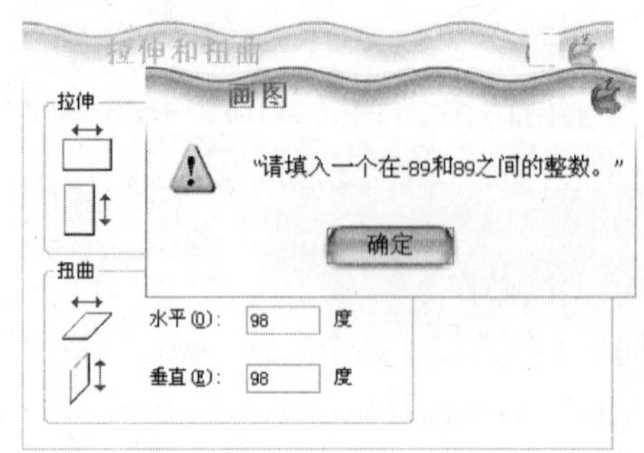

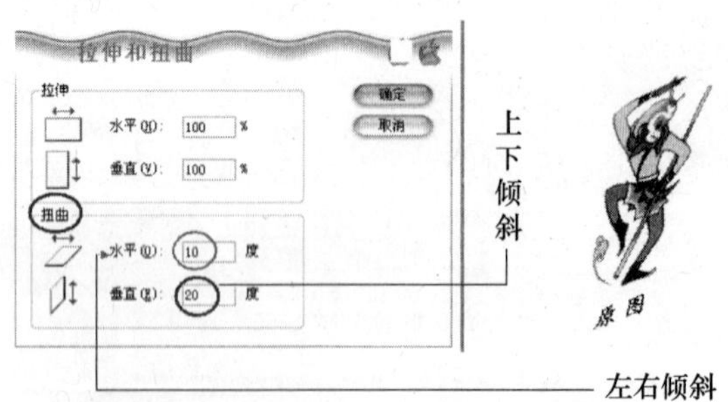

输入的正数和负数与选定的图形的倾斜有什么关系?

4. 更深一步的探究。

请同学们自己来操作查找答案，探究后教师展示关系示意图。

扭曲的水平选项：

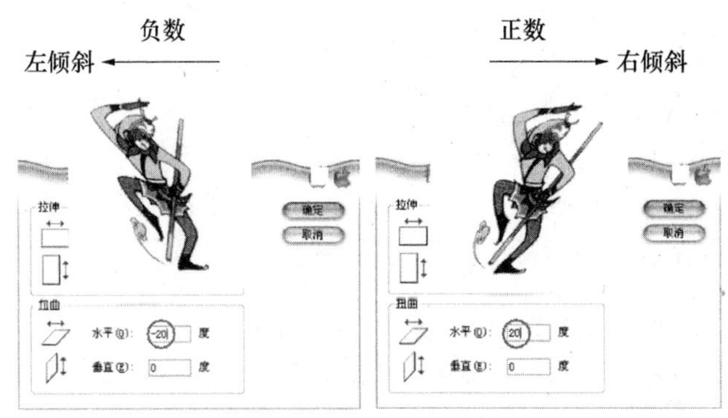

扭曲的垂直选项：

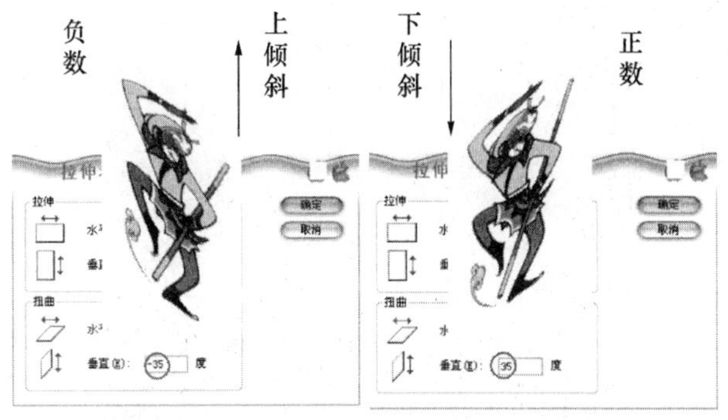

教师：同学们，刚才我们在数值和图像的关系上通过大家的动手操作找到了答案，但是大家想想，是不是这些数值就是一定的，不能改变的呢？

学生：……

教师：同学们，虽然这些数值应用的范围是我们在操作过程中自己通过实践得出的结论，但是这些数值的范围也是人们在开发设计软件程序的时候由我们设计者来设置的，并不是不能改变的；老师希望有兴趣的同学在你们的将来通过你们的学习和努力，也能设计设置严谨、更实用、更方便的软件来！

（四）“小小设计师”活动

1. 利用剪贴板进行多个图像的组合，同时利用以上两个知识点对图像进行处理。

教师：同学们，你们除了对“美猴王”感兴趣外，还喜欢哪些动画人物呢？

学生：圣斗士，奥特曼，蓝猫……

教师：好，那我们也把你喜欢的动画人物搬上我们的屏幕，再为我们的主人公设计一个故事情节，好吗？

学生：欢呼！

➢ 教师示范

（我为学生们准备的素材库有：背景、人物、卡通人物、怪兽等，每类素材数量适中，避免学生在过多的素材选择中浪费时间或者在过少的素材中找不到感兴趣的内容。）

教师示范设计组合的过程和操作。

➢ 小小设计师活动

教师：每位同学都是一个小小的设计师，为自己喜欢的动画人物设计有趣的动画情景。

在操作过程中或构思过程中，我们可以根据自己的需求独立完成，也可以和临近的同学合作完成；学生操作，教师巡视指导。

学生：开始兴致勃勃地设计自己的作品。

（有的学生选择了森林为背景，地上有一个大坑，再粘贴进来武士和怪物，最后的效果是武士把怪物打得掉进了坑里；有的学生选择了一幅乡村田园画为背景，粘贴进来几个小孩子和蝴蝶等动物的图片……）

例：恐怖森林

2. 作品的评价（在评价作品前，我会把每个人的作品以“浏览”的方式或者搜集在一个文件夹中以“缩略图”的方式用较短的时间展示一遍。让每个人的作品都有机会在人前亮相，满足每个孩子的表现欲望，鼓励他们大胆的表现自己，同时也是督促学生努力去完成或完善自己的作品。）

找个别学生介绍自己作品的名称、简要的情节和处理图像的方法。（自我评价）

其他学生的评价。（他人评价）

教师的评价。（教师评价）

学生在自我评价、交流的时候，其他同学也对作品发表意见；当有学生对“恐怖森林”中的武士图片提出没有使用翻转、扭曲的效果时，老师及时指出并不是特殊效果使用越多越好，而是要根据作品所要表达的主题选择合适的效果。

3. 评选“今日小明星”。

a）表现之星：勇敢自信地表现自己……

b）发现之星：在活动中发现的小知识或操作过程中发现的小技巧，与大家共享的……

c）合作之星：较好地处理与人合作（与人合作或接受别人邀请合作都是一种能力）。

d）鉴赏之星：能倾听别人的讲述（倾听是一种礼貌和尊重），并能客观地评价别人的作品。

e）进步之星：与别人比或是和自己的以前比较有进步（老师在课下仔细看过大家的作品并结合同学们的课上表现，在下一节课前大家共同评选出来）。

活动延伸

每个小设计师设计的作品后面都应该是一个精彩的故事，希望在课下用你丰富的语言讲给大家听；下一节课我们继续为你的主人公设计下一个情节，然后我们把这些情节连贯起来，做成连环画！

七、教学反思

通过这节活动课的实践尝试，自己也感到做好一节让学生们喜爱，且适合他们对知识能力的需求和身心健康发展的活动课是多么的重要！在这节活动课中自己也探索了一些好的思路和方法，这与我们对新课程改革的认识是非常吻合的。

首先，教学结构比较清晰：从引入、讲解、演示、布置练习、交流展示到学习之星的评选，一节完整的课堂教学所应具备的教学环节都完整清晰；从一般的“讲—练—评”到交替进行的“讲—练—讲—练—评”的改变，对于学生及时重现新知识非常有利。

其次，教学过程比较流畅：对于引入的实例的应用，步步为营，层层递进，同一个实例的多次运用，体现了前后各个教学环节相互呼应的细节处理的考虑；不同的层次之间相互衔接合理，过渡自然，学生的思绪也随之流畅。评价过程中也注重了多元化和多角度。

再有，我在教学中经常强调，对问题的结论要先假设，再通过实际操作得出结论进行验证，因为这是一种进行科学探索所经常使用的方法和思路，实际的效果也很好，对学生的思维、方法的培养和锻炼方面也达到了一定的效果。比如让学生对作品进行命名，说明设计意图，在一定程度上可以锻炼学生的分析归纳能力。对于随机产生的生成性问题，点评要注重到位，比如当学生对作品的人物没有使用效果提出质疑时，我及时指出：特殊效果的使用要根据作品所表达的主题来确定，并不一定是特殊效果使用越多越好，这样的解释无疑为学生的设计制作指明了方向，切近了信息加工、表达与交流的实质；

又如，有位学生和我说："拉伸"选项不光是把图像变大，还能变小，应该称呼为"伸缩"选项，我肯定了他的说法。我认为我们允许学生们对一些知识和问题提出质疑，这首先反映出学生对于教学活动参与的程度，在参与过程中感到有兴趣才去动脑思考的这样一个表现过程。同时也提醒我们教师有客观、科学的态度对待知识问题；更应该给学生这样的一个理念：计算机再能干，也是由人来设置的，人是最聪明的，每个人通过学习和努力都会有所作为的！

当我在欣喜看到自己的成长和进步的同时，也发现了不足和遗憾，这也给自己准备了继续努力的素材。我这节课的课时原来安排的一课时，使学生操作的时间较短，一些生成的问题没有及时地提出和解决，学生评价的时间也短一些，没有能通过评价这个互相学习和交流的环节达到预期的更好的效果。

设计"抽奖器"—— 幻灯片的综合应用

刘明非①

一、背景与理论依据

以《小学信息技术指导纲要》为指导精神以及五年级学生的认知水平和实际动手能力，在本课着重于以提高学生信息素养和综合能力为目标、构建学生开放性的学习方式、以任务驱动的教学模式为途径，引领学生主动参与到教学情境中。在信息的获取、加工、处理与交流的过程中，营造一种充分发挥学生积极主动、热情参与氛围的同时，达到使学生在掌握信息技术、增强信息意识和感受信息中内涵文化的效果。

① 首都师范大学附属育新学校.

学生在学习过程中真的能有所为、有所获，主要取决于学习动机也就是学习的动力，学习的动力主要来自学生在学习上的自觉性和对所学课程的直接兴趣上。但是，兴趣并非天生的，是在教学活动中逐渐培养成的。激发学生对学习感兴趣最有效的办法，是通过内容的新颖性和具有实际价值的教学活动形成来完成的。若让学生把学习变成一种乐而忘倦的事情，最有效措施是在教学设计中“创设良好的情境”，采用注重了学生的学法指导、促使学生学会反思、评价方式的多样化的手段，才能把启发学生积极思维，激发学习兴趣落到实处。本课中巧妙地设计了日常生活中“摇奖”活动，并以游戏的方式引发学生的联想——可以使用计算机技术来完成，创设出技术与实际相结合的贴近学生生活情境，力求在游戏中使学生“不愤不启，不悱不发”。这种方法，能够充分地激发学生创作热情，促使他们养成积极思考、仔细观察，发现问题、解决问题的能力，弱化了以往教师在教学中的以单纯技术性操作为目的，强化了计算机作为工具面向其他学科以及社会的服务性，这样的教学既突出了信息技术学科的特点又促使学生的学习形成了可持续学习习惯。

二、教学背景

（一）教材分析

教材为北京师范大学出版社出版发行的《小学信息技术》第六册，五年级下半学期使用。这套教材的特点是以课程改新理念为依托，结合小学生的认知水平，以教学模块为主线采用螺旋上升的方法，使学生在知识、技能、价值情感中得以升华。

本教材共有四个单元，前第三单元为 PowerPoint 的一些基础操作，第四单元以“欧洲之旅”为任务驱动，主要目的是学习 PowerPoint 中的超级链接，本次学习的第 16 课《做个小导游——用超级链接去游览》是超级链接的应用，课中的相关的知识：添加动作按钮；设置对象的超级链接及在幻灯片中插入背景。

1. 教学难度为梯状：教学中学生通过在幻灯片中插入表格和给动作按钮设置链接来掌握本课的教学重点及难点，通过美化作品使自己的操作能力得到提高，再通过师生互动式的“作品评价”，进一步提高学生的欣赏水平。

2. 教学设计中的德育思想：设计“抽奖器”教学中，明确要求学生在 16 个数字中只能有 1 个一等奖、2 个二等奖和 3 个三等奖，在活动中渗透本分、诚实、遵守规则的优良品质，在公平公正的环境中学会做人。

3. 创造性地使用教材：“抽奖器”是模拟抽奖活动中随机抽取一个数字，随机产生结果的过程，即：任何一个人抽取数字后一定连接着有“奖品”或是“无奖”机会均等，这正好与超级链接技术有异曲同工之处，是技术手段与生活情境巧妙地应用。PowerPoint 中插入表格超出本册教材的知识范围，当在教学中引发学生将 16 个数字有序地排列时，学生想到了表格排列数字既规整有序又清晰明了，而插入表格的知识在 Word 中学习过，这样将超教材的新知识自然地迁移，学生操作起来并不困难，更让学生欣喜的是 PowerPoint 中对表格调整、添加行列十分方便，操作时得心应手。人人都可以自己设置幻灯片中的“奖品”，学生怀着让你猜一猜、试一试、碰碰运气游戏心理，学习的积极性空前高涨。

（二）学生分析

通过三个单元的学习，学生可以编辑制作幻灯片，为本课的学习奠定了基础，也具备了一定的自学能力，学生相关知识掌握情况：

1. 掌握了在幻灯片中插入图片并能调整图片的大小、位置。

2. 会在本地幻灯片中设置按钮、在按钮下设置超级链接。

3. 会插入艺术字、设置背景（填充背景）。

（三）学法分析

在教学中依据新课标理念，通过使用不同的教学手段、多样的学习方式来达到教学目的。如：情景导入、任务驱动、螺旋梯度的分层、互动式评价、自学式小结等。

1. 在学习过程中对按钮动作设置的操作时要开放式教学，说明除设置动作按钮外，图形、图片、GIF 小动画等都可以被作为按钮使用。让学生熟练掌握超连接的操作，要强调学生注意链接按钮与幻灯片的关系，以保证能够有三分之一的中奖率，此时引导学生探究 16 个数字中任意 6 个数与设有“奖品”幻灯片之间的关系，即：1 个随机数链接“一等奖”、2 个随机数链接“二等奖”幻灯片等，在实践中体会中奖率。

2. 分层教学螺旋上升

体现学生层次差异，教学设计中采用三个深度要求：完成抽奖的基本功能；想象力丰富的设置有个性按钮；求异思维和拓展能力的艺术加工幻灯片。

教学趣味性在于与学生共同成长，学生比较喜欢卡通形象，在尊重性别差异的基础上素材库中分别收集了男生喜欢的、女生喜欢的卡通形象，这些形象中不仅仅有外国的，还有中国的，在不干扰学生选择权的同时，提倡使用中国的卡通形象，在自然中渗透爱国主义教育。

3. 综合能力的提高

学生现有知识技能、想象力使其还不具备将技术与实践联系的能力，所以要创作出在艺术性、创造力等方面的佳作有一定的困难。通过本课的学习，学生对超级链接技术有了更深刻的理解，对超级链接的应用有了更鲜活的认识，对将要学习的“制作多媒体作品”有一个很好的铺垫，对网页制作也是一个很好的衔接。基于此教学中注意了操作的“实效性”，采用“完成任务”、“美化提高”螺旋式教学的手段，使每位学生的创作能力和解决问题的能力在不同程度地均得到了提升与拓展。具体操作如下：

（1）课前作调查询问

如果有人要送你们礼物，你们最喜欢收到什么礼物等。

（2）集中学生的意见，查找“礼物”的图片作为摇奖的“奖品”，如：游戏盘、卡通玩具等。

三、教学目标

（一）知识与技能

1. 掌握在幻灯片中插入表格。

2. 学习使用“缩略图”的方法快速浏览图片。

3. 设置动作对象的超级链接。

（二）过程与方法

1. 观察抽奖过程，探究抽到奖品的奥秘。

2. 设计抽奖器的背景、按钮，设置超级链接。

（三）情感、态度、价值观

1. 培养学生观察、分析、解决问题的综合能力。

2. 培养热爱祖国、诚实守信、公平遵规的优良品质。

3. 培养审美观、客观评价他人，学习他人的态度。

四、教学资源

（一）教师准备

1. 课前调研学生喜欢的物品。

2. 网络上收集相应的素材（多媒体素材等）。

3. 制作教学课件：教师课上用，学生用的“评比表”、“小结（超级链接）”。

（二）教学教具

一个模拟“摇奖器”。

（三）教学过程

设计“抽奖器”——幻灯片的综合应用	
教学重点	1. 在幻灯片中插入“表格” 2. 设置不同对象的超级链接
教学难点	准确的设置按钮下的超级链接
教学准备	专用网络教室，广播教学系统，教学课件

续表

设计“抽奖器”——幻灯片的综合应用			
	教师活动	学生活动	阶段目标
教学过程	一、创设情境引入教学 展示实物分别是： 游戏盘、毛绒玩具、转笔刀。 设问 1 如果老师把以上游戏盘、毛绒玩具、转笔刀送给你们，哪位同学想要？ 这么多的同学都想要，我怎样分配才能公正公平？让拿到礼物的同学兴高采烈，没得到的同学又心服口服？	举手示意要游戏盘； 举手示意要转笔刀； 举手示意要毛绒玩具	创设情境、激发兴趣、引入课题
	针对学生的问题选择回答 1. 每个人对“好”的标准不同，老师认为好的，同学们不一定认可。 2. 如果是团体赛怎么办？ 3. 想要的人多，需要进行“循环”赛。 4. 好！“抽奖”的方法相对简单，大家的机会均等又公平。 下面我们就来看看抽奖是怎样一个过程	回答 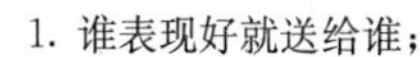 1. 谁表现好就送给谁； 2. 同学比赛谁赢了就送给谁； 3. 石头、剪刀、布谁赢了就送给谁； 4. 抽奖的方法。 …… 回答 摇奖…… 	
	课件演示： 《奖品课件》 演示课件，同时仔细讲解抽奖的过程？ 设问 2 这个过程与我们以前学过的什么技术相似？ 以前我们曾制作过“管道游戏”，其中使用了什么知识？	学生认真观察抽奖的过程，随着老师的提问回忆一个对象与另一个对象发生联系的技术是什么，并能回答问题。 学生回答 超级链接！	

续表

设计"抽奖器"——幻灯片的综合应用			
	教师活动	学生活动	阶段目标
教学过程	下面我们就来研究"抽奖"中的奥秘，抽到奖和抽不到奖是怎样控制的。 出示本节课的标题： 《设计"抽奖器"》 为了操作方便我们选择 16 个"按钮"。 相互讨论制作抽奖器的制作方案。 演示"课件"，分析制作抽奖器的基本要素。 二、新授知识： 1. 分析插入表格的必要性。 插入数字按钮后由于排列零乱，对顺利抽奖会有些影响也不美观。 2. 幻灯片中插入表格，为抽奖器中的按钮布局。 教师演示操作步骤，学生观察学习。提示以下： Word 中学过插入表格，其操作方法基本相同，不同的是：幻灯片中的表格插入后默认为图片，调整灵活方便。 3. 设计你的抽奖器。 先浏览图片再决定样式。 三、提出任务 1. 设计抽奖器 要求： 使用 16 个数字 中奖率为三分之一 2. 你的"抽奖器"要能够顺利抽出：　提示： 1 个"一等奖"(1 随机数) 2 个"二等奖"(2 随机数) 3 个"三等奖"(3 随机数) 剩下的是"无奖" 3. 一张封底幻灯片 比一比谁的抽奖器最好用，我将用真的抽奖器来测试你们的"运气"	学生讨论： 想一想制作"抽奖器"的基本过程，后看老师的总结。  1. 插入"抽奖器"幻灯片，即第一张幻灯片。 2. 幻灯片的布局。(共 16 个号，可创建一个 4×4 的表格) 3. 设置按钮，插入数字。 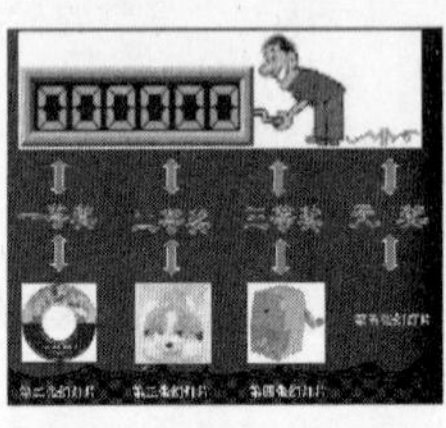 4. 设置"奖品"幻灯片。 5. 片尾结束"抽奖"。 6. 设置超级链接。 7. 设置"返回"按钮。 学生观察老师的操作，有不清楚的步骤示意。 "抽奖器"总共需要 6 张幻灯片! 学生根据自己的设计开始制作"抽奖器"。 1. 设计封面(16 个数字)。 ① 创建 4×4 表格，固定 16 个号码。 ③ 制作按钮。 ④ 插入抽奖号码	突出重点：幻灯片中插入表格布局、设置按钮下的链接 落实任务

续表

<table>
<tr><th colspan="4">设计“抽奖器”——幻灯片的综合应用</th></tr>
<tr><td></td><td>教师活动</td><td>学生活动</td><td>阶段目标</td></tr>
<tr><td>教学过程</td><td>四、学生操作（分层教学）
1. 完成基本功能
教师巡视，解决随时出现的问题，帮助学生分析出现问题的原因和解决方法。
发现问题：
分别修饰 1～16 个数字效率比较低，浪费时间！
怎样快速修饰表格中的数字？
解决方法：（启发学生回答）
① 用复制-粘贴的方法。
② 按 Ctrl＋数字，再向其他表格中“拖拽”。
③ 修改“拖拽”后数字。
引导学生在制作中寻找、发现即准确又快捷的技巧。
2. 美化与提高
在有一半学生完成任务的情况下，完成以下操作：
（1）给幻灯片添加背景图片。
（2）用素材库中的素材设置背景，建议使用中国卡通形象。
可能出现的问题：
图片的显示方式为“列表”方式，用缩略图的方法快速选择背景图片。
尝试 gif 动画和图标作返回按钮。
注意：（演示中的问题）
1. 切换效果；
2. 超级链接的“小手”

五、作品评价
1. 检验效果
教师：
大家完成自己的设计，效果如何呢？下面我们通过一个模拟“摇奖器”来检验一下同学们设计的作品</td><td>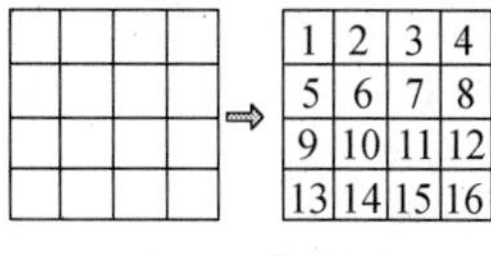

2. 添加四张幻灯片分别放入 1、2、3 等奖的奖品和无奖。
3. 设置超级链接。
分别给 16 个按钮作“动作设置”、“超级链接”或添加背景。

尝试：
选择如：图形、图片、小的 gif 动画和图标等作为按钮。

学生观察图片的显示方式，找出快捷可行的办法解决。
办法 1：
办法 2：

学生 1：用老师的“抽奖器”摇出的号码（使用学生的学号，如：32），该号码所对应的学号的同学来操作自己的“抽奖器”。
抽出几等奖当堂发奖品！</td><td>突破难点：编辑表格，准确设置链接对象……

完成基本任务，美化与提高</td></tr>
</table>

续表

设计“抽奖器”——幻灯片的综合应用			
	教师活动	学生活动	阶段目标
教学过程	抽奖的形式：选择学生作品再投放到大屏幕上，使全体学生与老师共同参与。（请学生和老师一起操作“抽奖器”）  学生 1 的作品： 学生 2 的作品： 学生 3 的作品： 检验作品时对学生的要求： 作品功能是否完善； 画面是否美观； 是否有创新。 发奖 ① 准备三个奖品，分为三个等级。 ② 将“奖品”按照学生抽出的等级发给学生。 2. 评价 使用“作品评比表”对刚才的学生作品进行评价 3. 学生自评 同学们完成了自己的作品都想要一个评价吧？好！ 现在请你打开素材库中的“作品评比表”，请你给自己打分。可以向老师推荐自己好的作品	学生 2：根据老师的“抽奖器”摇出的号码，对应自己的“抽奖器”操作 学生 3： 从“创新、结构、画面、色彩”四方面开始评价。 要求： 公正； 客观； 用欣赏的眼光对待同学的作品，最后给出总成绩： 优 良 达标 	完成任务，互相交流评价 推荐自己好的作品
课堂总结	学生自学与小结 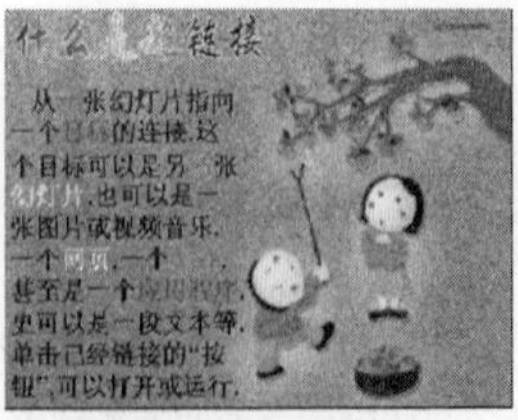  同学们的作品完成得非常好！今天你们学到了什么？超级链接还能够链接哪些“对象”？在实际生活中还有哪些应用？大家一定想知道，你们能够通过自学方式总结吗？试一试吧！		培养学生的自学能力

续表

设计“抽奖器”——幻灯片的综合应用		
课堂总结	1. 打开学生文件夹中的“小结”，单击课件中有的文字按钮，观看后用自己的话进行总结。 2. 你想想在生活中超级链接还能应用到什么地方？ 教师点播： 以后的课程中我们还要学习制作“多媒体作品”，其中就经常采用到超级链接。那么，今天我们学习的技术就可以为明天的使用作储备，也为今后的操作打下了很好的基础。	

五、教学反思

本课用“抽奖”活动来完成对学生学习效果的评价。在游戏中要求学生仔细观察，发现问题，解决问题，拓展学生把技术应用到实际生活中的能力。

（一）学生的体验

学生通过设计自己的“抽奖器”充分体验到超级链接只是 PPT 中的一项技术，其含义就是：几个对象之间是相互连接的，单击被超级链接后的“按钮”就可以跳转到特定的页面上。用一、二、三等奖的方法引导学生正确的设置链接的重要性，领悟到超级链接的根本的“奥妙”就在于，可以让几个没有关系的对象“拉起手来”。

（二）学生的感知

将生活中抽奖形式迁移到计算机中的超级链接技术上，使学生感知任何一种技术都与实际生活紧密相连，并使学生感受到计算机作为工具面向其他学科以及社会的服务性。抽奖活动与生活紧密相连，学生对学习会产生直接的兴趣，这样学生的积极性与自觉性达到了统一，也自然会使教学设计与教学效果达到高度的一致。而采用分层教学的手段旨在尊重学生差异的前提下，发挥他们丰富的想象力，注意引导学生的求异思维，提高学生的分析能力和拓展能力，使每位学生都有不同程度的收获，从收获中得到成功的满足，（如图 1 所示，学生当堂作品）从师生互动式的评价中得到提高。

（三）学生的提升

心理学试验表明：个人之间的竞赛比集体竞赛更有效；简单的作业竞赛相对复杂的作业竞赛更能激发人的学习积极性。在抽奖活动中，学生之间的小“竞赛”成功感得到了充分的满足。通过学生自我评价作品，激励学生勇敢地展示自己且诚实、客观地评价自己。这样有意识地培养了学生挖掘自己优点，而学生通过自学来课堂小结时，又调动了他们自主学习的动力和潜在能力，学习目标和效果达到了统一。

（四）存在的问题

1. 学生在规定的时间内都能够完成基本任务，但由于素材库

中提供丰富的卡通图片、动画按钮，有些学生过分张扬个性追求画面效果，所以，在选择图片时使用的时间过多，等到作品评价环节不能专心参与，无暇汲取别人作品中的优点。究其原因在老师身上，提供素材要适当，太多会使学生眼花缭乱顾此失彼。

2. 作品评价环节，面对自我评价是学生宽宏大量给自己的"优"较多，对别人的作品严格要求，不能客观地评价，这还有待老师加强德育方面的引导。

3. 小学学生的好奇心强，注意力不易集中，在教学中设计以学生较为关注的事例，（如在自"小节"中设置了超级链接"挖地雷"的小游戏）来吸引学生的注意力，增加学生的学习兴趣。但由于这个年龄段学生思维比较活跃，他们不一定按照你设计的套路走，一旦他们挖上了地雷，就不想再看其他的内容了。所以，让学生自学要有很好的铺垫，要讲究实效性，学生能够从自学中获得自主选择权的同时也能真的学到知识，否则，自学只能是走过场式的程式化的做秀。

神奇的螺旋线

徐欣彦[①]

一、教材分析

本课是《海龟机器人》一册教材中的第二单元绘画部分的最

① 北京市东城区和平里第一小学

后一课，基本涵盖了所有绘图命令，并且渗透了尾递归、条件表达式判断流程分支、结构化程序设计理念等程序设计方面的知识。从教材的内容上来看，各种美丽、复杂的螺旋线造型易使学生产生兴趣，从所涉及的知识点来看，尾递归和条件表达式判断是教学的重点，对于小学生来说，对概念的描述不重要，如何运用这些概念绘制出螺旋线才是关键。本课共有 3 课时，这里详细说明的是第 1 课时。

本课时包括以下几部分内容：

（一）将儿歌转化成尾递归程序格式；

（二）运用尾递归格式绘制正三边形；

（三）引入条件表达式绘制可自动停止的程序；

（四）使用尾递归格式和条件表达式绘制螺旋线。

二、学生分析

五年级学生在进行一个学期的 Logo 语言学习后，能够熟练使用基本绘图命令、变量、重复命令（Repeat）绘制正多边形、正多角星、圆和圆弧等，对程序的编写有了一定的了解，能够运用嵌套等方法绘制相对复杂的图形，这些都为螺旋线的教学打下基础。

三、教学环境

使用的 CX－LOGO 创新平台（中文）教学系统软件，学生可在编辑界面和命令界面中进行时时切换，自我调控程序的编写，可以使用帮助文件进行自学，命令菜单中包含了全部常用命令，学生可通过点击进行调用，减少了命令拼写错误的出现，并可对所绘图形进行线条颜色、粗细、背景颜色图片的设置，产生出多种视觉效果。

四、教学目标及重难点

（一）知识与技能

1. 明确什么是递归、什么是尾递归程序、条件表达式。

2. 掌握尾递归程序的格式。

3. 运用尾递归格式编写画螺旋线的程序。

4. 掌握条件命令（IF...THEN...）和停止命令（STOP）的格式和使用方法。

（二）过程与方法

1. 以任务驱动的方法进行教学，启发学生运用分析法、实验法来解决问题。

2. 学生在教师的指导下运用所学新旧知识绘制螺旋线。

（三）情感、态度、价值观

1. 通过画螺旋线，提高学生的审美情趣，体验创造的乐趣，感受程序带来的新感受。

2. 培养学生综合运用命令解决问题的能力。

教学重难点：使用尾递归程序格式编写画螺旋线的过程，条件命令的格式和运用方法。

五、教学设计思路

相对小学生来讲，本课具有一定难度。我采用了以下几种教学策略降低难度，提高学生学习兴趣。

（一）将创设的情景直接与新授部分范例连接

在本节课中首先要让学生理解什么是递归过程，什么是尾递归过程，我选取了教材上提供的儿歌，并将儿歌转化成在第 4 课学习过的流程图模式，将感性的文字资料过程化，进而从中提炼出一个完整的“讲故事”过程，再将这个过程概括为尾递归的格式，结合这个格式向学生讲明什么是递归过程、什么是尾递归过程。

（二）从简单范例入手，逐层加深学生对尾递归过程的理解

改书上画圆的例题为画正三边形，这样既降低了难度又便于学生与后续例题产生联系。仿照尾递归格式和学生一起写出过程，输入程序后，在创新平台上边用流程图演示边绘图的方式让学生初步感知尾递归程序的运行过程，特别是明确自我调用的作用和运行方式。

在画正三边形的基础上，进一步向学生提出新的问题，即如何能够让不停循环的程序自己停下来，提示学生要加入一个能够帮助我们计数的变量，当这个变量的值等于 3 时，程序就自动停下来，在尾递归调用变量的时候，引导学生思考如果变量不变，程序将会怎样运行，变量要变应该如何变，完成这个尾递归过程。

进一步发挥教师的指导作用，将文字描述的过程改写成命令，出示正确完整的画正三边形的过程。在引发学生新的学习兴趣后讲解所涉及的两个命令——条件命令、停止命令，结合范例讲解命令的格式、功能和注意事项，学生运用所学新知识，修改自己的程序，运行后进行比较，再一次加深对尾递归程序的理解。

在确认学生已经掌握尾递归过程的编写原理和格式后，出示螺旋线范例，引导学生比较三角螺旋线和正三边形的不同点，找出前者前进步数是不断变化这一规律，提示学生 FD 命令后的参数应写成变量，并且这个变量以一个相同值不断增加，结合刚讲的条件命令和停止命令，还应该为这个过程写出停止条件，学生再次修改自己的过程，在这一环节渗透递归过程的两个重要准则：一要有结束条件，不能无穷递归；二是每一次递归要使递归趋于结束。

再次出示新例题，让学生自己修改过程独立完成。

（三）变写复杂过程为读过程，提高学生理解命令的能力

在学生已经对尾递归过程初步掌握后，出示画小海螺的过程，安排学生逐条读命令、小组讨论，以明确每一条命令的功能和它在整个过程中所起的作用，分析出运行这个过程可能会画出的图形，提高学生对画圆命令、条件命令、尾递归过程的进一步理解，调动学生的积极性。输入过程后，可以让学生通过修改不同参数再次感知过程。

（四）让学生不断地在比较、归纳、总结中取得学习成效

在各个环节的例题中，既有与以前所做练习相比较，又有运用新知识产生不同效果的比较，通过比较学生能够快速找出程序中变化的部分，并结合新知识解决问题。让学生在归纳和总结中对所学的知识得到进一步的巩固和升华，也让学生在归纳和总结中找到解决问题的规律。

通过以上四个措施，将尾递归过程逐层分解，降低难度，每一个例题都是环环相扣，逐步加深的。

六、教学过程

<table>
<tr><td>学校</td><td>北京东城区和平里第一小学</td><td>教师</td><td>徐欣彦</td></tr>
<tr><td>使用教材</td><td>海龟机器人</td><td>课题</td><td>第 8 课　神奇的螺旋线</td></tr>
<tr><td>年级</td><td>六年级</td><td>课时安排</td><td>第 1 课时　共 3 课时</td></tr>
<tr><td>教学目标</td><td colspan="3">知识与技能：
（1）明确什么是递归、什么是尾递归、条件表达式。
（2）掌握尾递归的格式。
（3）能够运用尾递归格式编写画螺旋线的程序。
（4）掌握条件命令（IF... THEN...）和停止命令（STOP）的格式和使用方法。
过程与方法：
（1）以任务驱动的方法进行教学，启发学生运用分析法、实验法来解决问题。
（2）学生在教师的指导下运用所学新旧知识绘制螺旋线。
情感、态度、价值观：
（1）通过画螺旋线，提高学生的审美情趣，体验创造的乐趣，感受程序带来的新感受。
（2）培养学生综合运用命令解决问题的能力</td></tr>
<tr><td>教学重点</td><td colspan="3">使用尾递归程序格式编写画螺旋线的过程，条件命令的格式和运用方法</td></tr>
<tr><td>教学难点</td><td colspan="3">递归的含义以及编写螺旋线的过程</td></tr>
<tr><td>教学方法</td><td colspan="3">分析法、实验法</td></tr>
<tr><td>教具（课件）准备</td><td colspan="3">课件、螺旋线程序范例</td></tr>
</table>

续表

<table>
<tr><th colspan="4">教 学 过 程</th></tr>
<tr><th>教学环节</th><th>教 师 活 动</th><th>学生活动</th><th>设计意图</th></tr>
<tr><td>导入</td><td>导入：出示课件，和学生一起说儿歌。
“这首儿歌不停地循环，我们可以一直说下去。用我们前面学过的流程图的方式来写这首儿歌，可以写成下面这个形式。”（出示课件） 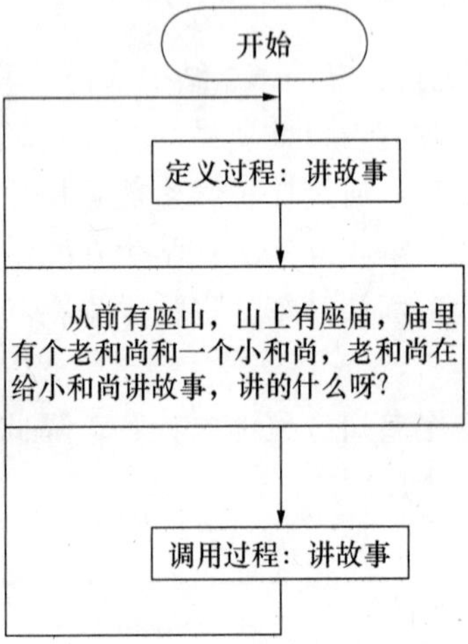
开始
定义过程：讲故事
从前有座山，山上有座庙，庙里有个老和尚和一个小和尚，老和尚在给小和尚讲故事，讲的什么呀?
调用过程：讲故事</td><td>说儿歌
运用所学知识改写儿歌为流程图格式
观看课件，将流程图格式转化成过程形式</td><td>从学生身边最喜欢的内容入手，与旧知识发生联系，激发动机，产生兴趣，使学生快速进入情境，并为新知识的教学进行铺垫</td></tr>
<tr><td>新授
教师指导
学生尝试</td><td>1. 讲解尾递归过程及其格式。
“根据这个流程图格式，我们可以将它转化成过程的形式。”（出示课件）
TO　讲故事
从前有座山，山上有座庙，庙里有个老和尚和一个小和尚，老和尚在给小和尚讲故事，讲的什么呀?
讲故事
END
“再经过简化就可以得出下面这个格式：”（出示课件）
TO　过程名
过程体
本过程名
END
“在这个过程中我们可以清楚地看出，与以往过程不同的地方，就是在一个过程中，又出现了自己这一过程的过程名，根据我们以前的经验，你认为程序会怎样运行?”
“实际上，CXLOGO 语言并不认为这是过程编写出现了问题，而是将它看成是一种过程的自我调用。”（出示课件）</td><td>与教师一起简化过程内容
读过程，思考过程运行的结果
通过听教师讲解，明确递归和尾递归的概念和格式</td><td>通过一系列的逐层改写，使旧知识逐步引入到新知识中，学生轻松地建立新的知识体系</td></tr>
</table>

续表

<table>
<tr><th colspan="4">教 学 过 程</th></tr>
<tr><th>教学环节</th><th>教 师 活 动</th><th>学生活动</th><th>设计意图</th></tr>
<tr><td rowspan="4">新授
教师指导
学生尝试</td><td>“在过程体中出现本过程的过程名就是递归过程。”
“在过程体的最后一句递归，就称为尾递归。”
板书：尾递归的格式：
TO 过程名
过程体
本过程名
END</td><td></td><td>引导学生运用所学知识经验进行有根据的推导</td></tr>
<tr><td>2. 讲解条件命令和停止命令
“现在我们就来运用尾递归过程的格式编写画正三边形的过程：”（出示课件）
TO 正三边形
fd 100 rt 120
正三边形
END
“在这个过程中，我们可以看出来，过程体中的命令是来完成画一条边和转一次外角度数的，运行完一次后，就开始进行调用自己，返回到过程的最开始部分，又执行一次过程体，如此反复循环，现在请大家输入并运行这个程序，看看会出现什么情况。”</td><td>与教师一起运用尾递归过程格式编写画正三边形的过程

输入画一个正三边形的过程，查看绘图的结果</td><td>运用新掌握的知识解决旧问题

在这一阶段的教学中，逐步渗透程序教学中常见的模块细化步骤，先编写出大致流程，再逐步细化流程的各个细节，用新命令代替出现的描述性文字，进而引申出新的命令，顺利地在旧知识的基础上添加新知识，丰富知识体系</td></tr>
<tr><td>“通过运行过程，我们都发现这个过程它自己停不下来，要按停止键强行中止，如果它能运行 3 次后，也就是画出一个等边三角形后就自动停下来，就好了。我们现在就把我们的想法，写进过程中。在这里我们需要一个记录画了几次的变量。”（出示课件）
TO 正三边形：A
如果：A=3 那么 停止
fd 100 rt 120
正三边形：A+1
END</td><td>明确要求，改写过程</td><td></td></tr>
<tr><td>“现在我们要把这些文字转换成命令。”（出示课件）
TO 正三边形：A
IF：A=3 THEN STOP
fd 100 rt 120
正三边形：A+1
END</td><td>与教师一起将汉字命令改写成正规命令</td><td></td></tr>
</table>

续表

教 学 过 程			
教学环节	教 师 活 动	学生活动	设计意图
新授 教师指导 学生尝试	“我们写的如果…那么…，被一个新命令 IF... THEN... 替换了，这个命令就是条件命令，它可以根据条件成立与否决定过程的流向。IF 后面写的就是条件表达式，如果条件成立，就执行 THEN 后面的命令，否则就执行 IF 语句下面的一条命令。这里的条件表达式可以生成一个逻辑值。” “THEN 后面的语句 STOP 是停止命令，遇到这个命令，过程马上就中止。”(出示课件) 板书： 条件命令：IF THEN 格式： IF 条件表达式 THEN 命令组 “请同学们根据我们新讲的知识点修改刚才写的画正三边形的过程，观察运行的过程和结果与刚才有什么不一样。” 3. 讲解运用尾递归格式画螺旋线 出示例题：(出示课件) “我们先来分析这个新的图形，我们把这个新图形称为螺旋线，同学们看看它和我们刚才画的正三边形有什么不一样的地方?”板书：课题 “请同学们打开书 53 页，看一下关于螺旋线的任务分析。” “实际上螺旋线中的每一条线段的长度都是在不断增加的，并且增加的值都是一定的，所以我们所设置变量，不再是用于记录次数的了，而变成是控制螺旋线中每条线段的长度的，在进行尾递归调用时，变量所增加的值就是每条线段每次增加的步数。当步数达到一定数值后，我们就中止过程。”(出示课件) TO 螺旋线 :A IF：A>300 THEN STOP	掌握条件命令和停止命令的功能、格式和注意事项 输入改写后的完整过程，找出与第一个画正三边形过程运行不同的地方 了解要完成范例 与教师一起分析螺旋线与正三边形的不同点 看书，进一步了解螺旋线任务的相关知识 掌握造成正三边形与螺旋线不同的地方，明确变量设置的位置与功能	通过比较新旧过程和其运行结果，加深学生对新命令的理解 在这一阶段的教学中，通过反复比较过程和所需达到的效果间的不同，确定每条命令的功能，特别是通过实践让学生明确变量在整个过程中的作用和设置方法

续表

教学过程			
教学环节	教师活动	学生活动	设计意图
新授 教师指导 学生尝试	fd：A rt 120 螺旋线：A+20 END “请同学们自己动手改写画螺旋线的过程。” “请同学们完成练习。”(出示课件) TO 螺旋线：A IF：A>390 THEN STOP fd：A rt 90 螺旋线：A+20 END 4. 讲解运用尾递归格式画螺旋图形 “刚才我们已经使用尾递归格式画出了螺旋线，现在我们来看看如何来画螺旋图形。”(出示课件) TO xhl：R IF：R>50 THEN STOP REPEAT 36 [RT 5 FD 0.174 *：R RT 5] RT 10 螺旋线：R+1 END “请同学们读过程，说说根据过程会画出什么样的图形？小组可以进行以下讨论，然后输入过程验证你的推想。”(出示课件) “看到这样的图形，我们可以先思考：在这个螺旋图形中，基本图形是什么？它有什么规律？” “随后我们就可以发现它是由圆形组成的，圆的半径是在不断增长变化的，	明确运用尾递归格式编写螺旋线过程的要求和步骤 输入画螺旋线的过程 根据已有过程，完成新的练习 明确画螺旋图形的任务 读过程，思考每一条命令语句的作用 输入过程，验证推理是否正确 掌握如何分析一个螺旋图形，从中找出规律	训练学生读过程的能力，并降低学生的编写过程的难度，减少学生的负面自我效能感

续表

教学过程			
教学环节	教师活动	学生活动	设计意图
新授 教师指导 学生尝试	而且每画完一个圆，小瓢虫要旋转一个固定的角度。在编写过程时，我们就要把半径设置为变量，在进行尾递归调用时，还要给这个变量设置一个增加值。圆的半径初始值为 10，每次半径的增加量为 1，当圆的半径大于 50 时，就中止过程。”	明确画螺旋图形过程的具体运行方式和顺序	除了让学生掌握过程和命令的运用，更要向学生们讲明如何分析图形，为学生自己独立完成过程的编写打好基础
小 结	“谁来说说你这节课的收获是什么?” “在本节课上，我们学习了什么是尾递归过程，尾递归过程的格式和如何使用尾递归过程画螺旋线、螺旋图形，学习了新命令条件命令和停止命令的功能与格式，下节课我们将进一步研究运用尾递归过程绘制更复杂、更有意思的图案。”（出示课件）	全班交流学习心得和收获 明确本节课的知识点 明确下节课的学习目标	激发进一步学习的兴趣

七、课后反思

（一）让学生在做中学

根据小学生的认知特点，我没有在尾递归的概念上进行更多的讲解，而是通过让学生修改自己的程序，层层深入的找出尾递归程序的特点，进而在操作中加以运用。如赋予变量不同的数值，并找出这些数值如何影响程序运行结果的，修改螺旋线中角度的数值，观察其对螺旋线整体结构的影响等，学生在动手尝试中，逐渐建立起了自己的知识树状结构。

（二）转化学生错误程序为有效课堂教学资源

学生在程序的编写过程中，经常出现各种各样的问题，本节课也不例外，如在尾递归自我调用时变量后没有增加值；由于条件表达式错误，使得程序一次都没有运行就结束了等，这些错误都是非常宝贵的课堂资源，我把这些程序呈现在全班同学面前，让学生通过读程序找出出现的问题，我和学生一起分析出现错误的原因。由于是学生自己出现的问题，又具有一定的代表性，所以学生在找出问题的同时，也说出了自己当时是如何想的，便于我及时找出教学过程中出现的纰漏，也便于对学生进行警示。

（三）课堂教学中的一些不足之处

1. 由于整节课的教学密度比较大，而且停下来解决学生出现的问题也占去了一些时间，所以整节课特别是最后一个环节的评价时间就显得比较仓促，没有让学生充分的进行表达。在今后的教学中，可以在各个环节后面，都针对出现的问题安排小组内的交流、评价，使学生及时发现问题，及时进行沟通，避免学生闷头做，相互启发少的现象出现，建立课堂良好的学习氛围。

2. 适当增加小组协作完成某一复杂问题的环节，一是有意识的培养学生的协作能力，二是通过小组交流打开学生的思路，提高学生参与课堂教学的积极性。

3. 由教师得出的结论部分较多，学生仍然有些被动处于接受状态，在后面的教学过程中，可以通过有梯度的练习题，让学生在操作、交流中发现问题，找出原因，在教师的引导下尝试解决，真正做到成为学习的主体。当然，也不是所有的结论都要由学生通过实验得出，作为教师要把握好这个度的问题，既能让学生在做中学，又能保证学生始终高效地沿着正确的方向前进。

七 巧 板

闻 迪[①]

一、指导思想与理论依据

《国家九年义务教育课程综合时间活动指导纲要》中，对小学信息技术教育的主要目标为：培养学生积极主动参与信息技术学习的兴趣。实际操作中，要求教师要以兴趣为起点，以活动为主线，强化信息技术学习与学生生活经验和社会实践的联系。

皮亚杰认为，认识并不是起因于主体的自我意识，也不起因于客体，而是起因于主体与客体的相互作用。根据儿童的心智发展水平、知识经验和情感需求，“玩”便是实现主体与客体相互作用的有效形式。而本节课能紧密联系学生的生活实际，将传统的七巧板游戏引入到计算机游戏中，旨在学生能够掌握画图板中“翻转和旋转”的操作。在引导学生学习的过程中，通过发现、分析和解决“玩”的过程中出现的各种问题，去协助学生掌握“翻转和旋转”的操作方法，用“玩”来构建完整的知识体系，使得学生在学习中，能够在“玩”中求知、“玩”中质疑、“玩”中求异、“玩”中合作。

小学信息技术课程强调学生在实践活动中，感知信息的重要性，形成积极参加信息技术活动，主动探究信息技术工作原理和

① 北京市宣武区半步桥小学.

信息科技奥秘的求知欲。让学生尝试着用信息技术知识解决实际生活中的问题。

二、教学背景分析

（一）教学内容分析

本课是小学信息技术第一册第三单元第18课的内容，本单元重点学习画图板的使用，本课是学习如何对画图板中图像进行"翻转和旋转"的操作，是《画图板》中的重点内容，同时也为学生今后更好的学习其他信息技术知识奠定基础。本课的重点是：在画图板中对图形进行"翻转和旋转"的操作；难点是：利用移动、翻转、旋转等操作拼合七巧板的各种图形。

（二）学生情况分析

本班学生思维比较活跃，学习信息技术的兴趣很高，理解能力、动手实践能力比较强，对一些复杂问题具有一定的分析能力，学生之间交流广泛具有协作精神。根据本班学生的学习特点，将新课程中的教学理念运用到课堂教学中，发挥学生的主动性，将自主探究的学习方式渗透其中，着重培养学生的发现问题、分析问题和创造性地解决问题的能力。学生在本课前能够熟练掌握选中、复制、粘贴、移动等画图板相关操作，这些操作均为本节课学习的基础，鉴于三年级学生的认知特点，可能在空间图形变换上存在误差，对翻转和旋转的概念上有所混淆，这也是本节课学生将面临的最大困难。

（三）教学方法与教学手段说明

在本节课中我主要采用了自主学习的教学策略，通过设置不同程度的"玩"七巧板游戏，让学生能够在这样的情境中掌握翻转和旋转的操作方法，理解翻转和旋转的概念。在教学方法上，我利用比赛式的教学方法，让学生用有兴趣的比赛克服知识点的枯燥和乏味，提高课堂实效性。在教学手段上，充分利用多媒体的演示功能，帮助学生快速理解和区分翻转和旋转在空间中变化的不同之处。

（四）技术准备

课前准备：需要让学生对画图板的相关操作熟练复习，如选中、复制、粘贴、移动等。环境准备：普通计算机教室。

教具学具准备：不同层次的七巧板拼图游戏（BMP文件：七巧板拼图1－4），眼镜先生的练习文件（BMP文件：眼镜先生1、2），Flash课件。

设备准备：学生、教师用计算机。

三、教学目标

（一）知识与技能

使学生能够在画图板里对图形进行翻转和旋转的操作。在

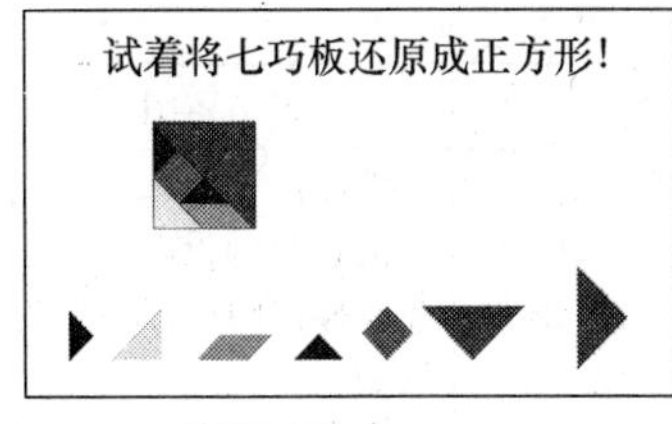

七巧板拼图1

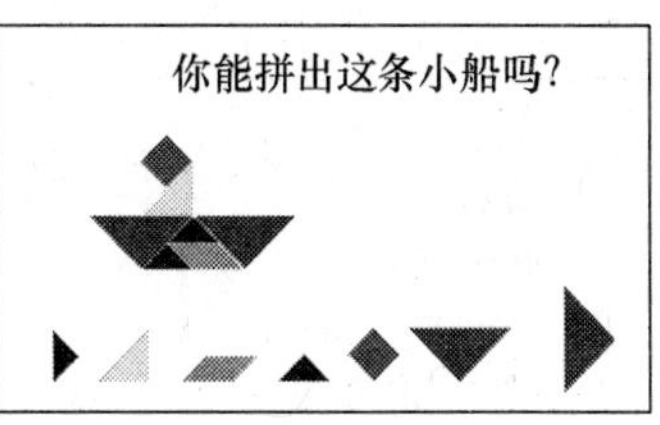

七巧板拼图2

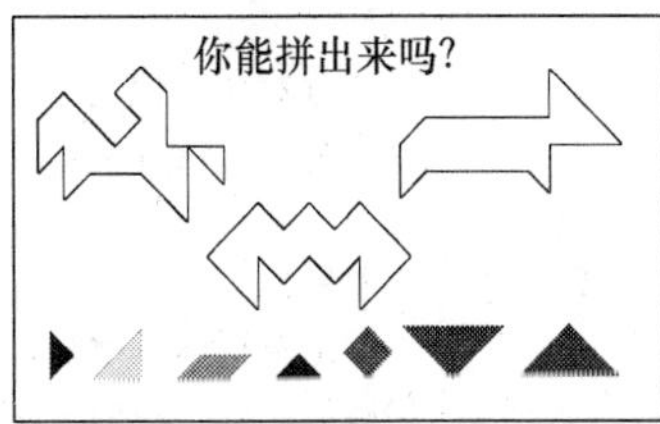

七巧板拼图3

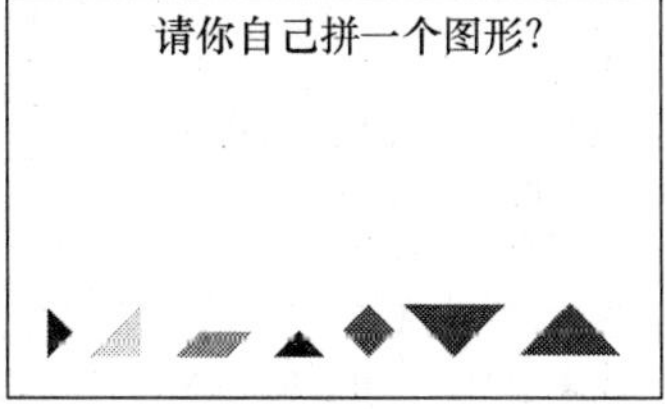

七巧板拼图4

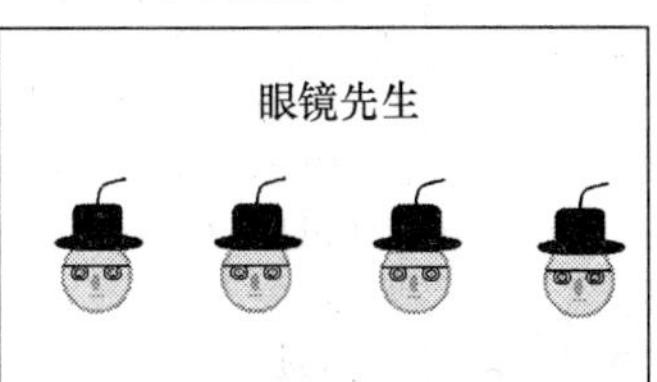

眼镜先生1

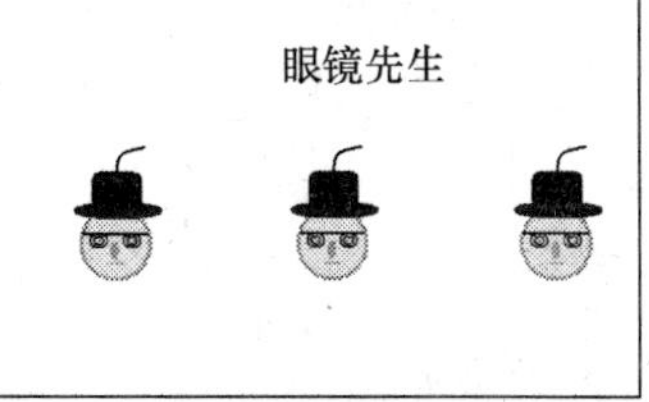

眼镜先生2

“玩”七巧板游戏的过程中，培养学生发现问题、分析问题和创造性地解决问题的能力。

（二）过程与方法

通过对七巧板游戏的观察、操作等实践活动，注重面向全体学生，引导学生运用自主探究、合作学习的方式，掌握“翻转和旋转”的操作方法。

（三）态度、情感与价值观

在完成七巧板拼图过程中体验信息技术在日常生活中的作用，培养学习和使用信息技术的兴趣和意识。

四、教学过程

教师活动	学生活动	环节意图
一、导入： 同学们，你们玩过七巧板吗? 你们知道玩七巧板有哪些规则吗? 你们知道将一副七巧板拼合成最原始的图形是什么图形？今天老师就和同学们在计算机上玩一玩七巧板。 板书：七巧板	生：用七巧板拼图形的时候，不能重复使用，也不能少用一块 生：正方形	意图： 通过简单的关于七巧板知识的问答，激发学生的学习兴趣 效果： 学生在了解到本课将在计算机上“玩”七巧板后，学习兴趣高涨

续表

教师活动	学生活动	环节意图
二、新课 1. 创设问题情境一： 启动“画图”，打开“七巧板拼图 1”。观察一下，你能在画图板中将七巧板还原成正方形吗？有什么困难？ 我们首先解决图形的旋转问题。板书：旋转 为了更好地学习，老师特别请来“眼镜先生”与我们一起来学习，打开“眼镜先生 1”。在“画图板”中，有三种旋转方式，分别是 90 度、180 度、270 度。 板书：90 度、180 度、270 度。 演示：先选中第二个眼镜先生——“图象”菜单——单击“翻转和旋转”——选择“按一定角度旋转”——选择“90 度”——单击确定。 先想一想，旋转 180 度是什么样子？自己试着将第三个眼镜先生旋转 180 度。	试着拼一拼、摆一摆。 生：如果我们能对其中的小三角形进行旋转就可以还原成正方形了 模仿老师的操作，对第二个眼镜先生进行旋转 90 度的操作。 学生独立操作，完成对第三个眼镜先生进行 180 度的操作，验证和自己的想象是否一致	意图： 通过教师设置，让学生在操作的过程中发现问题。 在老师的引导下分析问题。 通过对新知识的学习找到解决问题的方法 效果： 学生发现亟待解决的问题后，进一步向下学习的欲望强烈，于是老师因势利导，通过分析、观察、尝试找到了解决问题的方法，在活动的过程中产生了成就感。 通过学生的自主探究，掌握了旋转的操作方法。
旋转 270 度是什么样子？将第四个眼镜先生旋转 270 度。 你们试着将七巧板还原成正方形。 2. 创设问题情境二： 看来，我们光依靠旋转还不能解决所有的问题，画图板还为我们提供了“翻转”的操作，来看看怎样进行“翻转”。 板书：翻转 在画图板中有两种翻转方式，水平翻转和垂直翻转。 板书：水平翻转　垂直翻转 打开“眼镜先生 2”，自己试着将第 2 个眼镜先生进行水平翻转。	自己独立完成旋转 270 度的操作。 学生在操作中发现新的问题：我们发现，绿色的平行四边形无论怎么旋转都无法出现想要的形状	意图： 由于教师设置的问题情境，使学生在操作过程中，又发现新的问题，进一步激发学生继续学习的愿望 效果： 通过分析问题，并且自己创造性地找到了解决问题的方法，让学生掌握了翻转的操作方法，同时，再次提高了学生学习信息技术的兴趣。

续表

教师活动	学生活动	环节意图
注意：如果不会的同学可以到其他同学身边去看一看，或者请同学提示帮助。 想一想，如果我们将第三个眼镜先生进行垂直翻转，结果是什么样子的？自己试着做一做，看看和你想的一样吗。 翻转的问题，我们已经解决了，再试着用七巧板拼一拼正方形，看看问题解决了吗？ 我们在拼合正方形的过程中使用了翻转和旋转两种操作方法，翻转和旋转的运动方式有什么区别呢？ 3. 感受“翻转与旋转”的区别。 双击“翻转旋转”，观看动画后，说一说二者的区别。	学生自己试着将第二个眼镜先生进行水平翻转 学生独立完成对第三个眼镜先生进行垂直翻转 成功拼合正方形。 学生观看动画，寻找区别。 观看后学生指出：“旋转是在一个平面中进行运动，而翻转是在一个立体空间内进行运动。”	意图： 寻找两个知识点间的联系。 效果： 学生通过对“眼镜先生”课件的观察，了解了翻转和旋转的区别，强化了两个知识点
三、练习 1. 照猫画虎 大家进行了用七巧板还原成正方形的操作，现在给大家一个新的图形，看看你们能不能迅速的把它拼出来。 2. 火眼金睛 看来给定图形，大家都能够拼出来，如果我只给大家一个图形的轮廓，看看谁有火眼金睛，能够拼出图形。 注：可以互相合作、互相启发、一起尝试。 3. 自由创作 我们知道，七巧板能拼成很多图形，现在请同学们发挥自己的想象力，独立设计一个图案，大家评一评谁的作品最有创意。 在创作的过程中，大家思考：在计算机上玩七巧板和用实物玩七巧板有什么区别？	打开“七巧板拼图 2”。 学生运用移动、翻转和旋转，拼合图形 打开“七巧板拼图 3” 学生操作，拼合图形。 学生自主设计，自主操作，并对其他同学的作品进行评价	意图： 通过设置不同层次的游戏，培养能力，巩固知识 效果： 在游戏中，培养了学生发现问题、分析问题、创造性地解决问题的能力 意图： 发挥学生的想象力，创造性的应用所学知识 效果： 学生自由创作的热情高涨。通过相互观摩，拓展了创作思路，对他人的作品能够给予客观的评价

续表

教师活动	学生活动	环节意图
四、总结 由于软件的设计，画图板中有很多操作有局限，如45度就无法完成，所以不能拼出所有图形。如果大家对应用计算机玩七巧板感兴趣，可以登陆 http：//www. tangram. i-p. com 去看看	学生通过操作得出结论：有的时候，在计算机中玩七巧板游戏不容易操作	总结操作中的特例，做出适当评价，延伸学习的空间，拓展了学生的思路，激发学生继续学习信息技术的兴趣

五、学习效果评价设计

1. 学生学习效果评价

序号	评 价 要 点	评价方式	评价工具
1	对画图板中复制、剪切、粘贴等操作的掌握程度	课前练习	课前检查
2	对七巧板游戏的认知程度	教师评价	实际操作
3	是否掌握“翻转和旋转”的操作方法	新课中的教师评价	课件演示
4	能否用计算机中的七巧板拼摆出有创意的图形	课后练习中的生生评价	课件演示

2. 教师自身评价

序号	评 价 要 点	自 评 体 会
1	整节课是否面向全体学生	是。尤其在新课讲授过程中，教师能够根据不同层次的学生做出相应的调整，让学生们在原有基础上有所提高
2	设计的内容和形式是否有利于学生掌握新知	是。能够从实际出发，安排学生感兴趣的七巧板游戏，既丰富，又有效
3	能否及时评价，起到鼓励作用	一般。对生生之间的评价不够突出

六、课后反思

本节《七巧板》的教学，旨在努力营造一个和谐的学习环境，使学生在轻松的环境中学习，以此激发学生的学习兴趣，本课初步体现了新课标这一基本理念。通过本课教学，我认为有以下两个方面取得了成功：

（一）在“娱乐”中学习，激发学习兴趣，突出学生主体地位。

小学阶段是童年过渡到少年时代的时期，他们活泼好动，对周围充满了好奇心，但因心理发展不均衡，注意力不集中，兴趣容易转移，在这节课教学实践中，为了培养学生对计算机操作感兴趣，我采用了以下一些方法收到了较好的教学效果：

从教学载体上，选择孩子们喜闻乐见的七巧板游戏。苏霍姆林斯基说过："世界通过游戏展现在孩子面前，人的创造才能也常常在游戏中表现出来。没有游戏也就没有充分的智力发展。"孩子们通过玩游戏不仅学习了有关计算机的操作，而且在玩的过程中充分开发了想象力与创造力。

在教学环节中，任务步步深入，结合语言诱导营造的热烈氛围，激发学生的学习动机和挑战性。在师生同"玩"的过程中，突出学生的主体地位，注重全体学生的参与，通过教师的"导"和"引"，让学生巩固练习、合作讨论、自我设计，为学生创设最大限度的自主学习的空间。任务的分层布置，也有利于实施分层教学，照顾到了学生的差异。

（二）在"问题"中探究，培养学生能力，激励学生主动参与。

在学习新知识的过程中，教师创设了问题情境，在学习的过程中时刻出现意想不到的问题，使学生始终处于情境中，把持探求新知的欲望，让学生在发现问题、分析问题和创造性地解决问题的过程中逐一解决知识的重难点。

在教学过程中，我注意了采用以下教学策略：

1. 创建良好的问题情境。

良好的问题情境对于提高学生的学习兴趣、激发学生的学习动机具有非常重要的作用。我根据信息技术学科特点和本班学生的特征，创设恰当的问题情境，让学生在对问题情境的体验中产生问题意识、发现并提出探究的问题。

2. 引导学生积极思考，并提供必要帮助。

我在问题解决的过程中是以指导者、促进者的身份出现的。在玩七巧板过程中出现问题的解决是以学生自主探索为主进行的，但是学生对"翻转和旋转"这个新知识的认识比较零散，缺乏系统性，只有在教师的引导下进行概括、归纳和总结，才能全面地看待问题。

这节课虽然取得了较好的教学效果，但是也存在一些问题，比如：

（1）课间评价过少

师生评价、生生互评、学生自评等语言太少，只注重了学生操作，忽视了总结与评价。

解决方法：教师在今后的课中应进一步增强课堂评价意识，并采取多种评价方式，如生生之间，师生之间或者是自我评价。

（2）未能深切体验现代科技与传统游戏的结合的情趣所在

课后总结太过简单，教师仅从教学内容本身进行了总结，没有着重突出学习和生活实际的联系。

解决方法：应让学生们从自我体验出发，说说应用计算机玩七巧板与日常生活中的七巧板游戏有什么共同点、不同点、各有什么特点。了解现代科技给人们生活所带的变化，让学生感受到科学技术与传统文化的完美结合。

进行教学实践总会有不尽如人意的地方，只要我们能够及时总结、及时反思，每一次的教学实践总归会成为我们宝贵的教学财富。作为信息技术教师，我们应继续深入的进行探讨，大胆创新，勇于实践，总结经验，为进一步提高信息技术课程的教学质量而努力。

移动选定图形

王冬青①

一、指导思想与理论依据

指导思想：

作为一个新兴的学科，信息技术的教学一直处在日新月异的发展状态之中；作为一门新兴课程，信息技术教育的内容也一直处于动态变化之中；毋庸置疑，信息技术的教学理论与实践也是在不断变化之中向前发展的。在新课程背景下，新课程的实施要求教师必须以科学研究的态度根据学习者的特征、社会的要求以及学科领域的进展等，对课程的目标、内容进行重新认识，对课程的环境、课程的过程、课程的资源等进行合理地规划与开发，对教学资源进行广泛的积累，对教学内容进行刻苦的钻研，对教学对象进行全面的了解，对教学步骤进行周密的安排，对教法和学法进行认真的探讨。信息技术的教学理论与实践是一个不断需要创新的领域，需要我们信息技术教师充分发挥创造性。

理论依据：

此次基础教育课程改革明确提出将“知识与技能、过程与方法、情感态度与价值观”作为人才培养的三大方面，这同样是指导信息技术课程建设的三大方面。“知识与技能”方面的要求相对来讲是我们较为熟悉的，信息技术课程同样必须加以重视。在“过程与方法”上，要着重体现在通过体验、感悟并掌握利用信息解决问题的过程和方法，并且强调将信息技术的有关知识与技能应用于实际生活和学习，反过来可以促进信息技术知识与技能的学习；“情感态度与价值观”是过去我们常常提及但却总是被遗忘的方面，而从个人内在素养的角度考虑信息技术课程时，信息技术的文化价值、信息技术与社会发展、信息社会中的伦理道德与法律、法规等内容绝对不容忽视，并且要通过恰当的学习方

① 北京市门头沟区龙泉雾小学．

法将其融合在过程中，使学生充分理解、内化。

信息技术课程的教学要考虑学生心智发展水平和不同年龄阶段的知识经验和情感需求。教学过程实际是个重新规划、安排课程内容，选择教学方法的过程，是教师与学生共同进行创造活动的过程。教学中要注意培养学生利用信息技术对其他课程进行学习和探讨的能力。努力创造条件，积极利用信息技术开展各类学科教学，注重培养学生的创新精神和实践能力。教学评价必须以教学目标为依据，本着对发展学生个性和创造精神有利的原则进行。教学评价要重视教学效果的及时反馈，评价的方式要灵活多样，要鼓励学生创新，主要采取考查学生实际操作或评价学生作品的方式。

二、教学背景分析

教学内容：

北京市义务教育课程改革实验教材〈信息技术〉——移动选定图形

学生情况分析：

我校地处北京市远郊的农村地区，由于家庭环境等原因，学生对于信息技术方面的知识全部来源于学校，知识水平和应用能力相对较低。本课的教学是在学生初步掌握计算机基础知识和画图基本工具后进行的。

教学方式：

采用学生自主探究，分层递进式的教学方法。

教学手段：

力求做到“做中学、学中做”。

技术准备：

局域网网络共享、多媒体网络教室软件的调试、相关的图片文件。

三、教学目标及教学重难点（内容框架）

教学目标：

（一）通过教学使学生掌握选定工具的使用方法，了解两种样式不同的用途。

（二）通过学习使学生能够正确使用两种选定工具进行操作。

（三）通过教学使学生能够根据需要进行图像的位置调整，合理布置版面。

（四）培养学生独立思考、解决问题以及审美的能力。

教学重点：

选定工具和用任意形状裁剪工具的使用方法。

教学难点：

选定工具和用任意形状裁剪工具的异同；学会使用最简便的

方法解决实际问题。

四、教学过程（文字描述）

本节课的教学完全按照由易到难、由简到繁的原则逐步展开。按照情境的发展变化逐步深入地开展教学活动：从学生熟知的小羊请客，但将好朋友喜好的食物弄错了的故事导入新课，让学生帮助小羊解决问题，从而认识“选定”工具，了解选定工具的作用，并能简单的应用。通过蜜蜂在花间采蜜，学生发现蜜蜂落在花上仍有白色的背景色，从而了解选定工具的两种样式的不同作用（即透明与不透明）。之后，再通过分开两只距离很近的蝴蝶，再认识另一个工具“用任意形状裁剪”，使得学生在情景的发展变化中逐步深入地完成了知识内容的学习。

练习部分设计闯关游戏：将奥运福娃与其名字一一对应起来、将顺序混乱的古诗重新排列、帮助小动物找家和将画面重新组合的综合性练习。

最后由学生展示并介绍自己的作品，教师进行归纳总结。

五、教学过程（表格描述）

教学阶段	教师活动	学生活动	设置意图
创设情境导入新课	（教师出示小羊请客的图片） 教师叙述：小羊请他的好朋友到家中来做客，他准备了许多好吃的东西来招待朋友，可是好朋友们却谁都不肯吃，小羊想知道为什么？同学们快帮小羊找找问题出在哪儿了？动手帮助小羊解决问题？ 它们为什么不吃呢？ ? 教师小结：选定工具的作用和操作步骤，提示课题《移动选定的图形》。	学生认真观察画面，找到问题原因——小羊将朋友各自喜好的食物搞错了，然后自主尝试运用画图工具将问题解决 完成的同学演示并讲解操作过程 未完成的学生运用选定工具完成任务	通过情境的创设，使学生自主发现问题，并尝试可以用工具栏中的选定工具来解决问题
自主探究学习新知	1.（教师出示蜜蜂采蜜的图片） 教师描述情境：户外正有一只小蜜蜂飞来，看到草地上有鲜艳的花朵，想落在花朵上采蜜，同学们帮助小蜜蜂采蜜。	应用刚学习的选定工具，将小蜜蜂移到图片中的花朵上； （发现问题：小蜜蜂有背景色，影响美观）	通过情境的创设让学生了解透明和不透明样式的作用

续表

<table>
<tr><th>教学阶段</th><th>教 师 活 动</th><th>学生活动</th><th>设置意图</th></tr>
<tr><td>自主探究学习新知</td><td>在学生发现蜜蜂图案有背景色，影响美观的问题后，教师提示可看书中相关内容，让学生自主尝试解决。
教师小结：
如果用的是透明样式，选中的是指定区域内的图形；
如果用的是不透明样式，选中的是指定区域内的图形的背景色。
2.（教师出示两只蝴蝶的图片）
教师描述情境：同学们已经帮小蜜蜂完成了他采蜜的任务，他愉快地飞走了，这时又飞来了两只蝴蝶，他们想落在花朵上休息一下。可他们同时落在一朵花上太挤了，同学们能不能让它们分别落在不同的花朵上呢？
教师小结：按任意形状裁剪工具的作用及使用方法
问：选定工具和按任意形状裁剪工具的异同点是什么？
教师归纳总结两种工具的异同点
强调：学生语言的准确性，要求在使用过程中运用最简便的方法</td><td>看书自主学习尝试，学习使用选定工具的透明样式，解决问题
学生汇报方法并进行演示
说说透明样式和不透明样式的区别
学生尝试运用选定工具将两只蝴蝶分开，发现问题：两只蝴蝶距离太近，选定任一只蝴蝶都会破坏另一只
看书中相关内容，自主学习并尝试操作
学生汇报，可选用按任意形状裁剪工具完成，并进行操作演示
学生完成操作任务
学生讨论并汇报二者的异同点</td><td>并让学生明确白色与透明色的区别，培养学生自主学习探究的能力
通过看书和自主探究实践，掌握“用任意形状裁剪”工具的使用方法，并能正确找到与选取工具的异同之处，培养学生的观察总结能力</td></tr>
<tr><td>实践操作</td><td>1. 出示图片，要求将奥运福娃与其名字一一对应起来
奥运福娃
晶晶 妮妮 迎迎 贝贝 欢欢</td><td></td><td></td></tr>
</table>

续表

教学阶段	教师活动	学生活动	设置意图
实践操作	2. 出示图片：要求将顺序混乱的古诗重新排列 黄河入海流。　春晓 登鹳雀楼　春眠不觉晓， 更上一层楼。一岁一枯荣。 白日依山尽，处处闻啼鸟。 欲穷千里目，春风吹又生。 草　野火烧不尽 花落知多少。 夜来风雨声， 离离原上草， 3. 出示图片：要求帮助小动物找家 	根据教师提出的要求，选择两项任务完成 遇到问题学生之间互助 进行演示操作 总结移动选定图形的方法和步骤	根据学生的心理特点，与奥运知识和其他学科的知识有机地结合，利用游戏的形式测试学生掌握的情况，使得学生能够巩固学习的新知，逐步熟练地进行操作
拓展练习	教师有重点的指导巡视，强调用最简便的方法 拓展练习： 教师出示图片：要求将画面重新组合，加上自己的想象和修饰，并给画面起一个名字。画面布局、色彩搭配合理 	按照教师要求，根据自己的想象对画面进行重组和修饰，为画面起名 出现问题请教教师或学生之间互动交流	拓展练习融合了本课之前所学的知识，在巩固练习本课新知的基础上，又复习了旧知。通过练习学生能够完成一幅较为完整的作品，使学生能够获得成功的体验
分享交流	展示学生作品，及时鼓励和表扬学生	学生展示并介绍自己的作品	学生间相互学习借鉴，使学生学会倾听

续表

教学阶段	教 师 活 动	学生活动	设置意图
归纳总结	归纳总结本课学习内容，引导学生总结方法经验	谈谈自己的收获和存在的问题	师生间的互动交流，培养学生善于归纳总结的良好习惯

六、学习效果评价设计

评价方式：

对于本节课学生的学习效果和教师自身教学效果的评价可采用以下方式进行，共分两步：

（一）与学生在课后进行交流，谈谈本课学习了什么知识，你完成的情况如何，有哪些存在的问题，完成过程中有哪些问题，你是怎样解决的，等等，可以较快地反映出学生学习的情况，可以及时地调整下一节课的教学安排。

（二）在下一课时，安排一个类似的综合性练习题，难度可适当增加，看学生的完成情况，即可较为全面地知道学生掌握的情况和教师本课的教学效果如何。

评价量规：

评价项目	优 秀	良 好	一 般
情感态度	热情高涨、自主探究参与度高，有成果	态度认真，上课有激情，能够进行自主探究学习	态度认真，上课有激情
知识能力	很好地掌握所学知识，能够灵活熟练地运用	很好地掌握所学知识，能够熟练使用	基本掌握所学知识，能够完成操作
任务完成情况	出色地完成任务	较好地完成任务	基本完成任务

七、课后反思

（一）情景教学由易到难逐步深入

本节课的教学完全按照由易到难、由简到繁的原则逐步展开。按照情景的发展变化逐步深入地开展教学活动：从学生熟知的小羊请客但将好朋友喜好的食物弄错了的故事导入新课，让学生帮助小羊解决问题，从而认识“选定”工具，并会简单的应用。通过蜜蜂在花间采蜜，让学生发现并认识选定工具的两种样式的不同作用（即透明与不透明）。之后，再通过分开两只距离很近的蝴蝶，再认识另一个工具“用任意形状裁剪”，使得学生在情景的发展变化中逐步深入地完成了知识内容的学习。

（二）教学过程重视培养学生发现并解决问题的能力

整堂课的教学是在学生逐一完成练习的基础上进行的，而在完成情景练习的过程中学生很自然地遇到教师预期的问题，通过学生看书自学、合作交流、动手实践等方式自己将问题圆满解决。

（三）信息技术的教学体现了与其他学科的融合

通过让学生找到每个奥运福娃的名字；给顺序错乱的古诗重新排序；为小动物找家等练习有效地将信息技术的教学知识点融合到语文、英语和实事教育中，让学生的学习不再枯燥乏味。通过这样的教学使学生认识到利用信息技术的手段解决实际生活中的问题。

（四）重视知识教学的连贯性，有效培养学生对知识灵活运用的能力

将关联紧密的知识内容进行重组，重视知识的连贯性。精心设计学生的练习，将学习过的内容在练习中依次温习。

（五）课堂气氛活跃，完成练习情况好

学生在非常轻松愉悦的课堂氛围中非常出色的完成了教师所制定的教学任务。

在教学中还应注意培养学生使用最简便方法解决问题的意识。在练习中发现部分学生在完成操作时有只使用“用任意形状裁剪”工具的现象，在今后的教学中教师还应有意地对学生进行引导，使其真正体会使用最简便方法的便利。

《翻转与旋转》教学设计

张金侠[①]

一、内容

北京市义务教育课程改革实验教材信息技术课第一册第十八课《图形变化真奇妙》。

二、教材分析

《图形变化真奇妙》一课是在学生已经学会了工具箱中的常

① 北京市大兴区第三小学.

用工具的使用方法后而安排的；图形的翻转和旋转在今后的学习中要经常用到，它对美化主题图起着至关重要的作用。在做这节课的教学设计时根据知识前后的连贯性以及学生已有的知识结构和教材特点，本节课的教学重点是：学会用翻转/旋转方法变化图形。学生对于菜单的使用并不陌生，因此我采用重点点拨，学生自主尝试的方法来进行的。

三、学生情况分析

学生已经基本学会工具箱中的工具的使用，操作已经上了一个新台阶，学生数学课中还没有讲到中心对称图形和轴对称图形，因此按一定角度旋转以及翻转的概念学生难理解，这是本节课的一个难点。我让学生用肢体语言帮助埋解这一概念，如：体育课中旋转动作，翻翻你的小手。这些贴近学生生活的动作更容易让他们进入情境，理解概念。

知识目标：

学会用翻转/旋转的方法变化图形。

能力目标：让学生养成遇事勤思考的习惯；通过展示活动，提高学生自我表现及评价他人作品的能力；提高学生综合运用知识解决实际问题的能力。

情感与态度：通过老师设计的小动物聚会的情境，培养学生学习信息技术的兴趣。通过主题画让学生知道热爱自然，保护和谐环境是我们的责任。

教学重点：学会用翻转/旋转方法变化图形。

教学重点：按一定角度旋转以及翻转的概念。

教法：任务驱动法。

学法：学生自学和小组合作学习相结合的方法。

四、设计思路

本节课我以“小动物聚会”这一情境贯穿始终，为学生营造了一个宽松愉悦的学习氛围。首先，通过分析体育课中前后左右转的角度，帮助学生理解按一定角度旋转的概念；其次，利用小动物聚会把学生带入创作的情境，激发了学生学习的热情，适时抛出这节课的任务：小蜻蜓聚会，在教学过程中采用扶、放的方法，让学生在探究中完成任务，实现自主学习。再次，通过分层练习让不同层次学生有所提高。最后，通过展示评价学生作品，使学生在交流中互相启发，拓宽思路，同时在交流中取长补短，提高学生个性化发展的空间，发展学生的创造性思维。最后通过总结提升这节课的主题思想：让学生综合运用知识解决实际中的问题。

五、教学过程的设计

教学程序	教 师 活 动	学生活动	设计思想
游戏引导 突破难点	同学们！我们做个游戏好不好？ 1. 前后左右转（理解旋转 90 度、180 度、270 度的含义） 起立，听老师的命令： “稍息”“立正” “向右转”“向后转” “向右转” 请坐，分析刚才转的角度。 向右转 角度90度 向后转 角度180度 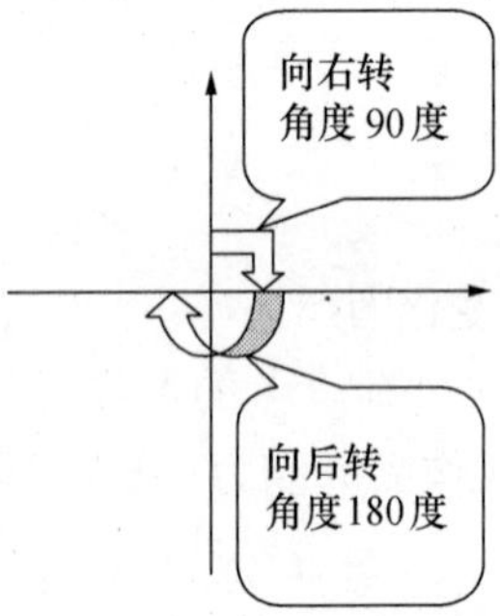 （板书） 向右转时你知道转了多少度吗？向后转呢？ 把向右转的 90 度和向后转的 180 度加在一起就是转 270 度，不管你怎么转都是以右脚脚后跟和左脚的前脚尖儿为轴对不对？在图中看就是以原点为中心转的。 2. 谁说说什么是水平翻转？垂直翻转？ 小结：水平翻转就是图形延 Y 轴转动 180 度；垂直翻转就是图形延 X 轴转动 180 度，这是我们数学中讲的轴对称图形（用手势给学生做示范）	学生集体做 向右转是转了 90 度 向后转是转了 180 度 学生可以用手势，或借助其他工具解释	把学生体育课中的动作，数学课中的知识引入信息课堂，不但帮助学生理解难点还引发学生的好奇心。让学生体会在学习中学科知识是相互联系的，学习的最终目的就是综合运用知识解决实际中的问题 借助手势和数轴，帮助学生理解难点
激情设疑创设情境	展示教师的作品《公园》图，（播放背景音乐《高山流水》） 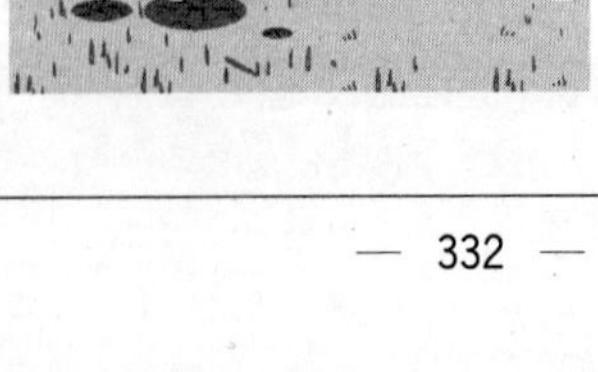	听　看	欣赏作品的目的：一是增强学生的审美观；二是为下面的学习做铺垫

续表

教学程序	教 师 活 动	学生活动	设计思想
激情设疑创设情景	朗诵一段散文：夏日的清晨，窗外滴滴嗒嗒的下雨了。小雨滋润了小草，浸绿了荷叶。多美丽的夏日细雨图呀。你知道吗？今天小动物们要在这里聚会。你看，小蜻蜓们排着整齐的队伍来了。（粘贴小蜻蜓）到达目的地了，蜻蜓妈妈说："我们来的够早的，先聊聊天等等他们吧。"小蜻蜓们高兴坏了，它们排成一排怎么聊大呢？你能帮忙把它们聚在一起吗？ 你学会今天的知识"用翻转/旋转"（板书）的方法变化图形就可以帮助他们了	学生动脑想，会的学生可以说说	
学生探究完成任务	任务 1：小蜻蜓聚会（学会用翻转/旋转的方法变化图形） 1. 分析： 我们要想让小蜻蜓聚在一起，首先把小蜻蜓都移到合适的位置。 教师操作：故意把调色板中背景颜色和水的颜色设置的不相同，移动后留下背景，让学生看到老师的错误，引起他们的注意。 老师做错了，你帮老师改过来吧。 然后分析每个小蜻蜓都怎样变化，想一想：每一个小蜻蜓都怎样变化才能把头聚在一起聊天呢？ 小结：我们在分析每一个小蜻蜓怎样变化时，一定要找好以谁为标准，这样你才能确定其他小蜻蜓变化的方向。 首先让绿色的小蜻蜓右转 90 度，谁能给大家说说？ 2. 操作（老师纠正讲解） （1）单击"选定"工具，选择透明样式（强调）；选中绿色的小蜻蜓； （2）单击"图像"菜单，选择翻转/旋转项，打开翻转/旋转对话框，在这里可以对图像进行水平翻转、垂直翻转、按一定的角度旋转。 下面自己完成任务，蜻蜓聚会 强调三点：	选择背景色为水的颜色 1. 小组同学相互说说 2. 汇报结果 学生边操作边讲解	教给学生遇到问题首先要分析问题，找到解决的办法，再去做，才能减少失误，圆满完成任务 在这里也渗透了当图形变化时，选择好参照物的方法 这部分知识教师采用扶、放的方法来完成。教师的扶体现在：学生尝试的基础上，完善方法。然后放手让学生去尝试用翻转/旋转的方法变化图像，同时给出学生求助的方式，让学生知道遇到困难应该怎么办

续表

教学程序	教 师 活 动	学生活动	设计思想
学生探究完成任务	(1) 首先要把调色板中背景色调到和选定图形的背景色相同。 (2) 对哪只蜻蜓进行操作，一定要先选定哪只蜻蜓。 (3) 对选定蜻蜓要进行怎样的旋转和翻转一定要想好再操作。 3. 汇报结果（学生汇报操作的过程） 4. 谁还有问题没有解决提出来，大家帮你 5. 小结：为图形做变形时，我们可以用“图像”菜单下的翻转/旋转项，翻转图形分水平翻转和垂直翻转两种，水平翻转就是左右翻转，垂直翻转就是上下翻转，翻转后的图形是原图形的镜面图形，也就是左右相反；按一定角度旋转根据不同需要选择角度	打开《公园》文件“小蜻蜓聚会” 在操作中遇到困难，求助方式： (1) 从课本中寻找帮助(在 P86) (2) 向同学寻找帮助 (3) 向老师寻找帮助	几种求助方式选择最快捷、最方便，这是最佳选择 学生在自学探究中完成任务，实现了自主学习
巩固提高振翅高飞	练习： 第一层：基础练习 清清的湖水，碧绿的草地，多美丽的景色呀！你看小动物们都陆续来参加聚会了，快看大公鸡正在湖边自我欣赏哪；你再看那还有一对母子哪，小鸟饿了，大鸟在喂它哪，多么温馨的画面呀！你再看那边一只蝴蝶多孤单呀，你能帮它找几个伙伴，一块给大家跳个舞吗? 任务： 母子情深（大鸟喂小鸟）分值 100 自我欣赏（公鸡照镜子）分值 100 优美舞姿（蝴蝶跳舞）分值 200 第二层：提高练习 根据老师提供的素材，也可以是网络上搜集的素材，运用现在的背景，为小动物们编排节目，来丰富动物聚会。然后用你的语言把动物们聚会的情景讲给大家听好吗?（每为一种小动物设计一个节目加 300 分） 做完后填评价表。(附后) 比一比，看看谁的分最高	学生完成任务 完成任务时，有问题求助方式同前面 解决不了的问题放着，大家一块解决 学生操作完成任务	分层练习，目的是让多数学生吃饱，好学生上一个台阶，学生在完成基础练习后，自由选择分值高的项目，激发学生的参与意识，保护学生的学习热情

续表

教学程序	教 师 活 动	学生活动	设计思想
总结评价 展示自我	1. 展示学生作品（播放背景音乐《高山流水》） 找出20～40分、40分～最高分之间的和最高分的学生各一名，欣赏他们的作品，让他们讲述创作的意图。 首先我祝贺那些高分的同学，你们是最棒的！没有得高分的同学也不要气馁，这节课可能因为种种原因没有得到高分，但你努力了，完成了这节课的任务，你就是最棒的！夸夸你自己！ 这幅画不算完，可能有学生有更多的想法，课下还可以再完善你的作品，有好的创意可以画出来，讲给大家听。 2. 总结： (1) 这节课你已经学会了什么？ (2) 你还有什么不懂的地方？ 同学们，今天你们学会了用翻转/旋转方法成功的为动物组织了聚会。这是多么好的事呀，人类和动物都生活在地球这个家园中，需要从我做起，一起来保护环境，和动物们和谐相处，我们的生活会更美好！	找出作品的优点与不足以及你可以借鉴的地方	展示评价学生作品。使学生在交流中互相启发，拓宽思路，同时在交流中取长补短。提高学生个性化发展的空间，发展学生的创造性 总结的不仅是这节课的知识，还有学习、做事的原则。全方位的培养学生的素养

六、教学反思

（一）游戏导入　突破难点

学生数学课中还没有学到轴对称图形和中心对称图形，因此我在课的开始设计学生体育课中旋转动作，目的是让学生把体育课中的动作，数学课中的知识引入信息课堂，不但帮助学生理解难点还引发学生的好奇心。让学生体会到在学习中学科知识是相互联系的，学习的最终目的就是综合运用知识解决实际中的问题。

（二）激情设疑　创设情景

首先让学生欣赏《公园》图，伴随着轻柔的《高山流水》背景音乐，教师朗诵一段与图相对应的散文，通过多种感官让学生体会大自然的美。把学生带入一种宽松愉悦的氛围中。由此引出这节课的任务：动物聚会。蜻蜓的出场拉开这节课的序幕。

（三）分析任务　体现方法

蜻蜓聚会　即让排成一排的小蜻蜓聚在一起聊天。

引导学生分析任务，首先把小蜻蜓都移到合适的位置，然后让学生讨论分析：以哪个小蜻蜓为标准，其他小蜻蜓都应怎样变化才能聚到一起聊天。

这样设计所体现的思想与方法：教给学生遇到问题首先要分析问题，找到解决的办法，再去做，才能减少失误，圆满完成任务。在这里也渗透当图形变化时，选技好参照物的方法。

（四）学生探究　完成任务

这部分知识我采用扶、放的方法来完成的。首先教师通过纠正学生的方法规范正确的方法，告诉学生翻转/旋转在“图像”菜单中，然后放手让学生去尝试用翻转/旋转的方法变化图像，同时给出学生求助的方式。

这样设计的作用是让学生知道遇到困难知道怎么办。哪几种求助方式选择最快捷、最方便，这是最佳选择。在这里你周围的同学如果做得好，你可以直接求教同学，他们解决不了可以求教老师，这两种方式是最快捷，如果他们没时间，你可以求助书本，这种方法虽然慢些，但它是最方便的。让学生在探究中完成任务。不但让学生学会学习的方法：遇到问题要学会寻求他人的帮助，而且还使学生知道择优的途径，同时也培养学生的探索精神。

（五）分层练习　个性发展

练习的环节我是采用分层的方法：练习分为两个层次，第一层是基础练习。每人必做题：母子情深（大鸟喂小鸟），分值100；自我欣赏（公鸡照镜子），分值 100；优美舞姿（蝴蝶跳舞），分值 100；第二层是提高练习。根据老师提供的素材，运用现在的背景，为小动物们编排节目，来丰富动物聚会。然后用你的语言把动物们聚会的情景讲给大家听（每为一种小动物设计一个节目加 300 分）。

这样设计所体现的思想与方法：分层练习是让多数学生吃饱，好学生上一个台阶，学生在完成基础练习后，自由选择分值高的项目，激发学生的参与意识，保护学生的学习热情。

（六）总结评价　展示自我

评价的方法有多种，目的都是激发学生学习的积极性，我觉得评价一个学生要从多方面、多角度进行评价。在评价的实践过程中我深切体会到有效的评价能使学生产生学习动力。我采用学生自评、同学间互评、教师点评的方式。学生自评我主要是用下表（学生完成任务情况统计表），目的是让学生对自己这节课有一个认识。也就是他感觉这节课有收获这就是进步的开始。其次是互评和老师点评，展示学生作品，让大家评一评的目的是可以让同学间取长补短，使自己的作品更完美。然后教师点评，找出优点，给出建设性意见，让学生有改进的方向。进一步激发学生学好信息技术课程的兴趣和决心。激起学生学习信息技术课的热情。能使学生真正尝试到学习的快乐。

一节课下来，学生的学习积极性是高涨的，他们久久不愿离开课堂，同学间的交流，师生间的争论还留在课堂上。但不同的班级上出的效果是不同的，有的班级能完成任务，有的班级没有很好的完成任务，因此我觉得对学生的基础考虑还是欠周到，学生的年龄小，可能设计的任务不够简洁，根据学生的年龄特点，设计的任务越明了，学生完成起来越容易，越有兴趣。课始的背景就是干扰我教学的一个因素，知识点多了，学生可能顾此失彼，也可能避重就轻。

今后的教学，除去有预设教案外，更多的还是备学生，学生的发展，才是真正的提高了教学的时效性。

搜集网上信息

马 坚[①]

一、教学目标分析

（一）知识与技能

学会按关键字搜索的方法查找网上信息。

培养学生根据实际生活中的问题或需要，获取信息的能力。

（二）过程与方法

通过创设的学习情境，使学生感悟网上获取信息的基本过程和方法，提高他们的信息素养，为学生的终身发展奠定基础。

（三）情感态度与价值观

通过搜索火焰山、坎儿井的研究资料，使学生感受到新疆的地域文化，并了解祖先创造的古代地下水利工程——坎儿井，敬佩祖先的智慧与勤劳精神，更激发起他们热爱祖国悠久文化的民族之情。

二、教学背景分析

（一）教学内容

本课教学主要分为两部分：

·探究网上获取信息的基本过程和方法

在教师创设的搜索火焰山相关资料的学习情境中，学生逐步开展按单一关键字或多个关键字的方法搜索网页和图片的探究学习活动；

---

① 北京市宣武区回民小学.

·运用搜索网上信息技术解决实际问题

教师启发学生对坎儿井提出各种问题，并以此为基础，学生经历发现问题——总结关键字——上网搜集资料——交流研究资料的整个实践过程。

（二）学生情况

本课教学对象为四年级学生，他们已掌握登录互联网等相关知识。根据教学需要，教师课前以四年级一个 32 人的教学班级为调查对象进行相关调查，调查数据及学生情况分析如下：

·学生上网搜索信息操作的知晓度

问题 1：你有过上网搜索信息的经历吗？

选项	经常	很少	不会
学生人数	7	15	10

问题 2：你会上网搜索哪些信息？

选项	网页	图片	歌曲	视频
学生人数	22	15	4	2

调查表明，学生已有的操作基础出现较大差异，本课教学设计将尽力顾及不同层次的学生，促使全体学生在整个学习过程中学有所获。

·学生喜爱使用的搜索引擎种类

问题 3：你经常登录哪个网站搜索信息？

选项	百度	谷哥	新浪	搜狐
学生人数	19	2	0	1

课上教学中，教师将为学生介绍几个常用的搜索引擎。但通过调查表明，学生常用的搜索引擎是百度，教学中教师将会根据学生的操作习惯，选择百度或谷哥两个搜索引擎为全班进行演示操作。

·学生搜索网上信息的实践操作

前期调查中，曾安排部分基础好且有上网搜索信息经历的学生上机实践，观察他们的操作过程，集中反映一定的问题：确定的关键字意义含混，导致检索结果不准确，打开无关网页；被抽测的学生均使用单一关键字搜索信息的方法；不注重对搜索结果显示信息的分析；以整句话为搜索关键字。

教师在本教学设计中，将会综合考虑学生以上情况，合理制定教学目标以及学生整个学习过程的实施方案。

三、教学过程描述

教学阶段	教 师 活 动	学生活动	设置意图	技术应用	时间安排
创设情境	师：同学们都喜欢西游记里的故事，那你一定也听说过火焰山，它是全国最热的地方。谁知道火焰山在哪里？ 问：有同学说火焰山在新疆？他说得准确吗？怎么验证？ 师：同学们都想到要上网查一查。当我们遇到不清楚的问题时，可以通过查阅书籍等方式解决。随着计算机的普及，上网搜集信息，已成为人们获取信息的重要渠道之一。这节课我们就学习搜集网上信息。 板书课题。	讨论：在新疆…… 讨论：上网查一查	通过火焰山的介绍，引出上网查找资料的学习情境 点明课题及学习任务	教学课件展示动画片中的火焰山画面	2′
新授与实践——搜索网页与图片	1. 搜索网页 ·任务1：单一关键字 问：互联网是信息的海洋，怎么才能快速找到有关火焰山的信息呢？ 问：通过搜索引擎可以帮助我们快速查找网上信息。你还知道哪些常用的搜索引擎？ 问：登录网站，你怎么搜索资料呢？ 师：利用关键字搜索网上信息是比较常用的方法。我们想知道火焰山的具体位置，你想输入的关键字是什么？请你试试。 教师巡视辅导。 师：通过互联网提供的信息，同学们很快就查出了火焰山在我国的新疆，这确实是个很便捷的学习途径。	讨论：利用百度查资料。 讨论：百度、谷歌…… 学生简述操作过程：登录网站——输入关键字——单击按钮。 生：火焰山 生：火焰山在哪里 上机搜索火焰山的资料并交流。	以搜索火焰山的地址为例，鼓励有一定基础的学生进行讲演，使全班学生学会按单一关键字搜索信息的方法 通过教师的讲演，使学生学会按多个关键字搜索信息的方法	课件显示百度、谷歌等网址 教师利用课件演示操作过程 教师上网在线演示操作	5′

续表

教学阶段	教 师 活 动	学生活动	设置意图	技术应用	时间安排
新授与实践——搜索网页与图片	·任务 2：多个关键字 问：刚才同学们以“火焰山”为关键字，一共查到多少篇相关的网页？ 教师指导学生观察。 问：在搜索框中，我们还可以输入多个关键字，想一想，如果我们想知道火焰山位于我国哪个地区，还可以加上哪个词作为关键字？ 教师以“火焰山位置”为例演示。 问：这次我们查到了多少篇相关的网页？与刚才比较，为什么少了很多？ 问：互联网真是信息的海洋，能让我们查到那么多有关火焰山的资料，火焰山是全国最热的地方，那里到底有多热呢？你能想象一下吗？ 问：你知道火焰山最高温度记录是多少吗？你想输入的关键字是什么？ 教师巡视辅导。	学生观察网站统计数据。 讨论：位置、位于、哪里…… 学生再次观察网站统计数据，并与上次进行比较。 生：两个关键字使我们搜索信息的范围更明确具体了。 生：火焰山温度。 学生上机实践并交流相关信息。	教师引导学生观察按两种方法搜索网页的统计量，使他们通过比较体会到多个关键字对搜索信息的范围所起到的作用 抓住火焰山的特点，鼓励学生进行想象，既激发了兴趣，同时很自然地引出下一个搜索任务——用多个关键字搜索火焰山的温度信息，巩固前面所学的知识	教师上网在线演示操作	
	2. 搜索图片 问：火焰山实际是什么样的景象，我们怎样在网上查找图片资料？ 教师巡视辅导。 总结：通过搜索引擎，我们可以查找需要的网页信息，还可以借助它查找图片等资料。	学生简述操作过程：登录网站——选择“图片”类别——输入关键字——单击按钮。 学生上机查找图片，并在同伴之间进行交流	学习搜索图片的操作方法		5′

续表

<table>
<tr><th>教学阶段</th><th>教 师 活 动</th><th>学生活动</th><th>设置意图</th><th>技术应用</th><th>时间安排</th></tr>
<tr><td rowspan="2">应用知识解决问题</td><td>·确定搜索任务
师：火焰山位于新疆的吐鲁番地区，那里气候炎热，所以又被称为火洲。吐鲁番每年超过 35 ℃ 的天数在 100 天以上……火洲多年平均降水量只有 16 毫米……
问：看了这段介绍，你对吐鲁番有了哪些认识？你想象中的吐鲁番会是一片什么样的景象？请你说说理由。
问：吐鲁番干旱恶劣的气候条件却盛产香甜的葡萄和哈密瓜，那么植物生长所需的水从哪里来呢？
教师展示介绍坎儿井的视频。
问：看了刚才的影片，你们知道了什么？有什么感觉？
问：新疆的坎儿井，被称为当地人民的生命之泉，关于坎儿井，同学们有什么疑问吗？</td><td>学生观看课件。
生：一片荒凉的景色。
讨论：从简介中知道当地气候严重干旱、炎热……
生：地下有丰富的水资源。
学生观看视频后，大胆提问：
生 1：为什么这个地区会有这么多的井？
生 2：坎儿井的具体数量是多少？
生 3：坎儿井的水从哪里来？会不会干枯？
生 4：……</td><td>通过阅读文字介绍，使学生对吐鲁番恶劣的气候特点有了初步的认识，当他们据此想象当地景象后，与教师出示的实景图片形成鲜明对比，从而自然引出坎儿井的研究任务。
鼓励学生思考提问，设计研究问题。并以他们提出的问题为下一步的研究任务——确定搜索信息所需的关键字</td><td>课件显示介绍吐鲁番的文字段落
课件展示吐鲁番葡萄及哈密瓜丰富的场景图片。
教师播放坎儿井的视频片段
教师用计算机及时记录学生提出的问题并呈现给全班同学</td><td>8′</td></tr>
<tr><td>·确定搜索关键字
问：我们在网上查找信息时，需要输入关键字，同学们提出很多的问题，你总结的关键字是什么？
教师填表记录：<table><tr><th>问题</th><th>关键字</th></tr><tr><td>坎儿井有多少</td><td>坎儿井多少</td></tr><tr><td>坎儿井在哪里</td><td>坎儿井哪里</td></tr><tr><td>……</td><td>……</td></tr></table></td><td>学生讨论：
生 1：坎儿井多少？
生 2：坎儿井在哪里？
生 3：坎儿井什么样子？
生4：……</td><td>启发学生自己设定搜索信息所需的关键字</td><td>教师将学生总结的关键字填入表内并呈现给全班同学</td><td>5′</td></tr>
</table>

续表

教学阶段	教师活动	学生活动	设置意图	技术应用	时间安排
应用知识解决问题	·搜集相关资料 师：根据同学们总结的关键字，请你试着上网看看哪个关键字能够准确地帮我们找到有代表性的资料。 教师巡视辅导。	学生上机实践	通过上机实践，使学生比较不同的关键字对准确搜索信息的影响		5′
分享交流	问：哪位同学愿意把自己找到的资料介绍给大家？并说说自己是怎么找到的？ 教师鼓励学生互相补充，并适当点评。 问：哪些同学总结的关键字帮助我们大家准确地找到了需要的信息？你有什么经验吗？	学生班内交流搜索的资料及搜索所用的关键字。 生：关键字要简单明了、能概括主要意思。	强调关键字的准确性及确定关键字的方法		4′
归纳总结	问：这节课，我们学习了搜集网上信息，想一想，有哪些方法可以帮助我们查到需要的资料。需要注意什么问题？ 师：互联网是信息的海洋，学会搜集网上信息的方法，是现代人应具备的能力。希望今天所学的知识能帮助你学到更多的知识。	生：按关键字搜索。 生：关键字要准确。	总结知识		1′

四、学习效果评价

（一）评价内容

·学生对知识的理解掌握程度

·学生自主学习能力及合作交往能力

·学生对本课教学设计的感受

（二）评价方式

拟定采用学生课后填写调查表的方式，并结合教师观察学生课堂表现，进行师生互评。

（三）评价量规

·你学到了哪些快速准确查找网上信息的技巧？

____

·查询以下问题的网上信息，你确定的关键词是什么？

学校春游要去北京海洋馆，老师想了解那里的的门票是多少？____________

小明和同学们想参观国家大剧院，他想知道怎么和那里的工作人员联系？______________

同学们都喜欢唱《歌声与微笑》这首歌，你能查到这首歌是谁创作的吗？______________

2004年雅典奥运会上，中国运动员共得了多少块奖牌？______________

·这节课上，哪些同学的发言对你有启发？

____

·课堂上你是否遇到了困难？你是怎样解决的？

问同学（　　）　求助老师（　　）

自己想办法（　　）　不理睬（　　）

·如果有条件，你还想进一步了解坎儿井、火焰山或新疆其他景物吗？

无所谓（　　）　一般（　　）　很想做（　　）

五、教学反思

本课教学，在教师创设的学习情境中，学生逐步开展按关键字搜索的方法查找网上信息的探究与实践活动。回顾整个教学实践过程，分析总结如下：

（一）优点与成功之处

1. 精心创设学习情境

本课学习的主要知识是按关键字搜索网上信息。课堂上，我创设了围绕新疆的名胜古迹——火焰山和坎儿井开展研究的学习任务。虽然火焰山和坎儿井与学生生活相距较远，但在教师巧妙引导下，学生都想上网查一查："火焰山在哪儿里？""火焰山的最高温度是多少？""坎儿井的数量有多少？"……学生以教师的设问或自主提出的疑问为具体研究方向，很快融入到上网搜集火焰山、坎儿井相关资料的探究实践活动中。整个活动，学生不仅掌握了相关的技术，而且使他们体验了发现问题、搜集信息、整理信息、交流信息的整个过程。

2. 巧妙安排教学层次

整个教学过程，我设计了火焰山和坎儿井两个研究任务，每个任务各有不同的教学目标，层层递进、重点明确、过渡自然：

	研究问题与实践活动	知识学习目标	总体教学目标
火焰山	火焰山在哪里	按单一关键字搜索网页信息	引导学生探究按关键字搜索的方法查找网页和图片的主要操作步骤。
	火焰山最高温度是多少	按多个关键字搜索网页信息	
	火焰山实际是什么样子	搜索图片资料	

续表

	研究问题与实践活动	知识学习目标	总体教学目标
坎儿井	你想了解坎儿井的哪些问题	引导学生确定搜索任务	·应用前面所学的知识解决实际问题；·强调关键字的准确性及确定关键字的方法；·使学生体验信息获取的主要过程。
	你确定的关键字是什么	引导学生确定搜索关键字	
	根据自己总结的关键字上网试着查找资料	通过上网实践，检验学生总结的关键字能否查到相关资料	
	把查到的资料介绍给同学们并说说查找方法	交流成果，强调关键字的确定	

3. 转变学生学习方法

在教学活动中，我努力成为学生整个学习过程的引导者、辅导者，把教学重心放在如何促进学生“学”上，引导学生采用多种学习方式，培养他们的学习能力，力求实现“教是为了不教”。

·鼓励学生互助学习

本课教学的部分知识有些学生课前已掌握并应用，课上我鼓励这些学生为大家进行演示操作，并要求其口述操作重点，这样的设计不仅检验他们自身的操作水平，更使其他同学学会新的知识。

课堂教学设计了一些学生集体讨论活动，全班同学自然形成互助学习氛围，有效促进每个学生的思维活动。如：围绕坎儿井的自由发问，虽然他们并不了解坎儿井，学生们倾听他人的发言会得到启迪产生新问题。在集体讨论中，学生们思路宽广，当场提出了七八个问题。

·启发学生自主学习

教学中我注意培养学生的自学意识。如：按多个关键字搜索网上信息是本课教学设计的学习内容，我引导学生观察网页统计量，并与按单一关键字搜索的结果进行比较，使他们很快自悟出两种搜索方法的区别。这样的学习活动，激发了学生强烈的好奇心，他们学得积极主动，自学能力得到锻炼。

4. 渗透德育思想教育

本课教学选取中国古代三大工程之一坎儿井为研究内容。学生们通过阅读相关资料，加深对坎儿井的了解，将会使他们感受到古人的智慧，更会钦佩祖先们勤劳，勇于与恶劣环境抗争的精神。这样的研究活动，不仅使学生掌握了相关的信息技术，同时也激发了他们热爱祖国的民族之情。

（二）问题与改进措施

根据问题总结关键字是搜索网上信息的重要环节，教师设计了相关的教学活动，但根据学生发言情况分析，他们是将问句分割为词语的方式来提炼关键字。如："坎儿井在哪里?"学生总结的关键字包括：坎儿井、在、哪里。个别学生直接将整个问句做为关键字。由于学生总结的关键字不够准确，导致他们耗费较长的时间去搜索相关的资料。原因分析与改进措施设想如下：

· 学生概括能力有限

现场授课班级为四年级学生，他们的语言概括能力有限，根据问题提炼关键字有一定的难度。建议教师启发学生想一想：在哪里是指什么？你还可以用其他词语描述吗？从而引导学生提炼出：坎儿井、位置、位于等关键字。

· 教学机制需要提高

在前期有关火焰山的教学中，曾经有的学生提出以"火焰山有多热"为搜索关键字，教师因课前未充分预设到学生会以整个句子为搜索关键字，现场未能及时想出解决方法，采取了回避的方式，这也导致在后续教学活动中出现上述问题。建议教师可引导学生对按词和句搜索的结果进行比较，组织学生讨论：你认为哪个同学总结的关键字更好？为什么？通过讨论，使全班同学明确提炼关键字的基本方法。

· 教师专业知识不足

学生总结的关键字多次出现"多少"、"什么"等词汇，而这些词缺少检索价值，一般应尽量避免使用。由于我在课上没有给予这些知识的介绍，造成很多学生按自己总结的关键字开展实践操作活动，占用了过长的时间。教师在平时工作中，应注重专业知识的理论学习，积淀深厚的学科知识功底，这样才能在实际教学中，从容应对课堂即时生成的教学资源，使自己的学生学到更有价值的知识。

初 中 教 案

信息及其特征

耿海蓉[1]

一、教学目标

学生能够列举学习与生活中的各种信息，感受信息的丰富

① 昆明市明德中学.

性，体会信息的重要性；理解信息的5个特征，并能举例说明；培养学生通过直接观察法获取信息的能力；培养学生分析问题、解决问题的能力。

二、教材分析与学生分析

本节课所用教材是新纲要云南实验教材·信息技术，新编教材总体上更适用，更符合初中学生的心智发展，设计上也较为灵活，给教师上课以很大的发挥空间。初中信息技术第一课《信息及其特征》是一节讲授课、理论课，主要介绍了丰富多彩的信息，让学生认识信息的重要性以及信息的一般特征，书本上是一些纯文字、纯理论的知识，虽然有许多例子，但叙述性内容较多，学生一般没有耐心去认真读、去理解它。因为我的这节课是一节比赛课，比赛地点在曲靖麒麟三中，属于借班上课，所以对学生的情况了解得较少，这是一节探究课，目的是探究新教材怎样上才能与学生发展融为一体，就要求教师在教学设计中更要强化学生的活动，通过一些互动的活动，形成学生积极主动的学习态度，让他们在教师的引领下一起讨论、感受、体会，不仅要学习知识内容，而且要提高对信息的认识水平。

对于什么是信息，这个概念，在初中一般不提倡明确记忆，因为上网一查，关于这个概念的解释有无数种，都有理有据，但学生才从小学转变过来，心理和智力发展还不完善，没必要走进这一堆堆的概念中去。因此，教学的重点也只需要通过无数实例引导学生认识信息无处不在，另外还要突出信息的依附性和可伪性，因为依附性是信息区别于其他的重要特征，而重点学习可伪性是为了加强学生的自我保护意识，不要被伪信息欺骗。教学的难点我放在学生对信息基本特征的理解上，希望他们能够通过举例，正确判断出信息的特征，培养学生处理、分析的能力。为此，我不仅准备了教学演示文稿，还充分的准备了相应的小故事、互动游戏活动。

三、教学过程

<table>
<tr><th>过程</th><th>教师活动</th><th>学生学习活动</th><th>目　的</th><th>效　果</th></tr>
<tr><td>一、铺垫</td><td>幻灯片展示：比尔·盖茨的家</td><td>好奇心驱使学生在未打铃之前观看，议论纷纷</td><td>为后面讲解共享性做铺垫（激趣导入）</td><td>提前进入学习状态</td></tr>
<tr><td>开场白</td><td colspan="4">今天，我们共同来学习第一课：信息及其特征。
我想问大家一个问题，我们现在正处于什么社会？什么时代？
（学生回答）：信息社会、信息时代。
今天，我们处在信息社会，可以通过种种方法获得各种各样的信息。例如：报纸、广播、电视及计算机网络等，信息已经深入到我们的生活。</td></tr>
</table>

续表

过程	教师活动	学生学习活动	目 的	效 果
二、生活中的各种信息	1. 今天我们共同学习第一课：信息及其特征 ［看投影］：将12幅分别代表春、夏、秋、冬的图片进行分类，并说出依据。 2. 深入理解：信息与我们的生活密切联系。 活动：说品牌 ［投影品牌标志］：(肯德基、麦当劳、耐克、李宁、宝马、奔驰) 3. ［体验一］：原始森林生存实验 ［属借鉴的］ 教师进行及时点评，并给出正确答案 （钢刀、火石、指南针）	1. 看、说 学生都分辨出来了，依据有： 春——春暖花开、树枝发芽 夏——炎热、九夏芙蓉、西瓜熟了 秋——枫叶红了、庄稼成熟了 冬——冰雪覆盖、动物冬眠 2. 学生争相回答 3. 学生的回答五花八门，教室中不断爆发出笑声。 学生给出的答案有： 衣服、钢盔、GPS、刀 打火机、火石、水、指南针 云南白药、压缩饼干……	建立学生头脑中对信息的认识，感受到信息无处不在，已深入到我们生活的方方面面。认识到物质、能量和信息是构成世界的三大要素。信息已经和物质、能量一样，成为人类社会赖以生存和发展的重要资源，是人类生存的基本条件与基本需求	回答第1个问题时，学生还与教师有一定距离，不敢大胆举手回答，但是当第2个问题出现后，学生的积极性被充分调动起来了，形成课堂教学的第一个高潮。 第3个问题出现时，学生和我已不再陌生，他们对一个接一个的问题产生了浓厚兴趣，积极思考、发言，还给出理由。学生已被教师引导着感受信息无处不在，体会着信息的重要性，课堂气氛再度升温
三、信息的第一个基本特征依附性	1. 观看一段录像：烽火（花木兰的片断） ［问］：传递的信息是什么？ ［问］：那么信息是依附于什么传递的（它的载体是什么）？它是通过什么表现的（它的表现形式是什么）？ 2. ［体验二］：比划、猜游戏	1. 学生观看，教室恢复安静 在教师的引导下，找到正确答案： ［答］：敌人来进攻了 ［答］：烽火台 ［答］：火、烟	通过投影、游戏和举例讲解，充分调动学生的学习积极性，让学生认识信息的依附性，并知道信息不可能独立存在，必须依附于某种载体。突出本堂课的重点	当第一个学生猜对后，教师要及时给予鼓励，如：“我很欣赏你的勇敢”。后面就有学生积极举手，要求上台来扮演猜的角色。这时逐渐形成课堂教学的第二个高潮

续表

过程	教师活动	学生学习活动	目的	效果
三、信息的第一个基本特征依附性	[属借鉴后改动] 要求：一个同学上讲台猜，当教师给出内容后，台下的同学不允许讲话，举手经教师同意后站起来比划，一人只准比划一次，动作不能重复。 [投影]：图片（大象、汽车）、文字（照相、打篮球、周杰伦） [归纳]：信息的传递不仅可以通过声音，还有很多种形式（文字、图片、视频以及肢体语言） 3. 看投影并分析的例子： A. 早晨闹钟响了，它传递的信息是什么？它是依附于什么传递的？它的表现形式是什么？ B. 晚上看课表，准备第二天的书籍，它传递的信息是什么？它的载体是什么？它的表现形式是什么？	2. 第一个上台猜的同学有点拘束，但讲台下比划的同学轮番上阵，课堂气氛又呈现活跃状态。当猜到“周杰伦”时，不许出声这一条，难倒了比划的同学，几个比划完，猜的学生都没猜到，全班开始一起着急。当教师刚同意出声，一会儿就猜到了，全班鼓掌欢呼。 3. 学生回答： A. [答]：该起床了 [答]：闹钟 [答]：声音 B. [答]：第二天上什么课？ [答]：纸张 [答]：文字		接下来，我延续好学生的学习激情，引导学生解决了“如何理解、掌握信息的依附性这个问题”，并且到课的最后学生都记得如何分析
四、信息的第二个基本特征共享性	1. [问]：没打铃之前，投影仪上放的图片是什么？ [问]：我放映一幅图片为什么会有多个同学回答我？	1. 学生的回答： [答]：盖茨的家 [答]：你放在投影上，我们都看到了	让学生了解信息的共享性，理解肖伯纳所说的话。通过学习，认识到人与人之间的交流是非常必要的，在今后的生活学习中要充分与人交流	

续表

过程	教师活动	学生学习活动	目 的	效 果
四、信息的第二个基本特征共享性	[总结]：信息的交换使得大家都享有了被交换的信息。 2. 读肖伯纳的名言，和学生一起解读。 提示：苹果代表的是物质，交换之后不会再生，每个人手里就没有原来的了，而思想代表的是信息，交换之后会多加，可以同时存在。 现场找实物作比喻	2. 和老师一起解读，感受体会后记住		
五、信息的第三个基本特征时效性	1. [讲故事]：从前，有两家人是邻居，王家卖油、张家卖日历。王家媳妇每次卖油时都会偷偷省下一钱油，到年底时，就积攒了一罐油，再卖掉它，就有了过年的钱。而张家媳妇看在眼里十分羡慕，也学王家媳妇的样子，每个月也都偷偷省下一本日历，可等到年底却没换到钱？为什么？ 2. 分析：油代表的是物质，而日历代表了信息，信息的效用会随着时间的推移逐渐降低，渐渐失去效用	听故事 学生积极参与 分析回答问题	通过故事和举例分析，让学生了解信息的时效性，并学会分析它	涉及需要思考回答的问题时，举手的学生明显减少了，这时教师要及时给予鼓励，如：“没关系，大声的把自己的想法说出来”、“好的、非常好！”…… 调整教学节奏，给予学生思考的时间

续表

过程	教师活动	学生学习活动	目 的	效 果
	举例让学生讨论回答： 交通地图 中奖兑奖 天气预报			
六、信息的第四个基本特征价值的相对性	[课堂作业]：比谁举的例子多？ （当场进行分小组） [提示]：价值的相对性： 旅游信息、田忌赛马 油价信息、中考信息可伪性： 孙膑“减灶退敌” 诸葛亮“空城计” 虚假广告、中奖的短信银行自动取款机上的温馨提示	学生积极动脑参与小组讨论，之后每个小组派一人回答	1. 让学生参与小组讨论，学会交流思想。 2. 变学生的被动学习为主动学习 3. 通过学生的积极回答，建立他们的自我保护意识。突出本堂课的重点	当看到要分小组讨论，“又要动脑筋了”，部分学生的惰性又出来了。这时，我需要及时调整，给予新的刺激，让课堂重新恢复活跃，让学生再次激动，打开思维之门。那么安排一个小插曲吧，先让大家娱乐一下，切换到“欺骗眼睛的图片”，但回过头来，举例时要积极哦，好不好？学生纷纷表示当然乐意。学生的积极性又重新调动了起来，形成了课堂教学的第三个高潮。在小组同学的齐心协力下，一个个生动的实例蹦了出来

续表

过程	教师活动	学生学习活动	目 的	效 果
七、信息的第五个基本特征可伪性	教师强调信息的可伪性： 刚才我们亲眼看的图片都可以欺骗我们的眼睛，造成视觉上的差异，大家都很快乐，但在现实生活中，如果你们被虚假的信息欺骗了，还会快乐吗？让学生认识到生活中存在着许多伪信息，会使我们的财物受到损失，精神受到伤害，要提高我们的警惕意识，学会自我防范、自我保护的方法。 [总结]：真实而准确的信息可以帮助人们作出正确的决策，从而实现信息的价值。而不真实的信息，不但不能帮助人们作出正确的决策，反而可能会带来严重的错误，其价值可能为负			
插曲：观看欺骗眼睛的图片。目的是为讲信息的可伪性做铺垫。				
八、小结	活动： [要求]：每个学生拿出一张纸，简单的与出你这堂课的感受，或者是在本节课中你学到了什么？然后，同座的两个同学交换纸来看，接着，教师点同学起来回答。（你写的是什么，你的同桌写的是什么？） [教师运用到的关联]：信息的共享性	写下感受，当点到名的同学站起来念时，不时有人说："我也写了"，还有同学不断完善自己所写的	用本节课所学的知识（信息的共享性）来总结本节课的学习内容	每个学生都用笔将自己的感受用文字表达了出来，"我爱上信息技术课"
	通过本课的学习，我们了解了信息的重要性，学习了它的五个重要特征。 我们可以看到信息无时不在、无处不在，信息对我们的学习生活和今后的工作有深刻的影响。因此，如何获得真实的信息、如何充分准确地表达自己的信息、如何加工信息等都需要我们在今后的信息技术课中不断学习和提高			

四、教学反思

课后，我对整个课程的设计及讲授过程及时地做了整理和总结，既肯定了优点，也找到了缺点，收获是巨大的，相信如果能再有一次上本课的机会，我一定会有不一样的表现。下面就把自己的反思总结如下：

本堂课实现了教学目标，我通过各种小故事、活动和举例等让学生体会到信息无处不在、无时不在，信息有不同的特征，我们身边的各种信息对我们都会有影响，我们要学会分析它、处理它。

上课前，当对课程有了初步的设计后，我就不断的完善它，不断的收集资料，不断的在想学生喜欢什么，通过什么手段才能适当的完成教学目标，才能让学生记住这节课所讲的内容。通过努力，便有这节课环环相扣的小故事、互动活动……例如：点烽火的片段来自花木兰，这是用心寻找得来的。我先在《三国演义》中寻找，但它的片段意思是陆逊献计让吕蒙的士兵扮作商人，击破烽火台，让烽火台不能点火，造成关羽败走麦城，这与我的讲课内容反了——舍弃。之后我在《魔戒》中找到一段，但画面是在雪地中点燃烽火，不明显，而且每一个烽火相距太远——舍弃。最后，我在《花木兰》中找到了想要的：匈奴晚上来进攻，守城军士点燃烽火，然后烽火台一个接一个的亮了起来，延伸至远方，这一段视觉冲击力相当强。——就是它了，这就是我所需要的，它能完完全全的表达我的课案，“传递的信息、依附性、表现形式”都有了，一目了然。上课时，录像片段一放，学生马上被吸引了，当看完提问时，学生能够很快地回答，因为，现在他们的头脑中已经建立了一个直观的形象了。很多东西，一看便知，一看就能理解的，我们何必要用那些枯燥的语言来讲述呢?

在教学中，我力求营造宽松、民主、和谐的课堂氛围，虽然这是一节讲授课，但并不枯燥，课堂气氛活跃，课堂节奏恰当，在课堂上，我随时调整节奏，调动学生的学习主动性，消除他们与教师的距离，抛开“因回答错误而丢脸”的思想，让他们在畅所欲言的回答中，解决了疑惑、学到了知识，引导他们打开思想之门，主动参与到教学环节之中。例如：开头有一个“说品牌”的活动，所选品牌标志都是学生们熟知的，并且初一的学生还带着小学生的特点，简单的就争相回答，这时，学生马上就消除了畏惧之心，教师与学生最初的沟通桥梁就搭建起来了。

另外，“比划·猜”游戏也是精心准备的。首先，投影的是“大象、汽车”的图片，猜的学生只要猜到象字或开车、车都可以算对，很容易。其次，“照相、打篮球”是文字，字对不上都不能算对，增加了难度，出现了一个信息传递的准确性。如有学生猜投篮、打球等，都不能算对。最后，猜“周杰伦”时，只靠比划，猜的学生很难猜到，弄不清比划的同学要表达一个什么内容。学生既兴奋，又着急，他们已经把我当作他们中的一员了，只盼望我能同意表演的同学出声，这时，我同意了，但不能涉及投影的文字，这马上变简单了，比划的同学改唱歌了，唱“周杰伦”的菊花台、东风破……猜的学生马上猜了出来。这些投影内容都是经过反复思考设计的，要能一步步的引导学生感受信息的传递形式多种多样，又要能提高学生的兴趣，从玩中体会到传递不同的信息要学会选择最佳的形式。

故事、活动、有趣的东西都能吸引学生的注意力，并且还能拉近教师与学生的距离。例如，设计小插曲：让学生观看欺骗眼睛的图片也是有目的的，一是为了调动课堂气氛，刚分析完时效性，又要分析信息价值的相对性和可伪性，学生产生了同一事物疲劳症，注意力会分散，这时需要加入一点刺激。二是为了讲可伪性而作的铺垫，图片从网上下载都经过了精心挑选、重组，要能最大限度的刺激学生的感观，重新调动起他们的热情。

知识的内化，是离不开学生自己亲身实践的。教师在教学中需要加强学生之间互动，给予他们合作的机会，例如，到结束时，我让学生自己写感受，接着，让同桌的同学互看所写的内容，然后点同学起来念自己所写的和同桌所写的。通过加强他们之间的交流学习，复习小结这堂课。我达到了目的，他们会用所学的知识（信息的共享性）与他人分享这节课带来的知识与快乐。

但本节课也有一些不足之处，首先，我针对学生的回答所作的及时评价不够，例如，①在过程二，回答原始森林生存实验时，有学生提出了GPS，教师应及时反问："那没电怎么办?"要让学生明确认识为什么答案是对的。②讲过程六，小组举例时，及时评价也不够充分，并且还应该引导学生区分信息价值的相对性和实物的价值相对性。

其次，课堂时间安排得还不够好，过程五举例回答过多（有三个例子，应减少为两个就够了），占用了时间，而影响了过程八的实施，学生互念感受的时间短了。这样，影响了学生的情感体验，让他们抒发在学习新知识过程中获得的快乐心理情感，时间太短了，抱有遗憾。

如果让我再上一节同样的课，我尽量避免上述的疏忽，进一步完善自己的教学、提高自己的教学水平。

选择对自己有冲击的一种尝试，本身也是一种探索，一种以开放的心态、进取的意识对自我的突破和超越。总之，所有的事，只要用心，就能做好，最终能得到人们的认同，这是一个积淀的过程，是对计算机教学的喜爱、对教学一贯的认真负责而换来的。我认为这堂课还是比较成功的，我应该感谢所有学生，是他们的求知欲和好学精神带给我动力支持，让我坚持的用心去做。

宝藏与生存 —— 扬帆出海：IE 浏览与下载

倪　静[①]

一、教材分析

本节课内容是根据人教版初中信息技术第一册第二单元畅游信息海洋的第一节课，根据初一年级信息技术教学进度，本节课内容为初步认识 IE 及网页的浏览和简单下载。这部分内容知识点虽然较简单但比较零乱。对技能操作要求难度适中。

二、学情分析

学生在第一单元结束时已对网络有了初步的认识和了解，据了解，目前大多数学生网络基础较好，大多已经上过网，对于网络浏览并不陌生，当然也有少数同学从未接触过网络，所以兼顾两部分同学的不同情况，在学习内容及方式上需加以修改，既要让有一定基础的同学系统的学习掌握，也要让一无所知的同学学会并掌握。这节课的主要任务是让学生系统地学习网络的相关知识，将知识与操作技能融会贯通。

三、教学目标

认知目标：认识 IE 浏览器的作用和窗口组成，了解网址的组成及其含义，理解收藏网址与保存网页的区别。

过程与方法：能有效利用浏览器中的菜单和工具栏中的按钮浏览信息，掌握文字、图片、网页等网络资源的下载方法，能正确设置浏览器的主页。

情感与价值观：培养学生乐于尝试、勇于探索、善于观察的学习习惯，增强学生团结协作、互帮互助的意识。

四、教学重点

浏览器的使用，网页、图片、文字的下载。

五、教学难点

网页、图片、文字的下载。

六、设计思路与创意

一直希望学生学得开心，老师教得开心。本着这种想法，以加强学习的趣味性，加强学生主动自主学习的热情为出发点。本节课以角色扮演为主题，将知识与任务设计成一个系列场景故事。教师作为船长，学生作为水手，共同在信息的海洋中扬帆出海，设计以航行见闻与船长日记的分段任务，拓展任务设计成为

① 南京市第五十四中.

水手长的进阶任务，任务设计形式灵活有趣，任务设想为航海路线图上的4个港口为分组任务，同时角色扮演也可让学生耳目一新，让学习不再平淡乏味，能满怀热情的投入学习之中。设计创意由加勒比海盗及美国的生存类挑战游戏产生灵感，海盗船可作为系列活动，尤其在后续的活动中，海中拾贝可成为海盗船的海上寻宝之旅。

中间穿插了解航行中的船（各种常见浏览器的介绍），作为学生成为实习水手，能够上船航行（上网浏览）的基础。（截图略）

下面分为4个组进行宝藏与生存的游戏：4组水手完成不同的航行任务：（具体见教学过程）。航行任务有两重，第一重完成可以在海中生存；第二重完成可获取宝藏，其中给各位水手帮助的是船长的友情提示。水手长的进阶任务是拓展任务，完成的水手可晋级为水手长。

七、教学过程

模式结构设计	教师活动设计	学生活动设计
引入新课	扬帆出海（音乐与图片齐现）： 网络是海，浏览器是船。 欢迎大家来到海盗船，今天就让大家熟悉一下航船，扬帆出海吧，希望今天能培训出合格的船长和水手长！ 船长的话：既然上了海盗船，没完成任务之前可不能半途下船哦！	营造活跃快乐、积极向上、团结协作的课堂氛围。 设计意图：快乐学习，导入新课，介绍第二单元学习内容。老师提出希望与要求，希望学生成为学习的主动者
海中的船	探究学习： 说一说：同学们熟悉哪些用来访问网络中的信息的浏览器呢？ 请同学思考，结合自己的实际经验或相关知识回答： 给出参考答案： 1. IE浏览器 2. 腾讯浏览器 3. 遨游浏览器 …… 当然还有更多浏览器：火狐、Opera等	学生回答问题后思考一下，结合前面的网络知识及生活常识进行探索学习。通过设问与对比思考激发学生的热情和兴趣。 设计意图：探究学习，对比学习法，是对比，也是总结归纳各种不同浏览器，虽然课上不会深入学习，但也可开拓学生的视野，同时体验学习的乐趣

续表

模式结构设计	教师活动设计	学生活动设计
航船起帆	实践与探索学习（认识IE）： 1. 尝试打开 www. kepu. net. cn 2. 尝试访问网站中的更多链接 3. 尝试使用工具栏中各种按钮的使用 【学生阅读P64～67探索学习，辅以实践】	学生进行实践与探索学习，熟悉IE、浏览网站以及认识工具栏各种按钮 设计意图：希望学生作为学习的主动者，能把握学习进度与主线，培养自主能力
新课新知1 航船结构：IE浏览器	新课新知一：探索学习反馈 认识IE浏览器 IE：Internet Explorer 展示一个IE窗口，圈出各个组成部分，请学生说出各部分的名称： ① 工具栏：（将用户经常使用的一些功能项以图标形式放在上面，形成图形按钮） ② URL地址栏和地址框（网址或站点，是访问互联网的关键）URL（Uniform Resource Locator全球资源定位器） ③ 页面显示区（显示超文本文件的内容） 其他：＊标题栏（显示的内容是用户所访问的网页名，表明正在浏览的网页的标题） ＊菜单栏（为用户提供文件、编辑、查看、转到、收藏、帮助等菜单命令） ＊状态栏（引入新的网页以及相关网址时，该栏将显示查找地址的状况、网址名、主页下载的百分比等信息） 工具栏中的常用按钮：URL地址栏、前进、后退、刷新、停止、历史、主页、收藏 刷新：重新载入当前地址指定的网页 停止：中止传输当前页面 主页：这里的主页实际上指的是IE的初始页等 【注：和我们通常所说的主页是两个不同的概念，我们通常所说的主页是指每个网站的首页。】	学生学习新知，重现探索学习环节的成果，由学生来阐述IE浏览器的结构及功能特点，教师在教学中进行补充说明，并进行简单归纳。 设计意图：采用探索学习的反馈，系统的整理IE浏览器的结构与功能，让学生重复了解并记忆，为后续学习打下良好的基础与铺垫

续表

模式结构设计	教师活动设计	学生活动设计
新课新练1 航行见闻	航行任务一： 1. 请同学分组完成任务：访问地球故事 http://www.kepu.net.cn/gb/earth，分组访问海洋博物馆（第1组）、冰雪馆（第2组）、南极博物馆（第3组）、北极博物馆（第4组） 2. 保存网页、图片、文字 船长的友情提示：选定为主；复制与粘贴是法宝；经常用用鼠标右键；文件菜单不可少。 【1. 网页的下载：①下载当前网页。打开“文件（F）”菜单，单击其中的“另存为（A）”命令，选择合适的保存路径和文件名，将整个网页用文件的形式保存下来，文件的扩展名为 htm。②下载链接的网页。右击当前页面中的一个超级链接，在快捷菜单中单击“目标另存为（A）”命令，可保存该超级链接所指向的网页，而不必打开此网页。 2. 图片的下载：①右击图片，弹出快捷菜单，单击“图片另存为（S）”命令，在弹出的对话框中输入文件的存储路径和文件名，就将图片保存在计算机的外存储器上了。 ② 也可以单击快捷菜单中的“复制（C）”命令，将图片粘贴到文档中。 3. 文字的下载：①通过拖动鼠标选中需下载的文字，此时被选中的文字出现反白显示，打开“编辑（E）”菜单，单击其中的“复制（C）”命令，然后粘贴到 Word 文档或记事本等文字编辑软件。②选中需下载的文字，右击，选择快捷菜单中的“复制（C）”命令，再粘贴到文档中。】	学生实践操作完成阶段任务1：航行见闻，下载保存网页、图片和文字。 设计意图：实践出真知，学生以练促学，在任务相对容易的情况下，加强学生的自主学习能力的培养
新课新练2 船长日记	航行任务二： 1. 收藏网页地球故事 2. 查看今天的历史记录 3. 设定 www.baidu.com 为主页 船长的友情提示：IE 浏览器的菜单命令操作及常用工具栏按钮操作 【注意：及时反馈练习中的问题。】	学生实践操作完成阶段任务2：船长日记，强化操作技能。 设计意图：实践出真知，学生以练加深对新课新知的理解，学以致用。船长日记是网络中航行时各种计算机类记录痕迹

续表

模式结构设计	教师活动设计	学生活动设计
自主学习拓展环节新课新练 3： 水手长的进阶任务	拓展任务： 下载一首加勒比海盗的歌曲 船长的友情提示： 1. 打开 IE 浏览器，在当前主页（baidu）下，尝试查询搜索。 2. 搜索到的文件下载——另存为 【注意：下载的速度对下载的文件的选择很重要，为更快更好的完成下载任务，尽量选择搜索结果列表中的小文件。】	加深强度与广度，请学习有余力的学生完成拓展任务，拓展任务同时可作为下节课内容的预习。 设计意图：引导学生灵活运用所学知识解决问题，并对所学的知识进行深层次地提炼与归纳
巩固新知 航行归来后回顾得失与经验交流（即练习与评价）	提问与回答：学生思考 1. 保存网页与收藏网址有何不同? 答：将网页保存到计算机后，即使没有联网也可以打开这个网页，但是收藏网址只有在联网的情况下才能够打开。 2. 网址的组成及含义，例 www. kepu. net. cn 互联网中采用了域名管理系统 DNS，域名是由代表一定意义的英文单词的缩写构成。 www——说明这是一台 www 主机 kepu——科普 net——网络运营机构 cn——中国	请学生结合所学新知进行归纳与巩固，完成问答，对学习完成效果进行评价。 设计意图：第一题要求学生能仔细观察对比不同；第二题是对浏览器的地址栏中网址的拓展，希望学生能知其然知其所以然
返航回港	今天的海盗船到岸了，可以说，每位同学都完成得很好，努力学会成为一名好水手，在网络的信息海洋中自由航行，也已经有同学升为了水手长（成长为水手长是对自己最佳的评价），下次航行时希望再接再厉，早日成为船长！	

八、教学反思

这节课是在评青优赛课时上的一节课，当时抽到这个课题时，觉得这节内容是很容易上但又很难上出新意的，而且在短短 24 小时的准备时间里如何上，如何上得好是我冥思苦想了很久，最终采取了以角色扮演情景故事的形式，将知识要点与操作技能融合到角色操作中去，可以说，我总结得出这节课的两个特色：一是新颖有趣；二是细节决定一切，当时一夜没睡忙着写教案，做课件学件，在第二天的赛课中效果相当的好，现在在前面赛课的基础上，将部分结构和内容进行了优化与细化，在当时课上未来得及体现出来的也展现出来，下面来阐述我的反思与收获。

（一）兴趣的最大化

这节课的情景构建算是别具一格，首先是教材中的一个比喻给了我一个思想的火花，教材中将网络比喻为信息海洋，由此我构建了这么一个情景主题：网络是海，IE 浏览器是航船，那么学生自然可以构建成水手，从了解 IE 浏览器，学习掌握了浏览器的相关知识，学生具备了从实习水手进阶为水手，正式开始进行海上航行，分阶段完成网络浏览、文字、图片、网页的下载等，将一节课的所有知识点与各项操作技能完美融入到情景主题之中，让学生在学与玩中进步。这个情景主题是角色扮演游戏，包括了水手关、海中航行、宝藏与生存、船长日记等各项活动，其中的海中航行分 4 个组进行宝藏与生存的游戏：4 组水手完成不同的航行任务，航行任务有两重，第一重完成可以在海中生存；第二重完成可获取宝藏，其中给各位水手帮助的是船长的友情提示。水手长的进阶任务是拓展任务，完成的水手可晋级为水手长。最大限度的激发学生的兴趣与热情，让他们快乐学习！

（二）细节决定一切

在整节课的设计与教学中，充分注重了细节部分，表现在以下 4 个方面：

1. “海中的船”探究学习：让同学们说一说所熟悉的哪些用来访问网络信息的浏览器？请同学思考，结合自己的实际经验或相关知识回答。这个问题具有一定的拓展性，设计这个问题的目的，一方面是引入 IE 浏览器；另一方面也是给有一定上网经验的同学进行知识拓展，增加生活体验，目前网络中使用的浏览器主流是 IE 浏览器，其他的腾讯浏览器、遨游浏览器是基于 IE 浏览器内核，而火狐、Opera 浏览器则是独立完全不同的浏览器，给学生更多的知识拓展，开拓他们的视野，让他们认识到知识的多样性，不唯一性，体验学习的乐趣。

2. 认知 IE 浏览器，重现探索学习环节，由学生来描述 IE 浏览器的结构和功能，这是一个水手能够操作航船的基本能力，是后续航行任务完成的基础，这里注重对细节的把握，例：IE 浏览器中的主页按钮，这里的主页实际上指的是 IE 的初始页，和我们通常所说的主页是两个不同的概念，我们通常所说的主页是指每个网站的首页。（PS：IE 浏览器 7.0 与 6.0 有显著的不同，在上课时需注意所教时机房软件的具体情况具体安排内容，建议以后上课时教学内容与软件均改为 7.0 版本以适应软件的发展与应用的需求。本节课以机房软件为主暂定为 6.0 版本）

3. 船长的友情提示，在课件学件中、在教学过程中，多次出现船长的友情提示，这是学生完成阶段任务的阶梯，在航行过程中，船长一共提供了三次提示，每次的提示都切入要点。原则上希望学生发挥最大的主观能动性，积极进行探究学习，但总有学生能达到的能力与任务有一定的差距，如何缩小差距，同时在重难点上，如何搭建知识的阶梯，使有困难的学生跨半步就能达到目标，船长的提示就在此起着重要的作用，不仅成为进步的阶梯，而且将相关知识点进行细化与规范化，精辟的展示知识框架与内容。

4. 航行归来后回顾得失与经验交流（即练习与评价），采用了两个问题来总结，第一个问题是学生在操作中遇到但未能明确的一个问题：保存网页与收藏网址有何不同？这里单独拎出来进行总结可以加深学生记忆，回味操作的不同细节。第二个问题是隐藏在学生思想中的，有思维活跃、好奇心重的学生下课询问了这个问题，他们对网络浏览非常感兴趣，但对网址一知半解，而我更希望学生在学习中能知其然知其所以然。

以上对教学过程的精心设计，细节的处理对学生完美的达成任务及知识框架的搭建起了重要的作用，最终让学生上完一节新颖有趣、快乐学习、回味无穷的信息课！

体重指数速查工具①——IF函数的应用

姚　茜②

学情分析	教学面向的是初二年级的学生，该年龄段的学生已具备了一定的信息素养，掌握了基本的信息技术知识和技能。通过本节前两课时的学习，学生已经了解 Excel 中数据统计的方法，并掌握了公式与常用函数的基本编辑方法。 初中生对函数的思考或使用较少，而且计算机中的逻辑表达与数学中的逻辑表达存在一定的差别，学生理解本节内容相对困难。采用体重指数速查工具这个案例，与学生与实际生活紧密联系，容易能引起学生的注意力，激发学生的学习兴趣
教学目标	一、知识与技能 （1）掌握 IF 函数的格式、功能和使用方法 （2）能熟练书写 Excel 中的条件表达式 二、过程与方法 （1）能根据需要，运用 IF 函数及其嵌套对数据进行统计与分析 （2）提高对函数的理解能力与解决实际问题的能力 三、情感态度与价值观 提倡控制体重，均衡营养，积极健康的生活态度

① 案例借鉴自：黄世明编著（2004）. Excel 案例阶梯导学. 人民邮电出版社.（实例 15 肥胖程度的计算）

② 北京师范大学附属中学.

续表

教学重点	IF 函数的使用方法；条件表达式的运用
教学难点	IF 函数的嵌套应用
教学方法	任务驱动，实例讲练，分层学习
教学环境	（1）多媒体网络教室（学生操作练习） （2）“极域”网络教学系统（教师演示指导）
资源准备	考虑到学习者的个别差异，采用分层教学的策略，发放给学生的 Excel 任务文档包括三类练习（详见“初中-姚茜-IF 函数的应用 .xls”）： （1）基础必做——讲解知识点时举例练习 （2）综合练习——“体重指数速查工具”实例应用 （3）优化选做——巩固加深，让学有余力的学生可了解更多的小技巧

教学过程

环节	教 学 过 程	教师活动	学生活动
课堂准备 作业反馈	【PPT】演示下载课堂资料的方法 【Excel】展示上节课作业完成情况，简要分析评价	演示	下载资料 查看计分册
创设情境 引入新课	【视频】世界最胖女孩 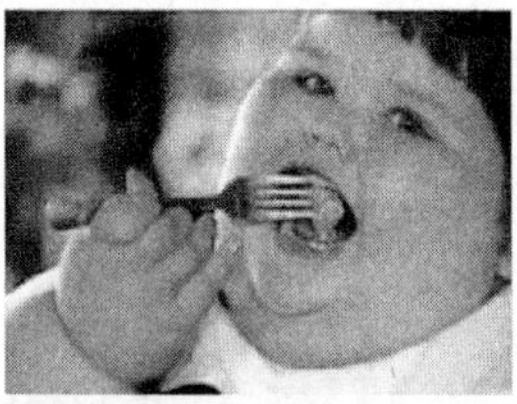 （师）大家猜猜看，视频中的这个女孩有多重？ （生）100 千克，200 千克…… （师）这个胖女孩 7 岁时就有 444 斤重，破了吉尼斯世界记录，过度肥胖对她的生活造成了极大地困扰。事实上，随着生活水平的提高，我们身边肥胖的人越来越多。过胖或者过瘦都不美观，也不利于健康，维持理想体重成为健康生活的一种态度。	引导学生 观察思考	观察 体验

续表

环节	教 学 过 程	教师活动	学生活动
创设情境 引入新课	【卡片】体验体重指数速查卡  我这里有一个市政府赠送的体重指数速查卡。请一位同学配合我，告诉我你的身高和体重，马上就能查出你是否是理想体重。 （学生体验略） 其实这只是一个简单的数学公式的应用。请大家思考，我们能不能尝试用 Excel 制作一个类似的小工具呢？功能比它更强大？		

提出任务

用 Excel 制作“体重指数速查工具”

体重指数速查工具

体重指数（BMI: Body Msaa Index）是与体内脂肪总量密切相关的指标，主要反映全身性超重和肥胖，是世界卫生组织(WHO)推荐的国际统一使用的肥胖分型标准。

$$体重指数BMI=\frac{体重（千克）}{身高^2（米^2）}$$

请输入

您的体重 / 公斤	55	您的身高 / 米	1.65

计算结果

BMI	20.20	您的体重指数	不超重

我们的建议

您的体指数完全正常，请继续保持哦！

复习演练	【任务一】在“速查工具”相应单元格内输入身高和体重值，并根据公式计算 BMI 值。 BMI＝体重（千克）/ 身高^2（米^2）	提示	公式复习与操作

续表

<table>
<tr>
<td>复习演练</td>
<td>【任务二】在“速查工具”中，根据BMI值判断是否“超重”。
<table><tr><td>分级</td><td>标准</td></tr><tr><td>超重</td><td>BMI≥24</td></tr></table></td>
<td>提出任务</td>
<td>分析思考</td>
</tr>
<tr>
<td>新课讲练</td>
<td>一、IF函数
1. 格式：IF（条件，表达式1，表达式2）
2. 功能：判断条件是否成立。条件成立显示表达式1的值，条件不成立显示表达式2的值。
成立 条件 不成立
表达式1的值 表达式2的值
3. IF函数练习（成绩等级认定1）
要求：成绩≥60分为“及格”，成绩<60分为“不及格”。
分析：
不及格 及格
60
表达：=IF（C6<60，“不及格”C6≥60，“及格”）
二、完成任务二
【任务三】在“速查工具”中，根据BMI值给出“建议”。
<table><tr><td>分级</td><td>标准</td><td>建 议</td></tr><tr><td>过轻</td><td>BMI<18.5</td><td>您太瘦了！请注意营养，加强锻炼哦！</td></tr><tr><td>标准</td><td>18.5≤BMI<24</td><td>您的体重指数完全正常，请继续保持哦！</td></tr><tr><td>超重</td><td>BMI≥24</td><td>您超重啦！请注意饮食，加强锻炼，否则很容易往肥胖的方向发展！</td></tr></table>三、IF函数嵌套
IF函数的参数又引用了IF函数，称为IF函数的嵌套。
例如：IF［条件1，表达式1，IF（条件2，表达式2，表达式3）］
函数嵌套练习（成绩等级认定2）
要求：成绩<60分为“不及格”，60≤成绩<85分为“良好”，成绩≥85分为“优秀”。</td>
<td>讲解

举例演示板书

巡视答疑

提出任务

讲解

举例演示板书</td>
<td>思考

练习IF函数的基本操作

完成“速查工具”中IF函数应用

分析思考

思考

练习IF函数嵌套</td>
</tr>
</table>

续表

<table>
<tr><td rowspan="1">新课讲练</td><td>分析：

表达：=IF（C14>85，“优秀”；60≤C14<85，“良好”；C14<60，“不及格”）
四、完成任务三
【选做任务1】优化“体重指数速查工具”
提示1：Excel中一些常见的公式错误提示，比如“#DIV/0!”表示在公式中出现了除以0的错误，利用IF函数优化工具。
提示2：利用数据的有效性，优化工具交互性。
【选做任务2】计算标准体重
【选做任务3】跳远达标评价表</td><td>巡视答疑

引导学有余力的学生思考

巡视答疑

巡视答疑</td><td>完成“速查工具”IF函数嵌套应用

分析问题
操作练习

巩固练习

进阶练习</td></tr>
<tr><td>作品展示</td><td>上传作业，根据需要选择学生进行作品展示。</td><td>点评代表性作品</td><td>演示
评价</td></tr>
<tr><td>课堂小结</td><td>总结Excel中IF函数的格式、功能以及使用方法，让学生学会善用计算机解决生活中的实际问题。</td><td>小结</td><td>巩固</td></tr>
</table>

课后反思

1. 引用视频和卡片创设情境，在课堂一开始就紧紧抓住学生的心，营造了轻松愉悦的课堂氛围，调动了学生的求知欲。案例贴近生活而且新颖，进一步调动了学生的学习兴趣。

2. 任务驱动，分层学习。考虑到学生的个体差异，大部分学生只需要完成“体重指数速查工具”的制作即可，另外准备的三个选做练习，是让学有余力的学生在完成基本任务的前提下，自主探索，挖掘潜力。

3. 整节课以一个综合实例贯穿，主要依靠学生大量的操作练习；但要完成综合实例，需要必备的一些基础知识，以学生最常用到的成绩判定为例，老师演示与介绍为主，兼顾知识性与操作性。

4. 要完成体重指数速查工具，学生需要具备公式编辑基础，掌握IF函数及其嵌套的运用。虽然只有3个单元格需要学生完成，但3个任务逐层深入，环环相扣，课堂节奏感好。

5. 大部分学生完成了基础练习，少数同学通过数据有效性和IF函数的嵌套，让这个小工具更友好更完善，学生很有成就感与满足感。

6. 本节课的不足之处在于，课堂任务较多，作品评析部分相对较少，解决的方法是利用下节课前作业点评时间，评析更多的作品。在今后的教学中，也应该增加学生展示与交流评价的时间。

我爱我家——我的家居设计

周李杰[①]

<table>
<tr><td>学科</td><td colspan="2">信息技术</td><td colspan="2">课题</td><td colspan="2">《万里长城》</td></tr>
<tr><td>课的类型</td><td>综合类</td><td>教学方法</td><td colspan="4">任务驱动法、演示法、情境教学法</td></tr>
<tr><td rowspan="2">教材分析与学生分析</td><td>教材分析</td><td colspan="5">本课是在上节课“千古悬念”基础上的进一步学习，教材中提到的主题是“千古悬念”，而本节课所涉及的知识点主要是幻灯片中自选图形的绘制，而我校所举行的学生家居设计模型设计大赛这一主题正好能够贴近学生生活，而且能够将知识点很好的进行渗透，并且学生对这一主题也非常感兴趣，而且也能很好的锻炼学生的创造性以及小组协作能力。由于本课知识点有一定的难度，因此将本课分为 2 个课时，本节课作为第二课时。</td></tr>
<tr><td>学生分析</td><td colspan="5">学生通过上几节课的学习，尤其是上一节课（第一课时）对自选图形的大致了解，学生已经有了一点绘制的基础。在教师给学生样品的时候，要鼓励学生有所创新，通过家居设计这一主题，让学生用自己的鼠标来绘制自己的房间，让学生自由想象，自由创作才是本课的关键所在。</td></tr>
<tr><td rowspan="3">教学目标</td><td>知识目标</td><td colspan="5">让学生学会有关 PowerPoint 中自选图形的相关知识。</td></tr>
<tr><td>技能目标</td><td colspan="5">学会利用 PowerPoint 中的自选图形、绘图进行家居设计（绘图）。</td></tr>
<tr><td>情感目标</td><td colspan="5">1. 培养学生热爱家庭的情感，体会家庭的温暖。
2. 通过图中的两副对联勉励学生，调动学生学习的积极性。</td></tr>
<tr><td rowspan="2">重点难点</td><td>重点</td><td colspan="5">自选图形工具的使用，图形的旋转、组合。</td></tr>
<tr><td>难点</td><td colspan="5">旋转、添加文本、家居设计整体布局。</td></tr>
<tr><td rowspan="2">教学准备</td><td>教学环境</td><td colspan="5">多媒体网络教室，学生计算机中安装 IE5.0 以上版本。</td></tr>
<tr><td>教学素材</td><td colspan="5">准备与当家居设计相关的资料（文字材料、图片素材等）。</td></tr>
<tr><td>教学流程</td><td colspan="4">教 师 活 动</td><td>学生活动</td><td>设计意图</td></tr>
<tr><td>新课导入</td><td colspan="4"></td><td>学生回答</td><td>1. 回顾上节课内容。</td></tr>
</table>

① 浙江省永嘉县实验中学.

续表

教学流程	教 师 活 动	学生活动	设计意图
新课导入	师：同学们，通过上节课的学习，了解了如何利用幻灯片里的自选图形进行简单的绘图。大家看，这就是我们上节课画的内容，还有印象吗？好的，我们一起来回顾一下，这里的云彩是怎么画的呢？请一位同学回答一下！很好，看来同学们上节课的知识掌握的比较扎实。		2. 设计教学情境，让学生扮演设计师的角色，激趣感知。
	教师引出课题：“接下来我们要更深入的学习如何利用自选图形工具。大家还记得这是我们学校的一个什么活动吗？”（全体学生一起回答） 师：对了，这就是我们学校展示的同学们的家居设计作品。大家看的时候要注意，里面都有什么东西，我们自己要利用自选图形来绘制这些东西。	学生思考并回答	
	这里有沙发、桌子、凳子等家具，而且摆放的很整齐、有规律。大家要留意这些细节	学生回答	联系学生实际，讲授新课
介绍本节课的具体学习任务	而这张幻灯片里更是出现了电视机等多媒体设备。看来同学们的家居设计真是惟妙惟肖，让人叹为观止。那么同学们想一下，我们能不能利用 PowerPoint 里的自选图形进行绘制。也达到这种效果呢？	学生一起回答 学生回答	提示学生利用信息技术进行设计
提出课题并讲解	师：那么今天我们就一起来学习我爱我家——我的家居设计，通俗的讲，就是利用自选图形绘图		角色互换
教师提供范例让学生欣赏，同时激发学生学习兴趣。	 首先我们来欣赏一下老师所提供的一幅家居设计的样板，同学们可以作为一个参考。大家可以看到这里有我们刚才照片上看到的电视机、沙发等，当然，还有笔记本计算机。 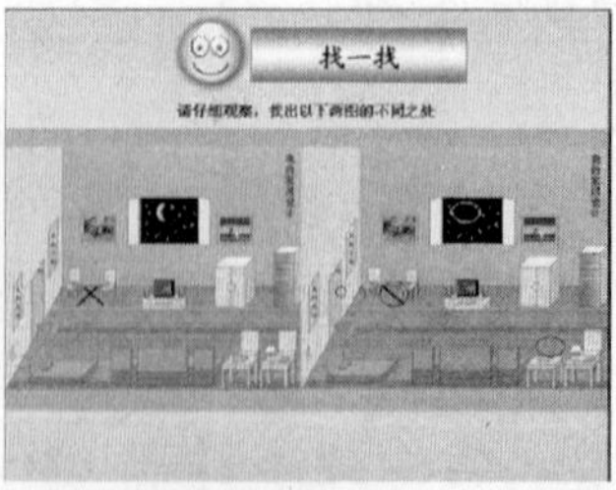 接下来我们先来玩一个小游戏，大家一起来找一下以下两幅图的不同点，这个游戏相信很多同学都玩过，找好了就举手回答	学生回答	联系实际 深入浅出

续表

教学流程	教 师 活 动	学生活动	设计意图
热身任务：找不同，并用自选图形绘制。	教师介绍热身任务： 找出首页中两图的不同点，并将不同在 PowerPoint 中利用自选图形绘制。如有不清楚的同学可以参考网络课堂（3～5 分钟）	学生回答	热身任务为任务一作铺垫
知识点讲解	想一想，以下这几幅图片是如何进行转换的，第一幅是怎样让桌脚弯曲；第二幅是如何让凳子的各个部分变成一个整体；第三幅是如何在这张纸里添加文本。 马到成功 先请个别学生回答，然后进行指导：利用旋转、组合、编辑文本。	学生回答	新的知识点讲解
教师布置任务一	教师布置任务一：进一步完善绘制好的自选图形，将绘制好的自选图形进行组合、旋转（注意叠放次序）。(时间为 3 分钟)	学生完成任务一	
教师布置任务二	教师布置任务二：小组同学合作发挥自己的想象进行“家居设计”，在自己喜欢的模版上进行设计，要求分工明确，内容新颖有创意。这里的模版有好几种，将需要的留下，不需要的可以删除。（讲解幻灯片的删除、浏览）（每位同学负责一部分内容，操作部分可以参照网络课堂）（时间为 12～14 分钟） 师：老师等一下邀请做得比较好的小组进行小组自我展示。	完成任务二	应用知识练习体验
教师邀请学生进行小组展示	师：老师现在请几位同学上来演讲，介绍自己小组的家居设计。同学们说他讲得好吗，再给他们来点掌声。好的，这些礼物送给他们。	学生演讲展示	展示自我体验成果
知识点回顾	教师请一位学生一起回顾知识点：自选图形工具，旋转、翻转等选项 师：同学们，今天的知识点都掌握了没。	学生总结回答	知识点总结

续表

教学流程	教师活动	学生活动	设计意图
教后反思	优点：1. 改变了课本原有的科学之谜（金字塔）的教学内容，设计以家居设计为主题的教学内容。主题新颖，学生很感兴趣； 2. 任务驱动效果明显。学生围绕任务积极性很高。 不足：1. 时间把握不是很好，由于内容过多，拖堂了 2 分钟； 2. 由于时间的把握没有到位，导致总结的过程中有所敷衍； 3. 只是把教授内容停留在课本上的知识点，应该有所拓展，比如画凳子的时候可以让学生自由发挥。		

信息及其特征

李金强①

一、教材分析

《信息及其特征》主要内容包括①无处不在的信息；②信息的基本特征。本节课旨在培养学生对信息的感性认识，引导学生体验信息与人类社会的密切联系，强化学生对信息基本特征的内化体验，并在日常生活中形成有效收集信息、获取信息、加工信息、甄别信息、运用信息的信息素养，为学生可持续学习信息技术奠定良好基础。

二、学情分析

作为刚升入初中的学生，一方面他们好奇心强、思维活跃、参与探究积极性高，具备一定的使用信息技术的经验。另一方面他们对信息技术的概念性知识了解不多，还没有形成一个完整的知识体系，抽象思维能力、概念内化能力相对较弱。同时，此节中学信息技术启蒙课，学生对教师的教学方法、教学风格以及对本课程的学习方法了解不多，所以这一节课对学生学法指导将对信息技术的进一步学习有开启意义。

三、教学目标

知识与技能：形成对信息的感性认识，并能列举身边的信息实例；理解信息的一般特征，并能举例说明。

过程与方法：体验信息与人类社会的密切联系，培养学生从日常生活中有效收集信息、获取信息、加工信息、处理信息、甄别信息的方法。

---

① 云南省楚雄紫溪中学.

情感态度与价值观：激发对信息技术的求知欲，养成积极主动学习和使用信息技术、参与信息活动的态度。

四、教学重点难点

信息基本特征及应用；体验信息与人类社会的密切联系。

五、教学方法

以创设《泰坦尼克号》情境为出发点，通过学生容易理解又乐于思考的问题层层推进、层层引导，学生独立思考、小组合作探究、师生互动交流、情景角色感受等教学手段突破重点，分解难点。再以学生身边熟知的、感兴趣的信息实例来巩固知识，学以致用。

为学有余力的学生所做的调整：①提供层层递进的知识拓展内容和资源；②让其在小组活动中充当“领头羊”，带领小组成员合作探究学习；③担当老师“小助手”，对需要帮助的学生进行辅导，达成双赢。

为需要帮助的学生所做的调整：①教师加强直接辅导（师生互动）；②让老师“小助手”帮助学习（学生互助）；③准备更直观、更“生活化”、更容易理解的补偿性资源；④鼓励与心理疏导。

六、教学过程

（一）创设情景　导入新课

1. 学生进入教室到正式上课期间播放《泰坦尼克号》电影主题歌《My Heart Will Go On》。

2. 正式上课时，让学生欣赏《泰坦尼克号》电影剪辑。

根据情境提出问题：

我看到、听到、感到……（什么），知道了、获得了、了解到……（什么）。

如果泰坦尼克号事件发生在现在，会有这样惨重的损失吗？我的理由是什么？

注：电影剪辑时长 1 分 7 秒，包括 5 个镜头：①豪华的泰坦尼克号在大海上行驶的壮观场景；②泰坦尼克号与冰山相撞的镜头；③用烟花发出求救信号的画面；④泰坦尼克号沉没的画面；⑤救援人员在飘满遇难者尸体的大海上搜救。

在欣赏歌曲和电影剪辑时，看到、听到、感到……（什么）	知道了、获得了、了解到……（什么）
①	
②	
③	
④	

教师：指导学生欣赏《泰坦尼克号》电影剪辑，引导学生对情境问题进行思索和讨论。

学生：学生观看影片，思考后以辩论形式和小组成员探讨，提出自己的见解，感悟信息及其重要性。

设计意图：选择电影《泰坦尼克号》导入容易激发学生兴趣，在电影的“声、光、影”效果和故事情境中，让学生体验和感受“信息”及其重要性。

（二）学习探究　认识信息的基本特征

注：此部分教师依托创设情境正面引导，学生独立思考，以小组探究活动为基础，组间交流为升华、教师总结评价来拓展的方式进行教学。

1. 信息载体依附性

（1）你注意到泰坦尼克号与冰山相撞发生危险后舰长命令用烟花发出求救信号的画面了吗？烟花是信息吗？

（2）如果你是舰长，你还会用哪些方式发出求救信号？（信号灯、电报……）

（3）在当时的情境中，你认为用哪种方式发出求救信号最好，为什么？

（4）你还能列举出其他电影剪辑中的信息及载体吗？

（5）我还知道身边的这些信息及其载体表现形式：__________________。

设计意图：依托创设情境成果，层层推进，通过教师对情境的引导，让学生化身情境角色，在组内探究的基础上，在组间进行交流，突破信息与信息载体的关系这一知识难点。并体验不同载体的信息及在日常生活中的作用。

2. 信息共享性

（1）放烟花发出求救信号后，泰坦尼克号上的乘客们和附近船只上的船员、乘客们看到了吗？知道发生什么事情了吗？

（2）你还能列举出电影剪辑中信息共享的实例吗？

（3）请学生阅读课本 P4，感受神奇的信息魔法。

物质分享：$1-1=0$；

信息分享：神奇的信息魔法是 $1-1\geqslant 2$ 而不是 $1-1=0$。对我们有何启示？

（4）我还知道身边的信息是这样共享的：

设计意图：再以创设的情景为出发点，通过“神奇的信息魔法 $1-1\geqslant 2$，而不是 $1-1=0$”活动，让学生感受信息的共享性，培养学生分享信息的意识。

3. 信息的时效性

回顾情境：泰坦尼克号沉没了，救援人员在飘满遇难者尸体的大海上搜救。

（1）如果……那么……

① 如果用烟花发出的求救信息能及时让救援人员知道……那么……

② 如果你面对地震、火灾、山洪、交通事故、急病等事件，那么你如何及时有效的发出信息？

（2）我能列举身边体现信息时效性的实例：

设计意图：还是以创设的情景为基础，通过“如果……那么……”游戏，让学生感受信息随时间推移变化的关系，理解信息的时效性，并培养正确对待信息的时效性的态度和方法。

4. 信息的价值相对性

（1）与冰山相撞后的泰坦尼克号发出求救信息时用的烟花和我们春节庆祝燃放的烟花所赋予的信息价值一样吗？你认为哪种价值意义更大？

（2）小梅说主题曲《My Heart Will Go On》是最好听的音乐，小明却认为音乐一般，但电影故事很感人，你认为呢？

（3）最近我获得的信息中，哪些对我有利用价值？

（4）面对生活学习中丰富多彩的信息，我们应该充分认识到其价值的相对性，养成信息“包容”的人生态度。对此，你认为要怎样做？

设计意图：还是以创设的情景为出发点，通过对同一载体在不同时刻的信息价值和意义的体验，并感受不同的人对所得信息的关注程度（对每个人的价值差异），自然而然地让学生体会到信息的价值相对性，同时养成信息“包容”的人生态度。

5. 信息可伪性

（1）“泰坦尼克号是永不沉没的巨轮”（当时这样评价泰坦尼克号），对于这样的巨轮燃放的烟花，当时许多看到的人都误认为是泰坦尼克号举行庆祝活动，而不是求救信息……假如你是目击者，你也是这样认为的吗？为什么？

（2）小明认为电影《泰坦尼克号》是一个感人的真实故事，小华却说这只是艺术作品，不可信。你的看法呢？

（3）你还从电影中知道哪些信息不可信？

（4）在获取信息后，我们应该怎样甄别信息的真伪？

（5）最近我获得这些信息？我认为这些是真的？

设计意图：仍以创设的情景为基础，通过情境中的“误解”，学生在日常生活中也体验过真假信息，历史故事、影视作品、文学艺术等作品中对信息真假虚实的感受，很容易理解信息的可伪性，并以此培养学生甄别信息的能力和素养。

（三）我知道了：我这样理解身边的信息（分组活动、组内探究、组间交流）

设计意图：从学生经验的视角，让教材“生活化”。通过分析学生身边熟知的、感兴趣的事物，感受无处不在的信息；并通过对信息特征的分析，巩固知识，形成系统化、网络化的知识体系和结构。

（四）反馈测试（单项选择）

注：反馈测试为及时评价、自动反馈的 Flash 动画。

教师：演示测试操作，提示注意事项，在学生测试过程中及时给学生帮助。

学生：进行课堂反馈测试，并根据自动评测给出的反馈结果作及时补救。

设计意图：巩固本节课所学知识，检验学生的知识应用能力和解决问题能力，提高教学质量，优化教学效果。

（五）知识拓展

泰坦尼克号沉没了。如果你是当时泰坦尼克号上的乘客，你绝不应该放弃求生的念头。假如船沉没后，你有幸漂流到一座孤岛上，为了生存下去，你必须有哪几种物品？请说明你的理由。

设计意图：这是一个有趣的生存模拟实验游戏，学生比较感兴趣，安排在课堂结束前使用，让学生进行思考和讨论，教师不急于评价，留给学生课后更多的思考空间，留下更多的悬念，能引发学生对信息技术学习的极大兴趣。同时让学生体验信息同物质、能源一样是人类生存与发展的基本条件和基本需求，检测了学生对本节课的综合理解程度。

（六）课堂小结及学习评价

1. 信息无处不在；物质、能源和信息是构成世界的三大要素。

2. 信息的基本特征：

①载体依附性；②共享性；③时效性；④价值相对性；⑤可伪性。

教师：指导学生开展积极回顾活动，及时总结交流和巩固学习成果。

学生：积极回顾活动交流收获，及时总结，对知识进行梳理和内化，并以小组交流方式进行小结。

设计意图：让学生对知识及时巩固，使知识系统化、网络化。抓好课堂落实，提高课堂实效。

七、教学反思和回顾

本节课的设计从学生喜欢的电影中捕捉知识切入点，并以此为主线，从创设情境、导入新课，到依托情境层层展开，步步深入，直到知识拓展，都有明确的线索和思路。

因为教学是在情境模拟、教师引导、学生独立思考、小组合作探究、师生互动交流的轻松、活跃的氛围下进行，因此对整节课的把握有一定难度：

1. 对课堂教学时间分配的控制（节奏把握）比较困难。如在自主学习、小组合作探究、互动交流过程中，难于把握和分配时间。时间分配过多，学生可能会无边无际拓展、或者会无事可做；时间分配过少，其学习探究互动交流不充分，达不到预期的效果……把握不好很容易导致知识性内容不突出，教学目标无法实现。

2. 对课堂教学深度和广度的把握有很大的难度，如自主学习学到何种状态、小组合作探究到什么程度达到效果、互动交流到什么程度为好……既要学生大胆展开、开拓创新，又不能胡扯一气、无边无际，其深度和广度均难以把握。

以上两方面都需要教师不断提高课堂调控能力和课堂驾驭能力，才能做到收放自如，达到良好教育教学效果。

在学生反馈测试中，学生对信息及其载体的关系理解容易混淆，特别是日常生活中以载体做信息的不规范、不正确认识造成思维定势，这要求在今后的教学中对容易混淆的事物加以重视和强化。

幻灯片制作之对象的动画设置

周向荣[①]

一、教学内容分析

本节课是海南省——设置动画效果，是本章中的一个重要内容。本节课是通过使用自定义动画为幻灯片中的对象设置动画效果，使幻灯片中的对象像切换电影镜头一样，过渡自然，衔接完美；也是对前面知识的延伸，是在静态幻灯片的基础上添加动画效果。同时它也是学习后面“幻灯片切换”及“模板的应用”内容的基础。

二、教学目标分析

在前一阶段，学生已经学习并掌握了在幻灯片中文字、图片等的插入；但要想提高幻灯片的欣赏效果，仅以文字和图片是不

① 海南省洋浦经济开发区洋浦中学.

能更好地体现主题内容的，而让图片、文字等对象以灵动的方式展示，并适时控制过程的进度，无疑是更好地表现主题的一种好方法。

（一）知识与技能

给对象设置动画效果。

（二）过程与方法

引导学生通过自主探索知识的方法，同时进行适当的交流，培养学生的信息获取能力和操作能力以及对知识的迁移能力。并在快乐中学习、在学习过程中养成良好的思维习惯。

（三）情感、态度与价值观

通过进行动画的设置和路径的设置，培养学生的美感和激发学生的创造性思维及合理运用信息技术知识体验信息生活的乐趣。

三、学情分析

因为对于初二的学生来说，在初一时已经学习了 Word、Excel两个 Office 软件的使用知识，部分学生具有了一定的操作能力；对于 Office 中的一些操作知识具有一定的知识迁移能力，因此在讲课过程中可适当简化这些过程；同时，经过前一段时间的学习，初二的学生已经熟悉了 PowerPoint 编辑环境，掌握了创建、播放和美化幻灯片的相关操作，同时对于制作动画效果的兴趣比较浓厚，但是青少年好动，注意力容易分散，所以在教学中我一方面运用直观生动的实例，引发学生的兴趣，使他们的注意力始终集中在课堂上，创造条件和机会，让学生发表见解，发挥学生学习的主动性，达到培养学生的审美情趣、体验成功的愉悦的目的；另一方面，由于学生之间存在一定的自主学习能力的差异，部分学生的模仿能力与实操能力有限，所以我在教学中适当地采取分层教学，对于基础较好的学生放手让他们自学，同时让他们作为老师的小助手，帮助其他同学，而对于能力较弱的学生，则让他们在同学的帮助和老师的引导、示范讲解下完成任务。

考虑到初二学生的阅读能力和理解力与高年级相比还是存在一定的差距，所以在学案设计时尽可能简洁、明了，任务清晰。

四、教学重点、难点

重点：动画的“进入”、“退出”效果设置、路径设置。

难点：自定义动画的意义；根据主题需要选择合适的动作与路径。

五、教学策略

在教学过程中，拟采用的教学流程是：兴趣激励→自主学习→广播教学→任务驱动→评价、修改、提升→小结、提炼→课后作业。即用老师作品来激发学生的兴趣，引导学生思考、讨论，然后让学生根据“学案”自主学习自定义动画设置的方法，演示了自定义动画的设置方法后，再采用两个任务来驱动学生学习的教学方法来组织教学，同时在学习的过程我给出“一个对象的一个进入动画和路径设置”→“一个对象的消失”→“两个对象的同时动画”→“多个对象的各种动画”等一系列问题链作为导线，引导学生在学习操作过程中一步步完成所学内容，同时将普遍存在的问题提出来共同探讨，让学生在探究与实践中解决问题，随机展示学生作品，及时给予扬长性的评价，使学生在学习中体验成功，从而激发他们的学习欲望。并进行适当的改进。使学生在评价与交流的过程中掌握和灵活运用知识，提高信息技术使用能力。

六、教学软件

PowerPoint 2003、网络教室。

七、教学过程（教与学的互动设计）

	教师活动	学生活动	可能出现的问题（现象）和解决的办法	设计时间	设计意图
兴趣激励→自主学习→广播教学	展示幻灯片版的“海南奥运火炬传递路线图”。 导语一：“其中的图片和文字是怎样动起来的？火炬是怎样从一端移动到另一端的？”	个别提问或全班一起回答	引导学生进入本节课的主题	6分钟	本环节试图通过展示一个能够动起来的幻灯片，吸引学生眼球，让学生感受幻灯片的魅力，引起学生的学习兴趣
	导语二：老师现在有一个没有设置动画的幻灯片，如何才能让作品中的对象“活动”起来？给大家3分钟时间先看一看老师发给大家的“学案”和课本P21～22。大家可边看书边思考：如果让你设置，你会用什么步骤来设计动画？你让幻灯片中的对象动起来的目的是什么？	学生学习学案；并试着按学案让一个图片“动”起来	了解学生中是否有已会设置动画，已会的可直接进入下一个环节；如果大多数学生能找到设置的地方，可不必作广播教学，直接进入下一环节		本环节的主要设计思想是抛出问题，引导学生带着问题进行自主性学习，并思考问题解决的方法，培养学生的思考习惯，提起学生学习自定义动画的欲望和尝试的心理

续表

	教师活动	学生活动	可能出现的问题（现象）和解决的办法	设计时间	设计意图
	导语三：老师给出结论并演示动画设置的方法				
任务驱动→评价、修改、提升	布置课堂学习任务“练一练.PPT”，在教室巡视，观察学生的完成情况。能力好的学生可以直接进入下一环节，并辅导基础稍差的学生完成任务，并进行评价，树立他们的自信心	学生个人按要求完成“练一练.PPT”内容	让学生熟悉进行动画设置的步骤，能力好的可以作为小老师帮助辅导其他同学或进入下一环节	7分钟	考察和培养学生的理论转化为实际操作的能力。为进入下一个环节做好准备
	布置课堂学习任务“比一比”，在教室巡视的同时，向学生提出根据情景进行设计的问题（①一条小鱼在海洋里，自由地游着；②突然一条大鲨鱼出现在海洋里并向小鱼冲去；③大鲨鱼吃掉了小鱼；④又有几条小鱼来到了这片海洋……），并辅导。然后进行互评、展评、比较，接着对作品作进一步的修改	学生在老师的引导下完成“比一比.PPT”设计（由老师提供素材）	在辅导过程中，针对所出现的问题，适时提出问题链，帮助学生解决问题，提升能力：①一个对象可设置几种动画吗？②可设置几个对象同时动起来吗？③要修改对象动画的先后顺序可以怎样做呢？……随机展示学生的作品，并进行适时的课中小结	22分钟	通过问题的层层引入，让学生体验成功，熟练掌握设置动画的方法，同时培养学生的自主探究能力和审美情趣，开发学生的创意思维能力，并通过评价作品，从而让学生（特别是一些缺乏创意的学生）在评价中吸取别人的长处，提高信息素养
小结、提炼	1. 自定义动画包括哪四个方面的内容？ 2. 自定义动画是怎样设置的？ 3. 进行自定义动画设置的意义是什么？ 4. 从刚才大家的操作中可以看出，大家都能找到进行设置	学生回答老师问题	通过总结，让学生更加明确自定义动画的作用。明白在进行了幻灯片设计时，选择恰当的动画是我们表达好幻灯片的一个关键	3分钟	在总结过程中对知识点的提炼是提升学生对本节知识的理解与应用，并将知识点进行拓展，使学生的学习能力得到进一步的提高

续表

	教师活动	学生活动	可能出现的问题（现象）和解决的办法	设计时间	设计意图
	的地方而且能积极完成，但是大家设置后的效果并不怎么样！其中主要的原因是大家在设置时，没有将你的动画与主题相呼应				
	5. 在刚才大家的作品老师发现有以下几个问题：一是因为误操作，多了一些不必要的动画设置；二是动画选择不够合理；三是动画的时间没有得到很好地控制；四是两个动画之间没有很好地衔接，使得作品不完美，这些问题该如何解决？并改进“比一比.PPT”	引导学生思考	通过这些问题将如何妙用、巧用幻灯片中的自定义动画这一工具引申到下一课时，是对下一节课（妙用、巧用幻灯片中的自定义动画）的拓展延伸，并做好上下两节课的衔接	1分钟	下一课时的承上启下
课后作业	完成学案的“试一试”			1分钟	如果学生情况让人满意，可将“试一试”作为课堂内容的补充

八、课后教学反思

（一）本节课的一个特色是采用了学案教学，学生在学习过程中，始终以学生为主，无须教师步步为营，但学生自主学习的兴趣和能力都在这节课中得到了提高。在教学软件的选用方面，教材所用的 PowerPoint 软件是 2000 版的，而我选用了 2003 版的，在动画设置方面功能更为出色，学生学习起来更加有兴趣。

（二）本节课主要通过了三个教学环节来完成，三个环节环环相扣，紧密配合，同时改变了以往“演示→操作练习→再演示”的教学方法，把课堂还给了学生，使教学效率得到了很大的提高，很好地完成了教学任务。整个课堂轻松、快乐、学习积极性高，达到了我预期的目标。

1. 兴趣激励→自主学习→广播教学环节

本环节展示了幻灯片版的“海南奥运火炬传递路线图”。并通过导语一引导学生进入到本节课的主题。设置本环节的主要目的是试图通过展示一个能够动起来的幻灯片，吸引学生眼球，让学生感受幻灯片的魅力，引起学生的学习兴趣；而导语二的主要设计思想是抛出问题，引导学生带着问题进行自主性学习，并思考问题解决的方法，培养学生的思考习惯，提起学生学习自定义动画的欲望和尝试的心理。而在实际教学过程中绝大多数学生都能跟着老师的思维走，达到了我的预期目的。

2. 任务驱动→评价、修改、提升环节

采用分层教学法，进行分层引导学习。

层次一是布置课堂学习任务“练一练.PPT”。让学生熟悉进行动画学生完成设置的步骤，观察学生的完成情况并进行有针对性的辅导，及时给予评价，树立他们的自信心。

层次二是布置课堂学习任务“比一比.PPT”。在教室巡视的同时，根据情境向学生提出进行设计的任务，针对过程中所出现的问题，适时提出问题链，帮助学生解决问题，提升能力，并随机展示学生的作品，进行互评、展评、比较，并进行适时的课中小结。通过问题的层层引入，让学生熟练掌握了设置动画的方法，体验了成功，同时培养了学生的自主探究能力和审美情趣，开发了学生的创意思维能力，并通过评价作品，从而让学生（特别是一些缺乏创意的学生）在评价中吸取别人的长处，提高了信息素养。

3. 小结、提炼→课后作业环节

通过总结，让学生更加明确了自定义动画的作用。明白了在进行幻灯片设计时，选择恰当的动画是我们表达好幻灯片的一个关键。提升学生对本节知识的理解与应用，并将知识点进行拓展，使学生的学习能力得到进一步的提高。同时提出了完成任务的过程中所出现的一些问题，将如何妙用、巧用幻灯片中的自定义动画这一工具引申到了下一课时，给下一节课埋下了伏笔，对下一节课（妙用、巧用幻灯片中的自定义动画）内容提出了拓展延伸，做好了上下两节课的衔接工作。

（三）课堂中所存在的问题及今后的改进。

在教学过程中，学生的水平参差不平，而教师没有分身术，有些学生没能顾及，今后可以让能力较好的学生作为教师的帮手。在教学用语方面，可以更加幽默些。

端午节标志符号设计——教学设计

林 荫[①]

一、教材分析

本节课是人民教育出版社第一册《初中信息技术第一册》第一单元活动四的内容，本节共2课时。

教材在介绍完画图软件的操作后，没有综合性的案例，给人意犹未尽的感觉。深入分析并吃透指导纲要后，我根据学生的认知特点和接受水平，对教材进行了建设，设计了这个综合性教学案例。

通过“端午之争”的新闻事件，激发学生对传统文化的关注，让他们运用所学的网络知识搜集资料，使用画图软件设计端午节标志符号。这不仅是对学生信息技术能力的考验，更是对学生的信息素养的一种提升。

二、学生分析

学生在学习本部分知识之前，已经熟练掌握了网络的使用和画图软件的使用。他们对于信息技术课的认识还停留于某个软件的使用。本案例任务的完成需要学生充分调动所学知识，对学生是种考验。

初中学生独立意识大大增强，上课时不喜欢老师过多讲授，所以在教学实施过程中，教师充当了引导者的角色，将思考和操作的时间充分留给了学生。

三、教学目标分析

（一）知识与技能

1. 熟练掌握网络查询资料的方法。（文字、图片、歌曲的下载与保存）

2. 了解端午节的历史，熟悉端午节常见的庆祝活动、食品和纪念物。

3. 熟练掌握画图软件的使用，并能创造性地设计出端午节标志符号。

（二）过程与方法

1. 通过网络查询，熟悉端午节的历史渊源。

2. 学生能透过课程活动的设计，进而认识我国特有民俗文化。

3. 透过端午节标志符号的设计活动，培养学生团队合作的精神和视觉艺术的表达。

（三）情感态度与价值观

1. 启发学生对中国传统文化的思考。

2. 启发学生思考中国传统文化走向世界的途径。

---

① 江苏省南京市南京工业大学附属中学五十中校区电教中心.

3. 激发学生的爱国热情。

4. 激发学生对传统文化深入了解的愿望。

四、重点与难点分析

（一）重点

1. 利用网络搜索端午节由来的相关资料。

2. 归纳总结出端午节的事物，并以此为原型，设计出独特的端午节标志性符号。

3. 运用所掌握的画图软件使用方法，创造性地设计出端午节标志符号。

（二）难点

1. 归纳总结出端午节的事物，并以此为原型，设计出独特的端午节标志性符号。

2. 运用所掌握的画图软件使用方法，创造性地设计出端午节标志符号。

五、教学方法

讨论法、讲解示范法、任务驱动法

六、处理思路

画图软件学生在小学都学过，使用起来比较熟练。对于初中生来说，如果画图软件的教学还仅仅停留于如何用，显然是不能引起学生的兴趣。信息技术教学不仅要密切结合学生学习与生活的实际，更要注重利用多媒体表现创意、表达思想，实现直观有效的交流。

本节课将重点放在端午节标志符号的设计上，就是将如何设计与生活密切相关的问题放在学生的面前。第一课时，学生充分使用网络了解相关知识，并通过师生、生生间的讨论，强化学生传承中华文化传统的决心，进而为第二课时学生设计端午节标志符号埋下伏笔。

从技术的角度看，本节课也是对学生不仅是对学生画图软件掌握程度的考验，也是对学生网络搜索能力、文件保存、文件夹合理新建和分类等知识点的检查。

七、课时分配（2 **课时**）

课时分配	教 学 内 容	涉及知识点
第一课时	1. 运用网络查询端午相关知识。 2. 学生讨论是否有必要弘扬端午节文化? 3. 总结归纳出最能体现端午节的颜色和物体	1. 通过网络搜索所需要的资料。 2. 充分了解端午节的相关文化。 3. 下载资料的分类保存
第二课时	使用画图软件设计端午节标志符号	画图软件的使用

八、教学环境

56座网络机房

九、教学准备

教师准备几枝菖蒲、艾草，几只香袋，粽子、咸鸭蛋。

教学过程（第一课时）

教 师 活 动	学生活动	设计意图
【导入】 教师分别展示出示实物：菖蒲、艾草，漂亮的、有五彩流苏的香袋，看到这些东西，你想到了我们中华民族哪一个传统节日呢？ 接着展示粽子、咸鸭蛋，你想到是什么节日了吗？ “五月五，是端午。门插艾，香满堂。吃粽子，撒白糖，龙舟下水喜洋洋。”这几句民谣表现的就是人们过端午节时的热闹场景。	学生回答	实物展示端午节的标志性事物，激发学生对端午的好奇心
展示课题 端午节 【任务一】走近端午节 教师提问： 1. 你知道端午的由来吗？ 2. 同学们回答的都很好，关于端午的由来如果我们想了解的更详细，应该怎么办？ 接下来请同学们运用所掌握的网络知识，搜索下列问题的答案： 1. 端午节是哪一天？ 2. 端午节是为了纪念谁而设立的？ 3. 请总结端午节时中国人民都有些什么常见的习俗？ 4. 有关端午的诗句有哪些？ 5. 想一想，你最感兴趣的是什么？并着重了解这一事物。 6. 将收集到的有关资料根据需要分类别保存在D：\端午文件夹。 教师巡视，给予学生指导。 【任务二】阅读材料，分组讨论 1. 阅读背景材料《“端午节.cn”——中韩争夺的“炙手山芋”》，结合你对端午节的了解，谈谈端午节对中华民族的重要性。 2. 你认为有必要弘扬端午节文化吗？如何才能更好推广端午节文化？ 3. 你认为哪一个事物最能代表端午节，说出你的理由！	学生根据已有知识回答 学生查询相关资料复习网络查询的知识 学生讨论 学生找出最能代表端午文化的事物	学生通过网络了解端午节 激发学生对民族文化传统的热爱 为端午节标志符号设计打下基础

续表

教 师 活 动	学生活动	设计意图
【作业】 请同学们根据自己感兴趣的端午事物划分小组。	学生分为：龙舟组、鸭蛋组、粽子组和屈原组	为下次课堂设计作准备

教学过程（第二课时）

教 师 活 动	学生活动	设计意图
【导入】 圣诞节有圣诞老人，感恩节有南瓜。中国的节日怎么才能有自己的标志性符号呢？今天请同学们动脑想一想，动手做一做，设计出一个端午节的标志性符号		布置本节课任务
【任务一】设计原则 教师展示图片"圣诞老人"、"南瓜灯" 提问： 1. 圣诞老人形象上主要包含了哪些颜色？这些颜色都有什么含义？ 2. 圣诞老人为什么深受各国小朋友的欢迎？ 端午节标志符号设计中应该注意什么问题呢？俗话说的好，"三个臭皮匠，顶个诸葛亮"。在开展设计活动前，请同学们仔细想一想下面的问题，并且全班一起讨论。 1. 最能代表端午节的颜色有哪些？ 2. 标志符号具有什么样的特点才能受到大家的欢迎？(国内外人士都喜欢) 提示 1. 设计要符合读者的直观接受能力、审美意识、社会心理和禁忌。 2. 构思要精巧，力求深刻、巧妙、新颖、独特，表意准确。 3. 构图要美观、适形。 4. 图形、符号既要简练、概括，又要讲究艺术性。 5. 色彩要单纯、强烈、醒目	学生回答 1. 红色、白色，喜庆，代表冬天 2. 形象可爱 1. 绿色、黄色、五彩色 2. 可爱、颜色鲜艳	帮助学生分析创作中应注意的问题
【任务二】标志性符号设计 1. 设计一个标志性符号，请将你认为最能代表端午特色的符号设计进去。 2. 使用画图软件设计。 3. 标志符号设计包括：标志和文字解释。 4. 学生分成龙舟组、鸭蛋组、粽子组和屈原组进行设计	学生设计端午节标志性符号	让学生在设计中增加对民族文化传统的认识和理解

续表

教 师 活 动	学生活动	设计意图
【交流与反馈】 1. 展示优秀学生作品。 2. 自我评价、学生互评和教师评价相结合	学生进行自评、互评	提升学生作品分析能力和视觉文化艺术素养

十、教学反思

两堂课通过“情境导入——互动讨论——实践体验——评价总结”四大步骤完成教学活动，预设与成果基本一致。学生参与的热情很高，师生间的互动愉快，课堂气氛活跃。学生充分发挥了自己的想象力，设计出了不少可爱的端午节标志符号，达到了本节课预设的目标。

（一）在教学设计上，我大胆采用了两课时。在实际教学中，我发现学生对于端午的知识了解不够深入，如果不给予充分的时间了解端午节，那么学生的创作也停留于表面，没能上升到“知其所以然”的层次。第一课时也让学生通过网络搜索有关端午的文字资料和图片，是对学生网络操作技能掌握的考察，同时让学生了解了端午的历史渊源，起到了一举两得的作用。

（二）给学生预留充足的时间。本节课上教师充当了引导者的角色，在几个关键点上稍加评论和提示。充分相信学生的思考能力和操作能力，将大部分时间留给学生用于查找资料，进行思考和创作，学生课后评价“很过瘾”。

（三）我认为本节课最大的亮点在于吃透课程标准、深入分析学情的基础上，大胆对教材进行建设，设计了符合学生认知水平和教学实际的教学案例。

（四）教学情境创设及探究内容比较有趣味性，贴近学生日常生活，极大地调动了学生参与的积极性。

（五）学生分组的说明。学生划分的四个小组，并非教师的刻意安排，而是学生根据自己的观点自行组合。方便了志同道合者在课上课下一起切磋讨论，打破了以往的就近分组原则，教学效果很好。

VB分支结构语句初探

孟玲玲[①]

一、教学设计

（一）教学目标

知识与技能

1. 初步掌握分支结构程序的特点

① 天津市第四十一中学.

2. 掌握 IF 语句的基本格式、功能和用法

3. 学会用 IF 语句解决实际生活中的问题

过程与方法：学生通过本节课问题的逐步深入，初步掌握运用 VB 分支语句解决实际生活中问题的一般过程和方法。

情感态度与价值观：培养学生的逻辑思维能力，使学生初步具有程序设计的思想、运用程序解决实际问题的思维方式。

（二）内容分析

本节课是中国地图出版社的天津市七年级信息技术下册第十单元第四节主要教学内容（选学），在本课之前，学生已经熟悉了 VB 的开发环境，了解了 VB 程序设计的基本概念，初步掌握了程序设计的顺序结构。

本节分支结构的重点是：让学生初步掌握 IF 语句的格式和用法，尝试用 IF 语句解决日常学习、生活中的实际问题，培养学生程序设计的思想和思维方式。

本节的难点是：学生能灵活运用 IF 分支结构语句，多种形式解决实际问题。

分支结构设计相对循环结构，学生比较容易接受，而且使程序开始变化多样，这对学生是很具吸引力的，如果采用常规的程序教学内容，会让学生觉得程序设计枯燥、与实际生活没什么联系，所以本节教学内容以奥运知识为背景，从学生熟悉的问题出发，采用知识游戏和比赛的教学方式，充分激发学生学习 VB 程序的兴趣，问题逐步深入，使学生在紧张而愉快的学习氛围中掌握 VB 分支结构语句。考虑到学生刚开始学习稍复杂的程序设计，学习过程应由浅入深，所以在分析“福娃考考你”程序时，教师指导学生去逐步分析问题，而“奥运五环”程序则为半成品，让学生在补充程序代码的过程中学习编写程序，最后在“猜猜他们是哪国人?”程序中则引导学生尝试独立编写程序代码。本节课最后对 IF 分支结构语句进行知识的反馈和总结。

（三）学生分析

本节课的教学对象是七年级的学生，他们求知欲强、喜欢争强好胜，所以在教学中穿插了一些比赛，让学生在“赛中学”、“学中赛”，极大地激发了学习热情，提高了学习效率。

在学习 VB 之前，他们几乎很少有人接触过有关计算机程序设计的知识，程序设计对他们来说是全新的一种逻辑思维方式，开始学习程序设计会有一些困难。但是年龄小的孩子善于改变思维方式，愿意接受新鲜事物，新知识本身就具有吸引力，而且这个年龄的学生好奇心非常强，爱玩计算机游戏，如果在教学中教

师循循善诱，充分利用学生强烈的好奇心，采用知识游戏的方式，充分调动他们浓厚的学习兴趣，激发学生的学习积极性，可以使看似枯燥的程序设计变得其乐无穷，学生在津津乐道的问题解决中就可轻松掌握分支结构程序设计的方法和技巧。

初一的学生在学习程序设计时对知识的理解和接受能力上，比高中学生还是弱一些，所以针对初一学生的学习特点和接受能力，教师的引导和指导作用及技巧在教学过程中是很重要的。

（四）教学方法设计

整个教学活动以奥运知识为背景，采用知识游戏和组间比赛、合作的活动形式，阐明实际教学内容：即 IF 分支结构语句。比赛、合作的活动形式使学生之间既有竞争又有合作，协作—主动探究的方法有效地提高课堂效率。根据初一学生的学习特点和接受能力，让学生主动—协作探究学习时，教师必须逐步引导学生，教师的主导作用不容忽视。

采用启发式教学，既然是探秘 IF 分支结构，就须精心设计问题，使问题逐层深入：由问题思考从而归纳出知识要点，在运用知识解决实际问题中灵活运用分支结构语句，完成问题解决后不是结束，而是再次深入思考，拓展程序设计思路。

二、教与学过程描述

（一）教与学的过程描述

教学阶段及所用时间	教 师 活 动	学生活动	设计意图和对学生学习过程的观察和考查
教学引入（快乐英语拼句）	师：1. 我们今天这节课的学习过程中会有几个比赛活动，每个比赛环节胜出的一组可以获得一个奥运吉祥物——福娃（当然是图片了），本节课结束，我们看看到底是哪一组得到的福娃多？希望本组内的同学齐心协力合作好。 <table><tr><td>第一组</td><td></td><td></td><td></td><td></td><td></td></tr><tr><td>第二组</td><td></td><td></td><td></td><td></td><td></td></tr></table> 2. 2008 年，作为中国人我们感到自豪与骄傲，第 29 届奥运会将在中国北京举办，天津也是奥运会的协办城市，全国人民都在学习英语。这不，老师也在加紧学习 English。现在就遇到问题了，你能帮老师完整地翻译下面的句子吗？（只知道部分短语）“如果你有时间，那么可以陪我买奥运纪念品吗？否则，我只能呆在宾馆里看电视了。”	1. 学生分成两组，并且选出组长。（这个工作可以在课前完成） 2. 尝试利用老师提供的关键短语，翻译完整的英语句子。组内同学可以讨论，看哪组最先完成？	在教学中引入竞争机制：学生很喜欢比赛，具有竞争意识，这样可以有效激发学生的学习热情。 让学生从熟悉的英语翻译问题出发，对 if 语句有一个初步的感性认识和意思上的理解

续表

教学阶段及所用时间	教　师　活　动	学生活动	设计意图和对学生学习过程的观察和考查
教学引入（快乐英语拼句）	关键词：买奥运纪念品（buy Olympic souvenirs），有时间（have time），如果（if），那么（then），否则（else），呆在宾馆（stay in the hotel），看电视（watching TV）		
分析英语句子	If you have time，then，with me to buy Olympic souvenirs? Else，I can only stay in the hotel watching TV. 分析：看来我能否去买奥运纪念品的条件是“你有时间”，如果条件成立，那么可以去，如果没时间，即条件不成立，就不能去了，只能呆在宾馆里。 那这些英语句子和我们今天要学习的VB分支结构语句又有什么关系呢？大家别着急，我们先来比比看，谁是奥运知识的百事通	最先完成的组派学生代表回答翻译的句子。 获胜的一组得到一个福娃，落后的一组加油！	考查学生对if...then...else的理解程度，从而引出下面的教学内容
福娃考考你？奥运知识问答游戏（知识内容：if...then...else语句）	1. 大家运行“福娃考考你.exe”程序。 2. 当你回答对了，屏幕上显示一个快乐的福娃；回答错误时，屏幕上会出现一个哭脸。希望大家能得到福娃。 3. VB程序界面 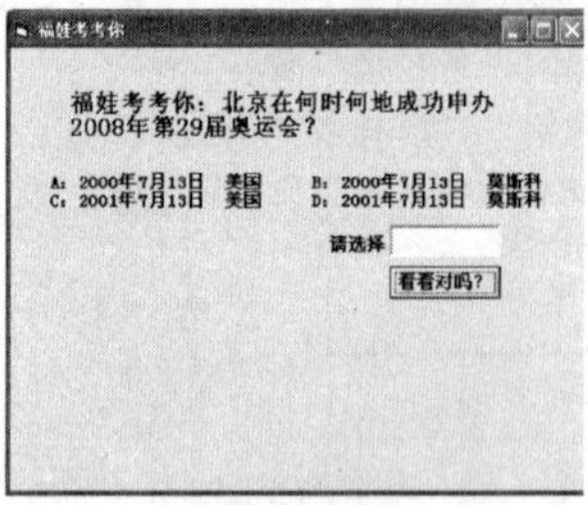 福娃考考你 福娃考考你：北京在何时何地成功申办2008年第29届奥运会？ A：2000年7月13日　美国　B：2000年7月13日　莫斯科 C：2001年7月13日　美国　D：2001年7月13日　莫斯科 请选择 看看对吗？ 4. 提问：计算机怎么判断我们给出的答案是对或错呢？并且显示相应的图片？ 分析：①联系刚才的英语翻译，让计算机判断是否可以用英语 if...then...else来表示呢？ If 答案是对的 then 出现福娃 else 出现哭脸	1. 打开教师共享的奥运知识文件夹，运行“福娃考考你.exe”程序，学生可以独立或相互讨论完成知识问答题。 2. 思考：①计算机是怎么判断出我们给的答案是对或错呢？②而且会根据答案的正误出现不同的图片呢？③这和刚才的英语拼句有什么关系？ 3. 学生根据自己的分析和老师的帮助与提示，尝试书写出程序代码	利用学生爱玩智力游戏的特点，先让学生运行“福娃考考你.exe”程序，以2008北京奥运为背景知识，激起学生强烈的好奇心，教师引导学生逐步深入思考问题

续表

<table>
<tr><th>教学阶段及所用时间</th><th>教 师 活 动</th><th>学生活动</th><th>设计意图和对学生学习过程的观察和考查</th></tr>
<tr><td>福娃考考你？奥运知识问答游戏（知识内容：if...then...else语句）</td><td>出现问题：“答案是对的”怎么用VB语句表示？
“出现福娃图片”怎么用VB语句表示？
② 程序中几种控件及主要属性
控件 属性 值
Label caption 题目、答案等叙述的内容
Text1 text 输入的文本内容
Command1 caption 看看对吗？
Image1 picture 福娃的图片
Visible 初始为 false
Image2 picture 哭脸的图片
Visible 初始为 false
③ 分析：答案在文本框中输入，应是text1的text属性：Text1. Text ＝" D"
福娃图片出现应是image1的visible属性：
Image1. Visible ＝ True
大家尝试书写if语句。
④ 双击“看看对吗?”按钮，查看代码如下：If Text1. Text ＝“D” Or Text1. Text ＝“d” Then Image1. Visible ＝ True Else Image2. Visible=True（代码在一行显示）。比较和自己书写的代码有什么不同吗?
5. 知识归纳，分支结构If语句单行
格式一：if 条件 then 语句一 else 语句二
功能：当条件成立时执行语句一，否则执行语句二。
说明：条件为关系表达式或者逻辑表达式，它们的值为true或false
关系表达式的运算符：
<table><tr><th>运算符</th><th>表示的含义</th></tr><tr><td>＝</td><td>等于</td></tr><tr><td><</td><td>小于</td></tr><tr><td><=</td><td>小于或等于</td></tr><tr><td>></td><td>大于</td></tr><tr><td>>=</td><td>大于或等于</td></tr><tr><td><></td><td>不等于</td></tr></table></td><td>4. 打开“福娃考考你”文件夹，双击“看看对吗?”按钮，看看计算机是如何判断你输入答案的正误的？尝试看懂程序语句，比较和自己书写的代码有什么不同？
5. 简单说说自己对程序语句的理解及分析。
6. 注意听老师讲解分支结构if单行语句的格式、功能和说明</td><td>教师不要急于说出答案，而是根据学生对新知识的理解，引导学生分析问题，让学生学会思考，掌握用程序解决实际问题的思维方法。
由问题解决进而归纳总结出分支结构语句：if单行语句的格式和功能。这样讲解符合学生的认知规律，与传统的程序教学（即先讲语句格式，再运用语句解决程序问题）相比较，学生更乐于接受，思维更活跃，带着问题学习，学习效果和学习效率都有很大提高</td></tr>
</table>

续表

<table>
<tr><th>教学阶段及所用时间</th><th>教 师 活 动</th><th>学生活动</th><th>设计意图和对学生学习过程的观察和考查</th></tr>
<tr><td>福娃考考你？奥运知识问答游戏（知识内容：if...then...else语句）</td><td>关系运算符用于比较两个字符串或两个数值
如：Text1. Text = “D” 和 Text1. Text = “d”
逻辑表达式的运算符：<table><tr><th>运算符</th><th>代表的逻辑关系</th></tr><tr><td>OR</td><td>或</td></tr><tr><td>AND</td><td>与</td></tr><tr><td>NOT</td><td>非</td></tr><tr><td>XOR</td><td>异或</td></tr></table>举例：如上面的程序代码：Text1. Text = “D” Or Text1. Text = “d”，Text1. Text= “D” 为关系表达式，or为逻辑运算符“或”。
格式二：if 条件 then 语句
功能：当条件成立时执行 then 后的语句，如果条件不成立跳过此行执行下一行。
下面的“奥运五环程序“就使用了 if 单行语句的格式二</td><td></td><td></td></tr>
<tr><td>你了解奥运五环吗？（if...then语句）</td><td>1. 我们都知道奥运会的标志是五环相连，那这五环是什么颜色？它们代表什么含义？这五个彩色圆环又是如何排列的呢？如果不知道，你运行完下面的“奥运五环 . exe”程序就知道了。
2. VB 程序界面
3. 程序中几种控件及主要属性
控件 属性 值
Label caption 你知道奥运五环的颜色吗？
Label2 caption 请输入颜色</td><td>1. 运行“奥运五环 . exe”程序，思考：程序是如何使用 if…then 语句实现的？
2. 打开奥运五环文件夹，运行“奥运五环 . vbp”并打开运行“奥运五环 . frm”窗口，双击“确定”按钮，补充完整老师没有完成的程序</td><td>“奥运五环的颜色和含义”这个问题很多人仅了解部分内容，但能完整说清楚的人寥寥无几。所以问题的本身就具有挑战性和知识趣味性，再让计算机程序涂出五环的颜色并显示颜色代表的含义，</td></tr>
</table>

续表

教学阶段及所用时间	教 师 活 动	学生活动	设计意图和对学生学习过程的观察和考查
你了解奥运五环 吗?(if... then 语句)	Label3 - 7 caption 五大洲的名称 Command1 caption 确定 Command2 caption 重新开始 Text1 text 内容初始状态为空 Shape1 - 5 shape 3 - cirle Bordercolor 白色 Borderwidth 5 Height 800 Width 800 4. 老师仅完成了一小部分的程序。希望大家把老师没有完成的程序补充完整，使之正常运行。需要补充的程序见附录。	3. 全班分成的两组比赛：看哪组同学在规定的时间内完成程序代码补充，使奥运五环程序正常运行的人数最多。本组内的同学可以讨论，并且先完成的同学可以帮助还没有完成的同学。	分支结构语句程序与实际问题紧密联系，这就更能激发学生的兴趣。没有看到程序前，学生可能认为程序很神秘，补充完代码后才恍然大悟，明白、了解了程序设计的一般思维方法。学生在学习的过程中充分体验到了程序设计的乐趣。 自主—协作探究的教学方法在组间比赛、组内互助的具体形式中充分体现，提高了学生的学习效率，同时也避免了以往教学中仅是老师单独辅导学生所造成的局限性，促使了师生、生生间的互助学习。 考虑到学生是初学 VB，直接编写太多的代码会让学生无从下手，所以老师给出

续表

教学阶段及所用时间	教 师 活 动	学生活动	设计意图和对学生学习过程的观察和考查
你了解奥运五环吗?(if…then语句)			程序的半成品让学生补充，增强他们的自信心和成就感。
我是聪明的推理专家（猜猜他们是哪国人?）运用if块语句解决问题	奥运五环标志象征五大洲和全世界的运动员以公正、坦率的比赛和友好的精神在奥林匹克运动会上相见，欢聚一堂。这不，七年级的学生奥成班里就来了三个外国学生，你能猜出他们是哪国人吗? 1. 运行“猜猜他是哪国人.exe”程序，这可是一个“会思考的程序”呀！你猜出他们分别是哪国人了吗? 奥成班里新转来来自英国、韩国、日本的三位同学。A同学不会讲英文，B同学不懂日语，但能与英国同学热烈交谈。那么你能判断出A、B、C分别是哪国人吗? A是： 查看结果 B是： 查看结果 C是： 查看结果 2. 分析：①如果A不讲英文，那么A可能是日本人或韩国人； ② B不懂日语，但与英国同学可以热烈交谈，那么可以判断B不是日本人，也不是英国人，所以B是韩国人； ③ 如果B是韩国人，那么A肯定是日本人，C就是英国人。 3. 尝试编程：上面的推理，计算机实际是不会思考的，程序只能按照我们事先设定的步骤去执行。那我们如何设计出让别人猜猜的程序呢？让计算机去判断猜者的判断结果是否正确，可以用自然语言描述如下： ① 第一个“查看按钮”的代码可以如下编写： 如果你猜A是日本人，那么计算机会弹出“正确!”答案窗口。否则，如果你猜A是英国人，那么计算机会弹出窗口：“提醒：A同学不会讲英文，怎么会是英国人?”	1. 运行“猜猜他是哪国人.exe”程序，思考A、B、C三位同学到底是哪国人？计算机程序真的会像我们一样思考吗? 2. 全班的两组比赛：看看哪组是更聪明的推理专家？最先猜出的组选派代表陈述判断理由。 3. 思考：我们如何设计出让别人猜猜的程序呢？让计算机去判断猜者的判断结果是否正确？请结合今天学习的if分支结构语句进行分析。 4. 学习任务：第一组完成第一个“查看按钮”的代码；第二组完成第二个“查看按钮”的代码。出现的问题不要急于问老师，自己先独立思考。 5. 带着自己的问题，认真听老师讲解if语句块的格式、功能和说明。	“猜猜他是哪国人”这个问题一提出，学生都想最快地判断出结果。用计算机去验证结果时，感觉计算机会思考似的。从问题内容的悬念到程序设计的悬念，教师运用启发式教学，循序渐进，引导学生一步一步尝试用分支结构语句独立解决问题。 学生经历整个程序的设计过程：从遇到实际问题——人脑的思维方式转换成程序的思维方式——解决问题过程中思考出现的新问题并解决——解决问题后并没有结束，而是多方面思考，拓展设计思路。

续表

教学阶段及所用时间	教 师 活 动	学生活动	设计意图和对学生学习过程的观察和考查

我是聪明的推理专家（猜猜他们是哪国人?）运用 if 块语句解决问题	如果你猜 A 是韩国人，那么计算机会弹出窗口："提醒：A 如果是韩国人，B、C 可能是英国人和日本人。B 不懂日语，B 不是日本人。B 如果是英国人，但与"B 能与英国同学热烈交流"矛盾。"
	② 第二个"查看按钮"的代码可以如下编写：
	如果你猜 B 是韩国人，那么计算机会弹出"正确!"答案窗口。否则，如果你猜 B 是日本人，那么计算机会弹出窗口："提醒：B 不懂日语，B 怎么会是日本人?"
	如果你猜 B 是英国人，那么计算机会弹出窗口："提醒：与'B 能与英国同学热烈交流'矛盾。"
	③ 第三个"查看按钮"的代码可以如下编写：
	如果你猜 C 是英国人，那么计算机会弹出"正确!"答案窗口。否则，如果你猜 C 是日本人或韩国人，那么计算机会弹出窗口："提醒：错误! 你可以先判断 A、B 分别是哪国人!"
	4. 关键提示：
	If…then…else… ：如果…那么…否则…
	你猜 A 是日本人：text1. text= "日本"
	你猜 B 是韩国人：text2. text= "韩国"
	弹出窗口函数：msgbox（"此处输入的内容是弹出窗口中显示的正确或提示的内容"）
	5. 学生尝试编写程序，此时会遇到问题：
	如果用 if… then…else…单行语句格式，上述自然语言的描述不太好实现程序的具体设计。
	知识归纳：if 语句块格式
	If 条件 then
	　语句块一
	Else
	　语句块二
	End if
	功能：①If …then、Else 和 End if 必须分别单独写在一行上，它们是整个语句的一部分。
		6. 尝试完成程序代码的编写，组内可以讨论、交流完成。两组互相共享程序代码，使"猜猜他是哪国人"程序正常运行。
		7. 思考如下问题如何解决：
		① 如果猜者在 B 文本框中输入"韩国人"或"韩"，其实答案正确，但是无任何显示，如何完善程序?
		② 如果不用 if 块语句格式编写，能否用 if… then …单行语句格式编写? 这样程序是否简单些呢?
		③ 如果不采用老师描述的自然语言的判断形式，你如何设计出自己的程序呢?
		后两个问题学生可以课后去解决，作为课后作业
			使程序设计呈现多样化。让学生有再学习的愿望，使学生的学习是一个可持续发展的过程。
			在问题的环环解决中，学生积极、活跃地思考问题，学习氛围紧张而充实，学生也很有成就感。
			在知识的讲解过程中如何引出 if 块语句，教师先让学生尝试用 if… then…else 单行语句解决，结果出现了不太好解决的情况，此时教师归纳总结出 if 块语句格式和功能。这样使知识的呈现符合学生知识需求的规律，切实使学生牢固掌握 if 块语句

续表

教学阶段及所用时间	教　师　活　动	学生活动	设计意图和对学生学习过程的观察和考查
我是聪明的推理专家（猜猜他们是哪国人?）运用 if 块语句解决问题	② 语句块中任何语句都不能与 If …then、Else 和 End if 子句写在同一行。 ③ 为了增加可读性，语句采用缩进的形式书写。 6. 学生用 if 块语句形式书写程序。完整代码如下： 猜猜他们是哪国人的程序代码 7. 关于此程序设计的思考 ① 如果猜者在 B 文本框中输入“韩国人”或“韩”，其实答案正确，但是无任何显示，如何完善程序？ 程序可以如下改写：If Text2. Text＝“韩国” or Text2. Text＝“韩” or Text2. Text＝“韩国人” ② 如果不用 if 块语句格式编写，能否用 if…then…单行语句格式编写？ ③ 如果不采用老师描述的自然语言的判断形式，你如何设计出自己的程序呢？这后两个问题学生可以课后去解决，作为课后作业。 ④ 结论：程序的编写是多样的，每个人的设计思路不同，设计出来的程序也是多种多样的		

我是细心的程序医生（快速诊断问题程序）	1. 我们今天学习了 if 分支结构语句，可是大家在程序书写中总是会或多或少遇到一些问题，这不，下面的程序就是一些马虎的同学书写的，我们看看哪一组的程序医生既细心，又能快速正确找到毛病给出正确的处方。
	2. 程序如下：
	① if a＞0 then s＝0；s＝s＋a else d=d＋a
	End if
	② if a＞0 then s=s＋a，d=d＋a
	End if
	③ if a＞0 then
	s=s＋a
	end if
	④ if a＞0 then s=s＋a
		1. 全班的两组比赛：看看哪组最先完成问题程序的诊断。组长负责，组内同学分工合作，最先完成的组选派代表说明诊断结果和正确处方。
		2. 胜出的组得到一个福娃
			通过前几个实际问题的解决，if 分支结构语句的知识内容已基本包括了。在本节课的最后知识总结部分，考虑到如果让老师总结出书写 if 分支结构语句易出现的错误，不如让学生自己发

续表

教学阶段及所用时间	教 师 活 动	学生活动	设计意图和对学生学习过程的观察和考查

我是细心的程序医生（快速诊断问题程序）	else d=d+a
	end if
	⑤ if a>0 then
	s=s+a
	else
	d=d+a
	注意：③中的语句没有错误。是正确的
			现错误，更正错误，效果会更好，掌握知识更牢固。所以知识反馈环节："我是细心的程序医生"使本节课内容更充实、完整

知识总结及延伸	本节课if分支结构的三种形式：
	1. 格式一：if 条件 then 语句一 else 语句二
	2. 格式二：if 条件 then 语句
	3. 格式三：if 语句块格式
	If 条件 then
	语句块一
	Else
	语句块二
	End if
	4. if嵌套语句
	If 条件 then
	语句组一
	Else
	If 条件 then
	语句组二
	Else
	语句组三
	End if
	End if
		自己归纳总结本节课if分支结构语句的知识要点	对知识进行延伸，提出了if分支语句的嵌套结构，仅是让学生了解有这种结构，不必讲述。目的是让学生明白：程序设计还有许多需要学习的内容

课后作业	1. 输入两个数，输出最大的数。（提示：输入用input函数） 2. 输入三个数，看看这三个数能否构成三角形的三条边。（提示：两边和>第三边；两边差<第三边）		

（二）关键环节提炼

1. “快乐英语拼句”，让学生从熟悉的英语翻译出发，对 IF 语句有一个意思上的理解。

2. “福娃考考你”环节，先让学生根据实际问题的意图，联系英语拼句，写出程序自然语言的描述，然后把具体细节用 VB 语言表示，最后总结出 IF 单行语句格式，使问题解决、知识的呈现循序渐进。

3. “奥运五环”环节，让学生在半成品的基础上完成程序设计，增加学生对程序设计学习的自信心。

4. “猜猜他是哪国人?”环节，教师启发学生逐步深入思考，帮助学生独立完成程序设计。问题解决并不意味着结束，教师启发学生拓展程序设计思路，进行多方面思考，让学生有继续学习的愿望，使学生的学习成为一个可持续发展的过程。

5. 知识反馈环节让学生自己发现错误、更正错误，这比教师强调效果会更好。

三、教学反思

（一）以往讲程序语言，常规的模式就是先讲 IF 分支语句的格式、功能和说明，然后举例。这样教学显得程序设计很枯燥，学生也体会不到程序设计的乐趣，更无法激发他们学习程序设计的积极性和兴趣。因此我在本节的教学设计中以奥运知识为背景，紧密联系社会生活，采用知识问答游戏和比赛的方式，充分激发学生的学习热情，使枯燥的程序设计变得乐趣无穷。

（二）对于知识的呈现，本节课尝试先引导学生独立进行问题解决，在问题解决的过程中遇到新的问题，思考解决新问题，进而归纳总结出分支结构语句的知识要点。带着问题学习新知，学习效果会不一样，在问题的环环解决中，学生积极、活跃地思考问题，学习氛围紧张而充实。从熟悉的英语翻译到简单的程序分析，从半成品程序补充到尝试完成完整程序设计，最后知识进行反馈和延伸，学生很有成就感，真正感到学到了程序设计的知识并能解决实际问题，并掌握了程序设计的思维方式和设计思路。

（三）本节课采用了分组、学生自主—协作探究的方式，主要目的是利用学生喜欢竞争的特点，组间对抗可以激发他们的学习热情，活跃学习气氛，提高学习效率。组间比赛不是每个环节都有，教学有张有弛，同时要注意避免学生只顾比赛，而忽视了实际的教学内容。组内协作学习，避免了仅老师单独辅导学生的局限性，以往的教学中感觉教师一个人指导学生，精力和时间都不够用。本节课主要为了达到上述目的。其实，我感觉这并不是真正意义上的分组教学，如何有效的利用学生分组实施教学一直是我在实际教学中很困惑的地方。分组教学中，教师如何很好地控制教学过程和学生的学习过程，以及出现问题的处理都是我需要深入思考的问题。

（四）根据初中一年级学生的学习特点和接受能力，在程序设计的教学中，教师的指导和引导作用很重要，教师必须精心设计问题，逐步启发学生思考问题，才能达到预期的教学效果。尤其是在“猜猜他们是哪国人?”环节，如果教师不指导和帮助学生分析问题，初学 VB 的初一学生根本无法独立完成程序的设计。

（五）本节课的教学内容利用一节课时间完成，感觉时间很紧张，容量有些大，某些问题会讲不透彻。在教学中每个环节的时间控制和学生的学习过程控制很关键，考虑：必要时是否可以利用两节课时间完成，或许教学效果会更好。

获取信息的渠道

张光伟[①]

一、指导思想与理论依据

以新课改的精神为依据，以培养学生信息素养为宗旨。通过游戏方式导入新课，激发学生的学习兴趣，引导学生分析。引导学生分析具体的事例，展开小组的协作与交流，充分发挥学生的主体性。再通过制作简单的电子作品，实现了信息的获取、加工、表达和交流，体验数字化生活的方便与快捷。

二、教学背景分析

（一）教学内容

本课内容参考中国地图出版社信息技术基础第 2 单元有效获取信息的第一节获取信息的渠道。本课内容有：获取信息的渠道、获取信息的主要方式及信息的数字化。本课是一节理论性、知识性较强的课。

（二）学生情况

本课教学对象为初一年级学生。学生来自不同的区县，知识水平、认知能力各不相同。大多数学生没有进入青春期，对许多事情充满好奇心，对信息技术具有强烈的求知欲。前期知识水平：前两节课已经了解信息的基本特征、信息技术的定义、发展和应用。

（三）教学方式

小组协作、观察法、实验法、讨论法、自主学习、探究

① 北京顺义牛栏山第一中学分校．

学习。

（四）教学手段

自己制作有趣而实用的教学用具，引导学生亲自参与小游戏，激发学生的学习兴趣，调动学生的积极性。引用贴近学生现实学习和生活中的大量实例，引导学生展开激烈地讨论，加强学生对知识的理解。课前让学生准备生活中的照片和数码照相机，教师还提供耳麦，为学生制作作品提供资源；利用多媒体技术，创设良好的教学环境，激发学生兴趣，提高教学效果。

（五）技术准备

局域网、苏亚星多媒体教室、教学课件、活动记录、数码照相机和耳麦。

三、教学目标（内容框架）

（一）教学目标

1. 知识与技能

（1）体验并理解获取信息的渠道和方法，能够根据主题的需求采用适当的工具和手段对信息进行加工与处理。

（2）了解信息数字化的常用方法，尝试声音、图像信息数字化的过程。

2. 过程与方法

（1）能通过具体事例的分析，总结获取信息的过程并确定解决实际问题的方法，从而开展协作，交流思想。

（2）通过对照片、声音的数字化过程，初步学会务实而有效地规划获取信息的方案。

3. 情感态度与价值观

（1）体验获取信息的主要方式在生活和学习中的重要性及作用，形成和保持对信息技术的求知欲，养成积极主动地学习和使用信息技术、参与信息活动的态度。

（2）体验数字生活的方便和快捷。

（二）教学重点、难点

重点：获取信息方式的多样性，体验信息数字化的过程。

难点：根据问题确定任务需求和信息来源，并获取信息，规划并找到解决问题的方案。

问题框架（可选项）

1. 新课导入

问题：你们获取信息的渠道是什么？

2. 新课讲解

（1）请你判断下面每个事例中获取信息的渠道，做连线题。

直接获取

① 雨打在身上，感觉很凉。

② 上网搜索并下载故宫的相关资料。

③ 学生使用显微镜观察洋葱皮的表皮细胞，看到了细胞的结构。

④ 收看《新闻联播》，得到许多新闻。 间接获取

(2) 分析事例。

王明一家打算明天到科技馆参观，可是不知天气如何？如果你是王明，你有几种方法得知天气情况，总结获取信息的方式。

(3) 判断每个事例中获取信息的方式，请将英文字母填在相应的小括号中。

① 用数码相机拍照。 (　　)

② 到学校图书馆阅读散文。 (　　)

③ 拨打 114 查询某个地方的电话号码。 (　　)

④ 用文曲星查英文单词。 (　　)

⑤ 某个同学过生日，通过 E-mail 发送贺卡。 (　　)

A. 人与人的沟通

B. 查阅书籍、报刊

C. 广播、电视、电话等媒体

D. 影视资料

E. 电子读物

F. 数字设备

G. 互联网

四、教学过程设计

教学过程	教师活动	学生活动	设计意图
游戏导入　激发兴趣	我们通过眼、耳等感官获取信息。下面来做个小游戏，看同学们得到了哪些信息。 活动 1：神秘的液体。(酱油、醋、香油) 1. 闻一闻： 老师准备了三个漂亮的小瓶子，瓶身颜色分别是红、黄、蓝，里面装了神秘的液体，要想知道秘密，我们分为三大组：红、黄、蓝组，每组派一位代表上来亲自闻一闻就知道了，之后不要说出结果，先写在老师发的测试纸上。 2. 说一说： 现在请每组代表公布结果，其他同学注意倾听，看看他们的结果是否一致	做好准备，选出三名代表参与活动，并将结果写在测试纸上。 倾听	通过学生亲自闻，激发学生的兴趣，充分调动学生的积极性，使学生感触获取信息的渠道，从而引入新课

续表

教学过程	教师活动	学生活动	设计意图
游戏导入 激发兴趣	活动 2：神秘的物体。（煮熟的鸡蛋、高尔夫球、乒乓球） 1. 摸一摸： 老师还准备了三个漂亮的小袋子，颜色分别是红、黄、蓝，里面装了神秘的物体，请每组派另外三名代表前来猜测。 2. 说一说： 现在请每组代表公布结果，其他同学注意倾听，看看他们的结果是否一致。 3. 提出问题： 你们获取信息的渠道是什么？ 小结： 学生代表 —闻、摸→ 获取信息 其他同学 —交流→ 学生代表通过眼、手直接获取第一手信息，而其他同学则是通过交流方式获取的信息，这就是间接获取第二手信息	选出三名代表参与活动，并将结果写在测试纸上 倾听 回答问题 其他同学观看屏幕	通过学生亲自摸，使学生深刻体会到直接获取信息的方式；通过交流，使其他学生体会到间接获取信息的渠道
确定课题	出示课题：获取信息的渠道	看屏幕。	知道学习内容
协作学习	一、获取信息的渠道 1. 直接获取： 主要是通过眼、耳、鼻、舌、身等感官直接与事物接触，使事物的面貌和特征在大脑中留下印象。 例如：要想知道葡萄的味道，就亲自品尝一下。直接获取通过观察、实验、参观等方法	倾听；体会	通过前面的游戏环节，出示直接获取信息的定义，学生易理解
协作学习	2. 间接获取： 用科学的分析研究方法，鉴别和挖掘出隐藏在表象背后的信息。 例如：我们了解“嫦娥一号”卫星的情况。间接获取借助实践经验、语言、文字、符号等帮助我们认识事物。 ※布置任务 对于直接获取和间接获取的理解，下面做个连线题。见附录 1。 ※讨论交流 讨论与交流连线题，公布答案	观看大屏幕 做题后交流 交流问题	通过师生之间的交流，使学生对于间接获取信息的定义有了初步的认识。 通过练习题的完成，使学生对直接获取和间接获取有进一步的理解

续表

教学过程	教 师 活 动	学生活动	设计意图
协作学习	※教学过渡 我们经常使用直接与间接相结合的方法来获取信息。例如：我们到科技馆参观，可以通过观察实物、讲解员的讲解，还可以通过阅读文字资料获取信息。这里有两种具体的方式：交流方式和阅读资料，获取信息的方式还有很多种，请看事例。 活动 3：分析事例。 事例 1：王明一家打算明天到科技馆参观，可是不知天气如何？如果你是王明，你有几种方法得知天气情况，总结获取信息的方式。 ※讨论交流 学生代表说出看法； 可以通过多种方式获取信息，分析过程见下图。 ※小结 获取信息的过程见附录 2。 ※提出问题 上述这些方式中，哪种方式获取信息更快捷且准确度较高呢？ ※教学过渡 对于不同需求的信息，获取信息的方式还有很多。 3. 获取信息的主要方式： ① 通过人与人的沟通； ② 通过查阅书籍、报刊等资料； ③ 通过广播、电视、电话等媒体； ④ 通过影视资料； ⑤ 通过电子读物； ⑥ 通过数字设备； ⑦ 通过互联网。 ※教学过渡 下面结合具体的事例，分析并判断获取信息的方式。 活动 4：判断每个事例获取信息的方式，根据事例完成选择题。（见附录 3） ※交流并小结 请学生出示答案。 ※教学过渡	观看屏幕 小组讨论，交流结果 观看屏幕 回答并交流问题 观看屏幕 参与活动	通过具体的事例引导学生分析并总结出获取信息的方式；通过交流，发散学生的思维 通过问题图解，使学生清楚地认识到获取信息的整个过程：需求、分析、确定方法、评价信息 引导学生能够较为合理地评价信息 知道获取信息的方式，为后面的理解打下基础

续表

教学过程	教 师 活 动	学生活动	设计意图
	说到生日，每个人都有自己的生日。但谁还记得父母的生日？ 课前老师让你们每个人准备了一张照片，个别同学还带来了数码照相机。请利用手中的设备给父母送去自己的祝福吧，我们一起踏上数字化之旅	结合结果展开交流。看大屏幕 回答问题	通过更多事例让学生做选择题，加深对获取信息方式的理解。同时引导学生发表自己的观点，并对他人的信息活动做出评价
协作学习	活动 5：信息的数字化之旅。 二、数字化的信息 ※屏幕展示 屏幕展示几位学生的照片，请大家欣赏。 ※提出问题 如何将传统照片存入到计算机中？ ※小结 ① 图片：数码照相机或扫描仪 ② 文本：扫描仪 ③ 声音：耳麦、录音笔 ④ 视频：数码照相机或摄像机 ※布置任务 每位同学确定主题：送给＊＊＊的祝福。用数码照相机或耳麦等采集信息，用学过的软件对采集后的信息进行简单的加工。作品完成后，打开 D 盘中自己文件夹下的活动记录并填写，最后提交作品和活动记录。(见附录 4) ※完成任务 小组同学一起协作完成任务。	观看屏幕 回答问题 观看屏幕，明确任务 确定方法后，开始获取信息，在对信息进行简单的加工	通过展示照片，拉近学生与父母之间的感情，引导学生通过观察、分析，总结出图片、文本等信息数字化所需要的硬件。 学生分析任务，找出信息的需求、加工的手段与方法。学生可能会用数码相机、扫描仪、耳麦等，充分体验信息的数字化，体验间接获取信息的方式。通过填写记录单，为后面的交流做好充分的准备，学生在展示时就清楚应从几个方面来说明

续表

教学过程	教 师 活 动	学生活动	设计意图
展示与交流	个别组派代表按照记录单所填写的内容进行交流。 鼓励和表扬学生	倾听后也可以发表自己的观点或看法	通过展示与交流，增强学生的自豪感，体验信息的数字化，给人们生活带来方便与快捷，同时增强学生对母亲的感激之情
小结	请学生进行小结，本课的收获或体会； 展示板书	进行小结；观看屏幕，回顾知识体系	学生看到自己的优势与不足。 构建完整的知识结构
学习效果评价设计			
评价方式 自评：以完成活动记录的形式和结果展开自我评测。 互评：一种是对他人回答问题的结果发表自己的观点或看法。 另一种是通过展示他人的作品，能够对比自己，找到自己的优势和不足，互相促进、互相学习			
评价量规 能够在一节课内完成活动记录中的前三个题的属于完成任务；全部完成的属于优秀，尤其是作品中含有感谢父母或他人的信息则更为优秀			
本教学设计与以往或其他教学设计相比的特点（300～500字）			
对于初中的教学设计来说，没有看过。参考高中其他教师的教学设计，具有如下特点： 1. 知识性与趣味性相结合。 由于针对初一新生来说，充分调动学生的兴趣是非常重要的，对新课的展开奠定一定的基础。通过自制教具，引导学生亲自参与游戏的实验，使学生能够真正感受并体验获取信息的两种渠道：直接与间接。 2. 分析典型事例，展开协作学习。 本着贴近学生学习、生活的原则，搜集大量典型事例，引导学生对事例进行分析，发表自己的见解，展开激烈地讨论，充分调动学生的积极性。通过对日常生活中获取天气预报的方式，引导学生展开讨论，并给予学生一个完整的获取信息的过程与方法，并体验获取信息方式的多样性，注重学生做事情条理性的渗透和熏陶。 3. 抓住兴趣点，体验数字化的信息。 数码照相机走入家庭，学生们对拍照很感兴趣。耳麦也是家庭中常用的音频设备，但大多数学生听歌曲，在这里进行适度的引导，使学生体验到它的另外一个重要的功能就是录音，从而进一步体验数字化的信息给人们日常生活带来的方便与快捷			

续表

教学过程	教　师　活　动	学生活动	设计意图
4. 注重思想感情的渗透，有助于情感态度与价值观的形成。 课前让学生准备一张照片，可以是自己小学时的，也可以是全家福。学生准备照片的过程，就是与父母沟通的过程，既获取照片信息的过程。再通过用数码相机把照片拍下来，进行简单的加工，表达自己对父母的养育之恩。没有带相机的学生，可以借用别人的，也可以现场拍下自己学习的画面，回家后给父母看，父母必定非常高兴。对于那些不太爱在父母面前讲话的同学，可以用耳麦说出自己的心声。对学生进行感恩的思想品德的渗透，使这种爱润进他们的心田			

信息的搜索——解决生活中的难题

赵雪梅[①]

一、教材分析

信息的搜索部分教材中相关知识点较多，较松散和杂乱，如何组织这些内容需要进一步探索。在讲搜索引擎的时候，没有明确有趣的搜索对象，仅仅是输入一、两个关键词搜索信息，不能满足学生的需要，很难吸引学生的兴趣，学生也认识不到搜索引擎的对人们学习、生活和工作的重要性。因此要选取与学生学习和生活有关的事例，适当提高搜索难度，让学生体会乐趣和意义。

二、学生分析

个别学生能够简单运用搜索引擎查找信息，学生对于关键词使用的常见问题有：（1）关键词范围太广，找到的信息太杂；（2）关键词范围过窄，找不到所需信息。（3）学生还习惯于使用生活中的语言，将整个问题作为关键词输入，既费时，效果也不理想。因此如何合理选择关键词是学生在使用搜索引擎中迫切需要解决的问题。

三、教学目标分析

本课的教学重点是让学生学会使用搜索引擎去查找所需要的信息。信息的获取是信息技术的基础，是信息技术应用的重要环节，而搜索引擎是查找信息、获取信息的最常用、最有效的手段，是我们掌握信息技术的关键。

本课要解决的难点是掌握关键词使用的一些技巧。关键词使用的技巧很多，有些技巧是学生难于接受和理解的，因此选择了一些实用性可操作性强的技巧。

① 江苏省南京二十九中致远中学.

关键词的提取是否恰当合适，是决定搜索是否成功的关键。关键词的提取，既需要对需要解答的问题的关键点进行分析和提炼，又需要学生个人知识能力和理解能力等各方面经验水平的综合发挥。因此，关键词的选择会因人而异，教师在要求学生达到教学目标时，既要把关键词的恰当提取作为一个亮点，同时又要尊重学生的实际基础水平，把找到问题的答案作为最基本的要求。

（一）知识与技能

掌握利用关键词搜索信息的基本方法。

学会灵活运用贴切的搜索关键词进行信息的搜索。

（二）过程与方法

能通过问题分析确定信息需求，并根据信息需求选择最有效的网上搜索方式。

会利用网站的帮助功能，了解关键词的设计等搜索技巧。

能对搜索到的信息进行筛选与评价，增强判断能力和鉴别能力，正确、合理的利用网络资源。

（三）情感态度与价值观

培养学生上网效率观念，力争快速而有效地获取目标信息。

重点：利用关键词搜索的基本方法

关键词的设计

难点：关键词的提取以及利用搜索引擎查找信息的意识

四、教学过程

（一）设置情境

教师活动：小明是我市某校初一八班的学生，他是一个计算机爱好者。小明有个幸福快乐的家庭，他常常帮助家人解决生活中的难题。

你知道小明的秘诀是什么吗？

学生思考、回答：网上搜索信息（百度一下）。

（二）知识准备

教师活动：

百度是著名的搜索引擎。

百度的搜索简单方便。

通过关键词搜索信息是一种常用的查找信息的方式。

查查今天的天气怎么样吧。

学生活动：了解搜索引擎：提供信息“检索”服务的网站，它使用某些程序把互联网上的所有信息归类以帮助人们在茫茫网海中搜寻到所需要的信息。

学生代表回答：在搜索框内输入需要查询的内容，敲回车键，或者鼠标点击搜索框右侧的百度搜索按钮，就可以得到最符合查询需求的网页内容。

（三）关键词的设计

由于搜索技术的不完善，搜索结果中一般都会带有一些无用的信息。需要提炼关键词。

选择关键词是一种经验积累，在一定程度上也有章可循：

△表述准确

一类常见的表述不准确情况是，脑袋里想着一回事，搜索框里输入的是另一回事。

例：快期末考试了，小明想找一些语文试卷，他在百度输入关键词“七年级上学期语文期中试卷”。

另一类典型的表述不准确，是查询词中包含错别字。

例：小明的奶奶是小燕子迷。要查找赵薇的资料，用“赵薇”，当然是没什么问题；但如果写错了字，变成“赵蔚”，搜索结果质量就差得远了。

不过好在，百度对于用户常见的错别字输入，有纠错提示。您若输入“赵蔚”，在搜索结果上方，会提示“您要找的是不是：赵薇”。

△关键词的主题关联与简练

目前搜索引擎并不能很好的处理自然语言。需要提炼关键词。

例：小明的表妹是三年级小学生，想查一些关于时间的名人名言，他的查询词是“小学三年级关于时间的名人名言”。这个查询词很完整的体现了搜索者的搜索意图，但效果并不好。绝大多数名人名言，并不规定是针对几年级的，因此，“小学三年级”事实上和主题无关，会使得搜索引擎丢掉大量不含“小学三年级”，但非常有价值的信息；“关于”也是一个与名人名言本身没有关系的词，多一个这样的词，又会减少很多有价值信息；“时间的名人名言”，其中的“的”也不是一个必要的词，会对搜索结果产生干扰；“名人名言”，名言通常就是名人留下来的，在名言前加上名人，是一种不必要的重复。

最好的查询词，应该是“时间名言”。

△输入多个词语搜索

输入多个词语搜索，（不同字词之间用一个空格隔开），可以获得更精确的搜索结果。

例：小明的爷爷喜欢学做菜。他想做几道名菜给大家尝尝。比如：鸡汁干丝、生炒甲鱼、蟹柳狮子头、芙蓉鱼片等，却不知道如何下手。

（四）百度搜索特色介绍

△相关搜索

搜索结果不佳，有时候是因为选择的查询词不是很妥当。您可以通过参考别人是怎么搜的，来获得一些启发。百度的“相关搜索”，就是和您的搜索很相似的一系列查询词。百度相关搜索排布在搜索结果页的下方，按搜索热门度排序。

△百度地图搜索

通过百度地图搜索，您可以找到指定的城市、城区、街道、建筑物等所在的地理位置，也可以找到离您最近的所有餐馆、学校、银行、公园等。百度地图搜索还为您提供了路线查询功能，如果您要去某个地点，百度地图搜索会提示您如何换乘公交车，如果您想自己驾车去，百度地图搜索同样会为您推荐最佳路线。

（五）实践学习

达标任务：小明的爸爸明天到北京出差。他想知道有哪些火车。

任务达成：

★你用的搜索网站是？答案：

★你设计的关键词是？答案：

★你解决问题的方案是？答案：

竞赛任务：小明妈妈今天要从家（汉中门）乘公交车到马群办事。但事先知道没有直达车到那儿，又不知道怎么换乘。

拓展任务：生活是门学问。百度一下，你就知道。

（1）沏茶的最佳温度是多少？

（2）衣物上的墨渍怎么去除？

（3）哪些人不宜吃豆腐？

（4）经常打嗝怎么办？

（5）如何识别大米的新陈？

（6）怎样识别病猪肉？

（7）电冰箱用久了，就会出现难闻的怪味，怎么办？

（8）服用哪些药不宜喝热水？学有余力者。课后跟你的同学、家人一起分享生活小窍门，让我们的生活更科学！

（六）小结

△不会搜索，就不会上网。

△百度一下，你就知道。

（关键词搜索信息、灵活地设计关键词）

五、教后反思

这节课以认识一位新同学创设情境，很好地吸引了学生的注意，激发了学生的思考。在搜索信息的过程中很少有同学思考过

“搜索技巧”，怎样让学生认识到“搜索技巧”在搜索信息过程中的重要性呢？为此，我设计了“百度一下，今天的天气怎么样?”这样一个任务，让学生小试身手，学生由习惯出发，由于差异性，所设计的关键词不同，找到问题答案的速度就不同了，学生产生了有效搜索信息的需要，从而自然引出网络搜索的基本技巧——设计关键词。

网络搜索信息的技巧网上介绍了很多，有些也不适合学生。因此根据学生的接受能力，我选择了“表述准确、关键词的主题关联与简练、输入多个词语搜索”三类基本的实用技巧。讲解关键词的设计时，采用实例分析法，解决实际问题，使学生真切体会到搜索工具的实用性。根据学生的认知发展水平和实际接受能力来指导学生的学习过程，避免一味提高搜索难度和掌握过多的搜索技巧。问题的设计也由易到难，由浅入深，同时选择了学生感兴趣的、实用性强的问题，增强了学生搜索的兴趣，也有利对搜索技巧的掌握。

本节课主要采用目标引导下的任务驱动法。平时我们要在网上搜索到所需信息也要花较长时间，因此一节课要让学生完成多个搜索问题时间上是不允许的，又考虑到学生的差异性，整节课设计了达标任务，竞赛任务和拓展任务，任务的设计给学生留下了思考和探索的余地，也避免了毫无目的的网络漫游。任务内容与学生的日常学习紧密联系，富有趣味。由此增加了学生的兴趣，调动了学习的积极性，而且更为更要的是，培养了学生使用信息技术解决生活中的难题的意识和能力。在达标任务完成过程中，老师没有直接演示，而是给学生一些友情提示、在问题中找重点词语等方式加以点拨，然后让学生自主实践。竞赛任务比一比谁完成的快，实际上是考察搜索信息的有效度和速度，题目既有趣又有一定难度，可以放手让学生去搜索，在交流时通过比较，让学生明白关键词要简洁有效。另外本节课拓展了百度的搜索类别在日常生活和学习中的使用。要求学生会通过百度的分类搜索目录为日常生活和学习提供便利和服务，在完成生活模拟考验的过程中，加深对网络搜索引擎的价值理解。

这节课有一些值得探究的地方：

1. 由于目前搜索引擎提供的服务越来越人性化，对作为学生的一般使用者，要求并不高，在使用搜索引擎的过程中，答案一般都是能找到的，虽然说关键词的选择可以提升搜索的效率，但是这个对学生的影响还不是很大，他们更多地是关心能否找到答案，所以关于关键词提炼的积极作用没有得到很好的体现。

2. 信息的获取是学生必备的信息素养之一，而学生往往习惯于使用网络搜索这个工具来获取。的确，通过网络搜索来获取信息是目前最方便最快捷的途径，然而在实际生活中，获取信息的途径是很多的，有些方法途径简洁有效，而网络也有它的局限性。这节课在让学生体会信息获取的多途径性，体会网络搜索的优劣，学会辩证地看待问题上还需要进一步地探究。怎样对获取的信息分析判断也需要进一步地探究。

高 中 教 案

我的新年日历——图像的加工与处理

孟繁红①

一、教材分析

（一）知识内容分析

本节课选自上海教育出版社出版的《多媒体技术应用》第二章第二节，本课的内容是合成图像，在合成图像的过程中，使用了两种技术，一种是对图片进行“羽化”操作，一种是对文字进行特效处理。所涉及的新知识技能有：图层、图片“羽化”操作、文字特效、滤镜等。

为使新的知识自然融入到课堂中，我的设计思路是：结合所教知识在课堂上提出一个学生感兴趣的话题（主题），营造一种积极的氛围，创设一个恰当的学习情境，调动学生的积极性，使他们在轻松愉快的氛围下学习。

（二）我对教材的处理方法

1. 设计学生感兴趣的任务，用所学知识去解决生活中的实际问题。

针对本课内容，我设计了情境式任务：制作“我的新年日历”，试图将信息技术与学生生活有机结合，让学生应用所学技术解决现实生活中的实际问题，在创作中品味快乐、感受成功；在创作中去学习使用技术、积累技术，去解决更多的实际问题。我为本次课设计了两个供学生学习的示例作品。图1为示例作品

图1 示例作品一

① 哈尔滨市第十二中学.

一，图 2 为示例作品二。

图 2 示例作品二

由于学生的信息素养个体差异较大。如果讲的内容少，能力强的学生会“吃不饱”；讲课内容过多，基础差的同学又跟不上。为解决这一矛盾，我设计了两个示例作品，示例作品一的操作技能是比较基本的，学生必须掌握。示例作品二是在示例作品一的基础之上，在知识上有一定拓展、技能上有一定提高，是为满足能力强的学生的求知需要。

两个示例作品在知识与能力方面的梯度性设计有效缓解了“教”与“学”之间的矛盾，实现了课堂教学的分层次教学，让所有学生各取所需，各有所得，共同进步。

2. 分析作品，完成任务。

为完成作品，应该对任务有充分的认识，如果能将大的任务拆分成若干个小任务，会大大降低解决问题的难度。

(1) 分解作品（即拆分任务）

图 3 是作品一和作品二的分解图，通过对作品的分解，很容易将制作“我的新年日历”这个大任务，拆分成①羽化的人物照片；②文字特效；③日历的背景图片；④日历四个小任务，这便于学生分组学习。

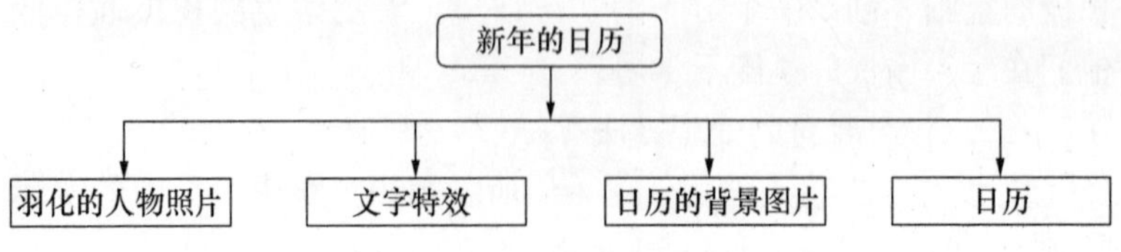

图 3 示例作品分解

(2) 小任务工作流程图

① 羽化的人物照片加工流程图

图 4 为示例作品一学生照片加工流程图：

图 5 为示例作品二学生照片加工流程图：

② 文字特效加工流程图

图 6 为作品一文字加工流程图，图 7 为作品二文字加工流程图。

③ 日历的背景图片

对日历背景图片的处理，主要是去掉背景中的文字，如果背景中的文字是在边缘还容易一些，如果在中间，则处理起来相对

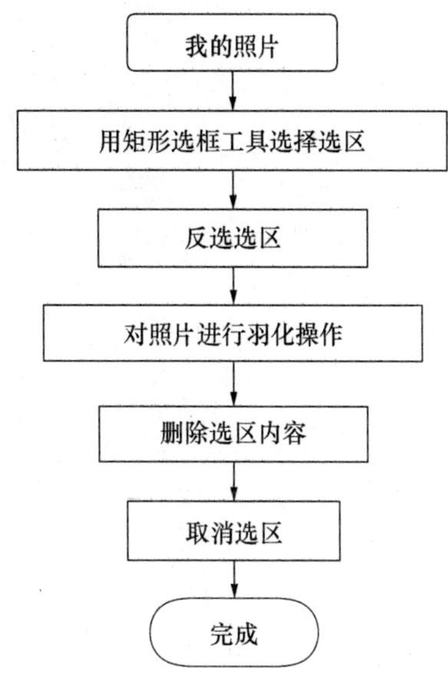

图 4　示例作品一学生照片加工流程

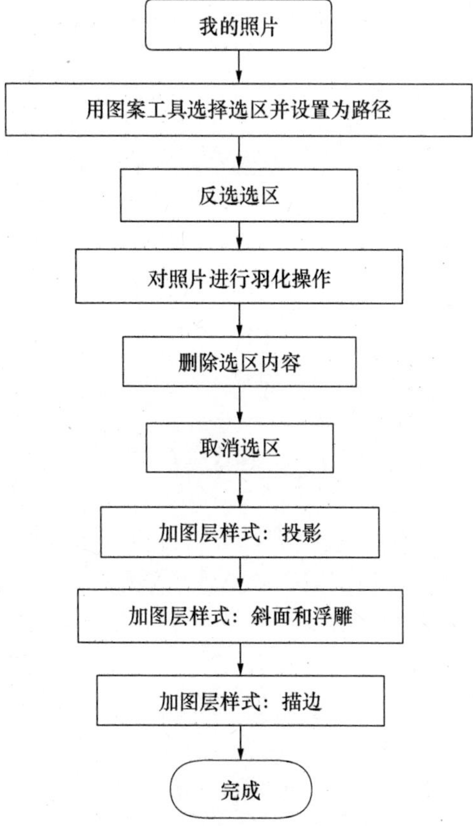

图 5　示例作品二学生照片加工流程

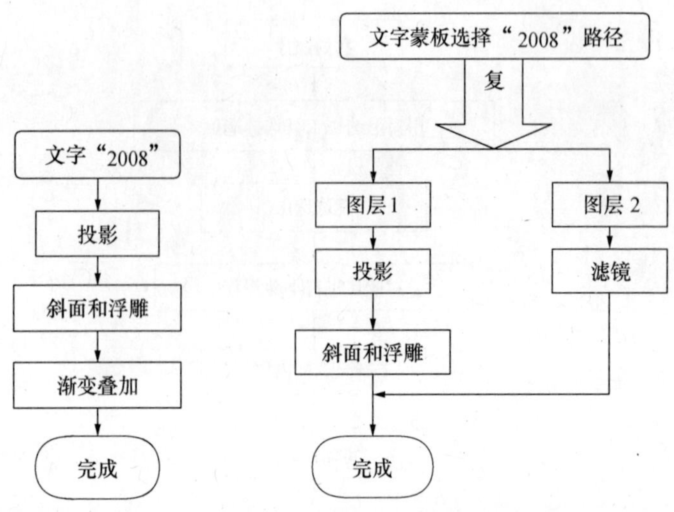

图 6　示例作品一文字加工流程　　　图 7　示例作品二文字加工流程

复杂一些，真的能将背景中的文字处理掉又不影响图片的质量是一件具有挑战性的工作，流程图中我提供了三种方法，同学们还可以开动脑筋想出更多更好的办法。图 8 为背景图片加工流程：

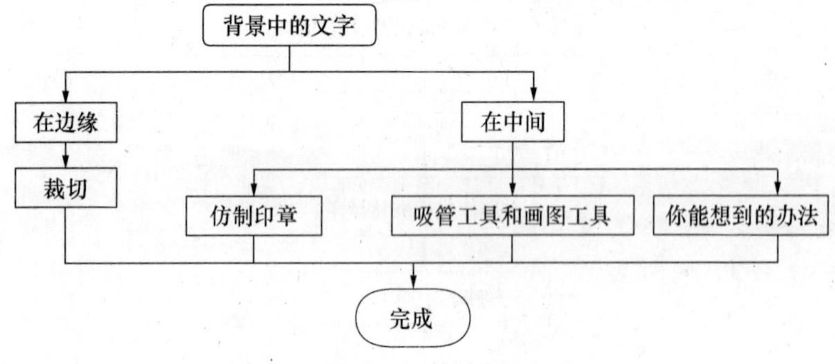

图 8　背景图片加工流程

④ 日历

获得新年日历的方法很多，可以自行录入，可以软件生成，也可以用网上的万年历截图等。更欢迎学生使用自己的方法进行日历的编辑。日历的编辑实际上是一件非常麻烦的工作，尤其是在网上抓取万年历的 12 张图片，要经过细心的裁切、去背景色、对齐等操作才能完成。由于重复工作量巨大，制作年历的同学也可在老师提供的半成品日历的基础上进一步修改，完成本课任务。学生可根据喜好制作月历、半年历及年历，图 9 为日历制作流程图：

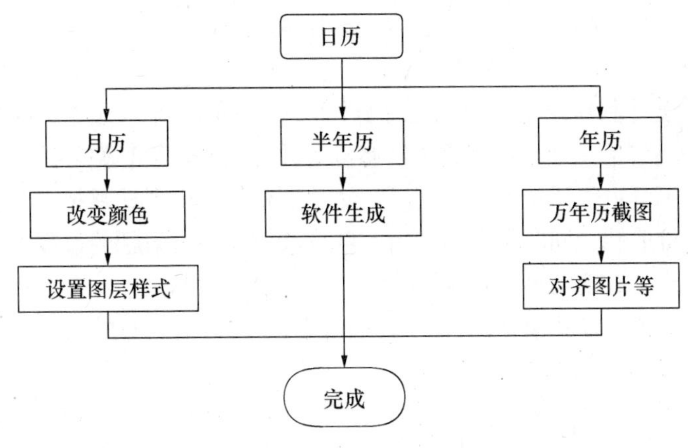

图 9　日历制作流程

3. 完成任务所使用的教学方法。

我采用的教学方法是：任务驱动法、自主学习法、分组学习法、合作学习法。

二、学生分析

（一）学生知识能力分析

这是一节 PhotoShop 的综合课，经过前几次课的学习，学生已经掌握了用 PhotoShop 处理图像的基本方法，如图像亮度、对比度、色彩、饱和度的调整，图像的裁切、图像的旋转和变形等，有了这些基础，学生就有能力用 PhotoShop 做一些综合性的工作。

（二）学生自学能力分析

“信息技术不仅是学生的学习内容，而且也是学生的学习工具。基本的信息技术能力的形成，有利于学生把信息技术应用于其他科目内容的学习，有利于学生学习方式的改变，有利于学生的终身学习和终身发展。”（引自《技术课程标准》）

基本的信息技术能力的形成，也就是学生自学能力的形成。培养学生的自学能力才是课程之本。如何在信息技术课堂中培养学生的自主学习能力呢？采用的方法同样也是任务分解法，我把“培养学生的自学能力”这个任务分解成不同的阶段目标，再将阶段目标分散到每一节中，点点滴滴，长期坚持，学生们已经有了较强的自学能力，使学生有能力通过自己的努力掌握本课新知识。尽管本课是一节综合实践课，我还是将教学方法设计为自主学习法，相信学生有能力获得成功。

为实现这一目标，我搭建了 ftp 服务器，使之成为我和学生互动的平台，我将每次课的学习任务、学习目标及学习资料存在 ftp 服务器中，学生只需访问服务器就可以根据个人需要自主学习了，同时 ftp 服务器的建立使分层次教学成为可能。

（三）学生兴趣分析

设计制作以学生自己为主体形象的“我的新年日历”的教学任务，将信息技术与社会生活有机的结合起来，学生们将所学的技术用于解决生活中的实际问题，使学生充分认识到学习技术的必要性及价值性，同时学生们在用信息技术手段解决问题的过程中充分体会到了成功的喜悦，从而激发学生的学习兴趣，学生会在兴趣的引导下去主动获取知识，完善自己，从而获得更大的成功。

三、课前准备

课前准备工作主要是采集学生的照片，这个工作是在学生学习《信息技术基础》（必修）第二章“信息获取”时完成的。学生通过分组合作的方法用多种方式采集到每个人的照片，以作业的形式提交到 ftp 服务器中，为本课提供了主体人物素材。

同时为节约课堂时间，老师也准备了半成品日历的素材，素材中包含横置、竖置等多种日历样式，学生可根据喜好对素材进行重新设计、重新组合。

四、教学目标分析

（一）知识与技能：在制作日历的过程中，学习使用图层、图片羽化、文字特效、滤镜等技术去解决实际问题。

（二）过程与方法：学生从具体任务出发，经过对任务的分析与分解过程，找到解决问题的方法，在解决问题的过程中，培养学生对新知识的探究意识、自学能力及合作精神。

（三）情感态度价值观：让学生理解技术在日常生活中的价值，激发学生对信息技术强烈的求知欲，培养学生主动学习和使用技术的能力，在作品创作的过程中，培养学生的审美能力及鉴赏情趣。

五、教学重点、难点分析

（一）教学重点：图层、图片羽化、滤镜、文字特效。

（二）教学难点：图层。

六、教学过程设计

教 师 活 动	学生活动	设计意图
一、导入（提出本课任务） 2008 年就要到了，大家想不想在书桌上摆放一张以自己为主体形象的日历呢？接下来展示作品一及作品二，询问学生喜欢吗？是否也来亲手做一个？尽而导入到新课内容——制作“我的新年日历”。	让学生放飞想象的翅膀，自由联想。 学生观看作品引起兴趣	由作品引起学生的好奇心，激发学生的创作欲望。

续表

<table>
<tr><th>教　师　活　动</th><th>学生活动</th><th>设计意图</th></tr>
<tr><td>二、分析作品：
教师提问：同学们想一想，大家看到的两幅日历作品至少需要几个素材？
三、采用分组学习法引导学生完成任务：
（一）分组分工情况：
每组 4 人，组长为组员分工情况：
① 一人学习图片的羽化操作。
② 一人学习文字特效。
③ 一人学习滤镜的使用。
④ 一人上网搜索背景素材并修改背景。
（二）组内人员完成各自任务
（1）统一文档大小
要求每人建立 21 厘米×29.7 厘米的文件（即 A4 纸大小）便于打印。
（2）教师巡视指导。
（三）组内成员合作完成日历作品
教师引导学习，帮助学生理解难点“图层的概念”：集合大家的智慧，在一台机器上合成日历时，每个人的工作会在一个图层（或几个图层）中有所体现，而四个人的工作会在四个图层（或更多图层）中表现出来，在具体的合成图象过程中，可看出层和层是独立的。请同学思考：背景层应放在什么位置？
（四）每人完成自己的日历作品
个人根据自己的喜好，创意完成自己的作品。
四、评价
（一）自评：每人填写个人评价表
（二）他评：组内同学互评，推选出本组最具特色作品，各组特色作品参加全班联评，选出四幅优秀作品，请作者谈创作思路及体会，教师将优秀作品打印输出。</td><td>回答：
① 有输入的日历
② 有自己的照片
③ 有文字“2008”
④ 有背景

学生到 ftp 中去下载学习资源，自行完成分配给自己的任务。

每组成员在一台机器上将自己所学内容，展示给其他人，教会本组成员本节课的新知识。

同学们用从同伴那学到的知识，来创意自己的作品。

学生进行自评与互评。

学生欣赏优秀作品。</td><td>让学生自行分析任务，是培养学生将大任务分解成小任务的能力。

培养学生主动探究、自主学习的能力。

培养学生的互助学习、合作学习、交流与表达的能力。

培养学生的创作能力及审美情趣。
填写个人评价表便于学生对本课学习知识进行总结，通过自评与互评，让学生对自己有充分认识，发现优点，找到不足，确定今后努力方向。</td></tr>
<tr><td colspan="3">五、总结：
制作日历没有定法，本课仅以两个作品提供给学生一种制作日历的思路，同学们可以根据需要，学习更多的技术，创意出有自己特色的日历作品。
大家都知道，2008 年是奥运年，如何为我们的作品加入奥运元素，让我们的作品也与时俱进，充满奥运色彩呢？请大家继续完善自己的作品。</td></tr>
</table>

七、教学反思

经过两年的教学实践活动，我认为本案例有如下几个优点：

（一）设计贴近现实生活的教学任务，极大的引起学生的兴趣，激发学生的好奇心和求知欲。

（二）从制作日历作品实例出发，教会学生利用信息技术解决生活中实际问题的方法。

（三）设计有梯度的两个教学示例作品，照顾到了不同程度学生的需求，实现了信息技术课堂中的分层次教学。

（四）使学生的自学能力在原有的基础上有一定提高。

不足：在合成图片的教学环节中，学生的合作学习能力略显不足，希望在今后的教学活动中不断改进。

附：个人评价表

评价内容	初级（1分）	中等（2分）	较好（3分）	优秀（4分）
你的组内任务完成情况	基本完成	全部完成	很好完成	超量完成
你同他人的合作情况	很少	一般	较好	很好
你的日历作品完成情况	完成一部分	基本完成	全部完成	作品精美
你学到了让你兴奋的技术了吗	学到了	/	/	/
你能用课堂以外的技术作日历吗	/	/	能	/

网络应用中的安全

刘　强[①]

一、课程设计理念和思想

当今信息技术社会，人们在广泛应用信息技术的同时，也带来许多严峻的问题，如计算机病毒日益泛滥、网络安全日益受到严重的威胁等。常见的有：个人计算机被病毒感染、QQ号码被盗、个人电子银行安全性受到侵扰、智能手机也开始受到病毒的攻击等，更为严重的是计算机病毒发展方向转向对整个网络的攻击，如ARP攻击等，这些都使人们应用网络受到严重的干扰。尤其是病毒木马已经参与到战争，网络间谍利用病毒木马攻击控制国家网络安全等已经关系到国家信息安全，信息战的硝烟已经开始弥漫了。这些现实的事例都给我们很多警示。高中信息技术新课程标准明确提出青少年要树立网络信息安全的意识，了解病毒、防火墙、加密和解密技术等网络安全方面的相关知识，知道保护网络信息的措施，并提高防范意识，养成安全从事信息活动习惯。

二、教学目标分析

（一）知识与技能

1. 了解病毒、防火墙、加密和解密技术等网络安全方面的相

① 山东省济南市长清第一中学.

关知识。

2. 学会密码设置技巧。

3. 知道非法制造、传播、使用计算机病毒是犯罪行为。

4. 知道保护网络安全的常见措施，并提高防范意识。

（二）过程与方法

1. 培养学生尝试利用互联网尤其是搜索引擎来解决网络安全问题的途径方法。

2. 让学生学会使用搜索引擎获得查杀病毒及木马的方法，利用所学解决网络安全问题。

3. 体验杀毒软件、防火墙的安装及使用，并在日常生活学习中加以应用。

4. 在教师监控下体验、理解暴力破解密码的过程及方法，学会有效采取相应的预防措施。

（三）情感态度价值观

1. 通过学习，培养起学生的团队合作及探究学习的良好习惯。

2. 通过加密解密学习，尤其是密码破解风云人物——山东大学、清华大学双聘教授王小云教授的介绍，感受我国在密码领域的突破，培养学生的爱国主义感情。

3. 通过学习，激发学生对网络安全的探究兴趣，加强网络应用中安全意识，知道保护网络信息的措施，养成安全的信息活动习惯，甘做国家未来网络安全的守护神。

三、教材分析

本课是在高中信息技术选修 3《网络技术应用》（教育科学出版社）第一章第二节第二小节。第一章起到了统领全册书学习的作用，尤其是本节《网络应中的安全》的学习更具有特殊地位，对于学生网络安全意识的培养起到一个非常重要的引导作用。

教材中涉及的内容有计算机病毒、防火墙、加密解密技术等相关知识，课本理论性质比较重，实践性的欠缺，需要教师转换教学设计思路，把理论性质的东西转换为通过归纳推理、实验操作才能得出的结论，变直接理论学习为“实践出真知”，这样不仅学生理解的深刻，同时还能提高学生的操作技能、分析问题及解决问题的能力。

四、学生情况分析

经过初中及高一的学习，学生已经掌握了一定的信息的获取、加工、表达、集成的能力。开始应用信息技术尤其是网络技术服务于自己的日常生活及社会交往，但是，学生可能对于网络应用的安全知道的不多，因此，有必要学习一些网络安全知识，使得其早日养成安全应用互联网的好习惯，同时，还要时刻关注社会及国家的网络应用安全，能够从我做起，做国家网络安全的守护神。

为了激发学生的学习热情，把认知活动和情感活动结合起来，最后通过“密码与战争”从古到今的历史事件再现，让学生感受到了安全尤其是网络应用中安全非常值得学习，影响深远，从而有助于日后让学生独立地迫切地去探索网络安全问题，时刻注意维护网络信息安全，养成良好的习惯。

五、教学重点及难点分析

根据以上分析，特地确定本课的教学重点及难点如下：

（一）教学重点

1. 计算机病毒的定义、传染途径、防治措施。

2. 防火墙的介绍及使用方法。

3. 加密解密技术的有关基础知识，学会合理设置密码。

（二）教学难点

加密解密技术的过程体验理解，理解信息技术应用应该遵守法律道德规范。

六、教学方法和策略分析设计　教学创新之处

教学方法：

问题驱动、自主学习、合作探究学习、协作学习、实验数据分析法、情境阅读等。

语文情境阅读经典教学方法的引入。

简单说来，我是这样突破教材框架的，源于课本，但高于课本。对于计算机病毒木马理论知识点，我先补充了一些影响较大的新颖资料让知识点鲜活起来，亮丽起来，让学生自觉地投入到知识的学习中去。如：世界上第一个计算机网络病毒，灰鸽子木马窃取用户各种密码账号，病毒与战争，网络间谍利用病毒木马刺探中国情报、危害中国网络安全等丰富多彩的信息吸引学生去自主阅读学习，让学生通过阅读获取理论知识点。

数学逻辑推理、类似物理实验数据分析验证结论的引入。

对于加密解密技术理论知识点的内容，则根据教材及课标分析，我采用了把数学逻辑推理、类似物理实验数据分析的方式引入了进来，通过加密解密的实践操作及数据分析既让学生的计算机操作技能得到了提升，又提高了学生实验数据分析、逻辑推理的能力，理论知识点是让学生逻辑推理得出的，而不是通过阅读得出的。这是我的一个尝试。

七、课前准备资料

（一）引入部分：古代特洛伊木马故事资料；

（二）计算机病毒部分：几个影响重大的计算机网络病毒资料、试用版瑞星杀毒软件；

（三）防火墙部分：防火墙资料、试用版天网防火墙；

（四）加密解密部分：WinRAR 压缩软件、RAR 密码暴力破解程序及 4 个试验文件、密码与战争的有关文字图片资料、密码破解风云人物——王小云的资料；

（五）网络安全调查在线投票网站；

（六）教学演示文稿课件。

八、教学媒体分析

网络微机室、Web 站点服务器、投影仪或多媒体网络教室控制软件。

九、教学过程

新课导入

环节	教师活动	学生活动	设计意图
新课引入	巧妙设问，引入新课 1. 大家了解古代的特洛伊木马的故事吗？ 2. 大家了解计算机病毒与木马吗？古代特洛伊木马与它们之间有什么联系呢？ 下面请大家 欣赏经典故事 特洛伊木马与特洛伊木马战争	学生回答： 知道…… 不知道…… …… 一学生说出二者之间的联系，特洛伊木马与今天计算机病毒木马的原理是一致的，隐藏到计算机内运行，条件适合时，进行破坏	让学生了解古代经典故事，同时由古代的特洛伊木马联系到今天的计算机病毒木马。 既让学生了解了古代经典故事，又反思到今天的计算机病毒、木马。 它们对安全性影响是一致的（声明：此处引用了一个教师的设计，我没有做大的改动，但引用意义不一定一样）
	利用网络在线投票调查及问卷系统调查同学们对身边的网络安全了解多少？ 1. 你的 QQ 号码被盗过吗？ 2. 个人计算机感染过病毒吗？ 3. 你的机器感染过“熊猫烧香”吗？“auto 病毒”？ 4. 最近你的家庭计算机是否经常掉线，上不去外网，受到 ARP 攻击呢？ ……	学生纷纷回答个人碰到的有关病毒的情况！ 学生：我的 QQ 被盗过…… 学生：被盗过好几次了…… 学生：……	通过调查，让学生意识到计算机病毒木马已经影响到我们的网络应用安全。

续表

环节	教师活动	学生活动	设计意图
新课引入	接着，趁着同学们兴致正高时，顺势转入本课的学习内容——网络应用中的安全。		
教学过程1	知识点1：病毒、防火墙 教师提出问题、下发有关材料： 材料1：世界上第一个网络病毒 材料2：2006年熊猫烧香病毒 材料3：最危险的后门程序“灰鸽子”病毒 材料4：“卧底”病毒导致计算机被黑客远程控制，更为严重的是窃取用户的私密信息 材料5：病毒与伊拉克战争 材料6：病毒与中国国家网络安全——网络间谍李芳荣利用网络刺探军事情报 材料7：网络安全的防线——软件、硬件防火墙 百度百科——防火墙的介绍 http：//baike. baidu. com/view/3067. html？wtp=tt	带着问题去情境阅读几个影响重大的计算机病毒资料，学生自学、阅读归纳、合作探究如下问题答案： 1. 什么是计算机网络病毒？计算机病毒特点是什么？与医学上病毒有什么区别？ 2. 计算机病毒（网络病毒）的主要来源？传播方式有什么新变化？ 3. 我们如何防止或减少病毒的影响？ 4. 制造、利用、传播计算机病毒是犯罪行为吗？	把语文教学的经典教学方法，如阅读、朗诵、演讲等引入到信息技术教学中来，培养学生自学、阅读理解等能力。 语文经典教学方法——阅读等，引入的关键之处： 应该准备丰富的具体的与现实社会相关的资料，吸引学生去自发的喜欢这些材料，带着兴趣去阅读。 材料应该具有教育、警示等意义，小到联系个人生活，大到联系国家，让学生感到震撼。
	教师下发有关学习材料。学生分成A、B两个小组 实践活动1：（A组自学完成） 探索瑞星杀毒软件（试用版）安装、使用。 侧重点：安装、设置、杀毒 实践活动2：（B组自学完成） 探索天网防火墙（试用版）安装、使用。 侧重点：安装、设置、使用	学生活动 根据学习材料、操作步骤向导材料，分组合作探究安全软件的安装、使用。 各组完成自己的教学任务后，分别派代表示范讲解自己的学习心得。 A、B二组任务交换，加强实践操作，巩固所学的实践性知识	“安全防护，学以致用”。 学会使用杀毒软件和防火墙软件来解决自己身边的计算机安全问题。

续表

环节	教 师 活 动	学生活动	设 计 意 图
教学过程1	从理论知识到实践操作，从实践操作到理论知识，通过实践操作提升学生对理论知识的理解，改变纯知识理论教学，理论知识与实践操作并重学习。		
教学过程2	知识点2：加密、解密技术 加密技术的引入： 考试时，有的同学用手机传递答案1234422141，呵呵，你知道答案吗？ 教师：这就是一种替换加密法。（一语点破天机）	学生回答问题 学生： 呵呵，ABCDDBBADA	通过日常生活身边的事就向学生点明了什么是加密技术。 同时，借助于此还可以教育学生考试不要用手机短信作弊，富有教育意义。
	加密解密热身赛开始： 利用课本字母数字对照表比赛看谁解密的最快 比赛1： 09 12 15 22 05 03 08 09 14 01解密后是什么？ 比赛2： 09 12 09 11 05 18 21 14 14 09 14 07 解密后是什么？	学生争先恐后地解出答案。 I LOVE CHINA I LIKE RUNNING	一个小比赛活跃了气氛，又让学生尝试使用了一个简单的加密解密技术——替换法。 一举两得
	教师讲授加密技术的分类——对称密钥加密算法和公开密钥加密算法两类及特点。 在实际应用中，人们通常将两者结合在一起使用，例如，对称密钥加密系统用于存储大量数据信息，而公开密钥加密系统则用于加密密钥，适合互联网开放性的要求。	学生聆听教师讲授	采用了讲授方法讲解。 让学生简单了解加密技术的分类及各自适用的场合。 传统经典的讲授法照样有它出色的一面，并不是所有的知识都适合让学生探究得出。
	实践活动3： （数学排列组合推理验证密码设置技巧） 利用数学排列组合知识完成下表的密码可能数一列的有关答案，并根据答案去归纳推理： 密码的设置技巧，也就是加密强度应该注意什么？	学生利用数学排列组合知识计算出密码可能数答案。 学生总结出： 密码可设置的字符个数越多、密码可设置的长度越长，密码可能数就越多，密码强度就越强，密码就越不容易破解（密码越长越好）	创新之处：借鉴数学经典教学思想应用于信息技术教学。 数学学科严密逻辑推理的经典教学思想在信息技术教学中的应用。 这样经过学生自己利用数学知识严密推理得出的结论记忆理解深刻，远比直接讲授出来结论效果好的多。

续表

<table>
<tr><th>环节</th><th>教 师 活 动</th><th>学生活动</th><th>设 计 意 图</th></tr>
<tr><td rowspan="2">教学过程2</td><td colspan="3">
<table>
<tr><th>用于设置密码的字符</th><th>密码长度</th><th>让学生计算密码可能数</th></tr>
<tr><td>0，1，…，9</td><td>1</td><td>10</td></tr>
<tr><td>0，1，…，9，a，b，…，z</td><td>1</td><td>(10＋26)＝36</td></tr>
<tr><td>0，1，…，9，a，b，…，z，A，B，…，Z</td><td>1</td><td>(10＋52)＝62</td></tr>
<tr><td>0，1，…，9，a，b，…，z，A，B，…，Z</td><td>6</td><td>(10＋52)6＝626</td></tr>
<tr><td>0，1，…，9，a，b，…，z，A，B，…，Z</td><td>10</td><td>(10＋52)10＝6 210</td></tr>
</table>
</td></tr>
<tr><td>教师安排实验活动：
实践活动 4：(见下表)
(类似物理实验，RAR 压缩文件密码暴力破解实验验证密码设置技巧)
利用暴力密码破解实验验证：密码的设置技巧，也就是加密强度应该注意什么？
实验准备：用 winrar 进行加密
让学生设置 4 个加密文件，名字分别为 1. rar、2. rar、3. rar、4. rar (隐含密码为 9、19、109、1009)
实验 1：从 0 开始猜测过滤所有的可能的密码，根据实验数据分析出结论？
实验 2：改变策略技巧，开始猜测过滤所有的可能的密码，根据实验数据分析出结论？
补充问题：密码设置还有什么技巧？尝试从互联网学习</td><td>学生活动：
学生很高兴地进行文件的压缩并同时进行加密，然后尝试打开自己加了压缩密码的压缩文件，尝试不用密码看能否打开？
学生：真的加密了
学生：没有密码打不开啊，还真管用
……都很高兴……
小组合作探究密码的破解过程，根据实验数据分析得出结论，然后，派代表说明自己的分析结果。
学生：密码越长，破解的时间就越长……
学生：改变破解的技巧，可以缩短密码破解的时间，所以应该字母数字混合设置，常更换
……</td><td>让学生学会利用密码保护自己的有用的文件，知道加密的乐趣与实际作用。
创新之处：
经典物理的精华思想之一就是通过实验验证预设猜想，从而得出正确的结论，至今为止物理实验仍然是物理教学中非常重要的不可缺少的一环，物理实验教学思想同样可以被借鉴到信息技术教学之中。
对于通过实验数据分析得出正确的结论的物理教学的经典思想，我是这样在信息技术教学中应用的。对于上面密码设置技巧结论，我没有满足于仅用数学排列组合方法来逻辑推理得出，我又设置了两个实验，设想通过密码破解实验方法来进一步验证如上结论。具体……</td></tr>
</table>

续表

环节	教师活动	学生活动	设计意图

环节：教学过程2

我让学生自己通过数据分析得出结论，同时也说明了加密技术与解密技术是一个不断升级的进程，加密与反加密（破解）是一个不断对抗发展的现实的进程。

实验1：从0开始猜测过滤所有的可能的密码，根据实验数据分析出结论？

文件名	（隐含密码）	破解密码的起始	记录破解的密码	记录破解的时间
1. rar	(9)	0		
2. rar	(19)	0		
3. rar	(109)	0		
4. rar	(1009)	0		

实验2：改变策略技巧，开始猜测过滤所有的可能的密码，根据实验数据分析出结论？

文件名	（隐含密码）	破解密码的起始	记录破解的密码	记录破解的时间
1. rar	(9)	0		
2. rar	(19)	10		
3. rar	(109)	100		
4. rar	(1009)	1000		

通过实验1的数据分析，学生可以得出：密码越长，破解需要的时间也越长，从而得出结论：我们设置密码越长越好。

通过实验2的数据分析，学生可以得出结论：改变破解密码的技巧，可以缩短破解密码的时间，从而得出结论：设置密码要注意大小写字母数字控制符号相结合，混合设置，不要太简单，并且定期更换。同时也说明了加密技术与解密技术是一个不断升级的进程，加密与反加密（破解）是一个不断对抗发展的现实的进程。

这样，通过加密破解实验数据分析进一步验证了如上结论，同时让学生了解了反加密（破解），学生的操作技能与数据分析能力都有提升，印象深刻，教学效果很好

趁热打铁，贯穿法律教育

注意不能让学生一直处在暴力破解的热烈情绪中，应该点明：非法暴力破解他人密码属于犯罪行为，不能随意使用，在课堂上在教师监控下了解破解原理可以一用，根据破解的原理从而有针对性的定期更换自己的密码，设置复杂密码，加强密码保护措施

激扬升华，贯穿爱国主义教育

阅读扩展材料

1. 密码破解风云人物：女解码高手王小云：10年破译五部世界顶级密码

她破译了美国政府使用的密码

MD5密码算法，运算量达到2的80次方。即使采用现在最快的巨型计算机，也要运算100万年以上才能破解。但王小云和她的研究小组用普通的个人计算机，几分钟内就可以找到有效结果。

SHA-1密码算法，由美国专门制定密码算法的标准机构——美国国家标准技术研究院与美国国家安全局设计，早在1994年就被推荐给美国政府和金

续表

<table>
<tr><th>环节</th><th>教 师 活 动</th><th>学生活动</th><th>设 计 意 图</th></tr>
<tr><td>教学过程2</td><td colspan="3">融系统采用，是美国政府目前应用最广泛的密码算法。2005 年初，王小云和她的研究小组宣布，成功破解 SHA－1。
《崩溃！密码学的危机》，美国《新科学家》杂志用这样富有惊耸的标题概括王小云里程碑式的成就。因为王小云的出现，美国国家标准与技术研究院宣布，美国政府 5 年内将不再使用 SHA－1，取而代之的是更为先进的新算法，微软、Sun 和 Atmel 等知名公司也纷纷发表各自的应对之策。
山东诸城人　山东大学数学教授
清华大学和山东大学的双聘教授王小云
——她十年内破译 五部世界顶级密码
——她，比《暗算》里的“黄依依”还要聪明
——她说破译密码那 10 年是她生活最轻松的 10 年
山东的骄傲，中国的骄傲
2. 密码与战争系列：
（1）世界最早的密码在中国，最早发明密码的是北宋的曾公亮。他编写了一部军事百科全书性的书，叫《武经总要》，收集和编制了在军事中常见的 40 个短语（1. 请弓；2. 请箭；3. 请刀……），将领带兵出发前，枢密院约定用一首五言律诗（40 个字）作为解译密码的钥匙，并发给一本有 40 个编号顺序的密码本，以此确保军队与中央之间联络的保密性。
由此看来，密码的历史由来已久，不分中外。也许对于携带着各自的基因密码来到这个世界的人类来说，编码与解码的冲动本就是一种与生俱来的本能，不需要任何理由。
《生活周刊》，2002 年 8 月 1 日
（2）解放战争中的密码破解故事 密码破译专家　安在天　黄依依
（3）二次世界大战期间，整整 13 年里，同盟国家英国人和法国人都以为德国密码机器 ENIGMA 是不可破译的。
因为 ENIGMA 不仅仅是德国秘密通信的手段，更是希特勒“闪电战”（blitzkrieg）的关键。所谓的“闪电战”是一种大规模快速协同作战，各装甲部队之间，他们和步兵、炮兵之间必须能够快速而保密地进行联系，不仅如此，地面部队的进攻还必须由斯图卡轰炸机群掩护支援，它们之间也必须有可靠的联络手段。闪电战的力量在于：在快速的通信保证下快速进攻。
在接下来的 10 年中，德国军队大约装备了 3 万台 ENIGMA。谢尔比乌斯的发明使德国具有了最可靠的加密系统。在第二次世界大战开始时，德军通信的保密性在当时世界上无与伦比。似乎可以这样说，ENIGMA 在纳粹德国二战初期的胜利中起到的作用是决定性的，但是我们也会看到，它后来在希特勒的灭亡中同样扮演了重要的角色。那就是众多同盟国科学家加入了破解密码机器的行列。</td></tr>
<tr><td>小结</td><td>请同学归纳本课的有关知识学习、实践操作心得、感受感想等。</td><td>学生回答，老师适时引导</td><td>完成本课知识的总结升华</td></tr>
<tr><td>演讲小赛</td><td>学习完本课后，你认为我们该如何加强网络安全保护我们的网络家园？
简短演讲每人 1～3 分钟</td><td>学生积极参与演讲</td><td>小型简短演讲引入信息技术课堂，培养学生多方面的能力
锻炼学生的口才，培养他们的语言表达能力</td></tr>
</table>

续表

环节	教 师 活 动	学生活动	设 计 意 图
提出希望	最后，希望大家注意向社会宣传网络安全，维护我们国家的网络安全！希望大家努力全面学习网络安全知识，成为国家未来网络安全的守护神		
评价反馈	（这里主要针对教师的评价，学生的评价已经贯穿在教学之中）1～2 分钟 BBS 论坛收集学生对本堂课的感受，以及提出对教师授课的希望、改进、建议等，以更好的再次服务于学生自己的课堂学习，有时，最好的灵感往往是来自于对学生的调查与对学生的人生培养的最高目标		

十、教学评价

对学生的评价

本节课将学生分成 2～3 个小组，每个实践比赛教学过程中都可对小组的表现进行评价，选出表现最好的小组进行示范讲解、总结出自己的结论，最后选出综合表现最好的一组。评价方式以教师口头表扬为主，并推选出小组内的最佳组员。

对教师的评价

通过论坛收集、反馈学生的感受，以及对教师的教学资料、教学环节、甚至教学创新补充等一切学生可以提的建议，让学生大胆的说出自己的感受，以促进新课程资源的二次开发。

十一、教学反思

本次教学首先通过展示丰富多彩的资料，吸引了学生的情境阅读的兴趣，把语文的经典阅读教学方法引入了信息技术教学课堂，让学生在兴趣阅读的同时了解到了计算机病毒的危害、计算机病毒不仅对个人计算机造成危害，还能够影响人们对网络的安全使用，甚至国家的信息安全，尤其是，计算机病毒已经参与到了战争，尤其是伊拉克战争中伊拉克购买的法国导弹在战争中失灵的情节，让学生切实感受到了计算机病毒木马的危害的严重性。这些材料的引入极大地吸引了学生学习的兴趣。

另外一个设计亮点就是把数学上经典的逻辑推理引入了信息技术教学课堂，让学生通过逻辑推理得出密码设置应该注意的技巧，而不是直接讲解密码设置技巧，这样学生自己推理出来的结论印象深刻，容易理解记忆。

本课最大的亮点是把类似物理实验的密码破解实验引入了信息技术课堂，通过收集实验数据，分析得出有关的结论，从而再次验证了密码设置应该注意的技巧，让学生通过数据变化动态观察到了密码破解的一般过程及黑客破解的原理，从而针对黑客破解密码的原理方法有针对性的设置自己的密码。从而让学生动态地理解了加密解密技术，也有助于培养学生“实践出真知”的严谨学风。

另外，本课自始至终注重对学生的爱国主义教育、法律法规教育、培养了学生多方面的情感，培养了学生合作探究协作学习的良好习惯，培养了学生语言表达等多方面的能力，激励了学生对网络安全的学习。

For 循环应用

杜学珍①

一、教学指导思想与理论依据

指导思想：程序设计课程教学的最终目的是培养学生程序设计能力和程序设计思维，并解决现实生活问题。

（一）教学尝试

1. 在设计任务上：在每节课教学过程中，精心设计引人入胜的小实例，以激发学生兴趣。

结果：显式兴趣对学生学习动力的维持时效短（因为其他外围物质的吸引力更大些）。

2. 在授课方法上：一节课在教室上（这样可以排除外界客观因素对学生的干扰，一心听课）一节课在机房上（学生在理解基础上再上机实战）的轮流制。

结果：以“讲”、“练”结合方式开展教学显得过于单一；学生动手能力差，教师讲了什么，学生就会做出什么，没有求新、求异思维。

（二）教学反思

反思一：以前的教学，在教学内容的编排上，陷入一个误区：过于注重语句、语法等程序设计语言所涉及基本概念的讲解，忽视在构建程序过程中应用于分析、解决问题的一种逻辑思维的训练，忽视对整体知识综合应用能力的训练。这种“只见树木，不见森林”的教学就是造成学生动手解决实际问题能力差的直接原因。

反思二：精心设计的小实例是能激发学生的兴趣，但因为这些实例是为了问题而设计的，缺少实用性，也就缺少了学习兴趣维持的持久性。如果通过编程解决学生生活中现实的问题，使之感到计算机之所能和自己之所不能，就会促使学生产生强烈的学习愿望。

（三）探索结论：要“两条腿走路”（分别为解决问题能力、学习知识方法）

任务的选择是关键，能力的培养是目标。此任务既要关注知识性、思想性、技术性等，还要尽量用程序解决学生现实生活问题，使学生体会到计算机的能与人的不能，以维持学生学习兴趣的持久性。

---

① 北京顺义一中．

二、教学背景分析

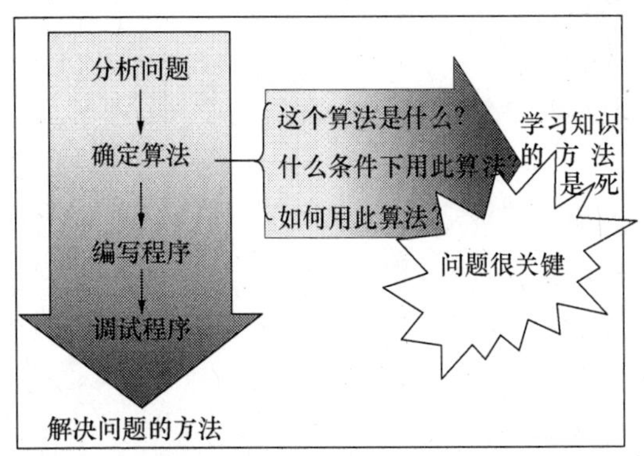

（一）教材内容分析

1. 教学内容和地位

《程序设计》模块教学是教学中的重点也是难点。而三大基本结构（顺序、分支和循环）是程序设计模块的重点，对此部分内容的深刻理解，可为 while 循环打下坚实基础。同时，它也是灵活掌握后续《数组》、《常用见算法》等内容的前提。

第一课时已经通过画彩色同心圆、彩色喇叭等理解了 for/next 循环结构的作用，并且已经理解循环变量的值参与到循环体中为任务服务。此部分内容为 for/next 循环结构第二课时。

2. 教学重点与难点

"为什么用循环结构?"——循环结构作用；

"什么时候用 for/next 循环结构?"——for/next 循环结构的适用条件；

"如何用循环结构程序?"——用 for/next 循环结构解决问题的方法。

强调：本节课重点、难点不是掌握 FOR/NEXT 循环语句的格式。(因为语言格式本身只是一种人为规定，对同一种算法不同语言有不同的表达)

（二）学情分析

学生分析

· 程序设计模块这部分内容抽象、枯燥。界面不如 Flash 生动形象，操作不如 Word/PowerPoint 容易，外加思想上不重视，学生易产生厌学情绪。

· 为什么要学习程序? 学习程序能为我们干什么? 学生没有明确的目标，从而也就没有动力，直接的结果：上课不认真听讲→听不懂→实际操作时玩游戏→一学期下来一无所获。

· 总是被动地接受老师讲什么学生做什么的学习模式，学习的主观能动性差。

三、教学目标框架设计

（一）教学目标

1. 知识与技能

（1）通过编写“饭店促销程序”，进一步理解 for/next 循环结构的作用。

（2）通过编写“饭店促销程序”，进一步理解 for/next 循环结构的适用条件。

（3）通过编写“饭店促销程序”，进一步理解如何使用 for/next 循环结构。

2. 过程与方法

（1）通过完善“饭店促销程序”，感悟分析问题、从中提炼数学模型的方法。

（2）通过确定“饭店促销程序”算法，感悟应用知识要考虑的问题。（这个知识是什么？什么条件下能够应用此知识？怎样应用此知识?）

（3）通过每个任务的实施，进一步深化计算机解决问题的基本步骤（分析问题、确定算法、编写程序、调试程序），体会程序设计思想。

3. 情感态度价值观

（1）通过解决现实生活中问题，树立“学以致用”思想。

（2）通过开展自评活动，逐步养成团结协作、积极向上的学习素养。

（二）教学重点、难点

for/next 循环结构使用方法

四、教学流程

环节一：创设情境　引发问题　　5 分钟

环节二：分析问题　确定算法　　20 分钟

1. 将问题简化假设

2. 教师引导　学生上机编程实现

3. 分析问题　确定算法

4. 结合实际　逐步完善

环节三：阶段小结　理清脉络　　3 分钟

1. 提出问题　引发课后思考

2. 阶段小结　感悟解决问题方法

环节四：问题深化　继续探究　　15 分钟

1. 上机编程　解决问题

2. 师生共议　答疑解惑

环节五：总结升华　共同提升　　2 分钟

1. 本节小结

2. 自我评价 方向引领

环节一、创设情境 引发问题（5 分钟）

引入过渡：课下有同学问我：老师，咱们学程序有什么用啊？在座的你们思考过这个问题吗？其实，程序设计思想往往从实际中来，然后再反过来通过程序解决现实生活问题。

【问题描述】（以学案方式给出，便于学生课后思考）

近日，马坡新开“心里美”饭店，门口打出宣传横幅：“食品半价，满百送 500”。晚上我们一家人欣然前往。结账餐费 112 元并得代金券 500 元（代金券使用说明见下面附件）。慨叹物美价廉之余，又几次邀请不同朋友来此小聚。

每每来此饭店，俱高朋满座（有时甚至见到有人兴冲冲来，因无座位而失望而去）。

附 1：相关数据

① 顺义总人口为 56 万；此饭店辐射 10 公里人口数 11.2 万（来自顺义人口计划办）。

② 饭店一天满客流 1 000 人；饭店半价，消费者人均少支付 16 元/次（做了简单调查统计）。

③ 此半价返券活动持续 15 天。

附 2：代金券使用说明如下：

代金券使用说明

1、此券仅限在心里美粥道使用，不打折、不找零、不兑换现金、不开发票；

2、此券不包含酒水、饮料、香烟、特价菜；

3、宴会、团体包桌不在此使用范围；

4、凡持此券消费者，不享受店内任何优惠活动；

5、活动细则： 消费满100元可用 50 元现金及 50 元餐券支付。
消费满180元可用 130 元现金及 50元赠券支付。
消费满210元可用 110 元现金及100 元餐券支付。

6、此券盖章签字生效，凡涂改、破损、过期作废；

7、此券最终解释权归本店所有。

注：① 解决生活问题，让程序设计学习服务于生活，激发学习欲望。

② 学生已经习惯于给出已知 x，y，求未知 z 的思维模式。但真正解决实际问题需要学生从已知事实中提炼所需数据，再用所学知识进行分析归纳。

附 3：顺义电视台新闻综合频道广告费用表

（http：//www.ad8000.cn/show.aspx？id=4928&cid=160）

ID	时间	位置	5s	10s	15s	20s	25s	30s	45s	60s
1	18：55	新闻联播前			1000			1100	1200	1300
2	19：31	顺义新闻前	1800		2500					
3	19：46	天气预报前	1900		2700			4500		
4	18：23	北京新闻前			950			1150	1350	1550
5	19：50	天气预报后	900		1100			1300	1500	1700
6	19：55	专题栏目前	450		850			1000	1200	1500
7	20：20	晚间剧场前			600			750	850	1000
8	20：40	晚间剧场中	400		650			800	900	1100
9	11：35	专题栏目后	150		250			350	450	550
10	11：58	专题栏目后	150		250			350	450	550
11	12：03	午间影院中	150		250			350	450	550
12	20：20	晚间剧场前			400			550	650	800
13	20：40	晚间剧场中			350			500	600	700

注：逐渐接近今天要研究问题的实质。

教师提问：如果是你们，针对打折返券优惠活动，你们会想些什么？

教师引导思考两个问题：

① 为什么饭店新开业没有到电视、媒体做广告，却采用如此“口碑”式宣传？

② 怎样消费这 500 元代金券，才能获得最大收益？

教师引导：最有说服力的是数据。于是我进行两个计算。

环节二、分析问题 确定算法（20 分钟）

教师过渡：饭店凭借良好口碑使百姓自发相互转告。这种转告的形式可能是 1 传 10，10 传 100……也可能 1 传 2，2 传 4……还有可能 1 传 2，2 传 3……当然，也有可能其中的某些人一个人也不告诉。

1. 将问题作简化假设

假设第一天只有一人来此饭店知道打折返券优惠消息，因物美价廉，此人将消息告诉 2 人，此后的 2 人又告诉了 3 个人，3 个人告诉了 4 个人……15 天后，多少人知此消息？

2. 教师引导：学生上机编程

3. 分析问题，确定算法

教师引导：怎样计算出知情人数？

教师引导：S＝1＋2＋3＋4＋5……

教师提问：这累加的动作可用咱们学习的哪个算法实现？

教师提问：它具备 for/next 循环适宜使用条件吗？

教师引导：

① 归纳出数学模型公式，并用程序语言表达。

教师提问：通过观察我们发现数据累加有何规律？

数学模型公式为：S＝Sn－1＋i

② 程序语言表达为：S＝S＋i

教师引导：请大家进一步完善程序。

4. 结合实际 逐步完善

教师提问：实际上，第一天，饭店就达到满客流1 000人。15天后，理论上多少人知此消息？请大家进一步完善程序并交流展示。

```
s=0
for i=1 To 15
  s=s+i
next i
print s*1 000
```

教师提问：如果“1传2，2传4，4传8……”，15天后，又会有多少人知道此消息？

教师引导：我们的计算只是基于一定的假设，事实情况不可能严格按照以上规律进行宣传。但我们通过这种方法可以感受到口碑宣传的力量！饭店就是利用这种口碑的力量为自己作宣传。试想，如果饭店不具备物美价廉的优点，还能成功吗？

环节三：阶段小结　理清脉络（3分钟）

1. 教师引导学生课后思考

大家计算一下，这种宣传方式，商家用在打折优惠上的费用？

教师引导：分析得出费用为：16×1 000×15=240 000元

教师提问：每一个商家在进行宣传前都有进行各种调查、计算，即使打折优惠的天数，也同样如此。目的是寻求最小投入，最大收益，你们想想，此饭店为什么没请名星出场电视媒体大肆宣传，而采用如此宣传方式？

2. 阶段小结　感悟解决问题方法

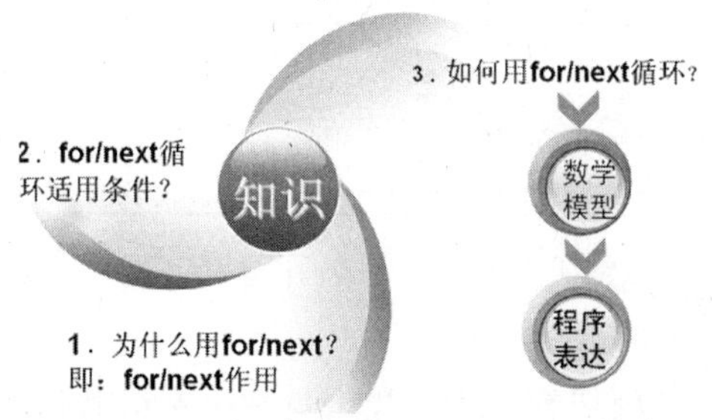

环节四：问题深化 继续探究（15分钟）

1. 上机编程　解决问题

教师引导：请大家看代金券使用说明，如果是你，500元代金券怎样消费，才能使你获得最大收益？

教师引导：大家请看我的五次消费金额，分别为：110，150，230，270，70，请大家编程算一下，我这五次实际支付金额和享受几折的打折优惠？请大家尝试上机编程。

2. 师生共议　答疑解惑

教师引导：如果手工计算，怎样计算？

计算出 5 次消费金额之和？——→累加求和求出

计算出 5 次实际消费金额之和？——→累加求和求出

计算出打折优惠幅度？——→实际金额/消费金额

教师提问：你们能编程尝试一下吗？

教师引导：生间共享，互帮互助解决疑难。

3. 提出问题 引发课后思考

大家课后与同学或家人讨论怎样使用代金券最好？

环节五：总结升华 共同提升（2 分钟）

1. 本节小结（幻灯）

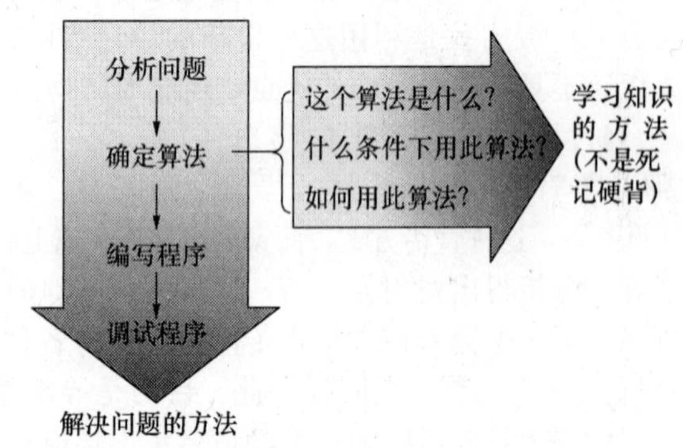

2. 自我评价　方向引领

自我评价表

班级__________　姓名__________　学号__________　总分__________

基础分 10	任务一组内成员全部做出得分 10 分	
任务 2（8～10 分）	上机出结果 10 分，写出数学模型公式 8 分	
行为习惯	积极思考（0～10 分）	
	踊跃回答问题（0～10 分）	
	组内互帮互助（0～10 分）	

五、课后反思

（一）感悟错误

在程序设计模块教学中，我很少甚至不愿意去运用探究式教学，甚至认为在此应用探究式教学是“花哨”的东西，认为此模块全是人为规定符号以及表达方式，教师只要做到告诉学生怎么用就可以。结果是学生被动地接受，没有主动学习的欲望。后来发现自己对探究式学习理解狭隘了。学生在分析问题、解决问题过程中，在教师的启发诱导下，以学生独立自主学习和合作讨论为前提，以现行教材为基本探究内容，以学生周围世界和生活实际为参照对象，为学生提供充分自由表达、质疑、探究、讨论问题的机会，让学生通过个人、小组、集体等多种形式解难释疑尝试活动，将自己所学知识应用于解决实际问题也是探究式教学。

（二）感悟艰难

1. 学生方面：

学生长期习惯于：已知：x，y 求 z 的学习模式。但解决现实问题，没有人给你提炼成现出的 x，y，x。从一个问题情境，提炼出所需，进行统计计算，再用得到的数据分析现实，是学生目前普遍存在的一个能力断点。

最开始实施这样的课学生茫然不知所措，不知如何下手，不会思维，或者说根本不想思维。学生已经习惯等着喂了。甚至有的学生就说：老师，您就告诉我咋写程序就行啦。

仅凭一两节课很难让学生的综合能力全面提高。学生能力培养需要各位教师更新观念。

2. 教师方面

探究性教学课，任务选取十分困难，要着眼于解决社会现实问题，要完成本节教学目标，还要不出现科学性错误。

存在疑问：个人感觉，探究式教学，一节课应该围绕一个情境展开，这样可增加课的整体性和连贯性。但如果教学需要，一节课探究两个情境任务也是可以的，但总会有“断档”的感觉。

信息交流——怎样提高学习效率

刘 锋①

一、设计背景、思想

随着科技的进步，信息成为社会中的重要资源，信息素养成为信息社会每个公民必备的一种基本素质，信息的获取、分析、加工、利用的能力与传统的“读、写、算”等方面能力一样重要，是信息社会对新型人才培养所提出的最基本的要求。而信息交流正是信息加工与表达的重要手段，在生活、学习等领域中扮演着非常重要的角色。因此，我在市优质课大赛中，讲授《4.3.3 信息交流》一课时，探索着以“学生研究性、探究性学习”为主导，辅以讲解，采用建构主义教学模式来开展教学活动，以期达到新课标要求。

建构主义教学模式认为，学生为认知的主体、知识的主动建构者，教师只对学生的知识建构起帮助和促进作用。在这节课教学过程中，我作为学生学习认知活动的组织者，引导他们运用已经掌握的知识与别人进行交流，结合“任务驱动”教学的方法，

① 安徽省太和第一中学.

以整个探究学习过程为载体，培养学生的实践能力、自学能力和合乎规范的参与信息实践的信息素养。

二、教材分析

本节课内容是粤教版《信息技术基础》（必修）第四章第三节的第三部分。前面已经学习了信息发布的各种方式、效果评价，并鼓励学生根据自己的实际情况，通过学校服务器利用 FTP 上传的方式发布自己的作品，或通过互联网利用 BBS、留言板、博客等进行信息发布，强调必须合乎规范地发布信息。本节课将要学习的是信息交流的相关内容，让学生利用 Blog、BBS、E－mail、QQ、MSN、聊天室等途径，围绕“怎样提高学习效率”这一主题开展学习活动，了解利用网络进行交流的方式和作用，认识这些活动对人们的学习生活所产生的影响，包括身心健康的影响。

通过对本节课的学习，相信会有更多的人利用网络这种媒体进行交流和学习，同时注意相伴而来的法律、道德问题。

三、学情分析

信息的交流途径学生并不陌生，除了传统的如面谈、电话、书信、峰会等交流方式外，大部分同学通过前一阶段《信息技术衔接教材》（安徽省教科所编著）的学习，已经掌握了诸如 QQ、BBS、电子邮件等交流方式，技术已不再是本节课的难题。然而，学生通过网络进行交流信息的活动，一直是大家十分关注的话题，也是一个严峻的社会问题。如何正确引导学生合乎规范地通过合适的方式进行信息交流、开展合作学习，需要得到学生的理解和积极参与，也需要得到社会各方的正确引导和有力支持。

四、教学目标

（一）知识与技能

1. 了解现实生活中有哪些信息交流的方式；

2. 掌握网络环境下几种信息交流的方法，如：博客、QQ、E-mail 等；

3. 了解网络环境下信息交流存在的一些安全、道德问题。

（二）过程与方法

1. 引导学生运用已经掌握的知识与别人进行交流，结合“任务驱动”教学法，以探究学习过程为载体，培养学生的实践能力、自学能力；

2. 对于新知识将综合利用演示、讲解与学生操作、体验、交流等方法，突出学生在学习过程中的主体作用；

3. 加强个别辅导，缩小学生之间的个体差异。

（三）情感与价值观

1. 通过展示信息交流过程中存在的一些问题，培养学生信息安全防护意识，以及相伴而来的法律、道德问题。

2. 通过各种信息交流方式的使用与比较，让学生学会并有选择地使用不同的方式进行交流，树立良好的信息素养，为终身学习打下基础。

五、重点难点

（一）教学重点

1. 让学生了解信息交流的方式有哪些；

2. 掌握网络环境下几种常用的信息交流的方法；

3. 信息交流过程中应遵守一定的法律、法规及道德规范。

（二）教学难点

1. 让学生利用网络开展有效信息交流；

2. 使学生掌握明辨各种信息陷阱的能力。

六、教学策略与手段

在教学中突出以学生为学习主体，教师主导。教学过程中采用任务驱动、讲解演示、实例练习、合作探究等方式组织教学活动。整个教学过程可以设置为五个任务模块：

任务一在组内选择合适的交流方式，开展主题为“怎样提高学习效率”的讨论，并在组长的带领下总结出其方法，形成文字；

任务二通过 QQ、QQ 群，大家一起来参与讨论交流“怎样提高学习效率”；

任务三在博客（Blog）上进行信息交流，把各组总结的“怎样提高学习效率”的方法贴上去，博客地址：http：//hi.baidu.com/xinxi110/(课前准备好)；

任务四请同学们用电子邮箱将自己经过交流总结出来“怎样提高学习效率”的方法以 Word 文档进行保存，以附件形式发送到 thliufeng@163.com；

任务五每组同学从《我看“网络信息交流”》、《2008 奥运看台》中选一个主题，交流合作，并把结果用 3.3 节学习的多媒体信息的加工与表达的方法展现出来。(作业)

活动中，应留出尽量多的时间让学生操作，老师加以辅导，缩小学生之间的个体差异，对于学生出现的共性问题，老师再进行演示、讲解。同时，在课堂上展示和讨论，引导学生探究目前信息交流活动主要存在哪些问题，帮助他们树立正确的信息交流态度和策略，形成良好的信息素养。

七、课前准备

（一）对学生进行分组，5 人为一组，组内产生小组长；

（二）检查网络电子教室状况，包括与互联网的连接、所需

QQ 软件的安装等；

（三）把桌面背景图片换成“4.3.3 桌面.BMP”，如下图所示，呈现本节课教学过程，使得本节课教学思路清晰，任务明确。

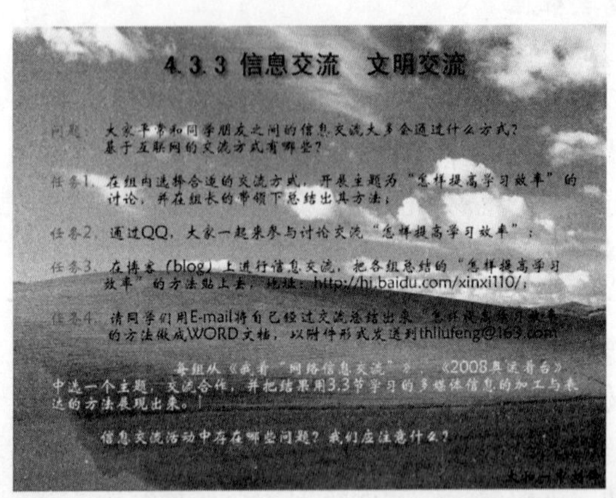

八、教学过程

教学环节	教学流程（师生）	设计意图
引入新课 （4 分钟）	1. 武侠小说或电影里的“切磋武功”、生活中的向取得优秀成绩的同学“取经”、心情不好时找个人“谈谈心”、碰到解答不了的问题时向别人“请教”，这里谈到的“切磋”、“取经”、“谈谈”、“请教”等是通过什么途径实现的呢？交流 2. 生活中信息交流的方式又有哪些呢？	通过提问，导入新课，使学生动起来，变被动为主动，积极参与到教学中来。
布置任务 （一） 组内讨论 （8 分钟）	1. 在各组内开展“怎么提高学习效率”主题讨论；要求各组将讨论结果形成文字（用 Word 记录）；记下本组在讨论过程中，用到了哪些信息交流方式，让学生分析一下各有什么特点和作用？还可以用到哪些交流方式？ 2. 我们在不下座位的情况下，如何在组间讨论这个问题？引入基于网络的信息交流方式。	结合“怎么提高学习效率”主题讨论活动，让学生带着任务在交流的过程中学习、体验。 同时，通过“我们还可以用哪些方式”引出基于网络环境下的信息交流，为开展后面的教学工作做铺垫。
学练任务 （二） 学一学 练一练 想一想 （8 分钟）	1. 请一个同学演示一下通过 QQ、QQ 群如何交流信息。公布 QQ 群号，让同学们用 QQ 一起来参与讨论交流“怎样提高学习效率”；同时，加强个别辅导。 2. 想一想即时通信类的信息交流工具还有哪些？如：QQ、聊天室、MSN、网易泡泡、UC 等。	因为这部分内容在《衔接教材》中已经学习过，而且有不少同学对 QQ 很熟了，所以，可以少花一点时间。 同时，QQ 交流也是最常用、最易学的一种基于网络的交流方式。

续表

教学环节	教学流程（师生）	设计意图
学练任务（三） 学一学 练一练 评一评 （12分钟）	1. 简单介绍一下博客。用事先申请好的博客演示信息交流的方法。 2. 让同学们在博客（Blog）上进行交流信息，把各组总结的“怎样提高学习效率”的方法贴上去，博客地址：http：//hi. baidu. com/xinxi110/；同时，加强个别辅导。 （在发贴时，一定要用学号，以便检评打分） 给学生留下探索的空间：我们能不能用博客做一个个人网站呢？该怎么做？博客如何申请？（留给有兴趣的同学课后完成）在各组之间进行评一评。 3. 介绍属于BBS类信息交流手段还有：Blog、BBS论坛、留言板等。	博客，是一个新生事物，它不但可以作为发布信息的一种途径，还可以作为交流信息的一种手段。 教师先讲授，然后学生练习，教师同时加强个别辅导。因为只有通过自己动手习得的知识才记得最牢固，而且学生可以在练习中发现问题，解决听课时的一些问题，学以致用，内化前面所学的内容。 关于博客的其他问题不宜多讲，以便给有兴趣的同学留下更多空间。如：申请、做个人主页、讨论组等。
学练任务（四） 学一学 练一练 查一查 （8分钟）	1. 通过事先申请好的两个邮箱，简单演示E-mail交流信息的方法。 （采取同伴互助的方法，自主练习）以组为单位，用E-mail将本组总结出来“怎样提高学习效率”的方法以Word文档进行保存，以附件形式发送到thliufeng@163. com。加强注重巡视指导。 2. 检查同学们发送的情况。（评价）	由于不少同学没有电子邮箱，所以需要即时申请，而在同一服务器上申请是有IP限制的，所以，同学们申请的成功率不高，如果按教材上的安排，放在上课开始时就讲，可能会影响教学。 让同学们把自已总结出来的方法发到教师邮箱里，也算对学生学习的客观评价、检查。
探究 （3分钟）	1. 信息交流活动中存在哪些问题？我们应注意什么？ （有人在网上发布一些不良信息，设置各种信息陷阱。对此我们应该分辨是非，明察秋毫，去伪存真，让互联网成为我们学习交流的好地方。）	实现对所学知识升华。 培养学生正确、合理地进行信息交流的意识，负责任的参与信息实践活动。
小结 布置作业 （2分钟）	小结： 1. 生活中的信息交流方式有哪些？ 2. 基于网络环境的信息交流方式你会了几种？ 3. 在信息交流过程中要注意哪些问题？如：法律、道德等。一方面不制造陷阱，同时也要注意陷阱。	对本节教学内容的知识进行归纳。 同时，对前面的知识进行连贯、复习、巩固。

续表

教学环节	教学流程（师生）	设计意图
小结 布置作业 （2 分钟）	作业：见桌面任务五。每组同学从《我看“网络信息交流”》、《2008 奥运看台》中选一个主题，交流合作，并把结果用 3.3 节学习的多媒体信息的加工与表达的方法展现出来。	

九、板书设计

见“七、课前准备”3 中的图片。

十、作业设计

每组同学从《我看“网络信息交流”》、《2008 奥运看台》中选一个主题，交流合作，并把结果用 3.3 节学习的多媒体信息的加工与表达的方法展现出来，发送到老师的邮箱里。

（一）教学评价

在教学活动中，我对学生的评价主要表现在：学生的参与程度和学生完成任务达成度，是要看他做没做、尽力了没有、对问题参与积极性如何、有没有创造性和发展意识，当然也包括纪律、合作学习的能力等，而不是看学生做的对不对、好不好。在本节中主要体现在博客的学习和 E-mail 的使用这两个模块。

我采用的评价方法和手段主要是一个评分表，仿北大附中李冬梅老师的做了一个评价表，包含的项目有：学号、姓名、出勤、积极性（回答问题加分、等）、博客中有交流（分档）、E-mail作业提交（组成员每人都加分）、作品创意加分、备注等。

（二）教学反思

这节课是我在 2006 年阜阳市优质课大赛中作课的课题，因为是新教材，当时，网上没能找到相关的资料，更别说课件、教学设计了，但经过一夜的准备，最终获了市一等奖。

在这节课中，我吸纳了建构主义理论思想，采取了任务驱动教学方法，首先展示了本节课的教学主线，使任务明确，教学思路清晰。同时，课堂气氛也很活跃，同学们的参与积极性及程度都很高，任务达成度也很好。

感到不足的是，由于作课现场在阜阳三中，课前准备工作没有做细致，表现在机器中没有事先安装 QQ 软件这个问题上，导致时间出现了一些偏差，最后在做小结时，未能由点到面进行引深开来。以后，我一定要更加重视课前准备工作。

课后阜阳三中现代教育技术中心主任、信息技术教研组组长张晓丽老师对我上的这节课进行了点评：

1. 对教材挖掘很到位，能分类举例讲授这节课，内容多而不乱，特别是博客的引入，为同学们自主学习留下了很大的空间。在知识的衔接上处理的很好，表现在能结合上节课学习过的知识完成今天的任务，说明在任务的设计上下功夫了。

2. 对课堂驾驭能力很强，课堂气氛非常活跃，但又不乱，语言有一定的亲和力，同学们都愿意配合他，积极参与到学习任务中来，真正使学生成为了课堂的主人，从被动的学习者，转化为了我要学。

3. 在昨天的“说课”环节上，不少老师都提到了分组，前面的几位老师都没有落实到实处，最多只是提了下，只有刘锋老师认真分了组，不但分了，而且明确了组长的职责，切实收到了效果。如：有一个同学不但能指导本组学生，在别的组举手时，能主动帮老师去指导，切实调动了一部分动手能力强的学生的积极性，发挥了学生的主体作用。

Photoshop 中，仿制图章、修复画笔、修补工具的综合应用

张 磊①

一、教材分析

选用教材：

《Photoshop 数码照片设计典型范例》（中国青年出版社　吴迪 编著）

教材特点及运用：

本书结合实际修改照片的范例剖析了数码照片修饰与 Photoshop 的亲密关系，方便汉语言文字基础较为薄弱的耳聋学生自学。但对于一些近似命令的区别、特色，本书介绍得不够，不便于学生融会贯通，综合应用。因此，我们在教学过程中还要深入挖掘知识的内涵，帮助学生进一步理解知识，提高其具体问题具体分析，综合应用的能力。如，本书分别介绍了仿制图章工具、修复画笔工具、修补工具的应用。但在实际应用中，面对这三种工具，如何进行甄别、选取，如何综合应用，达到取长补短的最佳效果，就需要教师凌驾于教材之上引导学生提炼总结了。因此，本课教学内容就是在学生分别学习了这三种工具的简单应用之后设置的综合实践课。

二、学生情况分析

学习用 Photoshop 修改数码照片是学生非常感兴趣的事情，因此，他们对于本门课的学习有热情，够重视。能够主动拍摄照片，搜集素材，进行自主学习。但是，由于耳聋导致获取信息的途

① 北京市第四聋人学校.

径受限，致使他们的思维长时间停留在直观形象思维阶段，在学习上联系的能力和知识迁移的能力极其欠缺。学习过程中，他们较为顺利地学习了一个又一个单一工具的使用，但综合应用能力很差。

他们分别学习了仿制图章工具、修复画笔工具、修补工具的应用，却无法自主联系三者的异同之处，进行对比判断。面对一张原始照片，他们能够判断出需要修改的内容。但对于实现方法，则只是凭直觉印象从自己习惯的工具入手，而不是去分析、甄别、选取。在任务驱动下，三种近似又各具特色的工具被呈现在一起加以对比。学生意识到三种工具之间有某种联系，会很有兴趣地去探究、发现。但对于任务中的难点，如果长时间难以突破，会给他们一种挫败感，致使学生产生消极体验。

三、重点、难点的确定及分析

由于职高聋生综合应用能力差，学生实践中，针对一项任务，往往仅能凭直觉从自己习惯的一种工具入手，并固执于一种工具的使用，而不是分析操作对象，选择多种相应工具配合使用。因此，教师要设置综合实践课，帮其在对比、分析中建立各知识点之间的内在联系，并给予学生充分的反复实践摸索的机会。通过综合实践课的教学及适当引导，使其在失败与成功经验的交替体验中学会思考、建立联系，懂得具体问题具体分析，综合应用所学处理实际问题。

因此，本课教学重点确定为：掌握仿制图章工具、修复画笔工具和修补工具的各自特点，并初步学会综合应用这三种工具处理图片。教学难点在于：培养学生根据处理对象的实际情况，充分考虑三种工具的各自特点，恰当选择与应用，综合处理问题。

四、教学设计

授课教师	张磊	课题名称	《仿制图章、修复画笔、修补工具的综合应用》			授课专业	信息技术
授课年级、班级	职高三（1）班	授课地点	计算机教室	课时	1	课型	综合应用
教学目标	知识目标	通过对比辨析，巩固“仿制图章”、“修复画笔”和“修补工具”的各自特点，使学生明确理解这三种工具的异同之处。					
	能力目标	通过指导实践，帮助学生初步掌握甄别、选取、综合应用“仿制图章”、“修复画笔”和“修补工具”处理图片的方法。					
	情感态度价值观	在指导学生通过甄别选取不同工具综合处理图片的实践中，培养学生全面看问题的能力，渗透具体问题具体分析的思想。					
教学重点	掌握仿制图章工具、修复画笔工具和修补工具的各自特点，并初步学会综合应用这三种工具处理图片。						
教学难点	培养学生根据处理对象的实际情况，充分考虑三种工具的各自特点，恰当选择与应用，综合处理问题的能力。						

续表

授课教师	张磊	课题名称	《仿制图章、修复画笔、修补工具的综合应用》	授课专业	信息技术
教学方法	首先引导学生自主观察探究、组织交流，使其聚焦于本课重点。然后，引导学生通过实践、分析，理解本课重点。之后，采取任务驱动法，指导实践练习，并组织交流汇报，突破难点。最后，由实践中的常见问题引发新知，拓展思维。				
教学手段	利用 Powerpoint 演示文稿出示归纳三种工具的图表，帮助学生明确认知。 利用 Powerpoint 演示文稿出示实践任务，引导学生在明确每一步实践目标之后进行练习。 遵循由易到难的原则设置练习，并注重同一项练习内按难度设置阶梯任务，以达到分类教学的目的。				
板书设计	仿制图章、修复画笔、修补工具的综合应用 快捷键： Alt——定义复制原点 Ctrl＋＋——画面放大　［——笔刷变细 Ctrl＋－——画面缩小　］——笔刷变粗				

五、教学过程

教师活动	学生活动	教学意图	时间分配
一、组织教学 二、导入 1. 出示人物图片，引导学生观察（修改前→修改后）。 2. 思考，这幅作品是如何完成的？  三、指导综合应用 1. 指导基础好的学生进行演示实践	一、集中注意，进入学习准备状态。 二、观察思考，进入问题情境。 （一）观察第一张照片（图片中没有任何提示） 思考交流：这幅图有哪些缺憾，如何使之更加完美？ 1. 面部美容——去除了人物脸上原有的雀斑、小黑痣。 思考：用何种工具进行面部美容更适宜？ 2. 美化背景——去除了背景人物 思考：用什么方法去除背景中的人物更适宜？ （二）对比观察，交流想法。 引出仿制图章工具、修复画笔工具和修补工具。	通过设置问题，引导交流，扩展学生思维，使其关注点聚焦于本课主题——仿制图章工具、修复画笔工具和修补工具的综合应用。 本部分操作并不要求尽善尽美，仅仅是演示方法而已。因此，只要分别选准面部及多余人物的中心位置、边缘位置进行演示即可。旨在使学生领悟到三种工具的异同之处。	0′ 30′

续表

<table>
<tr><th>教师活动</th><th>学生活动</th><th>教学意图</th><th>时间分配</th></tr>
<tr>
<td>◆ 面部美容
◆ 去除背景中的多余人物
2. 指导学生总结
（1）引导学生紧密结合实践，分析三种工具各自特色。
引导学生理解：三个工具各有各的长处，在修复有缺陷照片的时候需要具体问题具体分析，综合应用。这样，扬长避短，才会达到最高的效率和最好的修复效果。
（2）出示表格，帮助学生提炼总结知识，明晰概念。
<table>
<tr><td>工具名称</td><td>仿制图章</td><td>修复画笔</td><td>修补工具</td></tr>
<tr><td>主要修复范围</td><td>点</td><td>点</td><td>大面积</td></tr>
<tr><td>是否自动匹配</td><td>☹</td><td>☺</td><td>☺</td></tr>
</table>
四、指导学生实践
（一）练习 1
1. 针对照片需要修改的内容，组织小组讨论，然后探究实现方法。
2. 指导学生自主实践。
要求：
① 去除多余人物。
② 修复地面裂痕，去除边缘草地。
③ 清理墙壁。
（通过 PPT 演示，使学生清楚地看到图片中需要修改的部分，在目标明确的前提下进行练习。
鼓励动手操作能力强的学生在完成基本要求之后，进一步修改照片。）
（二）练习 2
1. 针对照片需要修改的内容，组织小组讨论，然后探究实现方法。
2. 指导学生自主实践。
要求：
① 面部美容</td>
<td>三、理解综合应用
通过观察学生及教师的演示，得出结论：
1. 面部斑点美容用修复画笔工具最合适，较大范围美容可用修补工具。
离头发、衣服近的边缘部分，要用仿制图章工具。
2. 对于背景人物的去除，接近主体人物的部分要用仿制图章工具，其他部分可用修补工具，也可配合使用仿制图章工具。
3. 感悟——要完成一幅图片的修改，尽力使之自然和谐，就要学会综合应用不同特点的工具。力求发挥每一种工具的特长，综合应用，取长补短。
4. 观看揭示三种工具异同的表格。请学生做小老师上台，结合实践讲解表格内容含义，帮助学生明晰概念，巩固认知。
四、自主综合实践
（一）小组合作探究之后，领会练习要求，独立实践练习 1：</td>
<td>通过分析、总结，培养学生分析综合的能力，使其对三种工具的特点形成明晰的认识。
学生实践中，往往先从自己习惯的工具入手，而不是分析操作对象，选择相应工具。因此，教师要给予学生充分的反复实践摸索的机会，适当引导，使其在失败与成功经验的交替体验中学会思考。
练习 1 属于基础练习项目，因此要求学生全部完成。
练习 2 中，整理人物衣领项目难度较大。因此，把它设置为“挑战项目”，只要求水平较高、动作较快的学生掌握。这既是分类教学的需要，也是激发学生斗志，开拓思路的有效途径。</td>
<td>6′
12′</td>
</tr>
</table>

续表

教师活动	学生活动	教学意图	时间分配
② 去除项链 ③ 去除背景中的两块杂物 ④ 挑战项目——整理人物衣领 (鼓励动手操作能力强的学生尝试应用多种方法完成照片的修改。) 五、指导实践总结 1. 指导学生凌驾于实践之上，针对仿制图章工具、修复画笔工具和修补工具的各自特色进行总结。 2. 引发思考：在刚才的实践过程中，除了频繁应用仿制图章、修复画笔和修补工具之外，同学们应用最多的是哪种操作？ (为下面“知识拓展”环节中所讲的撤销操作铺垫。) 六、知识拓展 介绍两种新的简单方法，在修复过程中更有效的撤销修补。 方法一： 新建图层，使用仿制图章工具和修复画笔工具时，先将工具选项栏中的“对所有图层取样”选项的“√”选中，在新的图层上修补，如遇不满意的效果用橡皮擦工具擦除即可。 方法二： 使用历史记录画笔工具进行实时的恢复。 当然，方法一和二可以结合使用。实践操作就是一个发现的过程，每次用不同的方法都是一种乐趣，学会体验乐趣才是 Photoshop 最好的学习方法。 七、布置作业 1. 继续完成课堂练习，并试做挑战项目——练习 3。 2. 实践中体会如何综合应用仿制图章、修复画笔及修补工具。	(二)小组合作探究之后，领会练习要求，独立实践练习 2： 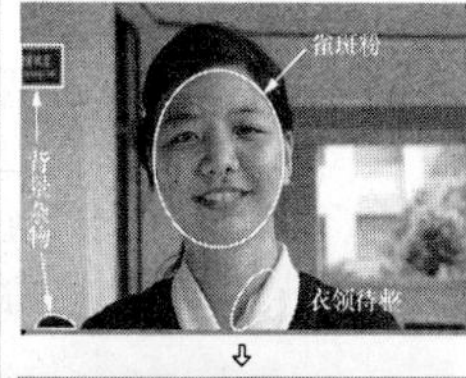 ⇩  边思考边实践，体会操作技巧，逐渐掌握综合应用三种工具的方法。 五、总结提炼 1. 统观全局，针对三种工具的各自特点进行归纳总结。 (最终概括为表格形式，见附表。) 2. 反思：在刚才的实践过程中，除了频繁应用仿制图章、修复画笔和修补工具之外，自己应用最多的是哪种操作？ 六、通过观看老师的演示讲解，了解新知，发散思维。 观察老师的演示，明白在 Photoshop 中还有不同于应用“历史记录”的撤销方法。 (在完成作业的过程中，积极实践，体会这两种新的撤销方法，并主动发现新知。) 感悟： 1. 实现目标的途径不是唯一的，要有灵活性。 2. 学无止境。	引导学生在充分实践的基础上，统观全局，针对三种工具的各自特点进行归纳总结。使其已有的感性认知上升到理论层面，实现重视知识内涵的目标要求。 在“知识拓展”环节中，通过演示不同的撤销方法，拓宽学生思路，激发其主动求知，在实践中主动探索发现，在发现中体味快乐。 作业难度较大，需运用较大耐心花费较多时间完成。 难度提高的同时，其挑战性自然加大，学生成功后获得的快乐体验也自然持久高涨。当然，学生原有水平不同，完成质量也不尽相同。只要教师以鼓励为主，多角度发现学生的闪光点，从而赏识学生，相信每一个学生都会有所收获。	22′ 38′

续表

教师活动	学生活动	教学意图	时间分配
3. 体会不同撤销操作的异同，根据需要选择最恰当的方式撤销修补。	七、继续完成课堂练习，并试做练习 3：		42′ 44′ 45′

六、教学反思

由于准备充分，本课教学过程较为顺畅，教学目标得以顺利实现。学生在实践练习过程中，开始还是习惯于仅用一种工具解决一项任务。但是，碰壁之后，能够自主联系课堂所学重点，综合试用三种工具来解决问题。水平较高的同学顺利完成了挑战任务，并给大家充当小老师演示讲解，课堂气氛活跃，确实人人有收获。可见，本课的教学设计是合理的，方法手段也较为适用。

课后作业难度较大，大多数学生去除画面左侧站立的背景人物之后，长城的形态遭到严重破坏。只有少数学生在保留长城面貌的基础上成功去除了人物，但背景植物处理得很不好。学生在屡试屡败的情况下，自然要遭受打击。所以，这部分内容应以小组协作为好。

动作渐变动画

曹红霞①

一、教学设计

（一）教学内容分析与处理

动画是信息技术课程标准“选修 2：多媒体技术应用”中的内容，课标对这部分内容的相关要求如下：

1. 了解动画的类型、格式及其存储、呈现和传递的基本特征

① 黑龙江省实验中学.

与基本方法；

2. 能选择适当的工具，对动画信息进行采集；能解释动画信息采集的基本工作思想；

3. 能根据信息呈现需求，选择适当的工具和方法，对动画信息进行适当的处理；

4. 能根据表达、交流或创造的需要，选择适当的工具完成动画作品，实现表达意图，并能够对创作过程与结果进行评价。

教材围绕为"我爱我班"多媒体作品积累素材这一任务情景，从观察计算机动画开始，循序渐进地引出作品对各种动画素材的需求，引导学生学习制作"我爱我班"动画标题、"小鸟飞翔"动画、"爱心奉献"修饰动画，让学生在实践中逐步了解各种动画的特征，理解动画采集原理，掌握其采集和加工处理的方法。

结合课标要求和对教材内容的理解，我对教学内容做了如下的处理，准备用 4 课时完成动画的教学：

第 1 课时：动画原理、动画的分类、动画的格式、逐帧动画。

第 2 课时：动作渐变动画。

第 3 课时：形状渐变动画、动作渐变动画与形状渐变动画的比较。

第 4 课时：三维动画简介、利用 Cool 3D 制作简单的三维动画。

本案例为第 2 课时"动作渐变动画"，主要学习如何利用 Flash制作动作渐变动画，包括位置的变化、大小的变化、透明度的变化、速度变化等动画效果的实现及引导层的使用等。

（二）学情分析

本节课是针对高一年级下学期的学生设计的，他们已经学习了信息及信息技术的基础知识，有过对图形、图像、声音等多媒体信息进行采集和加工的经验，具备搜索信息、探究学习和讨论交流的基本能力。而且，通过前一节课的学习，学生了解了动画的原理、分类、格式等基本知识，并在制作逐帧动画过程中初步认识了 Flash 的界面、功能，了解了帧和元件的概念及分类、掌握了帧的基本操作和元件的创建及使用方法，为本节课的学习奠定了基础；另外，对于 Flash 软件，部分学生在初中或小学阶段曾经接触过，但内容遗忘较多，需要温故而知新，这部分学生可能会感到学习内容简单、掌握速度较快，可以转化为教学资源，让他们帮助同学、演示讲解、总结归纳，带动他人共同进步。

（三）教学目标

1. 掌握动作渐变动画的基本制作方法，能够根据信息呈现需求，设计制作简单的动画作品。

2. 了解引导层的作用，掌握添加和使用引导层的基本方法。

3. 了解动画创作的思想和方法，体会动画在呈现信息、表达意图方面的特点及作用。

（四）教学重点和难点

教学重点：动画的构思与设计、动作渐变动画的制作方法。

教学难点：文字稿本的编写、引导层的添加和使用方法。

（五）教学策略

本节课的教学设计基于“技术源于需求，用于实践”的思想，遵循“做中学”的教育理念，将知识与方法的学习融入实际任务中，引导学生通过分析任务引发需求，然后从需求出发探求解决方法，通过探索实践、交流讨论，学习动作渐变动画的制作方法，体会动画在呈现信息、表达意图方面的特点及作用，力求在“做中学”、“学中做”的过程中实现教学目标。

二、教与学的实际过程

教学环节	教师活动	学生活动	设计意图
（一）复习引入	1. 承上启下，提出问题：上节课我们学习了动画的原理及动画制作的基本知识，请大家回顾上节课内容，思考如下问题：(PPT 出示问题) （1）动画产生的原理是什么？ （2）动画可分为哪几类？ 2. 引入本节课内容：学习动作渐变动画的制作方法。	思考、回答问题 倾听	复习旧知，导入新课
（二）提出任务	1. 过渡：动作渐变动画的应用非常广泛，如动画片、广告特效、教学演示、实验模拟等。 2. 提出任务：设计制作一个动画，模拟飞机投弹的情景。	倾听 明确任务 积极响应	明确任务，为分析需求及构思、设计、制作动画奠定基础

续表

教学环节	教师活动	学生活动	设计意图
（三）分析需求明确思路 1. 观察动画效果，明确表达意图。 2. 构思设计动画，形成文字稿本。	演示动画的播放效果 说明表达意图：模拟飞机投弹的情景，飞机在夜空中飞行过程中投下一枚炸弹，呈现飞机和炸弹的运动情况。 明确了表达意图，请大家思考此动画需要几个对象？ 各对象的出场顺序、呈现方式又如何呢？ 平抛运动，具体是一种怎样的运动？谁来从物理学的角度描述一下？ 那么整体看来炸弹的运动状态如何？假如我们站在地面上，我们会感到哪些视觉效果上的变化呢？ 思路基本清晰了，我们将刚才的构思和设计写成文字稿本。如果把动画比作电视剧，稿本就是电视剧的剧本，我们知道剧本的好坏很大程度上决定着电视剧的质量，因此编写稿本是非常重要的，它可以使动画制作的目的明确、条理清楚。怎样编写文字稿本呢？ 展示事先准备好的“飞机投弹”的文字稿本（详见附录一），并加以说明。 强调对象和图层的名字要有说明性，而且应该相互对应、清晰明了。	观察动画效果 倾听 思考、回答。（三个对象，分别是背景、飞机、炸弹。） 思考、回答。（背景一直静止，飞机沿直线飞行，炸弹做平抛运动。） 描述平抛运动：水平方向做匀速直线运动，垂直方向做自由落体运动。 在教师的引导下描述炸弹的运动状态，回答出：炸弹沿抛物线运动，速度越来越快，随着炸弹由远及近，看到炸弹由小到大，由模糊到清晰 倾听，了解什么是文字稿本及文字稿本的作用 阅读稿本，倾听教师的讲解，学习文字稿本的编写方法	1. 分析任务需求，明确表达意图。 2. 通过一系列问题，引导学生构思和设计动画，为后续制作动画奠定基础。 3. 渗透软件工程开发的思想和方法。让学生经历需求分析、规划设计的过程，体会并了解动画创作的思想和方法。 4. 强调稿本的重要作用，说明稿本的编写方法及注意事项，培养学生良好的创作习惯，为以后创作作品奠定基础。
（四）制作动画完成任务 1. 探索实践	提出实践任务和要求：有了文字稿本，我们就可以根据稿本制作动画了。为了节省时间，老师为大家做了一个半成品（展示半成品动画文件，创建了元件和图层），已准备好了演员和导演工作台，请大家做一次导演，指挥演员拍摄你的电视剧吧。	明确任务和要求 借助 Flash 软件自带的“帮助”信息，探索学习，制作“飞机投弹”动画	在完成任务的过程中，通过尝试实践，探索学习动作渐变动画的制作方法。

续表

教学环节	教师活动	学生活动	设计意图
（四）制作动画完成任务 2. 交流讨论 (1) 解决疑难 (2) 归纳总结	提示：如果在制作过程中遇到什么问题可以求助于 Flash 软件自带的“帮助”。 引导学生提出问题、分析讨论，并适时做适当的提示、补充和总结。 强调引导层的作用，演示引导层的添加及使用方法，强调在首尾关键帧必须分别将元件的中心粘在引导线的始端和尾端。 至此，我们完成了“飞机投弹”动画的制作，谁能总结一下动作渐变动画的制作流程？ PPT 展示流程，补充说明，强调关键帧中的内容可以是实体对象、组合或文字，但不能是形状。 通过上面的例子，谁能总结一下动作渐变动画能实现哪些效果？ PPT 展示，并总结、补充：颜色变换、旋转等。	提出探究实践中遇到的问题，并讨论解决。（本节课学生提出的问题主要有：如何让炸弹沿抛物线运动、如何改变炸弹的大小、如何体现炸弹由模糊到清晰、如何改变炸弹的运行速度等。） 总结动作渐变动画的制作流程： 设置初始关键帧 ↓ 设置末尾关键帧 ↓ 设置动作渐变方式 回忆，列举出：位置变化、大小变化、透明度变化、速度变化等	解决探究学习中遇到的问题，突破教学难点。 将探索实践中形成的感性认识和动作技能上升为理性认识，归纳动作渐变动画的制作流程及适用情况，落实教学重点，并为后续创作动画作品奠定基础。
（五）创作动画应用迁移 1. 明确任务 2. 设计制作 3. 展示交流	展示“动画创作的任务与要求”，说明建议活动流程及要求、空白文字稿本及可用素材所在位置等。 巡回指导 发现典型问题，及时反馈。 引导、点评	倾听，明确任务和要求。 构思作品，明确作品的表达意图，填写文字稿本。 制作动画，保存并上传。 展示动画作品，简介表达意图。 对作品进行评价，交流成功经验、分析产生缺憾的原因、探讨改进方案。 体会动画在呈现信息、表达意图方面的特点及作用	巩固应用所学的技术和方法，解决实际问题。 再次亲历动画创作的全过程，体会动画创作的思想和方法，体会动画在呈现信息、表达意图方面的特点及作用。

三、教学反思

（一）关注技术的多层面内涵

按照教学计划，本节课主要学习如何利用 Flash 制作动作渐变动画，这是典型的技术类内容，那么是不是只掌握 Flash 软件的相应操作就可以了呢？我想技术并不等同于软件操作，本节内容应不局限于此，而且相对于具体的软件操作，设计规划更为重要，让学生了解动画创作的基本思想和方法，学会设计制作动画才是最终的目标。因此，针对这类内容的教学设计应关注技术的多层面内涵，正如李艺教授在《我们需要的是内容充实价值丰富的信息技术课程》一文中论述的："就技术类内容而言，它应该包括：动手的技术；如何做的技术，即设计与规划的技术；为何做的技术，即技术的思想与价值。"①

基于以上的认识，我设计了这个案例：首先，以制作模拟"飞机投弹"动画为主线，引导学生分析需求、明确意图→构思设计、编写稿本→制作动画→交流讨论，亲历动画创作的全过程，在实践活动中学习设计动画、制作动画的方法，了解动画创作的基本流程；然后要求学生应用所学的技术和方法创作自己的动画作品，让学生再次亲历动画创作的全过程，体会动画创作的思想和方法，体会动画在呈现信息、表达意图方面的特点和作用。

学生初次编写稿本，会觉得无从着手，为了提高可操作性，使规划设计落到实处，我在借鉴广东版教材相关内容的基础上，设计了动画文字稿本的模板（详见附录二），提供给学生填写，并以模拟"飞机投弹"动画为范例，首先通过一系列问题，引导学生构思和设计动画，然后展示事先准备好的文字稿本，说明如何将构思和设计转化成文字稿本、编写稿本时的注意事项等，帮助学生掌握文字稿本的编写方法，为后续创作动画过程中编写自己的文字稿本奠定了基础。

（二）学习软件操作技术

软件操作不是技术的全部，却是信息技术课堂必须解决的问题。"多媒体技术应用"模块涉及大量的工具软件，在有限的课时内面面俱到地学习这些软件的操作方法是不可能的，也并非课程设置的本意。那么究竟学习哪些技术，怎么学呢？

1. 从需求出发，学习技术、应用技术

纵观技术的发展历史，需求是技术发展的原动力，技术总是为了满足应用的需要而诞生，又在应用中得以发展。基于以上想

① 李艺．我们需要的是内容充实价值丰富的信息技术课程．http://blog.cersp.com/6001/1257659.aspx.2007-12-09.

法，我尝试遵循“做中学”的教育理念，采用任务驱动的方法，将需掌握的基本技术方法融入实际任务中，引导学生在完成任务过程中引发技术需求，再从需求出发学习技术、应用技术解决问题。

如：本节课我设计了制作“飞机投弹”动画的任务，用它承载动作渐变动画的基本技术和方法：“飞机”的运动体现了最基本的动作渐变动画，炸弹的运动是典型的路径动画，需要用到引导层、改变运动速度，而且为了呈现炸弹由远及近的动画效果，需要改变炸弹的大小、透明度等。课堂上，学生在完成任务的动机驱动下，主动利用学习资源，通过探究和实践寻求完成任务的方法，学习动作渐变动画的制作方法，最后通过交流讨论，解决探究学习中遇到的问题，归纳动作渐变动画的制作方法及适用情况，完成知识与方法的意义建构。

2. 充分利用软件自带的“帮助”信息

要实现有效地探究学习，必要的资源支撑是不可少的。网上资源虽然丰富，但缺乏针对性，学生往往迷失在信息的海洋里，降低了学习效率；我也曾尝试过创建学习网站、通过局域网为学生提供技术教程等方式，但面对大量的软件、零散的学习内容、有限的课时、需求各异的学生，现成的软件教程适用者甚少，个个软件都自编教程也不现实。在这种情况下，我想到了软件自带的“帮助”信息。“帮助”是大部分软件都有的，它提供了学习和使用该软件的第一手材料，是自主学习的好助手。如：本案例中我们使用的是中文版的 Flash 8，此软件提供了详尽的帮助信息，详细讲解了各种动画的创建方法，学生借助“帮助”信息，完全可以学会动作渐变动画的制作方法，完成“飞机投弹”动画的制作。

实践证明，利用软件自带的“帮助”信息学习软件的使用方法，既经济又有效，而且学生遇到困难时首先求助于“帮助”信息，有助于逐步养成自助学习的习惯，提高学习能力。

在可视化的程序设计环境 VB 中建立一个应用程序

沈红杰①

一、设计思想

建构主义学习理论认为，知识不仅仅是通过教师传授获得的，而且是学习者在一定的情境下，借助于其他人（包括教师和学习伙伴）的帮助，利用必要的学习资源，通过意义建构的方式获得的。它提倡在教师指导下，以学习者为中心的学习，也就是

① 浙江省湖州市湖州中学莲花庄校区．

说，既强调学习者的认知主体作用，又不忽视教师的指导作用。其主要特征如下：

（1）知识不是被动吸收的，而是由认知主体主动建构的；

（2）建构意义的过程总是在一定的社会情境中进行的；

（3）教学的四大要素："情境"、"协作"、"会话"和"意义建构"；

（4）在本课的教学实践中，设计了以学生为中心的教学环境，教师是学习的辅助者，培养学生的分析问题、解决问题的能力。

二、教材分析

本节课是浙江教育出版社 选修 1《算法与程序设计》第三章、第二节的内容（按浙江省普通高中新课程信息技术学科教学指导意见，建议课时为 3 课时）。要求学生初步掌握面向对象程序设计的基本方法与技巧，能完成在 VB 环境下的简单程序的设计、编制、保存、运行等实际操作。

为了尽可能降低教学难度，激发学生的学习兴趣，增强他们的学习自信心，对教学课时安排中的 3 课时内容重新安排，将原课时安排中的"手电筒程序"实践体验不列入教学计划。首先通过"计算圆面积"应用程序的设计，初步掌握用面向对象的思想来设计一个应用程序的主要步骤，从而进一步理解对象、属性、事件以及事件驱动等面向对象程序设计的基本知识。然后通过独立制作"用海伦公式计算三角形面积"达到巩固加深所学知识的目的。最后通过"简单电路模拟"达到对知识的理解和升华。

对于教学目标，只要求简单了解算法的含义和模仿就可以的。采用解剖例子的方法，向学生作具体的演示、讲解和分析，这样既能降低入门门槛，也能让学生在短时间内对 VB 上手。教学过程中尽可能地让学生多动手操作，增加感性认识。

三、学情分析

《算法与程序设计》作为高中阶段选修课程之一，在整个教材的编制和应用上有一定的难度，它不仅需要一定的动手能力，更需要一定的数学知识和逻辑思维判断能力，而对于现在的高中学生来说，缺的正是这样的能力。大多数学生学习计算机都只是简单的记忆模仿老师所教的操作，在高中第一学期的学习也侧重于实践操作，而《算法与程序设计》考虑的不仅仅是简单操作，还有对具体问题算法的理解。

大多数学生在程序设计方面的基础相对薄弱，采用"计算圆的面积"作为入门的例子，这个数学实例学生熟悉，步骤简单，所以对于学生来说难度已经不高，非常适合练习。通过一节课教师的教和学生的学，能让大多数同学通过自己的努力，完成这个程序的设计。再通过两节课时的演练与提高，能基本掌握面向对象程序设计的方法。

四、教学目标

（一）知识与技能

1. 了解 VB 环境下应用程序界面的设计方法。

2. 初步掌握 VB 中数据输入输出的方法及简单事件处理代码的编制方法。

（二）过程与方法

1. 通过“计算圆面积”、“计算三角形面积”，体会使用计算机解决问题的过程。

2. 掌握简单程序的编制、运行和调试的能力。

（三）情感与态度

1. 培养学生正确全面的思维观，对事物美的欣赏能力。

2. 树立尊重知识产权，保护知识产权的意识。

五、教学重点难点

（一）教学重点

1. VB 程序界面的设计及属性值的修改。

2. 简单代码的输入及运行调试。

（二）教学难点

1. VB 中数据的输入输出方式及“对象名．属性名”的理解。

2. 一个完整 VB 程序的设计过程。

六、教学策略与手段

本案例是一个教学模块，通过连贯的 3 课时学习，完成既定教学目标。让学生简单的模仿，在模仿已有的程序的基础上，逐步加大任务难度，通过不断对程序的完善达到学习知识的目的。在上课过程中教师主要是开个头，提出具体的任务，评价引导一下。这样安排是因为我认为在本节的教学中，不应仅局限于对两三个应用程序的设计制作，而应培养学生主动利用信息技术解决生活中实际问题的意识和能力，用开放式的解决问题的方法培养学生的创新意识，用鼓励和赏识使学生更加自信并体验信息技术给自己带来的乐趣。

对于课时具体如何区分，由于学生的多样性，可根据实际情况来决定。在下一课时的教学中，应为学生提供阶段性作品，防止学生因作品丢失而无法继续完成教学任务的情况发生。

教学手段有：比喻法、教师示范、自主学习、讨论交流、任务驱动。

七、课前准备

（一）预备知识

通过前一课的学习，学生已具有面向对象程序设计的基本思想，初步了解了类别、对象、事件、事件处理等概念，并通过教师展示“计算圆的周长”程序，对 VB 环境下控件、对象的应用有了感性的认识。有了这些基础，学生明显产生了想进一步学习面向对象设计知识并亲自设计一个自己的程序的欲望。

（二）软、硬件要求

多媒体网络电子教室，投影系统。教师在课前准备好三个程序：计算圆的面积，用海伦公式求三角形面积，简单电路模拟程序。

八、教学过程

（一）引入课题 1

任务描述：根据用户输入的圆半径，计算并显示圆面积。

（二）算法思考

[学生思考并回答]：在已知圆的半径的情况下，如何实现显示圆面积的算法。

[设计意图]：由于学生对算法与编程一无所知，所谓万事开头难，设计一个简单的常见问题的算法可以降低教学难度。通过讨论交流，培养学生的分析问题的能力，使学生初步了解使用计算机解决问题的基本步骤。

（三）算法呈现

以下是该问题的算法实现主要过程。

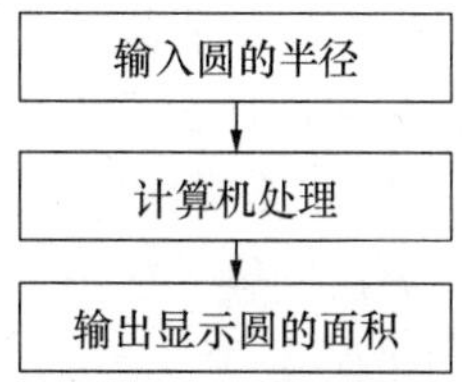

（四）结果呈现

下面老师演示一下今天我们要完成的程序的最后效果。

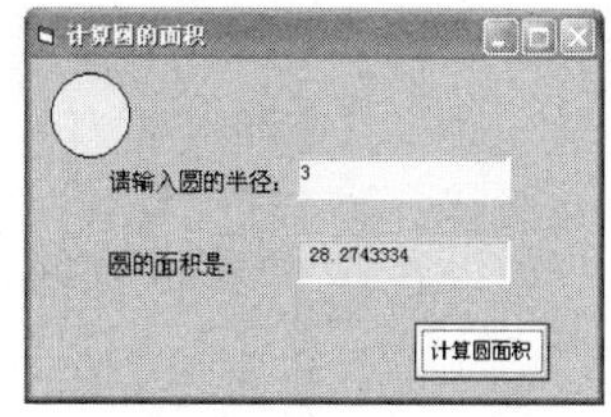

[设计意图] 通过先演示这个程序的运行效果，让学生明确这个例子的具体的要求和希望达到的运行效果是什么，同时让学

生了解什么是输入圆的半径，输出结果是怎么显示的，为下面的操作提供一个直观的展示。

（五）投影演示

首先演示在 VB 界面下，生成应用程序的第一步，然后打开“计算圆的面积”程序，学生回答在该程序界面中，使用到了哪些我们已经学习到的控件对象。[学生回答]

再演示 VB 程序界面下添加控件对象的方法，给出主要控件属性设置表，对表中的数据的含义做简单的解释，并以 Form1 对象为例，讲解对控件属性修改的方法，学生完成“计算圆面积”应用程序的界面设计。

表 2－1 窗体中主要控件属性设置

对象名	属性名	属性值	说　明
Form1	Caption	计算圆的面积	窗体标题
Label1	Caption	请输入圆的半径	用来提示后面文本框的功能
Label2	Caption	圆的面积是：	用来提示后面文本框的功能
Text1	Text	（空白）	输入半径值
Text2	Text	（空白）	显示面积值
	BackColor	（自定义）	背景颜色
	Locked	True	使其不可编辑
Command1	Caption	计算圆面积	计算圆的面积，并在 Text2 控件中显示结果
Shape1	Shape	3	设置为圆
	FillStyle	0	设置为实心圆

[设计意图] 通过教师的简单示范，让学生对程序界面设计有个清晰的认识，不至于第一步做什么都不知道。以“界面图＋对象属性表”的形式给出其他对象及属性等信息，让学生通过观察了解，培养自我分析问题、解决问题的能力。在操作过程中，教师注意个体的差异，对共性的错误要重点指出，同时强调在修改对象属性时注意控件对象的选取一定要正确，也鼓励学生个性化发展，对属性表中没有明确规定的属性或属性值进行个性化的修改。同时要积极鼓励学生之间协作学习，让学习能力强的同学帮带学习能力差的同学，争取达到全体学生都能完成任务的效果。

在学生创作作品过程中，教师投影出“计算圆面积”应用程序的最初程序界面图，并投影展示学生阶段性程序效果图。

[设计意图] 这毕竟是学生独立完成的第一个程序，为了照顾到全体学生，不至于使学习能力差的学生对程序设计失去兴趣，通过投影的形式，让学生了解程序界面设计的整个过程，也

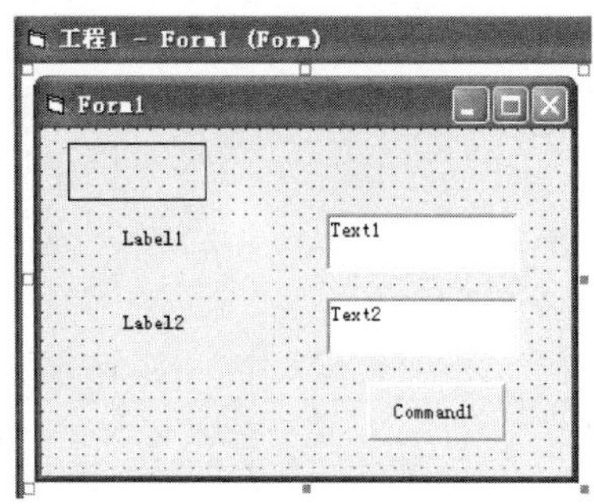

无形中为全体学生提供一个展示自我的平台。

（六）作品展示

教师展示学生的优秀作品。

［设计意图］在学生完成作品的过程中，教师要积极掌控全局，多巡视，遇到问题及时指出，对学生的作品要进行及时的过程性评价，在评价中，肯定要多于质疑，对特别优秀的作品，进行展示，肯定学生的劳动成果，活跃课堂气氛，激发学生的热情。

（七）知识总结

在展示时，我们发现同学们的作品都非常漂亮，但都只是花瓶，不起任何作用。你输入半径的值后，点计算按钮，根本得不到结果。同学们想一下这是为什么呢？［学生回答：缺少代码］，确实，我们现在好比是搭了一个漂亮的舞台，选好了合适的演员和道具，但最关键的剧本没准备好，好戏肯定就没法上演了。下面，我们就来当一回编剧，把剧本写上。

（八）代码编写

今天的剧本（即程序代码）已经写好了，同学们只需将它输入到程序中就可以了。（双击按钮即可进入代码窗口）

```
Private Sub Command1 _ Click()    '双击按钮，该行自动生成，不需用户输入
Dim r As Double
r=Val(Text1. Text)
Text2. Text=Str(3. 14159 * r * r)
End Sub'    也不需用户输入
```

［设计意图］通过比喻手法来说明在程序设计中界面和代码的关系，学生能很好理解，也加深了对知识的记忆。而本书的教学要求为理解算法，对学生接触到的第一个完整算法，不先展开分析，而直接给出完整的程序，让学生直接体验代码的应用。同时通过给出的算法，给学生一个编制程序的参考，明白代码编写的基本方式。

（九）保存展示

教师演示保存及生成 exe. 文件的方法，展示学生的优秀作品，学生保存自己的作品。

（十）代码分析

简单了解程序代码的基本含义。

Private Sub Command1 _ Click()	表示是发生在 Command1 上的鼠标单击事件
Dim r As Double	定义变量 r 为双精度实数（用来存放输入的半径值）
r=Val(Text1. Text)	将文本框 Text1 中用户输入的值传送给 r（VB 中数据输入的常用方法），Val() 函数将字符型值转换成数值型值
Text2. Text=Str(3. 14159 * r * r)	在文本框 Text2 中输出计算机根据公式计算的结果（VB 中数据输出的常用方法），Str() 函数将数值型值转换成字符型值
End Sub	程序段结束

重点提炼：VB 程序中对象属性修改的两种方法：

（1）在属性窗口中直接修改。

（2）在代码窗口中通过“对象名．属性名”的方式修改。

重点语句如下：

Text1. Text=Str(s)→ 在 Text1 中显示变量 s 的值

a=Val(Text2. Text)→ a 的值由 Text2 输入

Label1. Caption= “Hello” →在 Label1 上显示文字 Hello

［设计意图］简单介绍程序的含义，进一步了解事件、事件处理过程在具体程序中的应用，了解 VB 中数据输入输出的基本方式以及“对象名．属性名”在 VB 中的应用规则。而对于 Val(　)和 Str(　) 函数可以先简单记忆一下使用的地方和书写规则，先不展开。以上的教学内容主要还是以教师讲解为主，使用边讲边练的教学策略，学生模仿教师操作并加以简单自学。以下教学内容开始主要以学生探究为主了，教师提出具体任务，学生通过两个课题的研究，达到知识巩固和提高的目的。

（十一）课题 2 呈现

用海伦公式求三角形面积。

程序界面呈现：

思考步骤如下：

（1）先分析问题，确定解决问题的算法。

（2）VB 环境下界面设计（包括需要添加哪些控件对象、属

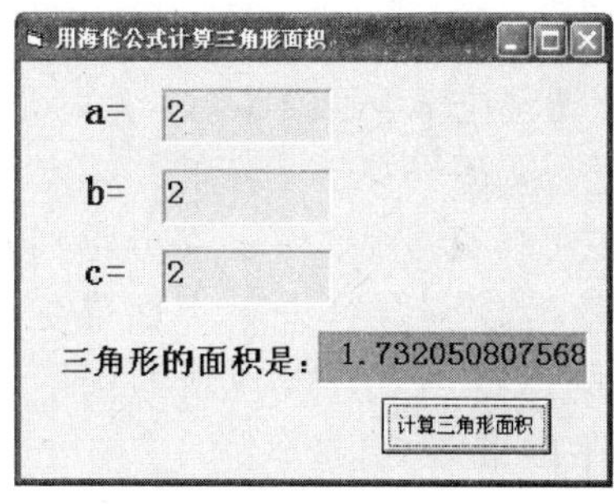

性值的修改等）

注意：表中的对象名和VB程序界面中对象的一一对应，以及对象名修改（Name属性）与对象标题（Caption属性）修改的区别。

对象名	属性名	属性值	说明
Form1	Caption	用海伦公式计算三角形的面积	窗体标题
Label1	Caption	a=	标签
Label2	Caption	b=	标签
Label3	Caption	c=	标签
Label4	Caption	三角形的面积是：	标签
txtA	Text	（空白）	输入边长 a
txtB	Text	（空白）	输入边长 b
txtC	Text	（空白）	输入边长 c
txtArea	Text	（空白）	显示面积数据
	Locked	True	不可编辑
Command1	Caption	计算三角形面积	计算三角形的面积按钮

（3）基本代码编制。（双击 Command1 对象输入下面代码，在画横线处填上正确内容）

Dim a，b，c，p，s As Double

a=Val(txtA. Text)　‘将 txtA 文本框输入的值为 a

b=Val(______)　‘将 txtB 文本框输入的值为 b

c=Val(______)　‘将 txtC 文本框输入的值为 c

p=(a+b+c)/2

s=Sqr(p * (p−a) * (p−b) * (p−c))　‘Sqr(　) 函数的含义为开方

________=Str(s)　‘将计算结果在 txtArea 文本框中输出显示

（4）调试及保存程序：将完成的程序进行调试，任意输入三条边的长度，观察结果。

［设计意图］第一个程序设计中已经对界面设计、属性修改做了详细介绍，该课题让学生通过练习，进一步应用并巩固所学知识解决实际问题，又适当穿插了新的知识点（对象名称），让学生容易接受。在代码编制中，留下部分空白让学生根据所学知识来完成，对教学难点内容进一步加强巩固。最后，通过对自己编制程序的运行调试，发现新的问题（当三条边无法构成三角形时程序出错），引起学生的求知欲，也为下面的内容做准备。

（十二）课题完善

通过对程序的观察，我们发现，在程序中没有对三条边能否构成三角形的情况进行判断，这显然存在漏洞，我们将对程序进行进一步的修改。在计算机里面，对情况的判断可以使用选择模式下的 IF 语句。

IF 语句的语法如右图所示，请同学们考虑两个问题：

（1）该语句应该被加在程序的哪个位置最合适？

（2）如何写判断语句（即任意两边之和大于第三边）？

```
If 条件为真 Then
……
Else
……
End If
```

［设计意图］抛出问题，让学生积极主动思考比直接告知答案更加有效，同时又适当增加难度，对学生来说也是一种挑战自我的机会。通过思考，更能体会程序设计的精髓。

（十三）代码完善

```
Dim a，b，c，p，s As Double
    a=Val(txtA. Text)
    b=Val(txtB. Text)
    c=Val(txtC. Text)
    If(a+b>c) And (a+c>b) And (b+c>a) Then
       p=(a+b+c)/2
       s=Sqr[p * (p－a) * (p－b) * (p－c)]
       txtArea. Text=Str(s)
    Else
       txtArea. Text= "不能构成三角形"
    End If
```

（十四）展示归纳

展示学生优秀作品，总结用 VB 开发应用程序的一般步骤（如下图所示）。

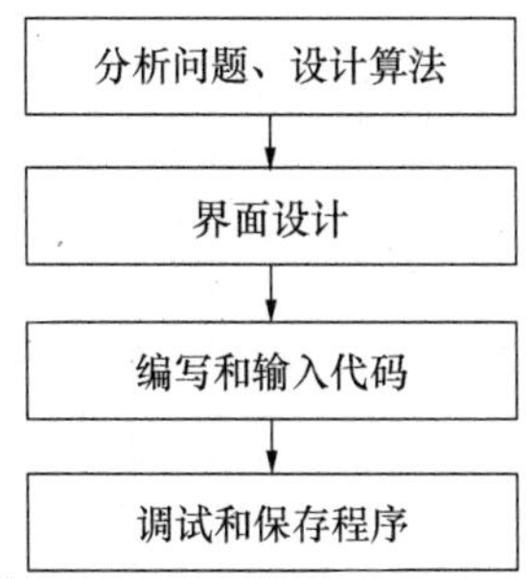

（十五）知识升华

所以，我们在进行算法与程序设计时，全面考虑问题至关重要，所编写的程序要有一定的容错能力，如果你对程序继续思考，还可以对本程序在哪些方面做继续补充呢？［学生讨论并引出：添加版权信息，文本框中输入非数字时的判断等。］

［学生实践］在程序界面中添加“版权信息”按钮，单击按钮后，Label5 中显示“这是×××的作品，盗版必究”字样（提示：需添加一个按钮和一个标签）。

［设计意图］教学的目的不仅仅是教会学生已有的知识，局限于书本，还应从学习中培养锻炼学生思考问题的能力，同时通过这个练习，让学生体验程序设计过程的艰苦和复杂，使学生意识到维护版权的必要性和重要性，也为学生今后使用软件养成良好的习惯，为他的人生树立一个典范。这也体现新课程的要求：教学渗透德育。

（十六）能力探究

课题 3 呈现：以下程序为“简单电路模拟”程序，程序已有的功能如下：当开关断开（单击“开/关”按钮）时，电路中的小灯熄灭；当开关合上（单击“开/关”按钮）时，电路中的小灯点亮。

［实践要求］当小灯熄灭时，按钮只显示文字“开”；小灯点

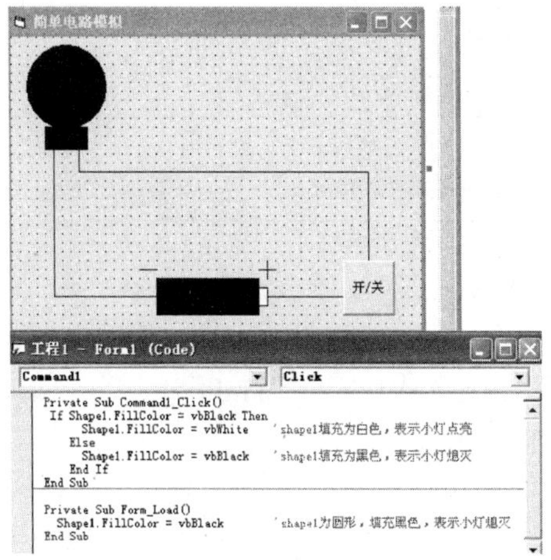

亮时，按钮只显示文字“关”。

［设计意图］“简单电路模拟”是书本上的实践体验内容，但书本上只给出了算法流程图，让学生自己编写程序，这显然是不切实际的。在教学中，对内容进行了修改，要求学生完成一个力所能及的，是前面所学知识总结的任务，通过完善这个程序，使学生进一步了解了算法的结构组成，完成对自己应用所学知识解决具体问题能力的一次检验。

（十七）结语

保护知识产权是我们每个公民应尽的义务。在日常生活中，我们不能仅片面地理解问题、观察问题，生活中的许多问题需要你去发现和探索。

九、知识结构或板书

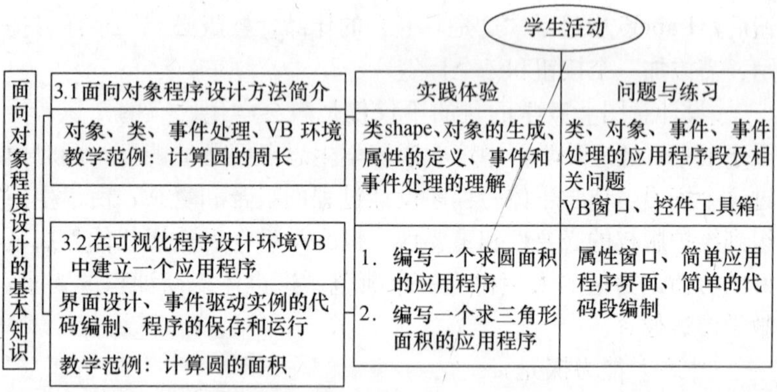

学生活动

面向对象程序设计的基本知识		实践体验	问题与练习
	3.1面向对象程序设计方法简介 对象、类、事件处理、VB 环境 教学范例：计算圆的周长	类shape、对象的生成、属性的定义、事件和事件处理的理解	类、对象、事件、事件处理的应用程序段及相关问题 VB窗口、控件工具箱
	3.2在可视化程序设计环境VB中建立一个应用程序 界面设计、事件驱动实例的代码编制、程序的保存和运行 教学范例：计算圆的面积	1. 编写一个求圆面积的应用程序 2. 编写一个求三角形面积的应用程序	属性窗口、简单应用程序界面、简单的代码段编制

控件图形	控件类名称	主要用途	常用属性	属性含义及书写规则
 A	标签类 Label	显示提示性的文字	Caption	标签上显示的文本 Label1. Caption=…
 abl	文本框类 TextBox	用于数据的输入输出	Text	文本框中显示的文字 Text1. Text=…
	命令按钮类 Command Button	放置用于交互的按钮	Caption	按钮显示的名称 Command1. Caption=…

A=Val(Text 1. Text)
Text 1. Text=str(s)
Labell. Caption= “Hello”
Text 1. Text= “这是我的第一个程序”

十、教学反思

（一）在教学中，难度的掌握很重要，既要让绝大部分学生在自己力所能及的范围内有事可做，又要考虑学生的个体差异，对算法的描述可以由教师完成，学生理解就可以了。在“用海伦公式计算三角形面积”程序的对象名称可以考虑使用默认的Text1、Text2等，以此来降低学习难度。可以考虑为学习能力强的学生单独增加教学内容，比如书本上的“猜数游戏”。

（二）程序的逻辑思维能力的培养是一个逐步完善的过程，教师在教学时不能太急，尽量给学生多的时间去思考去实践，而不是以完成作品作为目标。要避免学生机械化的照搬完成作品，让学生理解算法的含义，否则可能学生做完两个作品后，对程序设计的基本方法还是一无所知。

（三）对IF语句，可以适当的先举例说明，让学生先有个感性认识再来思考可能比较好。

（四）通过3个课时教学与实践，学生基本了解了用VB设计应用程序的基本方法，特别是界面设计相当熟练了，但对数据的输入输出还不是非常清楚，特别是对“对象名．属性名”书写的具体应用还有待加强，不会融会贯通是学生的通病，这需要在以后的学习中逐步加强。而且学生对代码在什么地方输入不是非常理解，我用了“演员的台词”来比喻，将代码比喻为整部戏中某个演员（即对象）的台词，由谁来说这个台词就双击哪个对象输入代码就可以了。

网上获取信息的策略

陈淑彦①

一、教材分析及学生分析

本课是中国地图出版社《信息技术基础》必修教材第二单元第2节的内容，承上启下，教学目标是使学生通过学习，能更为有效地利用网络获取自己所需的信息，从而培养学生自主获取信息的能力，尤其是增强其努力优化信息获取方案的意识。授课对象为高一年级强化班，在初中他们已经初步具备了网络获取信息的能力，但尚浅，因此本课侧重于深入挖掘网络获取信息的多元化途径，让学生真正的学有所获！

二、教学目标

（一）知识与技能

1. 熟练掌握使用搜索引擎获取信息的方法，根据信息需求灵活运用关键词和逻辑命令，细化搜索条件，提高搜索效率。

① 江苏省常州市北郊中学．

2. 了解其他常用的网络获取信息方法，能够根据信息需求灵活选择不同的策略，充分利用网络提供的各种服务。

（二）过程与方法

1. 通过学生上网获取信息的实践，学会网上获取信息的方法和策略。

2. 利用学生的已有知识经验进行迁移，化解难点。

（三）情感态度价值观

通过解决与学生生活紧密联系的例子，激发学生利用网络来解决实际问题的兴趣。

三、教学重点

学会根据信息需求灵活运用关键词和逻辑命令，细化搜索条件，提高搜索效率。

四、教学难点

根据实际问题灵活选择网上获取信息的策略，树立不断优化信息获取方案的意识。

五、教学方法

问题探究 小组协作

六、教学过程

<table>
<tr><th>教学环节</th><th>教 师 活 动</th><th>学生活动</th></tr>
<tr><td>创设情境
引起兴趣</td><td>有人说，如果在互联网上有200条关于一个人的信息，意味着这个人小有名气；如果有2 000条，则说明这个人已经非常有名了。
同学们，你试过网上找自己吗？</td><td>学生思考</td></tr>
<tr><td>教学过程</td><td>一、搜索引擎探索
基础篇：找找你自己
学生实践，并根据学案记录下搜索结果，填写表格
关键词组合一：____________
<table><tr><td>搜索引擎</td><td>网页数量</td><td>用时</td><td>准确程度</td></tr><tr><td>百度</td><td></td><td></td><td></td></tr><tr><td>Google</td><td></td><td></td><td></td></tr></table>关键词组合二：____________
<table><tr><td>搜索引擎</td><td>网页数量</td><td>用时</td><td>准确程度</td></tr><tr><td>百度</td><td></td><td></td><td></td></tr><tr><td>Google</td><td></td><td></td><td></td></tr></table>选择一位学生完成的学案集体交流讨论
教师引导学生总结得出：
相同关键词，不同搜索引擎，搜索结果不一样</td><td>学生实践，完成学案

学生回答问题，交流自己的实践过程
教师参与交流，评价激励
学生思考领会</td></tr>
</table>

续表

<table>
<tr><th>教学环节</th><th>教 师 活 动</th><th>学生活动</th></tr>
<tr><td>教学过程</td><td>不同关键词，相同搜索引擎搜索结果范围存在很大差异
网上有许多和我们同名同姓的人
[师] 如何从这么多反馈结果中找出真正的自己呢？(一条一条去查看显然不是最佳方案)
学生讨论，教师加以引导：利用搜索引擎的逻辑命令查询，准确定位信息
教师操作：以查找教师为例，和学生一起探讨如何充分利用逻辑命令“与或非”(用数学知识加以类比)
[提问] 请同学描述一下这两个数学表达式，它们有什么不同
a×b+c　a×(b+c)
[师] 我们知道数学中的加减乘除是有运算优先级别的，同样搜索引擎逻辑运算也存在这个问题
学生思考领会　成功解决问题
[师] 通过多个关键词之间逻辑命令的综合运用，终于只显示所有关于我自己的信息了，共有不到176条记录，仍需努力。
部分同学可能在网上还没有很多关于自己的记录，不要觉得失望，能找到的已经很了不起了，教师的记录也是从大学开始的，同学们完全可以从现在开始！
[师] 逻辑命令符号在不同的搜索引擎之间不完全通用，给我们的使用带来了不便，有没有更加简单的办法呢？
教你一招，以不变应万变——搜索引擎的高级搜索，将其和关键词逻辑运算的对应关系展示给学生
拓展：查找特定条件的信息——高级搜索
1. 包含自己姓名的所有 Word 文档
2. 搜索无锡一中的图片
(要求：大小 1 024×768；格式：JPG)
二、专业权威网站
提升篇：找找你的家
[师] 每个人都有一个自己的家，现在请同学们上网查找从学校到家的最短距离。(两点之间，直线最短)
学生讨论，怎么找？
在学案上记录下自己的查找过程和结果（两种方法）
<table>
<tr><th>尝试过的方法</th><th>结果</th></tr>
<tr><td></td><td></td></tr>
<tr><td></td><td></td></tr>
</table>
推荐权威网站（大屏幕显示，不中断学生的操作）</td><td>学生讨论交流

学生观察并思考，帮助教师解决问题

学生回答问题

学生思考进行知识迁移
教师及时对学生的回答进行评价 激励

学生听、思考

学生实践小组合作</td></tr>
</table>

续表

<table>
<tr><th>教学环节</th><th>教 师 活 动</th><th>学生活动</th></tr>
<tr><td>教学过程</td><td>www.mapbar.com
学生探索实践：利用权威网站查找特定信息
再次记下自己的查找过程和结果
<table><tr><th>权威网站</th><th>搜索结果</th></tr><tr><td>www.mapbar.com</td><td></td></tr></table>
学生反馈交流，最终找到的信息及所用的方法，请个别学生演示
[师] 权威网站往往能为我们带来很多方便，同学们平时要注意积累，收藏一些实用的专业权威网站，会有意想不到的收获（发挥收藏夹的作用）。
三、其他网络服务
拓展篇：找找你喜欢的××
请学生描述网上查找自己感兴趣的某项内容的过程
教师提出当目标不明确时怎么办？
举例：我以前看过一部电影，只有一点印象，有下雪的镜头，有人在图书馆撕书点火取暖
你能帮我查出这个电影的名字吗？
学生实践，反馈，发现无法找到需要的信息
[师] 同学们尝试了不同类型的搜索引擎和权威网站，这里似乎都派不上用场了，网上似乎没有我要找的信息，该怎么办呢？
利用互联网提供的其他服务
举出百度知道询问电影的例子，说明人本身就是一种蕴藏巨大能量的搜索引擎
[师] 好，现在请同学们来说说今天这节课你有什么收获？
学生发言
[师] 今天主要围绕网上获取信息的策略展开，从最基本的搜索引擎到权威网站的应用，再到互联网其他服务的利用，总之，一句话，根据实际情况选择最佳策略！</td><td>学生探索实践
学生实践，完成学案
学生交流反馈，教师参与，适时引导，评价
学生发言
发表自己的观点
学生思考
学生实践探索
学生思考
实践
学生发言交流收获
一起总结本节课所学</td></tr>
<tr><td>总结</td><td>最后，感谢同学们的配合，也欢迎同学们来常州北郊中学做客，我相信现在不用我介绍，同学们要准确找到北郊中学没有任何问题，随时欢迎大家！
下课，同学们再见！</td><td></td></tr>
</table>

七、学习成果

通过学习，学习小组将形成以下成果

1. 通过搜索引擎查找到所有关于自己的信息。
2. 利用权威网站精确查找学校到自己家的距离。

3. 利用互联网的其他服务功能，查找到目标不明确的信息需求。(具体各小组自定)

资源：网站 www. baidu. com，www. google. com

www. mapbar. com，www. 8684. com

百度知道，www. tianyaclub. com

评价量规表：

评价项目	评价内容及评级分值		
分工协作	优秀（5）	良好（3）	继续努力（1）
	小组成员分工明确，任务分配合理，有小组分工职责明细单	小组成员分工较明确，任务分配较合理，有小组分工职责明细单	小组成员分工不明确，任务分配不合理，无小组分工职责明细单
信息来源	优秀（5）	良好（3）	继续努力（1）
	能使用适当的搜索引擎从网络等多渠道获取信息，并合理的选择信息、使用信息	能从网络获取信息，并较合理的选择信息、使用信息	能从网络或其他渠道获取信息，但信息选择不正确，信息使用不恰当
成果要求	优秀（5）	良好（3）	继续努力（1）
	成果完成内容完整，且方案合理、高效，能获得 2/3 以上同学的肯定	成果完成内容较完整，且方案较合理、高效，能获得 1/2 以上同学的肯定	成果完成内容不完整，且方案不够合理、高效，只获得极少数同学的认同

注：总分 10 分以上为优秀，8 分以上为良好，6 分以下还需继续努力。

八、教学反思

本节课我已在一次优秀课评比活动中上过，而且那堂课对我而言，难以忘怀，至今回忆起来，眼眶都会发热，第一次看到学生为我鼓掌，当时的激动真是无法言喻。之所以会有这样的效果，我个人认为，得益于情境的创设和难点的化解，这也是我最满意的地方，首先来说情境的创设，我把问题集中于在网络上找和自己相关的内容（包括自己的名字，自己的家等），这和每一个学生个体都相关，不会让任何一个学生孤立在我的课堂之外，充分调动起了大家的兴趣，在这样的情况下，即便当时的课堂上出现了一些小状况，比如教师机的控制软件出了问题，延时较严重，但学生对我仍给予了极大的包容，虽然耽误了一点时间，但整个的课堂没有因此而乱，始终很有序，这是其一；其二，学生在网上找自己的过程中会看到以前的一些辉煌记录（比如获奖等），这一点满足了学生的自我肯定需求，因此他们乐于和我交流这一话题，讨论起来非常主动，而我也以此为契机，告诉学生，人生是一步一个脚印走出来的，想回头看自己的脚印深不深，美不美，就要走好现在的每一步，学生在前面的基础上，也非常认同我的说法，我想这或多或少会对他们有一些触动。下面再说难点的处理，举一个例子，搜索技巧中逻辑符号之间的运算关系，如果一上来就直接跟学生口若悬河的讲，不管是从心理上还是知识层面上，学生可能都是一下子有点懵了，我用了数学上最简单的算术式将这个知识点引了进来，学生理解起来就非常方便了，实践也证明，不用我讲，学生都能够以此类推，通过知识的迁移，很好地掌握了新知识。

还有一个我认为很重要的环节就是过渡，不着痕迹，自然，是最理想的，听优秀教师的课，往往会被一些细节所打动。本节课当中也有许多过渡，有好有不好，首先三个模块之间，一、二之间的过渡就显然比二、三之间要好，因为希望围绕“我”这个情境和体现知识点的原因，第三个模块设计有点牵强。我认为比较自然的过渡是，搜索技巧与高级搜索之间的过渡，因为前一个复杂，自然就想有没有什么简单的办法，正好引出高级搜索，水到渠成。

以上是我认为设计较为成功的地方，但同时也存在很多问题，就像教研员朱老师听我的课，曾这样评价，有亮点，但基本功欠缺，包括时间的把握，对学生的评价、语气语速，本节课也同样存在这些问题，本课的设计中有三个模块，相对来讲，第二模块最难，时间计划中也最长，但是由于我第一模块的时间超过计划，使第二模块不得不缩水，最后是由我进行引导总结，没有给学生充分的时间独立完成，显得较为仓促，学生显然是意犹未尽，被我强行拉进第三模块的，我想如果换一个有经验的老师来上，肯定比我处理的好，这个问题不是一朝一夕能够解决的，需要多听课，多总结，多实践，多反思。还有一个薄弱环节就是评价了，这一直是我比较纠结的问题，想把它做好，总感觉无从下手，我深深的感到，有时候赤裸裸的表扬学生，会让他们浑身不自在，一味的表扬更是不可取，特别是那种简单的问题，教师如果夸张地去表扬学生，他们反而会觉得你侮辱了他们的智商，如何能做到春风拂面，我到目前为止从来没有满意过，就拿这堂课来说，总觉得自己的评价还显得苍白，现在的学生可以用七窍玲珑心来形容，要让他们从心底里认同你，真不是件容易的事！这是我最需要学习的地方，也欢迎其他老师探讨。

顺　序　结　构

刘　蕾[①]

章节名称	第二章　第三节　第一课 顺序结构	计划学时	1课时
学习内容分析	本节内容是算法与程序设计（选修）第二章第三节内容。前面课时的教学，让学生对算法、流程图、常量、变量等程序设计的预备知识有了初步的了解，但对如何灵活使用还没有清晰的概念。本课是程序设计三种结构的第一课，内容看似简单，但它的承上启下作用非常明显，因此，更好的把预备知识融入到教学过程，不但能让学生深刻理解，灵活运用概念，同时也直接影响着分支结构、循环结构的教学效率。		
学习者分析	学习对象是高二的学生，玩的天性依然主导着他们对信息技术的学习态度。绝大多数学生从没编写过程序，程序设计对他们来说既是一个新鲜课程，也是在思维上和技术上都有一定的难度的头疼课程。因此，教学过程可以从“玩”出发，引起学生注意，引导他们积极思维，独立自主地解决问题。 在教学任务的设定上，采取提出问题，给学生搭任务台阶，环环相扣，引导学生思维上路，深入理解教材，同时，也为领悟能力较强的学生设置了选做任务，进一步强化他们的分析、实践能力。		
教学目标	课程标准：理解顺序结构概念；会使用程序设计语言实现顺序结构。		
	知识与技能：理解程序设计的顺序结构基本思想；掌握顺序结构语句特点。		
	过程与方法：能够使用顺序结构编写简单的程序解决具体问题。		
	情感、态度与价值观： 明确顺序结构在程序设计中的重要作用；体会什么样的问题适用顺序结构编程解决；体会顺序结构的局限性。体会不同编程语言在程序设计思想与算法实现之间的相通性。		
重难点及解决措施	教学重点：顺序结构特点。 教学难点：使用顺序结构解决程序问题。 解决措施：用“机器人快车”AI－RCJ竞赛软件，采用图形化界面，先编程，程序制作出来看到效果，再通过程序代码体会程序效果和语句之间的关系，结合课本得出概念；再运用概念读程序。		
教学设计思路	用“机器人快车”AI－RCJ竞赛软件，安排逐层递升的设计问题，让学生在会编写程序之后，再引出概念，使他们在娱乐的同时投入学习，在学习的同时感到快乐。 同时，变传统的“先理解概念，再学会编程”的费时费力费心的学习过程为“先能编制程序，再深刻理解概念”的轻松愉快的程序之旅，学习效果更为明显。		
依据理论	算法与程序设计的教学，重点不在于对某一编程语言的学习，而是理解模块化程序设计的基本思想，初步掌握调试、运行程序的方法。 教学方法的最本质特征就是要促进大多数学生在课堂上积极参与，促进全体学生积极动脑。		

① 海南省洋浦经济开发区洋浦中学.

续表

章节名称	第二章　第三节第一课 顺序结构			计划学时	1 课时
媒体	网络教室、多媒体课件、学生学件、“机器人快车”AI－RCJ 软件、VB 等。				
课堂评价	竞赛性评价，根据各课堂任务的不同小组完成情况，教师随时针对学习方法、情感态度和合作学习、完成速度、效果等方面进行评价。教师的评价要注重创造学习氛围，激发学习兴趣，调动学习思维，增强学生克服困难的决心。				
教　学　过　程					
教学环节	教学内容	时间	教师活动	学生活动	设计意图
课前准备	为课堂教学作准备		安装“机器人快车”AI－RCJ 软件；学生每两人分一小组。	复习编程预备知识；预习本课内容。	软硬件相应准备。
机器人引题	高科技机器人引出课题	1 分钟	（视频演示机器人及机器人比赛片断）我们经常在报纸、电视、网络上看到各种各样的机器人大赛，我们现在也能做出机器人，你相信吗？		课堂开始抛出学生认为“天方夜谭”的事情创设氛围，即调动好奇心，集中注意力，也能更好的让他们体验随后成功的快乐。
演示操作	AI－RCJ 快速体验	2 分钟	1. 界面简介：把运行界面看做平面直角坐标系，最左下角是原点（0，0），界面上任何一点都可以用坐标表示。 2. 第一个程序：“让机器人移动到指定点”（详细操作见学案）	结合学案观察、理解、学习教师的操作。	激发学生兴趣的同时降低第一个程序的操作难度。 同时体会数学模型与程序设计的联系。
练习巩固	尝试“第一个程序”	3 分钟	巡视学生并给予适当辅导。	制作程序“让机器人移动到指定点”。	初步体验成功，促进进一步探索。
逐层深入	开发“第二个程序”	10 分钟	布置任务： 第二个程序 A：“让机器人能够走‘L’型路线”。 第二个程序 B：“让机器人能够走‘S’型路线”	以小组为单位，探索第二个程序的实现步骤。	体会程序流程，开发学生思维。 采用两人独立完成各自的操作，以避免信息技术课堂。

续表

教学环节	教学内容	时间	教师活动	学生活动	设计意图
逐层深入			要求：每小组的两人各做一个程序，可以讨论方法，但必须各自完成操作，两人全部完成才视为任务完成。 【选做任务】 第三个程序：让机器人旋转360度。	领会力较强，速度较快的学生可以选做任务“第三个程序”，强化分析、综合能力。	的“等、靠”现象，让每个学生都参与到课堂中来。
顺序结构概念引入	绘制流程图，引出顺序结构概念	7分钟	1. 用流程图的形式画出机器人走“L”（或）“S”型路线的过程。 2. 观察程序的源代码，你能说说，在这两个程序里，语句的执行有什么特点？ 3. 有这样特点的程序结构是什么结构。	1. 绘制流程图（相关概念在课本P8页）。 2. 体会语句特点。 3. 结合课本P33页的概念理解“顺序结构”。 4. 用自己的语言说出什么是“顺序结构”。 5. 思考：是否让机器人走“L”（或）“S”型路线只有一种编程方法。	通过流程图的绘制深刻理解“顺序结构”概念，同时在顺序结构的学习中掌握流程图在实践中的使用。 另外，可视学生完成情况让他们思考：是否走“L”（或）“S”型路线只有一种方法，体会即使是最基本的顺序结构，可满足任务要求的编程方法也不只一个，认识程序设计的不唯一性。
实践提高	尝试“踢球”	5分钟	布置任务： 第四个程序：“踢球一次”。 要求：小组为单位自行摸索，满足什么样的条件才能让机器人踢到球，并用程序验证你的想法。（同时记录踢球一次后，球停止后的坐标。） 【提示】在AI－RCJ的运行平台上可以看到球的位置坐标。	小组合作，共同讨论完成程序。在讨论中进行思维的碰撞。	训练学生的分析能力和综合能力。 学生学习习惯的养成教育：独立思考，合作讨论，动手动脑。

续表

教学环节	教学内容	时间	教师活动	学生活动	设计意图
能力提升	顺序结构编程深入	7分钟	1. 布置任务： 第五个程序："踢球两次"。 2. 演示变量的使用（1分钟）。 3. 完成程序之后，观察源代码，说说程序在执行时的顺序是怎样的？这些变量在程序中都起了什么作用？	1. 发现第二下踢球时，球的坐标无法预知，需要用变量随时获得球的位置。 2. 编写带有变量的顺序结构程序。 3. 观察程序源代码，体会变量的作用：存储；传递。	变量的相关概念在课本P21页表2-4。 学习编制带有变量的顺序结构程序，体会变量的作用，复习常量、变量、数据类型等概念，达到灵活运用变量的目的，也对顺序结构可以编制什么样的程序，解决何种问题有深刻的体会。
代码编写	编写两变量交换的代码	5分钟	布置任务： 结合顺序结构的特点，编写两个变量交换的程序代码，并说明为什么这样编写。（必须借助第三个变量吗？）	阅读课本P33页程序。 关闭书本，独立编写代码。 说明为什么这样编写。 体会顺序结构特点及变量作用。	两变量的交换问题是顺序结构的特殊实例，也是程序设计必须理解掌握的内容。 通过编写两变量交换程序，对顺序结构执行有更清楚的认识。
认识强化	比较C语言和VB语言的异同	1分钟	通过表格比较C语言和VB语言的异同。（表格见学案）	观察比较，得出结论： 两者在程序设计思想与算法实现等方面是相通的，但在具体用代码实现时即有相通的地方，也各有自己的特点。	在上面的教学环节中，其实学生一直都有疑惑：课本讲授的是VB程序，而教师授课却用C语言，两者有什么联系吗？

续表

教学环节	教学内容	时间	教师活动	学生活动	设计意图
认识强化					这个环节，通过表格比较，解答疑惑，也让学生体会不同编程语言在程序设计思想与算法实现的相通性。形成初步的模块化程序设计的基本思想。
作业	作业布置	1分钟	布置任务：（该作业可根据教学情况调整为课堂任务或课后作业） 结合前面课程所学的基础知识，尝试用VB软件实现让机器人从一点走到另一点。 提示：VB中通过控制图形的左边距和上边距来控制图形的位置。 要求：1. 能画出该程序的流程图。 2. 能说出每条语句的作用。 3. 体会你编制的程序与在机器人快车中的程序有什么不同	完成课后作业	培养学生能用编写代码的形式完成程序的设计制作。
小结强化	知识点小结	2分钟	顺序结构的特点类似于我们人走路的哪一种？    顺序结构适用于编制什么样的程序？	回答问题，加强理解	小结时不是死板的照搬课本，而是用平时生活中的路作比较，使学生强化概念，理解顺序结构的适用情况。

续表

<table>
<tr><th>教学环节</th><th>教学内容</th><th>时间</th><th>教师活动</th><th>学生活动</th><th>设计意图</th></tr>
<tr><td>拓展延伸</td><td>问题思考延伸课堂</td><td>1分钟</td><td>思考：1. 如果我要不停地撞击足球，直到射进大门为止，你能编出程序吗？
2. 你设计的机器人能避免乌龙球吗？</td><td>考虑要设计满足这两个思考问题的程序需要具备什么条件。</td><td>感知顺序结构的局限性，为后续课程“循环结构”“选择结构”做准备。</td></tr>
<tr><td>教学反思</td><td colspan="5">在以往的有关程序设计的授课过程中，我发现，传统的“先理解概念，再学会编程”的方法，费时费力费心，教师费尽口舌使学生先明确各种基础知识，然后再去试着从最小的程序开始编制，教学方式往往存在着无趣、枯燥性，教师与学生之间缺乏互动性，这就使得很多学生对知识点的理解只停留在面上，容易产生厌学情绪，考试一完就把知识交还给老师了。
怎样才能让学生体会到程序学习的乐趣，并逐渐使他们喜欢上学习呢？
采用直观编程工具 AI—RCJ 辅助，先在图形化界面里编制机器人小程序，再返回来看课本知识点和程序，观察、理解、编写代码，以寓教于乐的方式，使学生在学习的同时感到了快乐，而在娱乐的同时又发现自己目前的知识存储不能给自己更高的支持，所以为了得到更多的快乐，又投入学习。通过玩，学习，玩，学习这样一个循序渐进的方式，来完成对知识点的学习，使程序设计的学习过程变为“先能编制程序，再深刻理解概念”的轻松愉快的程序之旅，学习效果更为明显。
本课的教学内容“顺序结构”在概念上看似非常简单，易于理解，但由于之前课程教授的数据类型、流程图等概念学生并没有深刻的理解，难以灵活运用。因此，本课教学除了让学生理解顺序结构之外，还具有不可替代的承上启下作用。
许多老师可能都有这样的体会，顺序结构课程上完，到了分支结构、循环结构的教学，学生还是听得一头雾水，每节课似乎对学生来说都还是“全新”的，各个环节之间好像没有明显的联系。怎样把各个环节贯穿起来呢？顺序结构就起了这样的作用。
承上：让学生在编制程序的过程中，深刻理解流程图、变量等概念，把它们融为自己程序设计的基本素养，能够熟练驾驭这些概念。
启下：不管是循环结构还是分支结构，顺序结构必然存在于其中，它是贯穿程序设计中的主线。切实掌握了顺序结构，也就能理解模块化程序设计的基本思想，初步掌握调试、运行程序等解决问题的一般方法。同时，学生会编程了（顺序结构），也就会在解决问题的过程中自然发现顺序结构在编程时的局限性，期待新的技术补充，期待循环、分支结构等的进一步学习。
因此，顺序结构是否真正教学成功，我认为，不仅仅是学生知道了概念，会绘制流程，而且还要能根据实际情况选择适合的语句真正解决问题。</td></tr>
<tr><td>板书设计</td><td colspan="5">程序设计的顺序结构：
代码是按照由上到下的顺序一行一行执行。在程序执行过程中，没有分支，没有重复，我们把这种结构称为顺序结构。
{ 不含变量的顺序结构
{ 含有变量的顺序结构
顺序结构适用于：没有分支，没有重复的事件。</td></tr>
</table>

留言本/问卷调查的设计

陈鸥辉①

设计前的话：广东版必修教材中该部分内容是紧跟选修关联的。但由于现实情况的局限，目前我校预计将不开设选修《算法与程序设计》以及《数据管理技术》。参考全国各地信息技术教师的建议，为了避免给学生留下知识空白和疑问，同时也为了让学生能在有限的时间里学到更多的与学习生活相关的数据库与程序设计知识与原理，并基于本校学生的学习现状，特设计了这一模块的教学内容，已在实施中取得了良好的效果。

教学目标		
基本目标	知识与技能	（1）通过对简单数据库的解剖分析，了解使用数据库管理信息的基本思想和方法 （2）了解数据库及其建立过程 （3）了解计算机程序的基本结构和作用
	过程与方法	（1）使用简单的数据库应用系统并操作数据库 （2）能够建立简单的数据库 （3）能根据需要修改程序代码以实现其功能
	情感态度价值观	（1）体验数据库的强大功能 （2）体验程序的运行过程及作用 （3）培养学生对技术体验的积极情感与态度
重点	（1）实际操作数据库应用系统以及理解数据库中的三个基本概念（关系数据库、字段与记录） （2）建立个人数据库，分析并归纳使用数据库管理数据库的基本思想和方法 （3）实现用计算机编程解决问题的过程和方法	
难点	（1）理解数据库中三个概念并建立个人数据库 （2）通过修改程序代码实现简单的留言本/问卷调查的功能	
内容分析		
	本模块授课内容基于广东版高中信息技术必修教材中的第四、五章修改而来。鉴于我校信息技术选修计划不会开设《算法与程序设计》以及《数据库基础》两个选修模块，同时参考若干一线教师的建议，为了避免在有限的课时里，实施有些脱节的两部分独立的内容可能会导致学生出现知识空白，故将两部分内容糅合成一个模块，通过留言本/问卷调查的设计以环环相扣的形式将知识连贯起来，让学生不但能整体把握知识体系，同时也能初步体验简单的B/S技术的原理与强大功能。 本模块分如下八节课来完成： 问卷调查的填写及分组 数据库中的几个基本概念 建立自己的数据库 根据数据库设计asp界面 体验程序代码向数据库插入数据的过程及方法 初步了解程序代码的基本含义 体验程序代码从数据库读入数据的过程与方法 模块学习的总结与评价	

① 湖南省株洲市第二中学.

续表

<table>
<tr><td colspan="4">学　生　分　析</td></tr>
<tr><td colspan="4">（1）通过第二、三章的学习，学生已初步体验协作学习的乐趣并初步养成了协作学习的意识
（2）学生基本不了解数据库技术相关知识
（3）有少部分参加奥赛的选手有C语言基础，但并不了解asp语言
（4）学生经常上BBS、Baidu贴吧留言，对留言本的设计兴趣浓厚
（5）部分学生对研究性学习感兴趣，故对问卷调查的设计更感兴趣</td></tr>
<tr><td colspan="4">教学策略设计</td></tr>
<tr><td colspan="4">讲授法：通过讲授技术实现的一些基本原理与操作方法，给学生以学习探究技术的脚手架，避免学生在动手的过程中因过多的不必要的失误耽误教学进度。
自主互助探究法：通过分组给学生以合作的引导，让学生在完成留言本/问卷调查的设计过程中，能在自主、互助的基础上不断地深入探究以完成有个人及小组特色的作品。</td></tr>
<tr><td colspan="4">教学过程设计</td></tr>
<tr><td colspan="4">第一节　问卷调查的填写及分组</td></tr>
<tr><td>教学环节及时间</td><td>教师活动</td><td>学生活动</td><td>对学生学习过程的观察和考查及设计意图</td></tr>
<tr><td>任务一：问卷调查的完成
15′</td><td>提示学生在IE中输入：http：//okey，并开始完成问卷调查；然后巡视进行检查以及单独辅导；并提示学生该问卷调查后的原理实现即为下阶段的学习目标</td><td>打开问卷调查页，开始完成调查；在遇到问题时相互讨论或向教师求助</td><td>学生完成的积极性较高；该任务起承上启下的作用，由于前阶段时间将第二、三章与研究性学习整合进行模块教学取得了良好的效果，故通过问卷调查一方面了解学生对前阶段学习的满意度；另一方面让学生了解下一阶段通过学习需要达到的总任务目标</td></tr>
<tr><td>任务二：分组
15′</td><td>提示学生分组并完成分组表，通过教学软件发布分组表；继续巡视，检查并督促学生完成后提交到ftp：//okey</td><td>学生相互走动，进行分组协商并完成分组表</td><td>鉴于该模块知识点较难，分组的主要目的是为了确认一位学习能力较强的学生来作为该组组员的小教师，以协助教师顺利的进行教学</td></tr>
<tr><td>检查完成情况
10′</td><td>检查学生作业提交情况，并点名提示未完成的学生抓紧时间完成</td><td>学生继续完成，其他已完成的部分学生辅导未完成的小组完成</td><td>督促学生不养成拖作业的习惯，同时为了顺利地排座以利于下堂课的教学的正常开展</td></tr>
</table>

续表

<table>
<tr><td colspan="2">教学过程设计</td></tr>
<tr><td>学案及典型成果</td><td>

任务一：问卷调查的完成

1. 界面页

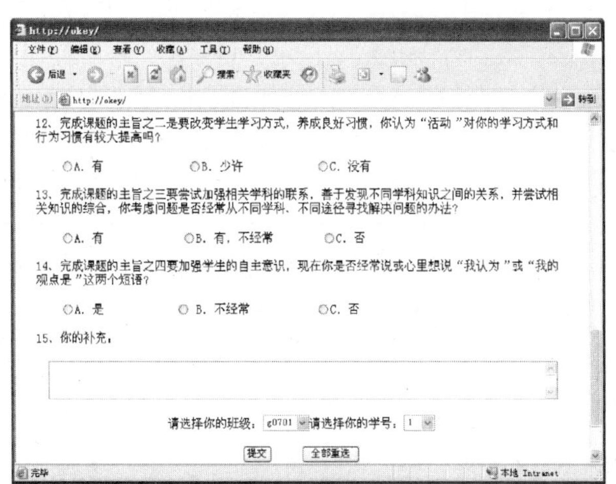

2. 确认页

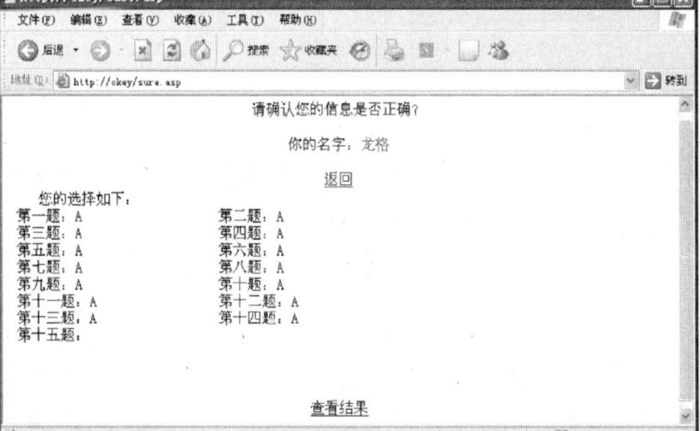

3. 查看结果页

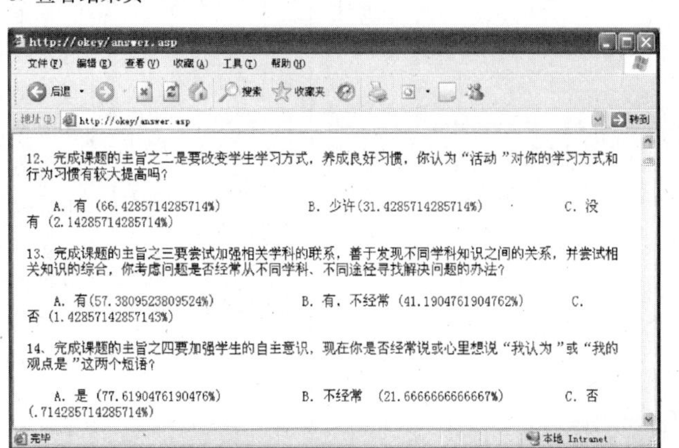

</td></tr>
</table>

续表

<table>
<tr><td colspan="4">教学过程设计</td></tr>
<tr><td>学案及典型成果</td><td colspan="3">任务二：分组
注意：每组人员不超过 3 人，最好有 1 人懂程序设计
设计题目：问卷调查，留言板等
设计过程：希望选一名对程序设计和数据库理解和接受较快的同学为组长，组长在整个设计流程中带动组员进行学习，最后等级由作品完成情况和组长对组员学习情况进行鉴定。要求每人都必须完成一份个人作品
<table>
<tr><td>设计题目</td><td colspan="2"></td></tr>
<tr><td>成员</td><td>学号</td><td>姓名</td></tr>
<tr><td>组长</td><td></td><td></td></tr>
<tr><td rowspan="2">组员</td><td></td><td></td></tr>
<tr><td></td><td></td></tr>
</table>
</td></tr>
<tr><td colspan="4">第二节　数据库中的几个基本概念</td></tr>
<tr><td>教学环节及时间</td><td>教师活动</td><td>学生活动</td><td>对学生学习过程的观察和考查及设计意图</td></tr>
<tr><td>讲解本堂课的要求 5′</td><td>用屏幕广播开始教学：打开学案，提示学生将需要完成三个问题；同时打开学生上节课提交的数据所保存至的数据库，引导学生找到属于自己的记录并复制粘贴至学案中，如：当教师引导学生在第一张表 stuclass 中找到该班某一学生的记录后，提问："下面我们怎么在第二张表中找到他（她）上堂课完成问卷调查时提交的记录呢？"</td><td>认真听课，并在教师的引导下回答问题

学生就会猜测、议论，也有学生反应较快，通常答："通过 ID 号。"或直接报该生的 ID 号（数字）</td><td>学生对突然展示的后台数据库比较诧异，尤其是在找到具体的该班某一学生提交的问卷调查记录后已开始跃跃欲试。设计的目的是为了让学生清楚本堂课的学习任务以及初步了解操作数据库的基本方法</td></tr>
<tr><td>学生自主完成 30′</td><td>撤掉屏幕广播，发布学案；然后巡视，检查并督促学生完成任务，同时针对个人答疑；　尤其是针对上堂课未很好地完成作业的学生，提示他们完成的方法并重新发布数据库至 ftp：//okey 中提供下载</td><td>学生开始通过各种手段寻找关系数据库、字段与记录的定义并开始在 wjdc. mdb 中查找属于自己的记录；个别学生由于上堂课没完成任务开始提出疑问："为什么找不到我的答案？"</td><td>学生完成讨论的气氛良好。设计的目的是为了让学生体验操作数据库的基本方法，激发学生对数据库探究的兴趣以及初步形成对数据库中三个基本概念的认识，并为下堂课开始建立个人数据库打好基础</td></tr>
</table>

续表

<table>
<tr><td>教学环节及时间</td><td>教师活动</td><td>学生活动</td><td>对学生学习过程的观察和考查及设计意图</td></tr>
<tr><td>检查完成情况 5′</td><td>检查学生作业提交情况，并点名提示未完成的学生抓紧时间完成</td><td>学生继续完成，其他已完成的部分学生辅导未完成的组员完成</td><td>督促学生不养成拖作业的习惯，同时为了保证下堂课教学的正常开展。</td></tr>
<tr><td>学案及典型成果</td><td colspan="3">数据库基础知识
其中提交的学案之一：g0709 唐易轩
问题一：什么叫关系数据库？(用自己的语言来回答)
答：关系型数据库以行和列的形式存储数据，以便于用户理解。这一系列的行和列被称为表，一组表组成了数据库。关系型数据库管理系统中储存与管理数据的基本形式是二维表。
问题二：什么叫字段？(用自己的语言来回答)
答：字段是用来分类数据和定义数据类型的。
问题三：什么叫记录？(用自己的语言来回答)并将你上堂课完成的记录复制过来。
答：即数据库表中的“行”。
<table>
<tr><td colspan="4">stuclass</td></tr>
<tr><td>id</td><td>class</td><td>stuid</td><td>name</td></tr>
<tr><td>230</td><td>g0709</td><td>30</td><td>唐易轩</td></tr>
</table>
<table>
<tr><td colspan="16">stuselect</td></tr>
<tr><td>stuclass_id</td><td>s1</td><td>s2</td><td>s3</td><td>s4</td><td>s5</td><td>s6</td><td>s7</td><td>s8</td><td>s9</td><td>s10</td><td>s11</td><td>s12</td><td>s13</td><td>s14</td><td>s15</td></tr>
<tr><td>230</td><td>A</td><td>A</td><td>A</td><td>BC</td><td>B</td><td>A</td><td>A</td><td>A</td><td>B</td><td>B</td><td>A</td><td>A</td><td>A</td><td>A</td><td></td></tr>
</table>
(注：上图是表格的形式复制在学案里，为了该教学设计排版需要，故截成了图放在该处)
拓展任务：根据 wjdc 数据库设计好自己的数据库。
完成作业后提交到 ftp：//okey 小组姓名文件夹中</td></tr>
<tr><td colspan="4">第三节　建立自己的数据库</td></tr>
<tr><td>教学环节及时间</td><td>教师活动</td><td>学生活动</td><td>对学生学习过程的观察和考查及设计意图</td></tr>
<tr><td>演示建立数据库的方法与步骤 5′</td><td>用屏幕广播开始教学：打开学案，回顾梳理上堂课提到的三个基本概念；并引入本堂课的任务，同时展示建立数据库的整个操作流程，如：通常的引导顺序为：
知识回顾后引入：留言本界面，一个最简单的包含昵称，E-mail，主题，内容的截图</td><td>认真听课，并在教师的引导下回答问题

学生：四个？五个？</td><td>学生对建立个人数据库有良好的兴趣；教师演示的目的是为了避免学生在设计个人数据库时花费不必要的试误时间，以保证他们能很顺利的设计出属于自己的数据库</td></tr>
</table>

续表

教学环节及时间	教师活动	学生活动	对学生学习过程的观察和考查及设计意图
演示建立数据库的方法与步骤 5′	师：大家想一想，根据界面提示，我们需要在数据库中建立几个字段？ 师：只看界面，到底需要几个呢？ 师：不错！四个，留言者每提交一次提交的是四个数据，分别是哪四个？ 师：大家都非常厉害，下面我们再想想平时在网上留言的时候，还反馈了一个什么数据？ 师：对，时间是不会让留言者自己录入的，这需要我们第五节课学编程时用代码来获取。ok！我们就根据这个界面一起来建立一个属于自己的数据库。	（学生一般会争论着抢答） 生：四个 生：昵称，E-mail，主题和内容 生：??? …… 有答时间的 （回答的热度有所下降） 学生一般会跟上教师的思路回答字段名如 name、E-mail、title、context、time 以及回答字段属性的正确设置	
学生自主完成 30′	撤掉屏幕广播，根据学生需求通过大屏幕再展示一次留言本数据库建立的流程，其中字段包括：name、email、title、context、time 然后巡视，检查并督促学生完成任务，同时针对个人答疑	学生开始根据自己的情况设计个人数据库；部分接受能力快的学生开始辅导组员完成数据库的建立；有学生向教师请教问卷调查数据库的建立方法	学生的兴趣被充分地调动起来，在完成数据库过程中的自主性较高，尤其是相当一部分学生并不满足于五个字段的建立，分别添加了 QQ、MSN、sex、age 等字段；甚至有学生设计了问卷调查表。设计的目的是为了充分体现学生的主体性并提供自主互助探索的条件让学生更好的体验数据库的建立流程
检查完成情况 5′	检查学生作业提交情况，并点名提示未完成的学生抓紧时间完成	学生继续完成，其他已完成的部分学生辅导未完成的组员完成	督促学生不养成拖作业的习惯，同时为了保证下堂课教学的正常开展
学案及典型成果	学案 知识回顾： 问题一：什么叫关系数据库？		

续表

教学环节及时间	教师活动	学生活动	对学生学习过程的观察和考查及设计意图
学案及典型成果	答：关系数据库是采用关系模型作为数据的组织方式的数据库。 其中我们需要了解的关系一： 数据是以二维表的形式存贮在数据库中，每一个数据库可以有多张二维表。 需要了解的关系二：分析 wjdc 数据库，可以看出数据库中的两张二维表是依赖于其中的一个字段相关联的。 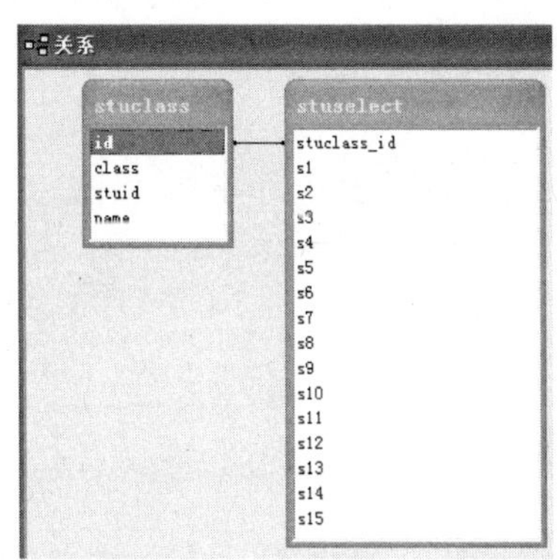 问题二：什么叫字段？ 答：在关系数据库中的二维表中，列则被称为字段，它包含字段名以及字段数据类型等属性。 由 wjdc 数据库中的两个表，可以得知表一一共有四个字段，表二有 16 个字段（见上图）。字段是跟网页显示直接相关的，我们在完成问卷调查提交时，一共是 15 道题 15 个答案，因此对应的数据表 2 中的每一个字段用来存储每一道题目的答案。另外一个 stuclass _ id 是用来关联表 stuclass 中的 id 用的，故表二一共 16 个字段。 所以设计数据库时设计字段是关键，对于留言本来说，一般的结构图如下： 昵 称： E_mail： 留言主题： 留言内容 提交 重置 由此我们可以得知每次提交时的字段可以看到的一共有四个，分别是昵称，E-mail，留言主题，留言内容。而隐性的一个字段则为时间。 问题三：什么叫记录？并将你们小组上堂课完成的记录以如下格式复制过来。 答：在关系数据库中，记录简单的说就是二维表中的每一行，用户每一次提交的数据实际上是以记录的形式存储在数据库中的。 今天的任务：		

续表

<table>
<tr><th>教学环节及时间</th><th>教师活动</th><th>学生活动</th><th>对学生学习过程的观察和考查及设计意图</th></tr>
<tr><td>学案及典型成果</td><td colspan="3">
根据对数据库的理解，建立一个符合你的任务需求的数据库，其中的字段名请用英文，字段属性按数据类型设置
完成后提交到 ftp：//okey 中的小组姓名文件夹中
学生提交的三个典型的数据库表截图：（其中图 1 中的表为授课中要求完成的最低层次）
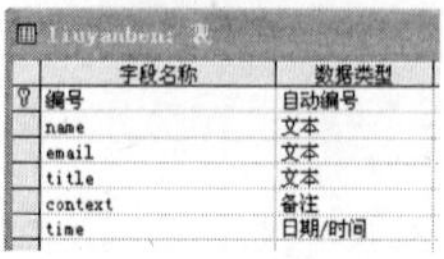
<table>
<tr><td colspan="2">liuyanben：表</td></tr>
<tr><th>字段名称</th><th>数据类型</th></tr>
<tr><td>编号</td><td>自动编号</td></tr>
<tr><td>name</td><td>文本</td></tr>
<tr><td>email</td><td>文本</td></tr>
<tr><td>title</td><td>文本</td></tr>
<tr><td>context</td><td>备注</td></tr>
<tr><td>time</td><td>日期/时间</td></tr>
</table>
（图 1：为 g0716 班彭昌祥的留言本表）
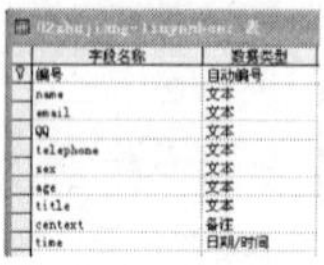
<table>
<tr><th>字段名称</th><th>数据类型</th></tr>
<tr><td>编号</td><td>自动编号</td></tr>
<tr><td>name</td><td>文本</td></tr>
<tr><td>email</td><td>文本</td></tr>
<tr><td>QQ</td><td>文本</td></tr>
<tr><td>telephone</td><td>文本</td></tr>
<tr><td>sex</td><td>文本</td></tr>
<tr><td>age</td><td>文本</td></tr>
<tr><td>title</td><td>文本</td></tr>
<tr><td>centext</td><td>备注</td></tr>
<tr><td>time</td><td>日期/时间</td></tr>
</table>
（图 2：为 g0711 班朱江的留言本表）
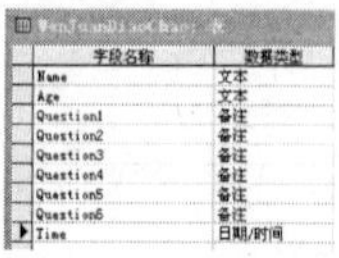
<table>
<tr><th>字段名称</th><th>数据类型</th></tr>
<tr><td>Name</td><td>文本</td></tr>
<tr><td>Age</td><td>文本</td></tr>
<tr><td>Question1</td><td>备注</td></tr>
<tr><td>Question2</td><td>备注</td></tr>
<tr><td>Question3</td><td>备注</td></tr>
<tr><td>Question4</td><td>备注</td></tr>
<tr><td>Question5</td><td>备注</td></tr>
<tr><td>Question6</td><td>备注</td></tr>
<tr><td>Time</td><td>日期/时间</td></tr>
</table>
（图 3：为 g0706 班孙瑶的问卷调查表）
</td></tr>
<tr><td colspan="4">第四节　根据数据库设计 asp 界面</td></tr>
<tr><th>教学环节及时间</th><th>教师活动</th><th>学生活动</th><th>对学生学习过程的观察和考查及设计意图</th></tr>
<tr><td>演示设计与数据库的字段匹配的界面的方法与步骤 5′</td><td>提问：哪位同学愿意用自己的数据库作为设计界面的案例？
确定该授课班级某一具体学生的具有典型性代表的数据库后，开始屏幕广播教学：演示界面设计的操作流程</td><td>学生争先恐后的报自己的学号
认真听课，并在教师的引导下回答问题</td><td>学生对设计留言本或问卷调查界面的兴趣越来越高；教师演示的目的是为了避免学生在完成界面设计时花费不必要的试误时间，以保证他们能很顺利的设计出与自己的数据库字段保持一致的界面</td></tr>
<tr><td>学生自主完成 30′</td><td>撤掉屏幕广播，根据学生需求再选择一位学生的问卷调查类数据库进行大屏幕演示教学；
然后巡视，检查并督促学生完成任务，同时针对个人答疑</td><td>学生开始根据个人数据库设计界面，并不时进行交流；部分接受能力快的学生开始辅导组员完成数据库的建立；有部分学生向教师请教在操作中遇到问题时的解决办法</td><td>学生的兴趣被充分地调动起来，甚至有个别学生开始测试个人页面以期望得到留言的效果。设计的目的是为了充分体现学生的主体性并提供自主探索的条件让学生更好的按自己的需求建立匹配的界面页</td></tr>
<tr><td>检查完成情况 5′</td><td>检查学生作业提交情况，并点名提示未完成的学生抓紧时间完成</td><td>学生继续完成，其他已完成的部分学生辅导未完成的组员完成</td><td>督促学生不养成拖作业的习惯，同时为了保证下堂课教学的正常开展</td></tr>
</table>

续表

教学环节及时间	教师活动	学生活动	对学生学习过程的观察和考查及设计意图
学案及典型成果	学生提交的三个典型的界面页的截图 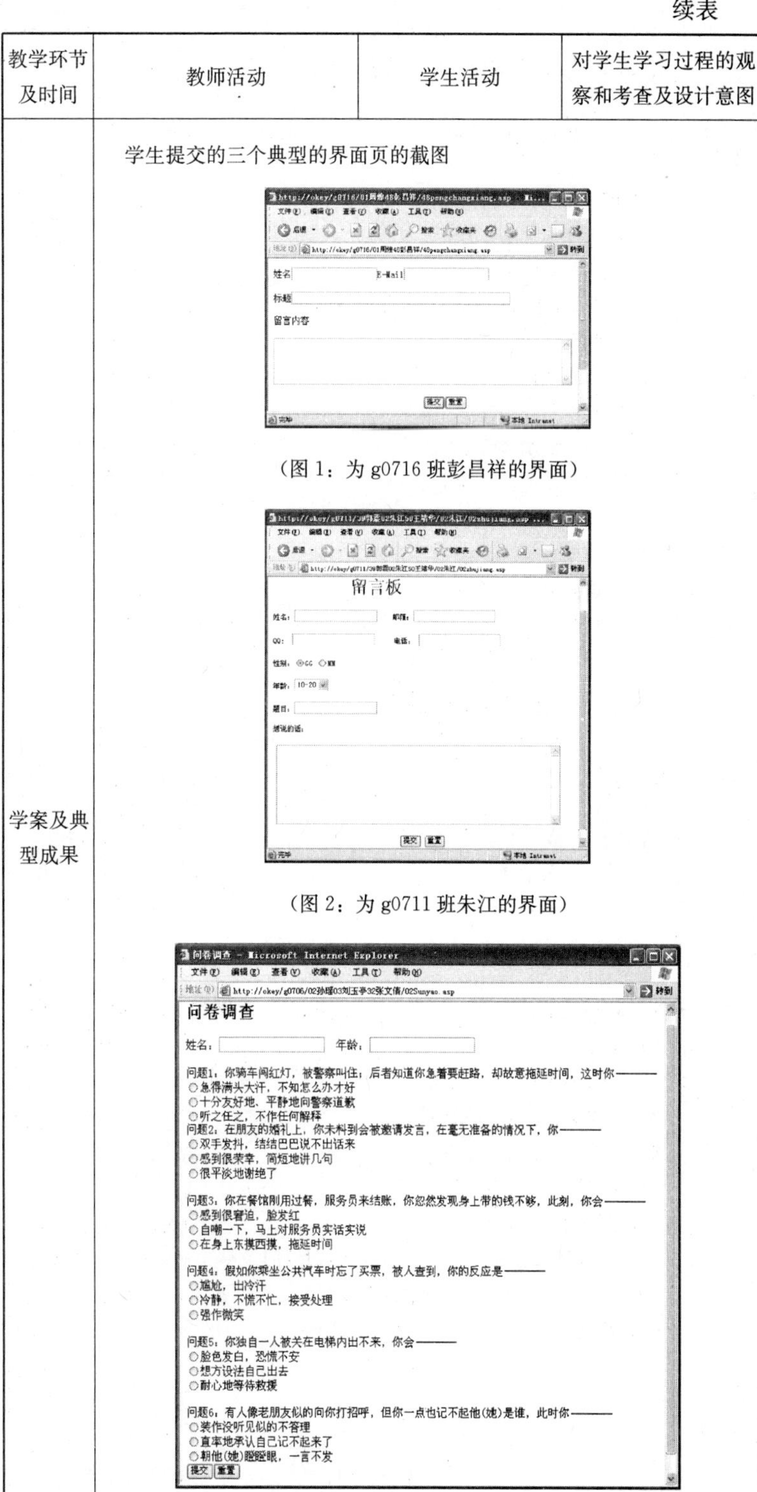 （图 1：为 g0716 班彭昌祥的界面） （图 2：为 g0711 班朱江的界面） （图 3：为 g0706 班孙瑶的界面）		

续表

第五节　体验程序代码向数据库插入数据的过程及方法			
教学环节及时间	教师活动	学生活动	对学生学习过程的观察和考查及设计意图
演示修改程序代码以实现从界面将数据写入数据库的方法与步骤 5′	提问：哪位同学愿意用自己的数据库与界面作为学习今天的内容的案例？ 然后根据具体情况筛选出一位数据库字段较多的学生的数据库与界面。 用屏幕广播开始教学：演示完修改代码步骤后进行测试，通过界面提交留言成功后，问："数据会不会被写到数据库中去呢？" 然后教师从 ftp 上下载该生的数据库，打开后，果然看到了刚提交的记录	学生非常激动，声音一个高过一个地报自己的学号 学生开始有小声的议论："好难哦！" 学生中有部分表示怀疑 学生惊呼："好神奇哦！"	学生的学习兴趣基本被激发出来，尤其是在看到数据真的出现在数据库中时大都发表了惊呼类的感叹。设计的目的是为了避免学生在修改代码时花费不必要的试误时间，以保证他们能很顺利的实现将界面数据形成记录写入数据库中
代码修改＋测试 35′	撤掉屏幕广播，发布学案及三个 asp 文件：cnopen.asp，chuli.asp，cnclose.asp 至学生的桌面 然后重新选择一位学生的作业为案例进行大屏幕展示教学；展示完后再提示学生参考学案一步步修改；然后巡视，检查并督促学生完成任务，同时针对个人答疑； 在下课铃响后提示学生保存好离开	学生开始逐步按要求修改代码 并不断地向教师求教 也有少数学生在体验成功后主动开始帮助其他同学	学生普遍反应较难，在测试的过程中遇到的问题较多，尤其是之前在设计数据库字段名与界面控件名称不规范的学生，设计的过程中遇到的问题更多，也有个别学生不能很好的区分代码中表示数据库与表名的代码；但同时实现了效果的学生都非常激动，初步体验到了利用数据库与程序设计实现个人作品后带来的成就感与满足感。设计的目的是为了让学生充分体验程序的强大功能，并初步感受 B/S 模式设计的原理，形成对技术的积极情感与态度

续表

<table>
<tr><th>教学环节及时间</th><th>教师活动</th><th>学生活动</th><th>对学生学习过程的观察和考查及设计意图</th></tr>
<tr><td>学案及典型成果</td><td colspan="3">现在我们学习的是这学期最难的编程了，我们现在最低的目标是会根据教师提供的代码修改测试成功自己的作品就 ok!
课修改代码的步骤：
第一步：修改 cnopen. asp 中的代码
<%
Dim cn
Set cn=Server. CreateObject （“ADODB. Connection”）
cn. Open “DRIVER= {Microsoft Access Driver（＊. mdb）}；” & “DBQ=” &Server. MapPath （“lyb. mdb”）& “；UID=；PWD=；”
%>
需要将 lyb. mdb 修改成自己的数据库名。
第二步：修改 chuli. asp 中的表格名
找到 rsNew. Open “SELECT ＊ FROM liuyanben”，cn，2，3
将其中的 liuyanben 修改成自己的数据库中的表名。
第三步：修改 chuli. asp 中的字段名
找到如下代码，其中每一行代表一个字段与界面中的每一个控件中的数据的关联。
rsNew（“name”）=Request（“name”）
rsNew（“email”）=Request（“email”）
rsNew（“title”）=Request（“title”）
rsNew（“context”）=Request（“context”）
rsNew（“time”）=Now
根据你的字段名修改双引号中的名字。如你还加了 qq 号，则修改如下：
rsNew（“name”）=Request（“name”）
rsNew（“qq”）=Request（“qq”）
rsNew（“email”）=Request（“email”）
rsNew（“title”）=Request（“title”）
rsNew（“context”）=Request（“context”）
rsNew（“time”）=Now
第四步：修改 chuli. asp 中的连接中的 asp 文件名
找到<a href= “liuyanben. asp” >返回</a>
将 liuyanben. asp 修改成你的上节课完成的界面页的文件名
第五步：修改界面页（即你上堂课设计的页面）中的代码
用记事本打开该页面，找到<form method = “POST” action = “—WEBBOT- SELF—” >
将—WEBBOT—SELF—修改成 chuli. asp，完成后的代码如下：
<form method= “POST” action= “chuli. asp” ></td></tr>
</table>

续表

<table>
<tr><td colspan="4">第六节　初步了解程序代码的基本含义</td></tr>
<tr><td>教学环节及时间</td><td>教师活动</td><td>学生活动</td><td>对学生学习过程的观察和考查及设计意图</td></tr>
<tr><td>代码分析 2′</td><td>教师对代码含义进行简单的分析</td><td>提问的较多</td><td>大部分学生由于还未亲自体验到程序代码带来的成就感与满足感，同时又由于对程序设计非常陌生，所以对该内容的讲解兴趣不大，更愿意自己亲自去体验去修改代码以体验成功的喜悦；设计的目的是为了让学生对程序代码有一个理性的认识，让有兴趣学习的学生有机会深入学习</td></tr>
<tr><td>代码修改＋测试 38′</td><td>教师发布学案，提示学生继续修改代码以实现效果；然后巡视，检查并督促学生完成任务，同时针对个人答疑，在下课铃响后提示学生保存好离开</td><td>学生的互助现象开始充分体现，设计完了的同学一般都会主动帮助身边的同学；同时也开始不断向老师求教</td><td>越来越多的学生体验到了利用数据库与程序设计实现个人作品后带来的成就感与满足感。设计的目的是为了让学生充分体验程序的强大功能，并初步感受 B/S 模式设计的原理，形成对技术的积极情感与态度</td></tr>
<tr><td>学案及典型成果</td><td colspan="3">学案：
今天我们要掌握的是三个 asp 页面的设计，其中 cnopen 与 cnclose 页面非常简单，主要看 chuli.asp 页面中的代码：
一、cnopen.asp 中的代码：（负责打开数据库）
<%
Dim cn
Set cn = Server.CreateObject("ADODB.Connection")
cn.Open "DRIVER={Microsoft Access Driver (*.mdb)};" & "DBQ="&Server.MapPath("lyb.mdb") & ";UID=;PWD=;"
%>
同学们要修改的即红色部分，其中.mdb 为扩展名，lyb 改为你的数据库名称，请大家修改成自己的数据库名称保存即 ok。
二、cnclose.asp 不用修改，直接复制粘贴过去即可。（负责关闭数据库）
<%
Set cn = Nothing
cn.Close
%>
三、chuli.asp 中的代码：（负责处理数据库数据）
<!-- #include file="cnOpen.asp" --> ➡ 将 cnopen.asp 中的打开数据库代码包含进来
<%
on error resume next ➡ 异常预处理，如果以下黑色程序代码有错，则执行下面绿色部分的代码。
Dim rsNew
Dim strSQL
Set rsNew = Server.CreateObject("ADODB.RecordSet")</td></tr>
</table>

续表

教学环节及时间	教师活动	学生活动	对学生学习过程的观察和考查及设计意图

学案及典型成果	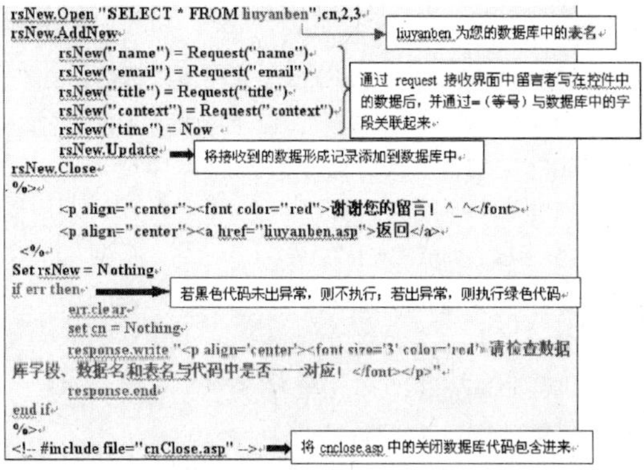 rsNew.Open "SELECT * FROM liuyanben",cn,2,3
	rsNew.AddNew
	rsNew("name") = Request("name")
	rsNew("email") = Request("email")
	rsNew("title") = Request("title")
	rsNew("context") = Request("context")
	rsNew("time") = Now
	rsNew.Update
	rsNew.Close
	%>
	<p align="center"><font color="red">谢谢您的留言！^_^</font>
	<p align="center"><a href="liuyanben.asp">返回</a>
	<%
	Set rsNew = Nothing
	if err then
	err.clear
	set cn = Nothing
	response.write "<p align='center'><font size='3' color='red'>请检查数据库字段、数据名和表名与代码中是否一一对应！</font></p>"
	response.end
	end if
	%>
	<!-- #include file="cnClose.asp" -->
	liuyanben 为您的数据库中的表名
	通过 request 接收界面中留言者写在控件中的数据后，并通过=（等号）与数据库中的字段关联起来
	将接收到的数据形成记录添加到数据库中
	若黑色代码未出异常，则不执行；若出异常，则执行绿色代码
	将 cnclose.asp 中的关闭数据库代码包含进来		

第七节　体验程序代码从数据库读入数据的过程与方法

教学环节及时间	教师活动	学生活动	对学生学习过程的观察和考查及设计意图
代码分析 5′	提问：哪位同学的留言本功能设计成功了？是否愿意提供为教学案例？ 然后根据最早找到的学号为例开始演示 用屏幕广播开始教学：演示完修改代码步骤后进行测试，提示大家在测试中以后不需要再下载数据库才会看到留言是否成功了。	学生非常激动，声音一个高过一个地报自己的学号 学生小声地议论："好难哦！"	少部分学生的积极性受挫，但大部分学生仍保持着高度的激情跃跃欲试。设计的目的是为了避免学生在修改代码时花费不必要的试误时间，以保证他们能很顺利地实现从数据库中读取数据以显示在界面上
代码修改＋测试 35′	撤掉屏幕广播，发布学案及一个 asp 文件：show. asp 至学生的桌面 然后重新选择一位学生的作业为案例进行大屏幕展示教学；展示完后再提示学生参考学案一步步修改；然后巡视，检查并督促学生完成任务，同时针对个人答疑； 在下课铃响后提示学生保存好离开	学生开始逐步按要求修改代码 并不断地向教师求教 也有少数学生在体验成功后主动开始帮助其他同学	少部分学生仍然在前两堂课的基础上奋战；其中完成效果的学生进一步体验到了利用数据库与程序设计实现个人作品后带来的成就感与满足感。设计的目的是为了让学生充分体验程序的强大功能，并进一步感受 B/S 模式设计的原理，形成对技术的积极情感与态度

续表

<table>
<tr><th>教学环节及时间</th><th>教师活动</th><th>学生活动</th><th>对学生学习过程的观察和考查及设计意图</th></tr>
<tr><td>学案及典型成果</td><td colspan="3">修改代码的步骤：
第一步：修改 show. asp 中的表名
找到 rsliuyan. Open “SELECT * FROM liuyanben”，cn，1，1
将其中的 liuyanben 修改成自己的数据库中的表名。
第二步：修改 show. asp 中的字段名
找到：
<%=rsliuyan(“title”)%>
<%=rsliuyan(“email”)%>
<%=rsliuyan(“name”)%>
<%=rsliuyan(“Context”)%>
<%=rsliuyan(“Time”)%>
根据你的字段名添加代码或修改双引号中的名字。
第三步：修改第四堂课中的界面页
将它打开，在首页中的首行加入如下代码：
<! —#include file=“show. asp” —>
最后一步：将你修改过的文件全部复制粘贴至 ftp 中你的个人文件夹中即可测试你的页面了！呵呵，到此为止，你就大功告成啦！</td></tr>
<tr><td colspan="4">第八节　模块学习的总结与评价</td></tr>
<tr><td>教学环节及时间</td><td>教师活动</td><td>学生活动</td><td>对学生学习过程的观察和考查及设计意图</td></tr>
<tr><td>规则描述 2′</td><td>将评价的规则提供给学生并讲解评价规则</td><td>接受并理解评价规则</td><td>设计的意图是为了让学生学会客观的评价自己与他人</td></tr>
<tr><td>小组相互测试与评价中 30′</td><td>发布评价表至学生桌面；巡视，检查并督促学生完成任务，同时针对个人答疑</td><td>小组学生相互测试中
未完成作品效果的学生则继续修改代码并测试</td><td>设计的意图是为了让学生能够在评价自己与他人磨合的过程中尽量保持客观公正的原则；同时也为未能顺利完成作品的同学提供一个缓冲的时间去继续完成自己的作品</td></tr>
<tr><td>检查完成情况 8′</td><td>检查评价表提交情况，并点名提示未完成的小组抓紧时间提交</td><td>学生继续完成</td><td>设计的意图是为了检查学生的进度，并保证这一阶段的教学效果的圆满完成以顺利开展下一阶段的教学</td></tr>
</table>

续表

教学过程设计

学案及典型成果

评价表：

留言本/问卷调查学习评价表							
身份	学号	姓名	班级	说明			
组长				请同学们秉着“公开、公平、公正”的原则以及客观的态度来评价个人及组员间的学习情况，分“ABCD”等进行认定			
组员 1							
组员 2							
评价方面	评价内容	组长等级		组员 1 等级		组员 2 等级	
		自评	合评	自评	合评	自评	合评
学习态度	积极主动参与学习，有进取心 学习目标明确，按时完成学习任务 学习兴趣浓厚，求知欲强						
应变能力	敢于提出问题，发表个人意见，提高口头表述和答辩能力 理解技术课程的价值取向，具有一定的创新能力 主动经历信息过程，养成自主学习能力						
合作意识	能与同学共同学习，共享学习资源，互相促进，共同进步 积极参与讨论与探究，乐意帮助同学 在小组学习中主动承担任务						
探究意识	积极思考问题，提出解决问题的方法，有创新意识 勤于积累，善于探索，思维活跃，反应灵敏						
情感态度	努力发展自己潜能，能认识自我的优缺点 遵守国家信息使用安全规范，明辨善恶 取有正确自我行动意志						
基础知识	任务（作品）完成水平						
综合等级							
评价时间		____年__月__日					

教学反思

（1）教师的准备工作较多

首先，该问卷调查是基于第三章的教学内容与研究性学习整合出来的结果；其次是问卷调查的设计，数据库中学生信息的录入，这些都是保证激发学生学习兴趣的前提；再次是 ftp 服务器与 web 服务器的建立，这是保证教学实施的顺利进行的必要条件。

ftp 服务器的建立（利用的是我个人的笔记本设置的，Windows xp 系统）：

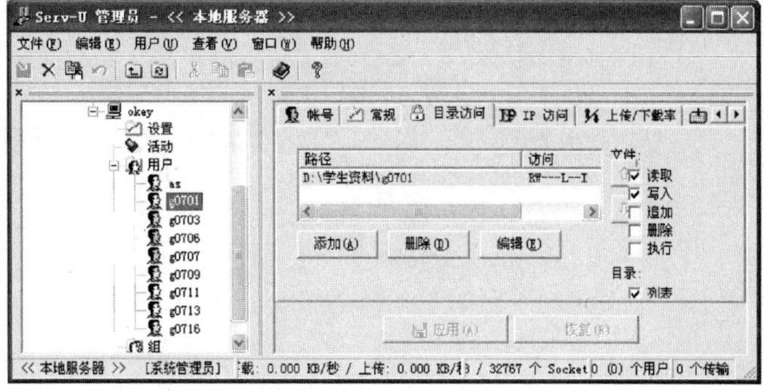

web 服务器的建立：

续表

教 学 反 思

分组文件夹的建立：

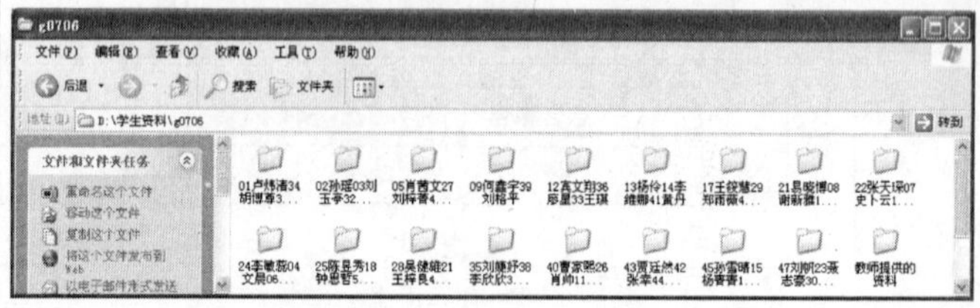

组内资料及个人文件夹的建立：

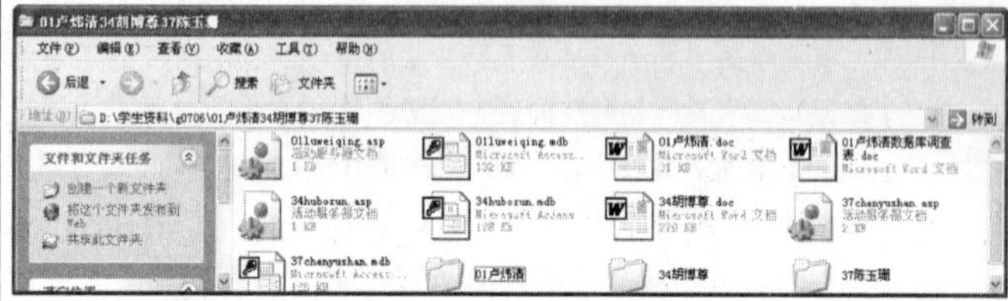

（2）中期作业检查与反馈

每一节课的作业检查及反馈是必不可少的。第一堂课的问卷调查填写结果直接关系到第二堂课作业的正常完成；第一堂课的分组直接决定了课后教师分组排座的正常进行，也会影响下一堂课的顺利开展。而第二堂课的作业则是第三堂课建立数据库的基础，故课与课之间都是环环相扣的，教师必须检查与督促学生能保证每堂课作业的顺利完成。同时教师必须在服务器为学生建立小组文件夹以及个人文件夹以让学生及时保存作业为以后的每一堂课奠定基础。

但在检查作业的过程中，出现的细节问题较多；尤其是在第五节课后的代码修改部分出现的问题主要有：①个别学生分不清数据库名与表名以及文件扩展名的含义；②部分学生的字段名和界面上的控件名命名不规范；③每个班都有个别学生由于听课不认真等原因导致各种奇怪的问题，也有因为机房计算机故障产生的一些小问题。但由于前阶段的分组，

续表

教 学 反 思	
	基本上同学们之间的互助体现得较好，所以虽然教师在解决具体的个人问题中很忙碌，但也很充实。 （3）评价与反馈 这个过程必不可少。但这个过程也是最难把握的地方，由于一些客观原因及评价的多维度预估计很难保证学生间评价的绝对客观，但这种导向对学生产生的积极影响较多，尤其是评价标准一发布下去，大部分学生会积极应对期望争取拿到“A”，会多次就作品的细节问题求助于同学与教师。 该模块虽然在第七节课时已宣布设计结束，但评价的激励作用导致了许多未完成作品的学生在第八节课中仍努力地完善个人的作品。我统计了八个班的完成效果，最先实验的几个班级能将效果完全设计出来的达到60%～70%，后几个班完全设计出效果的达到70%～80%；能完成一半的达到75%～92%；而没有任何设计的八个班395人中（花名册中399人中有4人转学）一共有10来个人。整体感觉良好。有个别学生根据反馈结果看到了差距，用u盘将前阶段未完成效果的作业拷贝回家去补做了。 学生在完成效果后的满足感和成就感体现得非常强烈。经常下课后还有10来个学生会拖堂要求完成效果，完成后一般会满足地喊一声：“我做出来了耶!”还有学生在留言板上留有诸如（布局有删减）： 主题：我做完了 昵称：liweina 内容：哈哈今天做完了好高兴，今天我过生日哦祝自己生日快乐 时间：2007－12－24 11：02：21 （4）适应的教学条件 本教学设计更多地是从本校学生良好的基础上设计的，同时也离不开前三章学习的引导方向。所以该教学设计适应的教学条件有一定的局限性，不仅需要学生有良好的信息技术基础，同时也离不开教师有意识地引导和良好的硬件条件。 据目前的教学进展来看，一般基础良好的学生会将个人数据库字段设置较多，界面较为复杂，而基础较差的学生一般会按教师的教学步步展开。同时也导致个别追求完美的学生需要教师花费过多的单独辅导时间，如G0706班的孙瑶，虽然没有程序设计基础，但由于她受表哥的影响（聊天得知），她对问卷调查的效果要求比教师要求要高，故在后阶段她不但补设计了界面，而且加了表格，完善了效果，但同时也耗去了我不少的休息时间给她讲解如何实现跟其他同学不一样的效果。

看我七十二变——CSS样式表

巫雪琴[①]

一、学习目标

（一）能充分体会到CSS样式表在网页制作中的强大作用。

① 江苏省句容高级中学．

（二）通过对“百年恩来”站点的操作，了解样式表的三种应用方式，及三种方式的优缺点，也感受到伟人的人格魅力。

1. 初步认识样式表的书写格式，及基本含义。

2. 会简单应用自定义样式。

二、教学重点、难点分析

（一）教学重点

1. 体会到 CSS 样式表的优点。

2. 多种样式的灵活应用。

（二）教学难点

1. 样式表的正确应用。

2. CSS 代码的书写格式。

三、教材分析

“CSS 样式表”是高中信息技术选修《网络技术应用》的第五章“动态网页制作”中的内容。教材中将这块内容分为“什么是 CSS”、“CSS 实现”、“在 HTML 中加入 CSS”三部分。学业考试纲要中对这部分的要求是“CSS 样式表的简单使用”，对应于理解水平与独立操作水平，B 类要求。在近年的学业考试中出题的概率很高，同样学生的出错率也高，根据多年的教学经验这部分内容如果在新课时没能让学生很好地掌握，学生很容易形成畏惧心理。而在实际生活中，CSS 的应用也越来越广泛，它在制作网页时起着举足轻重的作用，当前 div＋CSS 制作网页的理念被越多的人接受。因此这部分内容的教学就显得更为重要。为了让学生能学得既轻松又扎实，激发学生的积极性，让他们切实地体验到样式表的超凡的“魔力”就显得尤为重要。

由于前面安排了 html 语言的学习，本节对代码还是有一定的要求。虽说学生在此前的学习中习惯用 frontpage，但在本节学习中课本上也是以 frontpage 的 html 方式来展示代码的，但在教学中为了让操作更直接，选用记事本打开也是不错的选择。这样做的好处是：一、在本次课的学习中会显得更为方便与简洁。二、可以让学生体会到 frontpage 只是网页常用编辑工具之一，html 代码可以由任何一种文件编辑软件编辑，然后存成 html 格式，在浏览器中浏览。

四、学生分析

通过前一阶段的学习，学生已经历了站点的制作与发布的过程，对 html 基本标签也有了一定的认识。对动态网页的相关概念也有所了解。紧接着又进行了 javascript 语言相关的学习，了解了客户端脚本语言的特点并学会输入简单 javascript 代码。应当说前面的学习，为CSS的学习做了很好的铺垫。但事实上往往是差距很大，好多学生在网页制作右面可能造诣较深，但也会有为数不少的学生云里雾里不知所云。好在这部分的学习不存在很强的逻辑性，为了减少前面的落差对本节内容的影响，采取了几种措施：一、提供半成品站点；二、让帮助信息、操作提示随处可见，如教学平台上、相关代码文件中、当他们操作时大屏幕也同时展示操作帮助；三、知识分步，层层深入；四、频繁开展讨论，让他们积极主动地进行思考。

五、教学环境

网络机房（校园网）、电子教室、投影仪。

六、教学策略

找准切入点——提高学习的积极性——以“百年恩来”半成品站点为操作对象，在教学中以师生共同发现问题、提出问题、解决问题为学习主线，让学生处在“做中学、学中思、思中做”的状态中，积极主动地完成知识的建构，达成学习目标。

激发学生求知欲，让他们带着浓厚的兴趣，积极主动经历学习过程，达成学习目标，是老师的最大愿望。学生对什么感兴趣，新奇的、身边的与他们直接关联的……如何能找到这样一个切入点然后充分利用起来，对一节课来说至关重要。本节课我以博客换肤为切入点，以此为切入点是因为我校教学时是依托教学平台的网络环境，教学平台整合学生博客，学生对其有一定的了解，对于博客换肤的操作也有部分同学掌握，没掌握的同学也应当对此很感兴趣。还有一个原因就是效果很直观，操作很方便，不需要很多的准备工作。

半成品组装法让学生体验到成功的喜悦，之所以不在一开始就让学生输入代码，是因为代码的输入是个难点，学生很容易错，如果因为出错而出师不利，对学生的积极性会有很大的打击，因此第一步的操作难度降低到只要把外联的代码复制到相关网页中就能有明显的效果。这一阶段的成功或者说任务的完成，对下一阶段的学习很重要。当然代码还是要分析的。

紧接着就开始对页面效果展开讨论，引发学生思考，教师在黑板上有意识有选择地记下相关问题，这为下一步在解决问题的过程中学习其他的样式表的应用做准备。一个问题一种解决方法，也就完成一个知识点。当然对于一些很自然就能涉及的引申，不妨也与学生一起得出，如不同引用的优先级问题。对于自定义代码，这在课本就没有突出，但不管是学业考试中还是实际应用中，这都是很重要的一个点，因此我在教学过程中，把它比喻成一顶特制的帽子，特别用心把滤镜效果用上，以便在学生应用时出现让他们为之兴奋的效果。还设置连连看环节，进一步强化他们对CSS的综合应用能力。

七、教学过程实录

创设情境、引入新课

师：孙悟空大家很熟悉吧？

生：那谁不知道呢！过时啦……（学生们七嘴八舌）

师：呵，看来大家对孙悟空很熟悉，大家说过时，说明大家喜欢新的东西，能与时俱进。但经典是不会过时的，只能说不同年龄段感兴趣的东西不一样罢了。好啦，大家说说孙悟空最厉害的功夫是什么呢？

生：七十二变！

师：对，他会七十二变，大家是不是也想能七十二变呀？

生：想呀！但那只是做梦吧？（学生们七嘴八舌）

师：呵，美梦就要成真了，我们现在有一个秘密武器！

生：真的么？什么武器？

师：CSS呀！哈，但我这说的，是让我们做的站点七十二变哟！

生：唉……（有些失望，但很好奇）

师：想不想看我变呢？

生：想！

师：我先小试一下身手，当然这得借助大家比较熟悉的博客。

师活动：[广播] 展示教学平台上的教师博客，（平时用作师生互动，学生对界面很熟悉），进入教师博客后台，换模板，更新，再展示首页，并进入分页面，让学生看见更新过的站点，然后再换一个，再重复展示首页与分页面。

师：是不是能有七十二变呀，速度如何？

生：那当然有啦，有上百个皮肤呢，很快。

师：那大家想知道它是如何能变的不？

生：想。

教师活动：教师打开刚才换的皮肤文件（博客皮肤是从网上下载，然后上传到站点，并从后台导入安装，供访客使用），主模板与分模板文本文件，以及相关图，还有一个CSS文件（也有皮肤的CSS是用内联式样式，因此讲课前要选一下）。

师：大家知道这CSS文件是做什么用的？

生：不知道？

师活动：仍在博客后台，教师进入主模板（剪下链接代码）更新，首页立刻变了型。然后教师把刚才剪下的代码粘上，更新一下，就又恢复了正常。

学生：惊叹不已！

师：大家来看一下刚才老师剪下来的这句话，是不是很重要呢。那它的作用是什么呢？它起到把刚才大家看到的 CSS 文件应用到相应的模板中，从而控制显示效果。那这个 CSS 究竟是什么来头，能有这么大的能力呢？

转入新课

教师：HTML，大家已比较熟悉，大家在制作网页时就是基于它，它主要侧重于定义内容，随着 Internet 的迅猛发展，HTML被广泛应用，上网的人们当然希望网页做得漂亮些，因此 HTML 排版和界面效果的局限性日益暴露出来。为了解决这个问题，人们也走了不少弯路，比如给 HTML 增加很多的属性结果将代码变得很臃肿，过多利用 Table 来排版，用空白的图片表示白色的空间等。直到 CSS 出现。CSS 可算是网页设计的一个突破，它解决了网页界面排版的难题。可以这么说，HTML 的 Tag 主要是定义网页的内容（Content），而 css 决定这些网页内容如何显示（Layout）。

打个比方。HTML 管理一堆积木，而积木如何呈现就是 css 的事。当然我们作为网页的初学者，在制作网页时，还在借助表格对网页进行排版，但从本节课开始我们学习初步的 css 知识与操作。

下面我们来简单分析一下，刚才的这句代码，在 link 标签中有三个属性，第三个是用来设置样式表的路径及名称，这样是根据样式表所在位置要做相应调整的。

下面大家来体验样式表的强大功能吧！

第一次任务环节（体验外联样式的应用）

任务：准备工作（教师分发半成品站点，包括现成的 CSS 文件，四个网页文件，及 image 和其他素材文件夹）。

1. 先打开 index 文件，浏览相关网页。

2. 打开名为“外联样式代码”的文件，复制链接代码，粘贴到四个网页文件的 head 区。（为了更好地了解相关代码，教师建议就用记事本打开网页，为了让学生能更容易地体味到成功，本次任务中链接代码在相应文件中，学生直接复制即可）。

3. 刷新 IE，看效果呈现。

［学生操作］学生开始操作。（帮助文件在教学平台上有、相

关代码文件中也有，教师在投影上也同步显示本次任务内容及相应操作步骤）

第一次讨论环节（发现问题）

教师：大家来挑一挑当前页面的不足之处！［先讨论，后提问，并在黑板上有选择地记录］

学生一：字太大了，不好看，能不能小一点，颜色好像有点不协调。

学生二：首页链接不好看，图也最好不要加框。周总理的那张图能更突出些就更好了。

学生三：效果少了。

共同解决第一个问题（体验对 CSS 样式表的简单修改）

教师：第一个问题大家一定是能解决的。不信，好，我带大家分析一下，大家就知道如何做了。简单分析一个 CSS 文件的内容。对了，最后一句是不是有些特别，它是什么意思呢？这现在是一个迷，到时候我将为大家揭开迷底。［分析，就是简单看一下对哪几个标签进行了设定，大致是什么意思。其中有自定义样式，在这先卖个小关子。］

现在第一个问题大家看应当修改哪就行了，试一试！

学生操作，教师巡视。

利用大屏幕转某个学生屏幕（因有学生可能没做好，不易频繁打断），请他展示改动的代码及效果。然后教师补充与拓展。［让学生示范，可以树立榜样，同时也能帮助操作困难的同学］

设问引入，解决第二个问题

教师：好了，大家自己就把第一个问题解决了，大家可以看到，修改了 CSS 是可以一下控制所有应用此 CSS 的页面的。这在大规模换肤时可是能发挥神奇功效的，在最大程度上给我们带来了方便。但如果希望个别页面与众不同，应当怎么办呢？这就要用到内联样式表，也就是把样式内容放到某个应用的页面内。这种样式的应用方式，只控制本页面，对其他页面没有作用。好，我先来给大家演示一下。

［教师操作］打开素材包中的名为“内联样式代码”的文本文件，复制，然后用记事本打开 index 文件，把代码放首页的 head 区域，浏览，没有出现应有效果。

师：大家想一想为什么不行，什么地方出了问题？原来是 html 不能识别这段代码是 CSS 样式，要想能被识别，要把这段代码放到＜style＞标签中去。也就是我们要在这段代码的首尾加上＜style＞＜/style＞.

加好后究竟会出现什么漂亮的效果呢？这个盖头留给我们大家来揭！

第二次任务环节（体验内联样式表的应用）

［学生操作］学生复制相应文件中的内联代码，粘到首页head 区，并加<style>标签

大屏幕显示，操作正确的学生的屏幕效果。

适当拓展，引入优先级的知识

师：大家有没有发现外联与内联代码中有些问题？（提醒，有没有对一个标签，重复定义的）

学生：对于 img，内外全定义了。

师：如果对一个标签，外联的也定义了，内联的也定义了，在真正应用时会听哪个的呢？

生：从现象看是听内联的。

师：对，大家说得没错，是听内联的，在应用样式时有个规则就是“就近”，哪个近，听哪个的！对于一个标签，外联与内联哪个近？当然是内联了。

再一次设问，学习嵌入样式的应用，解决第三个问题。

师：对于标签样式的控制还有一种更直接的，优先级更高的，就是嵌入式样式。这种样式表的引入让网页更有个性，下面我们来学习一下，这种样式的定义及应用。

教师演示：打开名为嵌入式样式代码的文本文件，分析一下代码，然后把它复制到首页的周总理照片的 img 标签后，浏览效果。（这部分教师演示）

自定义样式的学习

师：下面我们做一个假设，是不是可以有这样一种功能，就是设置了一个式样，不特定对哪个标签，而是哪个标签要用就应用一下，就像制一顶漂亮的帽子，不为特定的对象（老人、年轻人、小孩子），而是谁想用都可以。

生：……

师：大家是否还记得，在分析外联样式表时，老师有一句没有分析，说这是一个迷，呵，现在我就要为大家揭开谜底了，那就是一个自定义样式。我们再来看这句话，它的格式与以前几句不一样，它是以点开头的，如果不单独应用，那这句话将不会起任何作用。好下面我们就要把这顶帽子戴起来，下面大家想一想，要把它戴在哪个标签上？教师根据学生的提议，在相应的标签后输入 class＝xg1，大家立刻就能看到很明显的火效果（滤镜），漂亮吧！大家一试身手吧！

第三次任务，嵌入样式及自定义样式的应用

[学生操作]（迫不及待）

问：如果这帽子另有某一页也能用，如何做呢？

学生：把这代码放到某一页的内联样式中。

师：对，不错。好，在给大家的素材中还有各种各样漂亮的帽子，大家试着用它给你的网页装扮装扮，到时我们要晒一晒各自的作品。

[学生操作] 加样式、改参数……

作品评点 [略]

量规：样式应用的灵活度、页面整体效果。

教师总结

CSS 层叠样式表单——Cascading Style Sheet 的缩写。作用：用于（增强）控制网页样式并允许将样式信息与网页内容分离的一种标记性语言。

特点：不需要编译，可以直接由浏览器执行（属于浏览器解释型语言）。

外联样式在链接到相关网页的，优点是可以复用、便于修改、提高网页显示的速度。

内部样式表是写在 HTML 的<head></head>里面的。内联样式表只对所在的网页有效。

内嵌样式（Inline Style）：写在 Tag 里面的。内嵌样式只对所在的 Tag 有效。

样式（Styles）的优先级依次是内嵌（inline），内部（internal），外部（external）。

教后感：

这一部分内容，对学生来说很不容易掌握，对于很多老师来说，也觉得这部分很难展开教学。笔者在制作网站方面比较有兴趣，也多年参加网页应用竞赛，对这方面的知识相对理解更深一些，因此选了这部分编写教学设计。希望能抛砖引玉，也希望能对其他一线教师有所启发。

这节课本来的引入是直接在小站点上展示应用 CSS 成品效果，但发现学生的注意力不能一下转过来，积极性也不高。用博客引入，虽说与后面上课内容的过渡不是很流畅，但学生的兴奋点存在一个转移。通过对一轮课效果的比较，还是后一种更有说服力，更能激发学生自主学习的欲望。在设计中安排了几个提问与讨论，也很有必要，论语中就有“思而不学则怠，学而不思则罔”，在这就演变成“做而不思则罔”，“做”，不知为什么要这么

“做”，这是很可怕的，所以根据上课的进程，要带动学生思考，让他们设身处地地去想一下，制作网页时可能的需求，以解决问题为目的去做，这样“做”才有目的，也才更有积极性与主动性。

这节课要想取得设想的效果，半成品站点以及所给的样式都要经过精心设计。站点不能随意拼凑，否则会影响学生学习的积极性，他们会觉得“麻袋绣花”犯不着。页面不能太多，且要有一个比较独特。因此我设计了四个页面，一个主页面独特些，另几个的样式应当落差越大越好，本想以 div＋CSS 来设计页面，但考虑到学生对“层”并不熟悉，因此还是用了表格来定位。但落差还是可以拉大的，下面以首页为例图示，展示每一次应用的落差。

（一）没有应用样式

（二）应用外联样式

（图片有双线边框及背景变化）

（三）应用内联样式图片无边框及链接处理

（四）嵌入样式

（总理图）

（五）自定义样式（链接表格应用了样式）

本教学设计优点：以学生为本，处处精心设计，从切入点，到半成品站点，再到每一次的任务及过渡。通过这节课不但让学生对 CSS 有了比较深刻的理解，并体验了应用的过程。还能对总理有更深的了解。

不足之处：虽处处、时时想到学生学习差异，但本节课环次较多，且环环相扣，如果学生的一次操作跟不上，就会一直处在被动的境地。还有本设计是两节课的容量，如果课没有两节连排，教师在第二次课就得重新把半成品设计一下，也就是把第一次课的内容加上去。

表格数据的图形化

艾 红①

一、教材内容分析

本节是教育科学出版社出版普通高中课程标准实验教科书《信息技术基础》中的第四章第二节中的第二部分内容。选修课与必修课不同，选修课倾向于“表格数据的图形化”，是在文本信息加工和表格数据处理之后对表格数据应用的进一步深化。本节内容是帮助学生建立数据之间的图形化关系，从而更容易地发现和理解事物的性质、特征及其变化的规律；数据是对客观事物定量的分析，但由于加工主体不同，多少总带有一些主观色彩。教材是沿着信息素养的主线分章节介绍的，本节属于信息素养中信息加工范畴的内容，是信息素养中极为重要的内容。因此，本节内容是第四章的重点，也是教材的重点内容。

二、学情分析

学生已经学习过文字处理软件 Word 和表格数据处理软件 Excel 的基本功能，具有了一定的操作基础与能力，所以在教学过程中，联系学生的生活实际，给出任务，让学生自主探究和协作完成。

三、教学目标

（一）知识与技能

1. 学会用图表这一工具来形象地显示数据。

2. 掌握 Excel 图表的制作方法，用图表向导制作图表，给图表添加系列，调整图表对象的格式。

3. 理解三种图表，即柱形图、饼图和折线图表示数据的优势。

4. 能够根据实际需求选择合适的图表。

（二）过程和方法

1. 了解运用图表向导的基本流程。

---

① 江苏省张家港市后塍高级中学．

2. 学生自主探究，提高分析和解决问题的能力。

（三）情感目标

1. 帮助学生建立数据之间的图形关系，发现事物的性质及变化规律，培养学生处理信息的能力，养成良好的思维习惯和行为方式。

2. 体验并理解数据图形化对于数据分析、揭示事物特性、规律与本质的意义。

3. 培养学生养成严谨的学习态度和团结协作的作风。

四、方法和策略

教学方法是任务驱动法、自主探究学习法、协作学习法和讲练结合法，培养学生的信息素养，提高学生发现问题、分析问题和解决问题的能力。结合学生生活，虚拟了宿舍评比数据。根据此数据，提出一系列任务，让学生自主探究和讨论完成。教师只作为指导者，给学生适当地指导一些操作技巧；对易出现问题的地方，稍加提示。课堂联系生活实际，避免了学生只重视操作而忽略了技术对于实际生活的意义，在教学中还应尽量设问，让学生思考不同图表之间的特点及应用，以及如何通过图表分析数据背后的规律、意义等。

五、重点和难点

重点：图表的制作方法及步骤

难点：

1. 创建图表所需数据区域的正确选取

2. 根据图表对数据进行分析

3. 图表的拓展、延伸

六、教学媒体

硬件资源：微机室

软件资源：Excel 软件、课件 PowerPoint，还需要一个 Excel 文件，包含两个工作表，一个工作表中是三个数据表和教学任务；另一个工作表中是学生自评表。采用电子教室，将文件传到每台计算机 E 盘中。

七、教学过程

（一）复习导入，引出新课

上节课，我们利用“星级宿舍评比情况”数据，学习了如何建立表格、根据需要进行数据的分类汇总和排序等操作，也认识到表格是处理信息数据的一种有效方法。建立表格的过程，就意味着要将各种信息建立起一定的联系，并通过数据量化的手段管理某项事务，而管理此项事务所期望达到的目标，就是设计表格的根本目的。那么，要对表格的数据进行处理和分析，通常情况下采用哪种形式更直观呢？——图形！

（二）自主探究完成新课教学

1. 表格数据的图形化

表格数据的图形化表示实质就是表格内要素关系（通常是数量或比率与类别、地点、时间等要素的关系）的图形化展开，它反映了数据之间的直观比较，增强了数据的可读性，从而使我们更容易发现和理解事物的性质、特征及其变化规律。

温馨提示：插入图表方法：点“插入”菜单→“图表”选项……

此外，你还可以尝试其他方法插入图表，如常用工具栏上的“图表 向导”按钮，快捷键等方法。

插入图表后，你就可以根据自己的需要来选择你的图表了。

常用图表：柱形图、饼图、折线图。

以学生自主探究学习为主，教师及时给予正确的引导。自主探究后，仍做不出来者，可以向同学、老师、书本或者网络等寻求帮助，研究讨论完成。（所用数据在 E 盘中的“星级宿舍评比结果 . xls”文件中。）

2. 柱形图：利用柱形图分析第一周的统计数据

星级宿舍评比第一周得分情况				
	卫生	纪律	设计风格	总分
520 宿舍	90	99	95	284
521 宿舍	95	96	97	288
522 宿舍	92	96	90	278
523 宿舍	90	93	91	274
524 宿舍	93	90	95	278
525 宿舍	96	94	98	288
平均分	93	95	94	

任务 1：星级宿舍评比第一周得分情况。利用第一周的统计数据制作柱形图，具体要求如下：

① 系列产生在“行”，数据区域不包括平均分一行、总分一列，系列 1～系列 6 对应宿舍的名称。

② 图表标题为“星级宿舍评比第一周得分情况”。

③ 显示图例“靠右”。

④ 根据需要修改图例的颜色、坐标轴的刻度和图表的大小、位置，尽量让你的图表清晰，直观。

任务 2：学生自主探索学习后，由学生演示，存在问题的地方，师生共同完成并总结。

温馨提示：选择数据时，可以通过点选“数据区域”后面的按钮 来选择你需要的数据。点选数据时，注意不要多选和漏选数据。

幻灯片放映柱形图制作结果参考图

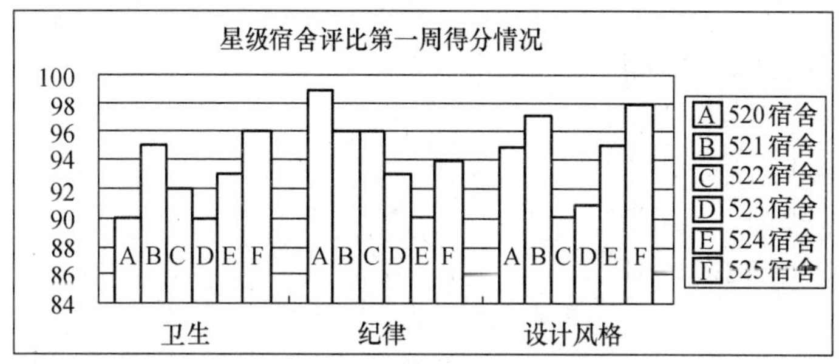

从柱形图中可以看出：

525 宿舍的卫生和设计风格在参加评比的几个宿舍中最好；

520 宿舍的纪律在参加评比的几个宿舍中最好；

自我评价表（学生自己填写）

师生共同总结，引出下一任务。

师：如果张华（522 宿舍）同学现在想了解一下，他们宿舍四周扣分的主要原因，那他要通过哪个数据表来分析呢？

生：522 宿舍各项指标扣分情况数据表。

3. 饼图：利用饼图来分析 522 宿舍各项指标扣分情况

522 宿舍各项指标扣分情况				
	卫生	纪律	设计风格	总分
第一周	92	96	90	278
第二周	89	95	92	276
第三周	87	95	91	273
第四周	85	94	96	275
各项总分	353	380	369	1 102
总计扣分	−47	−20	−31	−98
扣分比例	48%	20%	32%	

任务 3：522 宿舍扣分主要原因。利用饼图来查看 522 宿舍各项指标扣分情况，帮助 522 宿舍找出主要扣分原因，具体要求如下：

① 选择三维饼图。

② 系列产生在“行”，数据区域为

卫生	纪律	设计风格
48%	20%	32%

几个单元格。

③ 图表标题为“522 宿舍扣分主要原因”，显示图例“底部”，数据标志“显示百分比”。

④ 根据需要修改图例的颜色、坐标轴的刻度和图表的大小、位置，尽量让你的图表清晰，直观。

任务 4：学生自主探索学习后，学生演示，教师适当引导，师生共同总结。

温馨提示：选择数据时，可以按住 Ctrl 键来选择不连续的单元格。

幻灯片放映饼图制作结果参考图：

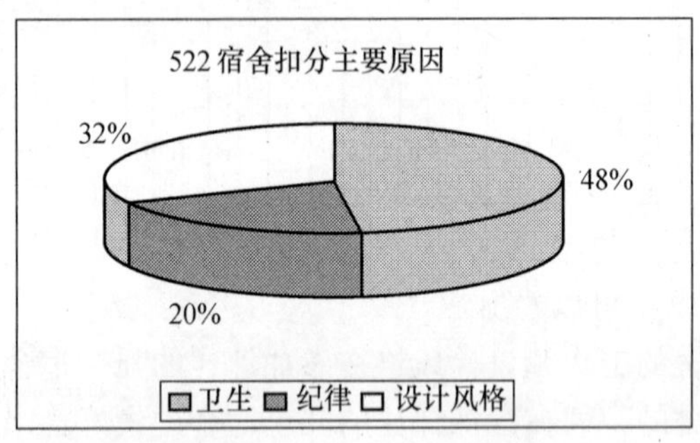

从饼图中可以看出：

522 宿舍扣分主要原因是卫生问题，522 宿舍的卫生需要加强。

师生共同总结后，再引出下一任务。

师：我们帮助张华同学分析了他们宿舍四周的扣分情况，相信他拿到数据表后，一定会及时督促同宿舍的同学做好卫生工作。下面，我们再来帮助这几个宿舍分析一下，他们这四周的总体表现以及整个得分走势，对势头不好的问题宿舍给予及时提醒，让我们的宿舍都朝着越来越好的方向发展。

4. 折线图：利用折线图来分析各宿舍四周得分走势

幻灯片放映折线图的各部分名称（完成了前面两个任务，正好可以利用这个图片来详细介绍一下图表的各部分名称，让学生

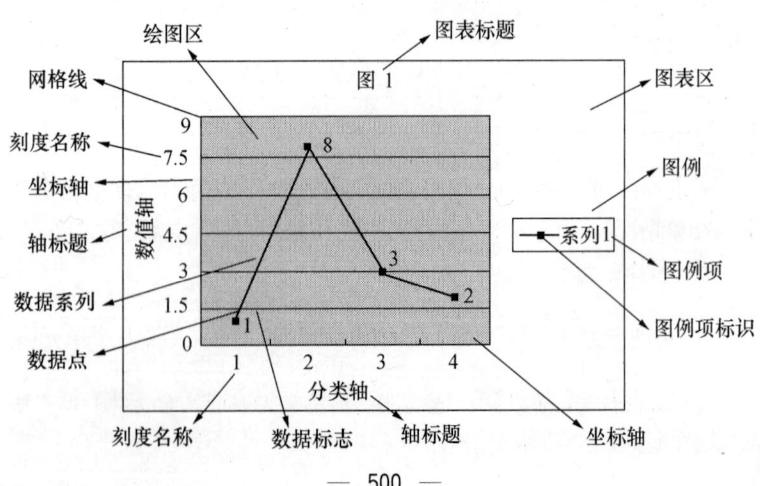

更进一步地了解图表的组成）。

星级宿舍评比四周得分情况					
	第一周	第二周	第三周	第四周	四周总分
520 宿舍	284	286	287	290	1 147
521 宿舍	288	283	276	286	1 133
522 宿舍	278	276	273	275	1 102
523 宿舍	274	275	278	281	1 108
524 宿舍	278	281	285	286	1 130
525 宿舍	288	289	292	293	1 162

任务 5：星级宿舍评比四周得分走势。利用折线图来查看星级宿舍评比四周各个宿舍的得分走势，具体要求如下：

① 系列产生在“行”，数据区域的行坐标显示为“第一周”、“第二周”、“第三周”、“第四周”，数据为 520 宿舍的四周得分值（不包括四周总分一项）。

② 图表标题为“520 宿舍评比四周得分走势”。

③ 显示图例“靠底部”。

以上任务，学生自主探索学习后，学生演示，师生共同点评，总结图表规律。

温馨提示：选择折线图时，要选择带有数据点的折线图，通过这些数据点更能清楚地反映宿舍在这四周中的得分走势情况。

幻灯片放映折线图制作结果参考图

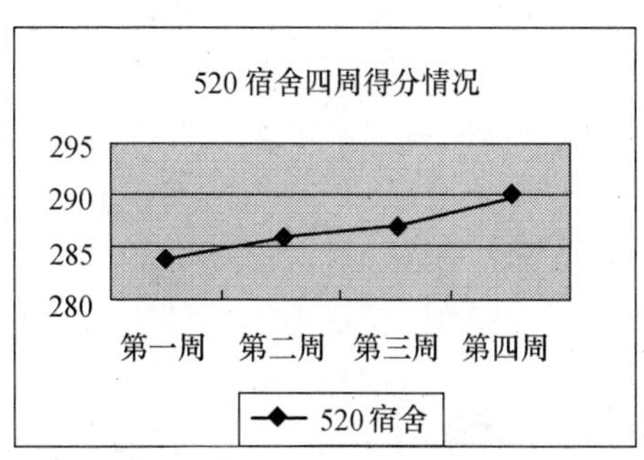

从折线图中可以看出：

520 宿舍的总分呈上升趋势，势头较好，同时也说明星级宿舍评比促进了 520 宿舍的整体进步。

学生演示，师生共同评价。

师：那如果在这个数据图表上，我还想看看 525 宿舍的这四周的总体走势，该如何操作呢？请同学们自主探索完成。

提高阶段：在任务 5 的图表基础上，完成下面任务，分析

525 宿舍四周的得分情况总体走势。

④ 添加一系列名称为：525 宿舍，数据为：525 宿舍四周中每周的具体得分。

温馨提示：可在任务 5 制作好的图表空白的位置上，点击右键，在右键菜单上选“源数据”选项，下面的工作你就可以自己完成了。

学生演示，师生共同评价，着重强调添加系列的方法。

学生自主探究提高阶段：完成此任务后，你自己再去试试图表其他位置的右键，如折线上点击右键，坐标轴上点击右键，网格线上点击右键，图例上点击右键，以及空白位置的右键菜单中的其他选项，看看你都发现了什么呢？此外，你还可以在图表的这些位置上双击，看看你又会发现什么呢？

［师］这些参加宿舍评比的同学，看到我们分析的图表后，一定会及时发现问题，解决问题。相信他们在以后的宿舍评比中会有更出色的表现，我们的宿舍也会越来越温馨。

5. 常用图表特点（师生共同总结）

柱形图：

柱形图能清楚地表示出每个项目的具体数目，体现不同项目数据之间的比较。

饼图：

饼图能清楚地表示出各部分在总体中所占的百分比。

折线图：

折线图多用来反映事物随时间变化的情况，可以清楚地表现出事物发展的趋势，从而帮助我们做出预测或者推论。

6. 幻灯片放映其他图表，拓宽学生的视野，让学生了解更多的图表应用。

7. 幻灯片放映美化的数据图表，拓宽学生的思路，培养学生的创新意识。

（三）教学评价

自我评价：给出具体的评价表，如我做了什么，学会了什么，还存在哪些不足，等等。通过自我评价，让学生对每一次活动都有一个反思的过程。（组长上传总结时，学生可完成此表）

教师评价：针对每次学生演示的结果，都给出正确的评价，指出亮点，可以激发学生的学习积极性，扩大亮点；不足之处给出改进意见，有助于学生不断进步。

本节课就要结束了，我们一起总结一下，这节课我们学到了什么呢？

（四）小结（师生共同总结）

本节课我们一起学习了用 Excel 制作柱形图、饼图和折线图这一技能。通过具体实例，研究了这几种图表的作用。数据是对客观事物定量的分析，但由于加工主体不同，多少总带有一些主观色彩。在以后的实践中，我们要选择恰当的图表来表达我们需要的信息。在此基础上，我们还可以将我们的图表制作得更有创意，更富有内涵。

（五）幻灯片放映一组数据，布置课后作业

这里有一份张华同学高一的七次考试成绩单，请同学们根据现在的高考方案，帮他参谋一下，看他该如何选科？利用三种常用图表，给出一个最直观的分析结果。（各科总分：语文、数学满分 160 分，外语 120 分，其他各科 100 分）

张华同学高一的七次考试成绩单										
考试名称	语文	数学	英语	物理	化学	生物	历史	政治	地理	总分
10 月月考	101	97	80	72	93	63	49	69	74	698
期中考试	110	90	85	73	95	65	43	72	60	693
12 月月考	106	85	90	75	92	72	70	50	60	700
期末考试	115	86	91	80	94	80	60	75	65	746
4 月月考	105	96	85	70	80	73	50	68	72	699
期中考试	95	98	83	78	96	75	65	70	64	724
6 月月考	103	90	82	90	96	68	56	73	71	729
平均分	105	92	85	77	92	71	56	68	67	713

八、教学反思

本节课通过跟学生生活相关的实例展开，以学生自主探究学习为主，教师在整个教学过程中适当地引导学生，帮助学生正确完成实践任务，更加准确地分析实践数据。

本节课有以下几个优点：

1. 层次清楚，各任务过渡很自然。本节课主要围绕三个任务展开，充分调动了学生的学习兴趣，让学生在自主探究的过程中，不断发现问题、分析问题、解决问题。

2. 任务 5 增加了右击和双击任务，给了学生一个自我探索的舞台，充分调动学生的参与热情。

3. 借助现代化技术，效果明显。适当使用多媒体课件，形象生动，省时省力，同时为大容量的课堂提供了可能，为学生思维的延伸提供了时空。

本节课基本完成了预计的教学目标，但在授课过程中还存在以下几个问题：

1. 由于学生水平差异较大，个别学生未能完全掌握本节课的内容。

2. 教师对教学中出现的问题估计不足，如学生发现的新问题、新方法等。

3. 教学评价表制定的还不够详细。

教学试题集锦①

小　学　试　题

北京市延庆县第一小学三年级信息技术期末测试题

罗广明，北京市延庆县第一小学，一等奖试题

一、选择题（每题只有一个正确答案，每题2分，共40分）

1. 我们生活在信息的海洋里，信息就在我们身边。下面哪张小脸传递的是快乐的信息？　　（　　）

A.　　B.　　C.

2. 在60多年前，人们发明了计算机。随着计算机技术的迅猛发展，现在它已经成为人们生活中不可缺少的工具。你能准确地说出世界上第一台计算机诞生于哪一年吗？　　（　　）

A. 1846年　　B. 1946年　　C. 1746年

3. 鼠标有五种基本的操作方法。如：按一下鼠标右键后立即松开是右击。那么按一下鼠标左键后立即松开是哪种操作？　　（　　）

A. 左击　　B. 单击　　C. 右击

4. Windows系统自带了很多好玩的小游戏，刚刚接触一个新游戏的时候，在哪个菜单的帮助下，我们才会玩这个游戏呢？　　（　　）

A. 游戏　　B. 帮助　　C. 以上都不对

5. 鼠标指针变成箭头形状时，表示可以把目标向箭头方向拖动，把窗口（一）拖为窗口（二）的过程中，鼠标指针保持什么形状？　　（　　）

A. ↕　　B. ↔　　C. ↘

① 本年鉴收录的试题除各省试题外其余均为中国教育技术协会信息技术教育专业委员会2007～2008年度信息技术课程教学试题大赛获奖作品.

窗口（一）

窗口（二）

6. Windows XP 为我们提供了一款娱乐软件—Windows Media Player，以下关于它的说法正确的是（　　）

A. 它仅可以播放音频

B. 它仅可以播放视频

C. 它可以播放音频和视频

7. 一个按键上有两个字符的键叫双字符键，如果在按住 Shift 键的同时，单击双字符键 的话，输入的是什么字符呢？（　　）

A. （　　B. 9　　C. （ ）

8. 我们击键时，10 个手指都有明确的分工。输入一个单词 China 后，右手食指要敲击键盘几次？（　　）

A. 1 次　　B. 2 次　　C. 3 次

9. 输入汉字时要进入到汉字输入状态，输入英文时要进入到英文输入状态。以下哪个输入法指示器图标表示的是输入英文？（　　）

A.　　B.　　C.

10. 为了提高输入速度，可以把一个词作为一个整体输入。输入词语“西安”时，应该按如下的哪种顺序输入拼音字母？（　　）

A. xian　　B. xi an　　C. xi’an

11. 在画图软件中画画时，往往很难一气呵成。在什么时候右击，所画的图形就会被取消？（　　）

A. 松开鼠标左键后

B. 松开鼠标左键时

C. 松开鼠标前

12. 通过鼠标的拖动、单击和双击操作，利用多边形工具可以快速地画出任意的多边形。画出一个正五边形，需要单击鼠标几次？（　　）

A. 2 次　　B. 3 次　　C. 4 次

13. 颜色橡皮可以只擦除画面的前景色，而不擦别的颜色。

要按住鼠标的哪个键才能使用颜色橡皮把鸭梨 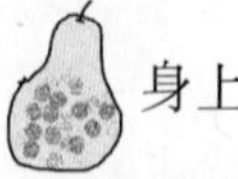 身上的斑点变为黑色？

A. 左键　　　　　B. 右键　　　　　C. 左右键同时

14. 用选定工具可以选中图画中的矩形区域，依你看，能用选定工具选中右图中的小汽车吗？　　　　（　　）

A. 能　　　　　B. 不能

C. 不一定

第 14 题图

15. 在画图板中可以利用剪切、粘贴功能将选中图形移动到新的位置，那你知道被剪切的图形到哪里去了吗？　　　　（　　）

A. 回收站　　　　　B. 我的电脑　　　　　C. 剪贴板

16. 有时候 Shift 键可以帮我们很大的忙，下面关于 Shift 键的功能描述错误的是哪一项？　　　　（　　）

A. 在输入小写英文字母时按住 Shift 键，可以将小写变成大写

B. 按住 Shift 键敲击双字符键时，可以输入双字符键中下面的字符

C. 按住 Shift 键可以利用矩形工具画出一个正方形来

17. 右击桌面上的“我的电脑”图标，再单击快捷菜单中“资源管理器”选项，可以进入资源管理器；那怎么通过“开始”菜单进入资源管理器呢？　　　　（　　）

A. 单击开始菜单

B. 双击开始菜单

C. 右击开始菜单

18. 为了适应不同人的输入习惯，一台计算机上往往装入多种输入法，按哪对组合键才可以切换到适合自己的输入法呢？

A. Ctrl＋Alt

B. Ctrl＋Alt＋Del

C. Ctrl＋Shift

19. 在画图软件中对图形进行复制前需要将其选中，在资源管理器中对文件或文件夹进行操作前需要将其　　　　（　　）

A. 选中　　　　　B. 复制　　　　　C. 粘贴

20. 一般情况下从 U 盘删除的项目会被彻底删除，而从硬盘删除的项目可以被还原。这是因为从硬盘删除的项目被　　　　（　　）

A. 彻底删除　　　　　B. 移到回收站

C. 移到剪贴板

二、填空题（每题 1 分，共 5 分）

1. 键盘一般分为功能键区、主键盘区、小键盘区和编辑键区，英文字母分布在________区。

2. 在画图软件中，要将前景色设为红色，需要________颜料盒中的红色。

3. 用鼠标单击开始菜单，然后在弹出的快捷菜单中依次单击所有程序、________、写字板，就可以打开写字板软件。

4. “用颜色填充”工具，能够把指定的颜色均匀地填入________区域内。

5. 新建文件夹的方法是单击“文件”菜单的________，子菜单里的“文件夹”。

三、判断正误（每题 2 分，共 20 分）

1. 双击是指同时按下鼠标的左右键的操作。（ ）

2. 照相机和计算机一样都是信息处理工具。（ ）

3. 阅读、复制、传播危害社会治安的有害信息是不道德的行为。（ ）

4. 拖动已选定图形的控制点，可以改变图形的大小。（ ）

5. 在输入字母 O 时，应该用右手小姆指击键。（ ）

6. 计算机系统由显示器和主机两部分组成。（ ）

7. 当 Num Lock 指示灯亮时，按小键盘区的数字键输入数字；当指示灯灭时按键，移动光标。（ ）

8. A S D F G H J K L ; 这八个键叫基本键，我们每次打完其他字符后，都要回到这八个基本键上。（ ）

9. 在调色板中，用鼠标指针双击粉色颜料块，背景色就变为粉色。（ ）

10. 画图软件只能用来画图，不能用来写字。（ ）

四、连线（每题 5 分，共 10 分）

1. 计算机王国举办一个宴会，准备邀请所有的输入设备做嘉宾，请你把邀请函与输入设备连起来。

邀请函　　邀请函　　邀请函

2. 小明用画图软件画了一盆花，你知道他都用了哪些工具吗，请你把他应用的工具与画连起来。

五、识图（第 1 小题 6 分，第 2 小题 4 分，本题共 10 分）

1. 请仔细观察下面这幅写字板的截图，回答以下相关问题。

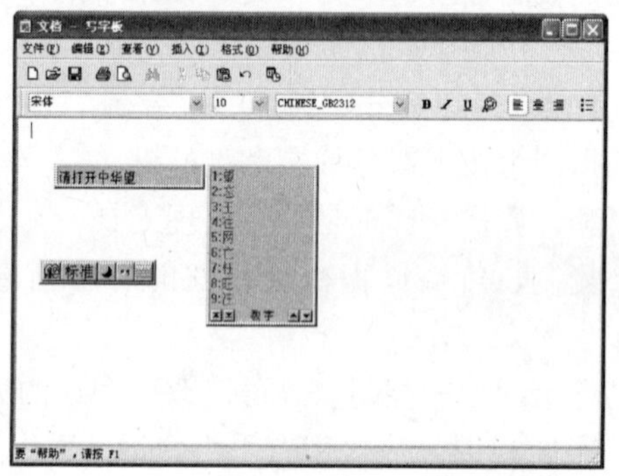

（1）当前用的是__________输入法。（2 分）

（2）要输入“请打开中华网”六个汉字，应___________。（2 分）

（3）在输完“请打开中华网”后，单击 BackSpace［退格键］，会把______个字删除。（1 分）

（4）若再继续输入字母 www.china.com 输入的结果是________。（1 分）

2. 请仔细观察下面这幅画图软件的截图，回答以下相关问题。

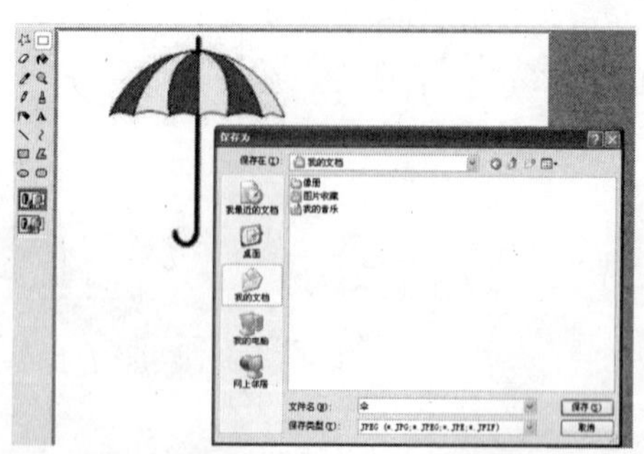

（1）这幅图片被保存在__________文件夹里。（2 分）

（2）它被保存的名字是______________。（2 分）

六、操作题（第 1 小题 5 分，第 2 小题 10 分，本题共 15 分）

1. 利用资源管理器，在桌面上建立一个文件夹，并以你的班级和姓名作为文件夹的名称。

2. 启动“画图”程序，仿照下图（见图一），在画图软件中，实现下列效果，完成后保存到上题你在桌面上创建的文件夹中，文件名为“小帆船”，保存类型为“位图”。

（1）根据你的喜好用不同的颜色画出一艘小帆船。

（2）用适当的方法做出小帆船在水中的倒影效果。（参考图二）

图一

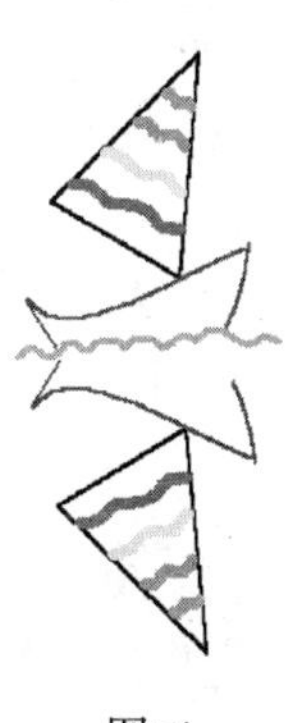

图二

江苏泗阳双语实验学校 2008～2009 学年度信息技术期末模拟试卷

印少涛，江苏省泗阳双语实验学校，二等奖试题

一、选择题（每题 2 分，共 20 分）

1. 常见的计算机一般由主机、（　　）、键盘、鼠标、音箱等组成。

A. 硬盘　　B. 存储器　　C. 显示器　　D. 摄影机

2. 显示器是（　　）设备。

A. 输入　　B. 输出

C. 内部　　D. 外部

3. 【Enter】键中文名称是　　（　　）

A. 退格键　　B. 上档键

C. 回车键　　D. 删除键

4. 画图程序中，工具箱和颜料盒可以在（　　）菜单中查看状态。

A. 帮助　　B. 查看

C. 图像　　D. 文件

5. 用拼音输汉字时，字母“ü”要用英文字母（　　）代替。

A. U　　　　B. V

C. I　　　　D. W

6. 要想输入上档字符，应按住（　　）键。

A.【Ctrl】　　　　B.【Shift】

C.【Alt】　　　　D.【Delete】

7. 在窗口中，显示当前窗口名称和应用文件名的是（　　）

A. 标题栏　　　　B. 滚动条

C. 帮助信息　　　　D. 工具栏

8. 在写字板上编辑正中，闪烁的“|”叫　　（　　）

A. 鼠标　　　　B. 光标

C. 文件　　　　D. 光条

9. 要画出正方形和圆形等，都要按住（　　）键。

A.【Shift】　　　　B.【Ctrl】

C.【Alt】　　　　D.【Enter】

10. 下面不属于存储器的是　　（　　）

A. 　　　　B. 　　　　C. 　　　　D.

二、填空题：（每空 2 分，共 20 分）

1. 信息处理通常包括________、存储、________、传播等几个过程。

2. 下列图标分别代表哪类文件：

未命名.bmp  ________　　课程表.doc ________。

3. “画图”窗口除了________栏、________栏和状态栏，还有工具箱、颜料盒和画图区。

4. 鼠标按其工作原理的不同，可分为________和________。

5. 基准键有：A、S、D、________、________、K、L。

三、判断题。（正确的打√，错误的打×。每小题 2 分，共 20 分）

1. 删除 A 盘上的文件或文件夹时，它没被直接清除掉，而是放入了回收站。　　（　　）

2. 计算机病毒是一种可以传染给人的病毒。（　　）

3. 打字时，人体与显示器的距离约为20厘米左右。（　　）

4. 出现“死机”时，按一下【Power】键，立即再开机即可。（　　）

5. 文件夹里可包含文件和文件夹。（　　）

6. 要选择前景色，应先将鼠标光标移到调色板中，单击一下鼠标右键；如果要选择背景色则应该单击左键。（　　）

7. 硬盘上的Windows文件夹可以随便改成我们喜欢的名字。（　　）

8. 在画图程序中，使用“撤销”命令，只能撤销3步。（　　）

9. Shift键也叫上档键，它可以转化大小写字母。（　　）

10. Caps Lock键的指示灯亮时，我们是不可以输入中文的。（　　）

四、连线（共20分）

1. 把左边的图标和右边的图标名连接起来

油漆桶工具

文字工具

橡皮擦工具

喷枪工具

A　　矩形工具

铅笔工具

曲线工具

刷子工具

2. 把左边的键名和右边中文名连接起来。

Shift	返回键
Enter	光标控制键
Backspace	删除键
Caps Lock	上档键
Esc	大小写锁定键
←↑↓→	退格键
Del	回车

3. 把左边的图和右边的名称连接起来。

显示器

打印机

主机

扫描仪

音箱

五、简答题（每题 10 分，共 20 分）

1. 计算机有哪些输入设备？哪些输出设备？（各举两个例子）

2. 关闭计算机的正确方法。

初 中 试 题

江苏省滨海县八巨中学 2007～2008 学年度七年级信息技术期末检测试卷

姜飞翔，江苏省滨海县八巨中学，一等奖试题

这个学期的学习快要结束了，让我们动脑动手，和小明同学一起回顾一下这个学期的学习内容。

一、单项选择题（本大题共 10 小题。每小题 2 分，共 20 分）

1. 信息具有普遍性、传递性、共享性、失真性、加工性等特点。德 RTL 电视台网站失实报道西藏暴力事件，这主要体现了信息具有的 （　　）

A. 传递性　B. 共享性　C. 失真性　D. 加工性

2. 计算机内部采用的是二进制。二进制数（101101）对应的十进制数是 （　　）

A. 101101　B. 45

C. 37　D. 45

3. 存储器容量的基本单位是字节（Byte），其他的单位还有 KB、MB、GB 等。假设小明家的数码相机的存储容量为512 MB，每一张数码照片占用 128 KB 的空间，请问它最多能存储多少张的数码照片 （　　）

A. 512　B. 4 000　C. 4 096　D. 5 120

4. 通过下列的哪个图标可以打开局域网访问其他的计算机查看共享资源？ （　　）

A. Internet Explorer　B. 我的电脑

C. 网上邻居　D. 我的文档

5. 小明家刚买进一台组装的计算机，只有硬件设备（俗称“裸机”），要想让其正常工作，还需要安装 （　　）

A. 共享软件　B. 应用软件包

C. 软件　D. 主机

6. 电子邮件的一般格式为 （　　）

A. 用户名%域名　　B. 用户名@域名

C. 用户名#域名　　D. 用户名&域名

7. 为了预防计算机感染病毒，下列做法中不合理的一项是 （　　）

A. 不使用来历不明的光盘

B. 不轻易打开陌生人的电子邮件

C. 不上网

D. 经常更新杀毒软件，查杀病毒

8. 以下设备不属于输入设备的有 （　　）

A. 打印机　　B. 扫描仪　　C. 手写板　　D. 鼠标

9. 小明要查找文件名为“八巨中学”为开头的所有 DOC 文档，在搜索栏中要输入的文件名为 （　　）

A. 八巨中学.DOC

B. 八巨中学.*

C. 八巨中学*.DOC

D. 八巨中学?.DOC

10. 下面关于“回收站”的说法，不正确的一项是 （　　）

A. 回收站中的文件可以被删除

B. 回收站的文件是可以被恢复的

C. U 盘上被删除的文件不进入回收站

D. 被用户删除的文件可存放在回收站中一段时间，直到用户关机

二、匹配连线题（本大题共 3 小题。每小题 4 分，共 12 分）

11. JPG　　网页文件

MP3　　图片文件

RAR　　压缩文件

HTM　　声音文件

12. Photoshop　　程序处理语言

Windows　　图像处理软件

Office　　办公自动化软件

VB　　系统软件

13. 🗗　　最大化按钮

☒　　最小化按钮

🗕　　还原按钮

☐　　关闭按钮

三、填空题（本大题共 3 小题。14、15 小题每空 1 分，16 小题 3 分，共 8 分）

14. 小明同学帮小丽家配置了一台计算机：主板（集成显卡、声卡和网卡）、P4 CPU、DVD 光驱、机箱（含电源）、键盘、鼠标，还必须配置________、________、________等硬件。（3 分）

15. 小明同学想通过 ACDSee 软件处理图像，将图（2）处理成图（3），他需要用到图（1）中的________、________按钮（填字母）。（2 分）

图（1）

图（2）

图（3）

16. 今天离 2008 年北京奥运会开幕式还有 108 天的时间，奥运会圣火在全球火热传递中。小明知道今天奥运会圣火会抵达哪个城市，他获取这条信息的途径是：____。（3 分）

四、操作题（本大题共 3 小题，共 12 分）

小明同学对七（3）班秋学期期中考试成绩进行统计：

17. 将 A1：H1 内的单元格合并居中，字体设为黑体、20

磅、红色。(5 分)

18. 根据下面的公式计算每位同学的总分：总分＝语文＋数学＋英语＋历史×60%。(5 分)

19. 按“考号”将数据进行排列。(2 分)

五、综合应用题（48 分）

离 2008 年北京奥运会越来越近了。科技奥运、绿色奥运、人文奥运是北京奥运会的三大主题。小明同学想制作一个以科技奥运为主题的小报，向大家宣传科技奥运建设成果。他的准备过程如下：

（一）搜索素材

20. 小明想利用分类目录搜索信息的方法来搜索素材。他登录搜狐网站分类目录网页，要查找关于奥运的信息，要选择的栏目是 （ ）(2 分)

A. 体育　　B. 奥运　　C. 教育　　D. 新闻

21. 小明想利用关键词搜索信息的方法来搜索素材。他要搜索“鸟巢”场馆的图片，登录百度网站，点击“图片”进入图片搜索页面后，需要在文本框中输入的关键词是____________________。(3 分)

22. 小明找到了 2008 科技奥运的网站 http：//www.hitech2008.org.cn/，为了方便日后浏览，他需要进行以下操作：________________________________。(3 分)

（二）整理素材

23. 修改文件夹“图片素材”名为“图片”。(3 分)

24. 打开文件夹“小报素材”，新建一个文件夹，文件夹命名为“文字”。(4 分)

25. 将所有文本文件（扩展名为 .txt）移动到“文字”文件夹里。(3 分)

（三）小报制作

打开“科技奥运 .DOC”文件，完成如下操作：

26. 打开“文字”文件夹下的文本文件“1. txt”，选中全部文字复制到“科技奥运”中。(4 分)

27. 用艺术字制作标题“科技奥运”。(4 分)

28. 将正文设置成仿宋、小四号。(4 分)

29. 将文中的所有“Olympic”替换为“奥林匹克”。(4 分)

30. 为文中的第一段内容设置为首字下沉，分两栏，栏间距为 4 个字符。(6 分)

31. 将第二段文字和第三段文字互换位置。(4 分)

32. 将“鸟巢.JPG”插入到文章第四段内容中，并设置它的版式为紧密型。(4 分)

江苏省滨海县八巨中学 2007～2008 学年度七年级信息技术期末检测试卷参考答案

一、单项选择题（每题 2 分，共 20 分）

1～5 CDCCC　6～10 BCACD

二、匹配连线题（每题 4 分，共 12 分）

11.

JPG	网页文件
MP3	图片文件
RAR	压缩文件
HTM	声音文件

12.

PhotoShop	程序处理语言
Windows	图像处理软件
Office	办公自动化软件
VB	系统软件

13.

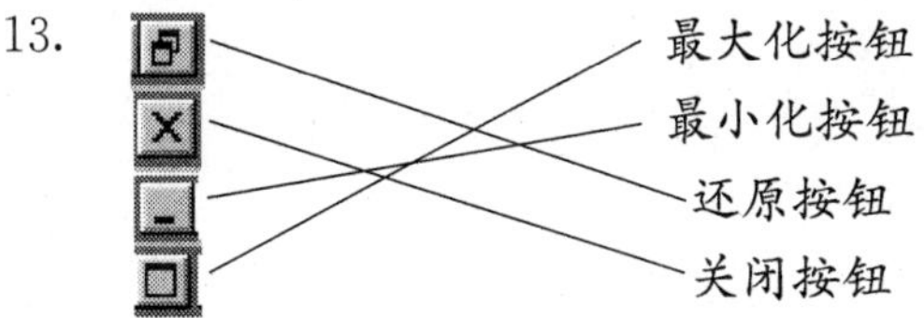

三、填空题（本大题共 3 小题。14、15 小题每空 1 分，16 小题 3 分，共 8 分）

14. 硬盘、内存、显示器

15. B　G

16. 通过百度网站搜索（只要言之有理，皆有分）

四、操作题（略）

五、综合应用题

（一）探索素材

20. B（2 分）

21. 鸟巢（3 分）

22. 点“收藏”菜单，“添加到收藏夹”（3 分）

（二）整理素材（略）

（三）小报制作（略）

深圳南山初中 2007～2008 学年度信息技术二年级测试卷（多媒体）

吴良辉，北师大深圳南山附属学校，二等奖试题

一、单选题（共 20 道小题，40 分）

1. 下列叙述错误的是（　　）

A. 图像分辨率是指图像水平方向和垂直方向的像素

B. Windows 自带的录音软件默认情况下只能录制 60 秒钟的 wav 文件

C. 通过读卡器可以将数码相机拍摄的照片导入计算机中

D. 在 Flash 中，运动动画中的物体必须打散（分离）

2. Flash 中，关于帧（Frame）的概念，以下说法中错误的是（　　）

A. 在时间轴上含有空心圆圈的方格表示空白关键帧

B. 动画作品的播放和交互操作不能在帧中完成

C. 绘制图形、文字等工作是在关键帧中进行的

D. 在时间轴上含有实心圆圈的方格表示关键帧

3. 以下说法中正确的是（　　）

A. GIF 只能是动态图像

B. GIF 可以是动态图像

C. GIF 只能支持音频

D. GIF 只能支持视频

4. 我们通常所说的“IT”是（　　）的简称。

A. 信息技术　　B. 手写板

C. 输入设备　　D. 互联网

5. 要对 2008 年欧洲杯各参赛队的积分情况分组制表，并进行积分排序，用（　　）软件最恰当。

A. Excel　　B. PowerPoint

C. Word　　D. Flash

6. PowerPoint 软件是（　　）

A. 多媒体集成工具　　B. 艺术字制作工具

C. 音频编辑工具　　D. 图像制作工具

7. 学校要开一个“祖国在我心中”的主题班会，现在你手里有一部有关短片的视频素材，但是你只想要其中的一个片段，利用以下哪个计算机软件能把所要片段截取出来（　　）

A. ACDSee　　B. PowerPoint

C. 超级解霸　　D. 画图

8. 下面有关对信息的理解，哪句是错误的 （　　）

A. 电视机、电话机、声波、光波是信息

B. 在一定程度上，人类社会的发展速度取决于人们感知信息、利用信息的广度和深度

C. 信息无时不在，无处不在，信息是我们行动、决策的重要依据

D. 人类可以借助信息资源对自然界中有限的物质资源和能量资源进行有效地获取、分配和利用

9. 要简洁明了的表达某跨国公司的组织结构，采用下列（　　）表达方法更好些。

A. 流程图　　B. 结构图　　C. 饼形图　　D. 项目式

10. 文件传输协议的简称是 （　　）

A. FTP　　B. MNTP　　C. TCP　　D. UDP

11. 根据研究性学习小组活动的安排，刘晖要到森林公园拍摄野生动物的生存状况来制作一份演示文稿作品。你建议他选择（　　）作为采集信息的工具。

A. 普通相机、扫描仪　　B. 数码相机、扫描仪

C. 普通相机、视频采集卡　　D. 数码相机、数码摄像机

12. 在下列格式中，哪种不是图像文件格式？ （　　）

A. MP3　　B. PSD　　C. GIF　　D. JPG

13. 下列各网站中不属于搜索类网站的有 （　　）

A. 北大天网　　B. 联众

C. 雅虎　　D. 百度

14. 以下（　　）不会导致网络安全漏洞。

A. 没有严格合理的网络管理制度

B. 管理者缺乏网络安全知识

C. 没有安装杀毒软件、防火墙等

D. 网速不快，常常掉线

15. 以下文件格式中，哪种是视频格式？ （　　）

A. JPG　　B. MP3

C. WAV　　D. AVI

16. 下面关于多媒体技术的描述中，比较正确的是 （　　）

A. 多媒体技术只能处理声音和文字

B. 多媒体技术就是制作视频

C. 多媒体技术不能处理动画

D. 多媒体技术就是计算机综合处理声音、文本、图像等信息的技术

17. 扫描图像时，如果分辨率设为 300DPI，则 1 平方英寸的图像包含的像素是（　　）

A. 300　　B. 90 000　　C. 6 000　　D. 900

18. 在电子信箱地址 hnjjzx@163. com 中表示邮件服务器的主机名的是（　　）

A. 163. com　　B. hnjjzx　　C. 163　　D. com

19. 张军同学用麦克风录制了一段 WAV 格式的音乐，由于文件容量太大，不方便携带。在保证正常播放音乐的前提下，要把文件容量变小，你建议张军使用的最好办法是（　　）

A. 应用音乐编辑软件剪掉其中的一部分

B. 应用音频编辑工具将音乐的音量变小

C. 应用音频工具软件将文件转换成 MP3 格式

D. 应用压缩软件，使音乐容量变小

20. 下列英文缩写中，意思为“个人数字助理”的是（　　）

A. FTP　　B. PDA

C. PC　　D. MP3

二、多选题（共 5 道小题，20 分）

1. 王老师到国外参加为期两天的学术年会，会议要求上交论文的电子稿，存有交流论文的移动存储盘在往会务组的计算机里传输时发生了故障，而原文件还在学校办公室的计算机里。请你到王老师办公室计算机上将原文件发给他，你可以选择的较好方法有（　　）

A. 把文件打印出来，传真过去

B. 用即时通信工具（如 QQ、MSN 等）传输文件

C. 发电子邮件

D. 派人把文件送过去给王老师

2. 某同学的计算机在上网时感染了计算机病毒，为保证以后不感染病毒，合理的做法是（　　）

A. 经常使用最新杀毒软件检查

B. 不轻易打开陌生人的电子邮件

C. 从此不再上网

D. 不使用来历不明的光盘、软盘

3. 以下属于信息特征的有（　　）

A. 正确性　　B. 时效性

C. 载体依附性　　D. 共享性

4. 关于保存网页上的信息的说法正确的有（　　）

A. 使用“选定”→“复制”→“粘贴”，可将选定的文字保

存在一个新文件中

B. 使用文件菜单中的“另存为”命令，可保存当前的网页

C. 在网页中的图片，点击鼠标右键，弹出菜单，选择“图片另存为”，可以将图片保存到本地的计算机当中

D. 在超链接上右击，不可以下载其链接的页面内容

5. 学校要建立学生成长记录档案袋信息系统，用以记录每个学生每个阶段取得的成绩，并可进行统计分析。你认为建立这样的信息系统，可以采取的技术有 （　　）

A. 数据库与编程技术的结合

B. Access 数据库

C. Photoshop 表格

D. Excel 电子表格

三、判断题（共 10 道小题，10 分）

1. PowerPoint 演示文稿窗口的说法正确的是可同时打开多个演示窗口，被打开的窗口都是活动窗口。 （　　）

2. PowerPoint 演示文稿的缺省类型是 . POT。 （　　）

3. 各种信息在电子计算机中都用 ASCII 码表示。 （　　）

4. 在国标码（GB 2312）中，一个汉字用 2 个字节表示。 （　　）

5. 硬盘容量是衡量计算机运行速度的一个重要指标。（　　）

6. 多媒体技术主要运用了音频、视频技术。 （　　）

7. PowerPoint“文件”菜单中的“打印”命令的快捷键是 Alt＋P。 （　　）

8. Powerpoint 中幻灯片有三种视图方式。 （　　）

9. 按键盘上的“Pause”键可以截取当前屏幕图片。（　　）

10. 每张幻灯片都可以看做是由前景、页眉和页脚组成。 （　　）

四、操作题（共 5 道小题，30 分）

1. 这是一道（Flash）题。（本题难度为：易 分数为：6 分）

在考生文件夹“Flash \ 250 \ ”下新建一个名称为“人像淡入淡出 . fla”的文件，进行以下操作后保存。（同时将最终“测试影片”生成的文件“人像淡入淡出 . swf”保存在相同的文件夹下）

设置该动画的帧数为“30 帧”。

将该文件以名称“人像淡入淡出 . swf”另存在考生文件夹“Flash \ SaveAs \ ”下（目录如果不存在考生自己创建）。

2. 这是一道（Word）题。（本题难度为：易 分数为：6 分）

打开考生文件夹的 Word 文件夹中的文件“test2. doc”进行以下操作并保存。

在当前文档下查找文本“兔子”并替换为“野兔”！（替换所有）

将全文所有段落格式设置为特殊格式（首行缩进）“2”字符！

将标题文字“猎人与猎狗”字体名称设置为“楷体_GB2312”！

将标题文字“猎人与猎狗”字体大小设置为“二号”！

将全文所有段落格式行距设置值为 25！

3. 这是一道（Cool Edit Pro）操作题。（本题难度为：易 分数为：6 分）

（题目每步操作要求精确）

新建一个工程（Session），进行如下操作后保存在考生文件夹下的 565 中，工程（Session）文件名为“敲门 . ses”。

为当前工程（Session）到考生文件夹下的 565 目录中的“DataFile”，导入 1 个波形文件并插入轨道中，文件名分别为（敲门 . WAV）。

请把当前工程 1 个音频文件块通过（分割、剪切、合并、移除）等手段使工程音频共分成 2 个音频块。

将当前音频工程编辑调整，混缩输出文件名为“敲门声 1. wav”保存到考生文件夹下的 565 中，并使输出文件大小在 82. 96 KB 到 83. 36 KB 之间。

4. 这是一道（Premiere）题。（本题难度为：易 分数为：6 分）

打开考生文件夹下的 488 中的工程文件“13 - 1 - 1. ppj”，进行如下操作后并保存。

请为工程从考生文件夹下的 488 中的 DataFile 文件夹中导入下列素材文件（sc2. avi）！

新建一个工程标题文件，在标题文件中插入字符串“加油加油■”，操作完后保存在考生文件夹下的 488 中，保存文件名为 13. ptl。

请分别在视频 1，视频 2 中依次插入视频片段。

请把该工程输出到考生文件夹下的 488 中，调整控制输出文件的大小在 0 MB 到 1. 00 GB，输出文件名为 13 - 1 - 1. avi。

5. 这是一道（PowerPoint）题。（本题难度为：易 分数为：6 分）

启动 PowerPoint 软件，在“考生目录 PPT \ 211 \ ”文件夹

下新建一个名称为“file. ppt”的演示文稿，进行以下操作并保存。(幻灯片版式不影响评分!)

① 在第一张幻灯片中插入内容为“汉字笔画”的“水平”文本框，并设文本框的水平位置为“8cm”，垂直位置为“3 cm”。

② 插入一张新的幻灯片，在第二张幻灯片中插入“考生目录PPT\211\”文件夹下的视频文件“多.avi”，并设视频文件的水平位置为“9 cm”，垂直位置为“5 cm”。

③ 设置所有幻灯片的切换效果为“水平百叶窗”。

高 中 试 题

温州市新世纪学校普通高中信息技术高考模拟试卷

邹小军，浙江省温州市新世纪学校，一等奖试题

说明：本试卷分为四部分：卷Ⅰ：(信息技术基础)为全体考生必答题，卷Ⅱ：为修习算法与程序设计模块的考生作答，卷Ⅲ：为修习多媒体技术应用模块的考生作答。卷Ⅳ：为附加题。考试时间为 90 分钟，满分 100 分。

第Ⅰ部分 信息技术基础

(全体考生必答)

一、单项选择题(共 20 分，每小题 1 分)

1. 下面对信息特征的描述，错误的是 ( )

A. 天气预报、情报等

B. 信息反映的是时间永久状态

C. 刻在甲骨文上的文字

D. 盲人摸象

2. 以下有关计算机病毒特征的说明正确的是 ( )

A. 传染性、潜伏性、隐蔽性、破坏性、可触发性

B. 传染性、破坏性、易读性、潜伏性、伪装性

C. 潜伏性、可触发性、破坏性、易读性、传染性

D. 传染性、潜伏性、多发性、安全性、激发性

3. 在计算机中，应用最普遍的字符编码是 ( )

A. BCD 码　　B. ASCII 码

C. 汉字编码　　D. 补码

4. 现代的电子计算机都是采用冯·诺伊曼原理，该原理的核心是( )

A. 输入设备和输出设备、加工处理

B. 高速电子元件

C. 存储程序与程序控制

D. 机器语言和高级语言程序设计

5. 下列关于信息的叙述中，不正确的是 （ ）

A. 信息是可以处理的

B. 信息的价值不会改变

C. 信息可以在不同形态间转化

D. 信息具有时效性

6. 十进制数 58 转换为二进制和十六进制数表示，正确的是 （ ）

A. 111100 3B　　B. 111010 3A

C. 110111 B3　　D. 111100 58

7. 用 Excel 打开文件，其中的数据如下图所示，并做如下操作：

	A	B	C
1	A1	B1	C1
2	A2	B2	C2
3	A3	B3	C3

① 选中 B2 单元格后

② 点击“插入→行”命令

③ 点击“插入→列”命令

则显示的结果是 （ ）

A.

	A	B	C	D
1	A1	B1		C1
2				
3	A2	B2		C2
4	A3	B3		C3

B.

	A	B	C	D
1		A1	B1	C1
2				
3		A2	B2	C2
4		A3	B3	C3

C.

	A	B	C	D
1	A1		B1	C1
2	A2		B2	C2
3				
4	A3		B3	C3

D.

	A	B	C	D
1	A1		B1	C1
2				
3	A2		B2	C2
4	A3		B3	C3

8. 利用计算机对指纹进行识别、对图像和声音进行处理属于的应用领域是 （ ）

A. 信息处理　　B. 科学计算

C. 自动控制　　D. 辅助设计

9. 用IE浏览器浏览网页，在地址栏输入网址时，通常可能省略的是 （ ）

A. Http：//　　B. Ftp：//

C. Mail to：//　　D. News：//

10. 在ACCESS中，数据表中的行列对应下列数据库术语中的 （ ）

A. 字段 实体　　B. 属性 实体

C. 属性 记录　　D. 记录 字段

11. 在Internet上收发E-mail的协议不包括的是 （ ）

A. SMTP　　B. POP3

C. RAR　　D. IMAP

12. 李平的数码相机的闪存卡为512 MB，如果他所拍摄照片为24位真彩，分辨率为1 024×768像素的照片，则可存储的照片张数约为 （ ）。

A. 300张　　B. 850张

C. 285张　　D. 512张

13. 汪清在网上搜索资料，如果他对网页上的一段图文信息感兴趣，想保存到本地硬盘，最好进行操作 （ ）

A. 选取这段图文信息，然后右键选择“目标另存为”菜单命令，保存到本地硬盘

B. 文字、图片分开复制

C. 选择“文件”菜单中的“另存为”菜单命令，保存为Web页格式

D. 保存这个文件的原代码即可

14. Internet不仅为人们提供了丰富的信息资源，同时产生了许多新的服务项目，最常用的是在Internet各站点之间漫游，浏览文本、图形和声音等各种信息，这项服务称为 （ ）

A. 电子邮件　　B. WWW

C. 文件传输　　D. 网络新闻组

15. 如果在FrontPage或Dreamweaver中分别进行网页制作，尝试如下操作方法，其中有一项操作没有成功的是 （ ）

A. 在表格的单元格内又插入了另外一个表格

B. 将表格的背景设置成图片，同时还将此表格背景设置另一

种颜色

C. 将表格中的 4 个单元格设置成了 4 种不同的背景颜色

D. 将表格的背景设置成图片，同时将表格的边框粗细设为 0

16. 数字音频采样和量化过程所用的主要硬件是（　　）

A. 数字编码器

B. 数字解码器

C. 模拟到数字的转换器（A/D 转换器）

D. 数字到模拟的转换器（D/A 转换器）

17. 数据表中的一行对应着一个实体，记录着有关实体在某些方面属性特征的数据。那么，数据表记录中某一类别的信息，即数据表中的列，我们称之为（　　）

A. 字段　　B. 纪录

C. 数据表　　D. 工作簿

18. 下列各个子图表类型中，属于折线图的是（　　）

 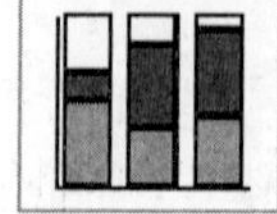　　 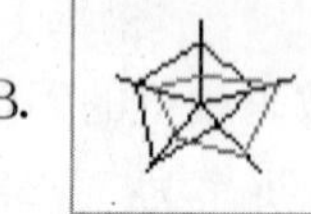

 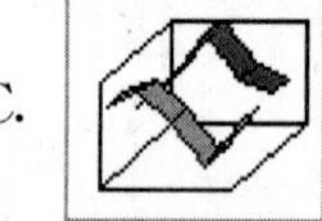　　 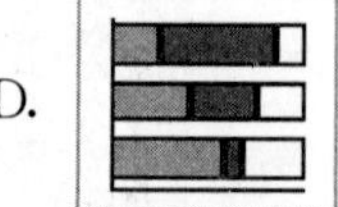

19. 在 Internet 上搜索信息时，下列说法不正确的是（　　）

A. 李白 and 静夜思 表示检索结果必须同时满足李白和静夜思两个条件

B. 李白 or 静夜思 表示检索结果只需满足李白和静夜思中的一个条件即可

C. 李白 not 静夜思 表示检索结果中不能含有静夜思

D. 李白 静夜思 表示检索结果中含有李白和静夜思

20. 如右图所示，假设在如下工作中，某单位的奖金是根据职员的销售额来确定的，如果某职员的销售额在 10 000 或以上，则其奖金为销售额的 0.5%，否则为销售额的 0.1%，在计算 C2 单元格的值时，应在 C 单元格中输入计算公式为（　　）

	A	B	C
1	职员	销售额	奖金
2	A1	23560	
3	A2	5199	
4	A3	8911	
5	A4	21897	
6	A5	3569	
7	A6	987	
8	A7	89008	

A. =IF(B2>=10 000，B2＊0.1%，B2＊0.5%)

B. =COUNTIF(B2>=10 000，B2＊0.5%，B2＊0.1%)

C. =IF(B2>=10 000，B2＊0.5%，B2＊0.1%)

D. =COUNTIF(B2>=10 000，B2＊0.1%，B2＊0.5%)

二、简答题（共5分，每小题0.5分）

根据下列文件的扩展名，说出其文件的类型。

①PSD ②WAV ③VAI ④HTM ⑤SWF ⑥JPG ⑦WMF ⑧XLS ⑨MDB ⑩TXT

①______ ②______ ③______ ④______ ⑤______

⑥______ ⑦______ ⑧______ ⑨______ ⑩______

三、操作题（Excel操作20分和网页制作15分，共35分，每小题5分）

（一）Excel操作题：

在Excel文件夹中打“开支”文件，创建家庭理财工作（内容如下表所示），按照题目要求完成后，用Excel的保存功能直接存盘。

要求：

1. 将区域A1：A6合并居中，并将标题字体设为楷体，加粗，字号为14，颜色为红色；

	A	B	C	D	E	F	G
1	家庭理财						
2	项目	一月	二月	三月	四月	五月	六月
3	水费						
4	电费						
5	燃气费						
6	交通费	300	200	356	196	185	305
7	餐费	430	465	365	360	654	410
8	管理费	25	25	25	25	25	25
9	电话费	162	136	154	156	139	148
10	购物	1 325	1 260	1 400	1 256	1 420	1 500
11	其他	300	250	350	300	250	400
12	支出小计						
13	工资收入	3 800	3 800	3 800	3 800	3 800	3 800
14	奖金收入	1 500	1 500	2 000	2 000	2 000	1 500
15	其他收入	1 150	1 200	1 250	1 300	1 200	1 350
16	收入小计						
17	当月节余						
18	平均每月节余						

2. 创建“数据”工作表（内容如下表所示），将“使用量记录表”设置为“经典2”格式、文字居中，“单价表”设置为“会计2”格式。

使用量记录表						
项目	一月	二月	三月	四月	五月	六月
水（吨）	9	16	18	13	14	7
电（度）	90	87	127	70	69	126
燃气（立方米）	15	21	17	10	11	13

单　价　表	
项目	单价
水（元/吨）	3.2
电（元/度）	0.55
燃气（元/m^3）	3.55

3. 用“数据”工作表中的相关数据计算“家庭理财”工作表中的相关费用，用公式计算“家庭理财”工作表中的“支出小计”“收入小计”和“当月节余”，用函数计算“家庭理财”工作表中的“平均每月节余”（平均每月节余＝当月节余的总和/6），并保留二位小数。

4. 将“家庭理财”工作表的区域 A2：G18 加上红色双线外边框和蓝色的细线内框。

（二）网页制作

在 FrontPage 文件夹中创建“Aoyun. html”文件，并做如下操作：

1. 将网页标题改为：2008 北京奥运，把单元格［1］、［2］合并成一个单元格，插入从左到右的滚动字幕：“同一个世界，同一个梦想，One World One Dream”，将所输入文字设为 5（18 磅）、隶书、红色字体，并将“［1］、［2］”字样删除。

2. 把表格边框粗细设为 0，在“［3］”所在单元格内，插入 images 文件夹里的图片“beijing2008logo. jpg”，并将“［3］”字样删除。为［4］所在单元格中的“北京开幕式”文字设置超级链接，链接到 web 文件夹中的“kaimu. htm”，并将［4］字样删除。

3. 在［4］所在单元格内，插入一条水平线，要求宽度 90％显示，紫色。并将［4］字样删除；给网页右下角的 E－mail 图片设置邮件链接，E－mail 地址为：Beijing olympic2008@ beijing2008. cn

第Ⅱ部分　算法与程序设计模块

（为修习算法与程序设计模块的考生作答）

一、单项选择题（共 10 分，每小题 1 分）

1. 在 Visual Basic 中，下列属于正确的变量名的是　（　　）

A. agorae　　B. if　　C. 10－c　　D. a@＄3

2. 创建一个 Visual Basic 程序的基本步骤应该是 (　　)

A. 创建界面、设置属性、编写代码

B. 设置属性、编写代码、创建界面

C. 编写代码、设置属性、创建界面

D. 编写代码、创建界面、设置属性

3. 算法的三种基本结构是 (　　)

A. 顺序结构、模块结构、条件结构

B. 顺序结构、循环结构、模块结构

C. 顺序结构、分支结构、循环结构

D. 模块结构、条件结构、循环结构

4. 下面伪代码的输出结果为 (　　)

```
S=1
For I=1 to 9 step 2
S=S+I
Next
End sub
Msgbox (S)
```

A. 45　　B. 23　　C. 25　　D. 26

5. 下列 Visual Basic 程序段运行后，变量 MAX 的值为 (　　)

```
A=8，B=16；MAX=A
IF B>MAX THEN MAX=B
```

A. 8　　B. 16　　C. 8 和 16　　D. 以上都不是

6. 用冒泡法对一组数：37，21，3，56，9，7 进行排序时，经过多少次排序后，得到一组数：3，9，6，21，37，56 (　　)

A. 2　　B. 3　　C. 4　　D. 5

7. 下面是一个求 20 个数的平均数的程序，在横线上应填充的语句为 (　　)

```
S=0
i=1
DO
INPUT x
S=S+x
i=i+1
LOOP UNTIL ________
a=S/20
PRINT a
END
```

A. i>20

B. i<20

C. i>=20

D. i<=20

8. 如果输入 1，－6，9，那么下图程序的输出值为 （　　）

A. 方程无实根　　B. x_1，x_2

C. 3　　D. 3，3

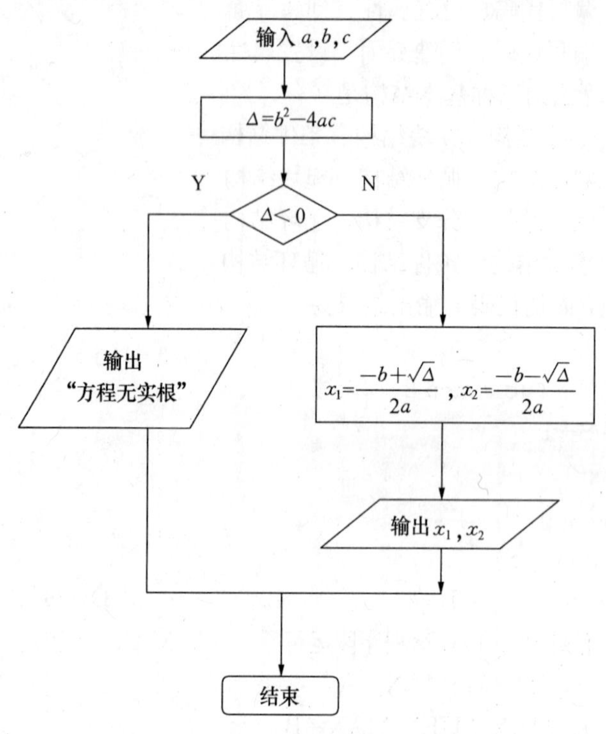

（第 8 题图）

9. 如右图所示，流程图表示的算法的执行结果是 （　　）

A. 5 050　　B. 2 550

C. 2 450　　D. 2 500

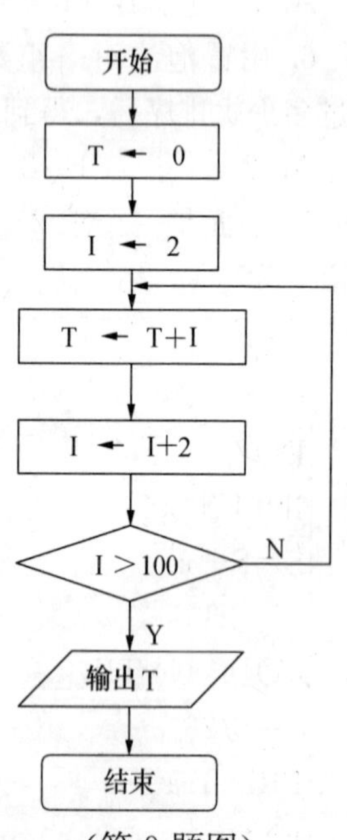

（第 9 题图）

10. 某一养鱼场，养鱼技术员要估计该池塘中的鱼的大致数量。该技术员想出了一个办法：先从池塘中捕出 30 条鱼，在每条鱼身上做一记号后，又放回池塘。几天后，再从该池塘中捕出 40 条鱼，发现其中有 2 条是有记号的。因此，他估计该池塘鱼的数量大致为多少条。（假设这几天内鱼的数量没有变化） （　　）

A. 300　　B. 400

C. 600　　D. 1 200

二、填空题（共 20 分，每小题 4 分）

1. 有如下 Visual Basic 程序段：

```
Private Sub CommandButton1 _ Click()
s = 0
I = 1
Do While I <= 5
  s = s + I * I
  I = I + 1
  Loop
MsgBox (s)
End Sub
```

该程序段运行后 S 的值为：__________。

2. 有如下 Visual Basic 程序段：

```
X = 1
Y = 20
Do While X <= Y
  If Int(X/2)<> X / 2 Then
  X = 1 + X ^ 2
  Y = Y + 1
  Else
    X = X + 1
  End If
Loop
```

该程序段运行后 X 的值是：________，Y 的值是：______。

3. 我国古代数学中“韩信点兵”问题，原问题是：三三数之，余二；五五数之，余三；七七数之，余五，问有多少兵？请看以下代码，并填写运行结果。

```
For n = 1 To 105
If n Mod 3 = 2 And n Mod 5 = 3 And n Mod 7 = 5 Then
MsgBox(n)
End If
Next
```

请看以上代码，运行结果是：________。

4. 以下 Visual Basic 程序的功能是：求 1 000 以内的完全数：它的各个数（不包括该数自身）之和等于该数自身，如 28＝1＋2＋4＋7＋14 就是一个完全数。

```
Private Sub CommandButton1 _ Click()
```

```
Dim n As Integer
For n = 1 To 1000
  If n = divsum(n) Then MsgBox(n)
Next
End Sub
Function divsum(n As Integer)
Dim i As Integer
Dim s As Integer
s = 0
For I = 1 To n - 1
If n Mod I = 1 Then s = s - i
Divsum = s
End Function
```

为了实现这一目标程序中画线处的语句应更正为：________。

5. 有如下 Visual Basic 程序段：

```
S=0
For j =1 to 50
    If Int(j/5)=j/5 then
      S=s + j
      J=J+5
    End if
Next j
Print(s)
```

该程序段运行后，输出的结果的值是：____________。

三、程序设计题（共 10 分，每小题 5 分）

1. 以下 Visual Basic 程序（运行结果如下图所示）为了实现这一目标，请补充程序中画线处的语句。

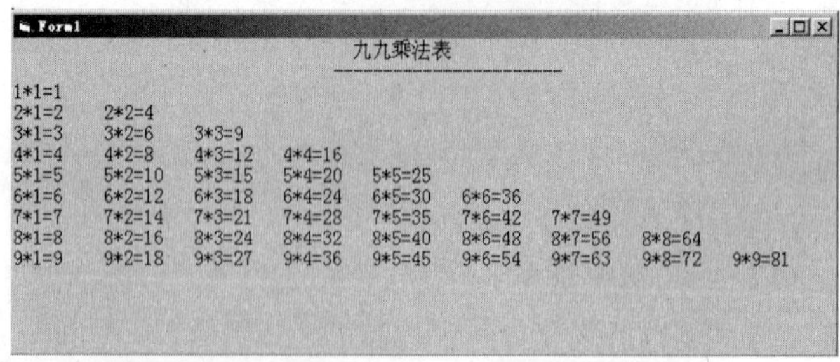


```
Private Sub Form_Click()
```

```
  FontSize＝12
  Height＝4 000
  Width＝10 000
  Print Tab(35)；"九九乘法表"
  Print Tab(33)；"__________________"
  For i＝1 To 9
________①________
________②________
    Next j
    Print
  Next i
End Sub
```

2. 意大利数学家斐波纳奇提出了这样的一个问题：一对兔子饲养到第二个月进入成年，第三个月生一对小兔，以后每个月生一对小兔，所生小兔能全部存活并且也是第二个月成年，第三个月生一对小兔，以后每月生一对小兔。问这样下去到年底应有多少对兔子？为了实现这一目标，请补充程序中画线处的语句。

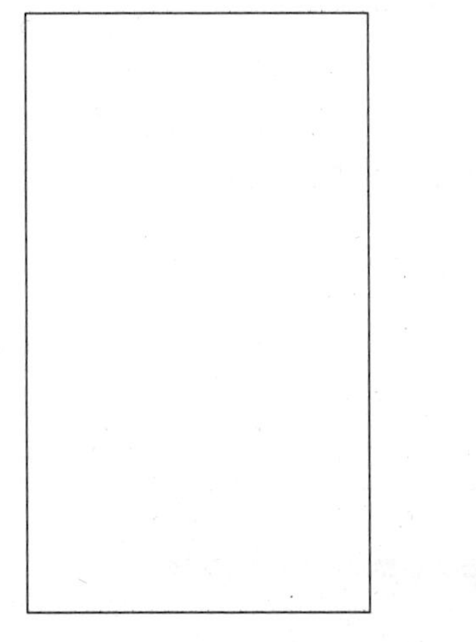

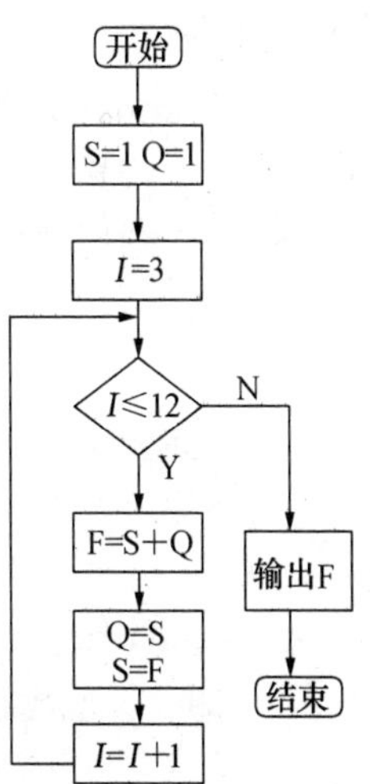

第Ⅲ部分　多媒体技术应用

（为修习多媒体技术应用模块的考生作答）

一、单项选择题（共 10 分，每小题 1 分）

1. 下列参数中是音频信息数字化的参数的是　（　　）

A. 主频　　B. 采样频率　　C. 压缩比　　D. 分辨率

2. 多媒体的主要特征是　（　　）

A. 动态性 时效性　　B. 集成性 交互性

C. 规范性 标准性　　D. 网络化 多样性

3. 下面的图形图像文件格式中可以实现动画的是 ( )

A. WMF 格式　　B. GIF 格式

C. BMP 格式　　D. JPG 格式

4. 下列各项中，不是常用的多媒体信息压缩标准的是 ( )

A. JPEG 标准　　B. MP3 标准

C. LWZ 标准　　D. MPEG

5. 下列说法不正确的是 ( )

A. 图像都是由一些排列成行列的点（像素）组成的。通常称为位图或点阵图

B. 图形使用计算机绘制的画面，也称矢量图

C. 图像的最大优点是容易进行移动、缩放、旋转和扭曲等变换

D. 图形文件中只记录生成的算法和图上的某些特点，数据量较小

6. 下列软件产品中适合作为多媒体创作工具的软件是 ( )

A. Author ware　　Flash

B. Photoshop　　Flash

C. Cool Edit Pro　　Authorware

D. 3ds Max　　Photoshop

7. 小王用 Photoshop 编辑一个图像文件，当用文字工具添加文字，再新建一个背景图层并填充颜色，然后分别保存为下列文件名，其中还是以图层的形式生成图像的文件是 ( )

A. images. bmp　　B. images. gif

C. images. jpg　　D. images. psd

8. 录制一段时间长 11 分钟的 WAVE 的格式音频，文件属性设置如下图，存取该音频文件需要的磁盘空间约为 ( )

格式(F): PCM

属性(A): 48.000 kHz, 16 位, 单声道　93 KB/秒

A. 60. 42 KB　　B. 60 MB

C. 6 042 KB　　D. 100 MB

9. 设计制作一个多媒体地图导航系统，使其能根据用户需求缩放地图并自动搜索路径，最适合的地图数据应该是 ( )

A. 高清晰度图像　　B. 位图图像

C. 矢量化图形　　D. 真彩色图像

10. 以下关于多媒体技术的描述中，错误的是 ( )

A. 多媒体技术将各种媒体以数字化的方式集中在一起

B. “多媒体技术”是指将多媒体进行有机组合而成的一种新

的媒体应用系统

C. 多媒体技术就是用来观看的数字电影的技术

D. 多媒体技术与计算机技术的融合开辟出一个多学科结合的崭新领域

二、操作题：第（1）大题为 6 分（每小题 1 分），第（2）（3）大题 24 分（每小题 4 分）。共 30 分。

（1）Photoshop 填空题

某图像处理软件可以提供多种滤镜功能对数字图像进行处理，得到特殊的处理效果。已知的滤镜功能包括：径向模糊效果、查找边缘、浮雕效果、喷色描边效果、图像锐化、图像去噪、对比度增强/减弱、亮度增强/减弱、几何扭曲、边缘增强、龟裂缝效果、纹理化效果、动感模糊效果、球面化效果、点状化效果，风格化效果，镜头光晕、半调图案、添加杂色等。原始图像如下所示：

利用该图像处理软件对原始图像进行滤镜处理，得到以下六幅结果图像：

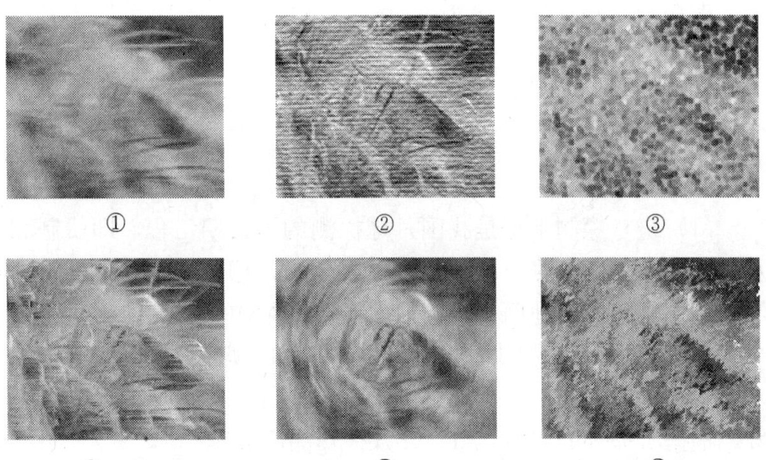

在上面给出的图像滤镜功能中，分别选择什么滤镜功能，可以形成结果图像。

①________ ②________ ③________

④________ ⑤________ ⑥________

(2) Photoshop 操作题：在 Photoshop 文件夹中，打开“风光.psd”及“花篮.jpg”文件，完成以下操作。

① 把文件“花篮.jpg”中花篮图形部分（不包含白色区域）复制到“风光.psd ”文件的“花篮”图层中，并放置在适当位置。并将该图层设置“投影”效果，模式为“正常”，颜色设为 RGB(98，7，249)。

② 在文件“风光.psd”中的花篮图层上方新建一个名为“文字”的文字图层，并在该图层输入文字“这里风景无限好!”，颜色设置为“红色（RGB(255，0，0))”，并将该图层设为“斜面和浮雕”效果，（样式设为“枕状浮雕”、方法设为“雕刻柔和”、深度为：105％、大小：10 像素、角度为：45 度）。

③ 在文件“风光.psd”中将背景图层使用“模糊”—“高斯模糊”的滤镜效果（滤镜参数为：半径：1.2 像素），并已存储“风光.psd”文件。

(3) Flash 操作题：打开 flash 文件夹下的名为“动漫.fla”的文件，完成以下操作。

① 将名为“花枝”的元件插入到“花技”图层的第 1 帧处，并放在右下角合适的位置。

② 分别在“花朵、湖水、波浪、白云”四个图层的第 30 帧处插入帧，将“白云"" 图层从第 1 帧到第 30 帧创建从左往右的动作补间动画。

③ 将“yia zi”元件重命名为“小鸭”，将第 30 帧处的“小鸭”图形的宽和高均设置为 50 像素，将“小鸭”图层设为补间动画，保存“动漫.fla”文件。

第Ⅳ部分　附加题

（考生二选一答题）

综合题：（二选一，30 分）

(1) 绕月探测工程是我国月球探测的第一期工程，即研制和发射第一颗月球探测卫星。该卫星将环绕月球运行，并将获得的探测数据资料传回地面。现在请你利用网络收集相关的素材（在“附加题”文件夹里提供了“嫦娥一号”和“嫦娥一号动态信息”两个参考文件资料），制作一个多媒体作品，向世人介绍嫦娥一号，根据所提供的素材，进行多媒体作品的创作。

要求：作品主题突出，内容充实，鼓励有创意。

写出你的设计规划和总体结构图存入“附加题”文件夹的“规划设计.doc”中。(5 分)

将收集的声音和图像素材在 PhotoShop 中进行适当的加工处

理。(5分)

使用flash动画。(5分)

须用网页的形式展示作品。(15分)

(2) 用Visual Basic设计与编写“计算N!”

作品要求:

① 画出N! 流程图。(10分)

② 根据程序要求,需要使用到的命令按钮、文本框、标签等控件,各控件属性的设置参考。

控件	属性	属性值	说 明
Form1	Caption	阶乘	显示程序的功能
Command1	Caption	计算	说明命令按钮的作用
Text1	text	空串	输入数据N
	Backcolor	黄色	
Text2	text	空串	显示计算的结果N!
	Backcolor	蓝色	
Lable1	Caption	请输入N	说明文本框text1的作用
Lable2	Caption	N! =	说明文本框text2的作用

③ 编写代码:(20分)

安徽省铜陵市第五中学2007~2008学年度第一学期期末考试
(高一信息技术试卷)

孙涛,铜陵市第五中学,一等奖试题

(考试时间为90分钟,满分100分)

一、选择题(本题共20小题,每小题2.5分,共50分)

1. 我们经常听人家说到(或在报纸电视上也看到)IT行业各种各样的消息,这里所提到的“IT”指的是(　　)。

A. 信息　　B. 信息技术　C. 通信技术　D. 感测技术

2. 下列不属于信息的是(　　)。

A. 早上起床的闹铃声

B. 收到的开会通知

C. 存有照片的数码相机

D. 电视里播放的汽车跌价消息

3. 为了庆祝建市50周年,10月12日我市主办了《相约铜都2006大型演唱会》,王明收到叔叔邮寄来的门票时,该演唱会已经结束了,王明因错过了时间而未能到现场看演出。这件事情主要体现了信息的(　　)。

A. 共享性　　　　B. 时效性

C. 载体依附性　　　　　　　D. 可压缩性

4. 高 102 班准备出一期关于“铜陵铜文化”方面的黑板报，可以通过哪些途径获得相关素材（　　）。

①上互联网 ②咨询相关专家 ③查阅相关报刊 ④参观铜文化历史遗迹

A. ①②③　　B. ①②④　　C. ②③④　　D. ①②③④

5. 因为制作电子板报的需要，高 102 班素材收集小组，通过 Baidu 搜索到下图所示图片，以下（　　）操作可以将图片下载到计算机中。

A. 双击鼠标左键

B. 右击图片，选择“图片另存为…”命令

C. 将图片拖到计算机中

D. 双击鼠标右键

6. 使用 Baidu 在互联网上搜索张明敏演唱的《我的中国心》，在以下所列的关键字中，能使搜索结果最有效的关键字是(　　)。

A. 张明敏　　　　　　　　B. 歌曲

C. 我的中国心　　　　　　D. 张明敏 我的中国心

7. 为了制作一份演示文稿宣传铜陵的旅游景点，方轻舟利用课余时间去旅游景点收集资料，那么他应该携带的信息采集工具是（　　）。

A. 视频采集卡、扫描仪、数码摄像机

B. 数码相机、数码摄像机

C. 计算机、录音机

D. 普通相机、扫描仪

8. 在以下行为中，不正当的是（　　）。

A. 安装使用正版软件

B. 购买正版 CD

C. 未征得同意私自使用他人资源

D. 参加反盗版公益活动

9. 在下列获取信息的来源中，哪一种来源获得的信息最可靠（　　）。

A. 报纸杂志　　　　　　B. 朋友、同学

C. 亲自进行科学实验　　D. 互联网

10. 期末考试结束了，方轻舟同学想看看在以往的 6 次英语考试中，自己的成绩是进步还是退步了，那么他使用（　　）图表可以直观显示成绩的升降情况。

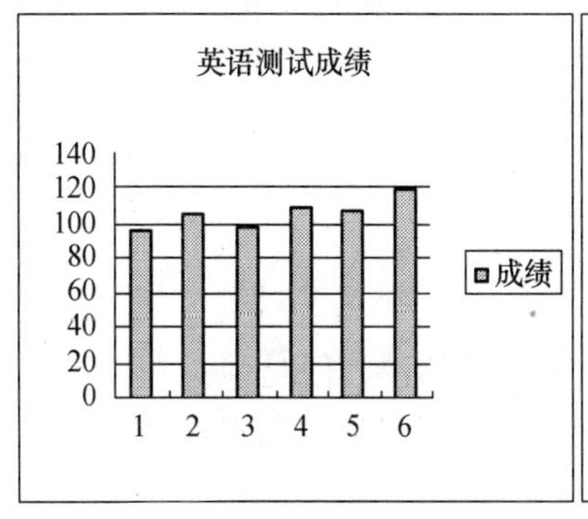

A. 柱形图

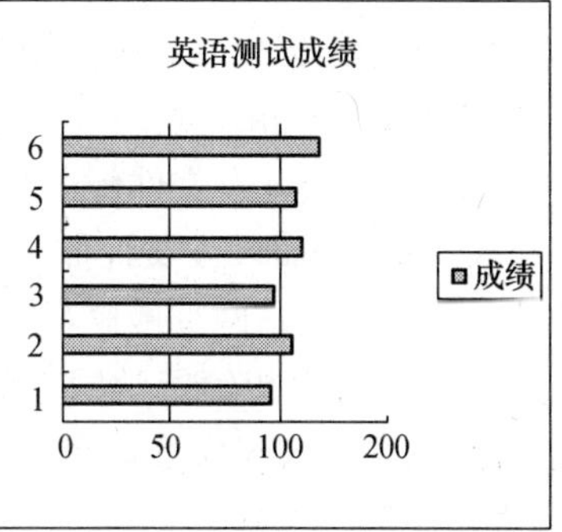

B. 条形图

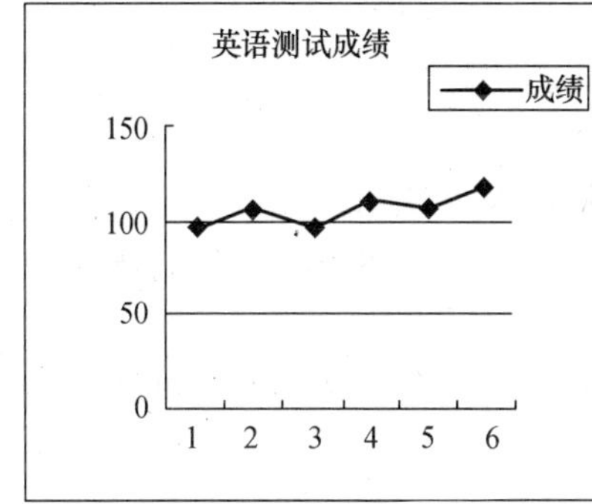

C. 线形图

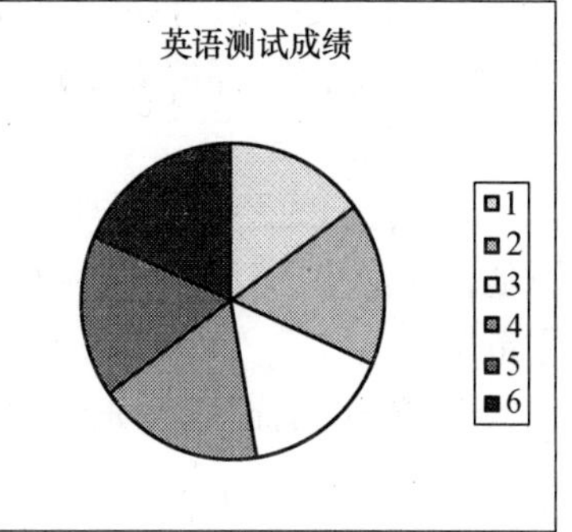

D. 饼形图

11. 方轻舟同学制作多媒体作品时，需要从光盘中文件“孙中山 . dat”中截取一段视频，其正确的操作顺序是（　　）。

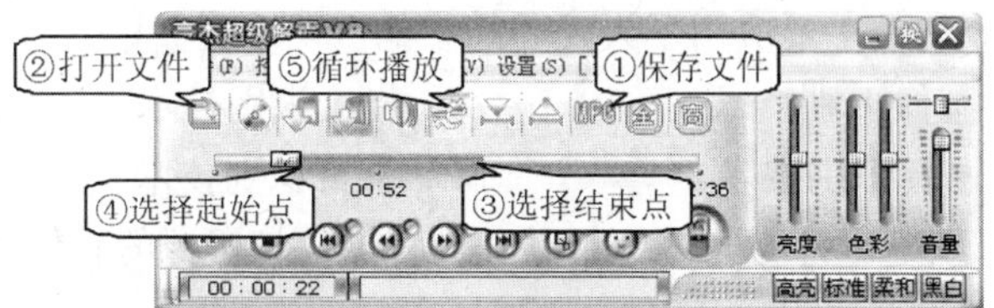

A. ①②③④⑤　　　　B. ①③②④⑤

C. ③①④②⑤　　　　D. ②⑤④③①

12. 在 PowerPoint 中，可以插入的信息是（　　）。

A. 文字和图片　　　　B. 音、视频

C. 动画　　　　　　　D. 以上都是

13. 铜陵五中有几十名来自西藏的学生，在互联网上可利用（　　）与家人进行讨论、交流。

①E-mail　②BBS　③QQ　④博客（Weblog）

A. ①③④　　B. ②③④

C. ③④　　D. ①②③④

14. 某杂志主办中学生计算机美术作品比赛，要求参赛的作品都必须通过网络传送，以下传送作品文件的方法不正确的是(　　)。

A. 通过 E-mail 发附件传送

B. 通过 QQ 发文件传送

C. 通过 MSN 发文件传送

D. 通过网站网页传送

15. 方轻舟想给留学国外的朋友发邮件，但是他又担心朋友的计算机中没有汉字处理系统，那么他可以采用的最有效、快捷的方法是（　　）。

A. 将其译成英文，发送邮件

B. 将汉字文稿打印，并扫描为 jpeg 格式发送

C. 用截图软件把文件截成 jpeg 图片并发送

D. 其他

16. 我们的老师在教学与生活中经常使用计算机，那么在以下他们所应用的计算机技术中，（　　）不属于人工智能技术应用范畴。

A. 使用扫描仪和 OCR 软件把教材上印刷文字变成可处理的文字

B. 上网和朋友一起下五子棋

C. 经常上网与计算机下中国象棋

D. 利用金山译霸翻译英文资料

17. 方轻舟对着计算机说“请关机”，计算机马上执行了关机命令，这其中主要应用了人工智能中的（　　）。

A. 图像识别技术　　B. 指纹识别技术

C. 语音识别技术　　D. 字符识别技术

18. 以下软件中，不能帮助我们管理信息资源的软件是（　　）。

A. Excel

B. ACDSee

C. Windows Media Player

D. PhotoShop

19. 信息资源管理包括人工、计算机文件和数据库管理，属

于数据库管理的是（　　）。

A. 用 Word 表格统计一个班级的高考成绩

B. 在纸上统计一个班级的高考成绩

C. 纸质个人高考成绩通知单

D. 安徽省高考成绩查询系统

20. 下列操作计算机的行为，合法的是（　　）。

A. 销售盗版软件

B. 利用软件获取网站管理员密码

C. 发布单位计算机中的保密资料

D. 从网上下载共享资料使用

二、判断题（本题共 10 小题，每小题 1 分，共 10 分）

21. 信息技术对人类社会的影响都是积极的，不会有消极负面的影响。（　　）

22. 方轻舟的手机收到了中奖 100 万的短信消息，他应该从信息的来源判断这条短信的真伪。（　　）

23. 电子板报制作的一般过程是："确定主题"→"收集与选择素材"→"设计版面"→"制作作品"→"评价修改"。（　　）

24. VB 是一种程序设计语言。（　　）

25. 图书馆对藏书的管理，采用的是手工管理方式。（　　）

26. 在数据库管理系统中，信息录入后就不能进行删除和修改。（　　）

27. 学校食堂对饭卡账号的管理，采用的是数据库应用系统。（　　）

28. 经常对计算机中的数据文件进行备份，可以减少因为感染病毒造成的损失。（　　）

29. 软件漏洞容易造成计算机中的信息被盗。（　　）

30. 不经过容许，可以删除别人计算机中的垃圾文件。（　　）

三、分析题（本题共 3 小题，共 20 分）

31. 方轻舟在学完《信息资源管理》一章之后，决定对自己计算机中的文件进行合理管理，请你帮助他完成文件的管理。[要求：在 D 盘至少建立两个文件夹，对右边所列文件进行归类时，遵从一定的原则。]（6 分）

（1）请你为他在 D 盘下建立相应的文件夹和子文件夹。

（2）右边列出的文件为他计算机中的部分文件，请以连线的方式归类到左边的文件夹中。

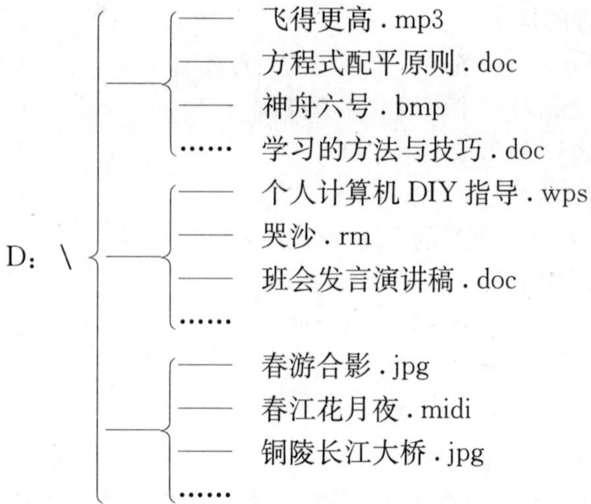

32. 方轻舟想制作网页来祝福妈妈的生日，他准备在网页中插入自己的相片（没有处理的纸质相片）。(8 分)

(1) 要把相片做数字化处理，存放到计算机中，请写出他可以使用的一种设备。现有设备：打印机、数码照相机、光学照相机、扫描仪。

(2) 请举出一种能加工该网页的工具软件。（提示：常用软件有 Flash；FrontPage；PowerPoint；Photoshop；Authorware；）

(3) 在网页制作过程中，他可以通过网络交流来解决遇到的问题。请写出两种网络交流方式。

33. 阅读以下材料，完成图下面的试题：(6 分)

最近，一些"流氓软件"引起了用户和媒体的强烈关注。它们往往采用特殊手段频繁弹出广告窗口、危及用户的隐私，严重干扰用户的日常工作、数据安全和个人隐私。这些"流氓软件"在软件用户中引起了公愤，许多用户指责它们为"彻头彻尾的流氓软件"。下图所示的软件是一款保护计算机安全、查杀"流氓软件"的软件。

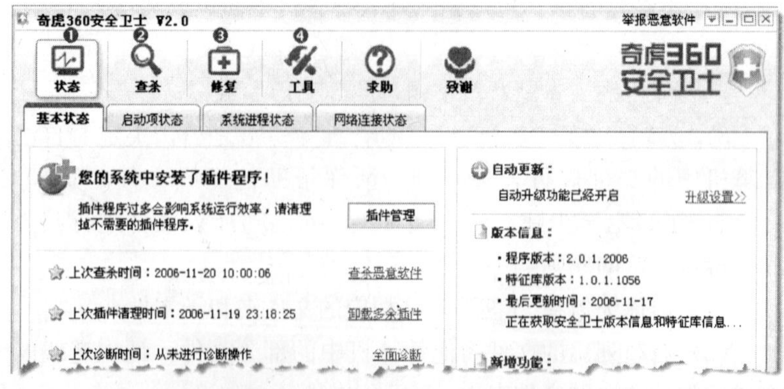

(1) 如果要使用上图所示软件查杀“流氓软件”，应该单击图中所示的________按钮（只填按钮上的对应标号），开始进行查杀。

(2) 从上图中可以看出，该软件（是/不）可以自动更新。

(3) 从上图中你能看出该款软件具备哪些功能？请你至少列出 2 种。

四、操作题（本题共 3 小题，共 20 分）

34. 方轻舟将自己制作的“徽皖情”电子报刊交给老师修改，老师让他做 3 个操作，具体如下，请你简单描述一下操作的过程。(5 分)

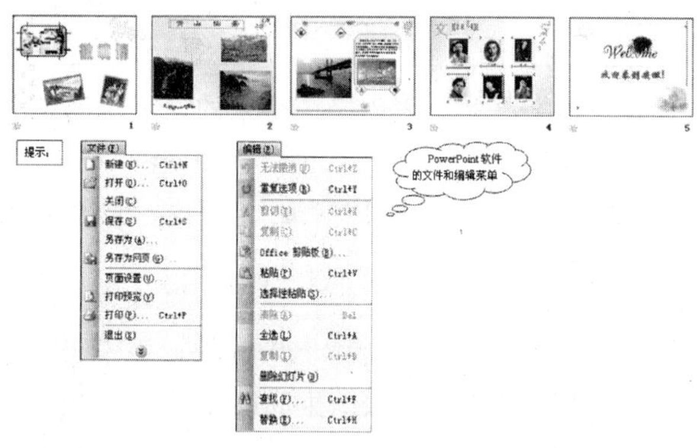

(1) 删除第 5 张幻灯片。

(2) 将第 3 张幻灯片移动到第 2 张前面。

(3) 保存文档。

35. 某杂志社主办环保计算机作品设计大赛，方轻舟制作了一个“爱鸟报”电子板报参加比赛，他想通过电子邮件将作品发给主办单位，下图是他进入电子邮箱后的操作步骤，请你将正确的操作步骤列在图下面。(5 分)

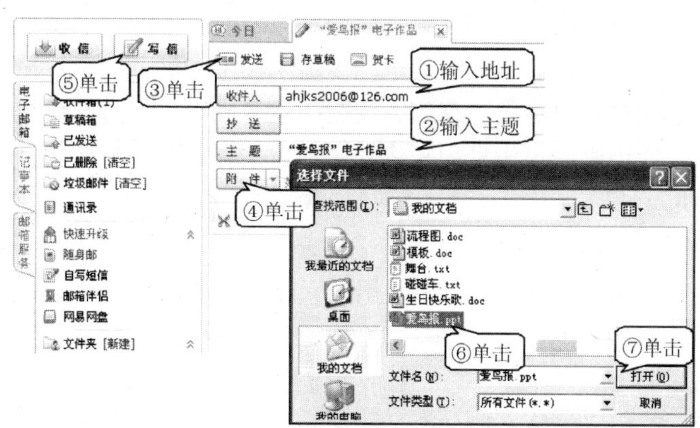

正确的操作顺序：

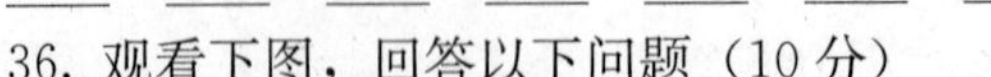

36. 观看下图，回答以下问题（10分）

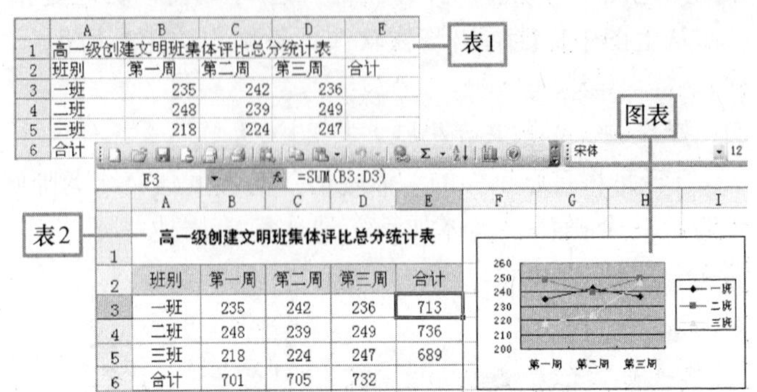

（1）上图中的表2是由表1修饰得来的，请问表2中对哪些内容进行了修饰？试列出2种。

（2）单元格E3中显示的内容是________，它是使用工具（请在图上画圈）得来的。

（3）上图中的图表是由表2得出的，该图表的类型是________，请你简单描述该图表的生成过程。

北京市丰台区2007年高一信息技术会考模拟试卷

李俊杰，北京教育学院丰台分院，一等奖试题

考试时间：60分钟

一、单项选择题（把符合题意要求的选项涂在机读卡上）（1～60题每题1分，61～70题每题2分，共80分）

1. 现代计算机的基本工作原理仍然是冯·诺伊曼提出的“存储程序原理”，下列关于该原理的叙述正确的有（　　）

① 计算机内部采用二进制数表示。

② 计算机操作系统将越来越多地采用Linux。

③ 计算机由输入、存储、控制、运算和输出五大部件组成。

④ 计算机的工作过程是将程序和数据存储在计算机内部并按顺序执行。

A. ①②③　　B. ①③④　　C. ②③④　　D. ①②④

2. 下列计算机存储器中，属于只读存储器的是（　　）

A. 硬盘　　B. CD-ROM光盘

C. U盘　　D. 软盘

3. 下列属于输入设备的是（　　）

A. 摄像头，扫描仪　　　　B. 显示器，键盘
C. 打印机，音箱　　　　　D. 绘图仪，显示器

4. 下列能有效防止感染计算机病毒的措施是　　（　　）
A. 安装防、杀毒软件
B. 不随意删除文件
C. 不随意新建文件夹
D. 经常进行磁盘碎片整理

5. 以下关于操作系统叙述错误的是　　（　　）
A. 操作系统属于系统软件的范畴
B. 目前，计算机上使用较多的是 Windows 系列视窗操作系统
C. 任何一台计算机必须安装某个操作系统才能正常工作
D. 一台计算机可以先安装应用软件然后再安装操作系统软件

6. 计算机系统的完整组成是　　（　　）
A. 硬盘与软盘　　　　　　B. 主机，显示器，键盘
C. 系统软件与应用软件　　D. 硬件系统和软件系统

7. 某同学打算为自己的数码相机配备一块能够存储 400 张约 2 MB 大小的照片，他购买存储卡的容量至少应为　　（　　）
A. 256 MB　　B. 512 MB　　C. 1 GB　　D. 2 GB

8. 某销售商未经授权将 Windows 2003 光盘进行了复制并进行销售，这种行为是　　（　　）
A. 提倡的　　B. 正常的　　C. 侵权的　　D. 允许的

9. 二进制的加法运算公式为：0+0=0，0+1=1，1+0=1，1+1=10，那么算式 10+10 等于　　（　　）
A. 20　　B. 100　　C. 1 010　　D. 1 000

10. 敲击 S 键正确的指法　　（　　）
A. 左手食指　　　　　　B. 左手中指
C. 左手无名指　　　　　D. 左手小姆指

11. 下列说法正确的是　　（　　）
A. 回收站中的文件全部可以被还原
B. 资源管理器不能管理隐藏的文件
C. 回收站的作用是保存重要的文档
D. 资源管理器是一种附加的硬件设备

12. 利用 Windows 附件中的“画图”软件保存的文件，其扩展名一般是　　（　　）
A. . txt　　　　　　　　B. . doc

C. .xls　　D. .bmp

13. 在 Windows 中，需要查找以 AB 开头的所有文件，在查找对话框内的名称框中应输入　(　　)

A. AB＊.　　B. ＊.AB　　C. AB?.　　D. AB＊.＊

14. 在 Windows 资源管理器中要选定多个连续的文件，首先单击第一个文件，在单击最后一个文件前按主键盘上的　(　　)

A. TAB　　B. Shift　　C. Alt　　D. Ctrl

15. 在 Windows“资源管理器中”，“剪切”的快捷键是　(　　)

A. Ctrl＋C　　B. Ctrl＋V

C. Ctrl＋P　　D. Ctrl＋X

16. 在 Windows 的默认设置下，要打开快捷菜单应　(　　)

A. 单击鼠标左键　　B. 单击鼠标右键

C. 双击鼠标左键　　D. 双击鼠标右键

17. 计算机网络的主要功能是　(　　)

A. 便于统一管理　　B. 扩大存储容量

C. 提高设备性能　　D. 数据通信和资源共享

18. 为了使自己的文件通过计算机房的局域网让其他同学浏览，又不想让他们修改文件，一般可将包含该文件的文件夹共享属性的访问类型设置为　(　　)

A. 隐藏　　B. 完全　　C. 只读　　D. 不共享

19. 下列 E－mail 地址格式正确的是　(　　)

A. www.ftiteacher.163.com

B. 163.com ftiteacher

C. ftiteacher@163.com

D. 163.com@ftiteacher

20. Internet Explorer(IE) 浏览器的“收藏夹”的主要作用是收藏　(　　)

A. 图片　　B. 邮件　　C. 网址　　D. 网页

21. “www.pku.edu.cn”中的“www”表示　(　　)

A. 一级域名　　B. 二级域名

C. 三级域名　　D. 主机名

22. “http：//www.cctv.com.cn”中使用的协议是　(　　)

A. 超文本传输协议　　B. 文件传输协议

C. 简单邮件传输协议　　D. 远程登录协议

23. 在互联网上查找和搜索资料，应使用　(　　)

A. 电子邮件　　B. 搜索引擎

C. 网页编辑器　　　　　　　　D. 文本编辑器

24. 下列四项中不适用于在 Internet 上交流信息的是 （　　）

A. BBS　　　　　　　　　　B. E-mail

C. QQ　　　　　　　　　　D. Winpopup

25. 下列做法中忽视了网络安全的是 （　　）

A. 设置复杂密码，防止黑客盗用

B. 下载软件时选择声誉好的网站

C. 为了便于别人访问，把计算机的 C 盘设置为完全共享

D. 安装带有实时监控功能的防病毒软件或病毒防火墙

26. 上网时，把互联网中的资源保存到当前计算机中的操作被称为 （　　）

A. 浏览　　　　　　　　　　B. 下载

C. 搜索　　　　　　　　　　D. 收发 E-mail

27. 欲将一个计算机房中的计算机组成一小型有线局域网，下列设备中不需要的是 （　　）

A. 网线　　　B. 网卡　　　C. 声卡　　　D. 交换机

28. 在 IE 浏览器中欲将整个网页保存到本地硬盘应 （　　）

A. 拖动鼠标全选页面，然后单击右键，选目标另存为

B. 按 Ctrl＋A 全选页面，然后单击右键，选目标另存为

C. 按 Ctrl＋A 全选页面，然后单击右键，选复制，然后粘贴到指定目录

D. 在菜单中选择文件/另存为命令，选择保存的目录，并保存

29. IE 浏览器工具栏上“主页”按钮的作用是 （　　）

A. 打开“搜狐”网的首页

B. 打开刚浏览过的上一张网页

C. 打开当前正在浏览的网站的首页

D. 打开启动 IE 时首先自动打开的网页

30. 关于计算机网络叙述不正确的是 （　　）

A. 网络上的计算机相互通信必须遵守网络通信协议

B. 网络杀毒软件安装后不用管它，即可使系统万无一失

C. 设置复杂密码可防黑客攻击

D. 青少年上网要有节制，到声誉好的网站上浏览

31. 默认状态下，使用 FrontPage 创建的站点主页文件名是 （　　）

A. index. htm　　　　　　　B. iis. htm

C. first. htm　　　　　　　　D. head. htm

32. 在网页制作中，可以实现页面布局的是　　　　　　　　（　　）

A. 文字　　　B. 表格　　　C. 表单　　　D. 图片

图 1 是用字处理软件 Word 制作的作品，根据此图完成 33～37 题

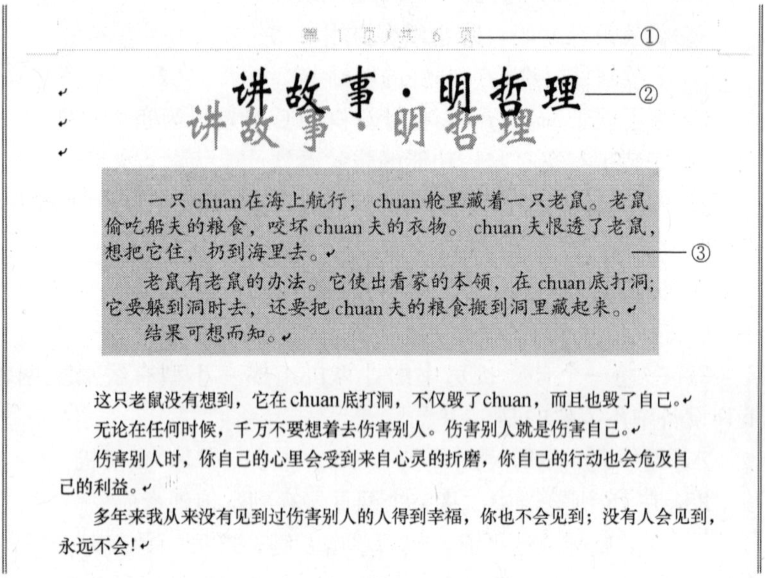

第 1 页/共 6 页——①

讲故事·明哲理——②

讲故事·明哲理

一只 chuan 在海上航行，chuan 舱里藏着一只老鼠。老鼠偷吃船夫的粮食，咬坏 chuan 夫的衣物。chuan 夫恨透了老鼠，想把它住，扔到海里去。

——③

老鼠有老鼠的办法。它使出看家的本领，在 chuan 底打洞；它要躲到洞时去，还要把 chuan 夫的粮食搬到洞里藏起来。

结果可想而知。

这只老鼠没有想到，它在 chuan 底打洞，不仅毁了 chuan，而且也毁了自己。

无论在任何时候，千万不要想着去伤害别人。伤害别人就是伤害自己。

伤害别人时，你自己的心里会受到来自心灵的折磨，你自己的行动也会危及自己的利益。

多年来我从来没有见到过伤害别人的人得到幸福，你也不会见到；没有人会见到，永远不会！

图 1

33. 图中①所指向的对象是　　　　　　　　（　　）

A. 页眉　　　B. 页脚　　　C. 图片　　　D. 艺术字

34. 单击选中图中②所指向的对象后，与之相关的工具栏如下图所示，由此判断，图中②所指向的对象最有可能是　　（　　）

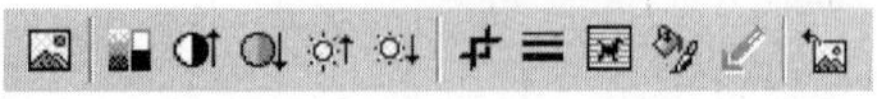

A. 文本框　　　　　　B. 艺术字

C. 图片　　　　　　　D. 自选图形

35. 为了把图中③所指向的本篇文档的前三个自然段的灰色段落底纹去掉，在选中这三个自然段之后，可以进行下列四个选项中的哪项操作？　　　　　　　　（　　）

A. 单击菜单“格式”→“段落”

B. 单击菜单“编辑”→“清除”

C. 单击菜单“工具”→“选项”

D. 单击菜单“格式”→“边框和底纹”

36. 根据需要，将该文档中的部分“chuan”替换为“船”，利用下图所示 Word 中的“替换”功能来实现，下列操作中最合

适的是　　（　　）

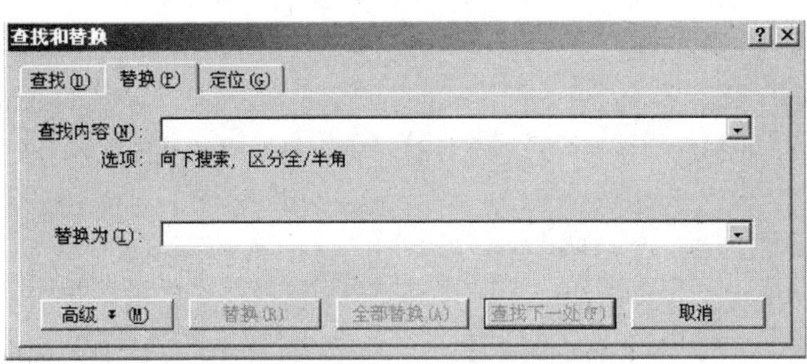

A. 在“查找内容”处填写“船”，在“替换为”处填写“chuan”，然后单击“全部替换”按钮

B. 在“查找内容”处填写“船”，在“替换为”处填写“chuan”，然后单击“查找下一处”按钮

C. 在“查找内容”处填写“chuan”，在“替换为”处填写“船”，然后单击“全部替换”按钮

D. 在“查找内容”处填写“chuan”，在“替换为”处填写“船”，然后单击“查找下一处”按钮

37. 要在不打印文档的情况下查看其打印效果，可以单击格式工具栏上的按钮　　（　　）

A.　　B.　　C.　　C.

图 2 是一张 Excel 工作表，其中，只有 G10，G11，F3：F11，H3：H11 这些单元格中的数据为公式或函数计算所得。根据此图完成 38～43 题。

	A	B	C	D	E	F	G	H
1	光盘销售统计表（规格：50片/盒）							
2	日期	进货量（盒）	进货价（元）	销售量（盒）	销售价（元）	销售额（元）	缴税（元）	利润
3	2007-03-04	150	56	69	120	8 280	424	￥3 992
4	2007-03-05	150	56	32	120	3 840	202	￥1 846
5	2007-03-06	150	56	60	120	7 200	370	￥3 470
6	2007-03-07	300	56	50	120	6 000	310	￥2 890
7	2007-03-08	300	56	89	120	10 680	544	￥5 152
8	2007-03-09	180	56	150	120	18 000	910	￥8 690
9	########	200	56	230	120	27 600	1390	￥13 330
10	总计					81 600	4150	￥39 370
11	平均					11 657	592.86	￥5 624.29
12								

Sheet1 / Sheet2 / Sheet3 / 光盘销售统计表 /

图 2

38. A9 单元格出现“########”，表示 ( )

A. 语法错误　　B. 公式错误

C. 列宽不够　　D. 格式错误

39. F11 单元格中的函数可能是 ( )

A. ＝AVERAGE(F3：F10)　B. ＝AVERAGE(F3：F9)

C. ＝SUM(F3：F10)　　D. ＝SUM(F3：F9)

40. 根据利润计算公式“利润＝(销售价－进货价)＊销售量－缴税”，H3 单元格公式为 ( )

A. ＝(E3－C3)＊D3－G3　B. ＝(D3－B3)＊E3－G3

C. ＝F3－G3　　D. ＝E3－C3＊D3－G3

41. 如果 D5 单元格的销售量改为 75，内容会随之发生变化的单元格有 ( )

A. F5，G5，H5　　B. F10，G10，H10

C. H5，H10，H11　　D. G5，G10，G11

42. 若用柱型图反映每天销售光盘利润的情况，应选择的区域是 ( )

A. A2：A11，H2：H11　B. A2：A11，F2：F11

C. A2：A9，H2：H9　　D. B2：B9，F2：F9

43. 当前工作表的名称为 ( )

A. 光盘销售统计表　　B. Sheet1

C. Sheet2　　D. sheet3

图 3 是用 PowerPoint 2000 制作作品的截图，根据此图完成 44～49 题。

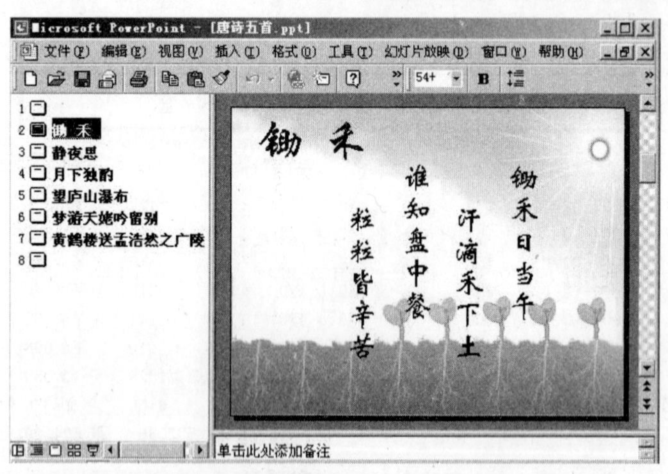

图 3

44. 图中所示演示文稿的文件名是 ( )

A. 唐诗五首.pps　　　B. 锄禾.pps
C. 唐诗五首.ppt　　　D. 锄禾.ppt

45. 如图所示的视图方式是　　（　　）
A. 普通视图　　　B. 幻灯片视图
C. 大纲视图　　　D. 幻灯片浏览视图

46. 如果要给图中所示演示文稿中的所有幻灯片设置相同的背景颜色，下列操作不能实现的是　　（　　）
A. 单击菜单：“格式”→“背景”，打开背景对话框，选择好要设置的背景颜色，然后单击“应用”按钮
B. 单击菜单：“视图”→“母版”→“幻灯片母版”；在打开的界面中，打开背景对话框，选择好要设置的背景颜色，然后单击“应用”按钮
C. 单击菜单：“格式”→“背景”，打开背景对话框，选择好要设置的背景颜色，然后单击“全部应用”按钮
D. 单击菜单：“视图”→“母版”→“幻灯片母版”；在打开的界面中，打开背景对话框，选择好要设置的背景颜色，然后单击“全部应用”按钮

47. 如果要为该演示文稿在当前幻灯片之后再添加一张新的幻灯片，可以单击常用工具栏上的哪个按钮来实现？　　（　　）
A. 　　B. 　　C. 　　D.

48. PowerPoint 2000 中，在图中所示的状态下，按键盘上的 F5 键，演示文稿将从第几张幻灯片开始放映？　　（　　）
A. 第一张　　　B. 第二张
C. 最后一张　　　D. 根本无法开始放映

49. 关于用 PowerPoint 制作出来的演示文稿中可以出现的对象，下列描述中比较正确是的　　（　　）
A. 只能是文字
B. 只能是文字或图片
C. 可以是文字、图片、声音或视频，但不可以是 flash 动画
D. 既可以是文字、图片、声音或视频，也可以是 flash 动画

50. 创建 VB 简单应用程序在确定算法后的一般设计步骤：① 编写代码 ② 调试、运行程序 ③ 设计界面 ④ 保存工程 ⑤ 为对象设计属性，正确顺序为　　（　　）
A. ⑤③④②①　　　B. ③⑤①④②
C. ③⑤②①④　　　D. ⑤③①②④

51. Dim A as Integer, B as Double 声明的变量 A 和 B 的类型分别是　　（　　）

A. 整型 整型　　B. 双精度 双精度

C. 变体型 双精度　　D. 整型 双精度

52. Visual Basic 6.0 是一种面向对象的程序设计语言，它属于（　）

A. 自然语言　　B. 高级语言

C. 汇编语言　　D. 机器语言

53. 在设计阶段，双击窗体上的某个控件时，所打开的窗口是（　）

A. 工程资源管理器窗口　　B. 工具箱窗口

C. 代码窗口　　D. 属性窗口

54. 为了暂时关闭计时器，应把该计时器的属性值设置为 False 的属性是（　）

A. Visible　B. Timer　C. Enabled　D. Interval

55. 设置文本框 Text2 实现密码输入效果的语句为（　）

A. Text2. PasswordChar= "*"

B. Text2. Caption= "*"

C. Text2. MultiLine= "*"

D. Text2. Text= "*"

56. 在 VB 的工具箱中控件 ⊙ 是（　）

A. 单选按钮　　B. 复选按钮

C. 文本框　　D. 标签

57. 在 Image 控件中导入一个图片，要想使图片大小与控件外框一致，正确的是（　）

A. 设置 Image 的 Stretch 属性为 True

B. 设置 Image 的 Stretch 属性为 False

C. 设置 Image 的 Autosize 属性为 True

D. 设置 Image 的 Autosize 属性为 False

58. 为组合框 ComboBox 添加项目的方法是（　）

A. Print　B. AddItem　C. Move　D. Clear

59. 在菜单编辑器中某菜单标题设为"退出（&X）"，则程序运行时此项菜单显示为（　）

A. 退出（&X）　　B. 退出（X）

C. 退出（X）　　D. 退出

60. 不属于计算机程序三种基本结构的是（　）

A. 模块结构　　B. 顺序结构

C. 循环结构　　D. 选择结构

61. 表达式 Int（Rnd*10）+2 可能产生的值是（　）

A. 1　　B. 5　　C. 12　　D. 13

62. 执行下列语句后，窗体上显示的图形是　（　　）

Line(1 000，1 000)－(1 000，2 000)

Line－(2 000，1 000)

Line－(1 000，1 000)

A.　　B.

C.　　D.

63. 下列语句中不是赋值语句的是　（　　）

A. Text1. text＝“abc”　　B. X＝Text1. text

C. X－5＝Y　　D. Y＝X－5

64. 将 Label1 中的文本字字号设置为 20 的语句是　（　　）

A. Label1. FontName＝20　　B. Label1. FontSize＝20

C. Label1. FontBold＝20　　D. Label1. FontItalic＝20

65. RGB(255，0，0) 函数所对应的颜色为　（　　）

A. 红色　　B. 绿色　　C. 蓝色　　D. 黄色

图 4 是一个 VB 应用程序界面，表格 1 为界面中窗体及控件的属性列表，程序代码如下，程序运行后，完成 66～70 题。

图 4

表格 1

对象列表	属性名	取值
窗体	名称	Form1
	Caption	Form1
标签	名称	Label1
	Caption	输出结果
按钮 1	名称	Cmd66
	Caption	66 题
按钮 2	名称	Cmd67
	Caption	67 题

续表

对象列表	属性名	取值
按钮 3	名称	Cmd68
	Caption	68 题
按钮 4	名称	Cmd69
	Caption	69 题
按钮 5	名称	Cmd70
	Caption	70 题
文体框	名称	Text1
	Text	

```
Option Explicit
  Private Sub Cmd66 _ Click(  )
  Dim I as Integer, S as Integer
  S=1
  For I= 1 To 30
    S=S * I
    Next I
    Text1. Text= S
  End Sub
  Private Sub Cmd67 _ Click(  )
  Dim A. as Integer, B as Integer
    A = 5: B = 4
  If A >= B Then Text1. Text = "A >= B" Else
Text1. Text= "A<B"
  End Sub
  Private Sub Cmd68 _ Click(  )
    Dim X as Integer, Y as Integer
      X = 1
      Y = 2
      For I = 1 To 2
      X = X + Y
      Y = X + Y
    Next I
    Text1. Text = Y
  End Sub
  Private Sub Cmd69 _ Click(  )
  Dim X as Integer, Y as Integer, S as Integer
```

```
X= "123"
Y= "456"
S=X+Y
Text1.Text=S
End Sub
Private Sub Cmd70_Click( )
  Dim I as Integer, X as Integer
  X=1
  For I = 5 To 5 Step -1
      X=X+1
  Next I
  Text1.Text=X
End Sub
```

66. 单击“66题”按钮，程序出现的错误是 ( )

A. 变量未定义　　B. 要求对象

C. 溢出　　D. 变量书写错误

67. 单击“67题”按钮，Text1中显示的结果为 ( )

A. A<B　　B. A>=B

C. True　　D. False

68. 单击“68题”按钮，Text1中显示的结果为 ( )

A. 1　　B. 2　　C. 8　　D. 13

69. 单击“69题”按钮，Text1中显示的结果为 ( )

A. 123456　　B. 579

C. 456123　　D. 777

70. 单击“70题”按钮，Text1中显示的结果为 ( )

A. 1　　B. 2　　C. 5　　D. 6

二、填空题（每空1分，共8分）

71. Computer Virus的中文意思是____________。

72. 设有如下Visual Basic表达式，5 * x^2-7 * x+2，它的数学表达式应为：____________。

73. If X=3 Then Y=3中的“=”含义相同吗？______。

74. 单击命令按钮1时，图片框的移动方向是：________。

```
Private Sub Command1_Click()
  Picture1.Left=Picture1.Left-100
  End Sub
```

75. 在程序运行阶段，把C盘：Windows目录下的图片ball.bmp显示在图像框Image1中，可使用的语句为：Image1.

Picture=____________________。

76. 在窗体 Form1 上创建一个文本框 Text1 和一个标签 Label1，其中 Text1 的 Text 属性初始值设置为"Technology"，Label1 的 Caption 属性设置为"Information"，然后编写如下两个事件过程。

```
Private Sub Form _ Activate( )
  Text1. Text= "信息技术"
End Sub
Private Sub Form _ Load( )
  Label1. Caption= "计算机"
  Form1. Caption= "快乐学习"
End Sub
```

程序运行后，窗体标题栏中显示的内容是________，文本框中显示的内容是________，标签中显示的内容是__________。

三、完成程序（每空 1 分，共 12 分）

77. 编程绘制圆心（2 000，2 000），半径 R 分别为 100，200，300，400，500 的同心圆。

```
Private Sub Form _ Activate( )
  Dim R as Integer
  For R =100 to ____________Step ____________
    Circle ____________, ____________
  Next R
End Sub
```

78. 现在要完成一加法器程序，程序运行后的界面如图 5 所示，各对象的名称如表格 2 所示，并已完成程序的部分代码及相应功能，请根据要求完成下列各题。

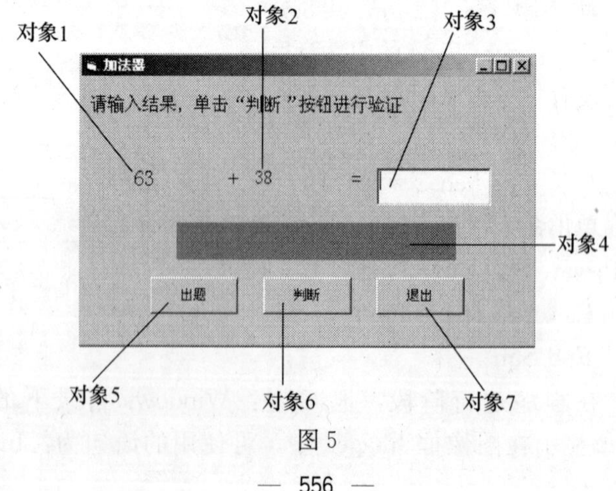

图 5

表格 2

对象列表	属性名	取　值
窗体	名称	Form1
对象 1	名称	LblOperator1
对象 2	名称	LblOperator2
对象 3	名称	TxtResult
对象 4	名称	LblDisplay
对象 5	名称	CmdQuestion
对象 6	名称	CmdTest
对象 7	名称	CmdExit

（1）对象 3 使用的控件是____________。

（2）对象 5 使用的控件是____________，设置其__________属性为“出题”。

（3）根据要求完成下列程序

Private Sub CmdTest _ Click(　)

如果结果正确，即“对象 1 的值＋对象 2 的值＝对象 3 的值”，则对象 4 显示“恭喜，你答对了”，否则显示“再想一想”。

End Sub

Private Sub CmdExit _ Click(　)

单击此控件退出此程序

End Sub

各 省 试 题

海南省 2008 年普通高中基础会考信息技术试卷

说明：本试卷分为第一卷（单项选择题）和第二卷（非选择题），满分 100 分。考试时间 90 分钟。

第一卷　单项选择题（46 分）

本部分共 10 道题，每题 2 分，共 20 分。

1. 右图为某台计算机资源管理器的部分截图，下列说法错误的是（　　）

A. 当前可见的硬盘分区有三个

B. F 盘是计算机硬盘的一个分区

C. F 盘是光盘驱动器（光驱）

D. 资源管理器能管理计算机资源

桌面
我的文档
我的电脑
本地磁盘 (C:)
work (D:)
user (E:)
DVD/CD-RW 驱动器 (F:)

第 1 题图

2. 下列选项中，不属于人工智能应用的是 （　　）

A. 王娟用金山快译软件把一篇英文小说自动翻译成中文

B. 赵明和计算机下象棋

C. 李磊在网上与吴军下五子棋

D. 北京奥运会的运动员公寓采用指纹锁识别技术管理

3. 得知小曼被困的消息后，救援人员及时赶到现场施救，使小曼得以及时获救。这主要体现了信息的 （　　）

A. 时效性　　　　B. 共享性

C. 载体依附性　　　　D. 可压缩性

4. 李东的电子邮箱地址是 xiaoli@188. com，王岩的电子邮箱地址是 56789@qq. com。李东给王岩发送电子邮件，他应该填写的收信人地址是 （　　）

A. 王岩@qq. com

B. xiaoli@qq. com

C. 56789@188. com

D. 56789@qq. com

5. 汶川大地震后，唐荣想通过捐款奉献爱心。她获取捐款账号可信的信息来源是 （　　）

A. 中央电视台发布的账号

B. 不明手机短信中的账号

C. QQ 群中陌生人发布的账号

D. 陌生电子邮件中的账号

6. 为了获得北京奥运圣火在三亚传递的火炬手名单，王鹏使用全文搜索引擎在网上查找，下面选项中最有效的关键词是 （　　）

A. 北京　奥运

B. 三亚　火炬手　名单

C. 圣火　传递

D. 奥运　圣火

7. 王伟同学的 QQ 号码被盗，为了避免此类事件发生，我们应该 （　　）

① 设置较为复杂的 QQ 密码，并定期更改

② 运行 QQ 医生，查杀盗号木马

③ 随意接收并直接打开别人发送过来的文件

④ 安装正版杀毒软件，并定期更新病毒库

A. ①②③　　B. ①②④　　C. ②③④　　D. ①③④

8. 用 Word 制作电子报刊作品时，需要将某图片作为一段文

字的背景。其过程为：插入图片文件后，设置图片格式，将版式设置为 （　　）

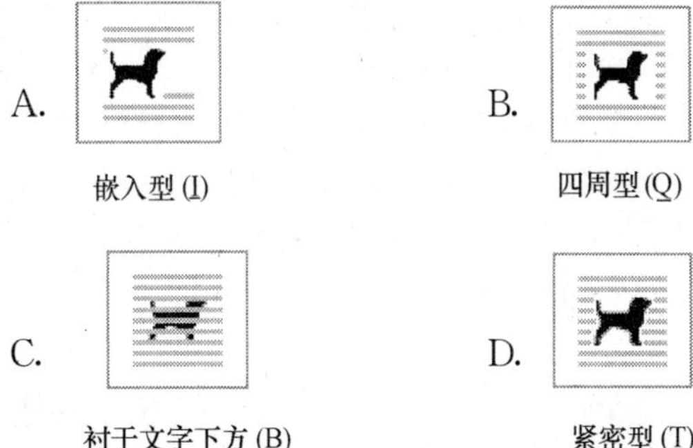

第 8 题图

9. 用 Photoshop 软件处理图片时，小明想在图片上添加一行文字，应该选择的工具按钮是 （　　）

A. 切片工具　　B. 裁切工具

C. 移动工具　　D. 文字工具 T

10. 图中是学生成绩数据库中语数外成绩表的一部分，图中选中的一行称为 （　　）

A. 一个数据库　　B. 一个表

C. 一条记录　　D. 一个字段

语数外成绩 : 表

姓名	性别	学号	语文	数学	英语
李华	男	20080001	120	115	128
王明	男	20080002	108	130	119
吴为	女	20080003	116	132	125
张涵	女	20080004	98	128	138

第 10 题图

第二卷　非选择题（54 分）

《信息技术基础》模块（必答）

11. 简答题（共 5 分）

夏宇准备在班级网站上记录班级重大事件和师生的生活点滴。

(1) 夏宇在网络上下载了一首歌曲作为素材。请写出他保存在图一文件夹中的音频文件名称（含扩展名）。(2 分)

第 11 题（图一）　　第 11 题（图二）

（2）夏宇需要使用 photoshop 工具将一张有些倾斜的集体合影调正，他应该选择图二菜单中的哪个命令？（1 分）

（3）在班级网站中有三个网页，分别是：班级事务（news. htm）、生活点滴（lives. htm）、疑问交流（questions. htm）。如果希望在浏览主页时，单击某张图片，能够随即跳转到“生活点滴”页面，那么制作时该图片应该链接到哪个文件（含扩展名）？（1 分）

（4）用表格布局的网页，为使浏览者看不见表格边框，边框粗细数值应设为多少？（1 分）

提示：以下为选做题，考生只能选择其中一个模块答题，跨模块答题或多答，只按所答模块中排在最前面的一个模块给分。

（一）《算法与程序设计》模块（选择适合自己的程序设计语言答题）

12. 填空题（共 8 分，每小题 2 分）

（1）代数式$\frac{3}{x+y}$对应的 VB(或 JAVA）表达式为________。

（2）从数列 23、11、19、17、65 中找出数据 19，若采用顺序查找法从左边第一个数开始查找，需要查找______次。

（3）在 a、b2、c＃这三个变量名中，不符合变量命名规则的是______。

（4）程序的基本结构包括顺序结构、选择结构和循环结构。下列程序主要采用______结构，计算 1～100 之间的整数和。

Rem VB 代码（部分）	//JAVA 代码（部分）
s=0	int s=0;
For i=1 To 100	for (int i=1; i<=100; i++)
s=s+i	{s=s+i;
Next I	}

13. 填空题（共 8 分，每小题 2 分）

Rem VB 代码	JAVA 代码
'①	//①
Dim a As Integer	public class ab
'②	//②
Dim b As Integer	{ public static void main(String args [ ])
'③	//③
a=Val(InputBox(“输入 a”))	{int a=Integer. parseInt(args[0]);
'④	//④
b=Val(InputBox(“输入 b”))	int b=Integer. parseInt(args[1]);
'⑤	//⑤

```
a=a+b
'⑥
b = b-5
'⑦
Print a, b
'⑧
```

```
a=a+b;
//⑥
b=b-5;
//⑦
System.out.println(a+"  "+b);}}
//⑧
```

(1) 本程序中，变量 a、b 的数据类型都是________（填写中、英文均可）。

(2) 以上代码中，表示输出语句的是第________行。

(3) 本程序中，代码 a=a+b 的含义是________（选填Ⅰ或Ⅱ）。

选项：Ⅰ. 把 a 的值赋给 a+b　Ⅱ. 把 a 加 b 的和赋给 a

(4) 若输入的两个数分别是 10 和 20，则程序执行完毕，变量 a 的值是________，变量 b 的值是________。

14. 简答题：(共 9 分，每小题 3 分)

身体质量指数（BMI）是衡量身体健康与否的标准之一。科学家经过大量的统计、分析，推导出计算公式为：BMI=w/(h×h)，其中 w 表示体重（单位为千克），h 表示身高（单位为米）。一般认为其值在 20～25 之间为“健康”，否则认为“欠健康”。编写程序，输入某个人的身高和体重，判断并输出他（她）健康与否。

(1) 解决问题的算法通常有：解析法、递归法、冒泡排序法、二分查找法等，本题主要适合采用上述哪种算法？

(2) 根据题意，完善流程图。(第 1 空 2 分，第 2 空 1 分)

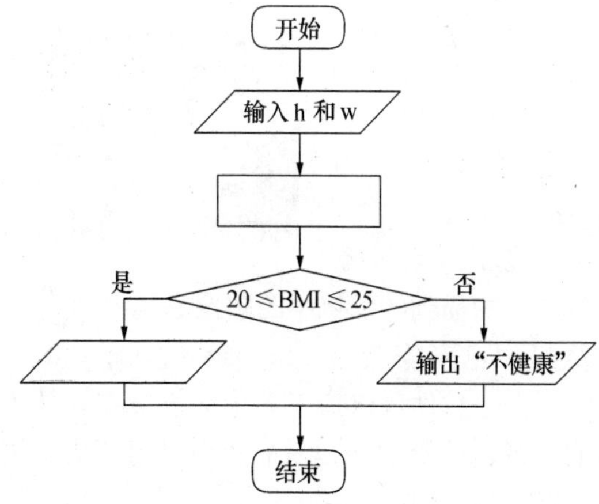

(3) 根据流程图，补充代码。(第 1 空 2 分，第 2 空 1 分)

```
Rem VB 代码
Dim BMI As Single
Dim h As Single
```

```
//JAVA 代码
public class BMI
{public static void main(String args[ ])
```

```
Dim w As Single
h=Val(InputBox("输入身高"))
w=Val(InputBox("输入体重"))
BMI=w/(h * h)
If(BMI>= 20 And ____ Then
Print "健康" ____
Print "欠健康"
End If
```

```
{float BMI;
float h=Float.parseFloat(args[0]);
float w=Float.parseFloat(args[1]);
BMI=w/(h*h);
if(BMI>=20 && ____)
System.out.println("健康") ____;
System.out.println("欠健康");
}}
```

（二）《多媒体技术应用》模块

15. 填空题：（共 8 分，每小题 2 分）

（1）多媒体数据压缩一般分为有损压缩和无损压缩。大多数经过压缩的网络视频会丢失部分信息，这是________压缩。

（2）教学课件整合了声音、________、视频等多种媒体，使我们的课堂更加丰富多彩。

（3）对于一台配置为 P4 3.2 G CPU/160 G 硬盘/512 M 内存/32 位声卡/128 M 显示卡的计算机，其中和耳机直接连接的设备是________。

（4）明明同学非常喜欢歌曲《祝你平安》，他想把这首歌录入计算机里。如果用相同的量化位数，采样频率为 44.1k Hz 的数据量比采样频率为 11kHz 的数据量____（选填大 / 小），数字音频的质量________（选填较优 / 较差）。

16. 填空题：（共 8 分，每小题 2 分）

高二（1）班正在制作地震知识的宣传画，请你参与他们的工作：

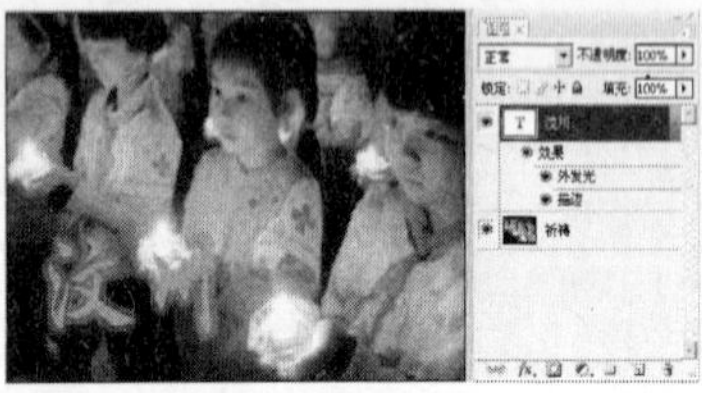

（1）将为汶川祈祷的照片扫描到计算机中，需要______作为输入设备。图像类型一般有位图和矢量图，扫描到计算机中的图像是其中的______类型。

（2）计算机中已经安装了 Photoshop、CoolEditPro、IE 软件，其中________软件可以加工图像。连接在计算机上的外部设备还包括读卡器、USB 风扇以及彩色激光打印机，用______________能实现宣传画的输出。

（3）题图中，有______个图层，文字图层"汶川"添加了若干效果，这些效果______（会/不会）影响到其他图层。

（4）图像的模式有位图、灰度、RGB 颜色、CMLK 颜色等多种，为使彩色图像改变成如图的灰色图像（俗称黑白图像），我们可以将图像的模式改变为__________模式快速实现，改变图像模式后，原有的__________（文字/颜色）信息将会丢失。

17. 简答题：（共 9 分，每小题 3 分）

成功举办奥运会，是全体中国人的美好愿望。你成功地入选奥运宣传动画"百年圆梦"的制作开发团队。需要利用计算机开发制作短片，并在网络上传播。（提示：play()，表示继续播放动画；stop()，表示停止播放动画；stopAllSounds()，表示停止所有的声音播放）

（1）写出图一中适合本次任务的开发工具，写出其保存在计算机中的源文件类型、默认输出文件的扩展名。

第 17 题图一

（2）你的合作伙伴翠翠制作了一段计算机动画，前三帧如图二（请注意观察车轮变化），时间轴如图三。在该同学用于创作的动画加工软件中，动画可以分为逐帧动画、移动渐变动画和形状渐变动画，这段动画是其中的哪种？在 bike 图层中，关键帧的数量有几个？在 action 图层上的空心小圆圈的帧是什么帧？

第 17 题图二

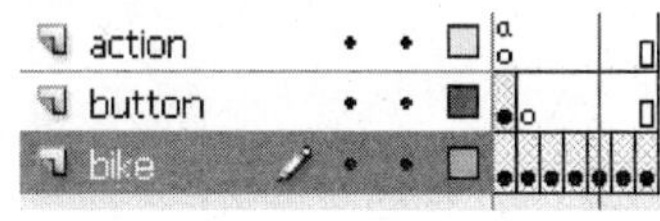

第 17 题图三

（3）有一个帧"动作"stop()，使动画开始就处于停止状态，请写出是第几帧。同样在该帧上，有一个播放按钮，在按钮的 on(release) 的事件中，添加哪一个"动作"可以使动画能继续播放？

（三）《网络技术应用》模块

18. 填空题：（共 8 分，每小题 2 分）

（1）刘亮想观看电影《黄石的孩子》，上网搜索该电影时，图中所示搜索方式应采用________。（填图下面的序号）

①

②

第 18 题图

(2) 网络中常用协议有 HTTP、FTP、SMTP，其中文件传输使用的协议是__________。

(3) 网络应用软件分为 B/S(浏览器/服务器) 结构和 C/S(客户/服务器) 结构。用 OutLook 软件收发电子邮件，这种方式是________结构。

(4) 计算机网络功能有数据通信、资源共享、分布处理。局域网中多台计算机共用一台打印机，这属于其中的________功能。

19. 填空题：(共 8 分，每小题 2 分)

现将 60 台计算机组建成一个局域网，如图所示。

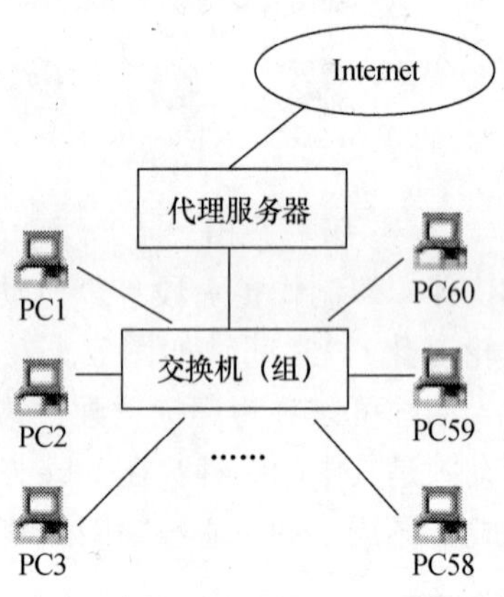

第 19 题图

(1) 计算机主板上有声卡、网卡和显卡等，其中和网线相连的设备是____________。

(2) 计算机网络拓扑结构有总线型、星型和环型，该局域网的拓扑结构是____________。

(3) 计算机 PC1 的 IP 地址为 192.168.10.1，子网掩码为 255.255.255.0，则计算机 PC2 的 IP 地址可以设置为____________。

(4) 该局域网访问互联网充当网关的设备是____________。

20. 简答题：(共 9 分，每小题 3 分)

李然的学校网站网址为 http：//www.chinaschool.edu.cn。李然想建一个校运会网站，用来报道今年校运会新闻，校运会网站网址为 http：//sports.chinaschool.edu.cn。

(1) 学校网站域名是什么?(1 分) 其顶级域名是什么?(2 分)

(2) 请为校运会网站设计相关的 2 个栏目，分别写出栏目名称?(2 分) 校运会网站中有一个通过网上投票评选十佳运动员，并能呈现结果的网页，这种效果的网页是动态网页还是静态网

页？（1 分）

（3）制作校运会网站的网页时，为了实现点击文字“学校主页”后就跳转到学校网站主页，文字“学校主页”和学校网站主页之间应该建立什么？（2 分）建立时图中空白框内应填入的网址是什么？（1 分）

（四）《数据管理技术》模块

21. 填空题：（共 8 分，每小题 2 分）

（1）利用计算机进行数据管理的技术经历了三个阶段：人工管理阶段、文件管理阶段和数据库管理阶段。使用数据库对数据进行管理的阶段是______________________。

（2）常见的数据模型有层次模型、网状模型、关系模型、面向对象模型，其中__________最为流行，会考报名的数据库应用系统就是采用了该模型建立数据库的。

（3）不规范的关系模式会带来数据冗余度高等问题。现有关系模式：学生成绩（学号、姓名、年龄、班级、模块号、模块名称、学分、成绩），存在的异常问题是____________。

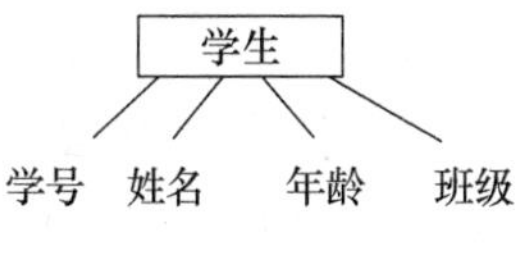

（4）现有学生实体，包含学号、姓名、年龄、班级属性，可以用图形（选择矩形、椭圆或者菱形中一种图形）画图完成右边 E—R 图。

22. 填空题：（共 8 分，每小题 2 分）

（1）创建数据库、数据表的先后关系是：先________，后____________。

（2）操作方法有：保存表、设计表的结构、“创建”按钮、输入数据库名等。如图一所示，现在进行的操作（参考上面方法）是__________。

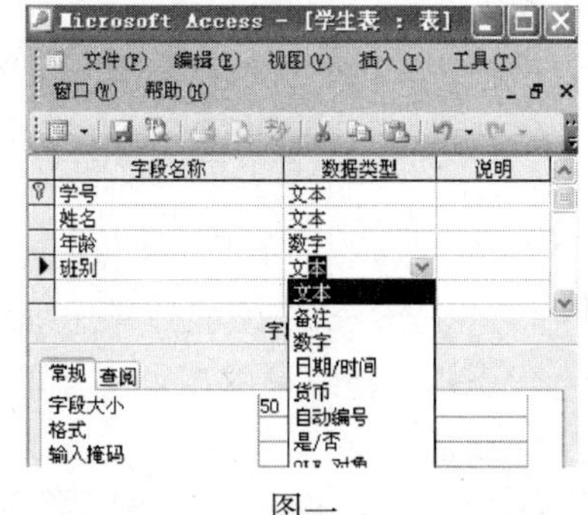

图一

（3）现有一个电子表格文件 xuesheng. xls，记录了学生的信息，如学号、姓名、年龄、班级，与本表字段个数、数据类型相同，我们可以从 xuesheng. xls 获得外部数据，把数据添加到数据表内，这个操作方法称为__________。

（4）在数据表中，如图二所示，该数据表有______个字段，有______个记录。

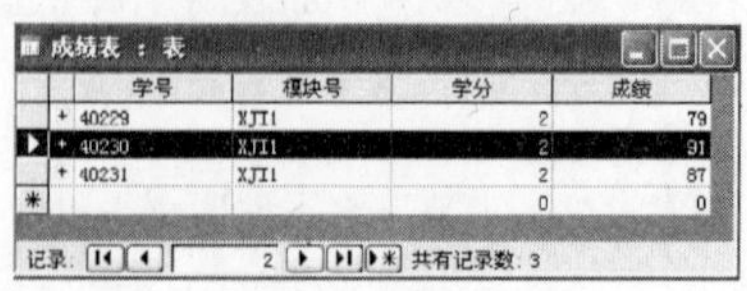

	学号	模块号	学分	成绩
+	40229	XJT1	2	79
▶ +	40230	XJT1	2	91
+	40231	XJT1	2	87
*			0	0

记录：2 共有记录数：3

第 22 题图二

23. 简述题：（共 9 分，每小题 3 分）

（1）何玲开发了“学生成绩信息管理系统”，她利用Office 2000 建立了 student. mdb，并利用开发工具制作该系统。分别写出数据库、数据库管理系统、数据库应用系统的名称。（3 分）

（2）数据库应用系统基本功能一般包括浏览等模块。浏览模块，实现浏览学生的选修课程模块的名称及其成绩信息的功能。学生成绩信息管理系统除了浏览模块以外，还应该包含哪些模块？写出至少 3 个模块名称，尝试写出其功能。（3 分）

（3）下面一段代码中，使用了 SQL 指令实现对三个表的查询，具体语句如下图。写出三个表的名称，尝试用下划线在具体语句下面画出 SQL 指令，或者写出数据源的名称。（3 分）

Set Coon＝Server. Create0bject（“ADODB. Connection”）

Set rs＝Server. Create0bject（“ADODB. Recordset”）

Conn. Open“DSN＝stu；UID＝sa；PWD＝sa”

CommandText＝“select * from 学生表，模块表，成绩表 where 学生表．学号＝成绩表．

学号 and 成绩表．模块号＝模块表．模块号 order by 学生表．学号;”

rs. Open CommandText，Conn，3，adLockOptimistic

2008 年山东省基本能力测试试卷（信息技术）

信息技术相关的部分（5 分）

1.（1 分）指纹锁的工作原理是通过提取指纹图像的特征进行身份识别，指纹锁的工作流程可以分为以下几个步骤，正确的顺序应该是 （ ）

①指纹图像采集 ②指纹图像处理 ③控制门锁开启 ④指纹图

像特征值得匹配 ⑤指纹图像特征提取

A. ①②⑤④③　　B. ①⑤②④③

C. ①②③④⑤　　D. ①④⑤②③

2. (1分) 超市收银员用扫描仪扫描顾客选购商品的条形码，计算机对条形码信息进行识别，检索出对应商品的名称、价格等信息。这种对商品信息的检索一般采用的技术是　　(　　)

A. 计算机多媒体技术

B. 虚拟现实技术

C. 模式识别技术

D. 数据库技术

知识点：信息技术基础信息的加工与表达——数据库技术应用

3. (1分) 目前在机器人足球比赛中，足球机器人通过自身的摄像系统拍摄现场图像，分析双方球员的位置、运动方向以及与球门的距离和角度等信息，然后决定下一步的行动。下列说法正确的是　　(　　)

① 足球机器人具有图像数据的获取、分析能力

② 足球机器人的研制采用了人工智能技术

③ 足球机器人具有人的智能

④ 足球机器人既有逻辑判断能力，又有形象思维能力

A. ①②　　B. ①③　　C. ②④　　D. ③④

知识点：信息技术基础人工智能初步——人工智能

4. (1分) 高强同学在完成一篇关于齐鲁文化的研究性学习报告时，需要插入一幅图片（存储路径为 E：\ 历史人物 . bmp ）。在 Word 编辑状态下，采用菜单操作，下列步骤正确的是

(　　)

A. “编辑” → “查找” →输入 “E: \ 历史人物 . bmp ” → “查找”

B. “文件” → “打开” →选中 “ E: \ 历史人物 . bmp” → “打开”

C. “插入” → “文件” →选中 “ E: \ 历史人物 . bmp” → “插入”

D. “插入” → “图片” → “来自文件” →选中 “E: \ 历史人物 . bmp” → “插入”

知识点：信息技术基础信息的加工与表达——文本信息的加工与表达

5. (1分) 小李对敦煌艺术情有独钟。他把获取的“飞天”

壁画图片用扫描仪输入计算机后，用 Photoshop 软件进行处理。下列做法正确的是（　　）

① 用旋转功能对偏转的图像进行校正

② 用增加对比度的功能提高整幅图像的亮度

③ 用裁切功能将图像多余的部分去除

④ 将处理后的图像保存为 JPEG 格式

A. ①②④　　B. ①③④

C. ①②③　　D. ②③④

福建省 2008 年普通高中学生学业基础会考试卷
(信息技术基础)

（考试时间：60 分钟；满分：50 分）

选择题（共 50 题，每题 1 分，每题只有一个正确答案）

1. 著名的控制论专家维纳提出：“信息就是信息，不是物质，也不是能量”，表明了（　　）

A. 信息、物质、能量同属于资源

B. 人类对信息的需求高于对物质的需求

C. 人类对信息的需求高于对能量的需求

D. 人类对物质和能量的需求高于对信息的需求

2. 下列属于信息范畴的是（　　）

A. 电视机　　B. 上课铃声

C. 课本　　D. 硬盘

3. 我省是受台风影响较严重的省份，每次台风来袭前，为了使损失降到最低，气象部门都会及时通过广播、电视、报纸、互联网等媒体发布消息。这主要体现了信息的（　　）

A. 时效性和价值性　　B. 特殊性和真伪性

C. 特殊性和传播性　　D. 时效性和真伪性

4. 下列选项中，体现从猿进化到人的重要标志是（　　）

A. 印刷术的发明　　B. 文字的使用

C. 造纸术的发明　　D. 语言的使用

5. 收听电台广播，其主要的信息载体形式是（　　）

A. 文字　　B. 视频

C. 声音　　D. 图像

6. 信息技术主要包括计算机技术、微电子技术、通信技术和（　　）

A. 医疗技术　　B. 勘探技术

C. 传感技术　　D. 工程技术

7. 下列属于现代通信技术应用的是 （　　）

①激光打印机　②手写板　③手机　④互联网

A. ①②　　B. ②③

C. ①③　　D. ③④

8. 小李要到户外采集图像资料，下列合适的工具是 （　　）

A. 数码相机　　B. 扫描仪

C. MP3 播放器　　D. 话筒

9. 下列属于 IE 浏览器默认的图标是 （　　）

A. 　　B.

C. 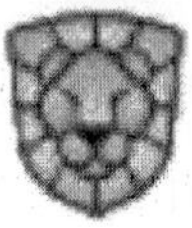　　D.

10. 下列书写完整的 URL 路径是 （　　）

A. http：//www. hk. com/index. html

B. www. hk. com

C. www. hk. com/index. html

D. http

11. 目前互联网上常用的搜索引擎有：全文搜索引擎和 （　　）

A. 条件搜索引擎　　B. 动词搜索引擎

C. 目录搜索引擎　　D. 超链接搜索引擎

12. 若使用搜索引擎检索北京奥运会主体育场“鸟巢”的相关信息，下列最有效的关键词是 （　　）

A. 体育场　　B. 北京奥运会主体育场

C. 鸟巢　　D. 奥运会

13. 为了撰写本校用水情况的调查报告，小明拟定了下列获取第一手数据的途径，不合适的是 （　　）

A. 向学校相关部门咨询

B. 对教师、同学进行问卷调查

C. 到图书馆查找

D. 到学校用水场所实地考察

14. 某课外学习小组同学计划以“全国交通建设与发展”为主题撰写研究报告，并要制作成 PowerPoint 幻灯片。为此，他们制定了如下表所示的信息需求大纲 （　　）

编号	信息内容	素材类型	采集途径
1	全国高速公路现状	图片、视频	互联网、专题电视片
2	全国高速铁路现状	文字	互联网、地图
3	福建城市道路现状	图片、文字	

请问：若要采集“福建城市道路现状”的资料，最便捷的采集途径是 （　　）

A. 道路规划专家、电视节目

B. 问卷调查、电视节目

C. 问卷调查、道路规划专家

D. 互联网、地图

15. 小明计划第二天上午到郊外踏青，所以他想了解第二天的天气情况，因为在学校看电视、上网都不方便，在当天的报纸上又找不到第二天天气信息，所以，他可以采用的最快捷、简便、准确的方法是 （　　）

A. 到气象局询问

B. 拨打天气预报信息台询问

C. 向同学询问

D. 向家长询问

16. 下列属于常用下载工具的是 （　　）

A. Access　　B. Outlook

C. FlashGet(网际快车)　　D. Media Player

17. 下列适用于文本编辑的软件是 （　　）

①Word　②WinRAR　③记事本　④Excel

A. ①②　B. ②③　C. ③④　D. ①③

18. 如图 1 所示，该文稿采用了表格排版，表格由 （　　）

造纸术和印刷术的发明和应用，使得知识可以大量生产、存储和流通，进一步扩大了信息交流的范围。	
电报、电话、电视及其他通信技术的发明和应用，使信息传递手段发生了历史性的变革。	
电子计算机和现代通信技术的应用，使信息的处理速度、传递速度得到了惊人的提高，这是人类信息传播和处理手段的革命。	

图 1

A. 二行三列组成　　　　B. 三行三列组成

C. 三行二列组成　　　　D. 二行二列组成

19. 如图 2 所示，该文稿没有用到的对象是　　　　（　　）

再别康桥

轻轻的我走了
正如我轻轻的来
我轻轻的招手
作别西天的云彩
那河畔的金柳
是夕阳中的新娘
波光里的艳影
在我的心头荡漾

图 2

A. 艺术字　　B. 动画　　C. 文字　　D. 图片

20. 如图 3 所示，该文稿采用的排版方式是　　　　（　　）

幸福

眼泪，不能取代一切曾有过的悬念。幸福的生活，并不一定是物质上的舒适生活，但一定会是精神上的完美生活。也许你不愿伤人，却害了所有的人。伤害是什么？麻木，沉默，再沉默。黑，就黑得彻底；白，也白得透心。漂浮在城市上空孤零零的空荡荡的灵魂，你们还在等什么，还在犹豫什么？幸福是瞬间的美。

图 3

A. 框架结构　　　　B. 分栏排版

C. 图文混排　　　　D. 纵横混排

21. 用 Word 编辑文稿时，移动文稿中的文字用到的命令有

（　　）

A. 剪切、格式刷　　　　B. 复制、粘贴

C. 复制、格式刷　　　　D. 剪切、粘贴

22. “music. mp3”文件是一种　　　　（　　）

A. 文本格式文件　　　　B. 图像格式文件

C. 音频格式文件　　　　D. 动画格式文件

23. 我们借助动画了解“嫦娥一号”绕月卫星发射、变轨、绕月的整个过程，这主要体现了动画　　　　（　　）

A. 生动形象的视觉效果

B. 图像色彩丰富

C. 方便网络上快速传播

D. 音效震撼逼真

24. 下列适用于处理音频文件的软件是 （　　）

A. 音频解霸　　B. 写字板

C. Flash　　D. Photoshop

25. Excel 工作簿文件默认的扩展名是 （　　）

A. . doc　　B. . xls　　C. . htm　　D. . ppt

26. 如图 4 所示，计算参加各课程选修的学生人数，应使用的函数是 （　　）

	A	B	C	D	E
1	高二年级《信息技术》选修情况统计表				
2		1班	2班	3班	总人数
3	算法与程序设计	17	16	8	
4	多媒体技术应用	11	6	12	
5	网络技术应用	13	20	9	
6	数据管理技术	5	2	18	

图 4

A. Min　　B. Max

C. Average　　D. Sum

27. 如图 4 所示，修改 2 班参加选修《网络技术应用》课程的学生人数，应选中的单元格是 （　　）

A. A5　　B. B5　　C. C5　　D. D5

28. 如图 5 所示，计算住户 12 月份水费，可在 D3 单元格中输入公式 （　　）

	A	B	C	D
1	12月水费结算表			
2	住户	用水量（吨）	单价（元/吨）	费用
3	101	11	2	
4	102	42	3.5	
5	201	22	2.5	
6	202	25	2.5	
7	301	18	2	
8	302	27	2.5	

图 5

A. B3×C3　　B. ＝B3×C3

C. B3×C3　　D. ＝B3×C3

29. 如图 6 所示，左右图表的类型分别是 （　　）

A. 柱形图和折线图　　B. 饼图和折线图

C. 柱形图和面积图　　D. 饼图和面积图

30. 如图 6 所示，上下图表分别表示中韩两国在近三届亚运会上获取的金牌数量和增长比率，下列叙述中，不正确的是

（　　）

A. 上图表可以直观地表示中韩两国在近三届亚运会上取得

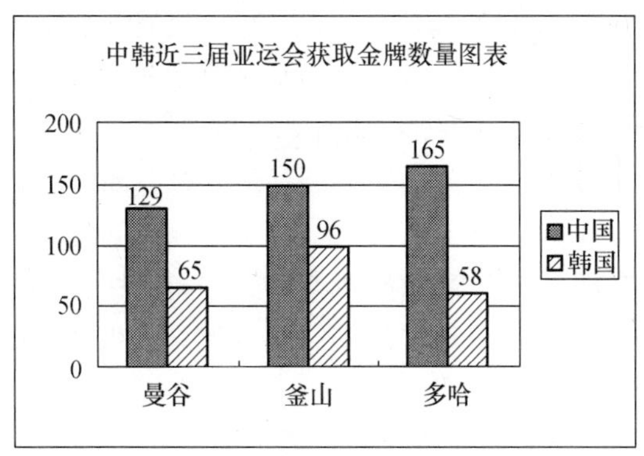

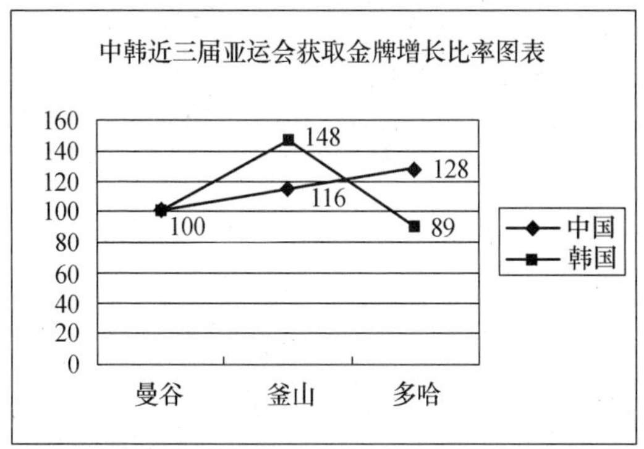

图 6

的金牌数量

B. 下图表可以直观地表示中韩两国在近三届亚运会上取得的金牌数的增长比率

C. 两张图表从不同的角度反映出中韩两国体育运动的整体水平

D. 图表太简单，看不出什么内容

31. 下列问题中，最适合用计算机编程来解决的是 ( )

A. 找出 10 000 以内的质数　B. 制订一份旅行计划

C. 处理音频文件　D. 处理数码照片

32. 如图 7 所示，左右分别为计算两数之差的计算机程序和算法，它们的描述方式是 ( )

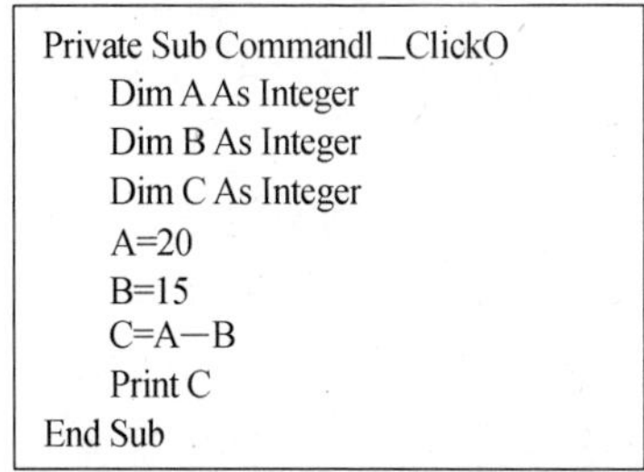

```
Private Sub Commandl_ClickO
    Dim A As Integer
    Dim B As Integer
    Dim C As Integer
    A=20
    B=15
    C=A-B
    Print C
End Sub
```

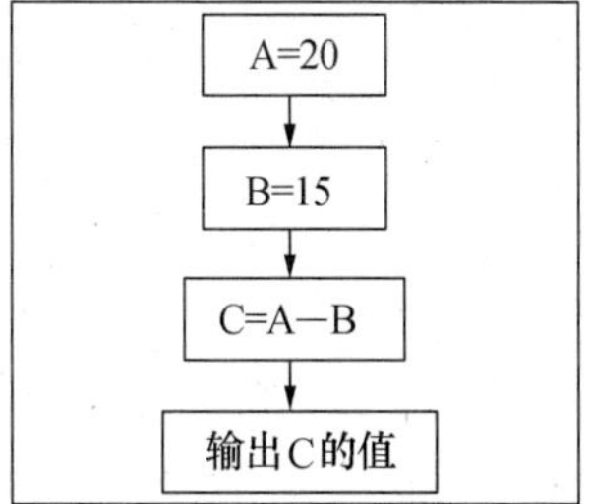

图 7

A. 自然语言和数学语言　　B. 程序代码和数学语言

C. 自然语言和流程图　　D. 程序代码和流程图

33. 下列属于计算机程序设计语言的是　（　）

A. ACDSee　　B. Visual Basic

C. Wave Edit　　D. WinZip

34. 某文件夹中存储着不同类型文件，小明想新建几个子文件夹将其中的文件按一定的规则分类存储，方便使用，下列最合理的分类方法是　（　）

A. 按中、英文文件名分类存储

B. 按文件容量大小分类存储

C. 按文件修改时间分类存储

D. 按“图像、音频、视频、程序”等不同的文件格式分类存储

35. 下列应用了人工智能技术的是　（　）

A. 播放动画　　B. 计算机录音

C. 通过网络与机器人对话　　D. 键盘输入汉字

36. 语音识别属于人工智能学科中的

A. 字符识别研究范畴　　B. 模式识别研究范畴

C. 指纹识别研究范畴　　D. 数字识别研究范畴

37. 对于居民户籍信息管理，下列最适用的计算机管理方式是　（　）

A. 分类管理　　B. 数据库管理

C. 文件管理　　D. 卡片式管理

38. 下列不属于计算机网络数据库应用系统的是　（　）

A. 网上银行　　B. 股票交易系统

C. 手机缴费系统　　D. 电视电话会议

39. 在关系型数据库中，数据表的每一列称为　（　）

A. 字段　　B. 序列　　C. 记录　　D. 项目

40. 下列不属于在互联网上发布信息的是　（　）

A. 通过 QQ 在线聊天　　B. 发送 E-mail 邮件

C. 在 BBS 论坛上发帖子　　D. 在报刊发表论文

41. 下列信息来源中，最可靠的是　（　）

A. 教科书上的内容　　B. 聊天得到的消息

C. 非法出版物上的广告　　D. 网络上的信息

42. 案例：近期，股票市场行情火爆。某日，小张收到一封电子邮件，邮件中提到：“××证券公司新开展网上股票交易业务，请从 Http://www.cbif.com/echo/hiir/1683.htm 网址登×

×证券公司网站，并按该网站提供的方法将资金存入××××账户内，即可进行委托证券交易活动”。小林说：“这是一条欺诈信息，因为这可能是个虚假网址”；小张说：“既然有网址，可以试一试”。你觉得他们说的对吗？ （　　）

A. 小林和小张说的都不对

B. 小张说的对

C. 小林和小张说的都对

D. 小林说的对

43. 下列关于信息安全策略的叙述，不正确的是 （　　）

A. 对信息系统中的数据进行加密

B. 在计算机机房中铺设地毯

C. 在计算机网络中安装防火墙

D. 对使用网络信息的用户进行身份认证

44. 案例：某人使用自己的计算机，非法登录到某通信公司的服务器中，破译了部分用户的账号和密码，并进行非法操作，造成用户数据丢失的严重后果。请分析，这一案例中所描述的信息安全威胁来自 （　　）

A. 自然灾害　B. 意外事故　C. 黑客攻击　D. 软件漏洞

45. 近来，小明启动计算机后，屏幕就弹出重新启动计算机的对话框，重新启动后，又弹出该对话框。产生这种现象的主要原因是 （　　）

A. 病毒入侵　　B. 人为破坏

C. 设备故障　　D. 数据丢失

46. 下列关于计算机病毒的叙述，不正确的是 （　　）

A. 传染性是计算机病毒最主要的特点

B. 计算机病毒主要是由于人为操作不当而引起的

C. 计算机病毒会破坏计算机中的数据

D. 计算机病毒是人为编制的程序

47. 下列可能导致计算机感染病毒的行为是 （　　）

A. 播放正版 DVD 光盘　　B. 拔掉鼠标

C. 连接一个移动硬盘　　D. 强行关机

48. 为了减少计算机病毒带来的危害，我们要注意做到 （　　）

① 在计算机中安装杀毒软件

② 对计算机中的文件进行备份

③ 提高信息安全意识，不使用盗版软件

④ 尽量不上网，堵塞病毒传播途径

A. ①②③　B. ①②④　C. ①③④　D. ②③④

49. 为了防止信息被别人窃取，小王在自己的计算机中设置了开机密码。下列选项中，最安全的密码是 （ ）

A. abcd　　B. fj08HK

C. HK　　D. 4321

50. 互联网提供了开放式的信息传播空间，因此，我们应该做到 （ ）

① 自觉遵守信息安全相关法律法规

② 善于通过互联网进行良好的信息交流

③ 通过互联网诽谤他人

④不在互联网上传播不良信息

A. ①②③　　B. ①②④

C. ①③④　　D. ②③④

浙江省2008年普通高等学校招生统一考试信息技术试卷

本试题卷分第Ⅰ卷和第Ⅱ卷两部分，满分100分。考试时间90分钟。

第Ⅰ卷　必考模块（共55分）

一、选择题（本大题17小题，每小题2分，共34分。在每小题给出的四个选项中，只有一个是符合题目要求的）

1. 古人将文字、符号刻在龟甲上以传后人，这主要体现了信息特征中的 （ ）

A. 载体依附性　　B. 时效性

C. 真伪性　　D. 可加工性

2. 下列信息中，可信度最高的是 （ ）

A. 某论坛发布的股市走势预测

B. 中央气象台发布的天气预报

C. 某培训机构发布的高考预测信息

D. 某彩票销售点发布的下期彩票预测信息

3. 在飞行员培训中，有时采用计算机模拟飞行训练这种形式，其主要应用的技术是 （ ）

A. 网格计算　　B. 网络技术

C. 虚拟现实　　D. 智能化社区

4. 小王用“UltraEdit”软件观察“春眠不觉晓’，这几个字显示的十六进制内码如第4题图所示，从中可以看出字符“眠”的内码是 （ ）

A. C3DFH　　B. B4BAH

C. B4H　　D. C3H

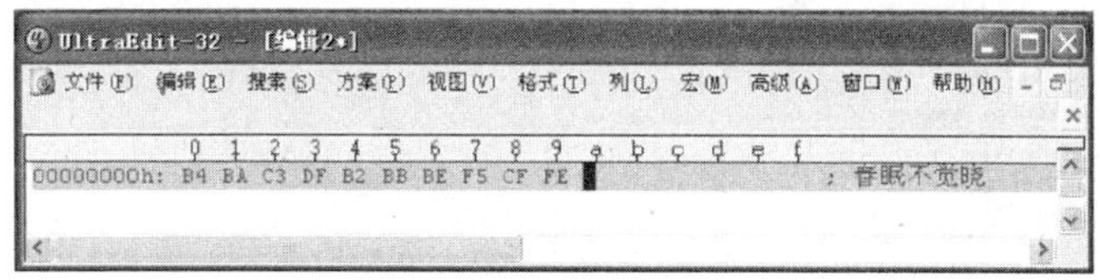

第 4 题图

5. 多媒体计算机能够处理文字、声音、图像等信息，主要是因为这些信息都已被 （　　）

A. 智能化　B. 数字化　C. 网络化　D. 虚拟化

6. 学校组织合唱比赛，班长李芳收集了一些有关歌曲《歌唱祖国》的资料，她想用电子邮件将其中的音乐文件发送给每位参赛同学，于是打开了包含如第 6 题图所示文件信息的文件夹，其中最有可能是《歌唱祖国》音乐文件的是 （　　）

第 6 题图

A. 歌唱祖国 . doc　　B. 歌唱祖国 . txt

C. 歌唱祖国 . jpg　　D. 歌唱祖国 . mp3

7. 下表所示为某扫描仪的参数，则下列各项中理解正确的是 （　　）

参数名称	规　格
扫描仪类型	底片扫描仪
光学分辨率（dpi）	7 200×7 200
色彩深度（位）	彩色：输入 48 位，输出 24/48 位；灰阶：输入 16 位，输出 8/16 位
接口	USB2.0
扫描介质	彩色或黑白 35 mm 幻灯片和 35 mm 正负片
支持操作系统	Microsoft Windows 2000/XP/Vista，Mac；Mac OS X
系统要求	PC Pentium 或更新，内置 USB 接口，Windows 2000/XP，128MB 以上内存；Mac OS 8.6 或更新的操作系统，至少 64 MB内存（推荐 128 MB 或更高）
附带软件	尚书 OCR6.0/Twain Driver/Page Manager 6. 0/SilverFast－6

A. 使用该扫描仪，可以将扫描结果以矢量图格式存储

B. 该扫描仪只能在 Microsoft Windows 2000 系统下使用

C. 可以通过附带软件尚书 OCR 将扫描件中的文字信息识别出来

D. 该扫描仪不能用于笔记本计算机

8. 假日活动小组准备周六上午去农场参加社会实践。周五晚上组长从天气预报中得知周六可能有雨，他想采用比较快捷的方式提醒小组成员带上雨具，则下列方式中较合适的有（　　）

①打电话　　②发手机短信

③利用传统书信　④利用 QQ 等实时交流工具

A. ①②③　B. ②③④　C. ①②④　D. ①②③④

9. 制定 ASCII 码、汉字国标码、商品条形码等标准化编码主要是为了信息表达的（　　）

A. 自由化　B. 规范化　C. 形象化　D. 通俗化

10. 将一幅 1 280×800 像素、24 位彩色图像更改为 640×480 像素、256 色图像，且文件类型保持不变，其存储空间将（　　）

A. 不变　B. 变大　C. 变小　D. 不确定

11. 小王要在某购物网站上购买一些计算机硬件，单击“我要买”超链接后得到如第 11 题图所示页面，然后按层次逐级查找。这种信息检索方法属于（　　）

手机
电脑硬件/台式整机/网络设备
数码相机/摄像机/图形冲印
笔记本电脑、IBM T61
网络服务/电脑软件、手机号码
MP3/MP4/iPod/录音笔
3C数码配件市场、手机配件
办公设备/文具/耗材
家用电器/Hifi音响/耳机

第 11 题图

A. 搜索引擎检索　B. 主题目录检索

C. 全文检索　D. 关键词检索

12. 吴教授审阅学生论文（Word 文档）时，想在原文档中添加修改意见，下列方式最合适的是（　　）

A. 利用 Word 中的“替换”功能

B. 利用 Word 中的“页眉和页脚”功能

C. 利用 Word 中的“自动更正”功能

D. 利用 Word 中的“批注”功能

13. 良好的习惯可以帮助我们有效地保护信息资源，下列行为中，不利于保护信息资源的是（　　）

A. 对数据定期进行备份

B. 及时安装计算机系统的补丁程序

C. 安装正版杀毒软件并定期升级

D. 不管是哪个网站，只要找到比较有趣的程序就下载运行

14. 某 Access 数据表打开后如第 14 题图所示，下列描述中正确的是　（　　）

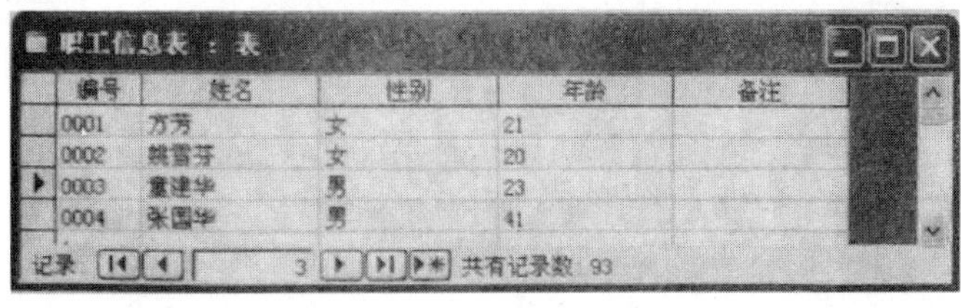

职工信息表 : 表

编号	姓名	性别	年龄	备注
0001	方芳	女	21	
0002	姚雪芬	女	20	
0003	童建华	男	23	
0004	张国华	男	41	

记录 3 共有记录数 93

第 14 题图

A. “姓名”字段的类型是数值型

B. 当前记录中，“姓名”字段的值是“童建华”

C. 该数据表字段数为 4

D. 删除“性别”字段后，记录数也会减少一条

15. 对某一段音频进行采样，若其他参数都相同，则可使音质最佳的采样频率是　（　　）

A. 11.025 kHz　　B. 22.05 kHz

C. 32 kHz　　D. 44.1 kHz

16. 如第 16 题图所示，流程图虚线框部分的控制结构属于　（　　）

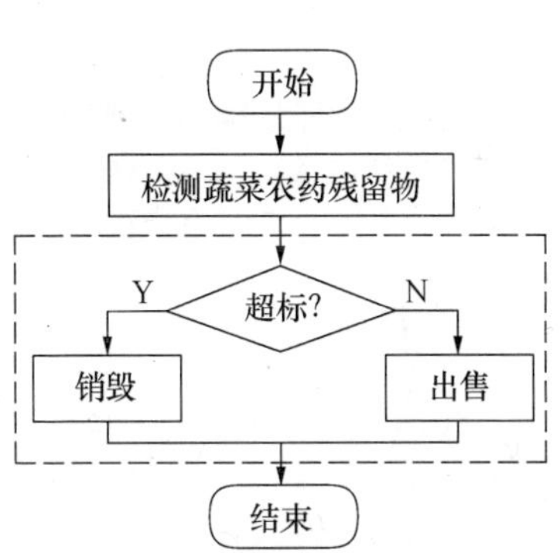

第 16 题图

A. 顺序结构　B. 分支结构　C. 循环结构　D. 树型结构

17. 二进制数 1011 与十进制数 2 相乘的值是　（　　）

A. (10110)2　　B. (11010)2

C. (11100)2　　D. (11111)2

二、综合题：本大题 3 小题，其中第 18 小题 4 分，第 19 小题 8 分，第 20 小题 9 分，共 21 分。

18. 某同学用 IE 浏览器访问中华人民共和国环境保护部网站(http://www.sepa.gov.cn)，获取一些有关我国环境保护方面的资料。请回答以下问题：

（1）该同学进入“政策法规”栏，找到并打开“中华人民共和国固体废物污染环境防治法”网页，他想以文本文件保存该网页中的文字，执行“文件”菜单中的“另存为”命令，出现“保存网页”对话框（如第 18 题- 1 图所示），在“保存类型”栏中，应选择（　　）。

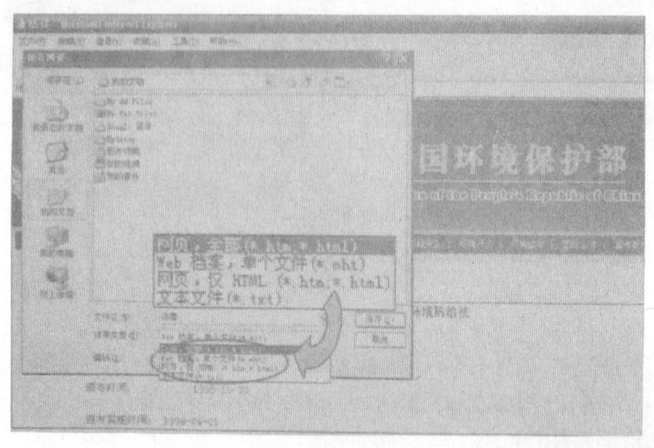

第 18 题- 1 图

（2）该同学想将网页中含有“中华人民共和国环境保护部”字样的图片单独保存为一个图片文件，他将鼠标移动到该图片上，单击鼠标右键，出现快捷菜单（如第 18 题- 2 图所示），则应选择（　　）命令。

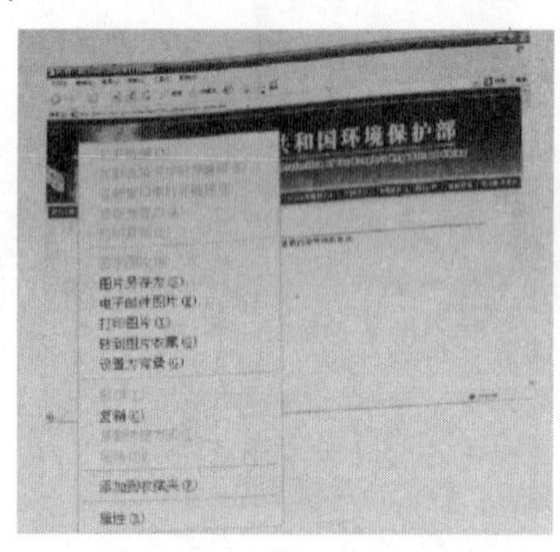

第 18 题- 2 图

（3）为便于今后快速访问中华人民共和国环境保护部网站，可将该网站网址设为浏览器主页（如第 18 题- 3 图所示），则应在地址栏中输入（　　）

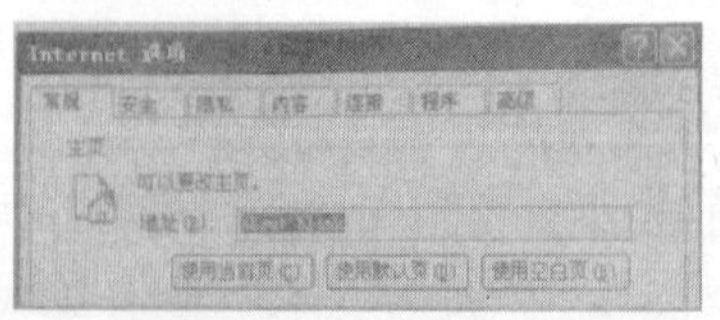

第 18 题- 3 图

19. 某小组在 2008 年上半年开展关于物价涨跌情况的研究，有了第一季度部分食品价格信息，用 Excel 进行数据处理（如第 19 题-1 图所示），请回答以下问题：

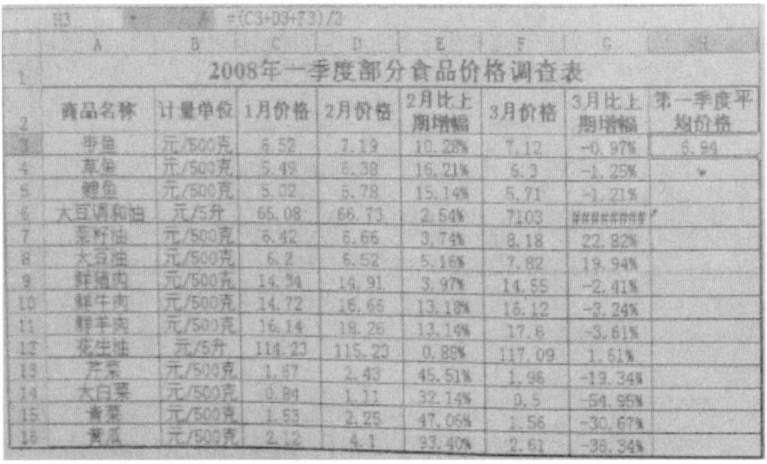

H3 =(C3+D3+F3)/3

	A	B	C	D	E	F	G	H
1	2008年一季度部分食品价格调查表							
2	商品名称	计量单位	1月价格	2月价格	2月比上期增幅	3月价格	3月比上期增幅	第一季度平均价格
3	带鱼	元/500克	6.52	7.19	10.28%	7.12	-0.97%	6.94
4	草鱼	元/500克	5.49	6.38	16.21%	6.3	-1.25%	
5	鲤鱼	元/500克	5.02	5.78	15.14%	5.71	-1.21%	
6	大豆调和油	元/5升	65.08	66.73	2.54%	7103	########	
7	菜籽油	元/500克	6.42	6.66	3.74%	8.18	22.82%	
8	大豆油	元/500克	6.2	6.52	5.16%	7.82	19.94%	
9	鲜猪肉	元/500克	14.34	14.91	3.97%	14.55	-2.41%	
10	鲜牛肉	元/500克	14.72	16.66	13.18%	16.12	-3.24%	
11	鲜羊肉	元/500克	16.14	18.26	13.14%	17.6	-3.61%	
12	花生油	元/5升	114.23	115.23	0.88%	117.09	1.61%	
13	芹菜	元/500克	1.67	2.43	45.51%	1.96	-19.34%	
14	大白菜	元/500克	0.84	1.11	32.14%	0.5	-54.95%	
15	青菜	元/500克	1.53	2.25	47.06%	1.56	-30.67%	
16	黄瓜	元/500克	2.12	4.1	93.40%	2.61	-36.34%	

第 19 题-1 图

（1）当前的活动单元格是（　　）。

（2）当用公式计算出 G6 单元格的数据后，发现 G6 单元格中显示“＃＃＃＃＃＃＃＃”，将 F6 单元格数据改为 71.03 后，显示即正常。产生这一现象的原因是 G6 单元格（　　）。

（3）从 H3 单元格开始用自动填充功能向下填充到 H16 单元格，则 H4 单元格的计算公式为（　　）。

（4）观察第 19 题-2 图所示的表，该表中数据是以（　　）字段主要关键字对数据区域 A2：H16 进行（　　）（填：升序或降序）排序后所得。从中可以发现与 1 月相比，2 月价格上涨幅度最大的商品种类是（　　）（填：蔬菜、鱼肉或食用油）。经过调查发现，这主要是由于 2008 年年初的雪灾使该类商品的生产、运输受到影响，导致供应量大大减少，价格上涨。

（5）为了找出“3 月比上期增幅”最大的 4 类商品名称，可采用筛选的方法。在“自动筛选”模式下（如第 19 题-3 图所示），应选择第（　　）（填：1 或 2）项进行操作。筛选后的结果如第 19 题-4 图所示。

比较第 19 题-2 图和第 19 题-4 图，会发现 2 月涨幅居前四位的食品，其价格在 3 月均（　　）（填：回落或上涨）。经过进一步调查，发现主要是由于雪灾过后，气温升高，生产、运输逐渐得以恢复。

	A	B	C	D	E	F	G	H
1	2008年一季度部分食品价格调查表							
2	商品名称	计量单位	1月价格	2月价格	2月比上期增幅	3月价格	3月比上期增幅	第一季度平均价格
3	黄瓜	元/500克	2.12	4.1	93.40%	2.61	-36.34%	2.94
4	青菜	元/500克	1.53	2.25	47.06%	1.56	-30.67%	1.78
5	芹菜	元/500克	1.67	2.43	45.51%	1.96	-19.34%	2.02
6	大白菜	元/500克	0.84	1.11	32.14%	0.5	-54.95%	0.82
7	草鱼	元/500克	5.49	6.38	16.21%	6.3	-1.25%	6.06
8	鲤鱼	元/500克	5.02	5.78	15.14%	5.71	-1.21%	5.50
9	鲜牛肉	元/500克	14.72	16.66	13.13%	16.12	-3.24%	15.83
10	鲜羊肉	元/500克	16.14	18.26	13.14%	17.6	-3.61%	17.33
11	带鱼	元/500克	6.52	7.19	10.28%	7.12	-0.97%	6.94
12	大豆油	元/500克	6.2	6.52	5.16%	7.82	19.94%	6.85
13	鲜猪肉	元/500克	14.34	14.91	3.97%	14.55	-2.41%	14.60
14	菜籽油	元/500克	6.42	6.66	3.74%	8.18	22.82%	7.09
15	大豆调和油	元/5升	66.08	66.73	2.54%	71.03	6.44%	67.61
16	花生油	元/5升	114.23	115.23	0.88%	117.09	1.61%	115.52

第 19 题-2 图

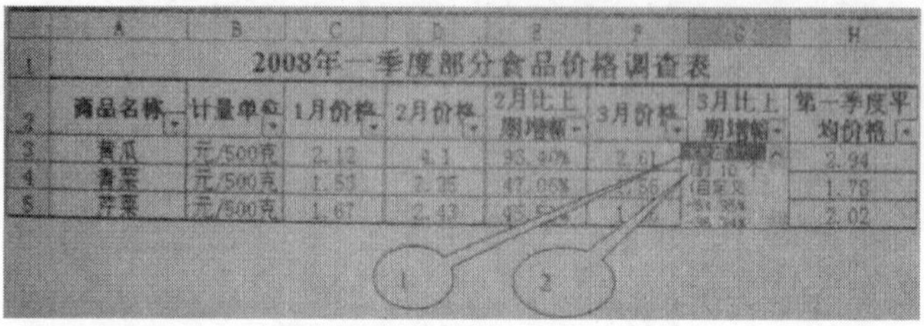

	A	B	C	D	E	F	G	H
1	2008年一季度部分食品价格调查表							
2	商品名称	计量单位	1月价格	2月价格	2月比上期增幅	3月价格	3月比上期增幅	第一季度平均价格
3	黄瓜	元/500克	2.12	4.1	93.40%	2.61		2.94
4	青菜	元/500克	1.53	2.25	47.06%	1.56		1.78
5	芹菜	元/500克	1.67	2.43	45.51%	1.96		2.02

1　2

第 19 题-3 图

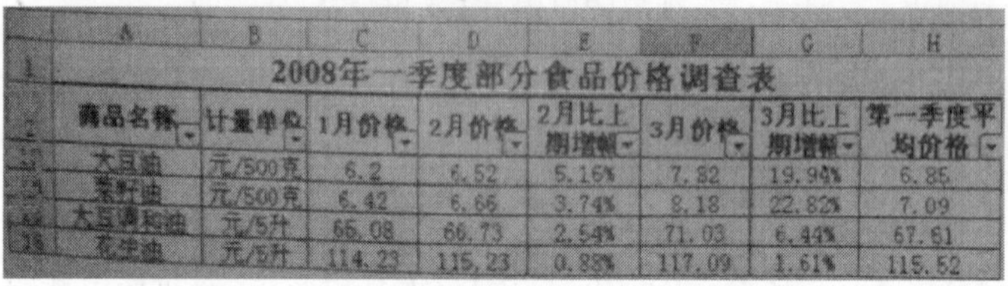

	A	B	C	D	E	F	G	H
1	2008年一季度部分食品价格调查表							
2	商品名称	计量单位	1月价格	2月价格	2月比上期增幅	3月价格	3月比上期增幅	第一季度平均价格
12	大豆油	元/500克	6.2	6.52	5.16%	7.82	19.94%	6.85
14	菜籽油	元/500克	6.42	6.66	3.74%	8.18	22.82%	7.09
15	大豆调和油	元/5升	66.08	66.73	2.54%	71.03	6.44%	67.61
16	花生油	元/5升	114.23	115.23	0.88%	117.09	1.61%	115.52

第 19 题-4 图

20. 有一个用 Frontpage 制作的关于“文学世界”的网站，第 20 题-1 图为网站主页的部分效果图，第 20 题-2 图为该网站结构。请回答以下问题：

（1）从第 20 题-2 图中可以看出，该网站有（　　）个文件夹，文件夹名称分别是：（　　）。

（2）该网站主页的标题是（　　），如果要将主页标题改为“文学世界”，一般要选择（　　）（填：网页属性、表格属性或单元格属性）命令，并在打开的属性窗口中相应位置输入文字，然后按提示完成操作。

（3）在主页中，为文字“寓言”设置超链接，链接到标题为

第 20 题-1 图

名称	标题	大小	类型
_private			
images			
music			
index.htm	诗文小站	41KB	htm
tonghua.htm	童话世界	35KB	htm
xiaoshuo.htm	小说	31KB	htm
yuyan.htm	寓言	47KB	htm
tangshi.htm	唐宋诗词	24KB	htm
mingzhu.htm	世界名著	104KB	htm

第 20 题-2 图

“寓言” 的网页，则超链接所指向的文件名应为（　　）。若将主页改名为 default.htm，则该网页中的超链接还能否成功链接?（　　）。

（4）如要给单元格［1］所在的整个表格设置蓝色背景，选中［1］所在单元格后，按第 20 题-3 图所示操作能否实现目的? 并说明理由。

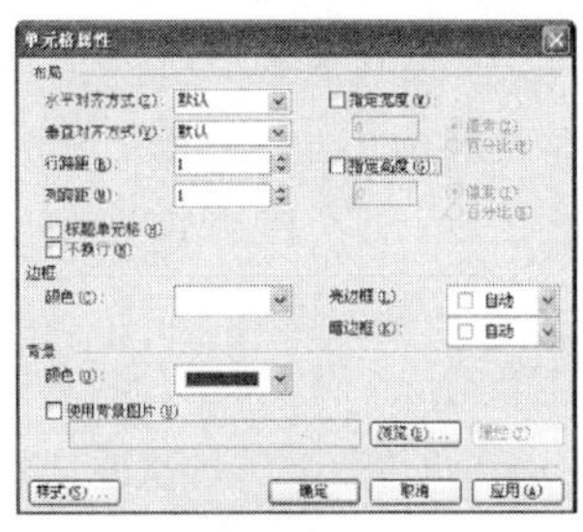

第 20 题-3 图

第Ⅱ卷　多媒体技术应用（共 45 分）

一、选择题（本大题 13 小题，每小题 2 分，共 26 分。在每小题给出的四个选项中，只有一个是符合题目要求的）

1. 刘震要去海洋公园观看海狮表演，并准备将海狮表演拍摄成视频带回家给妈妈欣赏，他需携带的多媒体设备是（　　）

A. 视频卡　　B. 录音笔

C. 数码摄像机　　D. MP3 播放器

2. 张杰准备使用以页为基础的创作工具制作多媒体作品，他应选用的软件是（　　）

A. PowerPoint　　B. Authorware

C. Flash　　D. Visual Basic

3. 李敏采集到以下四个素材文件，准备用相关软件对这些素材进行处理，列表如下：

序号	1	2	3	4
素材文件	dax.txt	move.jpg	xiyang.mp3	sport.avi
处理软件	记事本	Photoshop	GoldWave	画图

她所选择的处理软件**不恰当**的序号是（　　）

A. 1　　B. 2　　C. 3　　D. 4

4. 第 4 题图所示设备中，主要用于输出音频信息的是（　　）

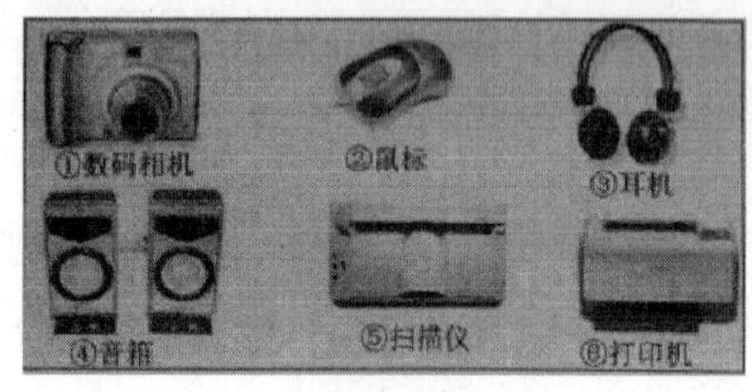

第 4 题图

A. ①⑤　　B. ③④　　C. ②③　　D. ④⑥

5. 胡飞使用 Flash 制作动画，下课时还没有完成作品。他准备将文件暂时保存起来，带回家接着做，则所保存的文件类型应该是（　　）

A. SWF　　B. JPEG　　C. FlA　　D. PSD

6. 使用 Photoshop 处理图像。下列说法正确的是（　　）

A. 吸管工具可以从图像中取色。并指定为新的前景色

B. 将 PSD 格式文件存储为 BMP 格式后，不会丢失任何信息

C. 调整图像亮度会使图层数增加

D. 对某图层使用滤镜效果，其他图层的属性也会发生变化

7. 黄虹从网上下载了 20 张抗震救灾的感人图片，存放在一个文件夹中，如第 7 题图所示。她想快速浏览一下这些图片的大致图像内容，可以选择“查看”菜单中的 （　　）

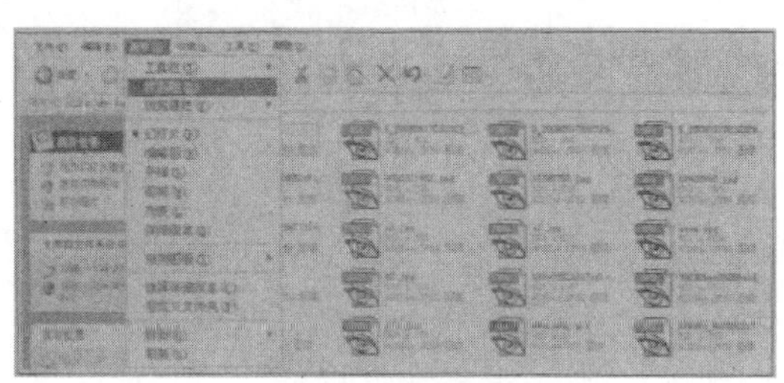

第 7 题图

A. “缩略图”命令　　B. “图标”命令

C. “列表”命令　　D. “详细信息”命令

8. 某数据文件压缩后的数据量是 512KB. 已知其压缩比是 200∶1。则原文件数据量是 （　　）

A. 102.4 MB　　B. 100 MB

C. 2.56 KB　　D. 2 560 KB

9. 下列关于位图的描述，正确的是 （　　）

A. 位图是用一组指令集合来描述的

B. 位图不能被压缩

C. 对位图的缩放不影响图像显示质量

D. 位图能表现层次和色彩丰富的图像效果。

10. 某段未经压缩的 WAVE 格式音频属性如第 10 题图所示，存储该文件需要的磁盘空间大约是 （　　）

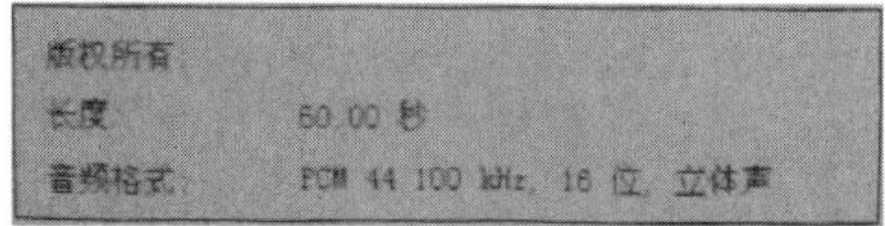

第 10 题图

A. 80.8 MB　　B. 40.4 MB

C. 20.2 MB　　D. 10.1 MB

11. 第 11 题图所示是一个 8×8 像素的黑白二色位图，假如使用 0 表示白色，1 表示黑色，按照行从左向右的次序对该图像信息进行编码（不考虑压缩），将该图像编码信息的字节数记做 X，表示第一行图像信息的二进制编码记做 Y。下列选项中正确的 X，Y 组合是 （　　）

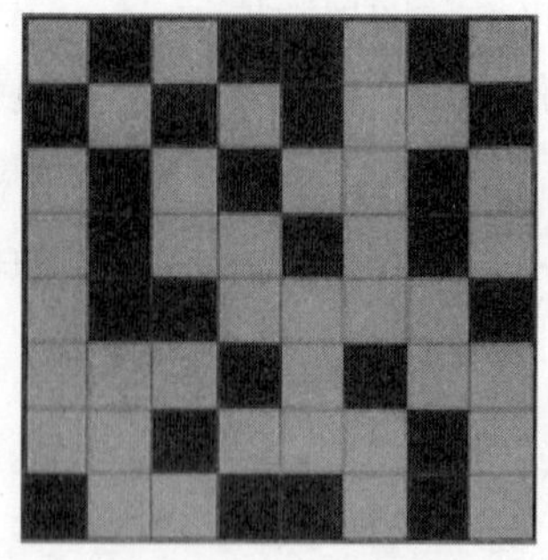

第 11 题图

A. 64，10100101　　　　B. 8，01011010

C. 16，01011010　　　　D. 8，10100101

12. 李斌制作将数字“1”变成数字“2”的 Flash 变形动画。他在第 1 帧利用“文本工具”输入“1”，在第 25 帧插入空白关键帧，并利用“文本工具”输入“2”，在设置补间动画时选择“形状”，结果出现错误，如第 12 题图所示。错误的原因是（　　）

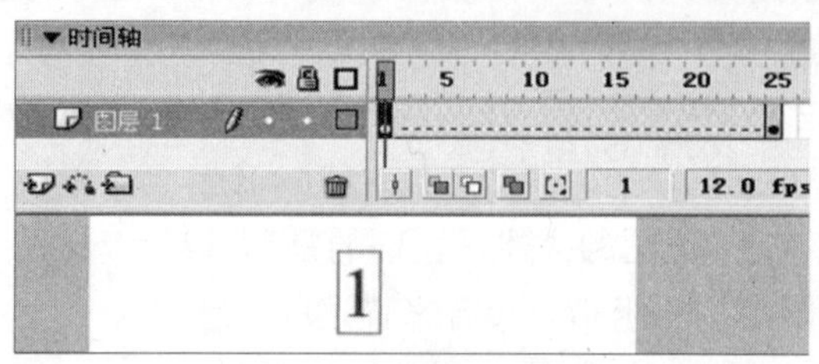

第 12 题图

A. 在第 1 到 25 帧之间缺少一个空白关键帧

B. 没有执行“测试影片”命令

C. 没有对输入的“1”和“2”进行分离（打散）操作

D. 没有对输入的“1”和“2”进行组合操作

13. 小王使用“会声会影”制作了一段视频，将制作结果输出为一个视频文件时，有多种视频类型供他选择，其中一项为“PAl MPEGl(352×288，25 fps)”，对该选项中“352×288”的含义理解正确的是（　　）

A. 该视频的帧图像分辨率为 352×288 像素

B. 该视频的播放时间为 352×288 秒

C. 该视频的帧图像存储量为 352×288 字节

D. 该视频只能在屏幕宽高比为 352∶288 的电视机上播放

二、综合题（本大题 3 小题，其中第 14 小题 4 分，第 15 小题 7 分，第 16 小题 8 分，共 19 分）

14. (1) 有两个均为单声道的音频文件 m1. wav 和 m2. wav，

其中 m1. wav 是歌曲《大山》的伴奏，m2. wav 是歌曲《大山》的清唱。小李进行了以下操作：

① 启动 GoldWave，新建一个立体声音频文件 dashan. wav，接着分别打开 m1. wav 和 m2. wav

② 切换到“m1. wav”窗口，将其声音信息复制到剪贴板上

③ 切换到“dashan. wav”窗口，选择“左声道”，执行“粘贴”命令

④ 切换到“m2. wav”窗口，将其声音信息复制到剪贴板上

⑤ 切换到“dashan. wav”窗口，选择“右声道”，执行“粘贴”命令

播放 dashan. wav 时，右声道发出的声音为（　　）（填：伴奏或清唱）。

“dashan. wav 的播放时间长度一定是 m1. wav 与 m2. wav 的播放时间长度之和”，这种说法是否正确？（　　）

（2）小李想把合成以后的音乐格式转换为 MP3，他可以在 GoldWave 中使用（　　）（填写序号：①［文件］-［保存］，②［文件］-［另存为］或③［效果］-［标记］）命令来实现，这种格式转换过程使用了（　　）（填：有损或无损）压缩算法。

15. 小王使用 Photoshop 制作一张如第 15 题-1 图所示的中秋贺卡，部分素材如第 15 题-2 图所示，回答以下问题：

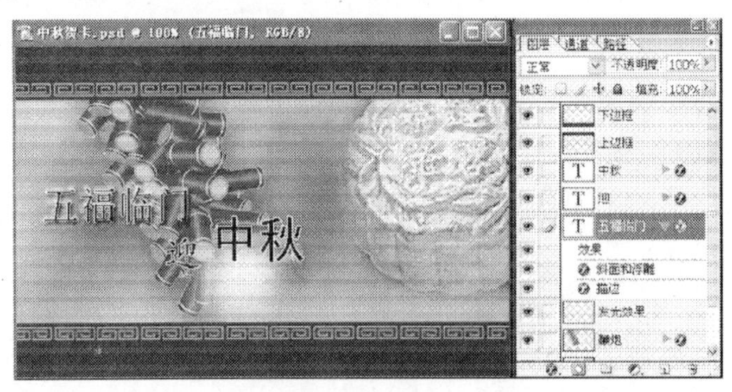

第 15 题-1 图

（1）bianpao. jpg 中既有鞭炮，又有白色背景，对鞭炮的选择可使用（　　）（填：矩形选框工具、椭圆选框工具、魔棒工具或移动工具）选择（　　）区域，然后执行“反选”命令。

（2）将选中的鞭炮区域复制到“中秋贺卡 . psd”的“鞭炮”图层后，鞭炮是竖直放置的，需要通过（　　）（填：旋转画布或自由变换）命令，将鞭炮旋转一定角度才能达到倾斜的效果。

（3）第 15 题-1 图中“上边框”图层中的边框取材于 bi-

第 15 题-2 图

ankuang.jpg，而“下边框”图层中的边框可通过以下几步操作得到：

① 执行菜单命令（编辑）—>[变换]—>[垂直翻转]

② 复制“上边框”图层，得到一个新的图层，重命名为“下边框”

③ 将翻转后的边框图片移到下方适当位置

④ 选择“下边框”为当前图层

请写出正确的操作步骤次序：（　　）

（4）写出两个设置了图层样式的图层名称：（　　）

（5）“五福临门”“迎”和“中秋”三个图层中的文字内容与图层名相同。根据第 15 题-1 图所示效果回答：这三个图层的上下次序能否相互调换？并写出理由。

16. 李涛制作了一个名为“春天.fla”的动画，如第 16 题-1 图所示。回答以下问题：

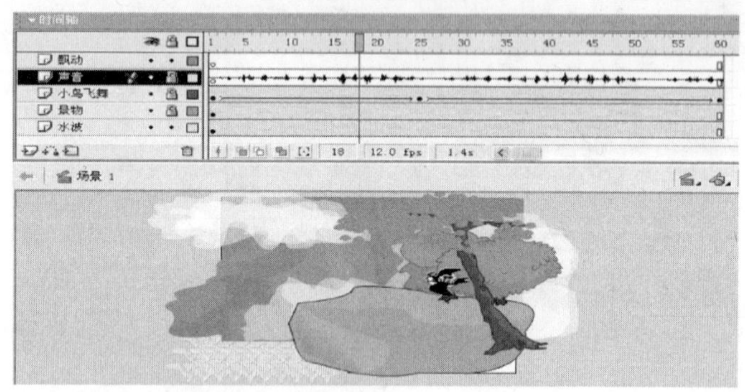

第 16 题-1 图

（1）第 16 题-2 图所示“溪水”元件的编辑界面。已知在“图层 1”第 1 帧舞台上水波实例的大小、位置属性如第 16 题-3 图所示，第 30 帧舞台上水波实例的大小、位置属性如第 16 题-4 图所示，并且 X 轴正向向右、Y 轴正向向下。在该图层第 1 到 30 帧之间制作了一个动作补间动画，动画效果是水波由（　　）向（　　）移动。

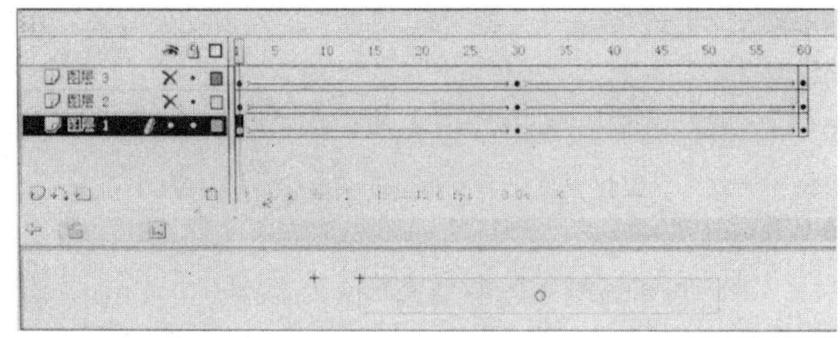

第 16 题-2 图

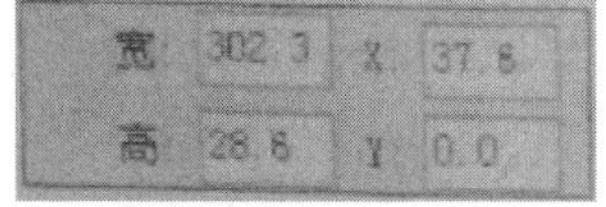

第 16 题-3 图

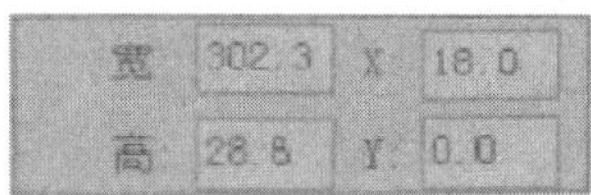

第 16 题-4 图

(2) 如第 16 题-1 图所示，在“水波”图层的第 1 帧已放置“溪水”实例，第 60 帧已插入一个（　　）（填：帧、关键帧、空白关键帧）。测试影片时，会不会出现水面波动的动画效果？（　　）

(3) 根据第 16 题-1 图所示状态分析，（　　）图层没有放置任何对象。

(4) 当帧频改为 6FPS 后，动画完整播放一遍所需时间是（　　）秒。

(5) 在第 16 题-1 图所示状态下，除“小鸟飞舞”图层外，其余图层均没有小鸟实例。李涛选择“小鸟飞舞”图层后，却无法选中舞台中的小鸟实例，产生这一问题的原因是什么？该如何解决？

多媒体资源索引①

小学优质课视频（一等奖）

(1) 区永健．画图“图块的翻转与旋转”．广州市越秀区东山培正小学．《中国多媒体教学学报》出版

(2) 菅艳刚．神箭问天——自选图形的颜色编辑和组合．东北师范大学附属小学．《中国多媒体教学学报》出版

① 本年鉴收录的优质课视频目录均为中国教育技术协会信息技术教育专业委员会主办的联想杯 2008 年全国义务教育信息技术优质课展评获奖视频，其中部分一等奖视频以光盘方式由《中国多媒体教学学报》正式出版，订阅信息可查阅：http：//www.ictedu.cn/show.aspx? id=1830&cid=100；其他视频可以从如下地址下载：http：//it.wzms.cn/downlist.asp，或 http：//vod.ictedu.cn

（3）游佳．设置动画效果．四川成都市实验小学．《〈中国多媒体教学学报〉出版》出版

（4）李樱．开展有效的信息活动．新疆教育学院实验小学

（5）安竟．画图板中椭圆工具的使用．新疆教育学院实验小学

（6）燕滨．律动之美．秦皇岛市海港区文化里小学．《中国多媒体教学学报》出版

（7）郭挺圆．计算机小医生．河南郑州市二七区苗圃小学．《中国多媒体教学学报》出版

（8）林绮丽．Flash 遮罩效果．浙江温州市少年艺术学校．《中国多媒体教学学报》出版

（9）周建武．午餐的食谱．浙江温州市建设小学

（10）罗莉丽．使用金山 WPS 编辑排列图片．新疆生产建设兵团第二中学

（11）夏凡．欢迎来我家．郑州市金水区纬五路第一小学

（12）王安艳．绘图技巧处理．贵州德江县青龙三小

（13）高耘．口语展现．云南个旧市鸡街中心小学．《中国多媒体教学学报》出版

（14）栾桦林．屏保的制作．辽宁大连市二十里中心小学．《中国多媒体教学学报》出版

（15）杨洁．搜索引擎．湖南长沙市芙蓉区东茅街小学．《中国多媒体教学学报》出版

（16）黄秋凤．动画的魅力．北京市顺义区东风小学

（17）张洁．小小书签．云南师大附小

（18）袁晓蜜．Flash 图层动画．天津塘沽区上海道小学．《中国多媒体教学学报》出版

（19）曹献平．画宫寻趣．海南海口市第二十小学．《中国多媒体教学学报》出版

（20）金良磊．调整计划顺序．安徽蚌埠师范附属小学．《中国多媒体教学学报》出版

（21）汤晶．神奇的椭圆工具．辽宁沈阳市和平大街第一小学

（22）郭丽宏．在文章中插入图片．宁夏吴忠市古城中心学校

（23）田雪玲．狮子和蚂蚁．海南省海口寰岛实验小学

小学优质课视频（二等奖）

（1）张虫滢．在幻灯片中设置放映效果——自定义动画．新

疆昌吉市第一小学

(2) 范文波. 插入图片. 甘肃合作市第三小学

(3) 朱瑞晶. 图块的翻转和旋转. 吉林长春市双阳区第二实验小学

(4) 程林廷. 让图画五彩缤纷. 四川成都龙泉航天小学

(5) 苏丽冰. 输入数字与符号. 广东东莞市东城区东城小学

(6) 方立新. 用 Word 绘图工具的绘图. 广西柳州市河西小学

(7) 马瑞超. 绘制一幅简单的画. 甘肃临夏市前河沿小学教育集团

(8) 张成明. "直线"工具和"矩形"工具. 新疆昌吉州实验小学

(9) 王晓静. 邮票的诞生. 河北张家口市桥西区北新村小学

(10) 曹庭龙. 文章的美化——制作表格. 贵州六盘水市水钢实验学校

(11) 陈李镏. 在幻灯片中插入图片和艺术字. 江西省上饶市第十一小学

(12) 洪波. 工具栏的妙用. 浙江杭州市九莲小学

(13) 纪珅. 梦幻恐龙主题网站. 天津和平区万全道小学

(14) 王蕾. 整理我的资料夹. 安徽省安庆市石化二小

(15) 沈楠. 创作图形. 江苏徐州市和平桥中心小学

(16) 廖茂. 海上日出. 重庆市南岸区珊瑚实验小学校

(17) 邓长良. 寻找质数——Excel 的简单应用. 北京市房山区窦店中心小学

(18) 周建刚. 各种各样的标志. 浙江绍兴市鲁迅小学教育集团

(19) 韦杰峰. 太阳伞. 重庆市江北区培新小学

(20) 郑博. 演示文稿动起来——贺卡的制作. 陕西西北大学附属小学

(21) 张吉. 管理文件. 江苏省无锡师范附属小学

(22) 沈锐. 设置幻灯片的切换方式. 宁夏中卫市第五小学

(23) 孙雯. 有趣的画图工具. 湖南株洲市六〇一中英文小学

(24) 刘红丽. 文稿字符的格式化. 陕西西安市新城区黄河小学

初中优质课视频(一等奖)

(1) 王丽娜. 制作简单动画. 天津市五十一中学.《中国多媒体教学学报》出版

(2) 柯楠．动画怎样来形成．西安市第九十中学．《中国多媒体教学学报》出版

(3) 冀武勋．自定义公式显神奇．陕西省西安市西航二中

(4) 王志红．数据的管理与分析．甘肃张掖市第四中学

(5) 谢小鸿．信息的收集．海南海口市第一中学．《中国多媒体教学学报》出版

(6) 刘世中．认识计算机硬件．湖南株洲师专附中．《中国多媒体教学学报》出版

(7) 韦习珊．从数据到图表．江苏省扬州市邗江实验学校

(8) 张妍．聆听你的声音——做个音频小编辑．沈阳市第一六五中学．《中国多媒体教学学报》出版

(9) 张宇．美妙奥运声音秀．重庆市天星桥中学．《中国多媒体教学学报》出版

(10) 李金强．信息及其特征．云南楚雄紫溪中学

(11) 赵艺．综合运用．四川绵阳中学英才学校

(12) 董苏．制作海报主体．安徽省淮北市海宫学校．《中国多媒体教学学报》出版

(13) 李争．生动统计别样精彩——用 Excel 制作图表．新疆农业大学附属中学．《中国多媒体教学学报》出版

(14) 糜静．Photoshop 中图层的应用．新疆昌吉市外国语学校

(15) 蔡蕾．初识机器人．安徽合肥市第四十二中学．《中国多媒体教学学报》出版

(16) 胡朗．幻灯片动画设置——深海寻宝．重庆万州外国语学校．《中国多媒体教学学报》出版

(17) 冰洁．Flash 变形面板的应用．新疆兵团一中

(18) 刘昱华．会变色的表格．江西九江市第二中学

(19) 徐勇兵．目录链接．浙江温岭温中实验学校．《中国多媒体教学学报》出版

(20) 范晶．专家系统及其设计．北京市陈经纶中学帝景分校．《中国多媒体教学学报》出版

(21) 谢林．电子表格的综合应用．四川师范大学附属实验学校

(22) 李宇澄．画龙点睛．宁波市李兴贵中学

(23) 王远荣．电子相册 DIY. 郑州市第三十四中

初中优质课视频（二等奖）

(1) 周莉萍．小名片秀风采．珠海市第五中学

（2）岑敏．夺宝行动——Windows 的操作技巧．广东中山市第一中学

（3）高斌．文件的下载和保存．宁夏石嘴山市第二中学

（4）胡丽芹．表格制作．甘肃省庆阳五中

（5）钱莺．多彩的世界．长沙市麓山国际实验学校

（6）郑茜．图片处理——认识 Photoshop．江苏省徐州市第三十四中学

（7）石玮．美化工作表．宁夏银川唐徕回民中学

（8）周向荣．制作 Flash 动画之补间动画．海南省洋浦中学

（9）常诚．综合运用画图工具．贵州贵阳市实验二中

（10）张岳．换头术．承德市第八中学

（11）刘荃．各抒己见．温州市实验中学

（12）张晓红．祖国永远在我们的心中．长春市第一外国语中学

（13）刘晓丽．初识面向对象的程序设计语言 VB．新疆建设兵团农二师华山中学

（14）孟玲玲．VB 分支结构语句初探．天津市第四十一中学

（15）王瑞玲．文件和文件夹．昆明实验中学

（16）伍清华．申请免费电子邮箱．江西新余市第一中学

（17）刘娜．收放自如的开关——按钮元件．辽宁本溪市二十一中学

（18）宋强．生活七色板．郑州市第二十三中学

（19）蔡常庆．搜索信息．贵州金沙县沙土镇初中

（20）李秀玲．Word 图文混排．广西凭祥市民族希望实验学校

（21）覃岚．打开设计的大门——规划网站．广西南宁市第十四中学

（22）刘宝艳．计算机病毒及其防治．北京大学附属中学

学 科 动 态

会议和交流活动

2007～2008年度全国信息技术课程案例大赛

中国教育技术协会信息技术教育专业委员会2007～2008年度全国信息技术课程案例大赛评审结果于2008年6月12日正式揭晓。

大赛共征集到有效教学案例670份，比去年增加64份，其中，高中组238份，初中组225份，小学组207份；获奖教案192份，其中，高中组72份（一等奖12份、二等奖22份、三等奖38份），初中组62份（一等奖10份、二等奖21份、三等奖31份），小学组58份（一等奖10份、二等奖19份、三等奖29份）。

大赛共征集到有效试题98份，其中，高中组49份，初中组27份，小学组22份；获奖试题39份，其中，高中组18份（一等奖3份、二等奖3份、三等奖12份），初中组10份（一等奖1份、二等奖3份、三等奖6份），小学组11份（一等奖1份、二等奖4份、三等奖6份）。

大赛共征集到有效征文55份，其中，高中组27份，初中组19份，小学组9份；获奖征文32份，其中，高中组14份（一等奖4份、二等奖7份、三等奖3份），初中组13份（一等奖2份、二等奖5份、三等奖6份），小学组5份（一等奖2份、二等奖2份、三等奖1份）。

另外，大赛还评选出优秀组织奖三个：北京市西城教育研修学院 朱慧；河北省教育科学研究所 张超；云南省教育科学研究院 吴凝。

本次大赛评审委员会由25位成员组成，来自全国10个实验省市区。评审经过了初审、小组复审、终审三个阶段，尽量确保评审结果的公正和权威。

评审结果于2008年6月12日至2008年6月29日在信息技术课程网（www.ictedu.cn）的大赛专题网站（case.ictedu.cn）上公示，获奖名单详见附件。

附件：

教案高中组一等奖名单

姓 名	教 案 名 称	单 位
孟繁红	我的新年日历——图像的加工与处理	哈尔滨市第十二中学
刘强	网络应用中的安全	山东济南市长清第一中学
杜学珍	for 循环应用	北京市顺义区第一中学
刘锋	信息交流	安徽省太和第一中学
张磊	Photoshop 中仿制图章、修复画笔、修补工具的综合应用	北京市第四聋人学校
曹红霞	动作渐变动画	黑龙江省实验中学
沈红杰	在 VB 中建立一个应用程序	浙江湖州中学
陈淑彦	网上获取信息的策略	江苏省常州市北郊中学
刘蕾	顺序结构	海南省洋浦中学
陈鸥辉	留言本/问卷调查的设计	湖南株洲市第二中学
巫雪琴	看我七十二变——Css 样式表	江苏省句容高级中学
艾红	表格数据的图形化	江苏张家港后塍高级中学

教案高中组二等奖名单

姓 名	教 案 名 称	单 位
刘蕾	ASP 脚本的应用	海南省洋浦中学
马芳	Excel 建立统计图	新疆昌吉州第一中学
何云仙	VB 程序设计中累加算法的应用	云南大理州实验中学
林长春	Photoshop 图片的合成——校园公益海报制作	浙江瑞安市隆山高级中学
程巧兰	IP 地址及其管理	江苏泰兴市第三高级中学
何新	VI 标志设计	北京市黄庄职业高中
臧代岭	数字化图像的简单合成	山东济南市长清第一中学
洪晓华	数字化图像的设计与加工	安徽师大附属外国语学校
陈晓红	数字化音频的简单加工	江苏省江阴高级中学
余红娟	推门而入——初识 Flash	浙江省东阳中学
周浩	数据的导入、链接与导出	福建泉州市实验中学
曹健	用顺序结构解决实际问题	北京市丰台第二中学
郭刚	累加算法	云南省楚雄紫溪中学
屈海方	可视化编程的概念与方法	北京市顺义区第一中学
丁静	多媒体信息处理之图像处理	北京理工大学附属中学
贾丹阳	动作渐变动画	黑龙江省实验中学
孙涛	程序的选择结构（第 1 课时）	安徽省铜陵市第五中学

续表

姓　名	教　案　名　称	单　　位
汤小燕	如何将计算机接入互联网（第1课时）	江苏省江阴市青阳中学
戈万红	循环的嵌套	江苏省东海高级中学
王连诚	新建网站	海口市海南中学
郝婕	程序的灵魂——算法	新疆师范大学附属中学
刘春霞	我也来当个数据库管理员	江苏省丹阳市第五中学

教案高中组三等奖名单

姓　名	教　案　名　称	单　　位
杨新建	建立超链接	河北丰润车轴山中学
林满玉	信息的编程加工	海南省海南中学
曾妞妞	FOR 循环语句	湖南省醴陵第一中学
刘洋	数据的自动筛选	北京市第四聋人学校
竺锦	畅游人工智能世界——语音识别技术	天津市第二南开中学
淦克果	IP 地址及其管理	广州市第八十三中学
刘雄伟	声音的录制与编辑	湖南省郴州市第二中学
穆金凤	信息资源管理的目的和方式	佳木斯市第一中学
陈文翀	图像的简单合成	温州市第二高级中学
纪礼	追寻长征的足迹——互联网信息的查找	江苏邳州市炮车中学
闫阿诺	文本信息的结构化和形象化	山东淄博市第六中学
王玉	病毒，看你往哪里跑	乌鲁木齐八十中学
傅蕾丝	Flash 动画——渐变动画的制作	海南省定安中学高中部
柯明辉	选择结构	晋江市毓英中学
胡晓军	为应用而学——表格信息加工	江苏省锡山高级中学
李兴杰	互联网上的信息获取	云南省昆明市第十四中学
杜翠兰	化妆课	泉州市现代中学
刘芳	使用运动引导层	北京市丰台区第二中学
胡建友	冒泡排序	浙江丽水第二高级中学
张敏洁	图形图像加工方法	宁夏回族自治区平罗中学
张少燕	图形图像的数字化表示与存储	海南省定安中学高中部
杨健	镜框像的制作	北京市西城教育研修学院
田永强	局域网的构建	佳木斯市第一中学
卢雪明	程序的选择结构	北京市怀柔区第一中学
于春杰	用数字说话——主要可持续发展国家综合国力比较	沈阳市第二十中学
杨贵荣	创建 Access 数据库	云南省大理一中

续表

姓　名	教　案　名　称	单　　位
李彬	计算机解决问题的过程	北京市怀柔区第一中学
谈永康	Flash 中按钮交互的使用	乌鲁木齐市第十中学
杨芳	数字化图像的设计与加工	山东阳谷第三中学
刘利红	利用数据库管理大量信息	三亚市第一中学
项珍	“借”我一双慧“眼”吧——信息的鉴别与评价	广东省东莞市厚街中学
韩鼎	文字、图片在信息作品集成中的应用	哈尔滨市第三中学校
王为蕾	运算符与表达式 1（C 语言）	新疆奎屯市第一高级中学
胡艳俐	For/next 循环结构	浙江省丽水第二高级中学
王红娟	利用 VB 开发“简单文本编辑器”程序	乌鲁木齐市高级中学
董改慧	获取信息的渠道	北京市第一五九中学
谢福霞	体验程序的运行过程及作用	安徽省太和县倪邱中学
董颖	多媒体信息的加工与表达	北京市大兴区旧宫中学

教案初中组一等奖名单

姓　名	教　案　名　称	单　　位
耿海蓉	信息及其特征	昆明市明德中学
倪静	宝藏与生存——扬帆出海：IE 浏览与下载	南京市第五十四中
姚茜	体重指数速查工具——IF 函数的应用	北京师范大学附属中学
周李杰	我爱我家——我的家居设计	浙江永嘉县实验中学
李金强	信息及其特征	云南楚雄紫溪中学
周向荣	幻灯片制作之对象的动画设置	海南省洋浦中学
林荫	端午节标志符号设计	南京工业大学附中
孟玲玲	VB 分支结构语句初探	天津第四十一中学
张光伟	获取信息的渠道	北京牛栏山一中分校
赵雪梅	信息的搜索——解决生活中的难题	南京二十九中致远中学

教案初中组二等奖名单

姓　名	教　案　名　称	单　　位
李秀丽	美化鸭兔先生	河北迁安市第一初中
徐海晓	奇妙的信息世界	温州市永嘉县城关中学
余蓓蕾	创意秀——自选图形的插入与使用	温州市第十七中学
贺剑夫	电子邮件	浙江海盐县澉浦中学
李伟	程序的选择结构	北京市第五十中学
赵雪梅	初识 Excel	南京二十九中致远中学

续表

姓　名	教　案　名　称	单　　位
周李杰	名胜古迹——万里长城	浙江省永嘉县实验中学
孟凡英	关爱健康——数据的分析	北京市顺义区第五中学
史丽娜	信息资源管理	北京市通州区运河中学
于金华	会变色的文字——遮罩层动画	辽宁大连市长海县八中
余蓓蕾	各抒己见 ——BBS 的注册与使用	温州市第十七中学
曹健	遮罩动画	北京市丰台第二中学
常波	认识计算机	西安市庆安中学
陈钰	Photoshop 系列邮票设计	北京市第三十五中学
王银寿	用动画片来引领课堂——为演示文稿添加动画	甘肃金昌市永昌县三中
郭宏亮	图层的使用	石家庄市桥东区教育局
李娜	图像的简单合成	海南洋浦中学
冉娟娟	网站规划	北京市第一五六中学
王景风	拥抱月球	乌鲁木齐第五十四中学
蒋虹	让学生真正成为学习的主人	江苏省江阴高级中学
吴海峰	上网查找资料	福建省晋江市侨声中学

教案初中组三等奖名单

姓　名	教　案　名　称	单　　位
王家胜	诗歌音乐会	南京二十九中致远中学
张海燕	数据的图形表示	重庆市涪陵第一中学
黄天虎	信息安全与使用道德	福建省南安市实验中学
蒋虹	看我七十二变	江苏省江阴高级中学
刘倩	图像处理的好帮手——ACDSee	浙江慈溪掌起初级中学
张福燕	在文章中插入图片	北京市通州区郎府中学
张云仙	用计算机画统计图	江苏常州浦河实验学校
任俊菁	展示自己的作品	福建省泉州市东桥中学
宋颖	制作沿引导路径运动的补间动画	北京师范大学附属中学
初艳红	美化环保简报	海南省实验中学
郭晶	在信息技术教学中点燃学生创作的火花	北京市通州区第二中学
刘振伦	愉快生活大展示	安徽省太和县第三中学
蔡燕燕	Word 插入自选图形及艺术字	福建省石狮市第七中学
蔡媛	使用引导线	北京市第六十三中学
康彩云	奥运知识大搜索	秦皇岛市昌黎县教育局
王晶晶	简单的运动渐变动画的制作——传递奥运圣火	北京市第五十中学分校

续表

姓 名	教 案 名 称	单 位
张海英	音频素材的获取	宁夏平罗前进九年制学校
昌荣	课堂教学生活化——记《好帮手，好朋友》	江苏省锡山高级中学
陈建红	浙江名胜	浙江丽水市碧湖中学
康颖	修饰文档	北京牛栏山一中分校
刘新丽	FLASH 引导动画	新疆呼图壁县第二中学
曹丽荣	遮罩动画	黑龙江宁安市石岩学校
马国红	北京 2008 奥运场馆展示	河北栾城县西营乡二中
邸宏伟	创建表格好帮手	河北迁安第二初级中学
郭燕	我的动画我做主——主人公粉墨登场	北京市三帆中学
刘青	修饰段落格式	连云港师专计算机系
刘娟	引导线动画	北京右安门内大街 26 号
刘建红	编辑和修饰文档	北京市同文中学
刘晓杰	数据的筛选、排序和分类汇总	北京师范大学附属中学
骆凌云	用 Word 制作电子报刊	北京市顺义区第十中学
张强	程序的循环结构－For 循环语句	西安市庆安中学

教案小学组一等奖名单

姓 名	教 案 名 称	单 位
武红静	蜜蜂的舞蹈语言——设置路径动画	北京顺义区特殊教育学校
王珏	我是哆啦 A 梦——工具箱的奥秘	上海齐齐哈尔路第一小学
郭连红	情牵奥运——移动、复制图像	广东省东莞市东华小学
曹献平	画宫寻趣	海口市第二十小学
刘明非	设计“抽奖器”	首都师大附属育新学校
徐欣彦	神奇的螺旋线	北京和平里第一小学
闻迪	七巧板	北京市宣武区半步桥小学
王冬青	移动选定图形	北京门头沟区龙泉雾小学
张金侠	翻转与旋转	北京市大兴区第三小学
马坚	搜集网上信息	北京市宣武区回民小学

教案小学组二等奖名单

姓 名	教 案 名 称	单 位
朱琳	给点颜色看看	秦皇岛山海关区兴隆小学
张中华	彩绘蛋壳——拉伸与扭曲	北京市海淀区永泰小学
鄢晓珑	大爱无疆 感动中国——打扮演示文稿	东莞市常平镇中心小学
黄秋凤	动画的魅力	北京顺义区东风小学西校

续表

姓　名	教　案　名　称	单　　位
赖浩云	动物奥运会——画出生动的图形	东莞市常平镇中心小学
吕蕊	画图工具任选用	北京第一实验小学
梁霞	DIY 个性小图章——“图案图章”工具的使用	北京市西城区育翔小学
沈耘	古诗欣赏——文本框的应用	北京市中关村东路 16 号
王瑞军	文明礼仪伴我行	北京市顺义区河南村中小
魏明	小小特技师——图像的翻转旋转	北京西城区德外二小
邢桂伶	圈选工具的使用	北京市怀柔区三渡河小学
杜华炜	小海龟与正多边形	北京市顺义区空港小学
黄秋凤	我是计算机小管家	北京顺义区东风小学西校
于月霞	小蝌蚪找妈妈——图形变化	北京市大兴区礼贤一小
宋婷婷	翻转图形	北京朝阳花家地实验小学
任　辉	关注学生的学习过程——利用自选图形添加文章插图	北京大学附属小学
罗广明	正多边形与圆	北京市延庆县第一小学
李志伟	设置版面	常州市武进郑陆中心小学
印少涛	修改图形	江苏泗阳双语实验学校

教案小学组三等奖名单

姓　名	教　案　名　称	单　　位
邵晓娅	用重复命令画图	北京市怀柔区教科研中心
李梦垠	以情生境	南京市后标营小学
杨楚贤	美丽的中山——电子报制作	中山实验小学蓝波湾学校
温建良	跟蓝猫学自定义动画	广东清远市古城小学
李志伟	下载和安装软件	常州市武进郑陆中心小学
王延晖	制作光盘封面	北京市宣武区上斜街小学
吴多娇	有趣的花手帕	海南陵水本号镇民侨小学
史书清	设置动画效果	南京市长江路小学分校
李永恒	制作统计图表	北京顺义区李桥中心小学
周金环	制作电子贺卡	北京市丰台区六里桥小学
许颖	选图形和艺术字	北京市西城区展览路一小
朱会子	美化文章	江苏无锡市柏庄实验小学
李娜	键盘：输入字母和符号	北京西城区青龙桥小学
王敏军	民主交流，互动对话	浙江富阳市富春第五小学
陆环姬	动物王国	新疆乌鲁木齐新医大子校

续表

姓　名	教　案　名　称	单　　位
欧雪	使演示文稿路路通	广东省东莞市光明小学
吴振霞	申请免费电子邮箱	北京市延庆县十一学校
郁益	卡车大不同——画矩形	江苏连云港市建宁小学
王敏军	个人通讯录	浙江富阳市富春第五小学
殷冬梅	申请免费电子邮箱	新疆农十师一八八团中学
陈长鑫	我的朋友，机器人	北京市西城区自忠小学
洪优萍	运动的人	杭州江干区九堡中心小学
单海霞	采集网上信息	北京市顺义区光明小学
柴雁群	可爱的雪人	昆明市西山区阳光小学
范宝荣	图形变变变——小兔过生日	山东无棣县第二实验学校
李静	我是小小工程师——画方形和圆形	连云港师专计算机系
殷乐	班徽的设计	北京市大兴区礼贤镇一小
周洪健	精彩封面巧设计	石家庄第八十八中学附小
王颂琪	制作功课表	福建石狮市新湖中心小学

试题高中组获奖名单

姓　名	试　题　名　称	等级
邹小军	浙江省普通高中信息技术高考模拟试卷	一等奖
孙涛	铜陵市第五中学 2007～2008 学年高一信息技术期末试卷	一等奖
李俊杰	丰台区 2007 年高一信息技术会考模拟试卷	一等奖
冯士海 等	阜阳市 2006～2007 学年度第二学期高一学业水平（选修）	二等奖
李少妹	石光华侨联合中学 2006～2007 学年第一学期基础试卷	二等奖
窦怀宇 等	昆明市第八中学高中会考模拟试题	二等奖
孙伟强	徐水一中 2007～2008 学年高一期末调研模拟试卷	三等奖
李卫华	石庄高级中学 2007～2008 学年度高二信息技术学业水平	三等奖
沈红杰	湖州中学信息技术基础必修模块期末测试卷	三等奖
淦克果	广州市第八十三中学 2007～2008 学年度 网络选修	三等奖
吴凝 等	云南省普通高中信息技术基础知识综合练习题	三等奖
李文玲	长沟中学 2007～2008 学年度高一（下）网络技术应用试卷	三等奖
吴纯良	石狮一中 2007～2008 学年度算法与程序设计期中试卷	三等奖
吴胜伟	丽水中学 2008 信息技术会考摸底综合练习	三等奖
胡晓军	锡山高级中学高二信息技术必修摸底试题	三等奖
蔡结根 等	昌平一中 2007～2008 学年第二学期算法选修试卷	三等奖

续表

姓　名	试　题　名　称	等级
郑建新	昌平三中 2007～2008 学年信息技术基础与算法与程序设计模拟试卷	三等奖
杨丽丽	北京 214 中学高一年级网络技术选修课试题	三等奖

试题初中组获奖名单

姓　名	试　题　名　称	等级
姜飞翔	八巨中学 2007～2008 学年度七年级期末检测试卷	一等奖
吴晓茜	2007～2008 深圳南山初中信息技术一年级测试试卷	二等奖
吴良辉	2007～2008 深圳南山初中信息技术二年级测试试卷	二等奖
贺娜	流村中学 2007～2008 学年度第一学期初二年级信息技术期末测试题	二等奖
吕超	和桥二中 2007～2008 学年度第一学期初二信息技术会考测试卷	三等奖
杨焕可	濮阳市第三中学八年级信息技术期末测试题	三等奖
徐雪梅	洪泽实验中学 2007～2008 学年度第二学期 初三中考模拟试卷	三等奖
叶远欣	仁怀市第三中学 2007～2008 学年度八年级信息技术基础试题	三等奖
徐小娟	孝陵卫中学七（下）信息技术期末测试卷	三等奖
郭静	延庆八中信息技术随堂练习卷	三等奖

试题小学组获奖名单

姓　名	试　题　名　称	等级
罗广明	延庆县第一小学三年级信息技术期末测试题	一等奖
何如勇	“小学部分模块七：PowerPoint 初步”操作考核方案	二等奖
印少涛	泗阳双语实验学校 2008～2009 学年度第二学期信息技术模拟试卷	二等奖
李梦垠	后标营小学 2007～2008 学年第二学期四年级信息技术期末质量检测	二等奖
张和云	延庆县 2007～2008 学年三年级信息技术第二学期试卷	二等奖
史书清	长江路小学分校信息技术三年级第一学期期末考试试卷	三等奖
苟超萍	巴州石油一小 2006～2007 学年度三年级信息技术期末试卷	三等奖
柯聪辉	屿头小学四年级信息技术模拟试题	三等奖
王西波	两城镇中心小学 2007～2008 学年度第一学期四年级模拟试题	三等奖

续表

姓 名	试 题 名 称	等级
庄岚	小岞中心小学 2008 年春季信息技术第一册期末知识测查卷	三等奖
薛辉	东莞市高埗镇英华学校 2007～2008 学年度六年级信息技术试卷	三等奖

征文一等奖名单

姓 名	征 文 题 目	作者单位
沈耘	像霍懋征老师用心书写教育	北京市中关村第二小学
罗广明	精彩源于课前调研	北京市延庆县第一小学
王美玲	我与语文教师二十分钟对话	新疆轮台县中学
吴良辉	和语文特级老师谈《课标》	北京师大深圳南山附校
徐劲梅	精彩设计彰显教学智慧	天津市第二南开中学
张元	英语特教让我深深地爱上你——信息技术	黑龙江齐齐哈尔市一中
刘强	信息技术教学中的对其他学科经典教学方法的借鉴	济南市长清一中东校
李江滢	博采众长，充实自己	河南省巩义市第六高中

征文二等奖名单

姓 名	征 文 题 目	作者单位
洪小花	愉快教学法在小学信息技术课堂中的尝试运用	衢州市高家镇中心小学
江玉龙	创设充满趣味的信息课堂	福建惠安崇武中心小学
查菁华	自学指导在信息技术教学中的作用	新疆哈密石油第二学校
赵雪梅	一节生物课给我的感悟	南京二十九中致远中学
何军平	他山之石，可以攻玉	泉州市惠安梅峰中学
高海燕	一堂心理健康课的启示	山东邹平孙镇初级中学
方秀英	真实彰显精彩	北京市丰台区南顶中学
沈红杰	由一次讲座引发的思考	浙江湖州中学
臧代岭	与磨课优秀教师面对面	济南市长清第一中学
范诚	引趣、参与把课堂变“活”	浙江省台州市黄岩中学
戴志国	让教学更有效，让课堂更精彩	义乌市佛堂镇大成中学
张磊	借鉴语文教学，实践信息技术课	北京市第四聋人学校
邓轶	政治课堂教学对信息技术教学改革的启发	广东省紫金县第二中学
李江滢	在听课中学习 在反思中提高	河南省巩义市第六高中

征文三等奖名单

姓　名	征　文　题　目	作者单位
柯聪辉	由三堂数学课引发的实践	福建惠安东桥屿头小学
何开芹	问渠哪得清如许，为有源头活水来	新疆师范大学附属中学
陆环姬	吃透教材、设计好的实例提高教学效果	新疆医科大学子女学校
李秋兰	让班级管理法走入信息课	哈密石油外国语学校
苏琴	让信息技术的活动更精彩	常州市星辰实验学校
王宁	由一节物理课想到的	新疆且末县中学
倪静	美术老师的高招	南京市第五十四中
曾妞妞	听课拾零	湖南省醴陵第一中学
宋国珍	用爱心播撒希望的种子——魏书生教学法给我的启示	北京市延庆县第三中学
傅蕾丝	博采众长，优化高中信息技术课堂教学	海南省定安中学

中国教育技术协会信息技术教育专业委员会第四届学术年会

时间：2008 年 7 月 21 日至 7 月 23 日

地点：山东日照

参加人员：全国的 200 余名专家、学者

会议内容：专委会常务副主任、东北师范大学教授董玉琦以“义务教育阶段信息技术课程的区域推进”为题，就区域信息技术课程的实施状况、发展机理与问题做了主题报告。来自东北师范大学信息技术教育研究所的代表们就近年来开展的“高中信息技术课程实施状况调研”“高中学生信息素养状况调研”“义务教育阶段信息技术课程实地调研”“信息技术课堂教学实录分析”分别做了报告。来自中小学的一线教师和机构的研究者还就中学生如何应对网络不良信息、个人知识产权保护、教育博客在中小学信息技术学科教研中的应用等内容进行了深入的实地调研，为人们呈现了当前信息技术课程实施过程中的真实情况。在本次会议中，与会嘉宾及专委会委员还以大会报告的形式深刻分析并解读了当前教育信息化领域的前沿与热点问题。

第三期全国机器人指导教师培训交流研讨会

时间：2008 年 10 月 25 日至 10 月 27 日

地点：江苏苏州（碧波实验小学）

参加人员：全国 20 多个省、市、自治区的近 200 名中小学机器人“教头”

会议内容：碧波实验小学教师曹明刚、陆军分别执教了《小小CD机》和《风车转转转》公开观摩课，陆建荣校长在会上作了关于机器人特色教育的主题报告，获得与会专家、代表的一致好评。中央教科所研究员毕城、清华大学计算机系孙增圻教授等均盛赞碧波实验小学在机器人教育及竞技活动中取得的成绩，教育部政策法规司原司长张金惠为学校题词："碧波荡漾春潮涌、教坛花开又一枝。"

联想杯2008年全国义务教育信息技术优质课展评

时间：2008年10月29日至10月31日

地点：浙江省温州市第十二中学、第十三中学和温州市建设小学

参加人员：全国各地700多名中小学教师和各省、市、自治区的教研员、特级教师和专家

活动内容：本次活动的开幕式由浙江省教育厅教研室信息技术教研员魏雄鹰主持，教育部普通高中信息技术课程标准研制组组长、中国教育技术协会信息技术教育专业委员会主任、南京师范大学教育科学学院副院长李艺教授在开幕式上做了发言，浙江省教育厅教研室副主任柯孔标、温州市教育局党委书记、局长林卫平，温州市教育教学研究院院长潘建中，温州市鹿城区教育局局长林世南，海南省信息技术教研员、特级教师段青，北京师范大学附属中学信息技术特级教师李冬梅出席了本次活动的开幕式。评比活动分为初中组和小学组，分别在浙江省温州市第十二中学、第十三中学和温州市建设小学共十个多媒体教室同时进行，由各省、市、自治区的教研员、特级教师、专家组成评委，并对每一参评课例进行了精彩的即时点评。经过几天的激烈角逐，大会最终评出一等奖46名，二等奖46名。在闭幕式中，李艺教授和特级教师李冬梅老师分别对小学组和初中组优质课做了精彩的回顾和点评；最后，评委专家代表为获奖老师颁发了获奖证书，并合影留念。

展评活动结束后，专委会还召开了省级信息技术教研员协作会议，就2009年普通高中信息技术优质课展评活动的承办地和今后优质课展评活动改革等问题进行了讨论。会议确定明年优质课展评活动由四川省教育科学研究所承办，举办地暂定绵阳或成都；为进一步提高优质课展评的质量，从明年起将采用录像课预评制度，并将制定和公布详细的展评规则，进一步规范优质课活动，确保展评活动的公平、公正、有序、有质。为进一步推动义教阶段信息技术课程的实施，交流教材使用和教学研究经验，由《中国多媒体教学学报》与中国教育技术协会信息技术教育专业

委员会共同编辑出版《2008 年全国义教信息技术优质课优秀案例集》，本套案例集包括初中版和小学版。每版案例集含 12 张 CD-ROM 光盘，内容为本次活动一等奖案例中优选的 12 个案例。每个教学案例含课堂实录、教学设计、教学课件、专家点评等内容。

本次活动是中国教育技术协会信息技术教育专业委员会主办的一项全国性赛事，是我国新课程改革以来第一次全国性的义务教育阶段信息技术学科的课堂教学展示与评比活动，是继 2007 年在天津市成功举办了全国普通高中信息技术优质课展评活动之后的又一次课堂教学展示盛会，为全国的信息技术教师搭建了一个相互学习观摩的舞台，对于进一步推广一线优秀教师的课堂教学经验，分享课程改革成果，促进义务教育阶段信息技术课程实践的研究，发挥了重大作用、具有深远意义。与会代表们表示，此次活动对初中和小学阶段信息技术学科教学将起到很好的示范和指导作用。

中国教育学会中小学信息技术教育专业委员会第五届学术年会

时间：2008 年 12 月 20 日至 12 月 22 日

地点：广东深圳

参加人员：专委会理事及来自全国各地的会员代表

会议内容：12 月 21 日上午，简短的大会开幕式后，南山区教育局曾令格局长首先介绍了南山教育化的历程与所取得的成果，深圳微软技术中心陈正强博士作了“中小学信息化建设新阶段的挑战与对策”报告、台湾新竹师范大学陈惠邦教授作了“现代教学科技与教学”报告、无锡市教育局的张志新副局长介绍了无锡市在教育信息化方面的建设与发展、香港教育局资讯科技教育策略督导委员会伍学龄委员作了“香港的信息技术教育与课程改革”报告、湖北省教育厅教研室信息技术室王志兵作了“中小学信息技术学科建设实践与反思”报告。

12 月 21 日下午大会分成五个分会场进行了专题交流，第一分会场是教育行政领导关于教育信息化管理的专题，第二分会场是“十一五”规划教育部规划课题“信息技术环境下学与教方式变革与学习绩效研究”课题成果交流专题，第三分会场是关于信息技术课程教学及机器人教学的专题，第四分会场是本次年会优秀论文交流，第五分会场是本次年会上的优秀案例交流。

12 月 22 日上午会议代表分赴南山实验小学、北师大南山附属中学、深圳华侨中学听课交流，开课的课程涉及数学、语文、音乐、美术、物理、生物、化学等学科。

在大会中还对 2009 年的工作做了部署，2009 年将做以下几件事："十一五"课题的结题和交流并评选优秀成果；召开第二届电子白板应用交流会并推荐优秀成果赴台湾交流；举行信息技术课程教学交流；举行东西部信息化交流；赴澳洲进行国际交流。随后专委会副事长陈丽对本次大会从三个方面作了总结：第一方面是本次大会的情况；第二方面是前期论文和案例评比情况；第三方面是"十一五"课题的开展情况及课题后续研究建议。大会最后对获奖者进行了颁奖。

重大课题介绍

2008年5月东北师范大学信息技术教育研究所董玉琦教授申报的"信息技术课程发展研究"课题获"十一五"全国教育科学规划立项（课题级别：国家一般课题）。该课题研究的主要内容如下：

第一，信息技术课程发展国际比较研究。通过对日本、英国、美国和俄罗斯等不同国家2000年以来课程发展历程与现状的剖析和对比，理解世界各国信息技术课程发展历程的时代背景以及具体各国的国情，借鉴其他国家信息技术课程发展的经验，避免课程发展中类似的问题，从而为我国信息技术课程的发展提供决策上的依据等。

第二，信息技术课程实施调查研究。通过实地调查把握影响信息技术课程实施中的关键因素、诊断机理、提出解决策略。特别是对农村初中学生信息素养状况的调查、义务教育阶段信息技术课程区域性推进状况调查和高中信息技术新课程实施状况调查。

第三，信息技术课程发展的理论研究。从哲学、文化学、政策学和社会学等基础理论视角对信息技术课程发展的审视与论证。包括信息技术课程文化价值研究、信息科学课程化实践研究、信息技术实验课程开发、信息社会学课程化研究、信息技术课堂教学分析方法等。

根据研究内容确定了如下子课题：

	子课题	主 要 内 容
信息技术课程发展研究	信息技术课程发展国际比较研究	美国、英国、日本、韩国、俄罗斯以及印度信息技术课程发展研究
	信息技术课程发展的理论研究	信息技术课程文化价值研究； 信息科学课程化研究； 信息社会学课程化研究； 信息技术实验课程开发； 信息技术课堂教学分析方法

续表

信息技术课程发展研究	子课题	主 要 内 容
	信息技术课程实施调查研究	农村初中学生信息素养状况的调查； 义务教育阶段信息技术课程区域性推进状况调查； 高中信息技术新课程实施状况调查

该课题的研究方法：主要包括问卷调查、深度访谈、实验研究和比较研究等。问卷调查主要是较大规模对各类型学校学生信息素养、信息技术课程实施等有关方面进行深入调研；深度访谈主要是针对问卷调查中反映出来的一些开展深层次问题开展小范围的研究；实验研究主要是针对形成切实可行的包括义务教育阶段在内的小学、初中和高中一体化信息技术课程标准的内容、体系和目标等而展开具体的实践研究；比较研究主要是通过对日本、英国、美国和俄罗斯等信息技术课程状况的考察以及区域性信息技术课程发展比较，为把握课程发展的趋势提供参考资料。

该课题研究的实施步骤：

第一阶段（2008.9～2008.12）：确定课题实施方案，梳理并明确研究内容对应的子课题；

第二阶段（2009.1～2009.12）：召开开题报告会，按照课题实施方案开展课题研究，完成部分子课题；

第三阶段（2010.1～2010.2）：中期评估，调整研究方案；

第四阶段（2010.3～2011.6）：继续开展课题研究，完成其余子课题；

第五阶段（2011.7～2011.8）：研究资料整理，结题。

该课题研究的预期成果：课题成果的主要阶段性成果与最终成果预期如下：

主要阶段性成果				
序号	研究阶段（起止时间）	阶段成果名称	成果形式	负责人
1	2008.9～2008.12	农村初中学生信息素养的状况与发展	论文	董玉琦等
2	2008.2～2008.12	义务教育阶段信息技术课程区域推进	论文/报告	董玉琦等
3	2008.9～2008.12	高中信息技术课程实施的个案研究	论文/报告	董玉琦等

续表

主要阶段性成果				
序号	研究阶段（起止时间）	阶段成果名称	成果形式	负责人
4	2008.9～2009.8	信息技术课程发展国际比较研究	论文/报告	董玉琦等
5	2008.9～2010.8	信息技术课程实地研究	专著	董玉琦等
6	2008.9～2011.7	信息技术课程文化研究	论文	刘向永
7	2008.9～2011.7	中小学生信息素养的构成与测度	论文	黄松爱
8	2008.9～2011.7	信息科学课程化研究	论文	李赫
9	2008.9～2011.7	信息社会学课程化研究	论文	钱松岭
最终研究成果				
序号	完成时间	最终成果名称	成果形式	负责人
1	2011.8	信息技术课程发展研究	课题研究报告	董玉琦等
2	2011.8	信息技术课程发展研究丛书	系列专著	董玉琦等
3	2011.8	信息技术课程发展：状况与策略	系列论文	董玉琦等
4	2011.8	高中信息技术课程研究案例集	系列报告	董玉琦等
5	2011.8	小初高一贯信息技术课程纲要框架	报告（白皮书）	董玉琦等

信息技术教师培训

根据《2008年普通高中课改实验省教师远程培训实施方案》，教育部于2008年7月11～20日，利用远程网络，对新疆、新疆生产建设兵团、江西、山西、河南5个省区（含计划单列的省区）的普通高中教师实施新课程远程培训。本次培训学科主要有思想政治、语文、数学、英语、物理、化学、生物、历史、地理、音乐、美术、体育12门学科。另外艺术、信息技术、通用技术、综合实践4门课程由各省另行组织培训；培训的主要内容为课程标准总体精神的介绍，各学科有关重要内容的解读，教学理念、教学设计、教学方式方法的培训，有关学生学习方法的辅导，教学评价方法的指导，课程资源的开发与利用，教师教研活动特别是校本教研和教师专业成长的引领等；培训将分散学习与集中学习相结合，采取班级化组织管理和本地研讨、在线交流与专家答疑相结合的方式开展。

根据上述教育部的培训方案，五个新课改省区的信息技术教师培训由各省区参照该方案自行组织实施，其他先期进入新课程实验的省市也参照此方案开展了信息技术教师全员培训。不同地区在培训时间、内容和形式略有差异，但整体情况大体相同。例如，培训时间大多安排在暑期；培训内容主要围绕课程标准和信息技术新教材展开；具体的培训形式有视频课程学习、专家讲解、说课与评课、案例研讨和专题讨论等；在组织形式上，主要有远程培训和现场培训两种，如河南省和新疆维吾尔族自治区等就是依靠网络进行远程研修的。湖南省、北京市、黑龙江省和福建省等都是采取现场培训的方式，而山东省采取远程网络研修和校本培训相结合的方式，均取得了不错的培训效果。

中国港澳台地区及国外信息技术教育回顾与发展

纵观世界信息技术教育发展的历史，大致经历了如下几个发展阶段。

其一，从零开始的以程序设计思想为主的计算机教育时代。在20世纪60年代，美国是世界上信息技术教育起步较早的国家，在20世纪60年代就开始进行了计算机辅助教学，最初以幼儿园为试验对象，进行了LOGO语言的教学实验[1]。英国于1979年制定了“微电子教育计划”，1980年开始正式实施。法国教育部从1970年开始，在中学高年级进行一系列电子计算机教学的实验，到1976年，市场上出现了微型计算机，在法国掀起了大规模的把微机引入教学体系的计划，这就是著名的“万台微机计划”。80年代初，苏联伊尔肖夫提出的计算机编程是第二文化的观念在各个国家中产生了很大的影响。计算机文化论最初的核心基础是程序设计，是世界各国开展中小学计算机教学的最初目标。

其二，计算机工具论下的计算机教育普及时代。从20世纪80年代初开始，微型计算机就开始走入社会应用，一些国家的计算机教育专家提出，计算机是一种经常使用的信息处理、信息传播工具，应该使学生有一种使用信息工具来帮助自己进行脑力劳动的意识，同时应该培养学生使用这些工具来解决学习与生活中的各种问题。到了 80 年代中期，计算机作为工具的观念逐渐被人们接受，家庭计算机逐渐增多，软件开发发展迅速，在各门课程中使用计算机辅助软件非常流行[2]。1985 年，在美国举行的第四届世界计算机教育应用大会（WCCE'85）上，大会主题即把计算机作为一种有效的“工具”使用，在计算机教育中要适当结合各门教学课程，进行计算机辅助教学。

其三，信息化浪潮下的信息技术教育大发展时期。从 20 世纪 80 年代末 90 年初开始，信息化浪潮席卷全球。1996 年 1 月美国总统克林顿在国情咨文中提出了“教育信息技术发展规划”，在 1996 年 12 月德国联邦内阁通过《多媒体法》草案，1997 年 8 月法国正式实行实施“信息技术行动计划”，1998 年，通过了一项为期 3 年的多媒体教学发展计划等，世界各国都特别重视信息技术在中小学教育中的应用，对如何使用计算机辅助教学软件才能促进教学的效果进行思考，进一步提出了“整合”的概念，随着计算机多媒体、计算机网络的发展，国外中小学课程改革的一个共同趋势，就是加强信息技术教育。

其四，信息技术教育走向全面发展的新纪元。进入 21 世纪，尽管各个国家的国情不同，世界各国政府都采取了有效的措施和政策，积极推进教育信息化，在高度重视信息技术学科课程建设的同时，也非常重视信息技术在其他学科教学中的应用，从不同层面反映了开展信息技术教育的理念、措施和方法。但就信息技术教育来说，在本质上却是一致的，那就是创造一切条件全面提高全民的信息素养。从学校教育的角度来审视信息技术教育，主要是以开设信息技术课程为主，学生通过课程学习，在短时期内掌握基本知识和基本操作技能，了解信息技术对社会生活的影响，学会正确运用信息技术解决学习和生活中的问题，学会与他人合作，并树立正确的运用信息技术的思想[3]。

中国港澳台地区信息技术教育回顾与发展

中国香港地区

香港的资讯科技教育一直是独立科目。早在 20 世纪 80 年代初，香港便已出现“资讯科技教育”一词，其前身是计算机教育。1982 年香港首次在中四试行计算机科课程，其后 1987 年向下扩展至初中普通计算机课，1992 年向上扩展至中六、中七的计算机课及计算机应用课。10 多年来，香港的课程发展，都只提计算机教育，其内涵就是中学各级的计算机学科，没有任何政策及资源去推动在其他学科的教学上使用计算机[4]。

香港回归后，香港特别行政区首席长官董建华在 1997 年施政报告的一个施政重点就是“信息技术教育”，提出了未来五至十年的目标，把信息技术的发展提升到令香港“在信息技术新纪元遥遥领先”的策略性高度，指出“在 10 年内，使资讯科技能广泛应用于校园生活每个环境，所有教师和中五毕业生都能够运用自如”。至此，香港的资讯科技教育开始提到了议事日程。在 1998 年推行的“与时俱进善用信息技术学习”的五年信息技术教育策略文件（教育统筹局，1998），2004 年 7 月教统局公布了“善用信息新科技开拓教学新世纪”的第二份策略文件等一系列新措施，加之有足够的资金投入，大幅增加学校的计算机数目、提供师资培训、在 20 所学校试验先进的资讯科技教育、将所有学校接上互联网，以及筹备设立教育专用联网等[5]，鼓励学校应用信息技术，提高教与学的成效。香港的信息技术教育已经迎头赶上很多先进国家。

2005 年香港出台了高中资讯及通信课程标准。课程理念主要有：①资讯及通信科技是处理资讯所需的技术，泛指资讯的创造、处理、储存、获取及交流，以及用于执行前述各项功能的技术、技术设备及系统。②资讯及通信科技内不少技术都是“资讯素养”的重要范畴，而“资讯素养”所涉及的，就是有效地挑选、组织、识别、分析及使用资讯的能力。

资讯及通信科技课程建基于 2003 年开始实施的中四至中五计算机与资讯科技课程和两个在 2005 年修订的中六课程。课程内容与初中的课程相衔接，本课程建议香港中学在新高中教育中采用，课程为期三年，课程分必修和选修两部分。课程的必修部分占 165 小时，约需一个半学年，必修部分包括资讯处理、基础计算机系统、互联网及其应用、基本程序编写概念和资信及通讯科技对社会的影响。选修部分占 75 小时，约需一个学年时间。选修部分设有四个选项：数据库、数据通讯及建网、多媒体制作及网站建构及软件开发。学生须因应本身的能力、兴趣及需要，拣选一个选项作深入研究。

为了能够向香港的资讯科技业发展提供高素质和稳定的人力资源，特区政府制定了一套全面的政策来强化资讯科技教育及人才培训。政府与学校及高等教育院校合作，以确保在 2000 至 2001 学年完结前：所有教师运用资讯科技的能力，最少达到“基本”程度；所有职前师资培训课程的毕业生，最少达到“中上”程度；在

2002至2003学年完结前：约75%的教师最少达到“中级”程度；约25%的教师最少达到“中上”程度；每所学校有一名至两名教师达到“高级”程度。同时将资讯科技列入大学必修课程，成为大学教育的基本元素。香港教育学院及各大学里的教育学院，将资讯科技列入必修课程，并成立了资讯科技教育培训中心，以研究及发展新的教育理论及教学法，推动资讯科技教育的发展。

1998年11月，香港首套资讯科技策略“数码21新纪元”推出，该策略的重点在于加强香港的资讯基建设施和服务，使香港在全球网络相连的21世纪成为一个领先的数码城市。到2001年为止，策略的实施已使香港成为全球网络设施最完善的城市之一。并由优质教育基金在1999年10月拨款成立优质教育网上资源中心（Cyber Resource Center），可使教师透过国际互联网分享教学资源；在2000年8月推出大型教育基建项目“香港资讯教育城”是一个联系学校、教师、学生、家长和公众的宽频网络，可以带动与推广优质教育及资讯科技文化，为终身学习及全方位学习奠定基础，并为香港的教师、学生、家长提供优质而健康的教育资源和所需的支援；在2001年由香港8所大学合办的“香港资讯校园”网络计划推出扩展计划，设立网上英文校园小组，促进学生透过互联网交流学习英语的经验，教师更能从中解答学生的疑惑。优质教育基金自1998年成立以来，共拨款2.3亿港元，资助230项申请，当中40%属于推广资讯科技教育计划。

中国台湾地区

台湾中小学的计算机课程始于1983年高中开设的计算机选修课，随后高职将计算机列为必修课[4]。自1993年7月起，实施“改善各级学校信息教学计划”，加强各级学校信息基础教学；1994年开始推行“国家”信息基础建设（NII National information in restructure）计划，并于当年6月成立推动NII专责机构，开始规划“台湾信息通信基本建设计划”，建构台湾信息高速公路；1997年，台湾地区教育部门将信息技术课程列入中学的正式课程，小学的信息技术课程也以“实习”的方式参与教学，信息技术教育开始进入全民化的普及阶段。1997年开始推动为期10年的“信息教育基础建设计划”（1997年7月～2007年6月），更全面地加强了各级学校的计算机设备、学术网络、师资及教材资源，为计算机课程的实施和信息技术教育的推广奠定了有利的基础。2001年台湾地区教育部门规划的《中小学信息教育总蓝图》，开始试办“中小学九年一贯课程”，强调信息科技融入各学科领域的学习，更将信息技术教育往下延伸至小学阶段[6]。

台湾近年来有系统的推动信息技术教育基础建设，也使学校计算机课程的实施得以逐步落实。台湾地区中小学信息技术教育目标旨在培养学生信息获取、应用与分析、创造思考、问题解决、沟通合作的能力以及终身学习的态度。台湾教育部门规定，中小学各级学校的信息技术教育目标按以下阐述执行：小学：让学生了解计算机与生活的关系及简易计算机操作，以增进使用计算机的兴趣；中学：培养学生应用计算机的基本技能及正确使用信息的态度及习惯；高中：学习计算机科学的概念、原理及培养应用计算机解决问题的能力。

台湾目前正在有计划地推动全民信息素养与信息技术教育。截止到 2000 年 7 月，全台有校园网站的中小学校已高达 95.8% 以上，共有 3 600 多个。从台湾各级学校校园网的网页结构、网页内容、网页系统管理、首页设计以及学习内容与方式来看，大部分网站内容丰富、使用方便。台湾地区非常重视教学资源整合，例如整合各县市资源网站或学习网站，供教师教学使用。台湾地区所提倡的地区协作、校际协作是集教育主管部门、学校、教研、教师于一体的资源共建共享的方式，除了官方成立教学教材资源中心外，民间机构成立教材资源网，对于加强资源建设也有重要的启示作用[6]。

台湾教育主管部门规定各县市成立信息技术教育辅导小组、各中小学设置“信息推动小组”，负责规划执行信息技术教育工作，推动小组成员授课时数、放宽编制。同时加强师范院校信息基础课程及设备，以作为将来推动信息技术教育基础建设的基础。

中国澳门地区

1991 年 8 月，澳门颁布历史上第一部教育法——澳门教育制度法律（法令 11/gl/M 号），澳门教育走上了依法办学的轨道。1995 年 6 月，颁布了关于倾向免费教育的普及之规定的法令（29/92/M 号），开始有步骤地从支持私立教育建立公共教育网络，在澳门实施有条件的支持私立学校推行七年制免费教育（条件为与政府签署承诺书后，签约私校加入公共学校网络，政府据约提供津贴资助）。特别是 1999 年澳门回归祖国后，澳门政府对私立学校继续给予支持，建立和健全多元化办学的机制。

澳门是特区，没有编写本地的教材，只有一部教学大纲，学校可自由选择内地教材、香港教材和台湾教材，据了解：数理化课多用内地“人教社”的，而人文科学教材则多为香港和台湾的。

澳门基础教育学校的课程设置和学科内容不统一不规范。中小学信息技术课程一般从小学到高中开设，但各学校又有所不同，如，培正中学与浸会中学，都开计算机课程。但在两校开设的年级和学段是不同的，培正中学从小学到初中到高中每周 2 节都开设计算机课程，小五到中三每周 1 节，中四到中六平均每周 3 节，浸会中学从初中到高中每周 2 节。

澳门有“世界语言博物馆”之美称，此举为互联网的界面广泛和充足利用，尤为中小学教育信息化提供了条件。大陆毕业生返澳就业的人数也不断增加，尤其是教育信息化人才，近年更形成了一股推动信息化教育技术全面进步的巨大的力量。

国外信息技术教育回顾与发展

美　国

美国是世界上信息技术教育起步最早的国家，从 20 世纪 60 年代中期开始，麻省理工学院就从幼儿园为试验对象，进行了 LOGO 语言的教学实验。进入 20 世纪 90 年代，美国对中小学的计算机教育给予了更多的重视和关注。美国总统克林顿 1996 年 1 月在国情咨文中提出了“教育信息技术发展规划”。让每一个青少年 8 岁能阅读、12 岁能上网、18 岁上大学，让每一位成年美国人都能进行终身学习[7]。

1996 年美国联邦教育部制订了美国历史上第一份有关信息技术教育的正式报告——《让美国的孩子为 21 世纪做好准备：迎接技术读写的挑战》的教育技术发展计划，提出了信息技术教育的国家目标[7]，要求到 2000 年，全美国的每一个课堂与每一个图书馆都要连接到信息高速公路，让每一个孩子都能在 21 世纪的技术文化中受到教育。

2001 年 1 月，美国总统布什在题为《不让一个孩子掉队》的教育报告中再次重申，政府始终坚信信息技术应成为学校努力提高学生学业成就的有力工具，提出将电子学习（e－Learning）作为美国基础教育信息化发展的新战略。2000 年 12 月，美国联邦教育部的题为《电子学习：在所有孩子的指尖上构建世界课堂》的第二个教育技术发展计划，提出了美国五个新的“国家教育技术目标”：所有的学生和教师都能够在课堂、学校、社会和家里接触信息技术；所有的教师都能有效地运用技术帮助学生达到学业高标准；所有的学生都必须具备技术和信息素养方面的技能；

研究和评估促进下一代的技术在教学和学习中的应用；以数字化内容和网络的应用来改造教学和学习。

2005 年 1 月，美国公布了题为《走向美国教育的黄金时代》的第三个国家教育信息化规划，提出了教育信息化的七个主要行动步骤和建议：加强领导、考虑革新预算、改善教师培训、支持网络学习和虚拟学校、鼓励宽带接入、教学资源走向数字化、整合数据系统。

美国开设信息技术课程情况较为复杂，学校所在的州不同，状况也不同。在美国中小学，技术和信息读写技能（Technology and Information Literacy Skills）的含义是学生不仅要掌握计算机操作等技术技能，更重要的是要具备信息素养和信息读写技能，其中包括确定所需信息、明确搜集方式、定位并获取信息、加工利用信息、整合交流信息、评价信息成果和信息免疫等方面的技能。

美国是比较早地提出信息技术与课程整合的国家，在它的“2061 计划”中专门提出了信息技术与各学科整合的思想，并于 1996 年成立了评价和监控美国中小学信息技术与课程整合的进展情况的组织。该组织对整合的进展进行跟踪评价，并每年发表一个报告，对本年度整合情况进行总结[3]。

美国制定了中小学和师范培训两大系统的全国教育技术标准，教师技术培训的内容一般分为计算机基础知识和技术教学知识两块，采取优先保证教师培训经费和投资力度的政策，将教育技术水平增加为中小学教师任职资格的标准之一。在美国，许多中小学采取校本培训的模式来培训教师，同时加强师范院校建设，将教育技术应用纳入师范教育课程，制定相应的学业标准和教师职业证书标准。通过提高促进现有教师职业发展的各种活动的数量、质量和针对性；对教师提供实时技术支持，大力开发在线资源为教师提供实时技术服务等措施，加强教师培训，提升教师的素质，以帮助学生的学习。至 2001 年，至少 60％的教师、学校行政人员和学校图书管理员受到计算机使用及互联网方面的培训。联邦教育部还通过艾森豪威尔教师计划、技术知识挑战基金、职业教育、Title Ⅰ等联邦项目以及同“国家科学基金会”合作，来支持教师培训工作[8]。

美国联邦教育部在 1998～2002 年的战略规划中明确提出：至 2001 年，拥有现代多媒体计算机的比例将提高到每 5 个学生有 1 台；至少 50％的教师将把高水平的教育技术、高质量的教学软件及信息高速公路融入他们的教学课程中；在公立学校，与信息高速公路联通的教学场所比例将由 1996 年的 14％提高到 1998 年的25%，并且此后将以更高的比例增长；美国为了帮助贫困地区和农村学校、图书馆跨越数字分水岭，实行了折扣补助计划。从1998年E-rate项目开始运行，到2002年就已经为基础教育信息化工作提供了76.5亿美元。单2005年就有16152个学校申请了E-rate基金，项目支出4.03亿美元。E-rate项目惠及众多中小学及教育机构，对美国基础教育普及互联网络，弥补数字鸿沟起到了巨大的促进作用，为国家的信息化稳步均衡发展奠定了坚实的基础[9]。

英　国

英国是欧洲的最早把计算机应用到教育中的国家，早在1978年，英国的教育与科学部就制订了第一个旨在促进学校教育中运用计算机的“微电子教育计划”；1988年，又通过了《教育改革法》，制定了全国统一的《国家课程》，明确规定在5～16岁义务教育阶段开设十门必修课，其中“技术”课程中就包含了信息教育的目标。1996年，英国教育部对《国家课程》进行了修改，增加了“信息技术”课程，且在各类课程中被列于非常重要的位置。2000年9月修订的国家课程中，中小学信息与通信技术（ICT，Information and Communication Technology）被列为国家课程中的必修课[14]。

英国是世界上最早将信息技术列入国家课程和提出把信息技术整合于学科课程的国家。英国ICT课程始于小学，直至高中全程开设[10]。2000年英国制定了《信息技术能力——2000课程标准》，该标准明确规定了学校要开设的课程门类、年龄阶段以及能力水平。根据学生学习思维能力的阶段性把课程实施过程划分为四个阶段。第一、第二阶段（小学一年级至二年级和小学三至六年级）的学习目标较为简单，主要让学生学习信息技术的基本使用技能，形成初步的信息意识，第三阶段（前期中等教育，11～16岁）开设“计算机学习”科目，进一步提高对使用计算机的自信心。第四阶段设立“计算机科学”科目，其总目标是掌握更详细的计算机知识和实际的应用能力。同时，英国在ICT课程注重培养学生强烈的社会责任感和参与意识，强调信息通信技术与其他课程的整合。ICT课程国家标准明确提出，要让学习者在其他学科中发展和应用信息通信技术工具和资源，支持他们各个学科的学习[11]。

1995年，英国政府宣布了一个名叫“英国网络年”的五年计划，拨款1.6亿美元用于所有中小学（3.2万所）的互联网的联网工作，确保到2002年英国中学的人机比率达7.9∶1，98%的中学校园网相互连接，小学的人机比率达 2.6∶1，86%的小学校园网相互连接；至少有 20%的中小学校上互联网，其中中学占 85%，小学占 5%。大多数教师拥有个人计算机，或拥有便携式计算机，75%的教师和 50%的学生拥有自己独立的电子邮件地址。从 1998 年起到 2004 年英国政府将实现在教育信息与通信技术（ICT）方面投资 18 亿，旨在提升在整个教育领域中应用信息与通信技术的水平。

在师资培训上，英国政府更是投入巨资，1999 年至 2002 年教师培训部门共投入 230 万英镑，实施一个培训教师运用教育信息与通信技术（ICT）的项目，旨在为教师提供基于个人如何在所教授的学科中运用 ICT 的培训。英国的中小学教师信息技术培训主要由各个培训机构和大学承担，培训将重点放在课堂教学的信息技术应用上，侧重于教师在课堂教学中应用信息通信技术的实践能力。采取灵活多样的培训方式，包括在线培训、使用信息通信技术的远程学习和书本资料相结合、面对面的培训等。

法　国

法国把信息技术教育作为学生技术课（Technology）教育的一个部分，于 1985 年在小学新设“科学与技术课”，规定在“科学技术”学科中从第四学年开始设置计算机入门须修课。作为计算机应用课程，法国高中一、二年级开设了管理和信息课程。分别在小学、初中和高中开设信息与通信技术（ICT）教育是国家教育制度的目标之一，并设立面向全体学生的信息教育文凭，从 2003 年开始，所有的小学生在离开学校时都必须持有这张文凭[12]。

法国的信息技术教育对各个学段有不同要求。小学阶段：学生将逐步学习使用计算机、部分软件、多媒体产品、电子邮件和互联网；初中阶段：要求学生在不同学科、在学校信息资料室以及自主学习（查阅资料、资料研究等）中使用信息与通信技术。高中阶段：首先在高一主要进行达到一定水平的信息技术教育，目的是使进入高中后的学生在相关知识和使用技术方面的水平更加均匀，在相同条件下开始他们的高中课程，然后在高中整个教育中，ICT 教育要有计划地出现在各学科教学中，所有学科的教学大纲都要考虑到这方面的内容。

法国的 ICT 课程行动突出了教师培训。法国在 1985 年实施了一项耗资 20 亿法郎的“人人学习计算机”计划，为中小学配了 1 万～2 万台微机和万余套软件，但由于诸多原因造成大部分设备使用率仅为 20%。教育部吸取这一教训，在 1997 年提出为期3年的多媒体教学发展计划“将法国社会带入21世纪”，根据这一计划，至2000年，从幼儿园到大学的每个学生都要介入多媒体学习活动。同时突出了教师的培训，重点倾向于应用多媒体教学和微机操作水平的提高，旨在发挥现有信息设备的使用效率。2000年6月法国政府宣布拿出1 000万法郎，将对全国2 000所实验“信息教育文凭”学校的教师进行新技术培训。并将目前的教师培训学院和教师进修学院合并，增设100个计算机专业教师，培训1 000名年轻博士从事多媒体教学，并将新教学技术作为教师继续培训的最重要内容[10]。

法国政府于2002年年底提出了发展信息与通信技术的一项宏伟计划“为了信息社会中的数字共和国”，而数字共和国意味着人人参与、人人享有信息的社会。法国政府认为让未来的公民得到有关信息与通信技术的专门训练、掌握必须具备的新的通讯工具，是政府教育的目标之一。政府在2001年至2003年共投入数字校园的费用总额为16 600万法郎，到2003年统计，法国普通高中平均每6名学生1台计算机，职业高中平均每4名学生1台计算机，初中平均每12名学生1台计算机，小学平均每20名学生1台计算机，法国所有高中和初中都具备连接互联网的能力[10]。

芬　兰

20世纪90年代初芬兰就制定了第一个信息社会战略规划，之后根据实际进展情况不断制定新的促进战略，步步跟进，不断提高。芬兰是信息与通信技术（ICT）较发达的北欧国家，在信息社会的建设上，一直走在世界的前面。据世界经济论坛发布的《2003年世界信息技术报告》，芬兰是排名第1位的世界领先的信息技术国家[13]。

芬兰教育部为配合“国家信息社会计划（Information Society Programmer)”的实施，从20世纪90年代初就开始积极推进芬兰“国家ICT战略”。在其1995年拟订的信息社会发展战略中，把“全体公民掌握和使用信息技术的能力”列为五大方针之一，提出“使每个芬兰国民掌握信息社会的基本技能”[14]。教育当局规定，从1995年开始，受过九年义务教育的学生必须达到使用计算机和上网的技能标准[13]。

2004年颁布了《2004～2006年为了教育和研究信息社会计划》，进一步强调信息技术在教育、培训和研究中的运用，芬兰并未特别开设信息技术课程，而主要是将信息技术融入到学校的

"学习文化"中，学生在教室里根据某一课题利用在线"学习包"进行研究，业界有人称为"芬兰模式"。国家教育委员会 1994 年颁布《基础学校与普通高中课程框架》和 2004 年颁布的《基础教育国家核心课程纲要》中均未明确把信息技术列为一门单独科目教授，但纲要指出了小学阶段信息技术的学习目标和课时分配，通过整合在其他课程的学习中来实现，明确提到在义务教育八年级和高中设立与信息技术密切相关的初、中、高级选修课程。在教学大纲中要求每门课程中贯穿和利用 ICT，循序渐进地培养学生的信息素养[8]。

重视教师培训是芬兰 ICT 教育得以良好发展的关键。芬兰制定了关于教师的教育技术能力的标准或要求，以规范教师的职前培训和在职培训。地方教育行政部门为教师信息化提供了多种形式的教育培训，政府对完成任务的教师颁发资格证书，给优秀的教师提供奖励，采取有效的方式鼓励教师参与 ICT 教育培训。

芬兰教师信息化培训方式多种多样，具有较大灵活性。培训分为不同的层次，对中小学学校的教师主要是要求掌握 ICT 工具知识，具备相对稳定的 ICT 技能[13]。芬兰教育部目前正在进行一项名为 OPE. FI 的教师信息技术培训计划。至 2004 年，芬兰大约有 77％的小学教师和 81％的高中教师已经接受了正规的信息技术培训。芬兰政府要求到 2007 年全国至少有 75％的中小学教师已经掌握信息技术的知识并能运用到教学中[8]。

德　国

20 世纪 80 年代初，信息与通信技术的迅速发展冲击着德国，"新技术教育"应运而生。进入 90 年代，德国议会于 1996 年 12 月通过了世界第一部《多媒体法》，德国从 1998 年 1 月 1 日起全面开放了信息网，为了充分发挥信息网的作用，进一步深入普及计算机知识，引导更多的人正确掌握、使用计算机，通过信息网获取有关信息资源，而后政府和企业联合实施"中小学联网"计划，拟定 20 世纪末使 1 万所中学加入互联网络，让大批师生步入计算机时代。

到 2000 年，德国 4.4 万所中小学校中约有 1.2 万所入网，近 60％的 14～19 岁的中小学生使用互联网，而联邦教研部制定的"信息技术行动计划"则要求所有中小学校都要入网，所有适龄的中小学生都能使用网络。为达到这个目标，教研部部长布尔曼提出了三步走的设想：第一步在 2001 年，使所有中小学校都拥有一台互联网终端；第二步使学校的每个教室至少装一台计算机；第三步至2006年，使每个学生都拥有一台便携式计算机。

德国的信息技术教育主要安排在中学进行，既有专门的计算机课程，也在其他学科教学中融入信息技术的内容。德国的信息技术课和其他学科的关系，既要求能把信息与通信技术运用到其他课程中，也要求掌握信息技术，特别是计算机技术的基础知识。

信息技术课程的重点之一是用数据库处理软件对信息进行处理和传播，主要的工具是计算机技术和信息学课程，其任务是向学生传播各种工具使用的概念，教学方案包括信息与通信技术的基础教育，主要的教学对象是9～10年级的学生。要求学生学会信息与通信工具的使用，通过分析、关联，加深对信息学的结构和方法的理解，拓展已在使用的基础知识[15]。

在德国以教育现代化、信息化为中心的课程改革中，萨克森州的课程改革运动“新技术与学校”具有代表性。这场课程改革运动围绕三个方面进行：①让学生了解新技术的基本原理与结构，从而能够从社会、政治、生态和经济等角度出发批评性的评论技术的影响；②在教材改革的同时，注重教师的培训，在各地区设立计算机中心，教师及时了解新技术教育的发展，熟悉改革教材，设计，尝试与评价新的教学方法；③认为只有教师和学生亲自体验新技术与设备的功能，新技术教育才更能成功配合新技术课程改革，地方政府与一些企业、公司为学校配备了相应的硬件设施[3]。

德国要求教师具有最新教育理论，具有技术、算法、经济领域中的主要理论基础，拥有操作计算机和程序设计的能力及最新专业知识；要求他们有能力适应最新教学内容、并能开发新型教学模式。为了有计划地对教师进行新技术教育的培训，主要采取了以下两个措施：①设立地方性的专供教师培训的计算机中心，作为培训教师的场所；②由教师进修学院组织咨询团，对教师所碰到的问题作解答。如德国的萨克森州为了支持教师培训专门设立了10个地方性的计算机培训中心，为了方便教师就近参加培训，又在不同地区设置了近350个培训点，为了提高培训教师的效果，还由州教师进修学院组织咨询团，对教师学习中碰到的问题及时解答，在萨克森州，已有几万名教师接受了上述培训[15]。

1997年各州文教部长联席会议决定，正式把多媒体教育纳入师资培训内容，以提高每个教师使用多媒体及指导学生使用多媒体的能力，推进教育现代化、信息化为中心的课程改革。同年9月，在全德国范围内举办了首期中学教师计算机培训班[3]。德国中小学信息技术教育培训计划不仅培训教师，而且对校领导和其他行政人员也进行信息技术教育的培训，主要向他们介绍新的信息技术发展的概况。

在欧盟国家初等教育中，ICT 最广泛地作为一种工具而在课程中使用。欧盟大多数国家在这个层次的教育中，都将 ICT 作为必修课的组成部分。其具体实施时包含两种方案：或者单独作为一门学科，或者作为其他学科中使用的工具。奥地利、卢森堡、德国、丹麦、希腊、西班牙、芬兰、法国、比利时、爱尔兰、葡萄牙、瑞典这些国家都把 ICT 最广泛地作为一种工具而在课程中使用；而既把 ICT 作为分科单独设课，又把 ICT 作为一种工具而在课程中使用的国家有荷兰、英国、马耳他、波兰；把 ICT 列为非必修课的国家有捷克、匈牙利、意大利、立陶宛、拉脱维亚、斯洛文尼亚、斯洛伐克这些国家。欧盟各国政府对信息技术课程的教学有不同的规定。在多数情况下，欧盟各国 ICT 课程的投入时间较为灵活，没有硬性的政府规定。ICT 教学和使用中所追求的目标主要包括五个领域，分别为：软件使用，信息搜索，网络通信，掌握学科知识和程序设计技能[16]。

日　本

在亚洲，日本在教育信息化方面一直走在亚洲国家的前列。从 1985 年起，日本政府将教学中的计算机应用作为重点加以扶持，将教育信息化作为国家社会整体发展规划的有机组成部分。日本政府从 1994 年推出了一系列的项目进行校园网的建设，如“百校工程”（1995～1997 年）、“新百校工程”（1997～1999 年）、“E - square 工程”（1999～2002 年）等，所有试验学校均要求利用联机系统加入 Internet。其目的是使 100 多所试验学校的师生能掌握应用网络的技能，更重要的是要探索一种新的教育体制与模式，培养出很强的信息获取、信息分析与信息加工的能力，即通常所说的“信息技术能力”[17]。1999 年 12 月制订了《教育信息化实施计划》，该计划提出，到 2005 年全国中小学所有科目都要实现计算机和互联网授课。2001 年日本 IT 战略总部又制定了“E-Japan 战略”，提出了信息化的日本社会远景目标[18]。该项目的主要目标强调信息与通信技术的教育应用和信息与通信技术在学校的应用过程研究。2006 年 1 月提出的“IT 新改革战略”是“U-Japan 战略”中其中一项，具体建设的目标就是实现教师每人一台计算机并接入互联网，实现学校信息化。截至 2005 年 9 月，日本中小学平均每台教育用计算机对应的学生人数（生机比）为 7.6 台

(2004 年为 8.1 台)；普通教室 LAN 的连接率为 48.8%，宽带网络连接率为 84%。

日本教育课程审议会在 1998 年发表了题为“关于教育课程基本走向”咨询报告，报告明确了信息教育课程的运作细则，做出了高中开设普通学科“信息”课程的决定，并公布了新小学、初中学习指导要领和新高中信息教育课程的设置。2005 年《关于推进中小学信息教育的建议》报告提出在小学（高年级）设置新教学科目“信息”，以培养信息运用能力，特别是培养信息道德；在初中设置新教学科目“信息”，系统性地培养以信息技术能力为基础的信息运用能力；整理并充实高中教学科目“信息”的教育内容，增加修读的学分数；推进“信息”科目成为国家中心考试的考试科目和各大学入学考试的考试科目。

日本中小学信息技术课程的教育目标是培养学生的“信息运用能力”，即具备主动地选择、运用信息和信息设备并积极地创新信息的基本素质。该课程的评价方式主要以学生参加活动的状况、积极性及报告完成情况等为依据。这样的评价方式有效地提高了中小学生收集信息和加工信息等的能力[11]。

日本中小学教育信息化教师培训工作，在重视对教师自身的相关培训的同时，加强教师培训体制的管理和政策倾斜，主要是指进一步加强对师范教育在校生和学校现任教师信息化培训及对学生指导能力的培养。从 1995 年开始，各都道府县以教龄在 10～20 年的教师为对象进行培训，并为此开设“教育信息化方案技术”的教职课程，决定从 2000 年开始在教师培训阶段设立“信息设备操作”的实用课程，并把它列入培训考核范畴。日本重视教师的信息教育技能也体现在中小学教师许可证的标准之中，在教职科目中增设了包括运用信息手段和资料能力在内的教育技术内容[17]。

日本中小学在职教师接受信息教育的研修方式基本上有五种，包括国家及教育委员会举办的培训活动、本校内的研修、大学举办的研修活动、研究团体举办的研修活动、企业举办的研修活动。各类学校的培训都是以校内的研修为主，以点带面的研修是日本教师研修的基本方式。目前在国家、都道府县、学校三个层次上，在职教师的培训体现出体系化的特点。基于以上的培训成果，截至 2005 年 9 月，日本中小学教师中能够操作计算机的已经达到 95.9%，能够利用计算机进行教学指导的占 74%。

韩 国

韩国的信息技术教育始于 20 世纪 60 年代的计算机教育，到

80 年代，学校计算机教育逐渐成为普及教育。计算机相关内容从根本上引入中小学教育是从第五次教育课程改革（1987.3～1992.6）开始的，第五次教育课程改革在小学的《实科》和初中的《技术与家政》课中设置了“计算机”相关单元。在普通高中，《信息产业》课成为《实业与家政》科目中的选修课。

1996 年 7 月教育部为了实现第七次教育改革方案，设置了教育信息管理局，并发表了《1996～2000 年教育信息化促进实施计划》，1997 年 7 月，教育部发表了强化计算机教育的《第七次教育课程》，以选修课的形式设置了计算机内容，其中包含了中小学教育信息化和大学教育信息化、终身教育信息化等国家综合性教育信息化促进计划和实施方案；2000 年 8 月教育部发表了《中小学信息通信技术教育应用指南》，其中规定了国民共同基础课程中，要求一到十年级要有 10％以上的课堂时间使用 ICT，到 2005 年要有 20％以上的课堂时间使用 ICT；2001 年韩国教育部制订了《中小学生信息通信技术必修计划》，从 2001 年开始将向全国小学生进行义务计算机教育，培养初中学生掌握应用软件的基础能力和信息通信技术与学习相结合的能力，培养高中学生的信息综合管理及系统化能力[19]。

韩国信息技术教育的总目标是：“培养学生的信息素质，并把它能动地、创造性地应用在自己的生活中。”韩国中小学信息技术课程开发指南中明确指出：“学生通过信息技术教育课程的学习，要能使用信息技术处理资料和信息，并以此作为基础，探求新知识和增强解决问题的能力，这种能力重要的不是单纯地培养学生操作信息技术的能力，而是培养能够在各种情况下利用信息技术去解决相应问题的能力。”[20]

韩国人力资源部在各个市、道教育厅实施的“教师信息应用能力认证制”的基础上，于 2001 年和 2002 年开发了“教师 ICT 应用能力标准（ISST，ICT Skill Standard for Teacher）”。该标准根据教师的职位级别来分别定义必要的 ICT 应用能力。韩国于 1988 年开通了远程教师培训系统——“网络教育培训院”，教师可以通过正式的使用者登录及授课申请，自由地、无限制地接受全部的培训课程。在 2001 年以前，培训计划只在政府管理下进行，从 2001 开始依据《学校教育中 ICT 使用提高计划》，信息技术培训已发展成既有政府培训，又有教师自发组织的培训，培训内容偏重于利用信息交流技术进行教学活动所需的相关实践技能的培训。从 1988～2000 年共有 60 多万人参加培训，平均每名教师 1.8 次，特别是 1997～2000 年这三年中，每年都有大约有 25％的教师接受培训。从2001年开始，每年有占总人数1/3的教师接受相关培训[19]。

近年来，韩国信息技术产业飞速发展，取得了令世人瞩目的成就。为了迎接世界新的技术革命与信息化浪潮的挑战并实现教育信息化，韩国政府连续制订了两个阶段发展教育信息化的综合计划。第一阶段计划在1997～2001年间实施，以构建教育信息化环境为重点；第二阶段计划在2001～2005年间实施，重点在教育改革与人力资源的开发上[19]。

韩国每年都推出大量优秀的教育软件，教育软件的开发主要依靠学校和商业机构。2000年，韩国总共开发了4500多种教学软件及教学数据库；至2005年，已经开发出7300多种多媒体教育软件资源，这些资源几乎涵盖了中小学的所有课程[20]；2006年12月，韩国“中小学网上家庭学习系统”获得了首届“教科文组织哈马德国王奖”；2008年4月，世界经济论坛发布了《全球信息技术报告2007～2008》，韩国的世界排名从上一年度的第19位升至第9位，成为继新加坡之后第二个跻身前十名的亚洲国家[21]。

新 加 坡

从1996年1月起，新加坡从发展中国家升级为发达国家。经历金融危机后新加坡把经济发展的重点定位于高新技术及信息产业，新加坡在1997年就出台了旨在促进教育信息化的MasterPlan1(MP1)，于2002年又在完成了MP1的基础上推出了新的教育信息化举措即MasterPlan2(MP2)[22]。

在MP1明确规定到2002年，新加坡每两名学生拥有一台计算机，每位教师一台笔记本计算机，教师课堂教学应该有30%的课时利用信息技术，所有教师及小学四年级以上的学生人人备有电子邮件账号，并在学校各个角落设置计算机，包括教室、图书馆、科学实验室、计算机室、教员室以及办公室等，从而使新加坡初步具有教育智能岛。为了达到这个目标，新加坡政府在1997～2002年内投资20亿新元以购置计算机，为学校建立全面的网络、开发软件及教材、教师培训等。除此以外，每年还要投入6亿新元给中小学做经常性开支（如计算机维护、开发软件及教师持续培训等）。

在MP2中，新加坡教育信息化更强调在已有硬件的基础上，将信息技术融入新教学体系，并在课程设计阶段即实现与技术的无缝整合。在名为“教育优势项目（Ed Vantage)”的子计划中，预计到2015年，将为所有学生提供接入课本、课程和学习项目的个性化资讯通信设备，并促成网络化学习应用工具和内容的开发，以实现“没有墙壁的课堂”的梦想。家庭宽带渗透率达到90%，计算机在拥有学龄儿童的家庭中的渗透率达到100%。

1999年，新加坡教育部开始推行“教育电子簿”试验计划，“教育电子簿”是信息技术教育计划的一项内容，其目的在于拓展信息技术在学校教学方面的应用，使学生不再受课堂的限制随时随地都能享受到学习的乐趣。新加坡教育部计划在2002年之前所有的中小学校均要开设信息技术教育课程。中学一二年级则开设了“应用计算机”课程，每星期4节作为升学、分流考试科目之一。中学三四年级则把“应用计算机”课程摆在了与英文、基础母语、数学课同等重要的地位，作为必修课列入考试范围内，到了初级学院（相当于我国的高中）不管是文科、还是理科都要学习计算机这一课程。

新加坡把教师接受信息技术应用能力培训作为教师聘用的重要条件之一，培训采取分层推进的策略。新加坡教师的信息技术教育培训工作先由专家顾问训练教育部高级职员和高级信息技术导师，再训练22所示范学校的校长、副校长和部主任，让他们全面了解信息技术教育的要旨、教学法，学会拟订学校信息技术在教育上的应用计划，校长、副校长和部（相当于我国的教研组主任）的培训工作由教育科技署署长、副署长和顾问等亲自负责。新加坡所有教师的培训工作，分四层以扇形推展：第一层（1996年）训练60名高级信息技术导师。第二层（1997年）由高级信息技术导师训练首阶段22所示范学校教师。第三层（1998年）由高级信息技术导师和每所示范学校选定教师，为第二阶段的学校进行训练。第四层（1999年）高级信息技术导师负责训练第三阶段的学校，把训练推展到全国。

新加坡1997～2002年的MIT总体教育信息化规划中，一方面要求全国教师接受MIT应用能力培训，并把它作为师资资格聘用的重要标准之一；还规定在小学10%和中学40%的课程中，教师必须用计算机授课的硬性举措，以激励教师自身信息化水平的提高，否则就会面临下岗的严峻局面。另一方面还加大了师范教育课程的力度和比重，使未来教师在校学习时就成为信息化技术应用的楷模。

对中国信息技术教育发展的启示

进入21世纪，信息的获取、分析、处理、发布、应用能力将作为一代人最基本的能力和文化水平的标志。由于信息的普遍性及其对人类社会发展的巨大影响，信息技术必然是面向大众的，在相当一个历史阶段，信息技术的发展可能仍然是一种大众化的高科技。在义务教育阶段，应该在强调信息技术大众化的基础上，注意科学技术的发展前景。也就是说，对于所有的中小学生，应该要求他们能够掌握大众化的信息社会公民应该达到的信息素养标准，而且又要为培养其中一部分人能够成为未来的信息技术专门人才打下基础[23]。

从国外中小学信息技术教育的现状可以看出：发达国家从幼儿园、小学就进行信息技术教育，并且在小学阶段开设信息技术必修课程，对中小学信息技术课的价值定位，着眼于学生的发展，反映信息技术课程的工具性与教育性[3]。基于社会发展的需求而设立的信息技术课程，应该就基础教育的整个阶段总体考虑，统一设计。在小学、初中、高中阶段分别设置的信息技术课程应该是一个统一的整体，每个学段设置与否或如何设置，应根据学生发展与社会需求等因素来综合考虑。高中课程自然与初中课程、大学课程等相衔接，信息技术教育课程实施要综合、整体设计。

信息技术教育的实施不是单独由信息技术课程完成的，而需通过包括诸如信息技术在一般学科中应用在内的，涉及学校全部教育活动甚至校内外教育活动来完成的。在中小学课程改革中，发达国家很注意让信息技术教育有计划地出现在各学科教学中，要求各科教师有意识地给学生提供这方面的训练机会，让学生在各学科教学中接触一些专门软件，学会利用新的手段、新的技术去获取知识，从互联网上有效地发现有价值的资料，让信息技术真正成为学生学习的工具[12]。

社会信息化发展异常迅猛，加之学生的状况的变化，反映到基础教育，必然导致信息技术课程的发展与变化。一方面，我们要研究信息技术的变化规律，不断发现课程中具有广泛迁移意义的部分，并引导学生去积极地适应信息技术的发展变化，另一方面，我们必须密切关注信息技术课程的演进规律，探讨其变化可能，牢牢把握信息技术课程乃至信息技术教育事业的航向，使得信息技术课程处于不断的变化发展之中。

课程标准越来越高，对教师的技术水平和信息素养的要求也越来越高，应当加强教师培训，充分认识培养信息技术课程师资的紧迫性，建立学校的信息技术教育和现代教育技术的技术保障力量，重视教育观念和新教学模式的培训[8]。韩国“分层次、分类别”的培训模式可供我们借鉴。我们可以根据培训对象的实际差异，采用不同的培训内容和培训方式。比如，对于领导层。主要是帮助转变思想、观念，树立信息素养意识；对于专职信息技术老师，则要加强技术上的培训；对于学科教师应侧重于如何整合，并且最好能分学科培训，同时照顾年龄差异[24]。

中小学信息技术课程应建立灵活多样的积极评价方式，同时要将评价作为一个过程贯穿于整个信息技术教学过程中，使学生在整个信息技术学习过程中有阶段学习目标和总体学习目标，引导学生主动测评，在完成阶段学习任务的同时完成总体学习目标。

信息技术对任何国家都具有同质性，一个国家的教育信息化进程与其社会信息化总体水平正相关。教育信息化水平受制于国家中社会信息化总体水平的发展程度，而社会信息化水平的发展又受制于一个国家的经济发展水平和信息技术教育的普及程度。随着全球化的不断深入，各国教育政策日益趋同，这就决定了各国在信息技术教育战略的规划和实施途径方面具有大体相似性。推动信息技术教育，仅凭教育部门的力量是远远不够的。只有企业和社会各界鼎力相助，形成合力，才能促进现代信息技术在教学全过程中的广泛应用，共同推动教育信息化的发展，为创造和完善我国信息技术教育可持续发展的机制服务[25]。

主要参考文献

[1] 李艺．信息技术课程与教学［M］，北京：高等教育出版社，2005.

[2] 刘美凤，乌美娜．信息技术在国外中小学教育中的应用现状与研究的思考［J］．中国电化教育，1999(1)．

[3] 董京峰．发达国家中小学信息技术教育对我国的启示［J］．中小学电教，2006(9)．

[4] 黄德群．港台现代教育技术应用研究［D］．华南师范大学，2002.

[5] 伍学龄．回归十年：香港的信息技术教育回顾与前瞻［J］．信息技术教育，2007(7)．

[6] 刘丙利，郭峰．台湾地区中小学信息技术教育现状及启示［J］．中小学信息技术教育，2008(12)．

[7] 宋莉．发达国家教育信息化政策的发展及其启示［J］．内蒙古师范大学学报（教育科学版），2007(2)．

[8] 刘瑜，何花，赵冬生．路在何方：中外信息技术教育发展现状比较 [J]. 中国现代教育装备，2007(2)．

[9] 沈娜．中、日、美三国中小学信息技术教育的比较研究 [J]. 吉林省教育学院学报，2006(7)．

[10] 田静，彭习梅，朱云东．国外中小学信息技术教育综述 [J]. 楚雄师范学院学报，2006(9)．

[11] 李烁，孙卫华．国外中小学信息技术教育对我国的启示 [J]. 中国远程教育，2002(9)．

[12] 霍益萍，张人红．发达国家的中小学信息技术教育 [J]．教育发展研究，2000(9)．

[13] 董传梅．芬兰中小学信息技术教育现状和分析 [J]．湛江师范学院学报，2008(10)．

[14] Kankaanranta M. KangassaloM，Information and communication technologies in Finnish Early childhood environments [J]．Childhood Education Finland，2003(5)：11.

[15] 陶增乐，黄国兴，殷群，孙强．欧洲三国信息技术教育分析与启示 [J]．全球教育展望，2001(11)．

[16] 孟庆军，董玉琦．欧盟国家基础教育信息技术课程实施比较 [J]．中国教育信息化，2008(8)(基础教育)．

[17] 王晓平．浅析日本的中小学教育信息化的发展 [J]．中小学信息技术教育，2004(8)．

[18] 宋莉．中日基础教育信息化的比较研究 [J]．外国中小学教育，2007(5)．

[19] 崔英玉．中韩两国中小学信息技术教育开展情况的比较分析 [D]．东北师范大学，2005.

[20] 李卓昆，康军辉．韩国中小学信息技术教育带给我国的启示 [J]．中国现代教育装备，2007(8)．

[21] 李震英．韩国教育信息化走势分析 [J]．中小学信息技术教育，2009(1)．

[22] 王学风．新加坡中小学信息技术教育改革及启示 [J]．比较教育研究，2001(6)．

[23] 王吉庆．一些国家和我国港台地区信息技术教育目标的比较 [J]．广西教育，2007(26)．

[24] 邹菊梅，赵瑛．韩国中小学 ICT 教育的现状及其启示 [J]．中国电化教育，2003(4)．

[25] 张萍．中美英日德五国信息技术教育战略的比较 [J]．世界教育信息，2005(7)．

2008 年各省教研工作巡礼

2008 年海南省中小学信息技术教研工作回顾

抓实教研工作　服务新课程教学

段　青

2001 年和 2004 年，海南省九年义务教育和高中阶段分别进入新课程实验。新课程实验数年来，中小学信息技术课程在学校的应有地位得以确立，中小学信息技术课程教师队伍建设和课程教学教研状况等得以改善。随着新课程实验的不断深化，海南省中小学信息技术课程教学教研工作，围绕课程改革这一中心，通过各种形式的教研活动，推动教师研究课程标准，研究教材内容，研究课堂教学，进而为教师探索和解决新教学中遇到的困惑和问题提供支持。

（一）基本情况

2000 年以前，信息技术课在全省中小学开设整体状况落后。近年来，随着基础教育课程改革的不断深化，海南省中小学信息技术教育教学的现状得到不断改善和提高。

1. 课程开设情况

2001 年起，我省城乡高中开始全面普及信息技术课程，2003 年起，我省加大了九年义务教育阶段信息技术课程的普及力度。根据不完全统计，目前全省高中学校信息技术课程的开设率达到 100%，城乡初中开设率达到 87%以上，城乡小学开课率达到 40%以上。

2. 教师队伍建设

中小学信息技术教师队伍有了长足发展，据不完全统计，全省目前小学专兼职信息技术教师约 400 人、初中信息技术教师约 320 人、高中信息技术教师约 280 人，中小学信息技术教师专兼职总数共约 1 000 人。

在教师专业结构方面，2002 年我们曾在海口等地针对 200 余位城乡中小学信息技术教师的问卷调查，当时仅有 20%左右的教师来自电教、教育技术和计算机等相关专业，其余教师则来自数理化专业或与信息技术教育相距更远的专业。2006 年我们针对中小学信息技术教师又进行了一次调查统计，教师队伍状况有所改变：第一，教师专业化程度提高，有半数以上教师来自教育技术专业、电教专业和计算机等相关专业；第二，教师队伍趋于年轻化，平均的年龄为 28 岁；第三，教师的学历尤其高中信息技术教师的学历分布有所提高，初中和小学信息技术教师的学历偏低，专科或专科以下的学历居多；第四，教师的职称分布较低，教师职称以一级、二级的居多，具有高级教师职称的教师所占比例微乎其微，而高级教师和一级教师总量仅占 1/4。

随着新课程常规教学管理制度的重建和不断完善，信息技术课程教师在学校的影响和受重视程度正在不断提高，有 90％以上的高中学校和近半成以上的初中学校设立有信息技术教研组。

（二）教师培训

近年来，中小学信息技术教师的培养和培训得到了教育教研部门的高度重视，自 2001 年进入新课程实验以来，每年均组织中小学信息技术教师进行多种形式的培训，促进了多数教师专业水平的提高。2001 年至 2006 年暑期，每年均组织九年义务教育阶段信息技术教师，针对新课程理念、新课程教学观进行多种形式的培训，先后培训信息技术教师上千人次。2004 年至 2008 年暑期，每年组织高中信息技术教师针对高中新课程理念、课程标准、教材、教法、教学评价等方面，分年级进行全员培训，培训形式有邀请课程标准组专家、教材主编、优秀老师讲座、讲学，有教师之间的互动研讨，有通过网络的远程研修，先后有 2 000 人次参加过高中信息技术教师暑期培训。

在每次教师培训之前，我们广泛收集教师对培训内容和形式的需求，做到明确目标、针对问题、讲究实效。在进入新课程的第一、第二年，我们将培训的重心放在新课程的理解、新教材的学习上，第三年开始，教师需要的已不再是理念和理论，我们开始将培训直指课堂教学，实实在在地解决教师在新课程教学中的困惑和茫然，帮助教师纠正教学行为上的偏差。同时，注意引导教师充分利用培训时机，体验参与和互动，每次培训都要求教师提交与培训内容相对应的作业，如提交指定内容的教学设计、命题试卷等，然后与他人进行交流，在互动和分享中学习他人的长处，产生新的经验，达到新的认识，实现自我提高。

总结数年来教师培训存在的不足有：第一，培训内容的选择性不够。教师是个体差异较大的特殊群体，包括学识水平、教学经验、教学条件、学生起点程度等的差异，这些差异导致对培训的需求不同，目前的培训还没有能为教师们提供多样化的选择。第二，教师培训的后续跟踪有待加强。培训结束，意味着培训任务完成，缺少对教师的课堂教学行为的跟踪分析。

（三）教研活动

教研活动是推动教师参与教学研究、促进教师教学水平提高的重要方式，是弥补和提高师资水平的有效手段。数年来，特别是进入高中新课程以来，我们坚持每年策划一项至两项覆盖全省中小学信息技术教师的较大型的教研活动，围绕当前教学热点和焦点问题，如高中新教材的使用、高中学生起点差异、必修与选修模块教学方法等，组织全省教师参与以说课评比、课堂教学评比、公开课研讨、同课异构研讨、专项课题研讨、网上在线研讨等为主要形式的教研活动。

说课作为常规教研活动，即使在新课程下，对于提高教师教学能力同样有着不可替代的作用。引导教师说出对教材的理解和教学设计的独到之处，避免走向形式化、程式化的误区是组织说课教研活动应该把握的方向。2006 年、2008 年先后组织了两次省信息技术教师说课活动，活动组织的过程和结果尽量做到公开、公正、公平，把活动的关注点引向对教学设计的研究上，使参加说课的教师说有所获，到场观摩的教师听有所获，共同进步。

两年一度的课堂教学评比活动同样是教师们热切关注的教研活动重头戏。总结 2005 年、2007 年组织的两次省中小学信息技术教师教学评比活动经验：第一，规范活动的组织管理过程，将活动全程各个环节、要求在网上公布，严格控制获奖等次的比例。第二，对参评课的导向正确，我们对教师参评课的评价导向是真实的课、充实的课、平实的课、生成性的课、可学可仿的课。第三，落实民主意志。在评比方式上，不仅关注评委的评价，同样关注听课教师的评价，采用多种渠道收集听课教师的口头意见和书面意见，如现场收集意见和网上收集意见等。课堂教学评比活动，不仅发现了一批优秀的信息技术教师，使他们走到了前台成为众多教师学习的楷模，更成为教师们交流学习的大舞台。

除了组织和策划省级常规教研活动，我们同样注重网络教研活动的开展。相比于面对面的教研活动形式，网络教研活动能突破教研员与教师的小范围、短时间互动的局限，放大了专家、教研员和骨干教师的作用，使教研的全员参与、大范围经常性交流变成了现实。2004 年以来，我们利用省信息技术学科频道网，使教师在更广阔的范围获得专业支持、经验的推广和教学难题的集中攻关。同时，网络教研使教研活动能够介入和跟踪教学全程，贯穿到教师教学设计、教学实施和教学反思的各个环节，增强了教师参与教研的自主性，实现了互动交流的广泛性。

回顾数年信息技术课程教研活动的组织，我们充分看到它能激发教师教研热情，提高教师教学能力的一面，同时也应看到教研活动容易固化、容易陷入既定模式的一面，一旦陷入套路，教师教研的热情也将一落千丈。所以教研需要创新。

（四）信息技术基础会考

进入高中新课程实验以来，我省努力把好高中信息技术课的教学评价关。我们认为，为使信息技术课程实验按课程标准的要求平稳推进，课程必须纳入科学规范的考试评价范围。在多方论证和权衡的基础上，将信息技术课程加入了高中基础会考之列，学生考试成绩作为基础会考总成绩的一部分，以10%的比例折算记入考生的普通高校招生统一考试成绩总分。

2006年是我省进入新课程后的第一次高中基础会考，为了做好第一次信息技术基础会考，我们提前拟定考试方案，虚心征求专家意见并吸纳专家研究成果，反复在网上开展研讨，多方听取信息技术教师的建议，汲取有创意的思想。在试卷的命题阶段，组织命题人员认真学习课程标准、考试说明和专家研究成果，发挥集体的智慧，努力做到：1. 试卷考核内容覆盖面广；2. 试题类型与功能定位明确；3. 超量供题、限量做题；4. 试题注重联系生活实际；5. 试题难度控制适宜。通过对答卷抽样分析，得到信息技术卷的难度平均值是0.72，完全符合基础会考难度值范围（0.70～0.72）的要求。2007年和2008年的基础会考在总结上一年考试命题经验的基础上，不断改进，使命题更强化基础技术知识和原理的应用，在命题角度上有所创新，使试题既要基于生活中的技术又要摆脱仅运用生活经验解题的状况，侧重技术方法和过程的分析，侧重方法的迁移和应用。

三年的基础会考，使我们摸清了高中学生信息技术课的学习状况，发现了教学过程中存在的一些问题。更重要的是，在现阶段，基础会考起到了推动信息技术课程向积极的方向发展的作用，维护了学生信息技术课程学习的权利，使师生和家长对信息技术课程的价值与作用有了重新认识，对考试方式和试卷试题有了较高的认同度。然而，信息技术课程考试与评价的探索之路漫长而久远，需要课程专家和课程实验者共同努力。

2008年浙江省中小学信息技术学科教研工作报告

魏雄鹰

2008年是基础教育课程改革的关键之年，中小学信息技术教研工作紧紧围绕省教研室总的工作思路："做好两个服务、抓好六项重点、追求三个目标”，重点在于服务基层、突破重难点、提升教研水平，在各级教研员和广大教师的支持配合下，在稳步开展高中新课程实验、提升中小学信息技术教学研究水平、支持薄弱地区教育等方面发挥了应有的作用。

（一）中小学信息技术教研工作综述

1. 稳步做好高中信息技术新课程实验，开展难点热点问题研究

高中新课程实验进入第三年，从最初的紧张、忙乱逐步到秩序井然，各级教研部门和学校都做出了很大的努力。加强调研和指导。在省高中新课程实验学科教学指导委员会各成员的辛勤工作下，在全省高中信息技术教师的共同努力下，2008 年浙江省高中信息技术新课程实验工作平稳有序地进行着。

（1）做好高三上新课程实验课前培训工作。为了进一步指导新课程实验工作，使新课程实验能向纵深研究发展，今年 7 月 11 日至 12 日在浙江师范大学附属中学举办了高三上新课程实验课前培训，参加对象为全省各县、市教研员、新课改样本学校教师代表、部分学校的骨干教师共 160 余人。

7 月 11 日上午浙师大附中丁芳和金琦老师二位老师分别上了“设计一个简易的专家系统”“通过域名发布网站”二节公开课，这两课内容分别来自高中信息技术选修模块《人工智能初步》和《网络技术应用》。7 月 11 日下午，来自全省各市的 8 位县（区）信息技术教研员代表，首先对 2 节公开课从不同角度作了点评，然后进行了一次高中新课程实验背景下的信息技术教研方式变革与创新大讨论。他们分别从各自的工作实际出发，就开展高中信息技术区域教研、将教育科研与课堂教学有机结合、加强教研组建设、指导学校校本教研开展等方面介绍了取得的经验，提出了存在的问题，也谈了解决问题的思路。在教研员代表进行大会交流时，台下的与会代表积极提问，台上台下共同探讨和交流，会议气氛热烈。

7 月 12 日上午，华东师大的王新伟教授做了“《人工智能初步》教材介绍和教法指导”报告。王教授从人工智能的起源、领域、研究方向、应用范围开始介绍，详细介绍了人工智能研究的主要内容，人工智能模块学习目标——对标准的理解，编写教材的指导思想，开展本课程教学的基本思路，教材的构思及结构等内容。作为高中信息技术六大模块之一的人工智能，目前国内开展教学实践的并不多，浙师大附中利用自身的师资和生源优势，依托浙师大的支持，率先开展了人工智能教学实验，并由李永前

老师在大会上介绍了他们的实验情况和所取得的经验教训。

在本次培训的最后，由省高中信息技术学科教学指导委员会成员、台州中学的孙立文老师根据各模块学科教学指导意见，作了高中信息技术总复习策略指导，与大家共同探讨了高考所带来的面临的机遇和挑战。

（2）协助省考试院开展信息技术高考研究。从 2007 年年底开始，组织高中信息技术学科教学指导委员会成员、各地高中信息技术骨干教师共同协助省考试院开展高中信息技术高考方案的制订工作，从考试形式、考试内容、考试要求、试卷结构、试题形式等多方面入手。并在确定书面考试形式后，在最短时间内拿出考试说明初稿，从而保证了首次信息技术高考平稳有序进行。

（3）高中信息技术高考对于广大学校是一件新生事物，如何进行信息技术总复习教师们都没有经验。在省教研室统一安排下，为了便于学校掌握教学要求，梳理教学结构，组织骨干教师编写了高中信息技术总复习导引。

（4）在高中部统一部署下，开展高中学科建设研究与实践课题前期研究，在 1 月份参加了有课题学校参加的研讨会，在 5 月份赴奉化中学和奉化武岭中学开展学校建设调研。组织信息技术学科课题小组成员准备材料，为 7 月份即将进行的课题开题会作准备。

（5）在会考工作方面，为了保证今年信息技术会考工作的顺利完成，在 4 月份与杭师大信息学院共同举办了一期会考系统培训班，专门针对去年未能参加培训的学校和新办学校进行了会考系统培训，有些去年参加过培训也很积极的继续参加，最终全省参加培训的教师突破了 200 人。为保证今年的高中信息技术会考系统顺利进行打下了基础。会考期间，在省会考办、杭师大信息学院、全省普通高中信息技术教师的共同努力下，今年的信息技术会考比较顺利地完成了。另外，今年 1 月份，参加了会考巡视工作，并撰写了详细的巡视纪要。

（6）参与高中新课程实验巡查。在 9 月份由省教育厅组织的高中新课程实验巡查活动中，参与了对台州温岭市的巡查。从三个方面对温岭市所做的工作作了肯定：领导重视，保障有力；积极践行，稳妥推进；富有亮点，初显成效。提了四点建议：加强对新课程实验和新高考的认识；转变传统教育的模式；新课程的理念需在课堂教学中落实；全面落实综合实践活动课程的实施；高三复习备考教学打破模块设计的限制；总结两年多的经验教训，使高一、高二的新课程实验工作做得更好。

2. 开展义务教育学科教学规范研究，深化课程改革

作为今年省教研室重点工作之一，学科教学规范研究在小学和初中各学科积极开展。组织骨干教师编写制定了小学信息技术学科教学规范和初中信息技术教学规范，先后召开了多次会议讨论、修改教学规范。在 3 月份专门就初中信息技术教学规范赴绍兴县进行了听课调研和讨论，在 4 月份的初中信息技术课堂教学评比活动中，活动主题定为“规范课堂 有效教学”，组织全省初中信息技术骨干教师进行研讨。最终形成了《小学信息技术教学建议 30 条》、《初中信息技术教学规范（初稿）》。作为今年省教研室重点工作之一，学科教学规范研究在小学和初中各学科积极开展。义务教育阶段的信息技术教研工作也围绕这一重点工作展开。

3. 义务教育阶段信息技术教研活动

（1）承办全国义务教育信息技术优质课展评活动

2008 年 10 月 29～31 日在温州市举行了“ 联想杯 2008 年全国义务教育信息技术优质课展评活动”，此次活动由中国教育技术协会信息技术教育专业委员会主办，由浙江省教育厅教研室、温州市教育教学研究院承办，温州市第十二中学、第十三中学、温州市建设小学协办。中国教育技术协会信息技术教育专业委员会主任李艺教授、省教育厅教研室副主任柯孔标，温州市教育局局长林卫平，温州市教育教学研究院院长潘建中，温州市鹿城区教育局长林世南，国家技术课程标准组成员段青、李冬梅等领导和专家出席了开幕式，林卫平局长、柯孔标副主任、李艺教授分别代表温州市、浙江省及主办方致开幕词。

第一次全国义务教育阶段信息技术优质课展评活动吸引了大批信息技术教师的参与，共有来自全国 24 个省、区、直辖市的各级教研人员、参评课教师和观摩教师约 700 余人参加了活动。本次优质课展评分为初中组、小学组两个场地，共有 45 节初中、47 节小学信息技术优质课进行展评。其中初中组设有 6 间网络教室、小学组设有 4 间网络教室，由全国各省区、直辖市的教研员和特级教师组成的评委分在各间教室听课、打分。92 位教师充分展示了他们的教学智慧和课堂风采。

本次优质课展评活动为评委、上课教师、观摩教师搭建了多个互动交流平台：一是分坐在每一间教室的评委在每一位教师上完课后进行即时点评，让上课教师和听课教师能及时获得最新的指导；二是在各场地参加观摩的教师可以通过手机短信的方式对当堂课发表自己的看法，两个主会场中的白板和大会专题网站上

都能及时显示出短信平台的实时信息，实现短信互动；三是参评课结束后两场地均设有总点评，分别由李艺教授和李冬梅老师对小学和初中的参评课进行总点评；四是活动结束后，有关本次活动的一些后续报道和相关资料将陆续在网站上发布，为今后参加此类活动的教师提供较多的学习资料。

本次活动涉及三所学校、10个分会场，会务的组织管理工作非常繁重，为了给来自全国各地的代表提供尽可能好的活动条件，除了温州市教研院、温州市第十二中学、第十三中学、建设小学等单位工作人员外，另外还招募了50余位来自各个中小学的信息技术教师作为志愿者，他们以高度的责任心和极大的热情，保证了整个活动顺利进行，也获得了与会教师的一致称赞。

(2) 初中信息技术“携手行动”

2008年9月18日，由浙江教育厅教研室主办，遂昌县教研室承办，遂昌二中协办的2008年浙江省农村义务教育课程改革“携手行动”初中信息技术课堂教学展示活动，在遂昌二中举行。来自全省各市、县60多人齐聚一堂，共同探讨农村初中信息技术课堂教学方法。

活动期间，嘉兴市秀洲区塘江实验学校的鲍洪芳老师、遂昌二中胡春梅老师、松阳三中叶春老师分别展示了三节精彩的初中信息技术课。活动之后，各市、县教研员围绕“课堂教学的有效性”对三堂课进行了详细到位的点评。这是我省开展“携手行动”以来第四次举行的初中信息技术活动，为提高我省农村信息技术教学水平起到了很好的作用。

4. 三项评比活动

2008年在三项评比活动中，主要进行了中小学信息技术论文评比、义务教育阶段信息技术教学案例评比及初中信息技术课堂教学评比。

2008年中小学信息技术教学论文和教学案例评比采用专家评分、集体讨论、网上公示及最后公布结果等流程，做到公开、公平、公正，本着宁缺勿滥的原则，共评出获奖论文57篇，获奖教学设计42篇，各等次获奖比例都低于规定的比例，从而保证了省教研室三项评比的高质量和高信度。

2008年4月组织了初中信息技术课堂教学评比活动，活动主题为“规范课堂 有效教学”。来自各市及杭州外国语学校的13位优秀青年教师进行了现场上课比赛。13节课不仅体现了教师精湛的课堂艺术和独特的人格魅力，而且反映了各地近几年在课程改革中所取得的研究成果。无论是对初中信息技术新课程的探索和实践，还是教师对课堂、学生的关注，都比前两届有了明显的提高。本次评比采用了专家评委和大众评委分别打分的方式，最后评出了 6 位一等奖，6 位二等奖，来自省内的 300 多位教师观摩了活动。本次活动在总结去年小学信息技术课堂教学评比活动经验的基础上，继续采用了现场短信评课方式，广大观摩教师边听课边发表感想。现场评课方式不仅让听课的教师可以进行及时的点评，有肯定、有批评，在观点的碰撞中进步，而且让听课教师积极参与到对信息技术课堂教学的研讨之中，加强了活动的研究氛围。

5. 课程教材研究

从 2007 年秋季开始，浙江省中小学生的书本费全部由政府买单，国家课标教材费由中央财政支出，地方教材与配套教学用书的费用由地方财政支出。目前由地方财政出资的教学用书由于经费预算远远低于以往的正常价格，因此所有的地方教学用书都在进行“瘦身”，小学和初中信息技术教材也不例外。这也意味着从今年秋季开始，义务教育段的信息技术教材又会有变化了，而且信息技术教材被纳入了循环使用的教材品种，如何应对这一新形势成了一个新课题。

2008 年响应政府号召，我们组织了小学、初中各册教科书的“瘦身”修订工作。在上半年，克服时间紧、任务重等不利因素，如期完成了各年段上册教科书的“瘦身”修订；下半年，继续保质保量地完成了各年段下册的修订工作。全年共完成小学 8 册、初中 5 册信息技术教科书的修订，并全部通过省中小学教材审定委员会的审定，得到了审查专家的充分肯定，他们认为“我省的小学、初中信息技术教科书明确体现了义务教育任务和培养目标，符合我省各学校软硬件、师资等实际条件，文字、插图等充分考虑了中小学生的年龄特点，任务设计有利于培养学生的探究能力和创新精神，篇幅缩短后，内容的系统性和前后各册的呼应仍然保持了原有的完整性”。在对教科书进行修订的同时，教师用书的修订也同步完成。

6. 高中信息技术学科建设专题研究

在高中部统一部署下，2008 年重点开展高中信息技术学科建设研究与实践课题的前期研究。在 1 月份参加了各课题学校的研讨会，在 5 月份赴奉化中学和奉化武岭中学开展学校建设调研。组织信息技术学科课题小组成员准备材料，在 7 月份召开的课题开题会上，温州中学、浙师大附中、柯桥中学三所学校分别从队伍建设、选修课开设、课程建设等方面介绍了各自的做法，相互交流了经验，正式启动了课题研究。

（二）教研工作成效、进展和体会

1. 高中信息技术新课程实验进展顺利，首次高考平稳有序

2008年，高中新课程实验进入了关键性的第三年，随着新课程高考方案的明晰，技术领域的两门课程——信息技术与通用技术在历史上首次被列入了高考科目，这是新中国成立以来，首次打破9门高考课程的框架，达到了11门高考科目。10月，我省举行了具有历史意义的技术高考，20多万考生参加了信息技术或通用技术的考试。从考后师生反映来看，由于考前工作到位，命题难度控制较好，试题内容与教学导向一致，因此首次高考在平稳中顺利实施。

2. 学科建设研究开始起步

学科建设是指学校为实现办学目标，完成育人使命，根据学科的任务、需要和特点，以学科为基本单元对相关教育要素进行配置、加工和利用，并在此基础上加以系统整合，保障学校教育教学活动有序有效展开，进而形成学校办学实力和特色的一系列活动。尽管从2006年我省高中新课程实验开始实施时，就开始关注高中学科建设，并已取得了一定的成效，但从两年来的探索看，还是有许多工作需要研究，如何让新课程理念真正落到实处，还需要各级领导和广大教师共同努力。

3. 评课比赛为教研员搭建了展示平台

2008年在初中信息技术“携手行动”中，首次试行了教研员评课比赛，由于受条件限制，11个市地只推荐出了6位县（市、区）教研员参加比赛。当天听完课后，进行即时点评，并且要求有演示文稿或讲稿。这6位教研员的点评效果非常好，无论是评课理念、评课角度、点评准确性等基本教研素养，还是学科素养、语言表达、时间把握等教研基本功都各有千秋，使上课教师和全体与会者都获益匪浅。评课比赛，结果并不重要，关键在于为广大基层教研员搭建了一个平台，使一些平时只在幕后默默工作的教研员也能有机会施展才华，得到锻炼。

4. 网络教研注重实效

网络教研在2008年影响力越来越大，有越来越多的学校和教师加入到网络教研中来。继2007年在教研活动中引入短信互动、博客留言、网络现场直播等形式后，今年着重于将网络教研与传统教研形式进行有机结合。在经过多次活动探索后，对于各类网络手段有了初步的适应性研究。网络即时交流工具、手机短信、论坛、网站等技术在日常生活中的应用已十分广泛，在教研

活动中引入这些技术要根据需求合理利用。博客、网站、论坛等适用性比较强，在各类教研活动中都可以适当的加以利用，如通知发布、信息交流、资料上传、组织讨论等。即时交流工具如QQ群、MSN等，比较适用于会议前期准备、会务安排交流等少数人之间的信息交流。手机短信比较适用于课堂教学评比中的即时评课。各种技术的使用，都要注意扬长避短，如手机短信在用于评课时，如果使用得当，对于活跃气氛、加强交流、提高教研活动成效有较大的作用，如果使用不当，则会带来一些负面影响。因此手机短信在使用时，要注意不能干扰正常的课堂秩序，短信内容的大屏幕投影必须放在上课教师和学生不能看到的位置，主办者要提醒参加短信评课的教师注意语言文明，只能就课堂教学发表看法，不能发一些与活动无关的内容。无论是手机短信评课，还是QQ群讨论、网上点评等，主办者都要安排专家或教研员进行恰当的引导，着力于提高教师思考问题的深度和广度，使教研活动能给广大教师带来最大程度的收获和提高。

5. 在全国教学评比中成绩突出

2008年10月，组织参加了由中国教育技术协会中小学信息信息技术专业委员会组织的首届义务教育阶段信息技术优质课展评，总共评出了小学组23个一等奖、24个二等奖，初中组23个一等奖、22个二等奖。浙江省7位参赛选手取得了4个一等奖、3个二等奖的好成绩，其中获得一等奖的教师是：温州建设小学周建武、温州市少年艺术学校林绮丽、温岭中学实验初中徐勇兵、宁波市李兴贵中学李宇澄；获得二等奖的教师是：绍兴市鲁迅小学周建刚、杭州市九莲小学洪波、温州实验中学刘荃。

2008年12月，在中国教育学会中小学信息技术专业委员会第五届学术年会论文和案例评比活动中，浙江省共获得了论文一等奖8篇、二等奖16篇、三等奖6篇，案例一等奖2个、二等奖2个，在各省市中名列前茅。

（三）下一步工作设想

1. 总结推广新课程实验经验，进一步落实新课程理念

随着课程改革的深入，无论是高中还是初中、小学，在一系列政策方针出台后，教研工作都应着重于政策落实和新课程理念的转变，结合义务教育教学规范研究、高中学科建设研究，采用抓典型、培育“亮点”等形式，以点带面，发挥义务教育课改联系点、高中新课程样本学校的作用，着眼于课堂教学，逐步引领中小学信息技术教师落实新课程理念。

2. 开展初中信息技术学业评价研究

自2000年开设中小学信息技术课程以来，对于信息技术教学的研究，已逐步从宏观层面的政策制定、教学用书规范等环节向微观层面的教学方式、教学模式、教学评价等环节转变。其中，信息技术教学评价又是广大教师比较关注和重要的内容。初中信息技术教学一直是整个信息技术学科教学中的薄弱环节，开展初中信息技术学业评价研究，既可以起到小学、高中的承前启后作用，又可以加强对教学的导向，从而提高初中信息技术教学质量。

3. 修改完善小学、初中信息技术“教学建议”

2008年已初步完成《小学信息技术教学建议30条》和《初中信息技术教学规范（初稿）》，下一步将继续征求意见，并选择试点学校进行试行，同时组织配套的解读文本编写，征集典型案例，待修改完善后在全省推广。

2008年北京市中小学信息技术工作总结

王振强

（一）高中课改

在2007年7月及2008年1月教师培训的基础上，进一步开展高中新课程实施的指导和过程性培训工作，按高中课改专项的计划，做好学科课例的研究和整理工作。建立由市教研员组织、区县教研员和骨干教师为主体的课程实施研究组，及时总结经验、发现问题、提出对策。同时利用教师研修网开展及时的课程实施指导工作。通过一系列具体课例的研讨，帮助教师整体理解课程内容，准确把握学生学习的特征，合理地制定教学目标，有效控制教学难度，避免加重学生课业负担。

重点工作：

1. 3月11～14日召开工作研讨会，修订《信息技术学科教学指导意见》，编制《信息技术高中会考说明》，3月下旬完成初稿，在学科教师中征求意见。

2. 3月初对全市新高一教师培训情况进行调研，3月底以前制定出新高一教师7月培训方案。

3. 4月中旬在东城区举办一次高中算法与程序设计选修课程研究课。

4. 3月中下旬开始《信息技术学科高中新课程教学案例集》（15万～20万字，包括课堂实录、教师反思和专家评析）编辑整理工作，5月初定稿。

5. 3月10～11日，大兴高中教学视导。4月14～16日，顺义教学视导。

6. 10月份对《信息技术学科高中新课程教学案例集》进行了修订。

7. 9月22～25日延庆教学视导、10月20～23日通州教学视导。

8. 对全市中教学情况进行了调研，各区县教研部门撰写了总结报告。

9. 与北京八中、实验中学等校进行校际联合教研专项活动，进行了教学设计展示研讨会。

（二）义教课改

总结义务教育阶段课改六年来的经验，针对义务教育阶段课改内容、教学方式、中小学教学的衔接、教学质量监控评价等方面内容进行研究。

重点完成了以下几项工作：

1. 3月中旬召开研讨会、进行调研，4月撰写信息技术学科课改情况分析报告。

2. 4月中下旬举办一次小学教学设计、课例交流展示活动。

3. 3月28日赴房山，4月9日赴朝阳参加小学教学视导。

4. 9月底召开了研讨会、进行调研，征集了课改6年精品教学案例。

5. 9月下旬在顺义举办了一次教学观摩会。

6. 9～11月分赴朝阳、顺义、大兴、通州等区参加小学学科联动及手拉手活动。

7. 推选小学、初中教师参加10月底在浙江省温州举办的全国优质课比赛，同时组织全体教研员赴浙江进行考察交流。在比赛中获得一、二等奖各两名。

8. 为义务教育教学质量监控评价做好前期调研准备，对历年其他学科义务教育监控评价框架进行研究，探索信息技术学科监控评价的内容、标准、方式，准备在2009年实施。

（三）德育实效性研究

在义务教育阶段信息技术学科德育指导纲要的基础上，进一步完善、扩充，制定高中信息技术学科德育纲要。

1. 3～4月，总结2007年学科德育研究成果，推广学科德育经验。评选学科德育成功案例。

2. 5月底前完成高中德育指导纲要初稿。

3. 6～7月介绍推广学科德育优秀教师的先进经验。

4. 9月，完成了高中信息技术学科德育纲要。评选出学科德育成功案例。

5. 11月23～25日，参与组织了北京市教委中小学德育观摩周分会场活动。

6. 12月，经过多次研讨，组织了“社会大课堂”教学实验基地（首都图书馆）教学活动。

（四）教师基本功展示活动

完成初中教师基本功展示活动后续工作，参考初中教师基本功展示活动成功的经验，启动小学教师基本功展示活动。

1. 3月4～6日，完成初中教师基本功展示活动阅卷工作。

2. 3月初～4月中，完成初中教师基本功展示活动优秀教学案例编辑出版工作。

3. 4月底前完成了小学基本功展示活动方案，5月份对活动方案进行介绍。

4. 9月份，完成了小学教师基本功展示活动方案设计及培训手册。

5. 12月份，针对教师问题开展了全市小学骨干教师基本功培训。

（五）优秀教学设计评选工作

在上学期工作基础上，完成学科初评和优秀教学设计推荐工作，为后续评选工作奠定基础，继续完成2007年度优秀教学设计课例录制工作。

1. 3月底完成学科评选，推荐一、二等奖教学设计参加全市终评。

2. 5月12～16日中完成全市终评。

3. 6月份完成了优秀案例集。

（六）教学论文、教学设计及录像课评选

为鼓励信息技术任课教师钻研教学，总结交流教改经验，积累教学资源，推动信息技术课教学质量的提高，按照惯例，与教育学会计算机教学研究会联合举办全市信息技术优秀录像课评选活动。

1. 暑假前各区上交参评录像光盘，每区每学段一节。

2. 9月份完成已征集优秀录像课光盘复制，下发各区。

3. 11月汇总评审结果，颁发证书。

4. 引导教师针对学科特点进行教学研究。9月布置教学论文征集，12月31日完成论文征集。

5. 11月份，完成了2008年教学设计评选总结工作。

（七）信息学奥林匹克竞赛组织工作

与北京市科协合作，组织了2008年全国信息学奥林匹克竞赛北京参赛队伍选拔、培训、2008 年全国信息学奥林匹克竞赛分区联赛的组织，以及 2009 年全国信息学奥林匹克竞赛的申办和筹备工作。

（八）“网上教研”专项工作

3 月份，与首师大课题组进行交流，制订本学科网络教研活动方案，开展网上教研活动。

利用北京教师研修网、北京教研网、北京教育科研网等网络平台发布教研信息、组织网上教研活动。以 OICQ、MSN 等即时通信软件作为辅助网上教研手段，开展交流。

（九）组织学科教学指导委员会

3 月中旬组织“北京教育科学研究院基础教育教学研究专业指导委员会”，落实兼职教研员的聘任。

（十）计算机作品评选

与市网络信息中心合作，组织 2008 年全国中小学生计算机作品制作活动，组织机器人竞赛活动。

2008 年四川省教科所信息技术教育研究室工作总结

李维明

2008 年，我室以“十七大”精神为指引，紧紧围绕“学习贯彻‘十七大’精神推进教育事业科学发展”的方针，坚持“促进学生全面发展和终身发展”的工作方向，克服“5·12”特大地震灾害带来的不利影响，积极参加“灾后教育重建”工作，努力深化基础教育课程改革，注重学科教学研究，注重教师专业发展，注重网络教研，为提高我省信息技术教育、科研的水平和质量，促进我省信息技术教育、教学工作再上新台阶做出了自己的努力。

2008 年我室主要开展了以下几方面的工作：

（一）重视信息技术课程建设与教学指导，取得成效

1. 从服务入手，搞好信息技术课程建设

2008 年我室在充实和完善四川省义务教育课程改革实验教科书《信息技术》的内容，加强教材的“立体化”建设方面，努力做好教材使用中的服务工作，努力丰富配套资源，使之更符合我省信息技术课程改革的实际，更便于各年级的教学应用。同时，积极探索低年级（1～2 年级）学段信息技术课程的开设及教材编写的理论与实践，在寻求适合我省城市学校信息技术课程改革深入发展的策略方面做出了努力。

2008 年，我室十分关注高中课程改革进程，力所能及地做好

了相关准备工作。

2. 立足课堂、关注教师，全方位开展信息技术学科教学指导

(1) 重视信息技术教师教材、教法培训

在中小学信息技术教育、教学工作中，教师是最为关键的因素。为了有效地提高我省信息技术教师的教学、科研水平，促进全省信息技术教师的专业发展，2008 年 6 月 30 日～7 月 4 日我室克服“5·12”大地震带来的重重困难，在龙泉召开了“2008 年四川省基础教育课程改革义务教育阶段 3～6 年级信息技术教材培训会”和“2008 年四川省基础教育课程改革义务教育阶段7～9 年级信息技术教材培训会”，分别对义务教育阶段 3～6 年级和义务教育阶段 7～9 年级信息技术教师进行教材、教法培训，来自全省各市、州的 200 多名信息技术教研员和骨干教师参加了培训。

在这两次培训中，我们采用了“专家讲座”“现场课例分析”和“教材教法点睛辅导”等形式进行，行之有效。

为了拓展信息技术教师的视野，开阔信息技术教师的思路，我们特别邀请了在全国、全省有较大影响的信息技术专家、信息技术教育专家进行“专家讲座”，收到良好的效果。例如：电子科技大学教授周明天在其专题讲座《信息技术述评》中，分析了当今信息技术的前沿信息并进行了精彩的评述，使与会信息技术教师了解了信息技术的发展趋势，从而在今后的教学中更能准确地把握方向；又如，四川师范大学计算机科学学院副院长、教授张松所作《发展中的信息技术与教育》的专题讲座，为与会信息技术教师提供了全新的信息技术教育理念。

在培训中，我们非常重视实际案例的研究，为此设计了“现场课例分析”和“教材教法点睛辅导”两个重要环节。在“现场课例分析”环节，我们先请来自一线的优秀的信息技术教师上 1～2 节公开课，由教学、教研经验丰富的一线教研员加以现场点评，再请现场教师自由发表意见，从具体的实例，探究信息技术课堂教学的方法，具体而生动；在“教材教法点睛辅导”环节，我们邀请了我省《信息技术》教科书的主编、经验丰富的教研员针对信息技术教材，按学段、年级做出深入的分析和透彻的讲解，画龙点睛，为老师们提出切实可行的教法建议。

在培训中，我们也注重发挥本所教研人员在培训中的引领作用，由本所计算机特级教师李维明所作题为《创感时代：全新思维的教学设计》的专题讲座及教研员郭斌对相关年级教材教法的点睛发言，分别介绍了从信息时代迈进到创感时代信息技术教师

的教学设计的全新理念和具体教材处理方法，信息技术教师教学设计能力的发展，提出了方向性的建议。

（2）注重信息技术教师教学研修、提高

2008 年，我室针对我省中小学信息技术教育、教学发展中出现的热点、难点问题，抓住机会开展了系列信息技术教师教学研修、提高活动。

2008 年 1 月 14 日，针对“信息技术教学与创新”的关系问题，我们举办了“国际创新教育专家讲座之美国麻省理工学院MITCHEL（米切尔）博士讲座”，来自全省各市、州的 200 多名教研员和信息技术教师参加了本次讲座。

米切尔（MITCHEL）博士是 20 世纪影响世界教育的 20 位教育家中排名第 12 的专家，现主持美国麻省理工学院多媒体工作室工作。麻省理工学院多媒体实验室在过去的半个世纪，无论在新技术、新教育方面都领世界之先，很多新思想、新理念、新技术都是从这里起源。米切尔（MITCHEL）博士讲座内容涉及创新教育有关理念，他通过大量形象生动的实例和精辟的讲解，为我们展示了全新的创新教育理论和操作性很强的案例和方法，博得了与会老师的热烈掌声。米切尔（MITCHEL）博士的讲座对促进我省信息技术教师专业化发展，深化我省中小学素质教育极具参考价值。

2008 年 4 月，我室在凉山州普格县进行了四川省首届“中小学信息技术优秀教师研修活动”。这次活动，各地择优推选了 30 余名信息技术教学骨干，相聚凉山，针对“高中信息技术课改对我省信息技术教学的影响及对策”开展了切实有效的研修活动，其研修成果，对我省高中课程改革中信息技术课程的设置、教学测评的方法等问题的决策，具有较大的参考价值。

（3）开展信息技术教师教学能力竞赛，促进课堂教学水平提高

信息技术课程是一门崭新的学科，与其他成熟学科相比，无论在教师素质和教学水平方面都存在着较大的差异。为了提高信息技术学科教学水平，提升信息技术教师素质，今年以来，在四川省教育科学研究所统一安排下，信息技术教育研究室针对信息技术教师的特点，多次开展教材、教法专题培训；同时，组织教研员深入基层学校指导教学、教研，结果收到明显的成效。

为了引导我省信息技术教师关注课堂教学方法，提高课堂教学能力，我室一方面通过坚持深入基层学校听课评课，调查研究，及时了解教学实践中的新情况，及时发现课改进程中的

新问题，及时总结教学实践中的新经验，推动我省信息技术教学的新发展；另一方面，我们还搭建平台，为教师展示教学能力风采、观摩教学技艺，交流教学经验提供舞台。为此，我们一方面举办信息技术教师基本技能、教学能力竞赛；另一方面还为本省信息技术教师参加全国信息技术教师赛课活动争取机会。

2008 年 11 月中旬，由本室组织的“2008 年四川省信息技术教师基本技能、教学能力竞赛”分别在绵阳和资阳举行。来自全省各市、州的 60 余名教师分别参加了在绵阳中学英才学校进行的义务教育阶段竞赛和在资阳中学进行的高中阶段竞赛，近 200 名信息技术教研员及教师参加了观摩学习活动。

本次竞赛采取 IT 技能网络展示、现场授课相结合的方式进行，我们的意图是较全面地展现信息技术教师的教学能力。参加本次竞赛的教师，展示了较强的信息技术基本能力和较高的教学水平，体现了先进的教育思想和教育理念，让大家看到了技术在课堂教学中的有效应用，产生了良好的示范效应。

2008 年 11 月，由中国教育技术协会信息技术教育专业委员会举办的“2008 年全国义务教育信息技术优质课展评”活动于 10 月 29 日～11 月 2 日在浙江温州举行，全国各地选拔的 97 节义务教育阶段信息技术优质课在现场进行了展评，来自全国各省区共 700 余名专家及中小学教师参加了这次活动。在该次展评活动上，由我所组织、选拔参赛的 4 节优质课，有 3 节获得了一等奖（成都市实验小学游佳、绵阳中学英才学校赵艺、四川师范大学实验学校谢林）、1 节获得二等奖（成都市龙泉航天小学程林廷）。这一优异成绩的取得，反映出我省义务教育阶段信息技术课堂教学水平跃上了一个新台阶。

（二）建立、健全制度，推进信息化建设及网络教研

2008 年以来，特别是“5・12”大地震之后，我室在教科所新任领导的统一安排下，从建立、健全制度入手，在努力推进我所的信息化建设，促进传统信息管理方式向数字化方式的转变，提高教育科研的效率和效益方面，做了大量工作。

首先，由我室起草，出台了《四川省教育科学研究所信息化建设管理办法》，有效地规范了“教研在线”网站的建设管理、图书情报资料的建设管理、办公自动化及网络教研等工作制度，为充分利用我所网络资源开展教研，充实我所数字化信息内容，扩充网络功能，加强与市州教科所的联系，积极推动“无纸化办公”的进程，更好地为教育科研服务提供了政策保障。

同时，在所领导及有关部门领导的关怀和支持下，我室克服资金缺乏、人手不足等不利因素，经过努力，建立了良好的服务器及网站运行环境，拓展了网络带宽，加强了安全监控管理，为我所信息化建设及网络教研活动的正常运行提供了可靠的技术保障。

有了政策和技术的保障，我所信息化应用有了可喜的进步：2008 年 3 月，由我所建立的“四川省教研系统公文无纸化收发系统”开始正式运行，由此开创了四川省教研系统公文无纸化收发的时代；2008 年全年，“教研在线”网站共发各类教育、教研文章信息动态新闻共计 4 600 余篇（不含交流园地发帖），这些文章对全省基础教育科研工作的指导、教育信息的上下沟通都起到了积极的作用。特别在“5・12”大地震发生后，“教研在线”网站发布了大量的有关抗震救灾及灾后教育重建的信息，这些信息对于传达上级指示、了解有关政策、动态都起到了积极的作用。目前，“教研在线”网站访问量已达 180 万（人次），已经成为我省教育科研战线最具影响力的网站。

同时，我室在充分利用现代教育技术的优势，积极开展网络教研，率先垂范，取得良好效果。2008 年以来，我室在“教研在线”网站上，建立了“信息技术课改教材”专题指导栏目，开辟了“四川信息技术教学交流园地”，建立了“四川信息技术教育 QQ 群”及“信息技术教研员工作群”，极大地提高了信息技术教研效率，也为其他学科网络教研提供了实例。2008 年，我室还尝试性地利用本所网站开展了“中小学生网络应用系列活动”，其中包括：网络种植观测活动、网络读书活动、锻炼身体迎奥运网络展示活动、网络机器人竞赛等多项活动。全省中小学在校学生数万人及部分中小学学校参加了系列活动，“教研在线”网站的影响扩展到了学生及学校。

另外，2008 年我室还以网络方式进行了一次全省范围的中小学信息技术教育、教学现状调研，网络的高效、快捷等优势在统计中充分显现出来，为我所提高教育科研效率积累了新的经验。

（三）规范管理，做好常规工作

2008 年以来，我们坚持用制度规范管理，搞好图书阅览室的常规服务工作，使现有信息资源在教研工作中充分发挥效益。例如，在订阅报纸杂志时，我们就根据《四川省教育科学研究所信息化建设管理办法（试行）》的有关规定，广泛征求各室意见，使订阅工作更有目的性，使订阅的信息资料更贴近我所教育科研的实际。

同时，为了促进我省学校图书数字化建设工作的开展，我室开展了四川省教育厅普教科研资金项目“中小学图书馆数字资源建设与应用研究”课题研究，并设立了基于基层学校的相关子课题，有效地推动了学校图书馆数字资源建设与应用工作的发展。

我室还协助办公室及其他研究室，完成了“2008 年度中央教育科学研究所专项业务资金重大课题‘5·12’四川汶川大地震灾后教育重建研究”开题报告会、咨询会，“四川省教育科研工作研讨会”等重大会议的录音、录像工作及相关资料的整理工作，得到有关方面的肯定。

2008 年我室仍继续承担高中信息技术会考的出题任务，其内容包括笔试、机试及网考三种形式。4 月下旬，我室组织了全省部分优秀信息技术教师及教研员，进行高中信息技术会考（机考、网考）命题，保质保量地完成了出题任务，保证了高中信息技术会考的正常进行。

另外，本年度我们还继续做好了高中毕业会考的各学科成绩统计工作，在已经完成数据的基础上，与基教处及本所相关科室合作，完成了相关数据的统计工作。

总之，在 2008 年一年里，我室认真做好教育科研及常规工作，坚持科学发展，为构建和谐教育科研环境做出了自己应有的努力。

学术期刊、学科网站

学　术　期　刊

中国信息技术教育

《中国信息技术教育》杂志是中华人民共和国教育部主管，中央电化教育馆等单位主办的国家级刊物；是全国中小学信息技术创新与实践活动（NOC活动）指定刊物。《信息技术教育》杂志创刊于2002年11月；2008年3月，经国家新闻出版总署批准，正式更名为《中国信息技术教育》。

杂志定位：面向信息技术教育领域、关注教育教学的教育科研刊物。

读者群体：广大一线教育工作者（一线教师、学校领导），教育行政管理人员，教育科研人员，教学设备采购人员，政府主管信息化人员，教育行业企业及其他相关人员。

发行范围：国内外公开发行，覆盖各省、自治区、直辖市及其所辖市、县的教育主管机构：教育厅（局/委）、电教馆、教研室、教育技术装备中心（站）、各中小学校。

栏目介绍：

栏目设置	栏　目　简　介	投稿邮箱
专题	教育信息化时事、热点的及时、全面、深度报道（每期大篇幅聚焦一个主题）	teacher@nettime. net. cn
特别关注	对话/访谈/观点圆桌，前瞻性的理论探讨和话题解析	tougao5@nettime. net. cn
巡礼	区域、学校信息化经验策略谈	tougao3@nettime. net. cn
信息技术课	信息技术课程教法、学法的研讨，教学设计案例及点评	tougao4@nettime. net. cn

续表

栏目设置	栏　目　简　介	投稿邮箱
课程整合	信息技术与学科整合展示与剖析，整合实践的所思所感	tougao2@nettime. net. cn
技术与应用	技术如何为教育教学所用，教学资源、课件、教育平台等新媒体新技术应用交流	tougao1@nettime. net. cn
域外采风	国外信息技术教育热点、现状、思潮等的展示与分析	tougao3@nettime. net. cn
两岸交流	海峡两岸围绕教育信息化发展的沟通与交流	tougao5@nettime. net. cn
数字社区	汇集教育叙事、教育人物、数字前沿等内容的轻松社区	tougao3@nettime. net. cn
NOC-ZONE	全国中小学信息技术创新与实践活动专栏	teacher@noc. net. cn

中小学信息技术教育

《中小学信息技术教育》(月刊，刊号：ISSN 1671-7384 CN11-4860/G4）是直接面向中小学信息技术教育的专业刊物，是中国教育类核心期刊、中国教育技术协会中小学专业委员会指定会刊、中国教育技术协会信息技术教育专业委员会指定会刊。

该刊致力于传播信息技术教育先进理念，推动信息技术在中小学教学和管理中的应用，在栏目形式与文章内容上走精品化路线。通过多年在教育信息化领域的辛勤耕耘，现已形成以“本期策划”为品牌，以“信息技术课”“课程整合”“管理 E 线”和“技术与应用”为主体的总体栏目格局，准确把握基础教育信息化的发展脉搏，密切关注和解析教育信息化进程中的热点和焦点问题。此外，还设置了“培训广角”“关注农村”“现象观察”“理论探讨”“环球”“区域巡礼”“业界动态”等栏目，力求全方位、多角度地关注和报道基础教育信息化领域的实践探索和典型经验，为提高基础教育信息化的质量与水平服务。

因其对办刊思路的精确定位以及坚持为一线教师服务的一贯宗旨，《中小学信息技术教育》杂志得到了广大教育工作者的支持与关爱，发行量一直在同类期刊中遥遥领先，拥有较高的行业知名度和影响力。该杂志的读者主要包括：中小学教育行政管理部门领导、教科研机构研究人员、中小学校长、信息技术教师以及学校网络管理员。与此同时，该杂志还与各级教育主管部门、专家、学者、教师建立起了亲密和持续的合作关系，并凝聚了一批高素质编辑人才，在策划选题、编辑约稿和甄选稿件方面具有独特优势。为方便作者投稿和及时了解稿件审理状态，进一步提高审稿效率，加强作者和编辑的互动，杂志社建设了投稿平台（http：//www. itedu. org. cn/index/onlinecontribute. php）。作者可通过该平台了解该杂志各栏目的定位，进行在线投稿、查询审稿状态，并与杂志编辑交流修改意见。

学　科　网　站

重庆信息技术教研网

网址：http：//www. cqjy. com/xxjs

网站简介："重庆市信息技术教研网"始建于2000年，由李晓平（重庆市教育科学研究院）和王开明（重庆九龙坡区教师进修学院）共同设计制作。该网站是重庆市中学信息技术学科教师和学生交流学习的平台，同时也是我们对外交流、展示的平台。网站主要设有"教研动态""科研课题""竞赛园地""学会信息""互动热线"等栏目，旨在实时公布重庆中学信息技术教育教学的研究动态，展示研究成果。网站内容丰富、贴近教师需求，而且更新速度快，页面设计清新、简洁、流畅，深受教师们的欢迎。教师们把这个网站当做一个研究平台，了解信息，展示成果，发挥了网络快捷方便的优势，体现了信息技术学科教学研究的特点。在几年的运行中课题网站发挥了较好的桥梁和互动作用。一直以来，"重庆市信息技术教研网"秉承其"面向广大信息技术教师，提供最佳学习交流内容"的办站宗旨，坚持为信息技术教师服务和强化内容建设的理念，在我市的信息技术教师中享有值得骄傲的口碑。

信息技术学习园地

网址：http：//www. bjjsschool. net/xxyd/index. htm

网址简介：本网站是教师为改变学生学习方式为学生学习信息技术知识提供的学习资源，其内容有些来自教师本人的教学资源；有些来自教师编写的教材资源；也有一些是来自教师搜集、整理的网上资源。

本网站主要包括：程序设计、智能机器人、信息技术教育、软件应用、会考复习栏目。根据本人教学的主要内容，网站以程序设计栏目和智能机器人为主要内容。在程序设计栏目中包括：程序设计与中学数学、程序设计与奥运、VB程序设计等子栏目。在智能机器人栏目中包括："学习平台""初中教材""边学边做""机器人图片"等子栏目。在信息技术教育栏目中介绍了我校信息技术教育的历史与发展和相关的教育论文等。

甘肃省教科所教研网

网址：http：//www.gsier.com.cn

网站简介：甘肃省教育科学研究所是我省基础教育教学业务管理、教育教学研究和指导学科教学工作的专业职能部门。甘肃省教科所网站作为本所对外宣传的窗口，发挥着非常强大的宣传与教学指导功能。本所网站始建于2000年，2008年经多方论证后进行了全新改版，受到了各市（州）的普遍好评，与市（州）之间的互动逐步建立起来，大量的教师参与到网站的评论与论坛当中，为我所的工作提出了许多宝贵的意见和建议。网站栏目的充实，内容的丰富，各项活动及评奖结果的公示，使教科所的工作更加透明化、规范化。

甘肃省教育科学研究所网站有"工作简报、最新通知、网络电子期刊、学术活动、本站新闻、高中课程改革、信息技术专栏、教育博客、优秀教研成果、新书推荐、甘肃教研数据库、项目、内部办公系统、所内通知和省内教育网站"十五个栏目，此外，还开辟了"甘肃省教科所深入学习实践科学发展观活动"和"走进高中课改""校长论坛"两个专栏。

本所网站制作了独立的logo和专栏标志，采用了统一的主色调。总体上看，使得主题突出，色彩素雅鲜明。为各个专栏都设置了"更多"按钮，使之内容更充实。

在网站的管理上，采用后台可视化管理，能够对各个栏目进行方便的增、删、改操作，并以信息发布时间为序，使最近更新的在首页的各个栏目中的第一位置显示，体现了信息的时效性。并能在后台对网站进行时时的更新和对网友的评论进行管理。

九江中学网络互动教学系统

网址：http：//www.jjzx.net/netschool/

网站简介：本网站是关于信息技术学科的教学资源网站，具体栏目内容如下：

（1）IT 纵横：包括信息技术方面的新闻、信息技术教学、信息技术技术等信息，还包括本校第二课堂教学内容及学生作品。因为部分新闻是网络上的新闻摘录，因发表网站使用了防盗链设置，部分图片不能正常显示。

（2）媒体教学：包括信息技术、Flash、Photoshop、Dreamweaver 等方面的视频教学。

（3）课例课件：我校老师制作的课例课件。

（4）我要投稿：接受网友对网站的各个栏目投稿，经管理员审核后方能发布。

（5）留言板：站长与网友交流的地方。

（6）科组简介：我校信息技术学科老师简介。

海南成长博客之信息技术频道

网址：http：//blog. cersp. com/index/1002876. jspx

网站简介：信息技术频道创办于 2004 年 7 月，是进入高中新课程实验以来海南省普通高中信息技术教师交流学习、展示自我的平台。

网站秉承为高中技术课程教学服务，为课程教研提供资源支撑的信念，坚持重原创、重交流、重反馈的务实、开放和平等的工作作风，在海南省高中信息技术课程实验起步和走向深入进程中，为高中信息技术教师提供丰富、翔实、及时的省市教研信息和课程资源，为传播信息技术课程的价值，提高学校和教师课程教学的信心，起到了不可替代的作用。

目前网站点击数为 6 366 626，文章数为 4 210，评论数为 5 795。

湖南省基础教育新课程教学资源网

网址：http：//www. 3633. com. cn

网站简介："湖南省基础教育新课程教学资源网"是根据湖南省教育厅的要求，由湖南省基础教育课程改革办公室主办，由湖南省教科院组织开发和管理，面向全省中小学教师，服务基础教育新课程改革的公益性、综合性学术研究网站。

网站建设以深化课程改革、提高教研效益、实现资源整合为目标。

（1）深化课程改革。通过湖南省基础教育新课程教学资源网平台，每所学校、每位教师都能方便、快捷地获得最好、最新、最贴近实际的教学资源，将“回归教育本质，体现时代精神、促进全面发展”的思想落实到学校、教师和课堂。

（2）提高教研效益。通过湖南省基础教育新课程教学资源网平台，每所学校、每位教师都能及时反映他们遇到的困惑，与教研人员、课改专家共同研讨、提高，实践新课程理念。做到教学与研究相结合，网上与网下相促进，实现教研效益的最大化。

（3）实现资源整合。通过湖南省基础教育新课程教学资源网平台，整合各地优质资源，实现优势互补，共建共享，建成符合我省实际、属于全体学校、教师和不断发展的资源体系。

资源网建设以广大中小学教师为基础，以省、市、县、校教学研究体系为支撑，以门户网站为平台，通过组织开发、网络评比等方式，逐步积累一批理念先进、贴近实际、使用方便的新课程学科资源，最终形成完全开放、内容丰富、功能齐全的互动型学科资源网平台与社区，成为全体教育工负责人共同的思想阵地和精神家园！

域名“3633”代表着3年幼儿园教育、6年小学教育、3年初中教育、3年高中教育。

“湖南省基础教育新课程教学资源网”坚持共建共享，免费开放的原则，不向教师、学校收取任何费用。

为了保证教学资源质量以及各项网络评奖、表彰活动的顺利实施，“湖南省基础教育新课程教学资源网”采用推荐入会的实名制认证会员体制。入会会员必须填写真实的个人信息，并得到老会员的推荐方能入会。

“湖南省基础教育新课程教学资源网”得到国家教育部朱慕菊副司长的高度评价，新疆建设兵团教育厅还专门组织相关人员考察学习网站建设经验。网站从2008年开始进入试运行，仅开放高中部分，2009年4月逐步开放小学、初中，目前涵盖从幼儿、特殊教育到小学、初中、高中全部学科。截至2008年，仅高中部分认证会员人数达7 000余人，访问超过100万。预计今年认证会员将达5万人，新上传资源10 000个，访问超过1 000万。

鞍山一中Moodle信息化课程平台

网址：http：//www.221.203.55.42/moodle7

网站简介：对于一线教师来说，要把新课程理念转化为实践行为，还面临很多困难，还面临着操作性差，缺乏有效抓手的困难，这就需要一个能够将新课程教学理念与课堂教学实践紧密结合的、真正能够提高教学质量的、可供老师们借鉴和迁移的、具体可操作的方法、技术和工具。而 Moodle 平台的应用便是解决这一困境的钥匙。

Moodle 即：模块化面向对象的动态学习环境，是一套基于“社会建构主义理论”设计开发的开放源代码的网络教学平台。

鞍山一中 Moodle 信息化课程平台是以信息技术学科为主的在线学习网站，是开展新课程信息化教与学的最佳环境，建设有《多媒体技术应用》模块课程 26 节、《信息技术基础》模块课程 8 节，以及其他学科课程若干。开课教师 32 人，注册学生用户 2 000余人，2007—2008 年网站共有 8 节课程获得全国 Moodle 课程评比一、二、三等奖，网站具有以下主要特点：

突出以学生为中心的创新教育理念：实现师生完全分离状态下的自主学习，把新课程理念变成每一个学生都可以体验的学习环境，课前预习分析、课中讨论训练、课后拓展互动，即时交流互动、全面评价考核。

促进教师专业化发展：把新课程理念变成每一个教师都可以实现的学习环境，把教育学、课程教学论变成每一个教师的亲身实践、每一位使用魔灯的教师，都创造着自己的课程、教材、教法，并成为课程的主人。

彻底颠覆传统资源库模式：教师是资源建设主体，学生也可以参与资源建设，师生互动、师师互动，专家引领、动态建设资源库。

电脑加加

网址：http：//www. pcjiajia. cn

网站简介：电脑加加提供给广大计算机迷们，一个宽松的学习和研究环境。在这里，你可以自由地学习和研究并发表您的研究心得，也可以自由地提出问题，广大电脑加加迷们互相帮助，互相提高。

目的：贯彻落实党的十七大精神，创造并普及健康向上的青少年网络文化，打击黄、赌、毒等网络垃圾，促进当代陕西青少年的全面发展。

技术要求：坚持绿色、文明、现代为主线，传承奥运精神，播种冠军梦想，深入开展爱国主义教育，在青少年中全力开展现代信息技术的教育和交流。

网站主题为“青少年信息技术学习与交流”，网站标题为

“电脑加加”，意为“学习计算机，增强计算机应用能力，学会用计算机帮助自己学习，了解信息世界”。

计算机加加，以“培养兴趣”为精神主线，共有“计算机动画、计算机绘画、计算机技术、计算机安防、计算机游戏、网站设计、法律法规、计算机资讯、电子学籍”等主要栏目。电脑加加为全国广大青少年朋友们建立起了学习信息技术知识的广阔交流平台。

浙江省杭州第十四中学信息技术教研组

网址：http：//www. h14z. com/jyz/index. aspx？jyz=10

网站简介：浙江省杭州第十四中学信息技术教研组网站本着促进教学服务学生的宗旨而设立，大致分为“教研组动态、教学研究、课堂教学、课外辅导”四个版块内容。其中“教研组动态”“教学研究”以新观点、新理论带动教师教研水平的提升，以教研促教学；课堂教学中的“教学素材”辅助课堂教学，为学生提供课堂在线帮助；课外辅导中以“信息奥赛”“作品赏析”“电子教程”“软件下载”“友情链接”等内容相互结合辅助课外教学，为学生课外知识拓展提供了丰富的平台。此外网站内容更新及时，所有文章都注明来源。

海盐县中小学信息技术学科基地

网址：小学：http：//www. xxjs. zjhyedu. cn/chdir/xx/

初中：http：//www. xxjs. zjhyedu. cn/chdir/cz/

高中：http：//www. xxjs. zjhyedu. cn/chdir/gz/

网站简介：海盐县中小学信息技术学期基地网站是一个集小学组、初中组和高中组于一体而又各自独立学科的教研网站。最大特色有五点：一是构架上有特色，三年段融为一体，有利于资源共享和聚集人气；二是组织上有特色，以学科基地的形式让学校承办，但又有教研员统一指导，组织成立中心组协作建设，最大限度充分利用好全县现有师资；三是建设上有特色，每一个年段学科网站栏目，都由某位学科中心组成员承担，既发挥了该教师的专业特长，也有利于该教师的专业发展；四是评价上有特色，每学年对该三个学科网站进行年度考核，其中一等奖、二等奖和三等奖分别奖励 1 万元、1.5 万元和 2 万元；五是活动上有特色，有了组织机制和奖励资金的保障，中小学信息技术教研活动开展非常顺利，期初有计划，过程有内容，期末有评价考核。

举例：初中信息技术学科基本由武原中学承担，他们精心组织了一支责任心强、技术精湛的中心组队伍，实行模块到人的策略，使基地中每一位教师都是基地某一栏目、某一版块的主人，让每个成员都有事干，都愿意干，都抢着干。他们还实行了管理员每周值班制，保证了文章的及时更新和对网站垃圾文件的清理，为网站的安全运行提供了人员和技术保障。

天津教研网信息技术学科网页

网址：http：//www. tjjy. com. cn/sqlsubject/？ subjectid=15

网站简介：天津教研网信息技术学科网站始建于 1997 年，是天津市基础教育信息技术学科教学研究的支持网站，承担着天津市中小学信息技术学科教育教学研究相关信息的发布、资源共享、研训互动的作用。学科网站紧密结合教研中心工作，设有“教研信息、教学研究、教材研究、网络建设、计算机作品、会议信息、学术园地、信息学奥赛”等栏目，是天津市中小学信息技术教师获取信息、交流思想的平台。“学科网页”是天津教研网的子栏目，学科网页建设是天津教研网建设的基础，作为学科教研员，注意将学科教研工作和网络建设工作紧密地结合起来，利用网络的交互功能，提高学科的教学研究、指导和服务功能，推动了学科教研工作的开展。通过本学科网站及时地发布教研通知，发布教学资源，并且积极探索、创建网上教研模式，使学科网页更好地为广大教师服务，更好地发挥了市教研室学科教研的职能作用，成为全市教师教研、学习的重要载体，促进了信息技术与学科教研工作的整合。

中学名校、名师介绍

中 学 名 校

重庆市第八中学

1. 教研组简介

重庆八中信息学教研组由 9 名老师组成，其中有 2 名硕士研究生，3 名高级教师，1 名全市“学科带头人”，1 名全市“骨干教师”。教研组全体成员爱岗敬业，关爱学生。具有崇高的职业理想和坚定的职业信念，强烈的社会责任感和使命感。能自觉坚持社会主义核心价值体系，带头树立和实践社会主义荣辱观。能淡泊名利、志存高远，甘为人梯、乐于奉献，教研组是深受学生爱戴的优秀集体。教研组全体成员具有强烈的团队意识和集体荣誉感，教研组人际关系融洽，氛围和谐，各成员能团结合作，坦诚交流，无私互助，顾全大局。教研组具有较强的向心力、凝聚力，勇于开拓创新，团结拼搏，业绩突出，在校内师生中有良好的口碑，为学校争得了不少全国性和全市级的荣誉。

2. 所获荣誉

全组成员参与和主编了 30 多本教材和书籍，公开发表文章 40 多篇，参与了 3 项国家级重点课题和 3 项市级课题的研究，其中一项研究成果获全国特等奖，有 3 项研究成果获市教委评比一等奖，3 次论文赛获全国一等奖，2007 年机器人大赛成绩居全国第一，连续 3 年科技创新成绩居全市第一，连续 3 年“机器人大赛”成绩居全市第一，获“全国信息学奥赛先进学校”奖，有 2 名老师获“教育部教育信息化专家”称号，1 名老师被教育部等 9 部委联合授予“全国十佳科技辅导员”称号，1 名老师获中国科协授予的“全国十佳机器人教练员”称号，1 名老师被中央电教馆评为“全国优秀电教工作者”，1 人被市教委评为全市唯一的信息学学科带头人，1 名为市级骨干教师，近 3 年有 6 人次获全国表彰，3 次参加全市赛课均获一等奖，6 人次获全国各项比赛一等奖，30 多人次获市级单位表彰，信息学奥赛成绩连续 3 年居全市第一，每年获中国计算机学会的表彰；2007 年“NOC”大赛成绩居全国前茅，辅导出 6 名学生获“科技创新市长奖”，3 人获提名奖，辅导学生获全国各种比赛金牌 14 枚，银牌 12 枚，铜牌 14 枚；200 多人次获全市各项比赛一等奖，获亚洲机器人协会表彰的“优秀团队奖”，2008 年 1 月，被评为全市“先进教研组”（全市仅 4 所学校的信息学教研组入选）。

北京市第八中学

1. 教研组简介

北京八中信息技术教研组以北京市特级教师张军老师和 3 位中青年教师王艳侠、贾宏洁、李宁宁组成。在台峰校长的支持下，教研组自成立起一直秉承团结协作，奋进向上的发展宗旨，经常进行教育教学经验交流，随时掌握最新教学动向，认真学习新课程理念，教学资料共享，经常和外校同行沟通，主动接受市、区教研员和主管部门的指导。在新课程理念下，深入开展课堂教学改革，为青年教师提供更多学习、锻炼的机会，为我校培养出更多的青年骨干教师。积极开展课外活动，普及科技知识，为学生全面素质的提高做出努力。

2007 年以八中牵头成立“五校信息技术教科研共同体”，成功完成七节课改课例，市基教研和西城教委召开了全市信息技术研讨会，现代教育报等媒体进行了报道。2008 年八中牵头联合八校召开北京市信息技术教学设计研讨会，展示了八节说课课例，现代教育报进行了报道。2007 年教研组申报了国家级子课题《西城教育研修网环境下校际联合共同体教研活动的实践》，现已经进入结题阶段。

2. 教研组荣誉

（1）2008 年被西城区教委评为“西城区优秀教研组”。

（2）2004 年被中央电教馆评为“全国中小学生计算机作品大赛”优秀组织奖。

（3）2000—2005 年连续六年在“北京市无线电者杯”中小学电子比赛中荣获团体冠军。

（4）2006 年获“全国无线电测向比赛”优秀组织奖。

3. 个人荣誉

张军：

（1）被北京市教育委员会评为特级教师。

（2）指导学生参加 2007 年北京市电子制作创新大赛，获 8 个一等奖，6 个二等奖，张军获优秀辅导员奖。

（3）辅导学生参加 2007 年全国青少年无线电测向锦标赛，获第一、三名。

（4）辅导学生参加 2007 年北京市青少年无线电测向锦标赛，获第三名。

（5）指导学生参加 2007 年北京市中小学计算机作品大赛，获 3 个一等奖，1 个二等奖，2 个优秀奖，张军获辅导教师一等奖。

（6）辅导学生参加 2007 年全国中小学劳技教育创新大赛，获金奖，张军获全国中小学劳技教育创新大赛“优秀辅导教师”的称号。

（7）被教育部《中国教育信息化专家数据库》收录。

（8）2005 年区级公开课《机器人制作入门》，获一等奖。

（9）荣获 2006 年、2007 年北京市中小学电子制作创新大赛“教师论文”一等奖。

（10）2005 年在北京市无线电科技活动中评为优秀组织者。

（11）2005 年在北京市无线电科技活动中评为优秀教师。

（12）指导学生参加 2006 年北京市中小学计算机作品大赛，获一等奖，张军获辅导工作二等奖。

（13）2006 年 5 月去西藏讲学，获中国青少年科技辅导员协会颁发的突出贡献奖。

王艳侠：

（1）指导学生参加北京市中小学计算机作品大赛，获区三等奖，王艳侠获辅导教师三等奖。

（2）辅导学生参加北京市中小学生 2005 年业余电台竞赛，获 3 个第一名，3 个第四名。

（3）辅导学生参加第五届北京市中小学师生计算机作品，获 3 个市一等奖。

（4）辅导学生参加第六届北京市中小学师生计算机作品，获市三等奖，区二等奖。

（5）辅导学生参加 2005 年西城区中小学生机器人比赛，获区二等奖。

（6）连续两年辅导学生获第七届、第八届全国青少年信息学奥林匹克联赛，全国一等奖。

贾宏洁：

（1）2007 年市级公开课《表格信息的加工与处理》在北京市高中信息技术学科新课程教学研讨会上做公开展示。

（2）2006 年 3 月，荣获西城区中小学计算机作品大奖赛辅导工作一等奖。

(3) 2006 年带学生参加全国青少年迎奥运机器人竞赛活动获一等奖，贾宏洁获得优秀辅导教师奖。

(4) 2006 年指导学生参加 2006 中国机器人大赛中获双足竞步机器人窄足印项目亚军。

(5) 2006 年指导学生参加在第七届北京市中小学师生计算机作品评选活动，获机器人舞蹈表演第二名，机器人擂台赛第三名。

(6) 2006 年指导学生在西城区机器人竞赛活动中获 3 个第一名，2 个第二名，贾宏洁获辅导工作一等奖。

(7) 2006、2007 年“西城区中小学智能机器人竞赛活动”中被聘请为裁判员。

李宁宁：

(1) 2006 年参加第二届“西城杯”教师基本功大赛，获一等奖。教育心得获“西城杯”优秀教学故事评比一等奖。

(2) 被西城教委评为 2006 年西城区中小学计算机作品大奖赛辅导工作二等奖。

(3) 2006 年辅导学生参加 2006 年中国机器人大赛，荣获双足竞步机器人项目全国亚军。

(4) 2007 年辅导学生参加“全国中小学生计算机作品大赛”，获北京市一等奖，李宁宁获辅导工作一等奖。

(5) 获西城区 2004～2006 年度优秀科技辅导员奖。

(6) 2007 年公开课在北京市高中信息技术学科新课程教学研讨会上公开展示。

(7) 2007 年获北京市基础教育优秀课堂教学设计评选活动一等奖。

(8) 被聘为 2007 年夏季北京市高中新课程高一年级教师培训任课教师。

(9) 2008 年在北京市信息技术教学设计研讨会上进行说课公开展示。

北京景山学校

1. 教研组简介

目前教研组专职、兼职教师共有 7 人，主要承担景山学校小学、初中和高中的信息技术教学和课外科技活动等工作。老师们在工作中团结协作，对小学、初中和高中各学段的信息技术学习进行了统一的安排，积极开展教学改革试验，在初步完成了《在景山学校开展机器人普及教育试验》的课题研究后又开始进行

《在信息技术教学过程中对学生进行现代学习取向培养的试验》课题的研究。

在近几年的高中新课程实验中，老师们积极学习新课程理论，克服困难率先在学校开设了《算法与程序设计》《多媒体技术应用》《网络技术应用》《人工智能初步》四门选修课，并通过日常的教学、教研活动不断提高课程的品质。

景山学校信息技术（原计算机）教研组成立于 1984 年，20 多年来培养出了一批又一批青少年计算机爱好者，他们在各项与信息技术相关的竞赛活动中取得了好成绩。

2. 所获荣誉

本组教师的论文《智能机器人教育与培养学生创新精神的试验研究》在全国中小学机器人教学研讨会获一等奖，《中小学机器人伦理教育——机器人教育的重要补充》在全国中小学机器人教学研讨会获一等奖，在全国科技创新大赛上该校教师的发明项目获一等奖。

本组教师编写的初中三年级信息技术上册（VB 程序设计）和参与编写的初中三年级信息技术下册（智能机器人）于 2008 年由清华大学出版社出版。

甘肃省兰州第一中学

1. 教研组简介

信息技术组成立于 2003 年 3 月 3 日，教研组由 6 人组成，全组有 2 名研究生学历，其余 4 名为本科学历，其中高级教师 1 名，中级职称 5 名。主要专业分为电教管理人员 2 名，网络管理人员 4 名。本组除承担学校信息技术教学外，还负责校园网络、电教设施、校园电话、校园电视台的管理和维护，以及学校各项重大活动、教学活动的摄像、编辑和制作，信息学竞赛辅导（包括信息学奥林匹克竞赛、计算机制作大赛），部分课外活动的组织等项工作。在甘肃省信息学竞赛中，无论从名次和人数上处于领先地位。全组发表论文二十几篇，获第八届兰州市教学新秀 1 人，《文本框的链接和流动式排版》获得甘肃省教育厅主办“说课课例”中学组三等奖，《虚拟机在高中信息技术课程中的应用研究》获首届信息技术教学研究论文暨优秀信息技术教学案例征集评比活动二等奖。

在教学方面承担高一年级 14 或 15 班的教学任务，教学最大的特点是充分利用现有的教学网络环境和教学控制系统进行教学，教学特色具有开放性、任务驱动式教学模式，创设自主、合作、创新、和谐的课堂气氛。信息技术组所有成员对工作兢兢业业，不论事大事小，力求完美。信奉集体的利益大于个人的利益，集体的荣誉大于个人的荣誉，集体的智慧大于个人的智慧，在工作上坦诚合作，在教学上共同探讨，以集体的进步带动个人前进。

2. 所获荣誉

2004—2005 年被评学校优秀教研组。

2008 年获第十四届全国青少年信息学奥林匹克联赛先进单位。

2004 年被评为甘肃省现代教育技术先进个人 1 人，2005 年获得甘肃省教育厅主办“说课课例”中学组三等奖 1 人，2005 年获兰州市第八届教学新秀 1 人。2006 年至 2008 年均获甘肃省青少年“信息学奥林匹克竞赛活动”指导教师一等奖 2 人。2006 年被评为第一届甘肃省青少年“计算机机器人”竞赛优秀教练员（辅导老师）。

广东省东莞中学信息技术教研组

1. 教研组简介

东莞中学信息技术教研组成立于 2000 年，现有成员 6 名，均为大学本科毕业，其中高级教师 3 名，一级教师 3 名。工作中，大家奉行做事原则是“主动做事，做好事”，追求的目标即教研组的座右铭是“志求完美，乐在其中”，教研组建设总的感悟是“态度决定高度，行动塑造未来”。具体情况如下：

团结进取、荣辱与共。平时教师之间虽有一定的分工，但更多的是相互协作，有问题大家相互请教、共同解决。如有教师要承担公开课，教研组的全体教师，甚至外请其他教研组的教师都会进行集体备课，真诚地帮助教师上好课，从教学理念、教学内容、教学语言、课堂表现形式等多方面进行深入细致的分析。又如在计算机故障处理方面，大家有疑难问题也是相互请教。此外，资源共享也是教研组的优良传统，不管是个人的创新还是通过广泛学习获得的有价值的资料，都会成为大家的共同财富。可以说，教研组所取得的进步和荣誉都来源于教师集体智慧的结果。自 1999 年以来，四次荣获市级先进教研组称号，另外 2002、2003、2005、2006、2008 年均荣获校级先进教研组称号。

以人为本，和谐共处。教研组力求做到“以人为本”，发挥每位教师的优势，让每位教师能实现自己的价值。除了日常教学外，教研组根据每位的特长分别负责信息学奥赛辅导、校园网络管理、软件开发、平面设计、学教科研。教研组长主动帮助教师们解决一些生活和工作中的困难。对教研活动的内容和形式进行改革，在内容上，更注重对教学计划、课堂教学、教育科研的研究，如集中学习一篇好文章、集中听课评课、集中研究课题等；在形式上，除了集中学习和研讨外，还组织教师集体到外校学习交流，或参加上级组织的教研活动，另外还通过组织一些活动来增强大家的凝聚力，如体育锻炼或体育比赛，或者是爬山，甚至利用周末或假期集体去春游或秋游等。

立足课堂，讲求实效。教研组立足课堂、研究课堂，积极探索和构建符合新课程要求且充满活力、个性鲜明的课堂教学模式，定期组织课堂教学教研活动，通过互相听课、评课，发现问题，分析原因，提出解决策略。教研组要求教师对每一堂课要精心设计、用心经营，并于 2000 年建立了信息技术教学网站，利用网站开展网络环境下的信息技术教学，既提高了学生的学习兴趣，又锻炼了学生的自主学习能力，该网站也荣获“全国特色教育主题网站”评比一等奖。教研组有 4 位教师在参加广东省普通高中信息技术优质课比赛中均荣获一等奖的优异成绩，2004 年学校还承办了第二届广东省普通高中信息技术优质课比赛活动，李艺教授在百忙之中也抽空亲临现场指导教学。

学科竞赛，实现价值。教研组把学科竞赛作为一项重要工作来抓，教师为此付出了许多艰辛的劳动，经常利用节假日和周末时间进行辅导，牺牲了许多宝贵的休息时间。2000 年以来，在参加全国青少年信息学联赛中，学校团体 7 次荣获广东省一等奖，2 次获广东省二等奖，5 次获全国优秀参赛学校殊荣。学生获全国一等奖共 24 人次（同时获免试保送上重点大学资格），获全国二等奖 21 人次。2002 年以来学校有汪斐、张惠东、郑石真、王力 4 位同学因信息学奥赛免试保送上中山大学计算机系，2007 年刘柱彬同学因信息学奥赛获奖加分最终被清华大学录取。进入高校后有的还继续参加 ACM 比赛，不少学生还读了硕士甚至博士，他们多数被微软、Google、网易等知名大公司录用。

注重科研，以研促教。教研组定期组织教师进行教学研究，总结教学经验，撰写教学反思，养成“问题即课题，教学即研究”的意识，积极申报并开展课题研究。教师参与的市级以上课题有十几项，其中主持的课题有 6 项，分别是《信息技术研究性学习实验与探索》、《信息技术新课程教学与评价平台的开发与应用研究》、《提高信息技术课堂教学有效性的策略研究》、《信息技术新课程校本教材的开发与应用研究》、《高中信息学奥赛零起点学生辅导的策略研究》、《信息学奥赛在线测评专家系统的开发与应用研究》。教师在市级以上刊物发表文章共 18 篇，其中国家级 3 篇，省级 12 篇，市级 3 篇，获市级以上奖励 22 篇；教学案例和教学资源获省级奖励共 6 件，其中 5 件获省一等奖。

师徒结对，以老带新。教研组非常重视青年教师的培养工作，采用了师徒结对的方式，发挥老教师的传、帮、带作用。要求青年教师多听课、多学习、多交流，每学期上一节汇报课。在生活和工作中，大家经常关心、帮助青年教师，同时为青年教师创造锻炼的机会和施展的舞台，让他们能尽快提高自己的教学能力。教研组鼓励青年教师勇挑重担，如 2001 年毕业的麦志媚老师在 2002 年就承担了我市中小学信息技术教研会年会的研究性公开课，2004 年还代表广东省参加全国初中优质课比赛，并荣获三等奖，2005 年参加第三届广东省普通高中信息技术优质课比赛荣获一等奖第一名的优异成绩。

加强学习，主动交流。教研组积极组织教师们学习教育理论、研读课程标准，经常收集一些报纸、杂志、网络的优秀文章或案例供老师们学习和研讨。教研组根据教师的特长利用晚上或节假日的时间互相进行培训，还采用了“请进来，走出去”的方式主动向专家及兄弟学校学习。如请了中山大学郭嵩山教授、省教研室朱光明和詹斌老师、市网络中心闫革老师等专家为教师们讲课。同时积极到邻近地区学校学习和交流，近年来教研组组织教师们到了华南师大附中、深圳中学、中山纪念中学、广州六中、广州培英中学、北大附中、广州实验学校等学校参观和学习。教师们还通过网络积极参加由教育专家主持的信息技术教育教学论坛的讨论，从中倾听专家的教导，学习同行们的经验。

辅助工作，讲究方法。工作中，教研组还承担了大量的辅助性的工作，如网络管理、计算机维护、软件开发、课件制作等，经过多年的实践和摸索，总结出要做好这些工作并得到学校领导和教师的肯定，不仅要有过硬的技术本领，还要有崇高的精神品质，更要讲究做事的方式方法：一是要做好协调和统筹工作，先处理重要的和急需解决的问题，对于不能及时解决的问题要耐心地做好沟通和解释工作；二是要有积极的态度，教师们以积极的态度去帮助其他老师解决技术上的问题；三是不做“保姆”做教练，通过反复多次的培训让其他老师掌握基本的信息技术，对于一些简单的问题他们就可以自己处理；四是运用技术提高效率，充分利用现有的技术来提高工作效率。

工作有序，渐入佳境。经过多年的努力，小到办公室的卫生、计算机室的管理、网站更新维护，大到课堂教学、学科教研、竞赛辅导等都有序地进行，教研组的档案材料也实现了电子化。学生能够在学习、交流、展示以及生活中自如地应用信息技术，学校领导也给予了充分的肯定，并视为学校的“金牌”教研组。教研组6人中有4人担任了市级以上教研会的职务，其中詹海潮副校长担任了东莞市中小学信息技术教研会会长一职；徐建刚和唐章辉老师聘为东莞市学科带头人；徐建刚和唐章辉老师分别推荐为广东省和东莞市的“百千万工程”名师培养对象。徐建刚老师曾作为专家组成员在北京承担了全国普通高中信息技术远程研修活动，并多次担任了全国信息技术课程教学案例大赛评审专家。

2. 所获荣誉

(1) 教研组集体获奖情况

1999年荣获东莞市先进教研组称号

2000年荣获东莞市先进教研组称号

2001年荣获东莞市优秀学科教研组称号

2002年荣获东莞中学校长提名奖

2003年荣获东莞中学先进教研组称号

2005年荣获东莞中学先进教研组称号

2006年荣获东莞中学先进教研组称号

2007年荣获东莞市先进教研组称号

2008年荣获东莞中学先进教研组称号

2008年荣获广东省高中信息技术优质课比赛优秀组织奖

(2) 教研组网站获奖情况

2006年信息技术教研网获全国教育特色网站评比一等奖

2006年信息技术教学网获全国教育特色网站评比二等奖

2006年信息学奥赛专题网获全国教育特色网站评比三等奖

(3) 参加信息学奥赛团体获奖情况

2000年荣获第六届全国信息学联赛广东赛区学校团体一等奖

2001年荣获第七届全国信息学联赛广东赛区学校团体一等奖

2001年荣获第七届全国信息学联赛优秀参赛学校

2002年荣获第八届全国信息学联赛广东赛区学校团体一等奖

2002年荣获第八届全国信息学联赛优秀参赛学校

2002年荣获粤澳计算机知识竞技邀请赛团体一等奖

2003年荣获第九届全国信息学联赛广东赛区学校团体一等奖

2003年荣获第九届全国信息学联赛优秀参赛学校

2004 年荣获第十届全国信息学联赛广东赛区学校团体一等奖

2004 年荣获第十届全国信息学联赛优秀参赛学校

2005 年荣获第十一届全国信息学联赛广东赛区学校团体一等奖

2006 年荣获第十二届全国信息学联赛广东赛区学校团体二等奖

2007 年荣获第十三届全国信息学联赛广东赛区学校团体二等奖

2008 年荣获第十三届全国信息学联赛广东赛区学校团体一等奖

（4）教师获省级奖励情况

① 优质课获奖情况

2004 年徐建刚荣获广东省第二届普通高中信息技术优质课评选活动一等奖

2005 年麦志媚荣获广东省第三届普通高中信息技术优质课评选活动一等奖

2007 年廖玉能荣获广东省第四届普通高中信息技术优质课评选活动一等奖

2008 年丘韶科荣获广东省第四届普通高中信息技术优质课评选活动一等奖

② 课题、论文获奖情况

2001 年徐建刚的论文《用好校园网的几点体会》获广东省二等奖

2002 年徐建刚的论文《浅谈信息学（计算机）活动课的组织与开展》获广东省二等奖

2005 年徐建刚的论文《新课改下信息技术教师专业成长的实践与思考》荣获广东省三等奖

2007 年徐建刚等主持的课题《信息技术研究性学习实验与探索》获广东省“十五”科研课题成果二等奖

2008 年徐建刚的论文《谈如何提高信息技术课堂教学的有效性》获省一等奖

2008 年唐章辉的论文《在研究性学习中培养学生合作意识与协作能力的的探索》获省二等奖

2008 年丘韶科的论文《开放式教学模式在信息技术教学中的应用》获省二等奖

2008 年廖玉能的论文《对提高学生信息素养的一些思考》获省三等奖

③ 教学设计和课例获奖情况

2005年唐章辉的教学设计《引导层的添加和应用》获广东省三等奖

2005年徐建刚的教学案例《共筑网上家园——班级主页》荣获广东省一等奖

2007年廖玉能的课例《全景图加工》荣获广东省信息技术优秀课例评比一等奖

海口市第一中学

1. 教研组简介

现有16位教师从事信息技术和通用技术教学，其中信息技术教师10人，另包括初中部信息技术教师4人。信息技术教师均为大学本科以上学历，其中中学高级教师1位，教研组长吴海青为海南省信息技术骨干教师，全组信息技术教师的平均年龄29岁。负责着技术学科教学、网络管理、学校计算机及相关设备的维护与维修、摄影摄像、学生辅导等工作。

2. 所获荣誉

近五年工作成绩：

(1) 教育教学研究成果

目前承担1个教育部子课题，1个省级课题，1个市级课题。

论文及教学案例获奖：国家级奖励4篇、省市级奖励8篇，论文与案例发表于《新教育》、《中小学信息技术教育》等报刊杂志。

参与海南省初中信息技术教科书的编写。

(2) 指导学生获奖情况

信息技术教研组教师指导学生在信息学奥林匹克竞赛、全国中小学计算机制作活动、全国中小学创新大赛中取得了非常优异的成绩，具体情况如下：

全国信息学奥林匹克竞赛分区联赛获奖20多人次 ；

全国中小学创新大赛获奖1人；

省中小学创新大赛获奖30多人；

省市中小学计算机制作活动获奖30多人。

(3) 教师优质课和说课展评及观摩课情况

获全国优质课展评一、二等奖2人；

获全省优质课展评一、二等奖5人；

获全省说课展评一、二、三等奖6人；

承担省观摩课3节，市观摩课4节。

常德市第七中学

1. 教研组简介

常德市七中信息技术教研组成立于1990年，现有专任教师7人，100%本科学历，其中3人在读研究生，系统设计师2人，系统分析师1人，是全校最年轻的教研组。教研组本着“求真、务实、高效、创新”的工作作风，经过不断探索，形成了团结和谐、敢于创新的团队。在学校各级领导的关怀与支持下，教研组以“教育科研为重点，素质教育为核心”，有序开展教学教研活动，积极组织和参加各项竞赛与教学比武活动，教研组工作井井有条，充满生机。10余篇论文、数十个课件、计算机作品在市级比赛中获奖，其中1篇被《电脑报》评为全国一等奖；参与研究市级重点课题；积极开展机器人竞赛和科技创新活动，在全国青少年机器人竞赛湖南省联赛中荣获FVC机器人工程挑战赛高中组第一名，并在全国总决赛中夺得铜牌。在全国青少年信息学奥林匹克联赛中，有3人获省三等奖，11人获市级奖励，参加人数多，普及面大，被评为“优秀参赛学校”。在信息学奥赛活动中，该校累计近200人次获得省市级奖励；在各类教学比赛活动中获省市级奖项18人次；杨奕的课件《故都的秋》评为省一等奖。学校重视信息学科发展和硬件建设，现有教学机房5间，教学用机达300台，另有科学探索实验室、机器人竞赛活动室等科学实验室，为教学和信息技术学科活动创造了良好的基础，还建设和管理了全市一流的校园网站，信息技术教研组全体成员工作出色，连续三年被学校评为“优秀教研组”。

2. 所获荣誉

2008年5月，在全国青少年机器人竞赛湖南省联赛中荣获FVC机器人工程挑战赛高中组第一名，7月，在全国总决赛中夺得FVC机器人工程挑战赛高中组铜牌。

2008年全国青少年信息学奥林匹克联赛中，该校有3人获省三等奖，11人获市级奖励，该校参加人数多，普及面大，评为“优秀参赛学校”。

在2008年湖南省优秀计算机课件评比中，杨奕获省一等奖。

信息技术教研组工作出色，连续三年被学校评为“优秀教研组”。

湖南省株洲市第一中学

1. 教研组简介

组长旷卫平主要负责学校网络和“校校通”平台管理，被株洲市推荐入评湖南省电教先进个人；组员张葵负责学科教学和学校教研室工作，是株洲市第一届高中信息技术学科带头人，湖南省信息技术兼职教研员，湖南省学业水平考试大纲编写组成员，株洲市信息技术教育专业委员会理事长，湖南省信息技术教材编写组骨干成员；组员柳细红负责学科教学，获得第二届湖南省示范性高中信息技术教学比赛一等奖，多次获株洲市信息技术教学比赛一等奖；组员薛文东负责机房维护和学科教学；组员黄勇负责电教管理；组员黄秋香负责机房维护和管理。本组多次成功地承办了省市信息技术活动，如第一届湖南省示范性高中信息技术教学比赛、两届株洲市信息技术新课程教学比赛、两届株洲市信息技术教师新课程培训。在信息技术等级考试和毕业会考中组织严密，成绩优秀，多次被评为优秀考点，本组老师连续多年都被评为“优秀辅导老师”。组内人员团结协作，在做好课堂教学工作的同时，积极开展教学研究工作，学校信息技术教学水平不断得到提高，每年发表和获奖论文的质量和数量在全校的教研组中名列前茅，连续5年被评为学校先进教研组。

2. 所获荣誉

2005—2009年学校教研组综合考核名列前茅，被评为校优秀教研组。

张葵的语言教学课例《向左走、向右走》获得全国一等奖，全国教师电子作品比赛一等奖；由其主持、全组同仁共同参与的课题《在中学信息技术教学中对学生创新能力的培养》获全国二等奖。

2000年以来多人次获省市、全国的教学比赛和教育教学经验论文的奖励。

在信息学奥赛辅导和全国中小学计算机制作比赛中多人次获得“优秀园丁”称号或“优秀辅导老师”称号。

沈阳市电化教育馆

1. 教研组简介

沈阳市电化教育馆教科研与培训部共有教师7名，其中研究生5名、本科生2名；高级教师2名、中级教师3名、初级教师2名。是一支朝气蓬勃、不断进取、业务水平高、科研能力强的新型教师队伍。建立、健全了听课、评课制度，听课记录详细，评课实事求是，教研气氛浓厚。深入钻研教材和课程标准，通过调研指导、优秀课观摩，探索具有教育亮点的课堂教学模式，注意培养学生创新精神和实践能力，推动全市教师探讨新教法，提高教学质量。在加强教学改革的同时，注重教育科研，加强科研活动，在组内营造人人都参与课题研究的科研氛围。全组教师注重文化修养，不断更新教育观念，提高教科研能力，团结协作，取长补短，超额并较好地完成了各项任务，在教育教学中取得了可喜的成绩。

2. 所获荣誉

教研组开展的教师及学生活动连续多年获得优秀组织奖：

（1）“辽宁省多媒体教育软件大奖赛”最佳组织奖。

（2）“辽宁省中小学教师教育技术应用技能说课大赛”最佳组织奖。

（3）辽宁省教育软件大赛优秀组织奖。

（4）全国初中信息技术与课程整合优质课大赛优秀组织奖。

（5）“辽宁省机器人竞赛”优秀组织奖。

（6）“辽宁省中小学生计算机制作活动”最佳组织奖。

（7）全国六一国际儿童节计算机表演赛辽宁赛区竞赛优秀组织奖。

教研组成员先后多次被评为省、市级先进个人：

（1）陈莹先后在中小学计算机制作竞赛、机器人竞赛活动中被评为辽宁省教育厅先进个人。

（2）王双在第三届中小学机器人竞赛活动中被辽宁省教育厅评为先进个人。

（3）刘文静在第 17 届全国六一国际儿童节计算机表演赛辽宁赛区竞赛中被辽宁省教育厅评为先进个人。

（4）杨旭在沈阳市职工首届计算机知识大赛获得三等奖，被沈阳市总工会授予创新楷模荣誉称号。

信息技术教研工作中指导的课例多次获奖：

（1）陈莹指导的初中信息技术课《使用录音机》获国家级一等奖，指导的高中信息技术课《视频的编辑》获国家级二等奖，指导的《使用图表向导创建图表》等 3 节课获省级一等奖，指导的学生在全国计算机表演赛中获优秀奖、辽宁省一等奖。

（2）在第 15 届东北三省四城市青年教师课堂教学观摩活动中，门宁、姜巍荣获优秀指导教师。

（3）在“辽宁省第 4 届中小学教师课堂教学技能大赛”中，陈悦、王双指导的老师分别荣获一等奖。

（4）杨旭、陈悦指导的《信息及其特征》一课在辽宁省普通高中信息技术课堂教学现场会上被评为示范课一等奖。

（5）王双指导的教师汤晶在“2008 年全国义务教育阶段优秀

课展评”中荣获小学组一等优秀课。

（6）陈悦指导的《Word中艺术字和自选图形的应用——制作台标》一课，在辽宁省中小学信息技术优秀课评比中，被评为优秀课一等奖。

（7）王双指导的126中学队，荣获辽宁省第三届中小学机器人竞赛初中足球项目一等奖。

（8）陈悦、刘文静指导的学生在全国青少年信息学奥林匹克联赛中，分别获辽宁赛区提高组一等奖。

（9）在“辽宁省中小学教师课堂教学技能大赛”中，教研组指导的教师11人获一等奖。

（10）在全国六一国际儿童节计算机表演赛辽宁赛区中，教研组指导的学生获得一等奖。

（11）在“辽宁省中小学生计算机制作竞赛活动”中，教研组所指导的作品在各项评比中25人荣获一等奖。

教研组认真研究信息技术教学方法，撰写发表了多篇论文：

（1）陈莹撰写的论文《博采众长——探索网络环境下的作文教学》发表在国家级刊物《信息技术教育》杂志上；撰写的论文《加大投入、合理规划，促进信息技术科学发展》发表在国家级刊物《中小学计算机报》上；撰写的论文《谈中小学信息技术教学应遵循的几条原则》获中国教育学会一等奖；《谈信息技术教学中学生创造思维的培养》、《运用分组分层次教学法，提高信息技术教学质量》等论文获辽宁省优秀论文一等奖。

（2）姜巍撰写的《教师教育技术能力标准的比较研究》发表在《中小学信息技术教育》杂志2008年第9期，撰写的论文《论“头脑风暴”式教学》获第二届“实践新课程”全国教研成果大赛论文评比一等奖。

（3）王双撰写的论文《对全国中小学计算机制作活动认识的几个问题》在国家级核心期刊《科学教育家》上发表。

（4）刘文静撰写的论文《信息技术课中存在的问题浅析》发表在《全国教育管理理论与实践创新探索》刊物上，撰写《多媒体课件在教学中使用的几点误区》发表在《教学交流》杂志2008年第8期。

（5）杨旭同志撰写的论文《在网络环境下研究性学习的教学与实施》获省级一等奖。

（6）门宁同志撰写的论文《谈分层教学法在中学信息技术教学中的应用》获省级优秀论文一等奖；撰写的《教育技术的现代化与教师队伍的现代化》荣获第二届“实践新课程”全国教研成

果大赛论文评比一等奖。

注重教材建设，编写地方版中小学《信息技术》教材。

(1) 陈莹同志作为副主编，组织编写了沈阳地区中小学《信息技术》4～9 年级教材及配套光盘；教研组全体同志参与编写，由辽宁师范大学出版社发行。

(2) 陈莹任副主编、门宁参加编写的《有效上课》系列丛书信息技术分册由光明日报出版社发行。

(3) 杨旭参与制作的音像教材《义务教育课程标准小班教学——小学音乐》由北京财经电子音像出版社发行，《小学数学多媒体资源库》(人教版)(DVD 教学版) 于全国发行。

注重在工作中开展科研课题实验研究。

教研组成员在工作中，先后开展了国家级信息技术实验区课题《信息技术课教学方法、特点的研究》及《信息技术与课程整合教学结构的实验研究》，已通过结题验收；开展了省级课题《信息技术课程及其评价体系的实验研究》，获辽宁省“十五”教育科学优秀成果一等奖；正在开展国家级课题《沈阳市中小学信息技术教育体系建设与发展研究》、《信息技术环境下新型学与教方式理论与实践的研究》。

咸阳彩虹学校

1. 教研组简介

该组共有 6 名成员，其中 5 人是学校专职信息技术教师，另一名主要负责学校网络。几年来该组成员团结合作、加班加点努力工作，保证学校各种活动正常进行。学校配备有中小学网络系统、中小学计算机房、中小学办公室及学校配备的各种笔记本计算机（300 余台）、各种固定及活动投影机及实物展示台等。该教研组主要负责中小学信息技术课程与课外辅导及各种竞赛活动、学校内部网（http：//192.168.7.7）及外部网站（http：//www.xychxx.cn；http：//xychxx.cn21edu.com）的维护，学校机器人活动、学校影视宣传（及网上发布）、中小学监控系统日常维护、使用及管理，中小学各种打印机扫描仪及各种移动存储设备的管理使用维护、教职工的各种计算机培训、学生计算机课外兴趣活动小组，学校各部门电子档案管理及备份保护及学校各实验室、图书室、阅览室（包括师生电子阅览室）、学校电子备课室的计算机维护等工作。

2. 所获荣誉

李西平 2003 年制作的课件荣获全国第七届计算机辅助教学

观摩展示会“二等奖”。

李西平 2004～2008 年数篇论文分别荣获陕西省信息产业厅论文评比一、二、三等奖。

李西平、王祺彦 2007 年带领初中学生参加陕西省机器人大赛获得“三等奖”。

王君玲 2003 年、2004 年、2006 年连续被陕西省信息学奥林匹克委员会评为省级“优秀辅导员”。

王君玲 2006 年讲授《Internet 信息检索》一课荣获省级“二等奖”。

王君玲 2007 年写的论文《浅谈信息学奥林匹克竞赛》荣获咸阳市“一等奖”。

王君玲 2005 年、2006 年被连续评为学校“先进教师”。

成都市龙泉中学

1. 教研组简介

成都市龙泉中学信息技术教研组是一个团结奋进、充满活力的集体。教研组先后被授予“四川省现代教育技术示范基地”“全国信息技术创新与实践活动先进集体”等称号。教研组长、中学一级教师张应国老师率先垂范，以榜样的作用感染和凝聚着教研组全体教师。在教学、科研和推动学校教育现代化建设中取得了辉煌成绩。教师荣获市区级优秀先进各种奖项，学生荣获国际和全国性信息技术竞赛大奖。

2. 所获荣誉

教研组参研课题：

国家级课题《实现信息技术资源“零浪费”的实践与研究》获优秀子课题。

省级课题《中小学图书馆数字资源建设与应用研究》结题。

区级课题《中小学信息技术课与网络化教学研究》结题。

教研组个人论文获奖情况：

《实现信息技术资源“零浪费”的实践和研究》获全国一等奖。(作者：杨南、张应国、杜艳梅)

《基于网络的研究性学习中教师角色的变化及几点思考》获全国二等奖。(作者：张应国)

杜艳梅论文获省三等奖，罗秋论文获市级二等奖。

教研组个人说课赛课获奖情况：

杜艳梅获省级说课一等奖、获成都市赛课一等奖、获成都市说课二等奖、获成都市教案设计二等奖。

张应国被授予“全国中小学信息技术创新与实践活动”优秀指导教师，获成都市说课二等奖。

罗秋说课获区级二等奖，赛课获区级三等奖。

楚雄紫溪中学

1. 教研组简介

楚雄紫溪中学信息技术教研组是一支勤奋团结、积极进取、求实创新的教师队伍，共由 9 名教师组成。多年来在教研组全体教师的共同努力下教育教学工作取得了丰硕的成果，自 2003 年以来，该校的信息技术会考过关率都在 99%以上。信息技术教研组承担着初一、初二、高一、高二的教学及学生信息学奥林匹克竞赛辅导、学生计算机作品竞赛辅导任务。教研组还负责为学校的教育现代化提供技术支持，并负责教师备课室和全校办公室的计算机、多媒体教室设备使用的培训及维护工作。负责学校校园网的制作与维护，为建设数字化校园作出了应有的贡献。

2. 所获荣誉

（1）信息技术教研组申请并完成省级课题《信息技术与课程整合的研究》在 2005 年获课题优秀成果二等奖。

（2）信息技术教研组承担的省级课题《网络学习资源的开发利用》在 2007 年获课题优秀成果二等奖。

（3）李金强老师获“联想杯”2008 年全国义务教育信息技术优质课一等奖。

（4）郭刚老师在 2007 年云南省第三届高中信息技术课堂教学讲赛中获一等奖。

（5）李金强老师在 2007 年云南省第三届初中信息技术课堂教学讲赛中获一等奖。

（6）马钱敏老师在 2005 年云南省第二届高中信息技术课堂教学讲赛中获二等奖。

（7）李金强老师的教学案例《信息的特征》在 2007～2008 年度全国信息技术课程案例大赛中获初中组一等奖。

（8）郭刚老师的教学案例《累加算法》在 2007～2008 年度全国信息技术课程案例大赛中获高中组二等奖。

（9）罗玲老师的教学设计《红军不怕远征难》在 2006 年云南省课程改革试验区第一届优秀课件评比中获三等奖。

（10）罗玲老师的论文《应用信息技术优势，促进学生学习方式的改变》获云南论文评比三等奖。

（11）郭刚老师在2006年全国青少年信息学奥林匹克联赛中荣获“优秀指导教师”称号。

（12）信息技术教研组辅导的学生陈扬文、王嘉斌分获十二届全国青少年信息学奥林匹克竞赛云南省赛区普及组一等奖。周烨获十二届全国青少年信息学奥林匹克竞赛云南省赛区提高组三等奖。

（13）李华、李跃梅、施云霞老师在十三届全国青少年信息学奥林匹克联赛中荣获“优秀指导教师”称号。

昆明第十二中学

1. 教研组简介

昆明十二中信息技术教研组是一个积极上进的教研组。多年来积极参与省市区教育部门的各项工作，为云南省信息技术教育事业做出了重大贡献。从2002年至今，参与了每一年的《信息技术云南省普通高中会考考试说明》的编写工作，同时也参加了每年两次的会考命题工作。另外云南省近10年以来出版的信息技术教材、教参，几乎都有该组组员的工作参与。具体参与编写过的书籍有：

名　　称	出版社	参与者
《初中信息技术　教师教学用书》	云南人民出版社	白永宁
《高中信息技术　教师教学用书》	云南人民出版社	白永宁
普通高中信息技术课程达标指导书《信息技术》一年级	教育科学出版社出版，吕品主编	白永宁
《高中信息技术》共6本（1本必修，5本选修）	云南人民出版社	白永宁
初中零起点《云南省信息技术实验教材》七年级第一册	云南人民出版社	白永宁
初中零起点《云南省信息技术实验教材》八年级第二册	云南人民出版社	白永宁 胡彬
新课标《网络应用技术》教师用书	李艺主编，待出版	白永宁 朱泾

该组三位教师还以专家主讲者的身份，多次参与了云南省会考内容、教学内容、课题内容等各个项目的培训工作。获得省内教师的高度好评。省教育厅的许多软硬件招标项目也聘请该组成员为专家成员，参与招标。总之，在立足于本校信息技术教学的

同时，参与省、市、区各级相关部门的信息技术教育工作，做了大量的贡献。

昆明十二中信息技术教研组是一个学习型的教研组。每星期一早上8：30到10：00都要进行教研活动，活动的内容主要有三项：教研、科研、交流学习。其中教研是传统教学内容的研讨，科研主要是课题的研究，而交流学习则是组员间的技术交流。在交流学习活动中采用轮流做庄方式，每周都有一位组员主持交流或主讲。交流内容可以是一个软件、一篇文章、一本书、一个理念、一种认识等，由主持人自己制定。主讲的老师在认真准备知识的过程中，对知识有了一个深入的认识。而听讲的老师也在这个过程中学到了许多新知识。教研组有一点做得非常好，那就是在知识技能的交流上从来不会所有保留。也就是说，知识技能在组内是完全共享的。所以每次活动下来，每个人都会有所收获和提升。2004年到2005年，白永宁、朱泾、胡彬三人还利用假期时间，参加了官渡区、西南师范大学共同举办的《教育管理研究生》班，经考试合格，全都顺利获得西南师范大学研究生毕业证书。同时都还利用休息时间、假期时间分别参加了《多媒体创作工具》、《Visual Basic6.0》程序设计、《中小学计算机制作活动辅导班》、《Adobe中国产品》、《英特尔创新思维》等各项与信息技术相关的内容培训。

2. 所获荣誉

教研组荣誉：

2005年，全国课题《网络环境下研究性学习方法在教学中的应用》，所撰写的结题报告被中央电教馆评为论文类全国二等奖。2006年，该课题获评为全国课题一等奖。

2005年，指导高中学生梁晨完成软件作品《星光飞扬》获全国青少年计算机作品大赛一等奖第一名。

个人荣誉：

2000年白永宁获昆明市盘龙区优秀教师（优秀教育工作者）称号。

2000年白永宁制作课件《动态图形中的函数问题》，《火山地震》在昆明市教委首届CAI课件评比活动中均获二等奖。

2001年4月，白永宁获“首届昆明市中学信息技术教师说课竞赛”一等奖。

2001年11月，白永宁获“云南省信息技术说课比赛（中学组）”一等奖。

2001年，白永宁制作课件《用图示法解应用题》在“昆明市

信息技术论文、课件评审”活动中获二等奖。课件《列方程解应用题》、《全等三角形的证明》获三等奖。

2001年白永宁制作课件《开放探索问题》,《生物的生殖》在昆明市教育局第二届“鑫天顺杯”教师CAI课件评比中获三等奖。

2001年白永宁论文《在Authorware中实现动态可控图形》在中国教育学会中小城市学计算机教育专业委员会第二届年会上评为三等奖。

2003年白永宁被评为第八届全国青少年信息学奥林匹克联赛昆明赛区的优秀指导教师。昆明市第二届中小学生计算机作品制作优秀指导教师。

2004年白永宁被评为昆明市盘龙区信息技术学科带头人。

2004年白永宁在第三届昆明市中小学计算机制作活动中荣获优秀指导教师一等奖。

2002—2005年,白永宁主持十二中课题组完成全国课题《网络环境下研究性学习方法在教学中的应用》,所撰写的结题报告获中央电教馆评为全国二等奖。

第四届宋庆龄少儿发明奖评选中,白永宁获优秀辅导员奖。

2005年,白永宁所主持的国家级课题《网络环境下研究性学习方法在教学中的应用》获评为全国课题一等奖。

2007年,白永宁被评为昆明市骨干教师。

2008年,白永宁获官渡区优秀教师(优秀教育工作者)称号。

2008年,白永宁参与设计云南省普通高中信息技术基础知识综合练习题获2007～2008年度全国信息技术课程案例大赛试题类高中组三等奖。参与设计的高中会考模拟试题获2007～2008年度全国信息技术课程案例大赛试题类高中组二等奖。

2004年朱泾获得昆明市第一届信息技术课堂教学大赛高中组一等奖。

朱泾制作的课件《中国铁路》获得昆明市CAI课件比赛二等奖。

朱泾参与的全国课题《网络环境下的研究性学习》课题获得全国二等奖论文,一等奖课题。

朱泾在学校中多次获得优秀教师奖,多次获得学校课件比赛一、二等奖,获推优推新大奖赛二等奖。

朱泾获全国信息技术NOI奥赛昆明赛区优秀指导教师。

胡彬获第一届昆明市中小学信息技术教师课堂教学奖赛初中

组二等奖。

胡彬获第二届昆明市中小学信息技术教师课堂教学奖赛高中组二等奖。

2007 年胡彬在学校软环境建设演讲比赛中获二等奖。

胡彬在昆明市第二届、第三届、第四届、第五届中小学计算机作品制作活动中获优秀指导教师奖，指导的多件作品在“全国中小学计算机制作活动”中获奖。

论文：

胡彬撰写的论文《为学习者构建开放性的学习环境》获云南省 2002 年教育学会中小学学校管理专业委员会论文评选活动二等奖。

胡彬撰写的论文《新课改理念下初中信息技术课的几个转变》获云南省 2004 年教育科研论文竞赛三等奖。

胡彬撰写的论文《走进信息技术与课程整合》获云南省 2004 年教育科研论文竞赛二等奖。

胡彬撰写的论文《新课程理念下初中信息技术课的几个转变》获官渡区教育学会第十次论文评审二等奖。

胡彬撰写的论文参与全国课题《网络环境下的研究性学习》获得全国二等奖论文，一等奖课题。

胡彬撰写的论文《探究广告——认识广告、发展自我》在“云南省综合实践活动教学实例”展示活动中获一等奖。

绍兴市第一中学

1. 教研组简介

绍兴一中信息技术教研组现有教师 5 人，其中特级、正高级教师 1 人，高级教师 1 人，一级教师 3 人。

绍兴一中信息技术教研组是一支朝气蓬勃的队伍，多年来，信息技术教研组全体老师在特级教师陈合力的带领下，逐渐成长为一个团结进取、业绩辉煌的明星集体。已协助学校成功承办了 2008 年全国第 25 届信息学奥林匹克竞赛。四度（全省共五次）承办浙江省信息学竞赛颁奖典礼。在竞赛辅导和科研上硕果累累。在全国信息学奥林匹克联赛中，更是享有“省内一枝花”“梦之队”等美誉。获得国际信息学奥林匹克竞赛金牌 1 枚、银牌 3 枚、铜牌 1 枚，全国信息学奥林匹克竞赛金牌 5 枚、银牌 8 枚、铜牌 12 枚，107 人获全国信息学奥林匹克分区联赛一等奖。有七项课题获得省市大奖。主编教材 13 种，参编教材 15 种，在公开刊物上发表论文 40 余篇，获奖论文 10 余篇。1 人获得省优质课评比二等奖，2 人获得市优质课评比一等奖，2 人获得市基本功比武一等奖。

2. 所获荣誉

2004 年绍兴一中信息技术教研组被评为市级先进教研组。

2005 年被评为全国青少年信息学奥林匹克竞赛先进单位。

2008 年被绍兴市委、市政府评为创新团队（绍兴一中信息技术教研组是全市教育系统初高中唯一的一个）。

2008 年成功申报了《绍兴市教育科技创新平台——全国信息学奥林匹克竞赛平台建设》的科研项目，获得市科技局科研经费 60 万元。

浙江师范大学附属中学

1. 教研组简介

该校的信息技术学科组在省、市教研室的大力扶持下，在学校各级领导的支持下，近几年来得到迅速发展。目前共有 8 位老师。其中中学高级教师 2 人，中学一级教师 2 人，中学二级教师 4 人。整个组年龄最大为 45 岁，最小 25 岁，平均年龄 33 岁，正处在人的一生中最该奋斗的黄金时期，因此整个学科组可称做黄金团队。在这个团队中省课改专家组成员 1 人，获金华市教坛新秀 1 人次，金华市直教坛新秀 1 人次，金华市直优质课 1 等奖 1 人次，金华市优秀科技教师 2 人次，金华市机器人大赛优秀辅导员 1 人次，金华市技术能手 1 人次。2006 年被评为金华市直优秀教研组。

该校的信息技术学科组在完成高一与高三教学任务的基础上还肩负着现代教育技术中心的管理，比如网络管理、电教管理、校园网软件的实施等。这一方面体现了为学校教学服务的思想；另一方面在服务中也强化了每位教师的实力。该教研组在推进信息技术学科建设中牢牢把握打造学科团队这一主旨，坚持将新课改理念贯彻到教学实践中，努力提高教师个人素质，形成团队合力。

近年来所取得的成绩主要有：

（1）积极开展新课改理论与实践研究。

在新课改的新形势下，积极开展新课改研究，将新课改理论运用到教学实践中，形成了以作品教学为基础的教学特色。最有代表性的是作了一系列的讲座，其中国家级 1 次，省级 6 次，市级 3 次。

（2）发表或获奖论文及教学设计共 25 篇，其中在省级以上刊物发表 10 篇，在各级论文及教学设计比赛中获全国一等奖 2 篇，全国二等奖 7 篇，全国三等奖 1 篇，省一等奖 2 篇，市一等奖 1 篇，市二等奖 1 篇，市三等奖 1 篇。

（3）在辅导学生参加信息学奥赛及作品竞赛中，获市三等奖以上奖励共 23 人次。

（4）在金华市信息技术教师编程大赛中获一等奖 1 人次，在金华市网络管理员技能比武中，获“金华市技术能手”1 人次。

（5）在创新作品及试题设计中，获全国一等奖 1 件，全国二等奖 1 件。

（6）积极主动承担浙江省信息技术课改省级培训会议及市级教研活动各 1 次。

2. 所获荣誉

2006 年被评为金华市直优秀学科组。

2007 年被评为全国信息技术示范学校。

2003 年徐焕明被评为金华市教坛新秀。

2006 年徐焕明被评为金华市优秀科技教师。

2006 年潘晓锋被评为金华市直教坛新秀。

2006 年金琦获金华市直信息技术优质课一等奖。

2008 年金琦获金华市技术能手。

天津市红桥区教育中心信息技术学科教研中心组

1. 教研组简介

红桥区信息技术教研中心组是以教育中心教研员为主，同时吸收了部分基层校一线高中信息技术骨干教师参加的教研活动小组。活动采取每周定期集中活动与基于网络环境活动相结合的并行方式。活动的主要内容是：围绕着新课程的实施，组织交流和研讨如何将新课程的理念转化为信息技术课堂教学行为的途径和方法；围绕着促进教师的专业成长，就如何提高教师的科研意识和能力进行积极的探索；围绕着如何提升学生的信息素养组织各类形式的研究课，引导教师通过大胆实践不断反思总结出适合区域特点的经验和体会。

2. 所获荣誉

（1）教研组所在部门获奖情况：

获 2007 年和 2008 年度红桥区教育局文明小组称号。

获 2008 年度共青团天津市委青年文明号光荣称号。

（2）个人获奖情况：

崔玉忠：1999 年、2003 年、2008 年指导天津市“双优课”三次获一等奖。

2002 年和 2007 年度指导信息技术与课程整合课获天津市一等奖。

多次获优秀指导教师称号。

多次承担国家和市级科研课题，其中国家级“基础教育资源库建设及其在课程整合中的应用研究”获全国教育科学“十五”规划重点课题国家资源项目二等奖。

李莉：指导市“双优课”获一等奖，指导全国优质资源课评比获一等奖。

刘蓓：指导市“双优课”获二等奖，获红桥区青年文明号之星称号。

2008 年度天津市教育技术先进个人。

王莹：获 2007 年市“双优课”二等奖，2007 年度天津市高中优质课评比一等奖。

李会珍：获 2007 年度全国教育技术学会论文评比二等奖。

穆静：获 2002 年信息技术与课程整合课天津市一等奖，2007 年市“双优课”二等奖。2006 年度在全市高中信息技术教师新课程培训大会发言。

何平：2007 年度在全市高中信息技术教师新课程培训大会发言。

广东省中山市中山纪念中学

1. 教研组简介

中山纪念中学信息中心即信息技术科组，共由 12 名教师组成，其中中学高级教师 4 人，一级教师 5 人，二级教师 3 人，研究生毕业或研究生在读 4 人，省级骨干教师 4 人，省级教材研究员 2 人。3 人被聘为信息学竞赛省队教练，6 人被聘为教育部高中信息技术学科视频课程开发组成员，2 人被聘为省普通高中教学水平评估专家，5 人被聘为教师进修学院客座讲师，还有多人被聘为市政府政务信息化专家、政府采购专家、教育信息化专家、省教育学会信息技术专业委员会理事、市信息技术专业委员会副会长、常务理事等。

2. 所获荣誉

近三年来，先后有十余人被评为市级优秀共产党员、省级优秀科研教师、省级优秀辅导员、市级学科竞赛突出贡献奖等，有 5 位教师 6 人次被评为中山市优秀教师，有 8 人次获得市吴桂显奖教金、校卜氏奖教金、校功勋教师等。有 50 余人次获得校级各项荣誉。

陕西宝鸡长岭中学长岭子校

1. 教研组简介

该教研组是一支勤奋团结、蓬勃向上、求实创新、勇挑重担的团队。在新课改理念的指导下，重视教研活动，以研促教，在信息技术学科教学中，着力培养学生的创新精神和实践能力，全面提高学生的信息素养。同时，树立良好的电教辅助、服务理念，指导、辅助其他学科教师开展学科整合，充分发挥信息技术及电教设备的作用，有力地辅助了教学和管理工作。

(1) 人员结构。现有 6 位信息技术教师，中学高级教师 1 位，中学一级教师 2 位，中学二级教师 3 位。全组教师业务能力强，综合素质高，爱岗敬业，在平凡的岗位上，奉献着自己的光和热。2008 年被长岭厂评为“红旗班组”。

(2) 重视课堂教学，积极开展教研活动。在教学过程中精心进行教学设计，制作必要的教学课件，灵活恰当地使用多种教学模式，注重整体，兼顾个体，激发学生情感，营造良好课堂氛围，使学生轻松愉悦的掌握学习内容。所辅导的学生参加全国信息技术创新大赛获得国家级一等奖 3 次，实现了金牌三连冠，参加省、市、区级计算机创新大赛获奖 62 次。科研兴校，质量立校，特色强校，教研工作是一项重要常规工作。每周星期一下午召开教研会，每位教师每学期听 10 节课，一学期写一篇论文，做一个优秀课件，讲一节公开课。所承担的课题《网络环境下信息技术课教学模式初探》研究成果获“十五”课题省级优秀奖。

(3) 电教辅助服务工作。教研组负责维护维修全校 349 台计算机和 180 台笔记本计算机，井然有序地开展着农村中小学远程教育工作，出色地建设和维护着校园网，及时、高效地制作校园新闻；管理维护微机教室及多媒体教室共计 8 个，负责 2 600 多套电教资料的借阅工作。全体电教人员在干好本职工作的同时，积极热心地指导和辅助全校教师，使用多媒体辅助教学，所付出的努力为提高教学效率，实现学校高效管理做出了很大的贡献。该校电教工作成绩突出，综合实力在宝鸡市遥遥领先于兄弟学校，在全省已跻身名校行列，信息技术创新教育已成为该校教学的一大特色。

2. 所获荣誉

2003 年汤京红的《中小学信息技术教学模式探索——任务驱动教学模式“理论与实践的思考”》在省现代教育技术成果评选活动获得课件类一等奖。

2003 年汤京红的《完成作品》教学设计获得陕西省课件类一等奖。

2003 年汤京红的《面向新世纪中小学校园网构建与应用的思考》获得宝鸡市课件类一等奖。

2004年汤京红在中小学生信息技术创新与实践活动中获得全国“优秀指导老师”称号。

2004年寇鑫的论文《网络环境中的信息技术教学》获得陕西省二等奖。

2004年寇鑫在陕西省信息产业系统计算机技术比武中获得第一名。

2005年汤京红、苟文军、张永前在第三届全国中小学信息技术创新与实践活动中获得“优秀指导老师”称号。

2005年苟文军的中小学教学设计方案《水果盘》获得陕西省一等奖。

2005年汤京红在全国第三届中小学生信息技术创新与实践活动中获得“优秀指导老师”称号。

2005年汤京红的课堂实录《美化文章》获得宝鸡市优秀奖。

2006年张永前的论文《电子教案的制作与应用》获得陕西省信息产业厅二等奖。

2006年苟文军的论文《多媒体辅助教学的基本思路》获得陕西省信息产业厅二等奖。

2006年寇鑫的论文《关于校园网络的安全问题及防范措施》获得陕西省信息产业厅二等奖。

2006年汤京红、苟文军在第四届“全国中小学信息技术创新与实践”活动中获得“优秀指导老师”称号。

2006年汤京红在陕西省《中小学现代教育技术实验学校“十五”立项课题研究》中获得优秀个人。

2006年汤京红在陕西省《中小学现代教育技术实验学校“十五”立项课题单项成果》中获得课件类一等奖。

2006年苟文军在陕西省《中小学现代教育技术实验学校“十五”立项课题单项成果》中获得课件类二等奖。

2006年汤京红、白文涛、苟文军分别在陕西省《中小学现代教育技术实验学校“十五”立项课题单项成果》中获得教学设计类一等奖。

2006年汤京红、白文涛在陕西省《中小学现代教育技术实验学校“十五”立项课题单项成果》中获得论文类三等奖。

2006年汤京红、寇鑫、张永前在陕西省《中小学现代教育技术实验学校“十五”立项课题单项成果》中获得专项学习网站三等奖。

2006年汤京红、寇鑫、张永前、白文涛、苟文军的论文《中小学信息技术课教学模式》获得陕西省优秀论文奖。

2006年汤京红在宝鸡市首届中小学生科技节中获得宝鸡市教

育局颁发的“优秀辅导员”称号。

2006 年汤京红在宝鸡市首届中小学科技活动节中获得“优秀辅导员”称号。

2007 年汤京红获得全国教育技术征文论文类三等奖。

2007 年汤京红、苟文军在宝鸡市渭滨区第 5 届中小学生计算机制作大赛中获得“优秀辅导员”称号。

2007 年汤京红、苟文军在陕西省第七届中小学生计算机制作大赛中获得一等奖。

2007 年寇鑫的课件《基础教育多媒体类课件》获得陕西省一等奖。

2008 年汤京红的论文《运用现代信息技术加强实验教学资源库建设理论与实践的思考》获得宝鸡市渭滨区一等奖。

2008 年汤京红在陕西省中小学远程教育应用成果评选网站组中获得一等奖。

2008 年被长岭厂评为“红旗班组”。

中 学 名 师

罗 化 瑜

1992 年 7 月毕业于西南师范大学电化教育学系，分配到四川畜牧兽医学院从事电化教育工作，1996 年被四川省教委破格评聘为“工程师”；1997 年 9 月调入重庆二十九中，担任学校信息中心主任，全面负责学校信息化建设、科技教育、信息技术教育教学及研究工作，并担任高中信息技术教学工作；1996 年破格评聘为“中学高级教师”专业技术职务，2008 年又被破格评聘为“中学研究员”正高级专业技术职务。

调入重庆二十九中 12 年来，积极推进学校信息化建设，全面开展信息技术教育和研究工作，使学校信息技术基础建设、信息技术教育研究、教育信息化水平迈向新台阶，对推进渝中区基础教育信息化进程发挥了示范引领作用。先后获得“全国师德先进个人”“重庆市市级骨干教师”“重庆市教育科研先进个人”“渝中区师德标兵”“渝中区先进党员”等荣誉称号；是“重庆市 322 重点人才工程、新世纪百千万人才工程国家级人选候选人、重庆市学术技术带头人”渝中区推荐人选；2005 年 5 月还被重庆市人民政府授予“重庆市先进工作者”（省部级劳模）荣誉称号。

1. 课题研究

在学术研究方面，先后参与全国教育科学“十一五”规划教育部课题“重庆市中小学教研信息化建设的现状与对策研究”、还承担起联合国教科文组织课题“信息技术与课程整合研究”、全国教育科学规划“十五”重点课题“专题学习网站的建设和运用研究”“网络教育与传统教育的教育资源优势互补”、重庆市教育科学“十五”规划重点课题“示范高中信息技术教育发展策略与途径研究”、重庆市电教重点课题“多媒体教学软件的开发运用与新型教学”、市教育科学“十一五”规划课题“城市中学教研信息化策略研究”、渝中区教育科学“十一五”重点推广课题“信息技术与课程整合研究成果推广应用研究”八个课题的主研任务。

其中“多媒体教学软件开发与新型教学”等课题及相关研究成果获得“重庆市优秀电教科研成果一等奖”等市级以上奖励11项。

通过课题研究，除了自身业务水平和研究能力得到提高外，参与课题研究的教师，在全国、市、区优质课、说课比赛、成果评比中多次荣获一、二等奖，教育部专家视察该校后，夸赞该校的信息技术水平已跨入全国先进行列。

2. 论文发表

几年来，先后在《西南师范大学学报》、《教育技术导刊》、《今日教育》、《移动信息新网络》、《教育信息技术》、《中国信息技术教育》等核心期刊、专业期刊上发表《中学信息技术与课程整合模式探索》、《课题推广应用中“研究共同体”的构建与实践探索》、《专题学习网站的建设与运用》、《用 ISS LOCKDOWN TOOL 加固网站安全》、《网络教育与传统教育教育资源优势互补研究》等论文16篇。

另外，还在高等教育出版社《回声》、《农业高校电教》、《中小学电教》、《教育论丛》、《渝中教育》等期刊发表、在学术研讨大会交流文章共24篇。《中学信息技术与课程整合模式探索》喜获基础教育科研大奖——“重庆市第四届优秀教育成果著述一等奖”等多项市级以上奖励。

3. 出版物等

参与编著并出版发行的书籍有：《中学校园的新引擎——示范高中信息技术教育发展策略与途径研究》（重庆出版社）、电子出版物《初中物理总复习多媒体教学软件集》（西师音像教材出版社）等；开发校本教材《信息技术与课程整合》（全系列共5

本）；编撰《信息技术与课程整合案例精选与专家点评》；亲自规划并建成“重庆二十九中门户网”“中国同步学习网”“重庆二十九频道”（校园电视台）、“二九天空”网络期刊。

4. 学术荣誉和社会影响

2008 年 5 月，被选举为“中国教育技术协会中学协作研究会”副秘书长，2004 年重庆市中学教师中，唯一受英国大使馆和教育部邀请，出席了在京举行的“中英信息技术与课程整合学术研讨会”。另外，还积极参加各种学术活动，经常受邀进行经验交流和大会主题发言，在相关领域具有一定的知名度。

在信息化建设方面，创造性地总结出“一三五三三”原则，即：一跟进——信息化基础设施建设跟随全国的步伐前进，新增设备跟上时代发展的步伐，老设备通过改造满足教育发展的需要，学校资源得到了最大限度的发挥，以较少的钱建成了一个功能比较完善的校园网络环境和操作系统运用平台；三超前——教育信息化管理系统、教育资源信息化建设、教育信息化实验研究超前；五坚持——坚持信息资源的优化利用、坚持教师队伍台阶式的培训提高、坚持信息技术和学科的整合、坚持网络为教与学服务、坚持信息资源的开发积累和创新；三转变——转变教学观念、转变教师角色、转变师生交流方式；三充分——充分利用网上信息资源、充分发挥学生的主体地位、充分培养学生的自主学习、探究式学习和合作学习的能力。

在教育教学方面，积极倡导信息技术教育工作者强化“服务、创新、责任”三意识，提出了信息技术教育必须把握“人—车—路—货”四要素。其工作经验和研究成果，多次在全国、市、区交流，踏踏实实地走出了一条切合学校实际的教育信息化发展之路，为学校加快教育现代化进程奠定了坚实的基础，其带领的信息中心获得过“重庆市五一劳动创新奖状”；“重庆市科技教育先进集体”；“重庆市先进教研组”；“渝中区现代教育技术先进集体”等荣誉。学校成为“西南大学教育技术学专业教育硕士校外实习基地”“重庆大学科普创新基地”；中国科协在我校建立了“化龙桥社区青少年科学工作室”。

学校被评为：“全国中小学现代教育技术实验学校”；“重庆市信息技术教育示范学校”；“重庆市电化教育示范学校”；“重庆市计算机教育示范学校”；“中国西部地区校园网群建设示范学校”。

李　冬　梅

1982 年 7 月毕业于北京大学数学系信息专业，同年任教于北大附中数学组，兼任计算机课外小组辅导员，创建了北大附中信息技术教研组，搭建了北大附中校园网，是我国第一批中学信息技术教师。近27年来在中学信息技术课堂教学、信息学奥林匹克竞赛、教育教学研究、新课标研制与实施、教师培训等方面做出了突出贡献。出版学术著作10余部，主编教材多套，发表教研论文20余篇。为信息技术特级教师；北京教育学院兼职教授；国家基础教育信息技术课程标准研制组核心成员；全国中小学计算机教育先进工作者；首届“中小学骨干教师国家级培训”优秀学员；北京市学科带头人；北京市教育科学研究院基础教育教学指导委员会信息技术指导专家；全国中小学教师教育技术水平考试专家委员会委员。

1. 坚守教学第一线

多年来，无论校内外工作多么繁忙，一直坚守在教学第一线。除其他工作外，长期担任4～5个班级、每周8～10节的课，从不缺课，从不找人代课。课前认真备课，课后认真批改作业，始终把主要精力放在教学上。所教信息技术课周周都有灵活开放的作业，每个学生的作业都充满个性，每个作业都有16～30个详细的评价量规项目。每周用于批改作业的时间约15小时，平均每个班3.5小时，保证认真批改完成每一位学生的作业，第二周上课前准时将作业反馈放在教学网站上，供学生查阅。

2. 新课程教学研究与实践

2003年参加完成了新课标研制工作后，即投入了新课程的教学研究与实践探索中。作为我国最早的信息技术教师，在20多年信息技术教学经验的基础上，结合新课程特点及学生的心理特点，经过6年实践研究，就信息技术新课程的教学模式、教学设计、教学评价进行了深入探索。采用的以学生为主体的教学模式，为学生提供了丰富的实践时间和宽松的学习空间，深受学生青睐；设计的贴切学生实际、开放的教学案例和实践内容，激发了学生的兴趣，为学生创造发挥、体验成就感提供了广阔的空间，使学生能够全身心、充满兴趣地投入到信息技术课堂学习中，感受信息技术的魅力和作用。例如，2003年经过4个多月的思考，设计的单元教学案例“我的校园我的同学”，让学生体验了从信息采集、存储、加工到表达、合作、交流、评价的全过程，在北大附中应用6年来深受学生喜爱，同时学生也创作出大量优秀的作品。又如2007年设计的“信息及其本质特征”信息技术起始课，让学生对信息及其本质特征有了深刻的理解和认识。制定的过程性评价量规、上榜机制等教学评价方案以及详细及时的作业反馈最大限度地激励了学生的学习热情、想象力和创新意识，张扬了学生的个性，让学生感受到成功的喜悦。所任教的信息技术课不仅使学生真正体验到信息技术的作用和魅力，同时也大大提升了学生的信息素养、技术素养和人文素养，以及分析问题、解决问题的综合能力，成为全校最受学生欢迎的课，学生常常自觉自愿地利用中午时间做信息技术作业。此外，还就信息技术基础模块教学策略、选修模块教学策略、整体理解信息技术学科课程等方面进行了研究。

3. 教师培训与拔尖人才培养

(1) 新课程教师培训

为了更好更快地推动我国高中信息技术新课程的开展，在进行教学研究的同时，积极与全国各地教师进行交流，分享研究成果，近 5 年先后为山东、广东、宁夏、陕西、安徽、北京、吉林、山西、河南、湖南、江西、内蒙、黑龙江等省市的一线教师就信息技术新课程的教学模式、教学设计、教学评价、教学策略、教学方法等内容进行培训 45 次，获得广大一线教师的好评。

(2) 名师成长研究

作为北京市海淀区名师工作站信息技术学科导师组组长，长期致力于全区信息技术学科教师的成长研究，探索名师成长的模式与培养方式，近年来培养出市级学科带头人 1 名，市级骨干 6 名。作为北京市新课程实施专家，参与设计了北京市新课标信息技术教师培训方案，并作为培训组长与主讲教师参与了多次培训，其所指导的青年教师刘宝艳 2008 年获北京市教学基本功大赛一等奖。

(3) 拔尖人才的培养

长期以来一直非常重视信息技术学科拔尖人才的培养，辅导的学生多人次获全国一等奖。其中江晓晔于 1990 年为我国摘取了第一块国际信息学奥林匹克金牌。2008 年辅导的学生获全国中小学计算机作品大赛一等奖一名，获全国信息学奥林匹克联赛一等奖二名。

4. 科研论著

近 5 年来的科研论著如下：

(1) 主要著作

主编《山东省初中信息技术》教材共 7 册，泰山出版社，2003.09

主编《信息技术教学方法：继承与创新》，高等教育出版

社，2003.09

主编 普通高中课程标准实验教科书《数据管理技术》，教育科学出版社，2006

（2）主要论文

高中信息技术新课标的教学实践．《中小学信息技术教育》，2004.09

信息技术教学环境的搭建．《中小学信息技术教育》，2004.10

新课标下信息技术教学评价的研究和实践．《中小学信息技术教育》，2004.11

中学《信息技术课》课堂教学模式与教学方法．收入李观政主编：《共同的追求——北京市第二届基础教育教学成果奖项目集萃》，首都师范大学出版社，2004.12

高中信息技术新课标教学实践中的几个问题研究．收入《海淀名师文集》，2005.11

高中信息技术新课标的教学实践研究．北京市信息技术学科论文评比一等奖，2007.12

如何有效调控信息技术课堂氛围．《信息教研周刊》，2009.01

如何引导学生认识信息的概念及其本质特征．《中小学信息技术教育》，2009.01

如何讲好“信息技术及其应用”．《中小学信息技术教育》，2009.02

信息技术教学的关键环节之一 ——教学设计．《中小学信息技术教育》，2009.03

（3）国家课题

参加国家社会科学基金“十五”规划（教育类）国家重点课题“信息化进程中的教育技术发展研究”（AYA010034），主持的子课题“运用信息技术开发中学教育资源的研究”被评为优秀子课题。

5. 获奖情况

2004 年 11 月，北京市第二届基础教育教学成果二等奖。

2004 年 12 月，海淀区中学“教学创新专项奖”获得者。

2007 年 12 月，北京市 2007 年信息技术学科教学论文评比活动一等奖。

2008 年 8 月，第八届全国中小学计算机制作活动程序设计一等奖指导教师。

2008 年 12 月，2008 全国信息学奥林匹克（NOI2008）联赛一等奖指导教师。

靳 建 设

1. 主要工作简历

1999～2006 年，任甘肃省兰州一中教研处主任兼信息中心主任，主管甘肃省兰州一中信息中心工作，主持完成兰州一中网站、校园综合信息系统工程建设等多个网络与信息化建设项目。2006～2009 年，任甘肃省教科所副所长，主管网络信息中心，主持完成甘肃教研网建设。目前正在主持进行甘肃省政府下达的甘肃省义务教育学科教育教学网络平台建设项目。多年来狠抓信息技术教育教学和教学研究，指导多名信息技术年轻教师成长，组织开展全省信息技术教学研讨活动，对于促进我省信息技术教学作出了一定的贡献。

2. 获奖情况

2003 年 12 月获得“甘肃省骨干教师”称号；2005 年 7 月被北京大学教育学院、中国管理科学研究院、中国未来研究会联合授予“2005 年全国杰出教育研究者”荣誉称号。2006 年 7 月被北京大学教育学院、中国教育发展战略学会、中国未来研究会联合授予“2006 年度中国教育英才”荣誉称号。2006 年 9 月被教育部中国中小学幼儿教师奖励基金会、国家教师科研基金规划管理办公室和中教创新教育研究院授予“国家教师科研基金科研进步奖、全国教育科研优秀教师”，9 月 29 日在人民大会堂大会颁奖。2006 年 10 月 26 日被中国科协—教育专家委员会、全国中学教育科研联合体评为“优秀科研个人”，荣获“最佳科研奖”。2007 年 8 月被北京大学教育学院、中国教育发展战略学会、中国未来研究会联合评为“2007 年中国科教创新贡献奖”。2008 年 5 月被教育部中国中小学幼儿教师奖励基金会评为“全国教育科研杰出所长”。

3. 出版著作

2009 年 3 月主编《甘肃省中小学优秀多媒体教学课件 1 000 例》系列光盘，由甘肃飞天电子音像出版社出版。主编《小学信息技术》（教材）（第一、二、三册），2006 年 8 月由光明日报出版社出版。主编《初中信息技术》（教材）（第一、二册），2006 年 8 月由光明日报出版社出版。主编《新课程信息技术教学研究暨优秀教学案例》（著作）（共五册），2008 年 7 月由兰州大学出版社出版。《新课程物理教学目标设计》（个人专著），2007 年 10 月由甘肃教育出版社出版。

4. 主持完成的项目

2001年9～10月主持完成“甘肃省世行贷款‘贫三’项目兰州一中多媒体网络教室”的建设，10月28日通过教育厅专家组验收。2002年4～8月主持完成“教育部中西部中小学网络教室示范校兰州一中网络教室”建设，8月26日通过教育部专家组验收。指导完成“甘肃省教育科学‘十五’规划课题《中学教育信息平台开发及建设》”，2002年7月立项，2004年10月通过省级鉴定。2005年1～10月主持完成“兰州一中综合信息系统工程”建设项目，10月通过省级专家组验收。2005年4～6月，主持完成“兰州一中网站”建设项目，6月投入运行，8月26日通过省级专家组验收。2005年4月～2008年主持进行“清华同方国家级信息技术资源建设实验校”项目研究。参与“中英甘肃基础教育二期项目——教学支持系统建设项目”（2006～2010）项目研究，担任省级项目执行小组副组长、省级项目咨询专家，主持进行甘肃教研网建设。2006～2008年，主持完成教育部—微软（中国）“携手助学”甘肃区项目。2008年，主持完成中央教育科学研究所2007年基本科研业务费基金课题《中国基础教育课程改革推进策略研究及数据库建设》甘肃课题组研究工作。2008年，执行主持并完成中央教育科学研究所2007年基本科研业务费基金课题《中国基础教育课程改革推进策略研究及数据库建设》甘肃课题组研究工作。主持完成全国教育科学规划《特级教师计划》专设课题、甘肃省重点课题——《贫困地区（甘肃）中学实施创新教育的途径与方法》的研究工作，2000年6月16日批准立项，于2003年10月结题并通过国家级鉴定，其成果《中学创新教育探究与实践》（著作）于2004年4月由兰州大学出版社正式出版，33.5万字。

5. 主要成果

《中学创新教育探究与实践》（著作），于2004年9月被甘肃省教育厅评为“甘肃省第五届基础教育教学科研优秀成果奖一等奖”。构建“校本培训模式”、促进教师专业发展（研究报告），于2004年10月被中央教育科学研究所和全国教育理论研究成果评审委员会评为“全国教育理论研究优秀成果一等奖”。《中学创新教育探究与实践》（著作），于2005年3月被中共甘肃省委和甘肃省人民政府评为“甘肃省第九届社会科学优秀成果奖三等奖”。《中学物理课堂创新教育功能研究与实践探索》（研究论文），于2005年6月被中国教育学会、中国教育报和中央教育科学研究所联合评为“第四届小公民道德建设实践创新活动——2005年全国中小学思想道德建设活动优秀成果三等奖”。《新课程观下的高中物理教学目标设计原则》（论文），于 2005 年 9 月 12 日被中央教育科学研究所、课程教学研究部评为“2005 年度新课程优秀教研成果”三等奖。《基于新课程观下的中学物理教学目标设计研究》（研究报告），2006 年 8 月被甘肃省教育厅评为“甘肃省第六届基础教育教学科研优秀成果”一等奖。《养德开智健体立美——课堂教学改革研究》（著作），2006 年 8 月被甘肃省教育厅评为“甘肃省第六届基础教育教学科研优秀成果”一等奖。《新课程观下的中学物理教学目标设计研究》（研究报告），2006 年 8 月 15 日被中央教科所教育与人力资源研究部、中国教研网评为“第三届全国优质教育成果——课题研究类优秀成果一等奖”。《物理课程与教学“一体化整合目标”取向研究》（研究论文），2006 年 7 月 26 日被中国中小学幼儿教师奖励基金会与中教创新教育研究院评为国家教师基金“十一五”规划阶段性科研成果一等奖。《文化管理——学校管理新概念》（研究论文），2007 年 1 月被中国中小学幼儿教师奖励基金会评为国家教师基金“十一五”规划阶段性科研成果一等奖。《中学创新教育探索与实践》（著作），2007 年 1 月被“教育部中国中小学幼儿教师奖励基金会”评为全国中小学幼儿教师科研论著成果三等奖。《新课程观下的中学物理教学目标设计原则》（系列论文），于 2007 年 3 月被中共甘肃省委和甘肃省人民政府授予“甘肃省第十届社会科学优秀成果”三等奖。《新课程物理教学目标设计》（个人专著），2008 年 9 月被评为“甘肃省第七届基础教育教学科研优秀成果奖”一等奖。

魏　小　山

华南师范大学计算机系学士，哈尔滨工业大学软件工程硕士，广东省基础教育教学指导委员会专家，广东省教育学会中小学计算机教育专业委员会理事，珠海市教育学会中小学信息技术教学专业委员会理事，珠海市教坛新秀，珠海一中优秀共产党员。大学毕业后一直工作在教学一线执教高中信息技术课，她以精湛的教学艺术和突出的教研成果赢得了广泛的赞誉，成为珠海市最年轻的高级教师之一。

不少资深的特级教师都发出了这样的赞叹：“你年纪轻轻，刚满 30 岁就取得了我 40 多岁所积累的成果，真不简单啊。”的确，在年轻的教师队伍中，她是一朵璀璨的奇葩。

潜心经营，打造优质课堂。她要求自己对待每一堂课都要有

设计、有目标、讲方法、讲效益，把课堂看做是自己生命的一部分，用心实施、用心经营，用学识吸引学生，以人格魅力打动学生，帮助和引导学生发掘自己的潜能，养成优秀品质。她发挥自己专业特长自行开发了信息技术课程管理系统，大大提升了教与学的效率和效果。为了提高学生兴趣，让学生体验学科的内在魅力，她在教学设计上下足工夫，设计出很多精品案例，如《飞天圆梦——宣传海报制作》、《分享精彩一瞬间——相片 MTV 制作》、《纵情演绎 放飞声音——声音的采集与加工》、《我与信息技术零距离——信息技术及其影响》等案例，已经收录到李艺教授编写的《高中信息技术新课程案例与评析（选修）》以及苗逢春博士编写的《高中信息技术新课程教学案例集教学设计与教法评析》专著中，并在中国教育类核心期刊上发表。她还特别注重在信息技术课堂渗透情感态度价值观，她精心挖掘信息技术教材的德育内涵和搜集德育素材，结合时事及社会关注的焦点，设计了"感悟汶川地震""奥运——我在行动"等多媒体作品制作活动，让学生在创作的过程中，激发爱国之情，在集体的情感汇聚中，让学生懂得真情、学会感恩。为了不断提高自己的教育教学水平，她积极加各类教学竞赛，获得国家级奖项 4 次，省级一等奖 6 次，二等奖 1 次，市级 5 次，其中，参加第五、第六届全国中小学信息技术创新与实践活动决赛获教学实践评优全国一等奖和科技部颁发的信息化发明创新奖，参加第八届全国多媒体教育软件大赛信息技术与学科教学整合课获国家三等奖及广东省一等奖，2004、2005 年连续两年代表珠海市参加广东省普通高中信息技术优质课评比均获一等奖。此外，参加多媒体软件制作获奖 3 次，其中参加第八届全国多媒体教育软件大奖赛基础教育多媒体课件获全国优秀奖及广东省一等奖，2005 年参加珠海市"新课程与信息技术整合"优秀主题资源、教学设计及录像课例评审活动获得主题资源一等奖。她精心营造机房文化，让学生在浓郁的信息氛围中学习，潜移默化地受到环境的熏陶，学习热情、积极性和自觉性有了很大的改观。她认真抓好培优工作，让学生在竞赛中激发学习志趣，展现专业潜能，更重要的是，让他们练就非凡的毅力，学会超越自我、规划人生。她先后指导学生参加全国、省、市级竞赛获奖共 39 次。其中，2002 年指导学生创作电子报刊《鸟的启示》获第三届全国中小学计算机制作活动全国二等奖及广东省一等奖。2002 年指导学生创作动画"探索生物信息"荣获第三届"广东省中小学计算机制作活动"一等奖。2004 年指导学生创作动画"让生命淋淋雨"获第五届"广东省中小学计算机制作活动”一等奖。

用心修炼，塑造研究型教师。新课程改革给她带来了很多机遇，也伴随着很多的困惑，尤其是教师的专业成长、课堂教学管理、教学模式、教学方法、教学评价等问题。这些问题没有太多的现成经验可以借鉴，一切都需要通过学习、交流、思考、感悟、总结和反思等方式，自己去研究、实践。她科学地诊断新课程课堂的脉搏，留心教学实践中的呈现的细小问题，全方位地展开研究，并且及时述之成文。到目前为止，她已在国家级、省级核心刊物上发表论文、文章 9 篇，省、市级获奖论文 6 篇，其中，论文《STS 视野下信息技术课程情感态度与价值观的培养》发表于《中国电化教育》2008 年 1 月；论文《信息技术新课程教学目标的达成策略》发表于《中小学信息技术教育》2007 年 2 月；论文《信息技术过程性评价的实践性思考》发表于《中小学信息技术教育》2006 年 7～8 月；论文《协作构建思维导图在信息技术课堂中的应用》发表于《中国电化教育》2007 年 9 月；论文《中学信息技术课程过程性评价的探索与实践》发表于《广东教学研究》2006 年 5 月；2003、2004 年连续两年获得广东省高中信息技术优秀论文评比一等奖。主编或参编著作 5 部，其中，作为省唯一骨干教师参与编写《信息技术教学研究与案例》一书（教育部基础教育课程教材发展中心组织编写），2006 年 12 月由高等教育出版社出版；参与编写《普通高中新课程信息技术教学与评价指导》一书（广东省教育厅教研室组织编写），2006 年 8 月由广东教育出版社出版；课题组核心成员主编《普通高中信息技术等级考试指导——信息技术基础》一书（广东省教育厅教研室组织编写），2007 年 1 月由广东教育出版社出版。除了研究新课程，她还把目光投向了课题研究上，2006 年，她申报的中央电化教育馆“十一五”全国教育技术研究国家级专项课题《信息技术课程过程性评价研究》获得了立项，她还参与 2 项省级课题《广东省普通高中信息技术等级考试研究》和《高中信息技术课程网络资源的开发与应用研究》子课题的研究；参与 1 项市级课题《B-learning 下〈智能机器人〉教学设计与应用研究》的研究。她还注重拓宽自己的交流渠道，力求在交流中凝聚合力以促进自身的专业成长。2005 年 4 月，作为广东省唯一骨干教师代表在海南三亚举行的全国普通高中信息技术新课程教学研讨会上作了关于“信息技术教学评价”的报告，受到与会专家、各省教研员和骨干教师的一致好评。2006 年 1 月赴北京大兴，同年 2 月赴海南三亚参加国家教育部基础教育课程教材中心组织的《普通高中新课

程各学科教学指导》编写工作研讨会；2005 年 1 月和 9 月两次参加广东省高中信息技术教学评价与考试研究会议，并参与制定学科模块学分认定方案；2005 年 6 月被推荐为广东省基础教育教学指导委员会专家，到全国多个省市为当地信息技术骨干教师做新课程培训共 5 次；2005 年至 2007 年 3 次参加广东省高中信息技术教材教学培训备课研讨会。她始终坚信在教育教学中坚持不懈地做研究可以锻炼自己的思维，促进教学风格的形成，朝着“科研型”教师目标前进。

刘　其　政

1998 年毕业于西南师范大学计算机科学系。2001 年从事中学信息技术教学。海南省研究培训院信息技术学科中心组成员、海南省儋州市中小学教师培训兼职研训员。长期承担英特尔项目与教育技术的教师培训工作，同时担任学校信息学奥林匹克竞赛与科技创新的辅导及研究。

2002 年迎来了九年义务教育新课程改革。新课程改革教育理念与信息技术学科教育的特征不谋而合。新的教育理念、新时代的学科为教师开拓了更为宽阔的发展空间，同时也使他们肩负着更为深远的教育重任。2002 年至 2008 年，亲历了初中至高中信息技术教学改革的实践，从中积累了丰富的教学经验和教改心得体会。

科研著述、获奖情况如下：

2008 年参加海南省九年义务教育信息技术教材的编写。

2007 年 11 月，全国高中首届信息技术课堂教学评比，《递归算法的实现》获全国一等奖。

2006～2007 年度全国教学案例评比，《数据的传输技术》、《递归算法的实现》分别获全国一等奖和二等奖。多篇教学案例发表于国家级核心刊物《中学小信息技术教育》。

2006 年参加普通高中课程标准教科书信息技术选修教材《网络技术应用》的编写，2007 年 1 月由人民教育出版社发行。

2006 年参加段青主编《信息技术教学设计指导》教师用书编写，由东北师范大学出版社发行。

2006 年两篇教学设计入选李艺教授主编的《高中信息技术新课程案例与评析》。由人民教育出版社发行。

2005 年，首届海南省信息技术课堂教学评比，《代理服务器与 DNS 服务器的工作过程》获一等奖，该教学案例获中国教育技术协会信息技术教育专业委员会2005年度，全国高中信息技术教学案例一等奖。

2001年至2006年连续6年评为儋州市第二中学先进教师；2007年评为儋州市先进共产党员。

2003年，在市教育局课改学科指导组的指导下，主编了《七年级信息教学指导》和《中小学综合实践教学指导》两书。

朱 全 民

长沙市雅礼中学高级教师。2003～2008年期间，辅导学生张一飞、何林、龙凡、陈丹琦等参加第15届（2003年）、第17届（2005年）、第18届（2006年）和第20届（2008年）国际信息学奥林匹克竞赛共获得金牌4枚，至此，辅导学生共获得6枚国际信息学金牌（包括2000年和2002年2枚）。期间，辅导学生参加全国信息学奥赛共获得金牌7枚，银牌10枚，铜牌4枚，7人次入选国家集训队。辅导学生参加信息学全国联赛，每年都有20人左右获得全国一等奖，约占湖南省获奖总人数的1/3。获奖人数年年居全国第一，因此，雅礼中学信息学科已在全国形成品牌。

2003～2008年期间，在全国各级刊物发表论文20篇，其中论文《让信息学奥赛成为培养学生综合素质的舞台》一文被立陶宛召开的第二届国际中学信息学大会上录用。《五子棋博弈算法研究》等多篇论文发表在全国核心期刊上，《信息学奥赛培训策略》一文被评为全国创新论文一等奖，《多媒体课件开发研究》一文获得全国教研教改论文一等奖。另外单独撰写《奥赛兵法》、《信息学奥赛教程》2部，合著《奥赛经典》3部著作，共计100万字。

2003～2008年期间，担任雅礼中学现代教育技术中心主任，作为《信息技术与研究性学习整合》和《现代信息技术环境下的课堂教学》课题研究的重要成员，参与课题研究取得重要成果，上述课题分别获得湖南省课题评比一等奖和二等奖。在研究过程中，大胆突破传统观念，将多媒体技术、网络技术等引入到课堂中来，为雅礼中学的信息技术与其他学科的整合打下了基础，使得雅礼中学在远程教学、软件开发、多媒体技术的应用等方面走在了全国的前列，雅礼中学也成为了全国首批现代技术教育示范校。

2004年，主持成功研制“五子棋博弈机器人”，该机器人能做到看棋、算棋、取子下棋的全过程，填补了国内机器人博弈领域的空白，并获得国家专利。

2006年，被中国计算机学会聘为全国信息学奥赛科学委员，不但为本省培养信息学教师，也先后赴云南、河南、上海、北京、福建、四川、安徽等省市为全国信息学教师进行多场培训，为全国信息技术学科的普及和提高作出了较大贡献。

2007年被湖南省教育厅聘为“湖南省新课程实验指导委员会委员”“信息技术学科专家组组长”，并担任长沙市中学信息技术教学委员会理事长。2007～2009年期间多次在省市开展信息技术新课程研讨活动，主持撰写了《湖南省信息技术学业水平测试考查纲要》等。

因工作业绩突出，2003年被评为第三届长沙市十大杰出青年；2004年被评为全国师德先进个人和长沙市劳动模范；2005年被破格评为湖南省特级教师；2006年被定为长沙市优秀青年专家培养对象；2007年被评选为感动星城十佳魅力教师；2008年被推荐为湖南省优秀专家候选人。

李　龙　昌

汉中师范附属小学高级教师。1980年参加教育工作，现担任小学信息技术教学和信息化应用研究工作。兼任汉中市首届信息技术研究会副理事长；市教育信息化协会副秘书长；市政府采购IT评标专家；陕西省“新跨越”资源建设与应用专家；省教材审定专家和中小学信息技术教材编写人员；省远程教育工程项目培训主讲教师；全国《基础教育现代化跨跃式发展战略目标研究》总课题研究员；全国“十五”“十一五”立项课题组副组长。亲自设计建设了学校全数字化校园网和全自动化办公、教学平台。多次在省市学术会上介绍信息化应用与课题研究的经验，在汉中教育信息化工作中发挥了模范带头作用，堪称教育科研专家和信息技术专家。先后有6篇论文在国家级报刊上发表，3篇论文在省级报刊上发表，30篇（件）教育论文、教学设计、课件、专题网站在国家、省、市获奖。其中，《网络环境下课程整合的研究》获2006年课题成果全国一等奖，《小学作文网站》获教育厅2008年一等奖，论文《网络环境与作文教学整合的探究》获2008年省一等奖，《网络环境下课程整合》研究成果于2006年被汉中市委市政府评为科技奖。论文《基于网络环境的课程整合研究》在《中小学电教》杂志2006年第9期发表，论文《在网络教学中培养学生自主学习的能力》在2006年《信息技术》杂志上发表，论文《六步教学模式的探究》在2006年6月14日《教师报》上发表。2004 年被评为汉中市优秀教师，2004 年被评为汉中市信息化应用与研究先进个人，2006 年 12 月被评为“全国‘十五’课题研究先进个人”，2008 年被汉中市委市政府评为第三批有突出贡献的拔尖人才。

孙　波

西安市碑林区大学南路小学高级教师，从 1993 年就开始涉足小学计算机教育教学，一直潜心从事中小学信息技术教育教学的实践和研究工作，在中小学信息技术教育领域的百花园中，孜孜不倦，追求着自己的梦想，为学校的信息教育教学工作、陕西省的信息技术教育教学研究，农村中小学现代远程教育工程培训、陕西省中小学教育资源建设和资源审定工作做了许多工作。被聘为中国教育技术协会信息技术教育专业委员会理事，担任陕西省教育学会中小学计算机教育研究会理事，为陕西省农村现代远程教育工程项目省级培训专家组成员，陕西省教育资源建设和审定专家，陕西省中小学教师能力建设计划项目省级培训主讲教师，陕西省中小学计算机制作活动评委。

10 多年来，一直从事陕西省中小学《信息技术》教材的编写和修订工作，并在更高层次的教育研究与实践工作中，取得了一些成绩。近年来主要作品有：

（1）2003 年 12 月和 2004 年 6 月，对陕西人民教育出版社出版的陕西省小学《信息技术》教材的第七册和第八册进行了修订。

（2）高中《信息技术》教材（全套三册），陕西省电化教育馆和陕西省中小学信息技术教育中心编，西安电子科技大学出版社和陕西人民出版社，2005 年 7 月。

（3）陕西省小学《信息技术》教材（共八册），西安电子科技大学出版社和西北农林出版社，2005 年 12 月。

（4）《小学低年级素质教育互动乐园》光盘，西安电子科技大学出版社，2005 年 7 月。

（5）《三种模式环境下的教学应用》，西安电子科技大学出版社，2005 年 10 月。

（6）《“模式一”“模式二”环境下信息技术普及资源》，电子光盘，西安电子科技大学出版社，2005 年 7 月。

（7）陕西省小学《信息技术》教材（全套八册），陕西人民教育出版社，2007 年 7 月。

（8）陕西省小学《信息技术》教师教学用书，陕西人民教育出版社，2007 年 9 月。

(9) 陕西省中小学现代教育技术实验学校“十五”立项课题《多媒体网络环境下的美术教学中培养学生的创新精神》结题报告，2006 年 8 月。

(10)《〈小学低年级素质教育互动乐园〉的开发》，信息技术教育，2007 年第 8 期 68 页。

(11)《小学低年级课堂应引入教育游戏》，信息技术教育，2007 年第 9 期 25 页。

近几年获奖情况如下：

(1) 2006 年 8 月　省中小学现代教育技术实验学校“十五”立项课题研究优秀个人。

(2) 2006 年 12 月　课件获人教版全国品德优质课件评比二等奖。

(3) 2006 年 8 月　省中小学现代教育技术实验学校“十五”立项课题结题。

(4) 2006 年 9 月　中国教育学会教育实验研究分会实验学校研究中心“十五”规划课题优秀成果二等奖。

(5) 2004 年 3 月　西安市中小学教师教学全过程评优一等奖。

(6) 2004 年 9 月　碑林区中小学教学全过程评优赛一等奖。

(7) 2008 年 12 月　碑林区现代教育技术优秀个人。

窦　怀　宇

云南省昆明市第八中学高级教师。2002 年 8 月通过云南省中青年破格晋升高级职务评审委员会的考核评审，被云南省人事厅破格评为计算机专业中学高级教师。教学中注重以学生为本，关注学生的全面发展和个性发展，擅长挖掘学生潜力及调动学生的学习积极性，教学风格深受学生欢迎。培养上百名学生在全国、省、市级信息学奥林匹克竞赛及作品比赛中获得优异成绩，所教学生在云南省信息技术会考中均取得了较突出的成绩。

2004 年 1 月被评为昆明市骨干教师，2004 年 9 月被评为昆明市五华区信息技术学科带头人。2004 年 4 月通过中国计算机学会信息学奥林匹克科学委员会的评审，获全国信息学奥林匹克中级指导教师资格。

2003 年以来参与设计、编写云南省信息技术教材 14 本；撰写论文 5 篇分别获云南省、昆明市教育教学论文评选一等奖，1 篇获昆明市论文评选二等奖；案例设计《Excel 电子表格的数据运算》获中国教育学会、中小学计算机教育专业委员会评审二等奖；参与编写《会考模拟试题》和《综合练习题》分别获得中国教育技术协会信息技术教育专业委员会评审二、三等奖；论文《高中信息技术会考与教学》于2008年6月发表于《中国电化教育》杂志。

独立编写的多个学科教学课件在云南省、昆明市课件评比中获一、二等奖并成为各学科课件范例。其中，《动物的行为》课件分别获昆明市课件比赛一等奖，云南省课件比赛一等奖。设计《昆八中学生评语管理系统》、《昆八中教务管理系统》等软件被昆明市多所中学应用。

近年来承担省级讲座或培训任务5次，区级讲座1次，培训教师数百人。担任多名教师教学指导的工作，指导7名教师参与省、市级信息技术学科教学竞赛获市级二等奖以上奖励。

积极参与云南省教科院申请的省级课题《建构云南省中小学信息技术教学评价体系的研究》（2005年12月～2007年12月）并承担了重要的研究工作。承担了昆明市第八中学申请的省级课题《高中信息技术课教学模式与评价实践研究》（2006年5月20日～2009年9月1日）的主要工作。

丁　光　明

1. 新课程实验

（1）2005～2008年参与义务教育实验《信息技术》（初中）教科书和教师用书的修订工作，《信息技术》（小学）教科书修订的内审工作。

（2）2005年10月主编的《中小学智能机器人教程》，由人民教育出版社出版，全国发行。

（3）2006年6月参加北大高中信息技术新课程国家级培训。

（4）2007年10月被评为嘉兴市基础教育课程改革实验先进个人。

（5）2008年8月参与何海源老师组织的《高中信息技术高考模拟卷》的编写工作，负责“算法与程序设计”模块，已由浙江教育出版社出版。

（6）2007～2008年海盐县高中信息技术两次会考平均成绩，以及2008年10月的高考平均成绩（84.78），均高出全省平均成绩近10分。

2. 专题讲座

（1）《追求学习乐趣 培养信息素养》（2003年）

(2)《信息技术教师的发展现状与成长对策》(2004 年)

(3)《教师专业发展的聚集点——课堂》(2005 年)

(4)《课堂教学和教师发展》(2006 年)

(5)《信息技术学科先进教研组建设思考》(2007 年)

(6)《考试说明研究和高考复习对策》(2008 年)

3. 团队建设

(1) 成立三个学科教研中心组(小学、初中和高中),构建了学科教研中心组、片教研组和学校教研组等三级教研组织。

(2) 构建了三个学科教研基地网站,每个栏目分别有中心组成员专人负责建设,网址:http://xxjs.zjhyedu.cn/chdir/cz/。

(3) 在学科教学方面,近五年获得四个市级课堂教学评比一等奖,两个省级课堂教学评比一等奖。

(4) 在骨干教师培养方面,初中和小学各有一位市级学科带头人,另有五位县级学科带头人。

(5) 校本教研是学科教师专业发展的根本,一个好的教研组团队,能引领本教研组成员快速成长。目前,已创建了四个市级信息技术先进教研组。

4. 课题研究

(1) 2005 年参与陆李松主任主持的省级立项课题《以海盐教师博客群体和互动教研区建设为载体的教研工作创新的实践与研究》。

(2) 2005~2006 年参与省教研室魏雄鹰老师主持的《有效的小组合作学习活动设计研究》,海盐作为课题实验区参与研究和结题的全过程。

(3) 2005 年主持市级立项课题《区域性开展中小学智能机器人教学的实践与研究》,2008 年结题。该课题被评为“2008 年度嘉兴市基础教育优秀科研成果二等奖”和“2008 年浙江省基础教育优秀科研成果三等奖”。

(4) 2006 年主持省教研系统立项课题《网络教研支持信息技术教师专业发展的实践与研究》。

(5) 2008 年主持省教研系统重点立项课题《区域内开展初中信息技术学科新课程课堂教学规范的研究与实践》。

5. 网络教研

构建了一套比较完善的网络教研平台,“海盐教研网”用于课前资源建设,“海盐教师博客”用于教师课后反思与交流,“海盐教师优视”用于聚焦课堂。

(1) 为海盐教育信息化建设需要,2000~2002 年全身心投入海盐教育信息化建设,包括方案论证、规划建设和应用培训。

2003年1月9日，全国电教馆长会议暨教育信息化现场会在海盐召开。

(2) 为适应新课程实验需要，2003年上半年创建"海盐教研网"。2004年12月该网站在全国中小学计算机教育研究中心举办的"第二届全国中小学教育主题特色网站展评"中获一等奖。

(3) 为推进新课程实验深入，2004年上半年建设"海盐教师博客"，构建区域网络教研社群。2005年11月在全国教育技术协会2005年年会上被评为中小学教育主题特色网站一等奖。

(4) 为提升教师向更高层次发展，海盐教研室与上海师范大学联合组织的"海盐创感教育高级研修班"。2007年底创建"海盐创感教育"网站。

(5) 为使海盐网络教研更好聚焦课堂，2009年初创建"海盐教师优视（课堂视频）"。

陈　合　力

为绍兴一中信息技术正高级教师，浙江师范大学兼职教授，浙江师范大学教育硕士导师。

以创新理念、创新精神开拓工作，以对教育事业的无比忠诚、对学生满腔热情的爱和对教学工作的极端热忱，以深厚学识和精湛教艺，造就了数千名掌握信息技术基础知识的学子，培养出600多名在全国信息学"奥赛"中获奖的尖子生，其中获得国际信息学奥林匹克竞赛金牌1枚、银牌3枚、铜牌1枚；全国信息学奥林匹克竞赛金牌5枚、银牌8枚、铜牌12枚，107人获全国信息学奥林匹克分区联赛一等奖。先后八次以省队教练身份率浙江省尖子参加全国中学生信息学竞赛。带徒传艺成效明显，年轻教师在她的指导下迅速成长。全国、省市多所学校慕名前来取经学习，她的教学方法和经验惠及全国。她的敬业精神和高尚师德被师生、家长广泛认可，教学效果为累累硕果所佐证。

长期对中学信息技术教学潜心钻研，先后在《电子与电脑》、《软件报》、《计算机世界》等全国性信息技术教研刊物上发表学术论文30余篇；主编中小学信息技术教材13种；参编信息技术教材与教学参考书14种；并撰写出版了《计算机使用和程序设计》专著。研制的七项基础教育课题获得省市大奖。

先后被评为浙江省青少年科普工作先进个人，绍兴市学科带头人，绍兴市十佳名教师，浙江省优秀教师，浙江省特级教师，绍兴市专业技术拔尖人才、学术技术带头人，正高级教师，浙江省劳动模范，全国信息学奥林匹克高级指导教师，绍兴市高级专家等称号，绍兴市领军人才。取得的成绩和先进事迹，被浙江日报、钱江晚报、浙江教育报、绍兴日报，绍兴晚报、绍兴电视台先后二十余次作专题报道。

高　淑　印

1. 简介

1992年参加工作，先后在天津市北洋职专、红桥区教研室任计算机学科教师与教研员，1995年调市教研室，2002年任学科部门负责人，主要负责天津市中小学信息技术学科教学研究和教研信息化工作。2003年被评为天津市教改积极分子；2004年被评为天津市教委优秀共产党员，曾连续多次被评为校级优秀教研员，本部门还被评为天津市2004年度“十五”立功先进集体。现任中国教育学会中小学信息技术教育委员会理事、中国教育技术协会信息技术教育专业委员会理事、天津市计算机辅助教育学会常务理事、天津市教育信息研究会常务理事兼副秘书长、天津市中小学信息技术教育专业委员会副秘书长等。2007年被评为全国首届教育硕士专业学位优秀学员。

2. 教育教学水平

牢记市教研员的专业引领作用，坚持自觉向书本学习，向实践学习，向他人学习，认真学习现代教育理论，潜心钻研教研业务，尽一切可能提高业务水平和能力。2003年以来先后被选派参加了教育部、联合国教科文等部门组织的五次国家级骨干教师培训，正在进修教育硕士研究生。近三年来撰写了十余篇有指导作用的论文和专著，对推进全国及本市的中小学信息技术课程的改革与发展做了一定的工作。

主要围绕市教研室推进课程改革、抓好信息化的中心工作，积极探索，通过创新教研工作，创造教学成果。

(1) 开拓进取、自主创新，积极推进信息技术新课程改革，主要负责高中、初中、小学三个学段的学科教研工作。

① 教材建设取得重大突破。在教研室领导下，2003年参与高中新课程《信息技术》实验教材编写立项申请工作，最终从全国申报的31套同类教材中脱颖而出，成为获准立项并通过教育部中小学教材审查委员会审查的5套教材之一。其担任全套教材副主编及《算法与程序设计》模块的分册主编，并承担具体章节的编写。此外还担任天津市初中、小学信息技术等4本教材的责编，并参与高中新课标其余5个模块10本教材及教师用书的编写工作。时任市教委副主任袁晴凯对市教研室及教材编写人员的辛

勤努力给予了充分的肯定。目前，该套教材已在天津、北京、广东、山东、海南、江苏、吉林、陕西 8 个新课改试验省市使用，标志着天津市的国家级课程教材已走向了全国。

② 教学研究卓有成效。注重加强课堂教学的研究与指导，多次组织市级公开课，开展教学案例设计评选等系列教学研究活动。2003 年，起草文件《中小学信息技术学科教学研究指导意见》。2006 年，参与完成《初中课程改革蓟县调研信息技术学科调研报告》。2006 年，担任天津市普通高中信息技术新课程实验教学指导组组长，执笔《天津市普通高中课程改革实验信息技术教学指导意见》，制定《天津市高中信息技术新课程改革专题研究指南》。2007 年 1 月，组织编写《天津市普通高中信息技术新课程教学案例集》。

③ 评价改革收效显著。自 2004 年起就尝试使用在线考试、电子学习档案袋、电子作品等多元方式评价学生的信息素养和创新能力，收到了很好的效果。2004 年至今，每年都要承担初、高中信息技术在线考试系统培训、题库开发与命题工作。

④ 教师教育专业成长。在教研工作中注重抓青年教师培养，2004～2008 年，多次指导本市中青年教师参加全国大赛并取得全国一等奖的好成绩。2005 年受聘担任河西区小学信息技术教师继续教育讲师。2005 年 8 月承担教育部师范司首批“高中新课程信息技术专任教师高级研修班”培训工作，为天津市培养了 24 名骨干专任教师，教师教育得到了专业化发展。此项目的成功试验得到了师范司和专家组的认可，为该项目在全国的进一步推广提供了良好模式，其本人协同课题组参与了培训教材的修订，该教材已正式出版并在全国使用。

⑤ 教育评价责任重大。2003 年至今，应邀参与天津市普教系统教育教学成果的论文评审及认定工作。担任天津市第四、五届双优课信息技术学科评委。2006 年，担任天津市教委中小学教师中级职称评审委员。2006 年被天津师大计信学院聘为教育硕士导师，对毕业生的论文进行评审，并任 2006 届硕士生毕业论文答辩委员会主席。2007～2008 年，为天津师大计算机系本科生担任毕业设计指导教师。

⑥ 外出讲学彰显学识。作为市教研员，除了多次在本市进行课改培训讲座，还应邀为北京、广东、江苏、山东、海南等地课改培训进行教材分析并做天津课改经验介绍。

（2）团结拼搏、甘于奉献，积极推进基础教育信息化建设。

① 教研网站发展壮大。天津教研网是从 1999 年建立并逐渐

发展壮大的，特别是在2003年非典期间发挥了重要的作用。为规范网络建设与管理，先后制定了一系列文件，多次成功举办全市教研系统网络建设推动会，加强培训，促进了教研网络的发展。天津教研网被市教委高校专家组鉴定为国内领先水平，被天津市科委评为“天津市优秀科技成果二等奖”，被全国中小学计算机教研中心授予“全国优秀教育特色网站”。

② 办公OA提高效率。2003年，在全体教职工支持与努力下，天津教研系统率先实现办公自动化管理，提高了办公效率。

③ 资源建设众志成城。天津市教委何致瑜主任亲自指示，市教委门户网的“普教研究”由天津教研网担当。并拨专款300万元，由天津市教研室负责建设天津市基础教育资源库。2004年3月，起草了《关于天津市基础教育资源体系建设的指导意见》等系列文件，确定了整体工作思路，组建由市教研员牵头的学科专家组，经过大家共同努力，按时、超额完成市三级基础教育资源库的第一阶段建设任务。2006～2008年，市教研室启动了以高中新课程优质资源建设为切入点的第二阶段基础教育资源库建设。

④ 教研叙事助推课改。2005年6月开设了基于BLOG的教研叙事群，在市领导的支持和肯定下，在本部门同仁的技术支持下，叙事群不断完善，迅速发展，全市已有6 600余名教师注册。为了助推课改、支持校本教研，“天津教研叙事群”为全市一线中小学教师提供发表教学研究、教学反思的平台，营造了良好的学术氛围，并迅速在全国引起了影响，实名制的管理方式也得到教育部课程中心和资源中心的肯定。

⑤ 网络教研平台支持。经过几年的探索，对教研室的信息化现状与发展做了统整思考，适时提出以教研网站、OA系统、资源平台和教研叙事群作为具有我市特色的开展网络教研的“四大平台”，助推新课改的进程。得到区县教研部门的认同，先后召开了3次网络教研工作研讨会。应邀在多种场合进行讲座介绍新形势下教研信息化发展趋势及有关工作等。2005年11月，参与编写《天津市基础教育教学研究工作第十一个五年规划》，并执笔《天津市基础教育教学研究信息化建设规划纲要（2006～2010年）》，对网络教研工作做了长远规划。

⑥ 内强素质外树形象。2006年被市教委聘为天津市教育信息化资源建设专家组成员。同年4月受市教委委托，参加教育部召开的“东部省区中小学教育信息化工作座谈会”，并受任代表天津市教委做天津教育信息化工作经验介绍。2004年天津市政府

投资300万元支援甘肃信息化建设，在天水市建立“津陇教育信息化培训中心”，受市教委和教研室领导委派，负责设计项目规划方案，得到了天水市政府的充分肯定。2007年3月天津市政府又投资200万元在西藏昌都地区职业技术学校建设校园网，同样也承担了项目规划方案的设计工作。

3. 教育科研能力

（1）作为主要承担者承担6项国家级课题，已结题2个。

2004年3月，作为主要承担者（前3名）承担《国家基础教育（软件）资源库“省级区域性教育资源中心”》实验任务，该课题已被天津市人民政府信息化办公室评为“天津市‘十五’期间信息化优秀项目”。

2005年7月，承担苗逢春博士主持的全国教育科学“十五”规划教育部规划课题“小学初中一贯设置的信息技术课程体系研制与实验”课题，作为天津实验区负责人，2008年结题。

2005年8月，承担苗逢春博士主持的教育部重大课题“信息技术在教育中应用——跨地域、跨学校、跨学科网络条件下的小学生研究性学习项目”，作为天津地区课题教研负责人，现已结题。

2006年10月，参与祝智庭教授主持的全国教育科学规划“十一五”教育部重点课题“国家基础教育信息资源服务体系架构与共享机制研究”，作为项目核心成员，2008年9月结题。

2006年9月，参与教育部基础教育课程教材发展中心与香港优质教育基金、教育评议会教育基金联合组织的“跨科、跨校、跨地”研究性学习之北京、天津、顺德、苏州、新加坡及香港中学通识教育协作交流项目，正在进行中。

2007年4月，由担任教育部基础教育课程教材发展中心2007年秋季“普通高中新课程远程研修项目”信息技术课程团队核心成员主持开发的“信息技术教师专业化发展”专题研修工作，正在进行中。

（2）作为主要承担者承担4个市级课题，已结题3个。

2003年7月，被天津市教育招生考试院聘为天津市初等信息技术考试项目开发工作第一承担人，现已结题。

2004年4月，作为课题负责人承担《天津市中小学信息技术学科培训学生创新精神和实践能力的研究》，现已结题。

2005年11月，参与中国教育学会教育科学研究“十五”规划重点课题《中小学网络教学模式的构建与优化研究》，担任课题秘书组组长，现已结题。

2006年11月，参与天津市农村中小学现代远程教育工程项目工作，担任项目负责人，尚未结题。

4. 论文、论著及其他成果

（1）独立撰写论文11篇，其中在《信息技术教育》、《天津教研》等刊物发表7篇，在论文评选中获全国一等奖2篇，市一等奖1篇，市二等奖1篇。

（2）参与撰写论著5本，已出版3本，待出版2本。

（3）编写信息技术教材类12本，还担任地方教材《发现与探索》编审委员。

大 事 记

5月

2008年5月开始全国各实验省市区的高中信息技术教师参加了2008年信息技术新课程培训。本次培训在组织形式上，主要有远程培训和现场培训两种，均取得了不错的培训效果。

6月

2008年6月12日，中国教育技术协会信息技术教育专业委员会2007～2008年度全国信息技术课程案例大赛评审结果公布。

7月

2008年7月，东北师范大学信息技术教育研究所董玉琦教授申报“信息技术课程发展研究”课题获“十一五”全国教育科学规划立项。

2008年7月21日，中国教育技术协会信息技术教育专业委员会第四届学术年会在山东日照召开。

9月

2008年9月，新疆、新疆生产建设兵团、江西、山西、河南5个省区（含计划单列的省区）成为第五批进入高中新课改实验的省份，标志普通高中信息技术新课改实验覆盖了全国20个省市区（含计划单列的省区）。前四批实验区为：第一批（2004年）：山东、广东、宁夏、海南；第二批（2005年）：江苏；第三批（2006年）：安徽、浙江、福建、辽宁、天津；第四批（2007年）：吉林、黑龙江、湖南、陕西、北京。

10月

2008年10月25日，第三期全国机器人指导教师培训交流研讨会在江苏苏州举行。

2008年10月29日，“联想杯”2008年全国义务教育信息技术优质课展评活动在浙江温州举行。

12月

2008年12月20日，中国教育学会中小学信息技术教育专业委员会第五届学术年会在广东深圳召开。

论 著 索 引

著作索引（2001～2008）[①]

1. 董玉琦．信息技术课程与教学研究．北京：人民教育出版社，2005.

2. 董玉琦，解月光，孙启林．信息技术教育国际比较研究．北京：人民教育出版社，2005.

3. 顾建军，李艺，党好政．高中技术新课程理念与教学实践——普通高中新课程教学指导丛书．北京：商务印书馆，2006.

4. 顾建军，李艺，董玉琦．普通高中技术课程标准（实验）解读．湖北教育出版社，2004.

5. 黄振余．信息技术新课程教学的文化主题性实施策略．海口：海南出版社，2006.

6. 李艺．信息技术课程：设计与建设．北京：高等教育出版社，2003.

7. 李艺．信息技术教学研究与案例．北京：高等教育出版社，2006.

8. 李艺．信息技术课程与教学．北京：高等教育出版社，2006.

9. 李艺，董玉琦．普通高中新课程教师研修手册信息技术分册．北京：高等教育出版社，2004.

10. 李艺，黄宇星，朱彩兰，钟柏昌．信息技术课程与教学．北京：高等教育出版社，2005.

11. 李艺，李冬梅．信息技术教学：继承与创新．北京：高等教育出版社，2003.

12. 李艺，钟柏昌．走进课堂——高中信息技术新课程案例与评析（必修）．北京：高等教育出版社，2007.

13. 李艺，朱彩兰．走进课堂——高中信息技术新课程案例与评析（选修）．北京：高等教育出版社，2007.

14. 苗逢春．信息技术教学评价：理论与实践．北京：高等

① 按著作第一署名人的姓氏拼音排序．

教育出版社，2003.

15. 苗逢春．高中信息技术新课程教学案例集．北京：中国地图出版社，2005.

16. 王吉庆．信息技术课程与教学论．杭州：浙江教育出版社，2003.

17. 王吉庆．信息素养论．上海：上海教育出版社，2001.

18. 魏雄鹰．中小学信息技术教学案例专题研究．杭州：浙江大学出版社，2005.

19. 解月光．信息技术教学应用研究．北京：人民教育出版社，2005.

20. 张剑平．信息技术教育：概观与展望．北京：高等教育出版社，2003.

21. 张义兵．信息技术教师素养：结构与形成．北京：高等教育出版社，2003.

论文索引（2008）①

信息技术课程研究

1. 管志毅．也论信息技术教师出路之“柳暗花明”．中小学信息技术教育，2008(12)．

2. 本刊编辑部．信息技术教师生存与发展现状：调查与分析. 中小学信息技术教育，2008(4)．

3. 蔡福民．信息技术新课程的冷思考．中小学信息技术教育，2008(4)．

4. 曹恒来，薛冲．信息技术课程实验的成绩、问题与对策．中小学信息技术教育，2008(4)．

5. 陈士凡．中小学信息技术骨干教师培训模式的实践与思考. 中小学信息技术教育，2008(9)．

6. 陈爽．论信息技术教育中信息概念的包容性．中国信息技术教育，2008(5)．

7. 陈卫东，于素云．基础教育中实施信息技术课程校本化教学的探索．中小学电教，2008(3)．

8. 冯伯虎．过程化解析：信息技术教育研究的新视域．中国电化教育，2008(11)．

9. 龚道敏．谨防信息技术课程“边缘化”趋势．中小学信息技术教育，2008(2)．

10. 龚道敏．中小学信息技术课程边缘化成因探析及对策研

① 按论文第一署名人的姓氏拼音排序．

究．中国电化教育，2008(1)．

11. 郭峰，徐连荣，李娟，王丽．青岛市信息技术教师课程认同情况调查分析．中国教育信息化，2008(4)．

12. 郝兆杰，曾魏，刘延申．中学信息技术教师的地位及其改善策略——来自开封市的调查．软件导刊·教育技术，2008(5)．

13. 黄桂晶，张进宝，罗李．基于“扎根理论”对微软“携手助学”信息技术教师培训现状的研究．电化教育研究，2008(5)．

14. 蒋霞．高中信息技术新课程开展中面临的主要问题及建议．中国教育信息化，2008(16)．

15. 解月光，马云鹏．普通高中技术课程实施的问题与对策．教育研究，2008(2)．

16. 李娟，张景生，郭峰，李保伟．探析高中信息技术课程中存在的问题．中国教育信息化，2008(22)．

17. 李美凤，李艺．“螺旋上升”式信息技术课程内容设计研究．中小学信息技术教育，2008(12)．

18. 刘向永．义务教育信息技术课程的回顾与展望——来自一线的声音．中国信息技术教育，2008(8)．

19. 刘燕，秦建波，张景生．制约高中信息技术新课程实施因素剖析．中国教育信息化，2008(2)．

20. 马国军，胡航．对中小学信息技术课程实施方式的思考．中国教育信息化，2008(2)．

21. 孟亚玲，魏继宗．我国中小学信息技术教育师资队伍建设策略研究．电化教育研究，2008(4)．

22. 齐宇歆．以行动研究促进信息技术教师的专业成长．现代教育技术，2008(6)．

23. 钱晓菁．对高中信息技术课程必修模块设置的思考．中小学信息技术教育，2008(1)．

24. 钱旭升．信息技术课程实施的文化取向研究．远程教育杂志，2008(5)．

25. 阮胜利，丁革建，杨晓丽，杨双丽．数字化教学资源在高中“信息技术”课程中的应用模式研究．中国教育信息化，2008(22)．

26. 孙西朝．浅议中小学信息技术教育课程改革．中国教育信息化，2008(2)．

27. 王爱胜．信息技术新课程发展纵横谈．中国信息技术教育，2008(1)．

28. 王海燕，张雅娴．高中信息技术课程改革中构建以人为本教育环境．中国教育信息化，2008(2)．

29. 王静，刘世梅．青海省信息技术教师生存与发展现状调查分析．中小学信息技术教育，2008(12)．

30. 王问洋．信息技术课程实施三维教学目标中存在的问题及思考．中国教育信息化，2008(22)．

31. 王永锋，马萌，何克抗．新版 ISTE 美国学生教育技术标准及启示．中小学信息技术教育，2008(3)．

32. 王永锋，马萌，王以宁，何克抗．新版学生教育技术标准与信息技术课程改革．中国电化教育，2008(3)．

33. 魏宁．信息技术课程教学内容的迷思——信息技术课到底该教什么．中小学信息技术教育，2008(12)．

34. 魏宁．从信息科学视角审视信息技术课程的若干问题．中小学信息技术教育，2008(3)．

35. 魏宁．信息技术课不妨加点科学史教育．中小学信息技术教育，2008(10)．

36. 魏雄鹰，李永前．浙江省高中信息技术新课程实验的现状、问题与对策．中国电化教育，2008(4)．

37. 肖友荣．海南省中小学信息技术教育情况调查研究．中国教育信息化，2008(4)．

38. 杨帆，张华．农村中小学信息技术教育存在的问题调查研究．中国教育信息化，2008(22)．

39. 杨玲．从实践层面剖析新课程实验的问题．中小学信息技术教育，2008(12)．

40. 姚永和．中小学信息技术教育的认识误区及优化策略．中小学电教，2008(3)（下半月）．

41. 殷宝媛，于纪明．信息技术教师的教育信念形成因素分析．现代教育技术，2008(5)．

42. 詹青龙，祝智庭，顾小清．信息技术教师专业发展新策略架构——“携手助学”项目的实践探索．中国电化教育，2008(5)．

43. 詹青龙．中小学教师培训的结构设计．中国电化教育，2008(2)．

44. 张兵，孙淑晶．中学信息技术教师职业倦怠的现状、成因分析及对策．电化教育研究，2008(10)．

45. 张波．构建与新课标相契合的信息技术校本课程体系．

中国电化教育，2008(2)．

46. 张家华．课改视角下的高中人工智能课程分析．现代教育技术，2008(10)．

47. 张剑平，张家华．我国人工智能课程实施的问题与对策．中国电化教育，2008(10)．

48. 张晓云，郝建雷，张素敏．中学信息技术课中要渗透人文教育．中国电力教育，2008 年管理论丛与教育研究专刊．

49. 赵春兰，张景生．走进信息技术新课程．中小学信息技术教育，2008(5)．

50. 赵雷，杨绍山．生存态度决定专业命运——谈信息技术教师的专业成长．中国信息技术教育，2008(10)．

51. 周一鸣．影响信息技术教师专业发展的学校因素分析．科技信息，2008(29)．

52. 朱跃龙，赵树宇．信息技术教师再学习中存在的问题及对策．现代教育技术，2008(5)．

信息技术教材研究

1. 慈黎利，郭芳．对现行小学信息技术教材内容的调查分析与启示．中国信息技术教育，2008(5)．

2. 郭芳，慈黎利．小学信息技术教材知识体系的构建．课程·教材·教法，2008(4)．

3. 郭芳，慈黎利．初中信息技术教材知识体系的构建．课程·教材·教法，2008(8)．

4. 郭芳，黄荣怀．中小学信息技术教材的开发研究．北京师范大学学报（自然科学版），2008(2)．

5. 郭芳．从设计取向看信息技术教材的基本类型．中国信息技术教育，2008(10)．

6. 金新喜．由信息技术教材循环使用引发的思考．中小学信息技术教育，2008(6)．

7. 林众．对信息技术教材编写的思考．中国电化教育，2008(8)．

8. 苏耀忠，郝新春．普通高中信息技术课程标准实验教材特点及对教学的启示．教育理论与实践，2008(7)．

9. 孙小飞，朱彩兰．小学信息技术教材编写中生活经验的挖掘．中小学电教，2008(12)．

10. 于颖，谢仕兴．活动革新信息技术教材——活动学习视野下信息技术教材的建构研究．现代教育技术，2008(12)．

11. 赵春生．浅谈如何创生教材——以教科版高中信息技术实验教材为例．基础教育课程，2008(4)．

12. 周顿．信息技术教材教法“多媒体课件的设计与制作”．中小学信息技术教育，2008(10)．

13. 宗世哲．中小学信息技术立体化教材研究．中国信息技术教育，2008(12)．

信息技术教学研究

1. 曹旺进．信息技术与探究性学习相整合的探索与实践．中国教育信息化，2008(2)．

2. 陈红．做一名合格的信息技术教师．中国信息技术教育，2008(2)．

3. 陈吉利．信息技术教学课堂管理刍议．中小学信息技术教育，2008(4)．

4. 陈淑彦．例谈高中信息技术“主体参与型”教学设计的应用．现代教育技术，2008(8)．

5. 陈爽，王爱胜．信息技术课堂效率的“瓶颈”分析．中小学信息技术教育，2008(5)．

6. 陈伟平，金炳尧．高中程序设计教学中培养学生反思性学习能力．中国教育信息化，2008(2)．

7. 迟翠辉，尹宜梅，高传忠．信息技术课中的分层合作教学．中国信息技术教育，2008(2)．

8. 仇大成．让合作学习在信息技术课堂中闪光．中小学信息技术教育，2008(1)．

9. 褚学萍．基于教材，变换精彩．中国信息技术教育，2008(12)．

10. 邓华声．高中信息技术教学面临的学情问题及对策．中国信息技术教育，2008(7)．

11. 丁芳，周剑辉．新课改背景下信息技术课堂作业的设计与评价．现代教育技术，2008(7)．

12. 丁杰．基于开源软件的中学信息技术教育初探．现代教育技术，2008(5)．

13. 董洪波．创设情境，合理导入．中国信息技术教育，2008(12)．

14. 窦怀宇．浅谈高中信息技术课程的教学策略．中国电化教育，2008(3)．

15. 杜海琼，张剑平．基于 Prolog 的人工智能课程教学探索. 中国电化教育，2008(11) .

16. 方顾，蓝杰 . 小学信息技术课引导点的使用 . 吉林教育，2008(32) .

17. 费海明 . 教学要素——高效率课堂生成的落脚点 . 中小学信息技术教育，2008(4) .

18. 冯伯虎，李静 . 教学设计视角下说课稿的结构化模式及应用——兼谈小学信息技术“画方形和圆形”一节的设计 . 中小学信息技术教育，2008(7/8) .

19. 甘建刚，陈冬梅 . 信息技术课教学中存在的问题及对策 . 中国信息技术教育，2008(3) .

20. 耿慧君，王爱胜 . 突破“阻力”，寻找学习动力 . 中国信息技术教育，2008(1) .

21. 顾文飞 . 从预设和生成之间体现教师的教学智慧 . 中小学信息技术教育，2008(9) .

22. 郭芳 . 信息技术课程与学生创新能力培养 . 中小学信息技术教育，2008(2) .

23. 郭立明 . 中学信息技术教学方法初探 . 现代教育技术，2008(13) .

24. 郭敏 . 信息技术教学中学生自我效能感的培养与发展 . 中国电化教育，2008(9) .

25. 郭荣强 . 优化小学信息技术课堂环境三部曲 . 中小学信息技术教育，2008(11) .

26. 郭蓉，邹正宇 . 先声引人先声夺人——信息技术课堂教学导课的几种方法 . 中国信息技术教育，2008(4) .

27. 郭兴华 . 新课程改革中优化信息技术教学的几点思考与建议 . 现代教育技术，2008(12) .

28. 季全增，王爱胜 . 态度、品质、意识——情感教育三阶梯 . 中国信息技术教育，2008(4) .

29. 贾淑红 . 网络环境下信息技术学科教学策略探究 . 中国信息技术教育，2008(12) .

30. 江丽君 . 留给学生一点面子 留给自己一份轻松 . 中小学信息技术教育，2008(7/8) .

31. 江伟初 . 高中信息技术课的教学过程优化 . 中国信息技术教育，2008(9) .

32. 蒋砾 . 该出手时就出手——例谈信息技术教师课堂教学机智 . 中国信息技术教育，2008(11) .

33. 焦念荣，王爱胜 . 优化学生的学习行为 . 中国信息技术教育，2008(3)．

34. 解月光．信息技术教师教学模式决策及其分析．中小学信息技术教育，2008(6)．

35. 李冠华．风景这边独好——诱思探究在信息技术新课改中的应用．中小学信息技术教育，2008(7/8)．

36. 李国红．信息技术课教学中情感目标的实现．中国教育技术装备，2008(13)．

37. 李家隆．信息技术教学中如何培养学生的思维能力．中国信息技术教育，2008(5)．

38. 李培军．对"任务驱动"的再认识．中小学信息技术教育，2008(9)．

39. 李寿财，马秀峰．合作学习的三元评价体系．中小学信息技术教育，2008(12)．

40. 李薇，李子运．信息技术课堂管理策略探究．软件导刊·教育技术，2008(5)．

41. 李献业．尊重差异　鉴别诧异　发展差异 ——初中信息技术差异性教学实施的策略．中小学信息技术教育，2008(5)．

42. 李秀亭．信息技术课要注重培养学生创新精神．中国信息技术教育，2008(8)．

43. 李莹，徐恩芹，张琳．让学生成为主动的自我评价者．中小学信息技术教育，2008(11)．

44. 李政淼．精彩的导入与多姿的结尾——《用公式计算》课例赏析．中小学信息技术教育，2008(7/8)．

45. 梁东文．从信息技术课程的特点谈教学计划的制订．开封教学学院学报，2008(12)．

46. 廖青，周敦．论信息技术课堂中的"有效教学"．中国信息技术教育，2008(10)．

47. 林霞．《算法与程序设计》选修模块教学实践与研究．中国信息技术教育，2008(1)．

48. 林仙丹，韩静波．多途径实施信息技术教学：从模仿到探究的转变．中国电化教育，2008(9)．

49. 刘超．巧选案例 演绎精彩课堂．中小学信息技术教育，2008(10)．

50. 刘东妮．小学信息技术教学策略的探索．中国信息技术教育，2008(5)．

51. 刘冬，马秀峰．论PBL教学模式在信息技术教学中的应用．软件导刊·教育技术，2008(5)．

52. 刘平．亲历过程 升华体验——信息技术教学中体验式学习的实施策略．中小学信息技术教育，2008(7/8)．

53. 刘世能．信息技术课堂中的爱国主义渗透．中国信息技术教育，2008(9)．

54. 刘向永．理性·多样·创新——信息技术教学方法评点．中国信息技术教育，2008(5)．

55. 刘雅林．信息技术教学不能本末倒置．中小学信息技术教育，2008(1)．

56. 刘雅林．用“方法包”教学法培养学生的自主学习能力．中小学信息技术教育，2008(7/8)．

57. 陆永来．信息技术课堂的术语教学．中小学电教，2008(7/8)．

58. 吕伟明．项目教学法在信息技术教学中存在问题及对策．中小学电教，2008(1/3)．

59. 马超，张义兵，赵庆国．高中《人工智能初步》教学的三种常用模式．现代教育技术，2008(8)．

60. 马艳梅．信息技术课堂中如何集中学生的注意力．中国信息技术教育，2008(8)．

61. 苗小芸．合作共赢——信息技术课堂上小组合作的探究与实践．中小学信息技术教育，2008(9)．

62. 全苗．安静的代价．中小学信息技术教育，2008(2)．

63. 任建国．程序设计语言的教学方法浅探．中国教育信息化，2008(4)．

64. 任杰．浅谈信息技术课堂教学的优化策略．中小学信息技术教育，2008(12)．

65. 邵安毕．信息技术教学过程中的学生心理分析．中小学电教，2008(12)．

66. 沈曙明．SQL 数据库在信息技术课上的应用．中国教育信息化，2008(20)．

67. 石东妮．信息技术新课程情感目标的教学实施．中国信息技术教育，2008(4)．

68. 史强．新课标下信息技术教学改革的思考．中国信息技术教育，2008(3)．

69. 史瑶．基于“问题解决式”的信息技术课堂教学模式．中国教育信息化，2008(16)．

70. 宋丽敏，陈丹．小学信息技术教学问题分析．中小学电教，2008(1/3)．

71. 宋良君．概念思维图融入中学信息技术教学的理论与实践．软件导刊·教育技术，2008(2)．

72. 宋壮辉，刘维江，张意．提高中学信息技术教学效果初探．中国教育信息化，2008(8)．

73. 隋军强．在小学信息技术课中培养学生意志力的几点做法．中小学信息技术教育，2008(7/8)．

74. 孙承继，李学鹏．让学生帮你管设备．中小学信息技术教育，2008(3)．

75. 孙晓红．高中信息技术"三案教学"初探．中国信息技术教育，2008(6)．

76. 唐卓，邓高红．信息技术对教育过程审美接受的影响研究．中小学电教，2008(3)．

77. 陶然．对"制作多媒体作品"的教学策略探究与变革．中小学信息技术教育，2008(7/8)．

78. 田鹏．小学低年级信息技术教学策略研究．软件导刊·教育技术，2008(6)．

79. 汪运萍．用机制将"意外"演绎成精彩．中小学信息技术教育，2008(1)．

80. 王爱胜．信息技术探究课堂价值分析．中国信息技术教育，2008(9)．

81. 王爱胜．引控学生的注意力．中国信息技术教育，2008(8)．

82. 王爱艳．算法与程序设计教学之我见．中国信息技术教育，2008(2)．

83. 王海芳，王荣良，李锋．模块化思想在小学机器人教学中的应用．中国教育信息化，2008(14)．

84. 王海燕，韩斌．高一新生信息技术起点差异问题研究．中国教育信息化，2008(4)．

85. 王克胜．高中信息技术教学中的五种"流行病"及其防治．中国电化教育，2008(3)．

86. 王敏军．找准教学起点 提高教学效率——《个人通讯录》的三次教学实践与思考．中小学信息技术教育，2008(6)．

87. 王敏君，邵世炎．课堂有错误 错误有价值——信息技术课堂教学中错误资源的利用．中小学信息技术教育，2008(3)．

88. 王平．教学目标的设定——课堂教学的首要问题．中小学信息技术教育，2008(10)．

89. 王荣良．信息技术课程中算法学习的价值探索．中国电化教育，2008(8).

90. 王伟萍. 上公开课应注意的十个细节. 中国信息技术教育，2008(2).

91. 王喜娟，褚晓红. 案例诊断：《页面设置》课例分析. 中小学信息技术教育，2008(2).

92. 王月凤. 浅谈信息技术课中团队精神的培养. 中小学电教，2008(6).

93. 王振宏. 中小学机器人教学平台搭建与应用模式初探. 中小学信息技术教育，2008(3).

94. 王志忠. 从信息技术课"烂尾"现象谈起. 中小学信息技术教育，2008(7/8).

95. 王忠志，徐忠. 学以致用，追求多维度目标的达成——初中《数据图表与分析》教学例谈. 中小学信息技术教育，2008(10).

96. 韦有江. 优化教学要素 构建丰富多彩的信息技术课堂. 中小学信息技术教育，2008(10).

97. 魏宁. 信息技术课堂教学中"潜藏"的伦理问题. 中小学信息技术教育，2008(2).

98. 魏小山. STS 视野下信息技术课程情感态度与价值观的培养. 中国电化教育，2008(1).

99. 吴兰岸，曾璠. 高中视频信息的采集与加工综合实践活动课教学设计. 现代教育技术，2008(6).

100. 吴良辉. 经历编程——关于初中程序设计内容的教学建议. 中国信息技术教育，2008(9).

101. 吴士柏. 谨防教学中的"滥竽充数". 中小学信息技术教育，2008(11).

102. 吴亚群. 信息技术课堂教学有效教学效率策略探微. 中小学信息技术教育，2008(9).

103. 武现军. 小学信息技术教学如何落实"以生为本". 中小学信息技术教育，2008(9).

104. 项道东，金炳尧. 信息技术教学中学生高级思维能力的培养. 考试周刊，2008(13).

105. 肖年志. 有效教学，从"六要"起步——信息技术课堂教学观察思考. 中国信息技术教育，2008(5).

106. 谢达. 智能机器人在培养学生信息素养中的教学模式研究. 中国教育信息化，2008(12).

107. 谢景政. 论构建生活化的信息技术课堂. 中国电化教

育，2008(5)．

108. 熊玮，万润泽．情感教育在信息技术课中的应用研究．软件导刊·教育技术，2008(7)．

109. 杨海茹．中小学信息技术课的问题和策略．中国现代教育装备，2008(12)．

110. 杨莉．旧电脑　新内涵．中小学信息技术教育，2008(3)．

111. 杨瑞林，徐莲凤．我在信息技术课中的德育渗透．中国信息技术教育，2008(4)．

112. 杨守岐．信息技术课课程中学生作业的有效管理．中小学信息技术教育，2008(9)．

113. 杨永省．如何引导学生在愉快中学习信息技术．中小学电教，2008(4)．

114. 姚武东．信息技术课堂的学习动机激发．中国信息技术教育，2008(1)．

115. 尹航．浅议在信息技术教学中实施分层教学．中小学电教，2008(6)．

116. 应青军．发掘信息技术课堂中的“善”．中小学信息技术教育，2008(6)．

117. 于爱萍．教师课堂评价语言的研究与运用．中小学信息技术教育，2008(7/8)．

118. 于四海．新课程下信息技术课程探究型教学模式的构建与实践．吉林省教育学院学报，2008(1)．

119. 张德成，张明霞．运用信息技术促进小学生多元智能发展的探讨．中小学电教，2008(9)．

120. 张海鹏．信息技术的分层教学．中国信息技术教育，2008(10)．

121. 张丽，王吉庆．浅谈信息技术教学中的技术观．电化教育研究，2008(2)．

122. 张丽美．任务设计的分寸．中国信息技术教育，2008(11)．

123. 张利波．素材承载：探索信息技术学科新意义．中小学信息技术教育，2008(9)．

124. 张利波．将猜数游戏进行到底——《二进制整数和十进制整数转换》．中国电化教育，2008(3)．

125. 张伟娜．《网页设计与制作》课程教学的探讨与实践．中国教育信息化，2008(3)．

126. 张学鹏．刍议中小学信息技术教学中的“任务”设计．中国教育信息化，2008(8)．

127. 张艳明．《信息技术》课程中的认知技能该如何培养？——新课标理念指导下的技能目标教学方法探究．现代教育技术，2008(12)．

128. 赵腾任．走班制分层教学的实践与探索．中小学信息技术教育，2008(6)．

129. 赵维强．如何解决信息技术课堂上“讲”与“操作”的矛盾．中小学电教，2008(5)．

130. 赵雪洁．信息技术课时教学目标的制定与表述．中小学电教，2008(7/8)．

131. 郑明达．教学演示也能演绎别样精彩．中小学信息技术教育，2008(12)．

132. 郑俏．高中人工智能教育信息化教学模式．中国教育信息化，2008(2)．

133. 钟柏昌，付小林．例谈信息技术教学情境的创设．中国信息技术教育，2008(5)．

134. 钟和军．创设适合学生发展的教学，打造有吸引力的课堂（一）．中国信息技术教育，2008(2)．

135. 钟和军．创设适合学生发展的教学，打造有吸引力的课堂（二）．中国信息技术教育，2008(3)．

136. 周义范．信息技术在线教学网站的建设与应用．中小学信息技术教育，2008(6)．

137. 朱彩兰．例谈信息技术课程创生的实践．中国信息技术教育，2008(8)．

138. 朱慧，戴诺，白珊．浅析说课的思路与方法——以《机器人走图形》一课为例．中小学信息技术教育，2008(9)．

139. 朱力达．一石激起千层浪——信息技术课堂提问之优选策略．中小学信息技术教育，2008(10)．

140. 朱新华．博客在高中信息技术教学中应用的优势．中国电化教育，2008(8)．

141. 宗艳．关注信息技术课堂中教师的语言方式．中国信息技术教育，2008(8)．

信息技术评价研究

1. 曹书成．信息技术课程进入高考可行性之我见．中小学信息技术教育，2008(1)．

2. 陈齐荣，李艺．逐步推进：信息技术课程纳入高考大发展之路．中小学信息技术教育，2008(8) 上半月．

3. 程建伟，刘华山．中小学生信息技能评估体系的研究．中国电化教育，2008(6)．

4. 初晓婧，李艺．对英、美两国信息技术课总结性评价的评估报告分析．中国电化教育，2008(4)．

5. 董自明．刍议信息技术教学中电子档案袋评价原则．中国电化教育，2008(16)．

6. 樊志华．新课程初中信息技术课堂教学评价标准．中国信息技术教育，2008(1)．

7. 冯友梅，李艺．海南、山东两省信息技术课程进入高考模式的分析比较．中小学信息技术教育，2008(3)．

8. 冯友梅，李艺．信息技术课程评价中大型主观题命题探讨．中国教育信息化，2008(20)．

9. 胡殿均．信息技术学业水平考试引发的忧思．中小学信息技术教育，2008(10)．

10. 胡如兰．信息技术课堂呼唤发展性学生评价．中小学信息技术教育，2008(1)．

11. 解培艳．告别教学评价中的真空地带．中小学信息技术教育，2008(6)．

12. 刘红，雒策千，刘微微．中小学信息技术课程学生评价的问题及对策．内蒙古师范大学学报（教育科学版），2008(6)．

13. 邵红祥．电子作品评价模式的设计与实现．中小学信息技术教育，2008(6)．

14. 宋艳茹，乜勇．中学信息技术课程形成性学习评价研究．现代教育技术，2008(7)．

15. 王爱胜．梳理信息技术课堂评价的方法与价值脉络．中国信息技术教育，2008(5)．

16. 肖焕之．信息技术学科总结性评价构想．中小学信息技术教育，2008(6)．

17. 张媛媛，王春艳．信息技术课程中教学评价方法的研究．今日科苑，2008(14)．

18. 赵克己．南澳信息技术高考试题的解析与启示．中国信息技术教育，2008(10)．

19. 钟晓红．小学信息技术教学评价方法的尝试——Word 模块教学后记．现代教育技术，2008(4)．

20. 周振军．中小学信息技术教学评价的深层思考．教学与管理，2008(3)．

信息技术与课程整合研究

1. 安涛，吴秋红．信息技术在教学中应用效果的调查研究．中国远程教育，2008(11)．

2. 陈玲，陈杰，余胜泉．信息技术与课程整合在实践中的有效推进——基础教育跨越式发展创新试验中行动研究．中小学信息技术教育，2008(11)．

3. 陈仕品，张剑平．基于 EAHAM 模型的适应性学习支持系统体系结构．电化教育研究，2008(11)．

4. 程翰芬．信息技术与课程整合课题研究的思考．中小学电教，2008(1/3)．

5. 方海光，张景中．教育软件可用性评测研究．电化教育研究，2008(2)．

6. 方舟．信息技术与课程有效整合的若干相关性问题．远程教育杂志，2008(4)．

7. 冯霞．多媒体课件设计中视觉思维规律的应用．现代远程教育研究，2008(6)．

8. 高丹丹，陈向东，张际平．基于课程的在线学习共同体研究．远程教育杂志，2008(4)．

9. 高建凤．信息技术与课程整合：回想 2007. 中国信息技术教育，2008(1)．

10. 高雅萍．交互白板促进学生学习方式变革，提高学生思维品质的行动研究．中小学信息技术教育，2008(7/8)．

11. 龚大洁，牟迈，杨玲．多媒体技术在保护生物学教学中的导向作用．电化教育研究，2008(8)．

12. 顾君，仝春燕．新课改下信息技术与课程整合的有效性研究．中国教育信息化，2008(20)．

13. 何克抗．对美国信息技术与课程整合理论的分析思考和新整合理论的建构．中国电化教育，2008(7)．

14. 洪国强，吕军．信息技术与学科课程整合的现状与发展．中国信息技术教育，2008(8)．

15. 荆卫东，王新华．信息技术在基础教育课程整合中的“二重性”．中国教育信息化，2008(2)．

16. 李鸣华．分布式虚拟学习环境的设计与应用研究．电化教育研究，2008(4)．

17. 李馨．信息化教学中学生全程评价体系的研究．电化教育研究，2008(3)．

18. 李永健．把“概念图”作为认知学习和认知评价的工具．电化教育研究，2008(7)．

19. 李有华，李兴柱．中小学基于电子学档的发展性评价的实施策略．电化教育研究，2008(3)．

20. 刘安，周彩英，陈琳．浅论信息技术与课程整合的教学模式．中国教育信息化，2008(7)．

21. 刘东波，宋维．加大信息技术与学科课程整合力度促进学生信息素养的提高．中国教育信息化，2008(22)．

22. 刘瑞儒．信息技术在西部地区基础教育应用中的绩效研究．中国电化教育，2008(5)．

23. 龙立勇．信息技术与高三物理复习课的整合探索．中国信息技术教育，2008(1)．

24. 麻秀丽，高郡，都丽丽．英语多媒体网络教学中语言能力提高的因素分析．现代远程教育研究，2008(3)．

25. 马宁，何克抗．网络环境下以语言运用为中心的三效识字教学法研究．电化教育研究，2008(12)．

26. 彭小明．现代信息技术与语文教学整合论．教育研究，2008(1)．

27. 蒲志安．小学低年级教材插图的认知、教育功能与定位分析．课程·教材·教法，2008(9)．

28. 秦蔷云．信息技术与化学学科整合的效能．中国信息技术教育，2008(12)．

29. 邱相彬，胡水星．信息技术课程整合误区的分析．中小学信息技术教育，2008(11)．

30. 沙风林．信息技术与学科教学整合背景下情感态度价值观培养问题的研究．中小学电教，2008(10)．

31. 师德明．体育课程CAI教学的应用研究．电化教育研究，2008(6)．

32. 斯蒂芬·K. 里德．多媒体学习的认知体系．开放教育研究，2008(3)．

33. 宋婷，杨培禾，王栋．基于WiKi的小学协作教学模式研究．中国远程教育，2008(2)．

34. 孙建友，段兆兵．网络环境下的信息技术与写作教学的整合．远程教育杂志，2008(5)．

35. 汪永铭．多媒体技术在数学教学中的应用．中小学信息技术教育，2008(12)．

36. 王国民．信息技术在化学教学中的优势．中国信息技术教育，2008(8)．

37. 王蕊．社会性软件支持下网络协作学习的策略研究．电化教育研究，2008(4)．

38. 王佑镁．信息技术与学科教学整合效能的影响因素研究．中国电化教育，2008(7)．

39. 王中荣．利用信息技术构建学生评价体系的实践与思考．中国电化教育，2008(1)．

40. 吴孝钱．信息技术与课程整合中教师角色的转变．中国教育信息化，2008(22)．

41. 谢宝荣．当好助手 演好配角 做好仆人——看多媒体课件的辅助教学作用．中国电化教育，2008(10)．

42. 谢宇翔，刘琦．课程有效整合中的教师主导策略．中国信息技术教育，2008(6)．

43. 邢西深．论汉字输入如何有效促进识字教学．电化教育研究，2008(7)．

44. 徐凡．加强课程意识促进信息技术与课程整合．中国信息技术教育，2008(2)．

45. 徐力，卢慕稚，谢玳英．日本初中理科运用信息技术教学的案例评介．中国电化教育，2008(9)．

46. 杨冬英．信息技术与小学数学教学活动的整合．中国信息技术教育，2008(1)．

47. 杨玉芹，钟洪蕊，焦建利编译．移动技术支持的学习新进展．远程教育杂志，2008(1)．

48. 叶丽新，苏小兵．透视基于 BBS 论坛的中小学课堂同步交流．中国电化教育，2008(1)．

49. 贠丽萍．基于建构主义学习理论的多媒体网络教学．电化教育研究，2008(7)．

50. 詹蓓．基于网络环境的英语教学模式建构．教育研究，2008(6)．

51. 张剑平，陈仕品．计算机辅助教学的智能化历程及其启示．教育研究，2008(1)．

52. 张力．数字化学习工具的发展对信息化教学的作用分析．电化教育研究，2008(9)．

53. 张民生，石慧．信息技术支持下的课堂教学新模式的探索和研究．中国电化教育，2008(9)．

54. 张攀峰，樊旭．网络探究学习模式（WebQuest）的改进研究．电化教育研究，2008(9)．

55. 张宜松，李昌贵．高职信息技术与课程整合的实质与实践探索．现代远程教育研究，2008(5)．

56. 赵丽娟．基础英语网络辅助课程导学系统模式研究．电化教育研究，2008(5)．

57. 郑金海．几何画板与初中数学整合的切入点．中小学信息技术教育，2008(3)．

58. 钟志贤．信息技术作为学习工具的应用框架研究．电化教育研究，2008(5)．

59. 周爱保，张水云．英语网络教学与语言信息理论的整合．电化教育研究，2008(2)．

60. 周胜，谢桃静．信息技术在物理教学中的应用．中国信息技术教育，2008(1)．

61. 周颖，王新．信息技术与课程整合的信息统整策略．中小学信息技术教育，2008(5)．

62. 周玉霞，周婉薇，李芳．教师实施 WebQuest 之个案研究．中国远程教育，2008(4)．

63. 周媛，吴文春．情境学习观点对数字化学习的启示．电化教育研究，2008(8)．

64. 朱永海．信息技术与课程整合的时空模型研究．远程教育杂志，2008(3)．

65. 朱永海．信息技术与课程整合的三个层面．中小学电教，2008(4)．

66. 庄俊红，柏庆华．信息技术与课程教学整合的策略与误区．中国信息技术教育，2008(8)．